中国人民大学"双一流"建设成果

中国人民大学孔子研究院与中国人民政治协商会议浙江省
温州市龙湾区委员会合作成果

ZHONGGUO HEHEXUE
NIANJIAN

中国和合学年鉴

（2017—2021）

徐　刚／主编

人民出版社

温州龙湾和合书院（和合文化园）规划图

2018 年 5 月，"和合学与中国哲学创新"学术研讨会在河北美术学院 隆重开幕，部分学者合影

2018 年 8 月，"和合与人类命运共同体对话"学术活动在青岛市即墨古城学宫举行，学者合影留念

2018 年 10 月，中国人民大学孔子研究院与河北美术学院联合成立"中国和合艺术研究院"

2019 年 11 月，"国际儒学论坛 (2019)"在曲阜尼山圣境开幕，张立文先生发表主旨演讲

2021 年 4 月，"和合学与温州学融合发展"研讨会暨人大孔院与温州龙湾《战略合作框架协议》签订仪式

2022 年 6 月，温州市和合文化促进会揭牌仪式

目　录

传统与传承

当代与创新

学术著作撷英

博硕论文集萃

评论辑要

研究综述

学界概况

传统与传承

和合智能相应论

——中华传统哲学思维与人工智能

张立文

当今人工智能走遍天下，走遍千家万户，智能手机、汽车、交通、制造、电力、医疗、厨房、武器、广告、军备，以及智能城市、社会、世界等，整个太空、人类、世界都被智能网络所统摄、所遮盖、所绑架。然而，人工智能是社会发展的大势所趋，它深度融入人类的日常生活，与人须臾不离，因为互联网、物联网已渗透人类生活活动的各个领域。互联网、物联网的发展产生海量数据，大数据需要快速海量的计算能力，而构成人工智能。人工智能由于交感联通、智能相应而成万物智能的思维理念。

人工智能为什么能在中国迅速发展？它与中国传统和合哲学理论思维有何关联、契合？能否回应由人工智能而产生的诸多疑惑和不解？人们总不能做智能盲。智能是中国自古以来传统文化的话语。韩非曾说："今世皆曰：'尊主安国者，必以仁义智能。'而不知卑主危国者之必以仁义智能也。"[1]韩非以法家思想，主张去儒家的仁义智能，服之以法。

一、智能创造新世界

在大智能时代，由交感联通而构成互联网、物联网、大数据、云计算网络体系，由智能相应完善此网络体系而成人工智能。何谓智能？智而能，能

---

[1] 梁启雄：《韩子浅解》，中华书局 1961 年版，第 411 页。

而智。何谓智？何谓能？智见于罗振玉编的《殷墟书契前编》五卷 17.3，亦见于金文《毛公鼎》《中山王鼎》和楚简。《说文解字》："智，识词也。从白，从亏，从知。"段玉裁注："错曰：亏亦气也。按：从知会意，知亦声。"《释名·释言语》："智，知也，无所不知也。"博学，博知，便能审问、慎思、明辨，然后笃行，知行兼备、合一。

智的内涵的意义和价值，随着社会的发展而发展、历史的演变而演变，既赋有丰厚的内涵，又具有时代的特色。从和合哲学思维的视阈来观照智，智呈现为：智慧与智巧。聪明、才智和智计，由智计而智谋巧诈。老子说："智慧出，有大伪。"马王堆汉墓帛书《老子》甲本作"知识出，案有大伪"。乙本作"知（智）慧出，安有大伪"。产生了智慧，于是有了虚伪。老子生活于春秋"礼崩乐坏"的时代，在现实社会生活中存在这种现象，特别是诸侯国内部的争权夺利和诸侯国之间争霸战争，智慧往往成为争权夺利和争霸战争的计谋和巧诈。哲学智慧正是在这样相对相关、相反相成、相生相克的矛盾冲突中融突和合，犹如老子的道，"万物负阴而抱阳，冲气以为和"①。阴阳互相拥抱，达到融突和合，即道通为一。从治国理政而言，墨子主张尚贤使能者为政，如果以为"夫无故富贵，面目佼好则使之，岂必智且有慧哉"，则"使之治国家，则此使不智慧者治国家也，国家之乱，既可得而知已"②。如何识别智慧者与不智慧？有智慧的贤能之人，是不党父兄，不偏贵富，不嬖颜色，君人民，主社稷，治国家，修保而无失的人。不智慧者治家治国必乱家乱国、危害社稷。然历代治国理政中往往是贤与不肖、能与不能、智慧者与不智慧者矛盾冲突，而又融合于朝廷之内。这种既冲突又融合，激发了中国哲人对智慧不息的追求。

孟子认为，即使是有智慧的人来治国理政，也需要应天顺人，考虑时机和条件。他说："齐人有言曰：虽有智慧，不如乘势；虽有镃基，不如待时。"③ 如果齐国要统一天下，纵使有智慧，也得趁形势，犹如有锄头，也

---

① 任继愈：《老子新译》，上海古籍出版社 1978 年版，第 152 页。
② 吴毓江：《墨子校注》卷 2，中华书局 1993 年版，第 76—77 页。
③ 朱熹：《孟子集注》卷 3，朱杰人、严佐之、刘永翔主编：《朱子全书》第 6 册，上海古籍出版社、安徽教育出版社 2002 年版，第 378 页。

得等农时。时势、时机是成功的重要因素。荀子认为，作为天子，应该"道德纯备，智惠甚明，南面而听天下，生民之属，莫不振动从服以化顺之"①（"惠"与"慧"古通）。孟子和荀子所说的智慧都是针对某某人的治国理政具体条件、时机而言，并未提升和度越具体的"势"。中国哲学是对于宇宙、社会、人生之"道的道的体贴"和名字体系。这是中国哲学的精神和特色。对于"道的道的体贴"，体现了对哲学爱智慧和所以爱智慧的深度追求。所以爱智慧的追求，就是对最初原因和本原的探赜。

古希腊思想家赫拉克利特认为"智慧就是一件事情"，"热爱智慧的必须熟悉很多的事物"，"唯有智慧是一，它既不愿意又愿意被人称之为宙斯"②。热爱智慧的人要知道很多事物，犹如亚里士多德所说："求知是所有人的本性。"赫拉克利特以"唯有智慧是一"，此"一"似有本体的意味，故以宙斯相比喻，此智慧不是形容词。亚里士多德认为，"人都是由于好奇而开始哲学思考……（一个爱智慧的人也就是爱奥秘的人，奥秘由奇异构成）。如若人们为了摆脱无知而进行哲学思考，那么很显然他们是为了知而追求知识，并不以某种实用为目的"③。探赜哲学思考的因缘和目的，爱智慧的人是为了知而求知，他把智慧规定为"研究最初原因和本原才可称之为智慧"，"智慧就是关于某些本原和原因的科学"④。人的求知的本性，换言之是对智慧的追求，这是哲学的精神。

《老子》说："智慧出，有大伪。六亲不和，有孝慈。国家昏乱，有忠臣。"出于对现实社会的惊异，而有对智慧的原因和本原的思考。对于智巧、智谋和巧诈，韩非说："圣人之道，去智与巧，智巧大去，难以为常。"⑤ 巧有诈伪乱真的含义，去巧诈、虚伪，才能使圣人之道得以实施。然大伪与智慧、孝慈与不和、昏乱与忠臣这种奇异的、反常的现象，却激发了人们对于存在者统一于存在之存在的反思。

---

① 楼宇烈主撰：《荀子新注》，中华书局 1979 年版，第 293 页。
② 苗力田主编：《古希腊哲学》，中国人民大学出版社 1989 年版，第 46 页。
③ 苗力田主编：《古希腊哲学》，中国人民大学出版社 1989 年版，第 497 页。
④ 苗力田主编：《古希腊哲学》，中国人民大学出版社 1989 年版，第 496 页。
⑤ 梁启雄：《韩子浅解》，中华书局 1960 年版，第 50 页。

智力与智能。主体的智谋和才能，在每个历史阶段中，主体的智力和智能在任何环境、条件下如何发挥自己的能量，体现了主体的能动性和生命力。荀子说："所以知之在人者谓之知，知有所合谓之智。"① 主体具有认知客体的能力，称为知，主体的认知能力与客体事物相结合，便产生智慧力，这便是智力。韩非说："力不敌众，智不尽物。与其用一人，不如用一国，故智力敌而群物胜。揣中则私劳，不中则有过。"② 一个人的力量不能胜众人的力量，一个人的智慧不能尽知万物，与其用一个人的智慧力量，不如用一国的智力，假如以君主一人的智慧和力量与众人及众物敌对，那么，君主一人的智力比不上群众、群物的智力，所以群众、群物胜。君主不根据群众的意见和事物的道理来处理事情，却凭自己的揣测来治国理政必会发生过错。用现代话来说就是走群众路线和按事物的规律办事。智能，《吕氏春秋》载："不知乘物，而自怙恃，夺其智能，多其教诏，而好自以，若此则百官恫扰，少长相越，万邪并起。权威分移……此亡国之风也。"③ 不知道依据事物的道理、规律而依仗自己的才能、智能骄傲自大，自以为是，如果这样子，那么百官动乱、少长越位，各种邪恶并起，权威旁落，这是亡国的风气。恃能自大，终无好结局。《三国志》载："司马彪《九州春秋》曰：'融（孔融）在北海，自以智能优赡，溢才命也，当时豪杰皆不能及。'"④ 曹操性忌，孔融自以为才能超群，结果被杀。骄傲恃才，必遭恶果，谦虚谨慎，必能发达。这是为人处世的箴言。

智略与智谋。智慧谋略，计谋智巧。《三国志》载：夏侯尚死，谥曰悼侯。注引《魏书》记载诏曰："智略深敏，谋谟过人，不幸早殒，命也奈何。"⑤ 夏侯尚的智谋才略深沉敏锐，计谋策略过人，不幸早死，奈何这是命。智谋，韩非说："上古竞于道德，中世逐于智谋，当今争于气力。"韩非以社会变迁、历史发展的观点，论证法治的合理性。认为古今异俗，新故

① 楼宇烈主撰：《荀子新注》，中华书局1979年版，第367页。
② 梁启雄：《韩子浅解》，中华书局1960年版，第449页。
③ 陈奇猷：《吕氏春秋校释》卷17，学林出版社1984年版，第1029—1030页。
④ 《魏书》，《三国志》卷12，中华书局1959年版，第371页。
⑤ 《魏书》，《三国志》卷9，中华书局1959年版，第294—295页。

异备。他把人类历史分为上古、中古、近古三个时期，每一个时期各有其性质、特点和职能，上古将道德的高下作为修养道德的竞争标准，中古以智慧策略的多寡深浅来较量胜负，今世以力力的强弱来较量胜负。事异则备变，当今非第四次工业革命时代，而是大智能时代，它超越了机械化、电气化、自动化的第一、二、三次工业革命，将智能的强弱、先进落后作为较量的标准，将智略、智谋的深度学习，借鉴、运用、创新互联网、物联网、大数据、云计算作为竞赛的高下。

智囊与智算。足智多谋和计谋计策多的人。古代官府幕僚、师爷为官府的智囊人物。《史记》载："樗里子滑稽多智，秦人号曰智囊。"《索隐》解滑稽"谓辩捷之人，言非若是，言是若非，谓能乱同异也"。由于樗里子足智多谋，在攻魏曲沃、伐赵、攻楚中战功卓著，秦封其为严君。《史记》又载：晁错跟伏生学《尚书》学，学习回来"因上便宜事，以《书》称说。诏以为太子舍人，门大夫，家令，以其辩得幸于太子，太子家号曰智囊"。以晁错为计谋计策的能人。干宝《晋书》曰："桓范出赴爽，宣王谓蒋济曰：'智囊往矣。'济曰：'范则智矣，驽马恋栈豆，爽必不能用也。'"[1] 桓范虽足智多谋，但跑不快的马贪恋饲料，曹爽不会用他的计策。智算，《后汉书》载："时烧何豪有妇人比铜钳者，年百余岁，多智算，为种人所信向，皆从取计策。"[2] 比铜钳能预测吉凶祸福，取得众人的信任，都请她计策、测算。中国古代就认识到智囊和智算等人物的价值，战国时周王朝衰落，诸侯国之间互相争霸，为了壮大自己的势力，争取有利地位，一些卿大夫便结交和招收各种足智多谋、智算计策的有本领的人物，当时赵国的平原君、齐国的孟尝君、魏国的信陵君、楚国的春申君为"四公子"，据说他们招养的门客都在三千人左右，这些智囊人物的门客，给他们出谋划策，排除各种困难。这就是中国古代养士机制，犹如智囊团或曰智库。当然，古中国智囊团与现代智库无论是在性质、机构，还是形式、机制上均有很大的区别。

智虑与智识。才智谋虑和谋略心计以及聪明识别的能力。才智谋略需要

---

① 《魏书》，《三国志》卷12，中华书局1959年版，第287页。
② 《后汉书》卷87，中华书局1965年版，第2880页。

智识，智识能力的培养需要通过谋略的实践。荀子说："夫天生蒸民，有所以取之。志意致修，德行致厚，智虑致明，是天子之所以取天下也。"① 天生众人，各有取得各人自己应有的地位、位置的道理。如果要取天下，必须意志、志向是最美好的，道德行为是最纯厚的，才智谋略是最明辨的，这是取得天下的必具的条件。若"其虑之不深，其择之不谨，其定取舍楛僈，是其所以危也"②。谋虑不深刻，选择不谨慎，决定的取舍很草率，这是其遭遇危机的原因所在。这是天子之所以取天下与奸人之所以产生危机的根本缘由。其间存在着对客观形势和人物的智慧聪明的识别能力的问题。智识，韩非说：聪明睿智是自然天生的，动静思虑是人为的，人的视、听、思虑是因天而生。"目不明则不能决黑白之分，耳不聪则不能别清浊之声，智识乱则不能审得失之地。"③ 目、耳、思虑过甚、过度，便产生不明、不聪、智识乱，就不能决黑白、别清浊、审得失。失去了目、耳、思虑的价值和作用，就是目盲、耳聋和心狂。目盲不避白天夜晚的危险，耳聋不知雷霆的危害，心狂易犯法令的灾祸。"所谓事天者，不极聪明之力，不尽智识之任。苟极尽则费神多，费神多则盲聋、悖狂之祸至，是以啬之。啬之者，爱其精神，啬其智识也。"④ 啬是省的意思，是不极尽聪明和智识。如果要修治人为，就要采取爱精神和啬智识的方法。韩非认为，如果要获得智识的聪明识别能力，要通过对客体事物观察、试验的实践，没有通过实践检验的智识，是一种"前识"。所谓"前识者，无缘而忘意度也"⑤。无缘智识的规则而凭先入为主的识知胡乱猜测，因此韩非批评说："前识者，道之华也，而愚之首也。"⑥ 前识是道理、道术中的虚华、愚蠢的开端。

聪明才智是人类一诞生就热烈追求的。在《新旧约全书》的《创世纪》中，上帝（神）创造了天地万物和人类的始祖亚当、夏娃，上帝对他们说，伊甸园中各种树上的果子你们都可以吃，只有分别善恶树上的果子不可以

---

① 楼宇烈主撰：《荀子新注》，中华书局 1979 年版，第 41 页。
② 楼宇烈主撰：《荀子新注》，中华书局 1979 年版，第 41 页。
③ 梁启雄：《韩子浅解》，中华书局 1960 年版，第 148 页。
④ 梁启雄：《韩子浅解》，中华书局 1960 年版，第 149 页。
⑤ 梁启雄：《韩子浅解》，中华书局 1960 年版，第 144 页。
⑥ 梁启雄：《韩子浅解》，中华书局 1960 年版，第 144 页。

吃，吃了定会死。但在蛇的引诱下，他们吃了，于是眼睛就亮了，就有了智慧。他们不选择吃长生不老生命树上的果子，而宁可选择智慧，对自己的赤身露体有了羞耻感。这就是说他们宁愿牺牲自己生命去换取智慧，智慧比生命更重要、更有价值。古希腊苏格拉底也孜孜不倦地去寻求智慧，他去访问各种不同的人，如政治人物、诗人、剧作家、手艺工匠等，看是否比他更有智慧，激起了不断追求智慧的热情和决心。智慧是能做到和想到诸多人做不到想不到的事物，能预见宇宙、社会、人际、心灵、文明的未来的愿景。

智能的"能"的价值与智结合，才能使智能得以实现，而发挥智能的效能，无智能的能就失去灵感、灵魂，无能的智是不食人间烟火的虚无；能是检验智的效能的尺度，智是指导能的指针，两者须臾不离，相得益彰。

"能"见于金文《沈子簋》《毛公鼎》《中山王鼎》及江陵楚简。《说文》："能，熊属，足似鹿。能兽坚中，故称贤能，而强壮称能杰也。"徐灏注笺："能，古熊字……假借为贤能之能，后为借义所专，遂以火光之熊为兽名之能，久而昧其本义矣。"《玉篇·能部》："能，多技艺也。"《广韵·代韵》："能，技能。"有才能、能够、胜任、亲善等义。

能干与能行。能干会办事，有才能会实行。《后汉书》载："尝（孟尝）安仁弘义，耽乐道德，请行出俗，能干绝群。前吏守宰，移风改政，去珠复还，饥民蒙活。"[1] 孟尝为合浦太守，与交阯比境，合浦不产稻谷，而产珍珠，先前宰守贪利，过度采求，珍珠徙于交阯，人物无资，贫者饿死于道。孟尝到任后，改革前弊，去珠复还，实乃休采捕而珍珠恢复生产，饥民蒙孟尝而恢复生机，被杨乔推荐为能干的官吏。能行，《周礼》载："以听官府之大计，弊群吏之治。一曰廉善、二曰廉能、三曰廉敬、四曰廉正、五曰廉洁、六曰廉辨。"[2] 郑玄注："能，政令行也。"政令能够得以实行。晋陆机《文赋》："盖非知之难，能之难也。"此能即能行之行，行之难也，有知难行亦难的意蕴。

能事与能够。能够做到的事，能够胜任的职责。《周易·系辞上》载：

---

① 《后汉书》卷76，中华书局1965年版，第2474页。
② 《后汉书》卷76，中华书局1965年版，第2474页。

"引而伸之，触类而长之，天下之能事毕矣。"韩康伯注："伸之六十四卦。"孔颖达疏："触逢事项，而增长之。若触刚之事类，以次增长于刚；若触柔之事类，以次增长于柔。天下之能事毕矣者，天下万事皆如此例，各以类增长。"①接触刚性、柔性的事情、事物，便增长刚性、柔性事情、事物，天下万事万物分别以其类增长和加强，这是事物发展、进步的一种形式，另一种形式是天下万事万物是相互联系的、相互促进的，又是互相依赖的、互相交感的。无刚就无所谓柔，无柔亦无所谓刚，刚柔相济，亦是天下万事万物皆如此例。能够，《尚书》载：西伯（文王）战胜了黎国，祖伊很恐惧，他把这件事情告诉了商纣王。纣王说：我是接受上天大命治理国家的，老百姓能够怎样我呢？祖伊说："呜呼！乃罪多参在上，乃能责命于天。殷之即丧，指乃功，不无戮于尔邦！"孔安国《传》："言汝罪恶众多，参列于上天，天诛罚汝，汝能责命于天！"②乃能、汝能，均作能够解。《孟子》载："孟子曰：'今之事君者，曰我能为君辟土地，充府库。今之所谓良臣，古之所谓民贼也。'"注："辟土地，侵邻国也。充府库，重赋敛也。"③古代以伤民为民贼，今以为良臣，古今异世界事，价值观念发生变化，对世事的价值判断也显天壤。若依孟子君为轻、社稷次之、民为贵的思想而观照，则伤民之事，为民贼，这是孟子对伤民和兼并战争的批判。这里所说能够辟土地、充府库，在战国时代从民贵思想出发并非善事。《史记》载：齐湣王十二年攻魏，魏王对韩冯、张仪说，煮枣将拔，"齐兵又进，子来救寡人，则可矣，不救寡人，寡人弗能拔"。司马贞《索隐》："能，犹胜也，言不胜其拔，故听齐拔之耳。"④能够战胜，不能够战胜即被攻破，不能够救魏，就会被齐攻陷。

能吏与能臣。有才能会办事的官吏及能遵守臣的品节、礼节的臣子。《汉书》载："元帝初即位，待诏郑朋荐敞先帝名臣，宜傅辅皇太子。上以

① 《周易正义》卷7，《十三经注疏》，中华书局1980年版，第80页。
② 《尚书正义》卷10，《十三经注疏》，中华书局1980年版，第177页。
③ 焦循：《孟子正义》卷25，中华书局1987年版，第854页。
④ 《史记》卷46，《国学基本丛书》，商务印书馆1932年版，第95页。

问前将军萧望之，望之以为敞能吏，任治烦乱，材轻，非师傅之器。"① 郑朋推荐张敞为皇太子的师傅，元帝询问萧望之。望之认为张敞是一个有才能的官员，但不是做皇太子师傅的人才。张敞的弟弟张武被任命为梁相，梁王骄贵，是一个难能治理的地方，张武以刑法治理梁国，"武既到官，其治有迹，亦能吏也"。张武是有才能会办事的官吏。能臣，《淮南子》载："成王既壮，周公属籍致政，北面委质而臣事之，请而后为，复而后行，无擅恣之志，无矜伐之色，可谓能臣矣。故一人之身而三变者，所以应时矣。"② 周武王死后，成王年幼，周公继承文王的事业，履行天子的职位，听天下的政见。周公在侍奉成王时候，行无专制，事无由己，婉顺而谨慎。到了成王成年，周公归政于成王，而执臣子之礼，每事必请示，然后去实行，没有功臣的姿态，不自夸其功劳，无骄傲自大的颜色，拘谨自持，可以说是能臣。在历史上有不少功臣，由于功高自大，以致遭杀身之祸。能做到像周公这样，实属不易，这就需要做到"君子终日乾乾，夕惕若厉，无咎"。或者"吾日三省吾身"，才不会重复历史上一些功臣的错误。历史的教训，值得借鉴。

能士与能顺。有知识有才能的士子与和顺亲善。能士，《战国策》载：魏惠王对公叔痤说："公叔岂非长者哉？既为寡人胜强敌矣，又不遗贤者之后，不掩能士之迹，公叔何可无益乎？"③ 公叔痤是一个有高尚道德的人，既有战胜强敌之功，又不遗忘贤者的后代，不掩盖能士的功劳。《荀子》曰："百里之地，其等位爵服，足以容天下之贤士矣；其官职事业，足以容天下之能士矣；循其旧法，择其善者而明用之，足以顺服好利之人矣。"④ 给予等级地位及相应服饰职业，能容纳贤士。给予官职、事业，能容纳有才能的能士。能顺，《正字通·肉部》："能，顺习也。"《诗经》载："柔远能迩，以定我王。"朱熹注曰："柔，安也，能，顺习也。"能和顺亲善，能安远方的诸侯国，和顺而相亲近。《左传》载："范鞅以其亡也。怨栾氏。故

① 《汉书》卷76，中华书局1962年版，第3226页。
② 刘文典：《淮南鸿烈集解》卷13，中华书局1989年版，第429页。
③ 王守谦：《战国策全译》，贵州人民出版社1992年版，第668页。
④ 梁启雄：《荀子简释》，古籍出版社1956年版，第147页。

与栾盈为公族大夫而不相能。"① 范鞅与栾盈同为公族大夫，二人不能和谐共处，范鞅被迫到了秦国。不相能，也可解为不善于与他人相处，《玉篇·能部》："能，工也，善也。"

能知与所知。主体人的认知能力与所认识客体对象的关系。庄子提出能知与所知的概念。"故知止其所不知，至矣。孰知不言之辩，不道之道，若有能知，此之谓天府。"② 主体知道、认知其所不知的，就达到认知的极点。"能知"是主体所具有认知能力，这是认知主体本然具有的潜在的府库。庄子往往把能知简称为知，而把认知客体对象称为所知。"一知之所知，而心未尝死者乎。"③ 成玄英疏："一知，智也。所知，境也。能知之智照所知之境，境智冥会，能（无）所〔无〕差，故知与不知，通而为一。虽复迹理物化，而心未尝见死者也。"④ "一知"是主体人本具的认知的智慧，"所知"是客体认知的对象，"一知之所知"，能知主体与认知客体相互融合的智慧，所知是被能知所观照的客体对象。荀子说："所以知之在人者谓之知，知有所合谓之智。所以能之在人者谓之能，能有所合谓之能。"⑤ 主体人固有的认知客体事物的能力称为知，主体的认知能力与客体认知对象相接触融合所获得的认知称为智慧。认知主体固有的认知能力施予客体认知对象，在实践中与之相结合称为能力或才能。主体本能的认知能力转化为才能，是与认知对象的"所"相融合而形成的。对能知与所知作了较深刻的阐述。自印度佛教传入中国后，在与中国传统文化相融突和合中，诞生了中国化的佛教，东晋时曾被人称为"中国玄宗大师"的僧肇，融突和合魏晋以来玄学和佛教主要流派的观点，构建了其佛教哲学体系。他借鉴、吸收中国传统的能知与所知的思想与佛教思想相融合。"般若即能知也，五阴即所知也，所知即缘也。夫知与所知，相与而有，相与而无。相与而无，故物莫

---

① 杨伯峻：《春秋左传注》，中华书局 1981 年版，第 1058 页。
② 郭庆藩撰，王孝鱼点校：《庄子集释》，中华书局 1961 年版，第 668 页。
③ 郭庆藩撰，王孝鱼点校：《庄子集释》，中华书局 1961 年版，第 193 页。
④ 郭庆藩撰，王孝鱼点校：《庄子集释》，中华书局 1961 年版，第 196 页。
⑤ 楼宇烈主撰：《荀子新注》，中华书局 1979 年版，第 367 页。

之有；相与而有，故物莫之无。"① 般若是梵文的音译，汉译为智慧，它是一种超经验、知识的灵智，是洞照性空，成佛的宗教智慧，也是体悟万物性空的直觉能力，这种能力是本具的，而喻为能。五阴又译为五蕴（色、受、想、行、识），包含物质、精神世界，为其认知对象所知。万物的有与无，知与无知都由因缘和合而起。能知与所知，认知主体的认知能力与认知客体对象的关系，既相对待而有，又相对待而无。宋明理学中气体学集大成者王夫之，他在评价佛教、程朱、陆王的能知与所知中，对其作了深度的诠释，他从体用、思位、己物、内外四个方面对其作了不离不杂融突和合的论述。能知与所知有冲突又融合，"乃以俟用者为所，则必实有其体，以用于俟用而可以有功者为能，则必实有其用"②。作为接受主体认知作用的客体对象的所，它必须是实有的本体或实体；作为作用于客体对象而产生功效的主体体认能力的能，必须是实有的体认功能。无论是体或用，一依于实有。所俟能，能用乎所，拒物空所，能亦空能，那么就陷入"能自能""所自所"，犹如"物"与"己"，"物自物，而己自己，未尝不待吾审二人遽人吾中者也"③。能与所不发生交感、交接关系，就不能构成主体对客体的认知活动。所俟能，能作用于所。"境之俟用者曰所，用之加乎境而有功者曰能。"④ 所作为客体的境，有待主体的作用，若客体的所（境）未进入主体的认知活动，便不能为主体所认知。但所（境）不能决定能否与主体认知活动产生交感、交接作用，"己欲交而后交，则己固有权矣"⑤。交感、交接主动权掌握在主体认知的自己手里。能与所有内外的不离不杂，"所著于人伦物理之中，能取诸耳目心思之用。所不在内，故心如太虚，有感而皆应。能不在外，故为仁由己，反己而必诚"⑥ 作为主体认知对象的客体超越于主体人心之外，它呈现于内在的人伦物理之中；作为主体认知能力、功能，只有通

① 《中国佛教思想资料选编》第 1 卷，中华书局 1981 年版，第 149 页。
② 王夫之：《尚书引义》卷 5，《船山全书》第 2 册，岳麓书社 1991 年版，第 376 页。
③ 王夫之：《尚书引义》卷 5，《船山全书》第 2 册，岳麓书社 1991 年版，第 268 页。
④ 王夫之：《尚书引义》卷 5，《船山全书》第 2 册，岳麓书社 1991 年版，第 376 页。
⑤ 王夫之：《尚书引义》卷 5，《船山全书》第 2 册，岳麓书社 1991 年版，第 268 页。
⑥ 王夫之：《尚书引义》卷 5，《船山全书》第 2 册，岳麓书社 1991 年版，第 380 页。

过耳目感觉和心思思辨，才能表现体认主体的作用。能知与所知经王夫之的诠释，使中国哲学的认知论达到较高的水准，为中华民族的认知论开出新路径、新精神。

智与能融合，其价值呈现为智慧与才能，它在中华传统文化中体现为思维灵感、灵魂理念与才能才干、能力能吏的关系；思想概念与实在、存在的关系；主体认知能力与客体认知对象的关系，即能知与所知的关系；智慧、知识与实践、实行的关系；计谋、谋略与能事、能臣的关系。也是内与外的内在性与外在性关系，内在性的智慧、思维、理念、知识、计谋、谋略，有待通过能士、能吏、能臣、能事、能干的人才发挥其能量，进行外在性的实现、实行、实施、实践、实验，构成智能价值体系，智能价值体系将创造新世界。

在中华传统文化中，智能主要是指主体人的智慧、聪明和实践客体的才能、能力。人类随社会的发展和智能实践活动的提升，不断将人类的智能转化为人类所需要的对象物，使人类的生活得到丰富。在当今互联网、物联网、大数据、云计算的大智能时代，智能已赋予和浸润到人类一切活动的价值理性和工具理性之中。它不仅成为最普世的话语体系，而且成为人类日常一切活动的须臾不离的存在者，离了此存在的他者，他的日常生活中就失去了最亲密的存在者，人类的衣、食、住、行、用等就会发生困难和危机。

二、相应是万物普遍规则

然而，如果"智自智""能自能"，主体智慧，不接受客体能士的作用、实践，或者客体能臣、能吏不能运用主体智慧于实践、实验，或者客体能事、能知未进入主体智慧域，主体智慧域未遘入客体能事、能知，就不能构成智能价值内涵的功效。因此，智与能必须发生交感、交接的感应作用或者相应功用。犹如荀子说："生之所以然者谓之性，性之和所生，精合感应，不事而自然谓之性。"[①] 人生来就是这样的叫作性，性是由阴阳五行等气融

---

① 楼宇烈主撰：《荀子新注》，中华书局1979年版，第367页。

突和合而成，这是主体人与外在事物相接触而产生的感应、反应，不是后天的教化与修养，而是自然感应的结果。这就是智与能必须互相感应、互相交接、互相相应。韩非说："所谓方者，内外相应也，言行相称也。"① 内在的思想、智慧与外在的能干事、实践相照应、相感应，犹如话语与行动相符合，知行合一。

智能相应的"相"，见于《殷墟书契前编》5.25.5、《殷墟文字乙编》4057、金文《相侯簋》。《说文》："相，省视也。从目从木。《易》曰：'地可观者莫可观于木。'《诗》曰：'相鼠有皮。'"段玉裁注："此引《易》说从目木之意也。目所视多矣，而从木者地上可观者莫如木也。"徐灏《笺》："戴氏侗曰：'相，度木也。工师用木，必相视其长短、曲直、阴阳、刚柔之所宜也。相之取义始于此会意。'"有相视、省察、相互、相交、选择、相助等义。

相互与相坐。交互、交往、相互往来、变化以及相互关联、联通、相应。《周易》载："刚柔相推而生变化。"虞翻注曰："刚推柔生变，柔推刚生化也。"李道平疏："一往一来曰推，阳称变，阴称化，阳来阴往，则刚推柔生变，阴来阳往，则柔推刚生化，刚柔相推，消息之象也。"② 刚柔、阴阳相互往来，相互往来的过程，是相互借鉴、吸收的变化的实现，不相推、不相交，万事万物就处静态、固定、不变、不化的状态，事物就不会发展、进步。唯有打破不相推、不相交，才能相应、相连。相坐，有相应、相关联的含义。《庄子》载："谓己道人，则勃然作色……饰辞聚众也，是终始本末不相坐。"郭庆藩按："道人即谀人也。"有人讲自己是谄媚的人，就勃然变色；讲自己是奉承的人，就忿然变脸，然而终身阿谀的人，以修饰文词来聚众，保持终始，合其本末，众既聚从，不相罪坐。《淮南鸿烈》曰："商鞅为秦立相坐之法，而百姓怨矣。"注曰："相坐之法，一家有罪，三家坐之。"③ 把三家的人均连在一起，这种相坐是国家的强迫，强权所压，以使人不犯罪。然而互联网、物联网、大数据、云计算联通是社会、人民、发

① 梁启雄：《韩子浅解》，中华书局1960年版，第147页。
② 《周易集解纂疏》卷8，《丛书集成初编》，商务印书馆1936年版，第369页。
③ 刘文典：《淮南鸿烈集解》卷20，中华书局1989年版，第695页。

展、繁荣的需求，百姓不是怨恨，而是欢迎、点赞。

相连与相通。天地万物都互相连接、联系，而互相联通，由于相连、相通，而构成系统的、整体的、有序的体系。《淮南鸿烈》讲：圣人胸怀天心，能动化天下，精诚感于内，形气动于外，祥瑞不断而至。若逆天暴物，则灾祸不断，深沉地体现了环保思想。"天之与人有以相通也。故国危亡而天文变，世惑乱而虹霓见，万物有以相连，精锓有以相荡也。"① 人的精诚能感动天，天心与人心相通。犹如朱熹说："吾之心正，则天地之心亦正矣，吾之气顺，则天地之气亦顺矣，故其效验至于如此。"景星见，黄龙下，凤凰至，嘉谷生，无水旱之灾，假如心不正、气不顺，逆天暴物，那么，日月五星失序，四时乖戾，山崩川涸等自然灾害就会发生，社会、国家、事物的危亡、动乱、失败就会出现，天文会发生变化，虹霓会出现，物与物之间是相连的。当今的人工智能把人心与天心，太空的卫星与地上的科研、军事、学术、经济、政治、文化、事变紧紧相连、相通，虚拟时空把物理时空转化为智能时空。这便是天地万事万物智能相连相通的缘故。如三相、多相交流发电机有三个、多个绕组，每一绕组为一个相，发电时三个、多个绕组的电动势变化频率相同而相通、相连。

相识与相择。互相相知、相识，由于知根知底，便可以对人、对事、对物、对职业进行准确的选择。《春秋左传》载：吴季札"聘于郑，见子产，如旧相识。与之缟带，子产献纻衣焉"②。吴季札是吴王寿梦第四个儿子，他到郑国去，与子产相识，子产厚待礼遇季札，给他白色生绢的大带和麻所织的衣服。当然也会给子产以礼物，互相赠物。他对子产说，郑国的执政伯有很奢侈，国家将有难，你子产将执政，若执政必慎之以礼，不然，郑国将败。这是两人相知相识说的话。相择，《周礼》载："凡相笴，欲生而抟，同抟欲重。"郑玄注："相，犹择业。"③ 笴为弓矢的干，干的选择，要选择坚实的木料做弓圌。《三国演义》载：赵云向刘备推荐李恢来招，刘备问："今何故归我？"李恢说："吾闻良禽相木而栖，贤臣择主而事。前谏刘益州

---

①　刘文典：《淮南鸿烈集解》卷20，中华书局1989年版，第664页。

②　杨伯峻：《春秋左传注》，中华书局1981年版，第1166页。

③　《周礼注疏》卷41，《十三经注疏》，中华书局1980年版，第924页。

者，以尽人臣之心，既不能用，知必败矣。今将军仁德布于蜀中，知事必成，故来归耳。"良禽选择树木而栖息，贤臣选择主人而从事。李恢说出了他相择的缘由。

相得与相治。互相配合、互相匹配以及可辅佐、治理。《周易·系辞》曰："天数五，地数五，五位相得而各有合。"虞翻注："五位，谓五行之位，甲乾乙坤，相得合木，谓天地定位也；丙艮丁兑，相得合火，山泽通气也；戊坎戌离，相得合土，水火相逮也；庚震辛巽，相得合金，雷风相薄也；天壬地癸，相得合水，言阴阳相薄而战于乾，故五位相得而各有合。"《周易·革卦·彖传》曰："二女同居，其志不相得，曰革。"李道平疏："离中女，兑少女……火曰炎上，故离火志上；水曰润下，故兑水志下，上下异志，故不相得。"阴阳、男女相得，犹"男女构精，万物化生"。二女同居，不能生儿育女。从国家治理来说，如何使百姓安居乐业，《礼记》载："凡居民，量地以制邑，度地以居民，地邑民居，必参相得也。无旷土，无游民，食节事时，民咸安其居，乐事劝功，尊君亲上，然后兴学。"郑玄注："得，犹及也。"度量土地分给居民，并组织成邑，使土地不荒，居民有土地，从事生产，就没有游民，百姓安居乐业，然后到学校学习。因而《小尔雅·广诂》："相，治也。"《尚书》曰："相我受民，和我庶狱庶慎，时则勿有间也。"孔安国传曰："能治我所受天民，和平我众狱众慎之事。"孔颖达疏："正义曰：相训助也。助君所以治民事，故相为治，天命王者使之治民。"相为助君治理民事，谨慎地治理众狱讼，以求和平化解。

相须与相辅。相互依赖，相互配合，相互辅佐，相互帮助、扶助。《诗经》曰："习习谷风，维风及雨。"毛亨《传》："兴也。风雨相感，朋友相须。"孔颖达疏："由朋友相须，故恩得成，朋友恩爱，相须若是。事有穷达，不可相弃，何为且恐且惧，当遭苦厄之时，维我与汝，独受此难，才得且安且乐；志达之时，汝何更弃我乎？不念恩爱之时也。"郑玄解释说："习习和调之貌，东风谓之谷风。"风雨相交感、感应，犹如朋友互相配合扶助。润泽万物生长，比喻朋友恩爱，朋友穷则同艰共苦，达则不忘恩爱、相须之时。这是就自然风雨相须而推及朋友相须。就日用工具的效应来说，《汉书》讲："规者，所以规圆器械，令得其类也。矩者，所以矩方器械，令不失其形也。规矩相须，阴阳位序，圜方乃成。"① 规矩是画圆、方、直角用的标准工具、器械。画成方圆，必须依赖、依靠规矩。无规矩，不能成方圆，规矩是人的发明创造，人运用自己创造工具、器械，而制造合符精准、标准的产品，在中国哲学的文献中，相须是经常使用的概念。相辅、辅相、相扶，都是辅佐、扶助的意思。《广韵·漾韵》："相，扶也。"《集韵·漾韵》："相，助也。"《周易》曰："天地交，泰，后以财成天地之道，辅相天地之宜，以左右民。"孔颖达疏："相，助也。当辅助天地所生之宜。"《周礼》讲扶助盲人，"凡乐事相瞽"。郑玄注："相，谓扶工。"贾公彦疏："眠瞭有目，瞽人无目，须人扶持故也。"② 盲人做事走路靠有眼睛的人的扶助、相扶，不然，就会走错路，或发生危险，以后可以有智能机器人扶助、相扶盲人做一切事情。

相知与相好。知己的挚友，或彼此亲密的人，或知根知底的亲近的人。屈原《楚辞·离骚》曰："悲莫悲兮生别离，乐莫乐兮新相知。"朱熹集注："司命初与己善，后乃往来飘忽，不言不辞，乘风载云以离于我，适相知而遽相别，悲莫甚焉！于是乃复追念始者相知之乐也。"③ 司命为文昌宫第四星，屈原放逐，见楚国沅、湘之间，有信鬼好祭祀的风俗，祭祀鬼神必使巫觋作乐，歌舞以娱乐神。以寄托其忠君爱国的眷恋的意蕴，悲者悲其被放逐，乐者乐其相知之时。《史记》载："灌夫亦倚魏其，而通列侯宗室为名高。两人相为引重，其游如父子然。相得欢甚，无厌，恨相知晚也。"④ 后作成语相知恨晚。相好，《诗经》载："兄及弟矣，式相好矣，无相犹矣。"毛亨《传》："笺云，犹当作瘉。瘉，病也。言时人骨肉用是相爱好，无相垢病也。"⑤ 兄弟互相爱好，相互没有指责或辱骂。《左传》载："昔逮我献公及穆公相好，勠力同心，申之以盟誓，重之以昏姻。"⑥ 往昔晋国献公与秦国穆公曾有盟誓，晋献公之女嫁与秦穆公为夫人。相好也有男女相爱的

---

① 《汉书》卷21上，中华书局1962年版，第970页。
② 《周礼注疏》卷23，《十三经注疏》，中华书局1980年版，第797页。
③ 朱熹：《楚辞集注》卷2，上海古籍出版社1979年版，第40页。
④ 《史记》卷107，《国学基本丛书》，商务印书馆1932年版，第79页。
⑤ 《毛诗正义》卷11，《十三经注疏》，中华书局1980年版，第436页。
⑥ 杨伯峻：《春秋左传注》，中华书局1981年版，第861页。

意蕴。

相于与相亲。相互亲厚、互相亲近，也是古代议婚的一种礼仪。相于，《潜夫论》载："夫尧舜之相于，人也，非戈与伐也，其道同仁，不相害也。"① 尧舜相亲相厚，两者相因而成大光，两圣相德而致太平。《仪礼》贾公彦《疏》引郑玄注："郑目录云：大问曰聘，诸侯相于久无事，使卿相问之礼。"② 《周礼》规定，凡诸侯的邦交，岁相问。大聘使卿相，小聘使大夫。这是诸侯之间的友好、相近的往来聘礼。《春秋左传》载孔颖达疏："诸侯相吊之礼，含禭赗临，同日而毕，与介代有事焉，不言遣异使也。诸侯相于，则唯遣一使。"③ 吊礼，诸侯之间要派遣使者去吊丧，以表示互相之间相亲相厚。相亲，韩非曰：赵国都邯郸，居燕、齐、魏、韩的中央，四国的人杂居。"当是时也，赵氏上下不相亲也，贵贱不相信也，然则邯郸不守。"④ 邯郸为战略要地，而其内部上下、贵贱不相亲、不相信，矛盾重重，不能团结和谐，是秦容易攻占的战略之地。

相的价值内涵展开，是人与自然、社会、人际、心灵、文明之间的紧密的交互、交往、连接、依赖、配合、辅佐、治理、选择、亲近、亲密、婚姻等，而其自然与自然、社会与社会、人际与人际、心灵与心灵、文明与文明之间以及其相互之间亦相互交往、连接、依赖、配合、辅佐、亲近、亲密等，构成质相的命运共同体或宇宙、人类的整体性、系统性、有序性。

智能相应的"应"，不见于甲骨，有见于金文。《说文》："应，当也。从心。"《尔雅·释诂下》："应，当也。"应当、应该等，其义丰厚。

应求与应和。互相应和、响应，你问我应，相互应响。《广雅·证韵》："应，物相应也。"此物作用彼物，彼物回应此物，彼此事物构成互动、交流、联通、连接关系。应求，《周易》载："九五曰，飞龙在天，利见大人，何谓也？子曰：同声相应，同气相求。"张璠释曰："天者阳也，君者阳也，

① （汉）王符著，汪继培笺：《潜夫论笺》卷7，中华书局1979年版，第324页。
② 《仪礼注疏》卷19，《十三经注疏》，中华书局1980年版，第1046页。
③ 《春秋左传正义》卷19上，《十三经注疏》，中华书局1980年版，第1842页。
④ 梁启雄：《韩子浅解》，中华书局1961年版，第7页。梁启雄认为，《初见秦》作者不是韩非。

雷风者天之声，号令者君之声，明君与天地相应，合德同化，动静不违也。"① 天人一理，合一，天与君相应、应求。又虞翻注："艮兑山泽通气，故相求也。"② 艮为山，兑为泽，艮兑山泽通气，同气相求、应求。《魏书》载："孝悌廉义，文武应求者，皆以名闻。"③ 诏洛、怀、并、肆四州之民，对百岁、九十、八十、七十岁的赐爵，对鳏寡孤独不能自存的人，人粟五斛，帛二匹，以使百姓生活有保障，孝悌廉义的道德得以施行，对有道德文武之才能的人，凡应求者，同庶族例予以对待。应和，《正字通·心部》："应，魏晋诗文属和曰应"为应和。应和有响应附和的意蕴。《史记·陈涉世家》载：陈胜攻入陈，自立为王，号为张楚。"当此时，诸郡县苦秦吏者，皆刑其长吏，杀之以应陈涉。"④ 应和陈胜（字涉）反秦，强秦在动乱中灭亡。

应时与应物。适应时势的变化，以及适应事物的发展。时势、事物发展变化一日千里，瞬息万变，若不适应其发展变化，就会落后、边缘化，甚至出局，因此应时、应物的价值是最宝贵的，它关涉自然、社会、人际、心灵、文明各个领域。荀子说："从天而颂之，孰与制天命而用之，望天而待之，孰与应时而使之。"⑤ 顺从天而歌颂它，不如控制天命而利用它，盼望天时的恩赐，不如顺应自然季节的变化而使用其为人服务，体现了度越主体人受自然天命控制、支配的境域，而掌握主体人自己命运的自觉。应物，适应事物的变化。《庄子》载："邀于此者，四肢疆，思虑恂达，耳目聪明，其用心不劳，其应物无方。"成玄英疏："遇于道而会于真理者，则百体安康，四肢强健，思虑通达，视听聪明，无心之心，用而不劳，不应之应，应无方所也。"⑥ 孔子与老子探讨道是什么？老子在讲道的性质与各种功能的价值时，道是一种无心的心，不应的应，它是适应万物的变化而不拘执、执

---

① 《周易集解纂疏》卷1，《丛书集成初编》，商务印书馆1936年版，第17页。
② 《周易集解纂疏》卷1，《丛书集成初编》，商务印书馆1936年版，第18页。
③ 《魏书》卷7下，中华书局1974年版，第173页。
④ 《史记》卷48，《国学基本丛书》，商务印书馆1932年版，第26页。
⑤ 楼宇烈主撰：《荀子新注》，中华书局1979年版，第278页。
⑥ 郭庆藩撰，王孝鱼点校：《庄子集释》卷7下，中华书局1961年版，第741—742页。

着的本真。《史记》载：道家"其为术也，因阴阳之大顺，采儒墨之善，撮名法之要，与时迁移，应物变化，立俗施事，无所不宜"①。道家的方法，根据阴阳家掌握天时运行的规律，采取儒家、墨家的好处，吸收名家、法家的精要，随时间的迁移，适应事物的变化，订立规则来做事，没有不适宜的。在当前互联网、物联网、大数据、云计算的人工智能的大智能时代，唯有借鉴、学习、吸收各领域各国、各民族的优秀成果，才能在全面开放的真诚合作中发展。

应机与应变。事业、功业的成功与否，既要适应时机，亦要抓住机遇，不抓住时机、机遇，就失去发展的好时机。在大好的时机过程中，要很精准地应付事变，否则就会被一些事变所干扰。应机，《三国志》载：郤正作《释讥》："考人事之盛衰，辩者驰说，智者应机，谋夫演略，武士奋威，云合雾集。"② 辩说快速、敏锐，智慧而适应，符合时机，计谋而有谋略，量时揣度适宜。应变，应付事变，或随机应变。荀子讲："不先虑，不早谋，发之而当，成文而类，居错迁徙，应变不穷，是圣人之辩者也。"③ 有小人、君子、圣人的辩说，三者不同，圣人的辩说，不用事先考虑和计谋，说出话来很恰当，辩说很有条理，依据随时变化的情况，而不断地应付事变不同的发展变化，这是圣人的辩说的智慧。中国先秦时，有各种各类辩论的形式和场合，苏秦、张仪就是辩士，名家、后期墨家的辩论，开创中国的逻辑学。哲学就是一种辩学的形式。有智慧者，才能掌握应机、应变。诸葛亮说："夫必胜之术，合变之形，在于机也。非智者孰能见机而作乎？见机之道，莫先于不意。"④ 取胜的方法，掌握战争变化的形势，在于随机应变，把握机遇、时机而做出不在意料情况下的取胜之道，没有智慧的将领是不可能做到的。

应接与应援。照应接待，呼应救援。《后汉书》载：寇恂谏曰："长安

① 《史记》卷130，《国学基本丛书》，商务印书馆1932年版，第58页。
② 《三国志蜀书》卷42，中华书局1959年版，第1035页。
③ 楼宇烈主撰：《荀子新注》，中华书局1979年版，第63页。
④ 《诸葛亮集》卷4，中华书局1960年版，第94页。按：李梦阳等将《将苑》改称《心书》。

道里居中，应接近便，安定、陇西必怀震惧，此从容一处可以制四方也。"①时隗嚣将领高峻，降汉又叛汉助嚣。高峻据高平，汉帝将自亲征，因而有寇恂的谏言。寇恂认为长安居中，应接起来既近又方便，据长安可制约、控制四方。《晋书》载：桓石秀博览群书，尤善《老》《庄》道家的著作。"常独处一室，简于应接，时人方之庾纯。其为简文帝所重。"②他受道家思想，好清静，所以简于应接、应酬，而常常弋钓林泽，不以荣爵婴心。应接与应援相联、相接，应援是应接救援。诸葛亮说："古之善斗者，必先探敌情而后图之。……若用贤授能，粮食羡余，甲兵坚利，四邻和睦，大国应援，敌有此者，引而计之。"③如果探知敌方是这种情况，要引而避之，不可能战而胜之。如果与此相反，师老粮绝，百姓愁怨，器械不修，将吏刻剥，赏罚轻懈，营伍失序，再加上外救不至，没有大国的救援，可攻而战胜它。胜败之道的决定因素，经敌我双方这些因素的对比，便可知己知彼，百战而不殆。

应对与应诺。互相对答，互相答应、承诺。《集韵·证韵》："应，答也。"《论语》载："子夏之门人小子，当洒扫、应对、进退则可矣。"④教人的次序，先小者近者，而后教以诚意正心大者远者。洒扫、应对、进退是小学教育的内容。程颐说："圣人之道，更无精粗，从洒扫、应对，与精义入神通贯，只是一理。"⑤洒扫、应对，便是形而上者，理无大小。因此，程颐、朱熹非常重视小学教授，这是教人如何做人，做人的基本道德规范，即人像一个人。韩非讲，赵国的敬侯，不修德行，而好纵欲，荒淫作乐，对于"进退不肃，应对不恭者斩于前。故居处饮食如此其不节也，制刑杀戮如此其无度也，然敬侯享国数十年"⑥。梁启雄认为，赵敬侯立12年卒（前

① 《后汉书》卷16，中华书局1965年版，第625页。
② 《晋书》卷74，中华书局1974年版，第1945页。
③ 《诸葛亮集》卷4，华书局1960年版，第97页。
④ 朱熹：《论语集注》卷10，朱杰人、严佐之、刘永翔主编：《朱子全书》第6册，上海古籍出版社、安徽教育出版社2002年版，第235页。
⑤ 朱熹：《论语集注》卷10，朱杰人、严佐之、刘永翔主编：《朱子全书》第6册，上海古籍出版社、安徽教育出版社2002年版，第236页。
⑥ 梁启雄：《韩子浅解》，中华书局1961年版，第418页。

386—前376），非数十年。韩非以法家严刑峻法思想来评价敬侯，认为敬侯不修德而制刑杀戮无度，亦能享国数十年，然有的虽节俭勤劳，布衣恶食，国犹自亡，以明以法治国的正确性。对于对应之言所答应、承诺的话，应予以实现。《礼记》载：文王"命膳宰曰：'末有原。'应曰：'诺。'然后退"。郑玄注："末犹勿也。原再也。勿有所再进，为其失饪臭味恶也。"①膳宰不能再给文王送有气味臭恶的食品，应诺而退。《三国志》载：顾雍死后，孙权素服临吊，以为顾雍至德忠贤，辅国以礼，"其以雍次子裕袭爵为醴陵侯，以明著旧勋"。裴松之注引《吴书》：顾雍族人顾悌，以孝悌廉正闻于乡党。"悌父何历四县令，年老致仕，悌每得父书，常洒扫，整衣服，更设几筵，舒书其上，拜跪读之，每句应诺，毕，复再拜。"② 其孝敬之心可表，每句话他都应诺而行。

应，怎样应，与谁应，如何应该，如何应当？必有与之相对应者，如此与彼应，彼与此应，构成相互关系，应该、应当亦为相互而言。在中华传统文化中应往往与相连接、联系，构成相应的价值系统，其构成的形式多样、多元。从哲学思维而言，"凡道之情，不制不形，柔弱随时，与理相应。万物得之以死，得之以生；万事得之以败，得之以成"③。万物万事得之生死成败的决定者、支配者，为道理相应的形式。道理本身是度越的，不制不形的，其形式是现实的。从政治赏罚而言，"庆赏罚刑，异事而同功，皆王者之所以成德也。庆赏罚刑与春夏秋冬，以类相应也，如合符"④。以政治法律的庆赏罚刑与春夏秋冬的四时相配合、符合，为异事相类的形式。从天人关系而言，"天将阴雨，人之病故为之先动，是阴相应而起也。天将欲阴雨，又使人欲睡卧者，阴气也"⑤。人的疾病与昏昏欲睡是天气的阴雨所引起的，为天人感应的形式，这是天的理，"同声相应，固天之理也"⑥。从自然事物来观，"美事召美类，恶事召恶类，类之相应而起也。如马鸣则马应

① 《礼记正义》卷20，中华书局1980年版，第1404页。
② 《三国志·吴书》卷52，中华书局1959年版，第1228页。
③ 梁启雄：《韩子浅解》，中华书局1960年版，第158页。
④ 苏舆：《春秋繁露义证》卷13，中华书局1992年版，第353页。
⑤ 苏舆：《春秋繁露义证》卷13，中华书局1992年版，第359页。
⑥ 郭庆藩撰，王孝鱼点校：《庄子集释》卷10上，中华书局1961年版，第1027页。

之，牛鸣则牛应之"①。这是事物互应形式。从阴阳之气来看，"以阴阳之气相动也，故寒暑燥湿，以类相从；声响疾徐，以音相应也。故《易》曰：'鸣鹤在阴，其子和之。'"② 暑、燥、疾为阳，寒、湿、徐为阴，阴阳相从相应，为阴阳相动形式。相应的多元样式、形式，普及哲学道理、自然事物、天人感应、阴阳相动、政治刑赏等。相应是指自然生态、社会活动、人伦道德、治国理政、万事万物、理念思维等相互相应关系的融突和合，是人类普遍的规则。

三、智能相应创新的和合境界

智能相应成为一个关键词，体现了中华文化旧学新知的精神。它是中华民族优秀传统文化中既古老又称新的命题，是当今智慧创新的话语。中华民族自古以来就尚贤与能，重视知识才能，尊重聪明才智，爱护智略能士，任用智虑能知；同时亦注重相通应物，看重相互应求，器重相须应援，慎重相治应变。以诸葛亮的精神爱智、识智、足智、计智、用智；以伯乐精神爱才、识才、容才、聚才、用才。在生生不息的智能相应中，中华民族屹立于世界文明古国之林。

在互联网、物联网、大数据、云计算的大智能时代，何处不智能，何处不相应？智能与相应相须相辅，智与能相连相接，相与应相好相知。智能相应作为存在者都和谐存在于大网络的存在之中。古希腊赫拉克利特最早用φιλόσοφος，译作"爱智慧的"（爱智的），其中"爱"（φιλέω）是指事物之间关系的和谐与互相适应。智慧是指所有存在的存在者都在存在之中。在赫拉克利特那里，爱智是指人与天地万物，即一切存在者相互适应、相应、和谐一致的精神③。中国文化中智能相应，在爱智者的开放包容、致广大的宏伟胸襟中，在"天地万物本吾一体""宇宙便是吾心，吾心即是宇宙"的

---

① 苏舆：《春秋繁露义证》卷13，中华书局1992年版，第358页。
② 刘文典：《淮南鸿烈集解》卷20，中华书局1989年版，第668页。
③ 参见张世英：《哲学导论》，《张世英文集》，北京大学出版社2016年版，第3—4页。

存在论的境域，天地万物一切存在者都在智能相应的融突和合体系的网络之中，无论是存在的、观念的，还是物质的、精神的，一切概不例外。量子通信网络与"墨子号"量子科学实验卫星连接，打通了天地一体化广域量子通信链路，证明"天地万物本吾一体"非假设。

就智能而言，如"仁义智能"原本是"森然于方寸之间"的，内在地连接在一起的。若"爱智慧"的"爱"做事物之间的和谐一致、相互适应、相应解，这种对一切存在的爱，是人为"天地立心"的爱，是人为"生民立命"的爱。这种爱意蕴着天地万物智能相应的和谐、和合。这就是智能便由内在的转变为外在的需求、追求相应的存在者，而智能相应本身也在追求之中，构成智能相应的整体网络系统。就相应而言，本身也在追求智能，应接应求于智能，才能应机应变。即使相应有其追求的对象，也使相应有其追求的目标，这样智能相应才能在大智能时代展示其无限的生命活力。

智能相应是互联网、大数据、云计算大智能时代的新思维方式、新价值境域、新理想境界。

奇思妙想，智能创造。中华民族是无限智慧的民族，也是善于奇思妙想的民族，以及特能创造的民族。在先秦时中华先圣先贤的智慧井喷式地爆发出来，激发了百家争鸣、百花齐放的哲学、思想、学术的突破，创造了一个东方的"融突和合期"；历代士子们最富于海阔天空式的无中生有的理想，如《周易》《诗经》《离骚》《庄子》《纬书》、汉赋、唐诗、宋词、明清小说（如《封神榜》、《西游记》）等其中所描绘的一些想象和情节，都是庄周梦蝶式所结的硕果；中国科学家们的"四大发明"震惊世人，独居世界鳌头。中华民族先圣先贤们、历代士子们、科学家们的奇思妙想、无中生有的神奇的太空、无所不能的神仙、变化无穷的孙悟空、力大无穷战无不胜的侠客，以及一切妖魔鬼怪所能所为的活动，在以往似乎是一种供茶余饭后闲谈的空想、清谈的玄学，但在大智能时代，却把空想变成现实、玄学转为实学、不可能成为可能。智能创造，就是创前所未有，造前所未造，爆发人类的无穷聪明智慧，无尽创造才能，在深度学习中，想前人所未想，知前人所未知，解前人所未解，行前人所未行。智能创造新时代、新境界，构建人类命运共同体和合天下新世界。

美好生活，前程似锦。中华民族从站起来、富起来到强起来，人民对美好生活的要求日益增长。在大智能时代，人类生活的衣、食、住、行及精神文化生活发生了颠覆性的变化。人类的脑子更聪明了，手更长了，腿更短了。人工智能"刷新"了世界，创新了城市，更新了生活方式，维新了文化生活，创造了智慧世界、智慧社会、智慧人际、智慧心灵、智慧文明，以及智慧城市、智慧社区、智慧农村、智慧生态。这是日益增长美好生活的需要。这在"2017年杭州·云栖大会"所展示人工智能等领域的最新科技创新成果上已见端倪。视觉智能、芯片计算、量子技术、无人驾驶、城市管理和智能餐厅、智能零售、智慧医院、智慧酒店、智能邮局、智能汽车等。智能相应，在其间起着重要作用，语音交互的智能相应就能导航、调温的汽车，如互联网汽车，通过语言交互的智能相应作用，车主就能打电话、导航、空调调温，提前规划路线，提供最好停车位置，这是打开新世界的大同。声纹识别技术的发展使智能音箱能"认识"主人分辨出陌生人的声音，以保证使用的安全性和私密性。人向智能机器人"天猫精灵"发出指令，随后便收到回复和所要的美食，在智能机器人内置有人机交流的智能相应系统，它像学习的"大脑"，通过与用户持续的智能相应的互动，能不断地进化成长并根据每个人的喜好进行内容设定和推荐。智能邮局、智能酒店，刷脸识别后，包裹就会送到你的面前，酒店即可入住，点点手机就能掌控房间所有设备。若人不想去邮局，就坐等配送机器人送还寄包裹。城市是人类文明的标志和符号，但拥堵成了城市病，如何使文明标志的城市变得更文明，成为智能城市，给城市装上人工智能的"大脑"，计算红绿灯是否需要应急改变，以前救护车出动遇上红绿灯就要闯红灯，很危险，智能城市的城市大脑能在救护车出动前进行路线规划，控制路线上的红绿灯，并以数据资源治愈城市拥堵病，即以数据大脑为核心，由监控设备拍下路口的交通状况，对道路和时间资源进行再分配，解决大城市亟待解决的拥堵难题。[①] 云栖小镇已描绘出一幅云计算发展蓝图，未来生活将展现更多云计算、大数据、人工

---

① 参见《这是最全景的未来生活——2017杭州·云栖大会展示人工智能等领域的最新科技创新成果》，《光明日报》2017年10月14日。

智能美好的生态全景。在大智能的智能相应的推进下，机器人按摩师在新加坡上岗。缝纫机器人将使服装业换新颜。可食用机器人将助人康复。人工智能将重塑广告营销业。它将成为中国经济新引擎。人工智能无所不能，无所不在，它带来人才选拔革命，应聘者可用智能手机完成在线面试过程。[①] 它或将延长人类寿命，使用智能相应交互式显示器的病患者如果认为某些指标可疑，可以迅速通知医生，直接与智能手机连接。[②] 数字时代颠覆传统政治生态，它带来超级连通性和信息获取总量不仅赋予人民以权力，还改变了选民对官场及政党的态度，选民们越来越觉得自己可以形成自己的观点，告别左右两派。[③] 金融是人工智能最好落地场景，人工智能技术驱动金融进入智能金融时代，整个金融行业通过流程电子化，使得服务更加便捷，在获客、服务、风控方式、IT 基础设施方面发生大变化。[④] 人工智能在智能相应中改变了世界，颠覆了人类传统生活方式，使人类生活得更便捷、更幸福、更健康、更快乐、更美好，随着人工智能飞速发展，将换来前程似锦的新时代。

思维方式，智能相应。思维魅力深植在中华文化的沃土之中，作为领导者是什么指导其慧眼识英才，是什么驱使企业家作出适时的科学决策，是什么激发科学家发明创新的灵感，是什么引领艺术家创作进入"思与境偕"的意境，是什么诱使学者突发新知的火花[⑤]，是什么启发电脑、计算机、大数据以及政治家、企业家、经济学家、逻辑学家垂青人工智能等，都是人类思维的魅力。美国《连线》杂志主编凯文·凯利认为，人工智能是人类发明的思维方式，每个人工智能项目就是一个不同的思维方式，千差万别的思维方式会帮助人类解决一些难题。[⑥]

主体人的思维方式与存在方式交互相应，人以思维方式表达人的愿望。思维方式是思维主体运用概念进行分析、综合、判断、推理活动的过程。思维一般在一定方式下运行。思维主体的人脑是思维器官，含 140 亿个神经元

---

① 参见《人工智能带来人才选拔革命》，《参考消息》2017 年 9 月 18 日。
② 参见《人工智能将延长人类寿命》，《参考消息》2017 年 8 月 1 日。
③ 参见《数字时代颠覆传统政治生态》，《参考消息》2017 年 6 月 12 日。
④ 参见《金融是人工智能最好的落地场景》，《北京参考》2017 年 9 月 18 日。
⑤ 参见李甡平：《中国思维座标之谜》，职工教育出版社 1989 年版，第 1 页。
⑥ 参见《人工智能何时超越人类》，《光明日报》2017 年 9 月 7 日。

的大脑皮层在进行思维、分析、推理，主管语言和自我意识。右半球主要从事形象思维、色彩欣赏、空间定位、图像识别等；思维客体为思维对象，思维主体从自然、社会、人生中获取大量感性资料，进行分析、综合、判断，即去粗取精，形成知识、观念、理想等；思维方法是思维主体按照一定的思维方式进行思维实践和认知，把握客体事物的手段及沟通两者的中介，思维方法引导人们的思维路线、过程、逻辑程序和具体方法，且分不同层次；思维程序是思维主体与客体交互相应中的动态综合系统，并在思维活动过程中根据情势的变化，随时协调，以能唯变所适。① 思维的主客体和思维方法程序，构成思维活动的系统。

人工智能概念自 1956 年提出，经一日非千里，而是万里、亿里的发展，在互联网、物联网、大数据、云计算的交感联通、智能相应中进入智能世界。人工智能已经从对每个人工智能的不同思维方式分类型处理的多媒体数据转向跨媒体的认知、学习、分析、判断、推理，从追求智能机器到人机、脑机互相智能融合，从个体智能到基于互联网大数据、云计算的群体智能，从拟人化的机器人到更加广阔的智能相应系统②，这是人工智能思维方式的转变，而思维方式的变化也促进人工智能的变化，譬如贵州省检察院检察长表示，司法是维护社会公平正义的防线，公平正义的思维方式，便推动"智慧检务"，运用大数据系统的"实体识别""数学建模"等大数据技术，通过绘制"犯罪构成知识"图谱，建立各罪名案件数学模型，为办案提供案件信息智能采集、要素——证据智能关联和风险预警、证据材料甄别，以及类案推送、量刑建议计算等智能化服务。思维方式与人工智能的交感互通、智能相应，两者相得益彰，定能促使人工智能更上一层楼。

"天使粒子"，阴阳相应。中美四位华人科学家领衔的科研团队找到正反同体的"天使粒子"——马约拉纳费米子，这一发现是继发现"上帝粒子"（希格斯玻色子）、中微子、引力子之后又一里程碑式的发现，不仅具有重大理论意义，而且具有重要潜在应用价值，即让量子计算成为现实。自

---

① 参见李甦平：《中国思维座标之谜》，职工教育出版社 1989 年版，第 2 页。
② 参见《人工智能绘就三步走蓝图——专家解读〈新一代人工智能发展规划〉》，《光明日报》2017 年 7 月 22 日。

然的物质都由基本粒子组成，物理学家根据粒子的不同性格，分为两大类，可以互相挤在一起而不抱怨、排斥，具有和谐相应关系的，称玻色子；不喜欢扎堆、爱各走各路的，叫费米子。费米子都有反粒子，比如电子的反粒子就是正电子，除了质量之外，反粒子的许多性质都跟原子的粒子完全相反，比如电子带负电，正电子带正电。马约拉纳费米子是物理学家马约拉纳在1937 年提出的，从数学上看，有一种费米子和它的反粒子完全等价——它就是自己的反粒子。此后粒子物理学家孜孜不倦地寻找这种费米子。[1] 其实，从中华民族传统文化的"太极图"来看，在"太极图"同体的圆圈中，有阴鱼和阳鱼，阴阳鱼相反相对，却是同体的"太极图"。在"太极图"中阴阳鱼的正反完全等价，没有差价，进而阴阳鱼自身亦存在阴阳正反元，即阴中有阳，阳中有阴，也构成同体（如下图）。

在"太极图"的同体中白色的代表阳，阳鱼有黑眼珠为阴，黑色代表阴，阴鱼有白眼珠为阳，构成一整体"太极图"。《周易》说："一阴一阳之谓道"，阴阳的正反的同体是道，《老子》说："道生一，一生二，二生三，三生万物，万物负阴而抱阳，冲气以为和。"[2] 阳背负着阴，阴拥抱着阳，阴阳正反融突和合，而达到和谐。又如五行（金、木、水、火、土）相生相克、相反相成，都是智能相应相关的思维模式。美国斯坦福大学张首晟强

---

① 参见《华人科学家找到"天使粒子"》，《光明日报》2017 年 7 月 22 日；《"天使粒子"是不是真实的粒子》，《光明日报》2017 年 8 月 3 日。
② 任继愈：《老子新译》，上海古籍出版社 1985 年版，第 152 页。

调，"天使粒子"最重要的意义是改变了基础物理，因为它改变了人们一直认知的正反对立的世界观。二元对立是自然界普遍的一种状态，1928年英国物理学家保罗·狄拉克预言，每个粒子都有其对应的反粒子，后被验证。在"天使粒子"的实验中，物理学家把一种由金和铌组成的固体做成薄片，夹在另一种由碲、锑、铋、铬组成的固体薄片中间（即量子反常霍尔绝缘体，当它与前面的薄片结合后，在一定条件下可变成拓扑超导体），然后降温到绝对零度附近，再加上电场和磁场。结果发现在这两个二维固体的一维边界上，电子突然开始按照一种特殊方式转圈了。其背后的数学，和马约拉纳费米子的数学存在相似之处，但它不是真实的粒子，而是电子的一种特殊运动模式，所以这个发现被叫作"在量子反常霍尔绝缘—超导结构中发现了一维手证马约拉纳费米子模的存在"。它的价值将改变操纵电子的方式，有助于发明一种比普通量子计算机抗干扰能力更强的拓扑量子计算机。"天使粒子"，使阴阳正反智能相应的模式得以验证。

综上所述，智能相应是指人的智慧才能在大智能时代引领自然生态、社会人文、人际道德、心灵精神、文明价值的一切价值理性和工具理性的相须、相辅、相感、相应的智能活动中，融突和合，以实现人类命运共同体和合天下愿景的总和。

（原载《探索与争鸣》2018年第4期；作者单位：中国人民大学哲学院、中国人民大学孔子研究院）

"和合"义解

向世陵

"和合"作为一个传统词语，在当代社会产生了很大影响并具有相当号召力，这与张立文创立的"和合学"关联密切。① 张先生跨越传统的"六经""四书"文本，从《国语》中拈出"和合"这一"古董"而使其重新焕发青春，由此实现了文本诠释的转换和观念的创新。

一、"和合"与"和同"

"和合"一词，既有"和"也有"合"："和"，习惯上解释为和谐、调和，如当前有建构和谐社会一说；"合"，通常以融合、合作为解，古来便有"天人合一""知行合一"等以"合"为特色的观念。对于"和"，张立文先生多强调作为源头的"和生"——"和实生物"，宇宙都是在不断的"和"中生成并生生不已，此乃以"和"解决宇宙生生流行的动力问题；而"合"更强调多样性的统一与合作共赢，这可以在处理国际关系的背景下以及构建人类命运共同体的框架下来思考。

因此，"和"与"合"本身也需要"和合"起来，此即"和合学"为解决当今国内外各类矛盾和冲突提供的方案。人们日常生活中对于"和合"

① 1996年，张立文"自己讲""讲自己"的代表作《和合学概论——21世纪文化战略的构想》（首都师范大学出版社1996年版）发表，之后又不断推出"和合学"新作。但"和合"概念的最初发掘，可以张先生1989年在职工教育出版社出版的《新人学导论——中国传统人学的省察》为标志，因书中专有《和合型和完美型——合一的氛围》一节。

的理解，大多也是从这一角度，即从方法上取用，孔子所说的"和而不同"便是如此。这样的理解无疑有它的价值，也适合于一定的社会和文化诉求，但不应因此将"和"与"同"对立起来，以为讲"和"就必然排斥"同"，这明显有简单化之嫌。

固然，孔子的"君子和而不同，小人同而不和"（《论语·子路》）之语，可以解释为和与同是互相对立的关系，但参考何晏《论语集解》"君子心和，然其所见各异，故曰不同；小人所嗜好者同，然各争利，故曰不和"① 的解释来看，孔子此语实谓君子心"和"而包容"不同"，小人心"同"而表现"不和"。由此，从逻辑上说，君子之包容不同，并不能推出"和"就一定排斥"同"。事实上，孔子之语的更一般意义是无论同与不同，君子都可以在心平德和的前提下予以融通。

为了更好地说明问题，我们需要回到提供"和合"的《国语》文本以及后来的发展，来看古人文献中记述的"和合"观念究竟表述了什么样的思想。

《国语·郑语》通过周太史史伯之口，向郑桓公叙述了商契"和合五教"而能保养百姓的功绩，并提出了在后来具有重要影响的"夫和实生物，同则不继"思想，且以此批评周幽王"去和而取同"的倒行逆施。"同"在这里无疑是否定的意义，即史伯所描述的"声一无听，物一无文，味一无果，物一不讲"的专擅之"同"。可是，就在这段话的前面，史伯也阐发了合"和"与"同"为一的"和同"思想。他称："故王者居九畡之田，收经入以食兆民，周训而能用之，和乐如一。夫如是，和之至也。于是乎先王聘后于异姓，求财于有方，择臣取谏工而讲以多物，务和同也。"（《国语·郑语》）显然，"和同"在这里就是"和合"之意，先王的"务和同"就是在王者主导下实现异性婚配、财富汇聚、人才择用和众事参校，以务求全天下的和乐一同。可见，"和同"就是通过"和"各方而实现"同"，"同"明显是应从肯定层面去理解的。

其实，"和同"概念出现得更早，在《国语·周语中》所载周定王告诫范

---

① 何晏：《论语集解》，载阮元校刻：《十三经注疏》，中华书局 1980 年版，第 2508 页。

武子的一段话中便提出了肯定性的"和同"概念："夫王公诸侯之有饫也……饮食可飨，和同可观。财用可嘉，则顺而德建。"韦昭注："以可去否曰和，一心不二曰同。和同之道行，则德义可观也。"（《国语·周语中》韦昭注）物质财富的丰富是前提，在此前提下，德义的构建便可以光大而为群臣所效法。按韦昭注解，"和"是"以可去否"，这可以理解为以同去不同；"同"是"一心不二"，是对专心而不旁骛的肯定；两者结合的"和同之道"，就是同心协力之道，德义之所以"可观"，正在于"和同之道"的通行。

可见，"同"在传统社会，本来有正面的含义。之所以如此，在于古人虽然面对的是整个世界，但核心仍是中国本土，即所谓"天下"。在这样的天下，古人的治理方针，就不仅仅是君王治理天下要"和同"，更重要的是要求各级官吏与君王同心同德、上下一心。可以说，保持国家民族的上下协同一心、同心同德，是统治者肩负的重要职责，它反映着几千年来中华民族共同追求的最终目标——"天下为公"的"大同"。而要实现"大同"这一最终目标，基本的手段和方法就是"和合"。

当前的"人类命运共同体"概念，其实正是"大同"目标的投影：人类命运是"大"——再没有比人类命运更大之事；而共同体自然是"同"。在最高的大同目标和境界层面，"和"与"同"的区分已经没有了意义，因为"大同"本身就是"太和"——天地间最大的和谐。

当然，我们现今还处在小康社会，社会要正常运行，离不开礼制、法制的约束，而道德在调节日常秩序中仍起着重要的作用。《尚书·泰誓中》载有周武王所说"予有乱（治）臣十人，同心同德"之语，后来孔子曾专门引述过武王这一段话的前半句，他对"同心同德"虽然没有提及，但孔子称颂"周之德，其可谓至德也已矣"（《论语·泰伯》），显然是肯定周武王君臣上下的同心同德的。这说明倡导"和而不同"与要求"同心同德"并不矛盾，"以和兼同"的"和同"之道，事实上是传统和合观的重要内容。

二、积极意义之"和合"

传统和合观的内容是十分丰富的，事实上它自身就是由不同形态所构成的。

就价值导向说，不只有积极意义之和合，还有在消极意义上使用的和合，这需要我们进行认真的辨析。积极意义之和合即价值肯定的和合，这是和合最为通常的含义。它主要有两种构成形态，即"多元素和合"与"互动型和合"。

（一）多元素和合

"多元素和合"最典型的代表就是前面所述的"和合五教"与"和实生物"。"和合五教"的"五教"按韦昭注，指父义、母慈、兄友、弟恭、子孝，这与后来孟子所称的"契为司徒，教以人伦"的"人伦"（或"五伦"）存在一定差别："五教"的尧、舜时代还没有国家，故只有家庭内部的亲属关系，而且都是纵向的；孟子生活于战国时代，故把他想象中的君臣关系插入进来，同时也补上了横向的夫妇关系。但不论是哪一种情形，"和合"都是多元素、多成分的，其结果是一个家庭或国家关系的"协和"，故可谓"和于一"。

"和实生物"之"和"同样是由多元素构成的，"和"在这里是手段，"生物"是目的，所谓"先王以土与金木水火杂，以成百物"。可见，它与"和合五教"之圆满一个既定的家庭不同，"五行"交杂合成的是天下万物的生成，即所谓"和生"。"和生"的来源是多，生成的结果也是多，故可谓"和于多"。

另外，虽同属"多元素和合"，但与"和合五教""和实生物"这两种和合形态有别的另一种和合形态是"人与天地相参"。"人与天地相参"的集中表达是《易传》与《中庸》。但受既有的德性优先思维定式影响，《易传》与《中庸》的人与天地相参，往往被归结到人的德性或境界的意义上；而就现实"人事"与天地的相互参合而论，最直接的表现者仍是《国语》。《国语·越语下》中范蠡提出兴越灭吴大业的核心条件就是"夫人事必将与天地相参，然后乃可以成功"，韦昭注曰："参，三也。天、地、人事三合，乃可以成大功"（《国语·越语下》韦昭注）。对如此的"参合"之意，张立文先生认为它是与《易传》（泰卦《象辞》）的人裁成天地之道、辅相天地之宜相结合的，充分表达了和合学的"和生"意蕴。[①]

---

① 参见张立文：《和合哲学论》，人民出版社 2004 年版，第 41 页。

（二）互动型和合

"互动型和合"在日常生活中更为常见，其典型表现就是阴阳和合。阴阳和合在这里是泛指，包括天地、刚柔、男女、君臣等"两体"的和合。

在中国历史上，阴阳和合有悠久的传统。自伏羲氏观天察地、近取远取而创制八卦以降，阴阳刚柔的互动互补就一直存在于人们的头脑中。伯阳父论地震成因，就是天地、阴阳和合的有序性被破坏。故从古到今，人们特别重视阴阳和合，因为气化世界自身就是如此的。如《礼记·月令》称开春时是"天气下降，地气上腾，天地和同，草木萌动"，此"和同"自是"和合"义。天子于此时呼应天地之气下降上腾的和合变化，命农官教民从事适宜的农作。与《月令》成书大致在同一时期的《韩诗外传》也有类似的思想："人事备乎下，天道应乎上。故天不变经，地不易形，日月昭明，列宿有常。天施地化，阴阳和合。"此种天施地化的"阴阳和合"，在广义上既是天人、天地的和合，也是父子、夫妇的和合，即所谓"父子相成，夫妇相保"（《韩诗外传》）。相较于《月令》，《韩诗外传》所论之"和合"在内容上更为充实，因为它所描绘的，是对"天下和平"或"太平"的理想社会的憧憬。

"互动型和合"之所以在后来有更大影响，是因为传统思维的典型特征是"一物两体"。"两体"可以从静态横摄的维度看，也可以从动态纵贯的角度说，后者实际就是气化生生之义。孔颖达《周易正义》引庄氏云"天地缊，和合二气，共生万物"①，即是此意。由此，阴阳两体之互动和合就成为"和合"的基本意义，这在宋明理学家尤其如此。

例如，在作为程颐代表作的《周易程氏传》中，"和合"一词就被多次使用，而含义大致都是阴阳和合：他释《咸》卦《彖辞》，言"阴阳二气，相感相应而和合，是相与也"，这是以阴阳交感和合释"相与"；释《夬》卦九三爻辞，说九三"与众同而独行，则与上六阴阳和合，故云遇雨，易中言雨者，皆谓阴阳和也"，这是批评九三个人逞能，独自与上六（阴阳）和合，但最终无咎；释《萃》卦六二爻辞，称"五居尊位，有中正之德；

---

① 孔颖达：《周易正义·乾》，阮元校刻：《十三经注疏》，中华书局1980年版，第16页。

二亦以中正之道往与之，萃乃君臣和合也"，这是讲九五与六二君臣萃聚，正应和合而共致其诚。①

不过，程颐也不是只论"互动型和合"，他也讲"多元素和合"：

> 凡天下至于一国一家，至于万事，所以不和合者，皆由有间也，无间则合矣。以至天地之生，万物之成，皆合而后能遂；凡未合者，皆有间也。若君臣父子亲戚朋友之间，有离贰怨隙者，盖谗邪间于其间也。除去之，则和合矣，故间隔者，天下之大害也。②

天地万物的生成长养，都是"合而后能遂"的，人事也是如此，故"和合"可以说是天下万事成就的充要条件。人世间的矛盾冲突，原因可能有多种，但概括起来，其实就是间隔这一种。间隔破坏了各元素间的自由流动和相互协作，即离散了"和合"，破坏了"和处"，故只有将此阻碍因素去除，才能成就天下万事的"和合"。

（三）多元素型与互动型的相互"和合"

在宇宙生命演化和人类历史发展的长河中，"互动型和合"与"多元素型和合"在发展中并不是彼此分离的，它们往往又结合在一起——这本身也是"和合"。《易传·系辞下》言"天地缊，万物化醇；男女构精，万物化生"，正是两者的完美融合："天地缊""男女构精"属于互动型，"万物化醇""万物化生"则属于多元素型，两者被恰当地安排在一起，并构成一幅不可分割的"和生"的典型图像。

前引《韩诗外传》紧接"阴阳和合"之后，是"动以雷电，润以风雨，节以山川，均其寒暑，万民育生，各得其所，而制国用"。这里的雷电、风雨、山川、寒暑，各自分开看都是二，但总和去看又是多，其动、润、节、均等不同的功用，共同面向万民育生而国用充足的目的，各自则化身为"和生"大流中的不同环节条目。

---

① 参见程颐：《周易程氏传》，《二程集》，中华书局1981年版，第855、921、932页。
② 程颐：《周易程氏传》，《二程集》，中华书局1981年版，第802页。

仍以程颐为例，他之所以能并言两型和合，正在于这两者本来就不是彼此隔离的，而是互相关联和互相发明的，即"和处"的。譬如，他释《睽》卦《彖辞》"天地睽而其事同也，男女睽而其志通也，万物睽而其事类也，睽之时用大矣哉"曰：

> 推物理之同，以明睽之时用，乃圣人合睽之道也。见同之为同者，世俗之知也；圣人则明物理之本同，所以能同天下而和合万类也。以天地男女万物明之，天高地下，其体睽也；然阳降阴升相合而成化育之事，则同也。男女异质，睽也，而相求之志则通也。生物万殊，睽也，然而得天地之和，禀阴阳之气，则相类。物虽异而理本同，故天下之大，群生之众，睽散万殊，而圣人为能同之，处睽之时，合睽之用，其事至大，故云大矣哉！①

程颐推"物理"之同而要走向的"合睽"之道，就是"和同""和合"之道。天地之间理同而物异，故"同天下而和合万类"是立足理同而非物同。由此放眼开来，天地、阴阳、男女、高下、升降以至群生万殊，无不睽违乖异，世俗之人生存于此睽异背景之下，对于"同"的理解，就只知同之为同（物象之同），不知异之为同（物理之同）。从而，"二女同居"之同，因所归各异而终成睽义；原本睽异之阴阳男女，反合睽而成化育之用，此可谓相睽相求而志通之同。在这里，如果仅就阴阳男女两性"合睽"而言，可说是"互动型和合"；但放开眼界，就圣人面对群生大众、万殊事物而"合睽"来说，显然又是"多元素和合"。在此，"多元素和合"与"互动型和合"已完全融为一体，并最终走向"同天下而和合万类"的全人类的"和处"，而天下没有比这更大之事了。

三、消极使用之"和合"

"和合"的一般意义无疑是积极而正面的，它也因此才能在当代社会发

---

① 程颐：《周易程氏传》，《二程集》，中华书局1981年版，第889—890页。

生巨大影响。不过，在古代社会，"和合"一词除了在积极意义上被使用外，也在消极意义上被使用。对后一点，以往的和合思想研究尚缺乏应有的关注。未来要完善"和合学"的理论建构，需要全面完整地了解传统和合思想，并对其中被忽略的部分，给予更恰当和确切的认识。

消极使用之"和合"，不是"和合"一词产生时便有的，它在历史上出现较晚，大致到北宋时期才开始见诸文字。如果仍借用前面"多元素和合""互动型和合"的方式讲，则消极使用之和合在表现形式上，可以叫作"杂糅型"或"混合型和合"。据笔者考察，北宋与苏轼相关的两位文人黄庭坚与唐庚，都使用过"和合"一词，不过在他们的文章中，"和合"并非积极的意义。

黄庭坚写有《幽芳亭记》来颂扬兰花的幽香：

> 兰生深林，不以无人而不芳；道人住山，不以无人而不禅。兰虽有香，不遇清风不发；棒虽有眼，不是本色人不打。且道兰香从甚处来？若道香从兰出，无风时又却与萱草不殊；若道香从风生，何故风吹萱草无香可发？若道鼻根妄想，无兰无风又妄想不成。若是三和合生，俗气不除。若是非兰非风非鼻，唯心所现，未梦见祖师脚根有似恁么，如何得平稳安乐去？①

黄庭坚的文章是以兰之幽芳而谈禅，这在宋代读书人中是十分流行的。其发论大致是借用当年慧能遇僧争论风动、幡动、心动的故事，而黄庭坚站在后来者的立场，对此又有新的见解，即慧能是在风、幡、心之中三选一，黄庭坚却认为香、风、鼻"三和合"，而将心放在了第四。他指出，如果否定"三和合"所生之象，将缘故归咎于心——像慧能当年一样，仍然有问题：因为按禅宗的传心说，若是心生兰香，则当有祖师与我心心相印，然而即便在梦中亦未出现这一情景，这又如何能让我心平稳安乐呢？这里不论黄庭坚

---

① 黄庭坚：《幽芳亭记》，《山谷别集》卷四，文渊阁《四库全书》第1113册，台湾商务印书馆1986年版，第570—571页。

接下来的说辞，仅就其"三和合生，俗气不除"而言，香、风、鼻之"和合"或"杂糅"，是与尘世的"俗气"相关联的，意义明显是消极的。

同样与佛教有关，书法名家苏定武曾书写柳宗元所撰《曹溪大鉴禅师碑》，并由僧侣刻石，此举因有利于佛法传扬而深受佛教界喜爱："辨公以大鉴之道，柳州之文，定武之书，三法和合，以成此碑。使喜书者因字以求文，好文者因词以求道，其意以为更相发明。"然此讲法在唐庚看来，却是"适足以相累"。因为"大鉴之道，不以文而重轻；柳州之文，不以字而隐显……志于字者见字而不见文，志于文者见文而不见道，安在其为更相发明？才去其一而二者皆病，此和合之患也"①。长老辨公本以为柳宗元之文和苏定武之书能有助于慧能之道的弘扬，但唐庚认为如此的"三法和合"其实正背离了各自的原意：慧能弘法本不立文字，柳宗元作文重在明道，而今日喜字者遗落了文，喜文者又抛弃了道，忽略其一则整体无义，哪里会有所谓的"更相发明"呢？其结果只能是禅学精神无法得以弘扬，这正是"和合"留下的祸患。唐庚强调，"三法虽和合，体相各差别"，三者原本各有其性而不能相济为用，明确了这一点，才能不被这"和合""相累"。唐庚之言，说动了筹划重刻此碑的继任长老和公，后者请唐庚写下了这篇碑记而刻之碑阴。

显然，唐庚这里的"和合"就是混合杂糅，并不具有积极的意义。在宋时，不止文人有如此看法，理学人物如吕祖谦也持类似的观点。吕祖谦在给张栻的信中便称：

> 始欲和合彼此，而是非卒以不明；始欲容养将护，而其害反至滋长。屑屑小补，迄无大益。所谓州平、幼宰之徒，初岂大过人？孔明惓惓之意，乃至于是。故身后犹留数番人材，社稷不陨者数十年，其原盖在此也。②

张栻十分推崇诸葛亮的人品和业绩，写有《汉丞相诸葛忠武侯传》，书成后

---

① 唐庚：《书大鉴碑阴记》，《眉山文集》卷二，文渊阁《四库全书》第1124册，台湾商务印书馆1986年版，第337页。

② 吕祖谦：《与张荆州》，《吕祖谦全集》第1册，浙江古籍出版社2008年版，第396页。

曾送朱熹、吕祖谦等友人征求意见，吕祖谦此信应当是就此所发的议论。不过信件过于简短，只能读取大意。历史上，诸葛亮深感于崔钧、董和等对自己的"启诲"，能够"集众思，广忠益"，虚心听取意见，"不疑于直言"。但在吕祖谦看来，其实是诸葛亮交友和待人的恳切忠谨之心才真正影响了蜀汉人才的后继和政权的稳固。他由此批评不分是非彼此而和稀泥的做法。显然，"和合"用在这里，实乃无原则的调和之意。

有意思的是，董和此人行事，史传有"先主定蜀，征和为掌军中郎将，与军事将军诸葛亮并署左将军大司马府事，献可替否，共为欢交"（《三国志·蜀书九·董刘马陈董吕传第九》）之说。这很容易让人联想到先秦晏婴"论和同"时对正常君臣关系的描述："君所谓可，而有否焉，臣献其否，以成其可；君所谓否，而有可焉，臣献其可，以去其否"（《左传·昭公二十年》）。在这里，董和的"献可替否"，不但没有破坏、反而促进了君臣关系的和谐，起到了积极安邦定国的作用。所以，在诸葛亮这里，董和的敢于进言启告，的确能够使诸葛亮"少过"。

可见，不止在君臣之间，在朋友同僚之间也能够"献可替否"，诸葛亮即十分欣慰他能与崔钧、董和、徐庶、胡济"此四子终始好合"。张栻引史传文于此，明显是取"和合"的正面意义。① 张栻对诸葛亮"其学未至"、未得游于洙泗之门曾有批评（主要是惋惜），但在根本上对他是维护和肯定的，原因就在诸葛亮坚守儒家义利之辨的立场，其"本心"和"平生大节"严格区别于功利霸术，而这与主张统合王霸、义利的吕祖谦便有了裂隙。

不过，吕祖谦认为从表现于消极层面的"和合彼此"中，也可以引出正面的价值。即为人处世如果不明辨是非，将会导致祸害的发生，所以"和合"应当关注效果和价值的要求。在此意义上，"和合"的消极使用实际上在提醒人们"和合"作为方法运用时的前提考量。明代的罗钦顺著《困知记》，对儒佛关系有细致思考，其中多处论及"和合"：一方面是他所引述的佛教典籍所论，如根、尘与我"三事"的"和合"；另一方面，则是批评学者不明儒、佛之别而无原则混同。他称：

---

① 参见张栻：《汉丞相诸葛忠武侯传》，《张栻集》，中华书局2015年版，第1517页。

盖佛氏以知觉为性，所以一悟便见得个虚空境界。……若吾儒之所谓性，乃"帝降之衷"，至精之理，细入于丝毫秒忽，无一非实，与彼虚空境界判然不同，所以决无顿悟之理。世有学禅而未至者，略见些光影便要将两家之说和合而为一。弥缝虽巧，败阙处不可胜言，弄得来儒不儒，佛不佛，心劳日拙，毕竟何益之有！

程子尝言："圣人本天，释氏本心。"直是见得透，断得明也。本既不同，所以其说虽有相似处，毕竟和合不得。①

罗钦顺强调，儒家之天性绝非佛教之心性，儒家之实理绝非佛教之虚空，这些地方必须辨别清楚，"毕竟和合不得"。理学家虽然吸收佛教的不少思辨，两者之间也存在不少"相似处"，但在道统说、天理论和本性观上是绝不认同佛教的立场的。否则，强要调合，则不但儒不儒，甚至也佛不佛了。因为在根本上，儒、佛是两家而不是一家。

如果说"和合"的积极意义包括"多元素和合"与"互动型和合"，直接阐扬了"和生""和处"等的正面价值，则它的消极使用从反面提醒人们，"和合"不能是无原则的混同，"献可替否"应当建立在明辨是非、可否的基础之上。一句话，"和合"还是要讲原则的。从宋明儒的时代到今天，历史已跨越了数个世纪的维度，但"和合"的观念及其所形成的思维习惯——譬如"大团圆"的心理期待，无时不在影响着中国人的思想。不过，或许正是因为这种习以为常，人们反倒忽略了对"和合"这一重要概念的自觉关注和对其意义的辨析阐扬。"和合学"的创立使传统的"和合"观焕发了新的活力，但"继继不已者，善也"②，"和合学"本身在基础义理层面也需要不断完善和推进，这正是本文写作的目的。

（原载《哲学动态》2019年第3期；作者单位：中国人民大学国学院）

---

① 罗钦顺：《困知记·续卷上》，中华书局1990年版，第61、64页。
② 张载：《横渠易说》，《张载集》，中华书局1978年版，第187页。

多元和合是中国哲学的根本

罗安宪

人类生活于世界之中。世界上除人类之外，还有着各种各样的事物。现在已进入全球化时代。人类以及各种事物的存在是一种什么样的存在？不同民族、不同时代以至于不同人等，会对此有截然不同甚至完全相反的认识。中国传统哲学的基本态度是认为世界上的一切事物的存在都是共生、共在的，因此也是并且应当是和处、和谐的。共生、共在是事物的本然，和处、和谐是事物的应然。本然是强调本来如此，应然是强调应当如此。

一、多元和合是事物的根本

共生、共在的核心是"共"。"共生"是说多种因素，共同生成了某一具体事物，任何一种事物，都是多种因素共同生产的结果。一株树木的生成、生长，不仅需要种子、土壤，还需要阳光、水分。一件好的瓷器，不仅需要优良的土质作为基础，还需要工匠精心的制作，需要严格认真的焙烧。一艘船舶、一辆汽车、一台机器，是由多个系统、各个部件组成的复杂的结构，要使其正常运作，必须所有部件处于正常状态，任何一个部件出现问题，都可能使整个系统无法工作。从事物纵向发展过程来看，从事物自身的经历来看，事物的存在是"共生"；从事物横向关系来看，从一事物与他事物的关系来看，事物的存在是"共在"。表面看来，任何一种事物、任何一个部件都是各自独立的，其实，一种事物的所有组成部分都是紧密联结在一起的，都不能与其他部分割裂开来。房屋的门和窗是安置在墙壁上的，墙壁毁坏了，门、窗虽然完好也不成其为门、窗。门与房是共在的，门与墙是共在的，门与窗也是共在的。有此一，才有彼一；有彼一，才有此一。

"共生"强调事物的"既然"。"既"所突出的是事物的历史性、持续性、绵延性，是事物的生成、生长、发育。"共在"强调事物的"实然"。"实"所突出的是事物的实存性、已然性、关系性，是事物的现实状态，是一事物与他事物的关系。共生、共在的基础是多元和合，多元和合是事物的根本，也是世界的根本。多元和合是世界大道。

中国古人早就认为世界上的各种事物均是多元和合的结果。中国古人认为，构成世间事物的基本材质是"五行"。《尚书·洪范》最先提出"五行"的观念。"五行：一曰水，二曰火，三曰木，四曰金，五曰土。水曰润下，火曰炎上，木曰曲直，金曰从革，土爰稼穑。润下作咸，炎上作苦，曲直作酸，从革作辛，稼穑作甘。"（《尚书·洪范》）何以谓之"五行"？汉人董仲舒说："行者，行也，其行不同，故谓之五行。"（《春秋繁露·五行相生》）五行是宇宙间常行的五项最基本的东西。世间的一切事物并不是由单一元素组成的，而是由多种元素和合而成的。

"和"作为一种思想观念，在中国有着非常久远的历史。甲骨文与金文均有"和"字，甲骨文接近于"龢"，金文接近于"咊"，后两个字合一。《说文解字》解说"咊"曰："相应也，从口，禾声。"解说"龢"曰："调也，从龠，禾声。"段玉裁《说文解字注》曰："经传多假和为龢。"由此可知，和与龢本为二字，和的本字是咊，后演化为和，其义为相应。龢的本义是协调。二字后来合为一字。咊与龢的主体部分是口与龠。口是嘴、是孔，龠是笛类的乐器。所以，"和"最初的意思与声音有关，即声音的相应、协调与和谐。

"和"字在先秦典籍中已有非常广泛的使用。《周易·兑》卦初九爻辞曰："和兑，吉。"此处的"和"还是和谐的意思。《尚书·多方》曰："不克敬于和，则无我怨。"此处的"和"既有和谐的意思，也有和顺的意思。

至西周末年，史伯第一次将"和"与多元有机地结合在一起，将"和"提升到哲学的高度来加以论述。据《国语·郑语》记载，史伯在与郑桓公的对话中，提出"和实生物，同则不继"的论断。"和实生物"，是说世间的一切事物，确实是由"和"并且是因为"和"而生成生发的，"和"是事物和世界的本然，是事物和世界的本然形态。何谓"和"？史伯认为："以他平他谓之和，故能丰长而物生之……故先王以土与金木水火杂，以成百物。"（《国语·郑语》）"以他平他"，"他"是相对于我而言的，"他"之外还有"他"。"他"之外的他者是另一个不同于"他"的他者。"以他平他谓之和"，意味着事物不是由单一元素构成的，也不是由两个对立的方面或因素构成的，而是由多种元素和合而成的；世间的一切事物，是由金、木、水、火、土五种最基本的元素和合而成的。

按照董仲舒的说法，五行之间的关系并不是一种静态的平行的关系，而是有着严格的次序，此即所谓"天次之序"。这个顺序就是木、火、土、金、水。"木，五行之始也，水，五行之终也，土，五行之中也，此其天次之序也。木生火，火生土，土生金，金生水，水生木，此其父子也。"（《春秋繁露·五行之义》）五行之间这样一个次序表达的是五行之间一种相生相克的关系，即"比相生而间相胜"（《春秋繁露·五行相生》）。木生火，火生土，土生金，金生水，水生木，这是"比相生"，比邻的前者生后者；木胜土（间隔火），土胜水（间隔金），水胜火（间隔木），火胜金（间隔土），金胜木（间隔水），这是"间相胜"，金与木、水与火、火与金是一种对立、冲突的关系，因为金胜木、水胜火、火胜金，但是金与木之间有了水，水与火之间有了木，火与金之间有了土，情况就大不一样，因为金生水而水生木，因为水生木而木生火，因为火生土而土生金，物与物之间的关系由原来对立的关系而成为相生相成以至于相互依赖的关系。这种相生、相成以至于相互依赖的关系与样态，就是所谓的"和"。"和"的起因是多元共生、多元共在。因为多元共生、多元共在，所以是"和"。"和"是多元共生、多元共在的结果，也是多元共生、多元共在的必然要求。

史伯说"以他平他谓之和"。为了说明什么是"和"，史伯提出了一个与"和"相近的概念，这就是"同"。"和"是多种元素的融合、谐调与适中，"同"则是同一成分、同一元素的简单地增加与堆积，所以"同"也是简单、单一。史伯指出："声一无听，物一无文，味一无果，物一不讲。"（《国语·郑语》）单一音符的绵延，只能是噪音；单一颜色的物品自然没有什么文采；单一味道的食物不可能成为美味的饮食；单一的事物因为没有比较，所以也无从评论，也不可能成为美好的事物。

春秋时期，齐国宰相晏婴对史伯的观点做了进一步的发挥。晏婴通过食物与音乐的实例对"和"的形成与状态做了生动的说明。他认为"和如羹焉"。美味的食物必须借助于多种调料并经过厨师精心调制方可形成。"声亦如味"，音乐其实也是如此，各种音调：清浊、小大、疾徐、刚柔、迟速等，由于有各种变化与排列组合，才能形成美妙的音乐。晏婴认为："若以水济水，谁能食之？若琴瑟之专一，谁能听之？"（《春秋左传·昭公二十年》）如果食物只是单一的味道，那么肯定很难吃；如果只是单一音符的持续绵延，那么肯定很难听。各种各样不同的因素，经过精心的调和与调节，才能组成最美的和谐。

"和"，意味着平安、和平、和睦。一物之外还有一物，此物之外还有他物。任何一物都必须承认、都必须正视、都必须接受自己之外还有他物这种事实，由此必须处理好与他物的关系。一物要处理好与他物的关系，必须树立和处的意识。和处即与他物和平相处。共在必须是和处的共在，而不是有你无我、你死我活的存在。

从一事物与他事物的关系方面来看、从个体事物的角度来看，是和处，是物与物之间的和平共处；从各种事物共同组成的总体来看、从物与物以及人与物所共存的世界的总体来看，则是和谐。

"谐"，本义是音与音声韵方面的一致或相近，声韵相同或相近的音联结起来，组成谐音。谐音叠加，成为一组、一个单元，谓之"和谐"。和谐所着重的是事物的整体状态、总体面貌。从总体的角度讲，每一组成部分、每一元素都正当、正常地发挥着自己的功能与作用，而又不妨碍、不危害其他组成部分、其他构成元素，总体才会处于和谐的状态，否则，总体的和谐是不可能存在的。

二、和谐、合作、和平是中国哲学的根本追求

孔子作为儒家学派的创始人，从个体人格与社会政治两个方面对"和"

做了高度的概括与阐明。孔子接续由史伯以来持续不断的"和同之辨"。史伯和晏婴以"和"与"同"来解说政治，孔子则将其运用于具体的人事。在孔子看来，君子与小人最直接、最直观的区别就在于："君子和而不同，小人同而不和。"（《论语·子路》）"和而不同"，是对他人的意见既有肯定也有否定，对的就支持，错的就反对，肯定与否定针对的是具体的事或意见，而不是针对具体的人。"同而不和"，则是要么全盘肯定，要么全盘否定，不是针对具体的事或具体的意见，而是针对具体的人。对我好的人，或我喜欢的人，说什么我都支持；对我不好的人，或我所讨厌的人，说什么我都反对。朱熹说："和者，无乖戾之心。同者，有阿比之意。"①"盖君子之心，是大家只理会这一个公底道理，故常和而不可以苟同。小人是做个私意，故虽相与阿比，然两人相聚也便分个彼己了。故有些小利害，便至纷争而不和也。"②"和而不同"的人，因为能够坚持自己的原则与态度，所以是君子；"同而不和"的人，因为没有原则，只凭自己个人的好恶来表达立场和态度，所以是小人。此外，孔子及其学生还从政治秩序方面讨论"和"，孔子学生有子认为："礼之用，和为贵。"（《论语·学而》）"礼"，是各种各样的规矩、规范。表面看来，规矩与规范是约束人的行为的，然而，只有每个人自觉地约束自己的言论与行为，才能保障与维持社会的和谐与和睦。社会的和谐与和睦是每个社会成员所期望的，如此，就需要每个社会成员都必须严格按照规则行事。

后世儒家进一步发挥了孔子的思想，以和谐、和睦、和平为理想的社会状态和社会理想。《周易·乾卦·象辞》曰："乾道变化，各正性命，保合太和，乃利贞。"乾即天，乾道变化，即天地间万事万物的生长变化。每一物在自己的生长发育的运化中，在与他物的同生共在的关系中，确保自身性命的正值、正态，整个世界就会维持和谐、和睦、和平的状态。"太和"之太，既是极致的意思，也是"大"的意思。"太和"，即宇宙间的一切事物、物与物之间、人与物之间、人与人之间，保持一种高度的和谐与和睦。人与

---

① 朱熹：《四书章句集注》，中华书局 1983 年版，第 147 页。
② 朱熹：《朱子语类》卷 34，中华书局 1996 年版，第 111 页。

物之间要和谐，人与人之间要和谐，人的内心也要保持和谐。《中庸》说："喜怒哀乐之未发，谓之中；发而皆中节，谓之和。中也者，天下之大本也；和也者，天下之达道也。致中和，天地位焉，万物育焉。"中和是天下之大本达道，是天下事物之本，也是人类应当坚持和守护的根本。《礼记·礼运》篇讲"大同"社会："大道之行也，天下为公，选贤与能，讲信修睦。""大同"社会所谓"大同"，并不是"和而不同"的"同"，而是"和"。"人不独亲其亲，不独子其子。""大同"社会其实就是"大和"社会。儒家追求"天下平"。《大学》所讲的"齐家""治国""平天下"，其实也是"大和"。"家齐而后国治，国治而后天下平。""天下平"即天下太平，其根本仍然是"和"，是和平、和谐、和睦。孟子说："天时不如地利，地利不如人和。"（《孟子·公孙丑上》）人与人之间的和谐是最可宝贵的，也是最为有力的，是比天时、地利力量更为巨大的。

和谐、和睦、和平，一直是儒家追求的社会理想。为了达到这一社会理想，儒家发现音乐在维护社会和谐过程中起着特别重要的作用。荀子在《乐论》中说："乐在宗庙之中，君臣上下同听之，则莫不和敬；闺门之内，父子兄弟同听之，则莫不和亲；乡里族长之中，长少同听之，则莫不和顺。故乐者，审一以定和者也"。音乐不只是表达思想感情的艺术，还是维护社会和谐的良药。音乐不只是好听，还担负着重要的社会功能。《乐记》说："凡音者，生人心者也。情动于中，故形于声；声成文，谓之音。"音乐产生于人对于现实世界的情感反应。情动于中而形之于声，但"声"并不等于"音"。"音"是合于一定旋律、节拍的声音，如果只是单一的音律，也就是史伯所说的"声一"，那是很难听的，所以，"声一无听"，音乐之所以是动听的乐音，是因为"声成文，谓之音"，是因为音乐是富有节奏与变化的。但富有节奏与旋律的声音并不就是音乐。《乐记》认为，"乐者，通伦理者也。"音乐之为音乐，还在于它担负着感化人心的社会作用。正因为此，《乐记》说："是故知声而不知音者，禽兽是也。知音而不知乐者，众庶是也。惟君子为能知乐。"声并不就是音，音并不就是乐。音乐之为音乐，不仅只是好听，还在于它能感化人，还在于它能移风易俗。

与儒家突出和强调社会和谐不同，道家更强调事物本身的和谐。老子讲："万物负阴而抱阳，冲气以为和。"（《老子》第四十二章）万物独阴不生，独阳不生，万事万物都是由阴阳和合而成的，万事万物的根本就是和谐，这种根本性的和谐是本来就有的，是本来如此的。"知和曰常，知常曰明。"（《老子》第三十三章）和谐、和平是事物的本然样态，是事物的常态，能够懂得、把握这种根本性的和谐，能够把握事物的这种常态，就是明，就是明白，就是明智。庄子继承了老子的思想，认为："明白于天地之德者，此之谓大本大宗，与天和者也。所以均调天下，与人和者也。与人和者，谓之人乐；与天和者，谓之天乐。"（《庄子·天道》）明白天地的本性，也就明白了天地的大本大根。这一大本大根其实就是和，由此可以做到"与天和"。明白了天地的大本大根是和，由此可以均调天下，也就是老子所说的"损有余以补不足"，由此就可以做到"与人和"。与天和，与自然界的一切和谐相处，由此可以享受到自然界的乐趣，这就是"天乐"；与人和，与他人和谐相处，由此可以享受到人世间的乐趣，这就是"人乐"。

儒道两家之学术是中国传统思想文化的主体，两家虽然在很多问题上有分歧，但对于"和"的认识与推崇则是基本一致的。

秦代以后，对于和的推崇一直持续不断。流传于秦汉年间的《黄帝内经》是中医最重要的经典。《黄帝内经》认为，人体阴阳中正和谐是身体健康的根本。"阴阳匀平，以充其形，九候若一，命曰平人。"[1] 阴阳调和之人为平人，血气平和的人，才是健康之人。与此相反，人的一切病痛都源于阴阳失调。而一旦阴阳失调，就会产生疾病。"阴不胜其阳，则脉流薄疾，并乃狂；阳不胜其阴，则五藏气争，九窍不通。"[2] 当作为生理功能的阳胜过阴的时候，会使血脉流动急迫，甚至令人发狂；当作为生命物质的阴胜过阳的时候，会使五藏不和，九窍不畅。因此，补偏救弊，调整阴阳，恢复阴阳平衡，是中医治疗的基本原则，这也就是《黄帝内经》所说的"谨察阴阳所在而调之，以平为期"[3]，具体做法就是"寒者热之，热者寒之，温者清

---

[1] 《黄帝内经素问》，中州古籍出版社 2010 年版，第 332 页。
[2] 《黄帝内经素问》，中州古籍出版社 2010 年版，第 33 页。
[3] 《黄帝内经素问》，中州古籍出版社 2010 年版，第 418 页。

之，清者温之"①。保持人体气血的平衡与和顺，人体就不会有病。汉代董仲舒认为："德莫大于和，而道莫正于中……和者，天之正也，阴阳之平也。"（《春秋繁露·循天之道》）最大的德就是"和"，至正之道就是"中"。东汉王充反对董仲舒的"天人感应"论，但也同样强调和推崇"和"，认为："阴阳和，则万物育""气和人安，物瑞等至。"（《论衡·宣汉》）

　　成书于汉代的道教典籍《太平经》，认为世界大体上是由三个方面的因素组成的。"夫天地人本同一元气，分为三体，各有自祖始。"② 三体即是阴、阳、和。"天地常有格三气，其初一者好生，名为阳；二者好成，名为和；三者好杀，名为阴。故天主名生之也，人者主养成之，成者名为杀，杀而藏之。天地人三共同功，其事更相因缘也。无阳不生，无和不成，无阴不杀。此三者相须为一家，共成万二千物。"③ 天下万千事物都是由阴、阳、和这三气和合而成的。宇宙间的事物，就其种类而言，不仅不是同一的"一"，也不是相互对立的"二"，而是相互关联、密不可分的"三"。三气和生、三气共在、三气相亲，是宇宙事物的基本状态。值得重视的是，《太平经》在阴阳之外，提出和，并赋予和以非常高的地位。这样，在《太平经》看来，事物的产生就不是正相反对的两种事物相互斗争的结果，而是既相冲突又相融合的结果。"元气有三名，太阳、太阴、中和。形体有三名，天、地、人。天有三名，日、月、星，北极为中也。地有三名，为山、川、平土。人有三名，父、母、子。治有三名，君、臣、民。欲太平也，此三者常当腹心，不失铢分，使同一忧，合成一家，立致太平，延年不疑矣。"④ 三相通而和合，各尽其力，各得其所，为治、为成、为太平。"男女相通，并力同心，共生子。三人相通，并力同心，共治一家。君臣民相通，并力同心，共成　国。此皆本之元气自然天地受命。凡事悉皆二相通，乃道

---

① 《黄帝内经素问》，中州古籍出版社 2010 年版，第 433 页。
② 王明：《太平经合校》中华书局 1960 年版，第 236 页。
③ 王明：《太平经合校》中华书局 1960 年版，第 675—676 页。
④ 王明：《太平经合校》中华书局 1960 年版，第 19 页。

可成也。"① 三相通而并力同心，多元共在，多元和合，是事物得以顺利发展的基本前提。

宋明理学，是中国哲学发展的高峰。宋明理学突出和强调"理"，但并不否定"和"。传统儒家所推崇的"太和""中和"，不仅是天地的根本，也是人道的根本。张载说："太和所谓道，中涵浮沉、升降、动静、相感之性，是生絪缊、相荡、胜负、屈伸之始。"（《正蒙·太和》）道即是太和，太和即是道。王夫之解释说："太和，和之至也"，"未有形器之先，本无不和，既有形气之后，其和不失，故曰太和。"（《张子正蒙注》卷一）太和，是和的极致，也是事物的根本。周敦颐说："圣人之道，仁义中正而已矣。"（《通书·道》）圣人所教，其实只是仁义中正。司马光说："政以中和为美""刑以中和为贵"（《四言铭系述》）。政治秩序应当强调中和，刑罚也应当强调中和。胡宏认为："中者，道之体；和者，道之用。中和变化，万物各正性命而纯备者，人也，性之极也。"（《胡宏集·知言·往来》）中和，既是事物的根本，也是人类应当坚守的正道的根本，这是两千多年中国人普遍坚持的基本理念。

"和"有和谐、和顺、和睦、和平、太和、中和等多重含义，如此多重含义经常是交织在一起的。中国人对于"和"的追求、坚守，是一贯的、持续不断的。

三、中西哲学的根本差异

不同民族有不同的文化传统，文化差异是显然的，并且这种差异在很长时期是很难消除的，甚至是不可能消除、也不该消除的。文化上的差异有时无法也不该以优劣而论，因为不同的文化有不同的价值观念，有不同的价值标准，由此也必然会有不同的价值判断。中国哲学、中国文化与西方哲学、西方文化最大的不同是什么？胡适说："东方文化的最大特色是知足，西洋

---

① 王明：《太平经合校》中华书局1960年版，第149页。

的近代文明的最大特色是不知足。"① 这种观点是表面而片面的。中西哲学最大的不同是：西方哲学强调对立、对抗、斗争、雄强，中国哲学强调共生、共在、和处、合作。在西方哲学看来，对立、对抗是事物的本然，斗争、雄强是事物的应然；而在中国哲学看来，共生、共在是事物的本然，和处、合作是事物的应然。本然强调本来如此，应然强调应当如此。

在西方哲学看来，世间的一切都是对立的，包括人与自然、人与人、团体与团体、党派与党派，无不如此。由于是对立的，所以是对抗的，即作用与反作用之间的对抗。人要征服自然、改造自然，所以有了统治与被统治之间的对抗，有了阶级以及党派之间的斗争。这是一种二元对立的思维。对立的结果不是共在，而是冲突、斗争，是你死我活。

而在中国哲学看来，世间的一切并不是对立的，并不是由截然对立的两个方面构成的。虽然中国人也讲"一阴一阳之谓道"，但阴阳之间不是对立的关系，而是相互依存、此消彼长的对待的关系。阴阳之间的关系是圆融的、圆通的，是相互包容。阴并不是纯粹的阴，其中也有阳；阳并不是纯粹的阳，其中也有阴。阴阳间的此消彼长促进了事物的运动、变化与发展。太极图最为清楚地表达了这样的道理。阴阳相互环抱，此进彼退，阴中有阳，阳中有阴。如果说，西方的二元对立强调的是同与异，那么，中国的阴阳圆融则强调通与容。更为重要的是，由阴阳而分化为五行。五行的最大特点是多，是多极、多元，是多元并立、多元共在。世界是由多种元素构成的，而不是由截然相反的两种因素构成的；任何一种事物也是由多种元素构成的，而不是由对立的两个方面构成的；多种元素之间的关系是共生、共在的关系，而不是相互对立、对抗的关系。这是中国哲学对于整个世界的基本认识、基本态度。

由二元对立，必然导致二元冲突。二元冲突是全面的，不仅有政治的、经济的、军事的冲突，也有文化的冲突。这种文化冲突，就是亨庭顿所谓的"文明冲突"，他认为冷战之后，政治认同将以文明为基础，最危险和主要的战争是爆发在文明断层线上的战争。针对这样一种"文明冲突"论，张

---

① 胡适：《我们对于西洋近代文明的态度》，《现代评论》1926 年第 83 期。

立文先生构建了"和合学"的理论体系。1996 年，张先生的《和合学概论》出版，其副标题即是"21 世纪文化战略的构想"。和合学的"和"是和生、和处、和立、和达、和爱、和谐、和睦、和平，和合学的"合"是结合、配合、合作。"和合"即是要以和善、和生、和处的心态，与他者合作，以实现和谐、和睦与和平。

世界的本质是"和"，是和谐，不是对立；是和平，不是对抗；人类的理想是太和，是和平，是与他者和平共处，不是战争，不是战胜他者，不是征服他者。这是中国传统哲学的根本，是中国哲学与西方哲学的主要差异，也是我们应当持续坚守的文化信念和文化立场。多元并立、多元共在，而非一元独立、二元对立，才是世界的根本、事物的根本，这是中国传统哲学最基本、也最根本的思想与观念。

近年来，习近平主席倡导"一带一路"建设。"一带一路"建设本身是一个经济发展倡议，但又不是一个纯粹的经济发展战略，这里有很多文化的因素。我们要向世界表明：我们与沿海、沿路各国的交往，是以和平为基础、以合作为基本方式、以发展为基本目标的交往；我们与沿海、沿路各国的交往，谋求的是"和合"，是以"和"为基础的"合"，是通过"合"以达到"和"，是以和平、和睦为基础的合作，是通过合作以达成和平与和睦。我们要向世界表明：中国人自古以来，在处理民族关系、国际关系、国际交往方面，一直是以"和合"为基本理念的，"和合"是中国文化最为深层的理念。从《尚书》里讲的"协和万邦"，到汉代的和亲、唐代的和亲，再到明代的郑和下西洋，我们的基本态度就是"协和万邦"。汉代、唐代、明代，是中国历史上表现强盛的时代；当时的中国，也是世界上最强大的国家。在我们最强盛、最强大的时代，我们没有欺凌弱小的民族与国家，我们过去不会，我们将来也不会。我们今天应当大力宣扬、倡导"和合"的文化。

"多元""共生""共在""和合""协和万邦"，是中国话语体系。我们必须用中国话语，宣讲中国故事。如何用中国词汇、中国话语讲好中国故事？如何让世界人民特别是沿海、沿路国家人民了解中国、理解中国？这是一项重要而又迫切的任务。我们所要宣扬的是"多元和合"。我们要向世界宣扬："和合"是中国文化最根本性的内核。中国的发展是一种和平发展，中国的发展给世界带来的是机遇，而不是挑战，更不是威胁。我们要向世界表达：中国文化最根本性的因素是"和合"；中国处理对外关系的基本理路是"和合""协和万邦"。我们要向世界表明："一带一路"建设，正是以"和合"为基本理念的。

和谐的取得与维护，需要各方面的共同努力；而和谐的受挫与破坏，任何一种力量都会使之成为实然。维护和谐，需要尽心尽力才可能做好；而破坏和谐，只需要一点点错误或失误。家庭和谐，是生活幸福的前提；国家和谐，是国家富强的基础；社会和谐，是各项事业顺利发展的保障；世界和谐，是千百年来人类的共同理想。要维护家庭的和谐，需要所有家庭成员的共同努力；要维护国家的和谐与稳定，需要全体公民恪尽职守；要维护社会和谐，需要正视和解决各种社会矛盾和社会问题；要维护世界和谐，需要各国人员相互尊重、相互谅解，需要整个人类树立健康的生态伦理观念。和谐是动态的，不是静态的，今天的和谐并不能保证明天还可以和谐，所以，维护和谐需要持之以恒。

（原载《中国人民大学学报》2019 年第 3 期；作者单位：中国人民大学哲学院、中国人民大学中华经典研究中心）

道 在 和 合

——张立文的"和合学"是传统哲学之当代展开

陈海红

天地有无"道"?"道"怎样存在?"道"又如何在人的理论理解与现实实践中呈现?围绕"道"而展开的这些疑问,其实就是解答天地人有无终极的形上基础,这一终极的形上基础怎样存在,以及如何在人的理解中得以呈现等诸如此类的问题。古今中外的智者、思想家、哲学家基于立心立命继绝学开太平的意识,对这些问题作出了既符合时代要求又具有个性品格的思考、体贴与诠释。他们以"人能弘道,非道弘人"的主体担当精神寻道、论道与践道,将人类的哲理之思不断推向精深,将人类的价值之境不断推向高贵,也将人类的文明进程不断推向未来。

一部中国哲学史(中国哲学思潮史),就是一部中国哲人在寻道、论道与践道进程中不断体贴、体悟天地人之道的历史。20世纪末提出并逐渐体系化、理论化与成熟化的"和合学",是张立文先生殚精竭虑的哲学思考之成果,体现了中国哲学创新的不竭生命力与中国哲人至善的精神追求。以"和合"为核心范畴,张先生构建了体大精思的"和合学"理论体系。张先生既通过"学术人生"不断体贴、体悟世界、社会、人生之道,构建了"和合学"理论体系,又在"人生学术"中将以"和合"为理念、方法观照世界、社会、人生的体贴、体悟以学术的形态表现出来。① 和合学就是当

---

① 参见陈海红:《"和合"体生——"和合学"的中国哲学创新实践》,《浙江社会科学》2019年第2期。

代中国哲人对于天地人之"道"的追求、诠释与践履，是天地人之"道"在当代中国哲人思虑之中的理论呈现。

概而言之，"道在和合"意含着：这个时代的天地人之道就是和合（即"和合之道"），和合学是对这一和合之道体贴的"名字体系"，而生命不止的人类走向美好未来的理论与实践之道亦在和合。

一、和合即道——和合是对天地人之道的时代体贴

张立文先生创立的和合学延续了中国传统哲学对于天地人之道的追求，也就是和合体道；换一个角度说，中国传统哲学对于天地人之道的追求在今天的表述就是"道在和合"。张先生自己明确地说："哲学是指人对宇宙、社会、人生之道的体贴和名字体系。"① "哲学"一词来自西方，也带有西方文明的精神内涵。但当"哲学"近代来到中国，它在西方文明内涵的基础上经过中国哲人的理解、诠释和运用之后，也就不能不带有中国文明的民族禀性。任何带有区域特色的概念，或者说追求人类精神至上性的学问，其实也都有着作为人的普适性的品性。张岱年先生认为哲学既有中国哲学、西方哲学之特殊性，也有人类哲学的一般性。对于这一一般性的哲学，人们的定义可能不同，但也都有着指向追求人类普遍性、至上性、抽象性的特征，也都不能不面对人类所面对的共同对象：宇宙的、人生的与社会的层面。

每一种文明氛围中形成的哲学精神，都有其独特的对于人类所面对的世界、社会与人生之理解，都有自己独特的价值观念、思维方式与道德伦理。正是在持久地、一贯地对于这一宇宙观、社会观与人生观的规律、规则与方法的追求过程中，一个文明才表现出其独特的民族性格，也就是独特的哲学致思、生活习惯与文化特色。

（一）释道是中国传统哲学永续的话题

金岳霖先生曾说："每一文化区都有它底中坚思想，每一中坚思想有它

---

① 张立文：《朱陆之辩——朱熹陆九渊哲学比较研究·序》，载于彭永捷：《朱陆之辩》，人民出版社 2002 年版。正是在这篇序言中，张立文先生第一次给哲学下了自己的定义。

底最崇高的概念，最基本的原动力。小文化区我们不必谈到。现在这世界底大文化区只有三个：一是印度，一是希腊，一是中国。它们各有它们底中坚思想，而在它们底中坚思想中有它们底最崇高的概念与最基本的原动力。欧美底中坚思想也就是希腊底中坚思想，我们现在所急于要介绍到中国来的，追根起来，也就是希腊精神。如果我们把这一点作详细的讨论，非长文不可。我们在这里只好说几句表面上看来似乎没有什么根据的话。印度底中坚思想我不懂，当然也不敢说什么。中国底中坚思想似乎儒道墨兼而有之。中国思想我也没有研究过，但生于中国，长于中国，于不知不觉之中，也许得到了一点子中国思想底意味与顺于此意味的情感。中国思想中最崇高的概念似乎是道。所谓行道、修道、得道，都是以道为最终的目标。思想与情感两方面的最基本的原动力似乎也是道。成仁赴义都是行道；凡非迫于势而又求心之所安而为之，或不得已而为之，或知其不可而为之的事，无论其直接的目的是仁是义，或是孝是忠，而间接的目标总是行道。我在这里当然不谈定义，谈定义则儒道墨彼此之间就难免那'道其所道非吾所谓'的情形发生，而其结果就是此道非彼道。不道之道，各家所欲言而不能尽的道，国人对之油然而生景仰之心的道，万事万物之所不得不由，不得不依，不得不归的道，才是中国思想中最崇高的概念，最基本的原动力。对于这样的道，我在哲学底立场上，用我这多少年所用的方法去研究它，我不见得能懂，也不见得能说得清楚，但在人事底立场上，我不能独立于我自己，情感难免以役于这样的道为安，我底思想也难免以达于这样的道为得。"① 金先生所说的这一"道"，确实是中国思想中最崇高的概念与最基本的原动力。它提供了中国人精神的最终寄托，承载着对万事万物"所不得不由，不得不依，不得不归"的规律探寻，也是中国哲学中国思想中最激人兴趣的话题。楼宇烈先生也说：

    "道"在东方文化中，具有特殊的意义、至高无上的地位。在中国传统文化中，从某种意义上说，称她是一种"道"文化也不为过分。

---

① 金岳霖：《论道》，中国人民大学出版社 2005 年版，"绪论"第 15 页。

中国传统文化的任务以"传道"、"明道"、"行道"为旨归，而其人生境界则以"求道"、"悟道"、"证道"为根本。以至于各种技艺也都以载"道"为内涵，以达"道"为究竟。这种情况在韩国、日本传统文化中也基本相同。[①]

人类一切的学问说到底只不过是人的学问，或者对人有意义，或者基于人的视角，或者出于人的兴趣；但人的存在总不能离开人所面对的世界，离不了对于世界普遍的至上的与终极的探寻。追求天地人终极之道，既指向"人之为人"的终极目的，也指向"人之为人"得以实现的不得不为的道路追求。道是现实的道路，是精神的归宿，也是终极的追求。道是本体论上的存有，是价值论上的存在，也是认识论上的存真。

（二）不同的时代精神决定了道必然有不同意涵

古人云："易之为书也，不可远。为道也屡迁，变动不居，周流六虚，上下无常，刚柔相易，不可为典要，唯变所适。"（《周易·系辞下》）"变动不居""唯变所适"是易道，即天地人之道，也必然是易书之道，即人们对于天地人之道的认识与把握。人的认识有深浅，人对于易理的阐释也有深浅，因之对于天地人之道的阐释也不能不有所不同。

千古以来，无论中西，对于天地人之道的追求伴随着人类文明的进程。天地人之道从横向来看是一个极其广阔的涉及众多领域的问题，从纵向来看基于不同时代的特殊背景与历史现实而有不同的内涵，这两个层面又相互影响而演绎出人们对于道的更为丰富而复杂的理解。

《老子》说："道可道，非常道；名可名，非常名。无名，天地之始；有名，万物之母。"（《老子》第一章）这表明"道"是一个超出常人认识的存在。冯友兰先生说："《老子》的大部分思想表示出另一种企图，就是提示宇宙事物变化的规律。事物变，但这事物变化的规律不变。"[②] 在传统中国哲学中，道也不仅仅是一种本体论上的存在与认识论上的规律，它还具

---

① 楼宇烈：《"道"与东方文化》，载金勋主编：《道与东方文化——东亚道文化国际学术研讨会论文集》，宗教文化出版社 2012 年版，第 1 页。

② 冯友兰：《中国哲学简史》，涂又光译，北京大学出版社 2013 年版，第 66 页。

有价值论上的内涵。杜维明先生说："'道'所关注的问题是人类存在的终极意义。这个问题的提出具有符号思维复杂精密的水平，堪与基础神学或神学宇宙论所提出的问题相媲美，尽管'道'在本质上是人类学的，或更为恰当地说，是天人学的问题。"①

道既具有"苟非其人，道不虚行"（《周易·系辞下》）的特性，又具有"神而明之，存乎其人"（《周易集解》引虞翻语）的品格。程颐就很是自信地评价他的兄长程颢说："先生生千四百年之后，得不传之学于遗经，志将以斯道觉斯民。"（《明道先生墓表》，《河南程氏文集》卷十一）二程兄弟拈出了一个"天理"来传圣人之学行圣人之道，道在这里是"理气心性之'道'"。当然，天地人之道并非真如二程兄弟所说"周公没，圣人之道不行"，它在不同的时代具有特定的内涵，也被不同时代的哲人赋予其独特的历史意蕴。所谓中华哲学智慧的流变生生，"从先秦道德之意思潮、两汉天人相应思潮、魏晋有无之辨思潮、隋唐性情之原思潮、宋元明清的理气心性思潮，以至和合之辨思潮，构成中国哲学发展思潮发展史的全过程"②，其实也就是天地人之道在不同时代哲人理解中的呈现。

（三）人类21世纪的时代精神就是"和合即道"

"道德之意、天人相应、有无之辨、性情之原、理气心性，以及和合之辨"的"道"是带有中国传统哲学特质的话语表述，带有中华民族的精神禀赋与中华文明的语言风格。在西学架构下的今天，从认识论角度来看，道是人类对于世界、社会、人生认识理解把握的知识成果；从本体论角度来看，道是世界、社会、人生现象背后的规律、原因与机理；从价值论角度来看，道是人获取存在意义的精神寄托，是人类精神世界的终极凭依，是现实世界、社会、人生与丑、恶、假相对的美、善、真。当然，人类的认识论、本体论与价值论在真实的生活中其实是合一的，这就决定了在中西文明已经深度交融了的今天，我们对于"道"的赋予、追求与认知必然带有人类文明共同的时代特征。

① 杜维明：《古典儒学中的道、学、政》，《道学政：论儒家知识分子》，钱文忠、盛勤译，上海人民出版社2000年版，第1页。
② 张立文：《中国哲学思潮发展史·前言》（上），人民出版社2014年版，第4页。

人类进入 21 世纪，隐而不显的天地人之道在经过现代思潮的洗礼之后需要有新的"神而明之"的主体加以阐释。一个时代的道其实就是一个时代的宇宙、社会、人生的认识把握、意义赋予与价值实践。人类的 21 世纪是一个相对既往历史变化更加剧烈、发展更加突出、交往更加频繁、冲突更加明显的时代。这样的时代，也就是近代西方文明强势推行其启蒙理性精神所引起的现代化浪潮之后的环境恶化、资源匮乏、科技突飞猛进、物质极大丰富、精神极度空虚等情形的全球化的时代。在这样的时代，人类曾自豪地宣称："我们不再相信人类命运是善或恶的精神或玩弄阴谋的恶魔的玩偶。没有什么能阻碍我们再次将地球建成天堂——除非我们自己阻碍我们自己。科学时代的黎明业已到来，我们已发现人类是自己命运的主人，是他灵魂之舟的船长。他可以掌握这航向，当然，他可以自由地驶入安全水域，也可以驶入险恶的地方，甚至和礁石相撞。"① 人类似乎真的掌握了自己的命运，但一夜之间却猛然发现自己陷入了自己挖下的陷阱，掉入了自己所创造的文明天坑之中。在突出理性、科技精神从而强调人对于自然占有、控制的主体性思维下，损害自然成为人获取成就的不得不然的前提与代价；这种自然主义观的社会表现，就是损害大多数人的利益成为极少数人获取财富的不得不然的前提与基础。我们还惊讶地发现，伴随着西方近代文明带来人类进步的同时，是一系列人类历史上从未遭遇过的全人类共同面对的难题，并且这些难题呈现出了越来越严重化越来越普遍化的倾向与趋势。譬如：世界资源、能源全面紧缺的难题在加剧，有些还纯粹是人为原因造成的；人类新生人口在逐年下降，老龄化现象不仅在发达国家与地区，而且在发展中国家与地区也成为常态；全球性的生态破坏与环境污染虽然被人类认识到，但有些国家坚持不采取有效措施；与此同时，人找不到自己的灵魂安顿之所，精神焦虑、心理失衡成为必须解决的世界性课题。人，也在一夜之间成为自己所面对的最为棘手的敌人。

如何认识、把握与重塑人类文明，也就是如何阐释天地人之道，是中国

---

① Ivan Brady and Barry Isaac（ed.），A Reader in Culture Changes，Vol.1 and 2，Halsted Press Division，1975，p.24.

哲学传统在今天最为重要的课题，也是其当代转生所不得不回答的问题。古老而常新的"道"需要在今天作出全新的诠释，其实也就是"道"在今天的呈现。和合学作为中国传统哲学创新转生的当代形态，它以"和合"来重新诠释"道"的内涵，赋予其全新的时代面目，充实其创新的哲学思虑。和合学认为"和合即道"，也就是"道在和合"。

二、和合论道——和合学对于天地人之道的新诠释

张先生说："和合学是中国传统哲学在全球化语境下转生的积极尝试。'和合'二字正是通过对中国哲学'天道'与'人道'近百个范畴的系统梳理而体贴出来的价值理念。和合学从一开始就深深地浸润在民族精神及其生命智慧的源头活水里。"[①] 和合学直面全球化语境下人类共同面对的社会进步与冲突危机共生的现实，以"和生、和处、和立、和达、和爱"的和合精神来转生中国传统哲学的精神生命，建构具有中国特色世界眼光继承传统前瞻未来的和合学理论体系。

（一）和合学明确自己的任务就是寻求化解人类 21 世纪面临的危机之道

既然张先生自己提出"哲学是指人对宇宙、社会、人生之道的道的体贴和名字体系"[②]，显然，他的和合学就必然也是"对宇宙、社会、人生之道的体贴"以及对于"'道'的体贴"的"名字体系"。对"道"的体贴，不能不具有体贴者本人的立场、观点与方法。

21 世纪的天地人之道表现在对人类现实问题的解答上，体现在对日新月异的社会变迁的把握中，也蕴含在对于人类美好生活的向往中。为了解答诸如"如何化解文明冲突论，如何化解冷战遗留的对抗文化、冷战思维，以什么文化理念化解文明冲突，和平发展的形而上理念是什么"等现实的

---

① 张立文：《中国哲学的创新与和合学的使命》，载徐刚主编：《中国和合学年鉴》（1988—2016），人民出版社 2018 年版，第 27 页。

② 张立文：《朱陆之辩——朱熹陆九渊哲学比较研究序》，载于彭永捷：《朱陆之辩》，人民出版社 2002 年版。

人类共同问题，张先生"从中华民族传统学术文化宝库中开发出'和合'思维，并使之系统化、理论化，而建构了'和合学'理论思维体系，以化解亨氏（即亨廷顿——笔者注）的对抗文化、冷战思维"①。不拘于此，和合学有着更加广阔的理论视野与更加高远的人文追求。

为了全人类的福祉，我把中华民族传统学术文化资源中的化解冲突和危机的深邃思想、智慧洞见发扬出来，体贴和合话题，而转生为"和合学"理论思维体系，以全面回应和化解人类所面临的五大冲突和危机。从更广的文化视野、更强的和平祈求、更切的幸福期望来观照文明冲突。② 中国土壤中诞生的和合学，它所提出的和生、和处、和立、和达、和爱之道，具有中国传统文化一以贯之的民族精神。正如张岱年先生所说："儒家文明主张'和为贵'，中国文化的人文精神讲'保合太和'。因此，提出了和合学的思想，和合学植根于中国文化的深厚土壤，从《国语》一直到近代，都讲和合。"③ 和合学还具有对 21 世纪人类文明面临问题的时代观察、精神体悟与化解之道的考量维度。

（二）和合学对于天地人之道的新诠释：三界五和八维的和合学理论致思

和合学确实是一个体大精思的理论体系。从《和合学概论——21 世纪文化战略的构想》《和合学——21 世纪文化战略的构想》到《和合哲学论》，从《和合与东亚意识——21 世纪东亚和合哲学的价值共享》到《中国传统文化与人类命运共同体》《和合爱神：现实关怀论》《和合生生论》《和合学与人工智能——以中国传统和现代哲理思议网络》，和合学立足中国哲学主体，以包容天下的胸怀、度越古今的眼界与超越文明冲突的胆量，构建了一个涉及众多层面而又统之有序的中国哲学新形态。这一贯通古今、跨越中西、一元体用而和合三界的理论体系，大致包含以下几个层面：

---

① 张立文：《再版序》，《和合学——21 世纪文化战略的构想》，中国人民大学出版社 2016 年版。

② 参见张立文：《再版序》，《和合学——21 世纪文化战略的构想》，中国人民大学出版社 2016 年版。

③ 张岱年：《理论价值与超前预见——推荐和合学概论——21 世纪文化战略构想》，《中国图书评论》1998 年第 6 期。

第一，五大冲突与危机：鲜明的问题意识。

天地人之道包含着丰富的内涵，而其最基本的主体观照首先还在于能够体悟、认识、把握相关的现实问题。和合学正是在深刻透视人类21世纪面临的社会问题、理念问题（文明中心论、中西体用论）、话语问题（汉语胡说）的基础上，前瞻人类文明的未来的。张先生自己说："和合学是20世纪80年代末构建的中国哲学理论思维形态，当时世界面临着一个物换星移的新世纪和新千年的到来，人人都惊异这百年一遇和千年一逢的难能可贵的时刻，我惊喜、期盼有这样的机遇。'机者如神，难遇易失'，故联想翩翩，夜不能寐，思考新世纪、新千年人们美好的愿望，但想到人类所遭遇的严峻的人与自然、社会、心灵、文明之间的五大冲突和由此造成的生态环境、社会人文、伦理道德、精神信仰、价值观念的五大危机。"①

"五大冲突"是和合学创建者在认真观察、切身体会与深刻分析基础上，对于当代人类文明面临的现实危机的形上提炼与理论概括。"21世纪人类所共同面临的挑战和冲突，概而言之，有人与自然、人与社会、人与人、人与心灵和不同文明之间的五大冲突，并由此而引发了五大危机，如生态危机、社会危机、道德危机、精神危机、价值危机。它关系着人类的生命存在和利益。"② 不仅如此，其实依据张先生的思想逻辑，五大冲突与危机中最需引人关注的还是文明冲突与危机问题。因为在一定意义上，我们不能不承认五大冲突与危机都是人，严格地说是现代社会的人所带来、所造成的自己的危机。现代社会的一个最突出的标志，是建立在西方文明基础之上及文艺复兴以来的现代化进程之上的。几个世纪以来，伴随人类文明步入"世界历史"的是西方现代化的历史进程及其背后的根深蒂固的西方文明中心论。而一切沿袭体用的中西文明观，都不能不带有西方文明中心论的历史氛围与叙事语境。

在这一叙事语境之下，中国哲学、中国思想、中国文明本身都面临着存在的合法性危机。

---

① 张立文：《镜如明月察知求实》，载徐刚主编：《中国和合学年鉴（1988—2016）》，人民出版社2018年版，第15页。

② 张立文：《化解危机和冲突的和合学》，《现代国企研究》2011年第12期。

第二，"自己讲""讲自己"：自觉的主体意识。

张先生构建的和合学既自觉于对于宇宙、社会、人生之道的道的体贴，也自觉于对于这一体贴的名字体系的中国主体性特色。正是在当今中国哲学面临西方话语霸权严重挑战的中西冲突格局下，和合学强调了对于"中国"传统、"中国"实际与"中国"本真的体贴与把握。他说：

> 中国哲学只有依据中国哲学自己的实践的实际，即根据中国哲学的本真，自己给自己下哲学定义，才能真正实现中国哲学"自己讲"、"讲自己"，才能从西方哲学之谓哲学的注脚和以中国哲学以证西方哲学普适性中冲决出来，才能在世界哲学之林中获得自己独立的、应有的地位、价值和话语权。①

当然，"自己讲""讲自己"除了不"照着西方讲"之外还有一种维度，也就是不是"照着""接着"古人讲，而是讲出自己的话。"我过去讲的'自己讲'，就是'讲自己'的意思，就是讲述和合学自己对'话题本身'的重新发现，讲述和合学自己对冲突的艺术化解，讲述和合学自己对危机的义理克服，讲述和合学自己对价值理想的赤诚追求，等等。"② 张先生以文明创新的精神来讲自己对于和合学的理解，讲出了属于自己的核心话题、人文语境与诠释文本。他说：

> 即使"自己讲"，也并不总是意味着学术创新。因为"讲"总是要"讲点什么"。"照着"或"接着"属于讲的方式，"讲"的主体无疑是"自己"，所以，"自己讲"很可能是"自己照着讲"或"自己接着讲"。"讲"的方式固然重要，但最为重要的却不是"怎样讲"，而是"讲什么"。换言之，讲述的"话题本身"远远高于讲述的"话语方式"。"话题"的选择需要哲学的智慧洞见，而"方式"的选择只须语

---

① 张立文：《中国哲学思潮发展史》（上），人民出版社 2014 年版，第 10 页。
② 张立文：《和合哲学论·前言》，人民出版社 2004 年版，第 1 页。

法的修辞训练。①

张立文先生通过对人以及人的存在现实的体悟、体贴发现，21世纪的世界是和合的世界，21世纪的天地人之道是"和道"，21世纪的哲学话题应该是"和合"，21世纪的哲学思潮是和合之辨思潮。

第三，"和合"与"和合学"的自我定义：智能的话语意识。

张先生基于历史进程与理论逻辑来定义自己对于天地人之道的理解，充满了创新的激情与论证的理性。

中华民族自古就倡导和合观念，有着悠久的和合文化心理。张立文先生在新的时代赋予了"和合"新的意蕴。他说："和合是指自然、社会、人际、心灵、文明中诸多形相和无形相的相互冲突、融合，与在冲突、融合的动态变易过程中诸多形相和无形相和合为新结构方式、新事物、新生命的总和。"② 他又具体阐释"和合"五义，也就是差分与和生、存相与式能、冲突与融合、自然与选择、烦恼与和乐。和合之真，或者说和合关系之真，是通过这五种对待关系相"融"相"突"实现的。他们体现为"和合"的自性生生义、本质形式义、变化超越义、过程真切义与艺术美感义。"和合的主旨是生生，生生是不息的流程，是新生命的化生，体现了对实存生命存在的关怀"③。

张立文先生自觉于"和合"的理论建构，他说："所谓和合学，是指研究在自然、社会、人际、人自身心灵及不同文明中存在的和合现象，并以和合的义理为依归，以及既涵摄又超越冲突、融合的学问。"④ 张先生又从人文精神切入来阐释"和合学"的意蕴，也就是然与所以然、变化与形式、流行与超越、对称与整合、中和与审美。

---

① 张立文：《和合哲学论·前言》，人民出版社2004年版，第1页。
② 张立文：《和合学——21世纪文化战略的构想》上卷，中国人民大学出版社2016年版，第49页。
③ 张立文：《和合学——21世纪文化战略的构想》上卷，中国人民大学出版社2016年版，第60页。
④ 张立文：《和合学——21世纪文化战略的构想》上卷，中国人民大学出版社2016年版，第59页。

"和合学"的本旨是"和",它是对于自然、社会、人际、心灵、文明的整体和谐、协调、有序的探索。对称整合作为中国人文精神的原则,在诸多元素、要素和合为新事物、新生命中起着重要作用,促使新事物、新生命顺利化生。"和合学"是和乐、和美、和和。它是对人类精神生活中烦恼、苦闷、困惑、孤独、空虚、痛苦的原因以及造成这种原因的自然、社会、人际、心灵、文明和政治、经济、环境的关系的追究,是对于如何修养心性,如何治疗心理失衡、情绪失序、精神失常的所以然的探讨,是对于什么是审美价值的追寻。和、中和是中国文化精神的精髓。①

第四,和生、和处、和立、和达、和爱:高明的人文意识。

为了化解人类共同面临的五大冲突和危机,张先生的和合学提出了和生、和处、和立、和达、和爱五大价值原则或者说五大原理。

"和生"是对"天地之大德曰生"精神的继承与弘扬,遵照的是"万物并育而不相害"的原则。在张先生看来,自然、社会、他人、他心灵、他文明都是有生命、有情感的存在,也都有生存的权利。人应该尊重、容纳他者的存在,即使是竞争、冲突的对方,也不应以消灭对方为价值目标,而应以和谐、协调、融突而和合新生为价值导向,共生而至和生。

"和处"也就是"君子和而不同"的精神,遵照的是"道并行而不相悖"的原则。张先生认为自然、社会、人际、心灵、各文明的位分不同,人类社会的国家、民族、种族、地区不同,以及人的价值观念、思维方式、风俗习惯、宗教信仰也不同,也就是"物之不齐,物之情也",这是"道"的本来之义;人类基于共同的福祉与未来,应该做到"和而不同"。

"和立"就是孔子所说的"己欲立而立人"精神。人类应该以多元开放的"自作主宰"精神,宽容的胸怀,承认、接纳自然、社会、人生、心灵、文明依其适合于自己特性的生存方式立于天地、世界之间,做到多元共存,多样和立。

"和达"是"己欲达而达人"的精神。达己达人是指人与自然、社会、人际、心灵、文明的通达和发达。张先生认为国际社会要共同发展、发达、

---

① 参见张立文:《化解危机和冲突的和合学》,《现代国企研究》2011 年第 12 期。

富裕、繁荣，人类与自然也应该要共达、共荣。

"和爱"是"泛爱众""兼相爱"的精神。和生、和处、和立、和达的基础是和爱，由和爱而发为和生、和处、和立、和达。张先生认为人不仅要爱己，而且要推而爱人、爱物、爱自然。人不能与自然、社会、他人、自己的心灵、他文明仇恨到底，而应该倡导、呼唤和爱，和爱是人类和平、安全、发展、文明的源泉，是和生、和处、和立、和达的活水。

第五，和合三界与八维和合体：理性的创新意识。

哲人对于道的理解与诠释有自己的思维路径与理论逻辑，和合学的理论大厦是奠基在对于传统哲学的深入领会与娴熟把握之上的，是基于对现实世界、社会、人生的切身体悟与和合想象基础之上的。

和合学转生了传统哲学的天、地、人三才之道，开出了古代圣贤智慧的新生面。这种转生与创新，反映了当代社会呼唤哲学创新的时代诉求，迈出了中华哲学理论思维形态创新的步伐，开创了中华哲学理论思维形态创新转生的新局面。和合学开出的新生面，是其对传统天、地、人三才之道的创新和转生。依照和合学的理论思维逻辑结构，转化为"地"的生存世界、"人"的意义世界、"天"的可能世界，转天、地、人的空间次序为地、人、天的思维逻辑次序。以生存世界的活动变易和合学，意义世界的价值规范和合学，可能世界的逻辑结构和合学，构成和合学的总体框架。从变易→规范→建构，而有互相融突、互相贯通、互相涵摄、互相转换、互相圆融。①在洋洋85万字的巨著《和合学——21世纪文化战略的构想》中，张先生不仅阐述了包括和合三界在内的"体"即理论、原理，又阐明了和合学之"用"，也就是和合学体系结构的八维和合体展开的学科分类：形上和合与和合自然科学、道德和合与和合伦理学、人文和合与和合人类学、工具和合与和合技术科学、形下和合与和合经济学、艺术和合与和合美学、社会和合与和合管理学、目标和合与和合决策学。张先生自己总结和合学的基础建构，他说：

　　一是以和合学理论公设作为整个和合学体系建构的基本原理；二是

---

① 参见张立文：《和合学三界的建构》，《华南师范大学学报》（社会科学版）2012年第2期。

以和合学的和合结构系统作为和合学立论的主体和骨架，天、地、人三界的融通构成和合学基础理论体系结构。形相差分、结构整合、中介转换、功用择优、归致反演形成和合学的理论公设。此外，基于和合学的基础建构，又借助"太极图"非常形象化地表征了"八维"和合体。①

以《和合学——21世纪文化战略的构想》与《和合哲学论》为代表，张立文先生构建的和合学理论内容丰富、理论宏厚而思致高妙，体现了中国哲学、中国哲人旺盛的生命活力与无限的生活宽度，是天地人之道在当代最为精妙与鲜活的呈现。

（三）和合论道的精神追求

张先生建构的和合学是世纪之交中国人思考21世纪人类走向何处的重要理论成果，是对于天地人之道作出的具有时代性内涵、民族性特色、世界性眼光的哲理之思，代表了当代中国文化的精神追求与民族智慧。它既是"从文化战略的高度透视中国文化的现代化和如何把中国文化推向世界，使中国文化的人文精神被世界接受，批判了亨廷顿《文明的冲突》一文对儒家文明的无知"的重要理论成果，是具有"理论价值与超前预见"的文化构想②；它也是以"和合起来"为终极追究的形上哲思。张先生说：

> "和合起来"的逻辑进程，始终是一个基于主体自觉、自愿和自由的创造性的生生过程。和合不是自然法则，也不是客观规律，而是一种亟待弘扬的人文精神，是一种哲学智慧。③

和合学力图走出人类思想史上众多的形上追求模式，而构建一个充满和合精神的、化解实体论、存有论等传统哲学不能给人类提供普遍的精神家园与终

---

① 张立文：《中国和合文化导论》，《中国和合学年鉴（1988—2016）》，人民出版社2018年版，第524—525页。

② 张岱年：《理论价值与超前预见——推荐和合学概论——21世纪文化战略构想》，《中国图书评论》1998年第6期。

③ 张立文：《和合哲学论·前言》，人民出版社2004年版，第1页。

极关切之弊端的学问。

> 和合学给人营造身体健康、心理健康、道德健康、社会健康、文明
> 健康、自然健康的安身立命之所，化解身体病态、心理病态、道德病
> 态、社会病态、文明病态、自然病态的冲突和危机所带来的种种痛苦，
> 而达融合、中和、和生、合乐之境。①

这样的精神追求，是和合学严谨逻辑与理论阐释背后自觉而不渝的人文价
值，代表了中国哲人在深刻反思以西方文明为主导的几百年来世界历史基础
之上的民族理性、主体意识与理论逻辑，是当代人类文明最为迫切需要的形
上之思。

三、和合践道——和合理论活力、
和合人格魅力与民族和合智慧

孔子说："人能弘道，非道弘人。"中国古人早就认识到天地人之道需
要主体人的参与，才能够真正彰显其意义与价值。每个时代的"道论"都
是通过现实的人以及人的理论得以呈现并推进的。作为当代天地人之道的新
阐释——和合学既有着鲜活的理论活力，也有着诉诸主体人格与民族智慧的
实践活力。正是通过基于和合的理解，宇宙、社会、人生之道体现为生生不
已的历史进程。

惟其生生，方见和合；惟其和合，方有生生。

（一）不断创新丰富的学理和合逻辑

理论一经创建，就有其本身的逻辑。只要是贴近时代透视道义充满活力
的理论，这一逻辑就必然体现为理论会从多个方面丰富、提升与充实自己。
"'和合学'永远在途中，它不是一种本质主义的东西，也不是一种实体主
义的东西，它把自己看作一种永远在将各方面'和合'起来的动态的哲学

---

① 张立文：《和合哲学论·前言》，人民出版社 2004 年版，第 1 页。

思想形态"①，从而自我成长为关涉形上形下、包容政经文科、思考历史现在未来的不断成熟的进程。和合学正是这样一个不断自我创新的理论形态，这正如研究者所说：

> 继 1996 年 12 月由首都师范大学出版社出版《和合学概论——21世纪文化战略构想》（上、下卷）一书之后，张立文教授又于 2004 年12 月由人民出版社出版了《和合哲学论》这一标志其"和合学"最新研究成果的专著。如果说张先生的《和合学概论》出版，还是从文化战略层面来思考和建构"和合学"，标志着他的"和合学"理论的诞生与体系化，那么，《和合哲学论》则是重点思考如何在形上层面即哲学维度去诠释、解答为什么提出"和合学"，以及怎样去落实"和合"即怎样才能"和合起来"、把"和合学"继续讲下去等深层次的哲学理论问题，标志着他的"和合学"理论体系化的进一步完善和成熟。②

自 20 世纪 80 年代提出和合学以来，这一理论形态伴随中国社会的历史进程、世界历史的全球化浪潮，以及人类文明的信息化革命，彰显了自己本身的逻辑活力，永远保持着勃勃的生命冲动与不竭的视野开拓。这样的和合学理开拓，体现了理论本身的逻辑活力，或者说理论本身基于思想逻辑必然走向成熟的进程。

21 世纪的人类社会是一个"信息智能时代的巨轮滚滚向前"的时代，是一个人类面临人与智能机器冲突的危机时代。如何化解这一人机冲突，化解人工智能对人类的挑战，成为和合学不能不思考的课题。

活的哲学思维是化解当今与未来冲突危机的哲学，是回应过去、现在、未来三维环物、性命、道和所以然的哲学。和合学换言之即是和平、发展、合作、共赢的哲学，其和生、和处、和立、和达、和爱原埋是化解人与自

---

① 张立文：《和合文化丛书总序》，《和合爱神》，河北出版传媒集团、河北人民出版社 2018年版。
② 方国根：《民族智慧与哲学创新——读张立文教授〈和合哲学论〉》，《中山大学学报》（社会科学版）2007 年第 4 期。

然、社会、人际、心灵、文明冲突和危机以及人工智能颠覆挑战的原理。和生相应人生价值；和达应对交感联通，智能相应；和立化解伦理道德，情绪中和；和处和谐网络管控，生活境界；和爱意蕴和合生生道体。和合生生道体是生活愿景的形而上之域，是指人类欲求生命的生存、意义、可能的美好生活愿景的一切形式活动。①

当人工智能走入人类生活，和合学敏感把握并体悟到了人与人工智能机器人之间的差分与冲突。如何化解这一危机？和合学以和生、和处、和立、和达、和爱五大原理作出了富有和合精神的回答。和合学不沉睡于既有的理论，它永远走在实现人类美好生活、达致和合生生之域的道途上，彰显了和合学理论本身的巨大思想生命活力。

（二）不竭追求探索的生命和合人格

和合体道，说到底就是和合体生，也就是对于生命的体贴与把握。理论是灰色的，生命之树长青。张先生和合学的创立既基于对于中华传统文化、中国传统哲学转生的思虑，是对于民族生命的思考，是对于人类文明的思考，也不能不是自己学术人生的思考与体悟。和合是中国传统文化的核心价值之一，但形成理论化、体系化、思辨化的思想形态则是张立文先生独特的理论创造与建构。

人是什么？在张先生的生命体悟、体会中，人是从冲击、挑战、冲突中走出来的和合的人。"人是一切冲突、矛盾、挑战的汇合点，是一切关系的聚合点，是政治、经济、文化、制度关系的汇聚点。"② 正是在对人的发现中，首先在对自己的发现中，和合学才有其创新的前提与意义。发现自己，也就是发现了现实的人、具体的人、真实的人。作为一名知识分子，张先生在 2016 年回顾自己一生时是自觉以学术与生命相兼相进来概括的。也正是在此基础上，张先生将自己的生命大体分为两个阶段：

> "文化大革命"以前为学术的生命，之后为生命的学术。有生命的

---

① 参见张立文：《和合学与人工智能·自序》，人民出版社 2019 年版，第 1 页。
② 张立文：《学术生命与生命学术——张立文学术自述》，中国人民大学出版社 2016 年版，第 577 页。

存在与开拓，才有学术的追求与发展。生命是学术的体能和智能的支撑，学术是生命的意义和价值。但在"文化大革命"结束前的时代和环境，只能有学术生命，而不可能有生命学术，假如有，也只能处于"潜龙勿用"状态，以保生命的生存，而罔顾学术。学术和生命相兼并得，是"文化大革命"后所开出的新局面。[1]

张立文先生在其多年的"生命学术"与"学术生命"中努力发现、不渝阐扬与矢志践行"和合天下"的人文理想。这一"和合"精神的阐扬、和合理论的诠释，构成了和合学创建者张立文先生学术人生的巨大精神动力与人生学术的夯实思想逻辑。

（三）不懈奋进包容的民族和合智慧

张先生的和合学脱离不了自己的思想文化母体，其个体生命和合也是在中华民族长期形成的和合思想滋润之下成长起来的。和合是中华文明核心价值，代表了我们民族的价值追求、思维方式、审美情趣与道德规范。正是在长期的和合文化浸淫中，中华文明走过五千年的文明史来到今天。历史有风雨，历史有冲突，历史也有过重大的挫折。纵有冲突与挫折，我们民族一路走来，体现了和合人文价值的独特内涵与现实意义。

历史来到今天，我们民族经过近二百年的向西方学习，也终究体贴到一个民族要真正站起来，惟有坚持自己的民族个性方能挺立文化自信与精神脊梁。文化自信说到底就是价值观的自信，也就是对于自己是谁，或者说"人之为人"的具体思考的自信。人类命运共同体思想的提出，正是传统和合思想在新的历史进程中对于人类文明未来走向的中国智慧解答。人类命运共同体精神，也就是和合精神，是运用中国智慧、汲取传统人文精神、前瞻人类文明命运的中国式回答。人类命运共同体思想所蕴含的人文精神与和合学的和生、和处、和立、和达、和爱原则的和合仁爱精神本质上是一致的，都体现了我们民族数千年来始终高扬人的主体性、彰显人的超越性、践行人

---

[1] 张立文：《学术生命与生命学术——张立文学术自述》，中国人民大学出版社 2016 年版，第 577 页。

的物质性的品格，是对于天地人之道的现实诠释与实践弘扬。

旧邦新命的中华民族在和合之途上永不止歇，耄耋之年的张先生在和合致思之中自强不息，而思深虑微的和合学在时代迁变中渐成思潮，他们共同证成了中国哲学"道在和合"的新面向、新生命与新境界。

（原载《孔子研究》2019 年第 6 期；作者单位：中共浙江省委党校（行政学院）哲学教研部、中国社会科学院研究生院、马克思主义学院）

从"和民"到"和天下"

——论传统和合天下观及其现代价值

张永路

传统和合思想蕴意丰富，不仅有对万物化生基本原理的探求，也有对圣人道德修养的追求，特别是对传统天下观也有其观照之处。对此而言，"和民"是和合思想在治世安民维度的基本诉求，在此基础上扩而言之，"和天下"就成为和合思想在更大范围内的终极理想。"天下"是古代华夏世界的重要范畴，从其大处言，"天下"承载了古代士人对于整个世界的想象；从其小处言，"天下"也寄托了传统士大夫治世安民的情怀。从"和民"到"和天下"，其中彰显出的正是和合思想对天下大同理想世界的向往和期待。[①]

一、和民之道

在传统社会，"和"是对美好社会状态的一种描述，其在传统社会中的体现形式就是"和民"。作为和合思想的重要维度之一，"和民"是对传统社会秩序的一种规划和实践，这一观念早自《尚书》中便已经存在。如下所示：

> 皇天既付中国民，越厥疆土于先王，肆王惟德用和怿先后迷民，用怿先王受命。已！若兹监。惟曰：欲至于万年，惟王子子孙孙永保民。[②]

---

① 参见张立文：《王霸之道与和合天下》，《人民论坛·学术前沿》2016年第20期。
② 孙星衍：《尚书今古文注疏》，中华书局2004年版，第389页。

（《尚书·梓材》）

王若曰："公明保予冲子，公称丕显德，以予小子扬文武烈，奉答天命，和恒四方民。"①（《尚书·洛诰》）

周公曰："呜呼！厥亦惟我周。太王、王季，克自抑畏。文王卑服，即康功、田功。徽柔懿恭，怀保小民，惠鲜鳏寡。自朝至于日中昃，不遑暇食，用咸和万民。"②（《尚书·无逸》）

第一条引文中，"和怿先后迷民"即是和服或和悦受迷惑之民，也就是使民众达到和悦的状态。③ 第二条引文，"和恒四方民"一句，孙星衍认为"恒"应解为"徧"④，也就是徧和四方之民，而刘起釪认为"恒"解为"久"⑤，即恒久和怿四方之民。二人一从空间理解，一从时间理解，虽然有异，但对于"和"之理解却并没有太大不同。第三条引文，"用咸和万民"，孔颖达认为是"皆和万民"⑥，刘起釪则认同俞樾的观点，认为是"用诚和万民"⑦。与"和恒四方民"的情况相同，虽然他们对"咸"字的理解不同，但对"和"字则可确信是在相同意义上使用的。由上可知，三条引文都出现了"和民"，而这一概念被用来表述以周公为代表的周初为政者施行德政来保民和民，这也就是以往研究经常提及的周初保民思想。

这种以保民为表现形式的德政思想，经过儒家的大力提倡，在后世成为传统社会的典范，周公和周文化也由此成为符号化象征。在这种保民思想中，"和民"无疑属于传统社会的理想状态。除了《尚书》，在先秦典籍中，有关"和民"的论述屡见，如：

---

① 孙星衍：《尚书今古文注疏》，中华书局 2004 年版，第 410 页。

② 孙星衍：《尚书今古文注疏》，中华书局 2004 年版，第 440 页。

③ 孙星衍解为和服，而刘起釪解为和悦，其意并无太大差异。分别见孙星衍：《尚书今古文注疏》，中华书局 2004 年版，第 389 页；顾颉刚、刘起釪：《尚书校释译论》，中华书局 2005 年版，第 1428 页。

④ 孙星衍：《尚书今古文注疏》，中华书局 2004 年版，第 410 页。

⑤ 顾颉刚、刘起釪：《尚书校释译论》，中华书局 2005 年版，第 1484 页。

⑥ 阮元校刻：《十三经注疏》，中华书局 1980 年版，第 222 页。

⑦ 顾颉刚、刘起釪：《尚书校释译论》，中华书局 2005 年版，第 1540 页。

是时也，王事唯农是务，无有求利于其官，以干农功。三时务农，而一时讲武，故征则有威，守则有财。若是，乃能媚于神而和于民矣，则享祀时至而布施优裕也。① （《国语·周语上》）

无亦鉴于黎、苗之王，下及夏、商之季，上不象天，而下不仪地，中不和民，而方不顺时，不共神祇，而蔑弃五则。② （《国语·周语下》）

夫惠本而后民归之志，民和而后神降之福。③ （《国语·鲁语上》）

及其即位也，询于八虞，而谘于二虢，度于闳夭，而谋于南宫，谏于蔡、原，而访于辛、尹，重之以周、邵、毕、荣，忆宁百神，而柔和万民。④ （《国语·晋语四》）

先主之所属也，又尹铎之所宽也，民必和矣。⑤ （《国语·晋语九》）

在这五处引文中，但凡谈及"民"时，必有"和"前后相随。民者，天下苍生也；和者，和顺和洽也。因此，"和民"即是使天下百姓众民生活和洽。在传统社会，"和民"是德政的落脚点，在传统政治伦理中有着极为重要的地位。孔子曾说："修己以安百姓，尧舜其犹病诸？"⑥ 要让百姓众民实现安定和洽的生活，对尧舜这样的圣王都属难事，可见民众安和在儒家思想中的地位。

正因为"和民"在传统政治伦理中的重要地位，所以历代君主都极为看重，这从上述引文中也可看出。具体而言，第一条引文是虢文公对周宣王的劝谏之言，所以引文中明确提到"王事"。虢文公认为国君应以农务为首，不扰乱农时，如此才能做到"和于民"；第二条引文是太子晋劝谏周灵

---

① 《国语集解》将此句断为："若是，乃能媚于神。而和于民矣，则享祀时至而布施优裕也。"徐元诰撰：《国语集解》（修订本），中华书局2002年版，第21页。但观之上下文语境，媚神与和民并未前后分开，故此处依照上海师范大学古籍整理组所校版本。上海师范大学古籍整理组校点：《国语》，上海古籍出版社1978年版，第21页。

② 徐元诰：《国语集解》（修订本），中华书局2002年版，第100页。

③ 此处各版本皆作"惠本"，徐元诰依俞樾之说改"本"为"大"，似有不妥，故此处仍依旧本。见徐元诰撰：《国语集解》（修订本），中华书局2002年版，第143页。

④ 徐元诰：《国语集解》（修订本），中华书局2002年版，第362页。

⑤ 徐元诰：《国语集解》（修订本），中华书局2002年版，第457页。

⑥ 阮元校刻：《十三经注疏》，中华书局1980年版，第2514页。

王勿学黎、苗、夏、商诸王，不做"和民"之事，否则就会落得国灭身死的下场；第三条引文则是曹刿劝谏鲁庄公之言，指出"民和"之后神灵才会降福；第四条引文是胥臣对晋文公言周文王事，指出周文王"柔和万民"的圣王之举；第五条引文是赵襄子所言，其中先主即是赵简子，也都是晋国公卿，其意指治民以"和"为目标。春秋时期本就处于一个"礼崩乐坏"的时代，诸国相互征伐、公卿大夫弑君。种种乱象之下，为政者认定只有"和民"才能保守社稷，否则便会国灭身死。

从上述《尚书》《国语》的引文中可以看出，"和民"不仅仅是生活的富足，其中还包括精神的和悦。在《国语·周语上》的引文中，首先是"王事唯农是务"，然后"乃能媚于神而和于民矣"，从中可见农事的重要性。但此处之"和民"却并非仅是就表面所见的农事"财用不乏"意义上作出的理解。在此之前，虢文公还说道："夫民之大事在农，上帝之粢盛于是乎出，民之蕃庶于是乎生，事之供给于是乎在，和协辑睦于是乎兴。"①由此可清楚地看到，农事所导致的结果中便不仅是"蕃庶""供给"的增长，更是"和协辑睦"的和谐关系。其实，这也属于儒家的一贯主张。孔子认为国家兴盛的三个阶段，即是庶、富、教（《论语·子路》）。此处"民之蕃庶""事之供给"就是孔子所说的庶、富两个阶段，而孔子认定的最高阶段自然就属于"和协辑睦于是乎兴"。另外，《国语·鲁语上》："惠本而后民归之志，民和而后神降之福"也可体现这一观念。其中，韦昭注："惠本，树德施利也"②，予民以恩惠是和民的必要方法，这也就是《周语上》的"财用不乏"，《尚书·无逸》的"怀保小民，惠鲜鳏寡"，《论语·公冶长》的"养民也惠"③。因此，从另一个角度来看，"惠民"所指向的也就是"和民"，以《国语》原文述之即是"惠所以和民也"④。在"惠民"与"和民"的比较下，后者无疑具有更为重要的地位。由此，"和民"也就成

---

① 徐元诰：《国语集解》（修订本），中华书局 2002 年版，第 16 页。
② 徐元诰：《国语集解》（修订本），中华书局 2002 年版，第 143 页。
③ 阮元校刻：《十三经注疏》，中华书局 1980 年版，第 2474 页。
④ 徐元诰：《国语集解》（修订本），中华书局 2002 年版，第 70 页。关于"惠"字，韦昭有时解之为"爱"（见《国语集解》（修订本），中华书局 2002 年版，第 28 页），但是在《国语》中，就惠民这一语境下，爱民便必然予民以恩惠，二者差异并不大。

为后世对理想社会的核心表述，其中蕴含的民众和合的生活状态也成为理想的人间秩序。

二、民本思想

作为和合思想的重要维度，"和民"的着眼点即是民众生活的和洽，这无疑属于传统民本思想的范围。对于民本的含义，很多学者都会引用著名的"民惟邦本，本固邦宁"①（《尚书·五子之歌》），以其作为"民本"一词的出处，同时也是后世学者讨论民本思想时使用最多的论据。但是，这句话作为论据的可靠性是值得商榷的，其古文《尚书》的出身使其无法保证年代上的准确性，由此使这条引文的价值大打折扣。当然，作为思想理论来说，民本思想内涵丰富，有着多层次的蕴意，但其中表意最为直接，同时也最为重要的无疑即是"保民"。② 作为《尚书》中周公提出的重要观念，其所蕴含的进步性观念使其成为后世学者极为重视的论题，特别是在讨论先秦民本思想时，更是讨论的起点和重点。从传世文献的梳理来看，在《尚书》"周书"部分所透露出的周初世界中，以周公为代表的周初统治者大力宣扬保民重民，相关言论处处可见，如"别求闻由古先哲王，用康保民""王应保殷民"③（《康诰》），"保惠于庶民""怀保小民"④（《无逸》）等都成为周公屡屡谈及的话题，同时这些言论也成为学者们讨论周初民本思想时的坚实论据。所谓"保民"，"保"者，古文《尚书》中伪孔传注为"安"，孔颖达也以"安"训"保"。⑤ 对此，孙星衍⑥、刘起釪⑦等人都基本认同。因此，周公所说之"保民"即是安民，这便是民本思想的一个重要维度。

---

① 阮元校刻：《十三经注疏》，中华书局 1980 年版，第 156 页。
② 金耀基分析了民本思想的六种意义，即以人民为政治之主体、君主得人民之同意、保民养民、义利之辨、王霸之争以及君臣之际。参见金耀基：《中国民本思想史》，台湾商务印书馆 1993 年版，第 8—12 页。
③ 孙星衍：《尚书今古文注疏》，中华书局 2004 年版，第 361、363 页。
④ 孙星衍：《尚书今古文注疏》，中华书局 2004 年版，第 439、441 页。
⑤ 阮元校刻：《十三经注疏》，中华书局 1980 年版，第 157、212 页。
⑥ 参见孙星衍：《尚书今古文注疏》，中华书局 2004 年版，第 361 页。
⑦ 参见顾颉刚、刘起釪：《尚书校释译论》，中华书局 2005 年版，第 1311 页。

对于"和民"来说，其无疑属于与"保民"相同的重要举措，二者所追求的都是民众生活的安定和谐。在《尚书》"周书"部分中，同样也有很多关于"和民"的论述。如上文所述，"肆王惟德用和怿先后迷民"①（《梓材》）、"咸和万民"②（《无逸》）、"和恒四方民"③（《洛诰》）等，都是"和民"的相关论述。

在《尚书》之后的年代，"和民"仍然是周天子以及诸侯国君在实践中所致力的方向。不过，在对周初以至春秋这一长时段的民本思想研究中，"和民"范畴并未得到符合其地位的重视，特别是在论及所谓"保民"等现实举措时，常常都会忽略这一点。其实，"和民"作为现实世间的施政指向，其所表达的民众和悦和顺的理想状态是民本思想的更高级体现。对于民众的生活状态，孔子曾指出其发展的三个阶段，《论语·子路篇》记载孔子到卫国，观其国而叹，"子曰：'庶矣哉！'冉有曰：'既庶矣，又何加焉？'曰：'富之。'曰：'既富矣，又何加焉？'曰：'教之'"。④ 在孔子看来，民众人口繁盛是第一阶段，生活富裕是第二阶段，但这仅是生存层面，而更高级的阶段是优秀的教育，也就是指获得良好的精神状态，这才是民众生活的最高阶段。民众和悦和谐的生活，无疑属于这一最高阶段。因此，"和民"不仅属于民本思想的表述范围，是其重要的实践活动，还是人们希冀达到的理想状态。

在民本思想的视阈下，"和民"所蕴含的特质展露无疑，其最终目的就是要达到民众和谐和悦的生活状态，这是和合思想的意义呈现。因此，"和民"不仅是民本思想在现实中的理念实践，而且还是和合思想为人世间所规划的理想世界。在之后的时间里，"和民"一直保持着影响力，这种影响便体现在后世诸家思想之中。

在《墨子·尚同上》篇中，有"内者父子兄弟作怨恶，离散不能相和

---

① 孙星衍：《尚书今古文注疏》，中华书局 2004 年版，第 389 页。
② 孙星衍：《尚书今古文注疏》，中华书局 2004 年版，第 441 页。
③ 孙星衍：《尚书今古文注疏》，中华书局 2004 年版，第 410 页。
④ 阮元校刻：《十三经注疏》，中华书局 1980 年版，第 2507 页。

合。天下之百姓皆以水火毒药相亏害"①。在墨子看来，父子兄弟不能相互怨恶，否则便会使得家庭离散而不能和谐亲睦，以至于天下百姓彼此相害而不能兼爱。尽管对于"和民"之五教，墨子并不以为然，但是父子兄弟关系之和合却是他认同的。在成书稍晚的《管子·幼官》篇中，民之和合表述得更为直接："畜之以道，养之以德。畜之以道，则民和；养之以德，则民合。和合故能习，习故能谐，谐习以悉，莫之能伤也。"②"畜之以道，养之以德"对于民众之和合起着关键性的作用，张立文先生曾对管子道德和合有过专述，他认为"道"即是世界万物本原和人类社会原理，"德"则是天地万物的本性和人的本性、品德，而"蓄养道德与民众和合，有着一种因果的联系"③。由此可见，《管子》对民之和合非常重视，由和合而生发出的"习""谐"，最后至"莫之能伤"，都是源自民之和合。

其实，孟子也曾论及"民和"，不过其并未明言而已，这便是孟子"天时地利人和"著名论述：

> 孟子曰："天时不如地利，地利不如人和。三里之城，七里之郭，环而攻之而不胜。夫环而攻之，必有得天时者矣。然而不胜者，是天时不如地利也。城非不高也，池非不深也，兵革非不坚利也，米粟非不多也，委而去之，是地利不如人和也。故曰：域民不以封疆之界，固国不以山溪之险，威天下不以兵革之利。得道者多助，失道者寡助。寡助之至，亲戚畔之；多助之至，天下顺之。以天下之所顺，攻亲戚之所畔，故君子有不战，战必胜矣。"④（《孟子·公孙丑下》）

在此，孟子是以功战为题而论仁政。在其看来，对一城池而言，围而攻之是有天时相助，如果不胜，即是地利的原因。但是如果拥有城高、池深、兵坚、粮多等地利的因素，最后却弃城而逃，便是地利抵不过人和。从后面孟

① 孙诒让：《墨子间诂》，中华书局 2001 年版，第 74、78 页。
② 郭沫若、闻一多、许维遹：《管子集校》，科学出版社 1956 年版，第 137 页。
③ 张立文：《管子道德和合新释》，《社会科学战线》2010 年第 2 期。
④ 阮元校刻：《十三经注疏》，中华书局 1980 年版，第 2693 页。

子所说"域民不以封疆"以及"得道者多助，失道者寡助"可大致看出，其"人和"即是指"民和"，所以赵岐注曰："人和，得民心之所和乐也"，最后又以"章指"形式言曰："民和为贵，贵于天地，故曰得乎丘民为天子也"。[1] 在孟子看来，"民和"成为胜败关键，甚至重于天时以及地利。而是否"民和"又在于"得道"与否，即所谓"得道者多助，失道者寡助"，就其实质而言，也就是是否施仁政，即君主有德行并施于民众，便可达至"民和"。由此可知，孟子所谓"人和"的观念是与《国语》"和民"相同的，其间并无差异，而二者之间的前后联系也是非常清晰的。同时，孟子也有着非常著名且明晰的民本表述，即"民为贵，社稷次之，君为轻"，这与其"天时地利人和"的观念也是相通的。对此，我们特别注意到其中与"和民"相同的民本属性，由此也可见"和民"思想的影响广泛。

三、和天下的理想

随着战国时期思想观念的变迁，"和民"也经历着变化与发展，特别是随着天下观的兴盛，"和民"逐渐演变为对天下和合的诉求。荀子曾以周公居天子位为例解释何为大儒，他说：

> 天子也者，不可以少当也，不可以假摄为也。能则天下归之，不能则天下去之，是以周公屏成王而及武王以属天下，恶天下之离周也。……故以枝代主而非越也，以弟诛兄而非暴也，君臣易位而非不顺也。因天下之和，遂文、武之业，明枝主之义，抑亦变化矣，天下厌然犹一也。[2]（《荀子·儒效》）

周公先是居天子之位，等周成王成年之后，又将天子位还与成王，这便是大儒之功。所以，以旁支的身份来代嫡长子执政并不是超出本分，以弟弟的身

---

[1] 焦循撰，沈文倬点校：《孟子正义》，中华书局1987年版，第251—254页。
[2] 王先谦：《荀子集解》，中华书局1988年版，第115—116页。

份诛杀兄长管叔蔡叔也不是暴虐，君与臣变换位置也不算不顺。周公借天下之和合局面，成文武之事业，表明庶嫡之义，虽然尽权变之事，但天下却安和如一。在荀子那里，"和"已经不仅是民众之和，更成为天下的修饰语，可称为"天下之和"。从"和民"到"和天下"，是春秋至战国时代变迁所导致的思想疆域扩大化。在战国时期，天下已经成为讨论的习语，是诸子思想关照的新边界。如果说"和民"关注于一国之民众，那么"和天下"所关注的不仅超出了一国之范围，同时也超出了民众之所指。由于天下这一观念所蕴含的丰富含义，"和天下"所关注的已经具有了终极关怀与价值指向。由此，"和天下"也就成为"和民"在战国时期的承继者与发展者。

"和天下"所致力构建的是一个堪称完美的世界，因其所具有的终极关怀与价值指向，这个世界是种种理想观念的实施，而对于这一理想世界的最佳描述即是所谓的"大同社会"：

> 大道之行也，天下为公，选贤与能，讲信修睦。故人不独亲其亲，不独子其子，使老有所终，壮有所用，幼有所长，矜寡孤独废疾者，皆有所养，男有分，女有归。货恶其弃于地也，不必藏于己；力恶其不出于身也，不必为己。是故谋闭而不兴，盗窃乱贼而不作，故外户而不闭。是谓大同。①（《礼记·礼运》）

据通常所言，此即为大同社会，其实更为准确地讲，应是大同天下，这其中所展现的正是传统天下观。在对这一天下的描述中，所谓大道流行，天下为公，贤人居位，人人讲信修和，各得其分，这便是大同。此"大同"之"同"绝非相同、同质之"同"，《说文》："同，会合也"，郑玄也注"大同"之"同"："同，犹和也，平也"②，因此，大同也就是大和，更为准确地说即是大和天下。这一大和天下便是"和天下"所致力构建的理想世界，在这一世界中，所谓"民和"已是应有之义。从这个意义上说，传统和合

---

① 阮元校刻：《十三经注疏》，中华书局 1980 年版，第 1414 页。
② 阮元校刻：《十三经注疏》，中华书局 1980 年版，第 1414 页。

天下观体现出的绝非以力相争的霸道，而是保民和民的王道，属于张立文先生所说的包含终极价值的和合理想世界。①

在新世纪的背景下，人类面临着诸多挑战和危机，依照张立文先生的梳理，人类所面临的问题可归为五大冲突，即"人与自然、人与社会、人与人、人自身心灵以及不同文明之间的冲突"。这五大冲突又带来了现代社会的五大危机，也就是生态危机、人文危机、道德危机、信仰危机以及价值危机。顾名思义，人与自然的冲突及其生态危机主要是指现代社会中人类对自然的开发无度，导致地球生态环境恶化，人的生存世界面临危机；人与社会的冲突及其人文危机则是指人类社会所面临的种种问题，如贫富差距、社会冲突等，这是人作为群体所面临的危机；人与人的冲突及其道德危机主要是就人与人关系言，现代社会中人与人如何相处是其主要关注点；人自身心灵冲突及其信仰危机则是指现代人心灵世界的孤独、苦闷以及焦虑等心理问题，如何调适心灵从而使其得到寄托和慰藉是其主要话题；不同文明之间的冲突及其价值危机是从全球视野出发，指世界不同文明间的对抗和冲突。总而言之，这五大冲突和危机是现代人类所面临的共同问题，因此也是人类进入新文明期发展必须解决的问题。特别是人类文明之间的冲突，从古到今引发了无数战争与灾难。对于这些冲突而言，"和合"无疑有着重要的价值和意义。张立文先生从传统文化中将"和合"体贴出来，并以其为核心范畴建构起和合学理论体系，这本身就是对传统和合思想的转生。据此，张立文先生就人类所面临的五大冲突和危机提出了五大原理，即和生、和处、和立、和达、和爱。和生原理是指人与自然、人与社会、人与人、人与自我心灵以及各文明之间不以对方为敌，而是共生共荣；和处原理与和生紧密相连，是指人与他者在相处过程中和平相待，始终抱谦和、温和的态度；和立原理主要关注多样性，即以开放、包容的态度接纳自然、社会、人际、心灵、文明按其自己的特性发展；和达原理是指人与自然、社会、他人、他文明、心灵都共同发达，这也就是孔子说的"己欲达而达人"的思想；和爱

---

① 参见张立文：《和合学——21世纪文化战略的构想》，中国人民大学出版社2006年版，第261页。

原理是前四大原理的基础和核心，也就是孔子的"泛爱众"和墨子的"兼爱"思想。① 总而言之，和合学的五大原理是对人类社会五大冲突和危机的化解之道，尤其对文明冲突的化解有着重要意义。

从历史上来看，人类社会自产生始，便充满着各自冲突和对抗。如何化解冲突和对抗，如何解救人类自身，成为整个世界在新世纪关注的焦点。和合学五大原理，无疑是对化解种种冲突和对抗的理论尝试。在"和合"的观照下，人类世界树立起自身发展的标的，其旨就是要消除人类社会所存在的种种冲突和对抗，实现人类社会的共同繁荣。传统和合天下观正是化解这些冲突的一种思想资源。和合天下观以"和民"为现实关照，以"和天下"为终极理想，其着眼点已经不再囿于一国之民的和合，而是以天下和合为目标，展现出和合思想的世界胸怀。

（本文为特约稿件；作者单位：天津社会科学院哲学所）

---

① 参见张立文：《和合学——21世纪文化战略的构想》，中国人民大学出版社2006年版，第477—481页。

和合文化三个基本哲学问题发微

沈卫星

天下汹汹，风云激荡。和合思想备受各界关注，骤成显学，然学界谳讼不已，峙成三议：肯定意见认为，和合"既是宇宙精神，又是道德精神，是天道与人道即天人合一的精神，是人与社会、人与人、人的心灵冲突融合而和合的精神"①。否定意见认为，"把有着几千年历史的中国传统和谐文化归结为和合文化，这种概括是否准确、妥当，在学理上值得进一步商榷"②。更有论者尖锐指出，"和合学"既无根又无解，就是个伪问题③。持平论则认为："'和合'或'合和'基本含义指两个或两个以上不同的东西（事物、元素、成分、条件、因缘……）发生相互作用，互相结合（整合、调和、综合、化合、混合、糅合、杂合……）在一起的一种现象、过程或状态……其本身并没有太多的哲学意味"④。要廓清此类争论，须反思的是：作为奠基性的问题有哪些？——假如连地基都没有，那岂非空中楼阁，危乎殆哉？由此争论可引申出三个奠基性问题："和合"究竟是个什么问题？它是如何认识世界的？实践中要把握什么问题并如何运用？与之相应的三个问题就是本体论、认识论、实践论。

---

① 张立文：《儒学人文精神与现代社会》，《南昌大学学报》（人文社科版）2002年第2期。
② 李方祥：《社会主义和谐文化与中国传统文化中的和谐思想》，《高校理论战线》2007年第8期。
③ 参见米继军：《"和合学"辨正——与张立文先生商榷》，《学术前沿》（香港）2005年第7期。
④ 杜运辉、吕伟：《"和合"与"和谐"辨析》，《高校理论战线》2010年第4期。

一、和合本体论

和合本体论要回答的是，"和合"究竟是个什么问题？要回答这个问题，就要先回答"世界的本相是什么样"这个前设性基本问题。

世界本相要解答的是，世界从何而来并以何种方式存在？在这个根本问题上，东西方思维大异其趣。简言之，西方主张神创论或终极论，世界是被创造的。中国传统"创世说"认为，万物派生源于不同事物诸因素之间和合的结果，如"阴阳和合而万物生""天地纲缊，万物化醇""因缘和合"就是佐例，说明世界是自我发生的。那么，这个发动因是什么？就是对立统一，也就是世界本相是以对立统一的方式存在的。对此，中国传统文化各家的认识是认同的，而要真正理解这个问题，则要溯及《周易》。

《周易》素有"众经之首"和"大道之源"称誉，是中华文明的源头活水。《周易》精义何在？在"阴阳"两字。《易传》明确提出"一阴一阳之谓道"（《易传·系辞上》）。此说后为老子表述为"万物负阴而抱阳"（《老子·四十二章》）。孔子表述为"易之义，唯阴与阳"（帛书《易之义》）。而朱熹在《周易本义》中则明白晓畅直言，《易经》的核心是讲事物内部矛盾的对立统一，易只消阴阳二字括尽。

既然《周易》精义在"阴阳"两字，阴阳又是一种什么样的关系？"一阴一阳之谓道"，既然言"道"，那就不仅包含事物内部的对立统一、相互转化关系，也包含事物外部的整合协同、析取转化、共生同一的关系，更加注重事物之间相辅相成的整体秩序。在阴阳互动中，阳为主，推动事物的发展，决定事物发展趋势；阴为辅，属从，配合阳之发展。阴阳二元共济，方能诀致均衡和谐，而最高的和谐就是《彖》所说的"太和"。"太和，和之至也。"① 那何谓和谐？《彖》曰："乾道变化，各正性命。保合太和乃利贞。"可见《周易》认为的和谐是：宇宙之中，万物各具其性，各居其位，阴阳交合嬗变，形成一个至大至高的和谐状态，从而普利万物。这一观点千

---

① 王夫之：《张子正蒙注》，上海古籍出版社 2000 年版，第 15 页。

古传承：从董仲舒说的"和者，天之正也，阴阳之平也，其气最良，物之所生也"①，到王夫之那里，进而升拔为宇宙本质予以看待，"天地以和顺为命，万物以和顺为性。继之者善，和顺故为善也。成之者性，和顺斯成也"②。

那又如何理解"和合"？"和"与"合"二字连用最早见于《国语·郑语》："商契能和合五教，以保于百姓者也。""五教"指的是父义、母慈、兄友、弟恭、子孝。"和合"常被释为调和，但其实并非如此简单，《国语·郑语》中史伯回答郑桓公的话视作释"和"权威：

> 夫和实生物，同则不继。以他平他谓之和，故能丰长而物归之。若以同裨同，尽乃弃矣。故先王以土与金木水火杂，以成百物。是以和五味以调口，刚四支以卫体，和六律以聪耳，正七体以役心，平八索以成人，建九纪以立纯德，合十数以训百体。出千品，具万方，计亿事，材兆物，收经入，行姟极。……声一无听，物一无文，味一无果，物一不讲。

此段话中，有两个要点：其一，何谓和？"以他平他谓之和"，注意这里是两个"他"，而且是两个性质不同的"他"。若不是两个他，则"声一无听，物一无文，味一无果，物一不讲"。若即使有许多他，但却是同质性的他，则"若以同裨同，尽乃弃矣"。这两个不同性质的他，其实就是阴阳两物，而其关系则是"平"，亦即铢两悉称、相辅相成。唯其如此，方能和谐。其二，和的实质是要"生物"。阴阳两体并非简单地相聚相合，而是要"成百物……出千品，具万方，计亿事，材兆物，收经入，行姟极"。质言之，"和"的本质意思是调和阴阳两物以生出新事物。问题是生出的新事物是否合乎主观目的要求、达致和谐呢？这就要借助于"合"。

"合"是什么意思？在这个问题上，学界存在歧解，甚至是误解。如方

---

① 董仲舒：《春秋繁露》，山东友谊出版社2001年版，第643页。
② 王夫之：《周易外传》，中华书局1977年版，第121页。

克立老先生就认为，"'合'与'和'两个概念只有部分意义重合，'合'还有汇合、合并、相同等多种含义。'和合'或'合和'连用，不但模糊、弱化了'和'的辩证性，而且还容易产生误解和歧解"①。杜运辉在写了《我国哲学界关于"和合学"的讨论》② 后，又专门写了《"和合"与"和谐"辨析》③ 以阐其见，指出"合"具有多义性。在聚合或会合的意义上，"和""合"有少量互训的情形：一方面，"和"可训为"合"，如《庄子·寓言》有"和以天倪"，成玄英疏"和，合也"；另一方面，"合"亦可训"和"，如《吕氏春秋·有始》有"夫物合而成"，高诱注"合，和也"。但是，古代典籍中更普遍的情况是以"同"训"合"，而且"合""同"往往可以互训。一方面，从"合"来说，段玉裁《说文解字注》说"此以其形释其义也，三口相同是为合"；《玉篇·亼部》有"合，同也"。另一方面，从"同"来说，《说文·冂部》有"同，合会也。"因此，从以"同"训"合"来说，"和"与"合"之间就存在着意义上的对立。据此，杜运辉指出，从整体上来看，"合"与"同"之间意义更为接近。不能把"合"直接等同于"和"，无视还有"合""同"互训的情况，无视"合"也有与"和"意义抵牾的一面。杜运辉甚至认为，从词语结构看，"和"是中心词，"合"是成为"和"之赘疣。因此，"和合"一词不仅本身没有什么哲学深义，而且它含义模糊，可以作多种解释，很容易产生歧义，不是一个精确严谨的哲学范畴。概言之，"合"字是多余的，"和合"是无用的。若非要讲"和"，那如本文开头反对意见所言，讲"中和"即可。

果真如此吗？"合"字是个多义词，但究竟如何理解这个"多义"呢？如果拘泥于词语结构，得出"赘疣"论，显然这是僵化的；如果执意于"意义抵牾"，从而否定"合"之功用，这是形而上学的。我们想说的是，对于问题要从本质性高度加以认识，这个本质性高度就是从"一阴一阳之谓道"这一发生学角度去理解"和合"。《说文解字·亼部》："合，合口也，从亼，从口。"甲骨文、金文中的"合"字像器盖相合之形，因而

① 方克立：《关于和谐文化研究的几点看法》，《高校理论战线》2007 年第 5 期。
② 参见杜运辉：《我国哲学界关于"和合学"的讨论》，《高校理论战线》2008 年第 5 期。
③ 杜运辉、吕伟：《"和合"与"和谐"辨析》，《高校理论战线》2010 年第 4 期。

"合"字的本义应该是"器物盖上盖子"。由"器盖相合"的本义，引申为凡物之闭或合拢。对此，第一，"器盖相合"本身就蕴含着阴阳两物；第二，两物闭拢是否就是成功了呢？未必！据此，我们不妨剖析上文的指责：一是认为"合"与"和"之间存在"意义抵牾"，因而"和合"不能连用。别忘了，正因存在阴阳两物，才有"抵牾"，有抵牾，才有矛盾，有矛盾才有斗争，有斗争才有发展，这正是矛盾对立性的体现。这不正是发生学的表现吗？二是认为"合"与"同"意义更为接近，而"同"讲究的是取消矛盾、无差别的同一，这与"和"是截然不同的。恐怕要说，这不但是逻辑混乱，还是典型的形而上学思维。其一，既然反对无差别、取消矛盾的"同"，那怎么又觉得"和"与"合"之间存在"意义抵牾"而反对呢？这岂不是逻辑混乱？其二，究竟如何理解"同"？其实，这个"同"指的是阴阳两物相斗而采用调和手段之后，达到的一种成功状态，这种成功状态即谓和谐。"君子和而不同"被视为美誉，但不觉得背后存有遗憾吗？为什么不能是既和又同呢？所以，从和入同乃是至高和谐。"同"实质表达的是因和差异而同一体的至和至谐状态，故"合""同"可同训。而那种认为同是取消矛盾、无差别的观点，其实是在"和合"这个问题上犯了形而上学毛病。

根据上述论证，我们认为，作为本体论的和合，其哲学基础源自"一阴一阳之谓道"，"和"指的是调和阴阳，"合"指的是合成生出新事物，和合就是调和阴阳两物使之成功生出新事物，并达致和谐。这种最理想的和谐状态则是同。据此，现在回溯"夫和实生物……故先王以土与金木水火杂，以成百物。……合十数以训百体"这段话，看我们是否把握住了其本质：这里的"以土与金木水火杂"讲的是调和阴阳，请特别注意"以成百物"中的"成"字，其本质意义是要强调成功生出新事物。那成功生出新事物后是一种什么样的状态呢？那就是和谐，"是以和五味以调口，刚四支以卫体，和六律以聪耳，正七体以役心，平八索以成人，建九纪以立纯德，合十数以训百体"。这是何等的和谐状态！而最高和谐则是同一，五味调和不是同一了吗？四支和体不是成为一个整体的人了吗？等等同理剖析"和合"二字最早联用于《国语·郑语》中的"商契能和合五教，以保于百姓者也"。第一，"五教"是阴阳体现，具有对立性；第二，"能"和合，说明和合成功了，所以能"保于百姓"；第三，为什么"能和合"呢？这里关键一是和、二是合。和就是调和具有对立性的五教，合就是成功地确立了和谐的人伦关系。我们认为，这样的解读才是切合其本义的，才是真正把握住了本质。而这样的解读来自发生学这一本质性哲学维度，至于语义学、词义结构等解读则是舍本逐末。因此，这也是本文不同于前人的新意所在。至此须作进一步总结：和合的重点在"合"，和是手段，合是目的，因而"合"不是可有可无，不是赘疣。这是本文与前人学者观点不同的地方。

申言之，和合文化其实反映的是生存哲学，这源于忧患意识。《周易》原初就是试图强烈把握命运，"《易》之兴也，其于中古乎？作《易》者其有忧患乎？"（《易经·系辞下》）周鉴殷亡，忧患于天下兴亡、吉凶成败，祈望觅得天人之间桥梁，以使天下和谐运行。春秋战国，天下大乱，社会失序，民生困苦，"争地以战，杀人盈野；争城以战，杀人盈城"（《孟子·离娄上》）。诸子百家无不殚精竭虑于救生民于水火。此后中国历史分分合合，然忧患意识千年一贯，横渠四句教经世不衰。和合文化盖源于深刻的生存哲学。

二、和合认识论

既然世界以阴阳对立方式存在，那么，对立何以化为同一？其中的统一性何在？和合认识论的本性就是要求解统一性之何以可能，该论域主要包含认识对象与手段两大范畴。

认识论研究的根本问题是人如何认识世界及其自身，和合认识论的对象很清晰，即阴阳之间的对立与同一。既要看到对立面，但更要看到对立如何转化为同一，这才是重点。

认识论是与本体论息息相关。东西方在此问题上大异其趣：西方知识体系中，本体论与认识论是截然两分的，而中国传统认识论则置于存在论之下并成为整体，这直接导致了两者认识手段的巨大差异——西方认识论是分解尽理，中国传统认识论是综和尽理。具体而言，西方文化中，一方面，人与自然是对立的，因自人被赶出伊甸园后，就陷入了多灾多难的自然环境中，人与自然的紧张就导致了"人与天斗"，人为了征服自然就要研究自然；另一方面，在其知识体系中，存在一个独立于现象界背后的绝对本体，此岸与彼岸之间的断裂就造成了紧张的对立关系，这促使了人要研究世界。这样一来，西方文化中的世界是两分的，如何弥合这个两分呢？于是就发展出科学研究，包括实验、分析、推理、论证、归纳、演绎等手段，它要把世界一一分解开来搞清楚。这样的结果就是科学技术突飞猛进、知识爆炸式增长，一方面，人类创造了史无前例的物质财富，极大改善了生活状况；另一方面，勘天役物，加剧了人与自然的对立。而在中国传统文化中，认识论是置于本体论框架中讨论的，也就是认识论是为本体论服务的。一方面，中国传统文化认为，人本身就是宇宙自然的一部分，而"道"则是宇宙本体，所以，"和合认识论把对事物的认识看成是体悟'天道'、修身养性的途径，因而在认识事物时总是与更高和更大的'道'相联系，与人的生存状况相挂钩。和合认识论的系统性特征有利于合理定位知识的地位，防止把人的认识绝对化，从而避免西方国家绝对化的知识论带来的环境破坏与生态失衡的不良后果"①。另一方面，人本身蕴含德性与物性阴阳两立，发展物性必定诉诸分解尽理，而这必定奴役德性，这坚决遭到反对，所以分解尽理受到严重压制，反过来就是发展了综和尽理。② 这也可部分解释李约瑟之谜原因所在。在这样一种知识体系中，必然制约了认识论的独立发展，从而形成了中国传统文化独特的认识论——理性直觉。

中国传统认识论中的理性直觉有个特点，那就是并不拘泥于万事万物本身，而是关心寓于事物生存变化之中的道。一方面，中华文明一开始就规定了这种致思取向，《周易》曰："形而上曰道，形而下曰器。"朱熹曰："天地中间，上是天，下是地，中间有许多日月星辰，山川草木，人物禽兽，此皆形而下之器也。然这形而下之器之中，便各自有个道理，此便是形而上之

---

① 吴志杰、王育平：《和合认识论——中国传统和合文化研究》，《内蒙古社会科学》（汉文版）2011年第3期。

② 这方面表现显著，比如《大学》中的"格物，致知，诚意，正心，修身，齐家，治国，平天下"，"格物致知"本身是分解尽理的最好体现，倘若严格贯彻下去应该推出科学文明，但其矛头一转，道德挂帅，指向"诚意，正心，修身，齐家，治国，平天下"。结果必定是扼杀分析尽理，中西认识论自此分殊。

道。所谓格物，便是要就这形而下之器，穷得那形而上之道理而已。"(《朱子语类》卷六十二）另一方面，"道"乃形而上学，如何去认识它？于是发展出了"观、感、体、悟"的认识手段。

阴阳之物，留存有迹可循，"在天成象，在地成形，变化见矣"(《周易·系辞上》)，因而可"观"可"感"。但阴阳变动不居，所以有了"变"与"化"的概念，而"化"无法直观，神妙莫测，于是又引入"神"的概念。周敦颐说："大顺大化，不见其迹，莫知其然之谓神。"(《周子全书·通书·顺化》)这里的"大顺大化"就是阴阳和合之道，这样把阴阳之道与不可测的神联系起来了，使得阴阳之道附着上不可测况味。虽然不可测，但并未因此陷入不可知论，反而认为"知变化之道者，其知神之所为乎"(《周易·系辞上》)。于是借助"体""悟"去认识。① 问题是，"体""悟"如何把握阴阳之道？②

解困之道是"致中和"。为什么？关键取决于对"同一性"作如何理解。同一性是否就是辩证法中的那个两种事物或多种事物能够共同存在、具有同样的性质的东西？不是那么简单，同一性不是指事物表面上、局部性的一些相近和相同，而是要"知其然更知其所以然"的规律性东西，也就是"道"。这个"道"就是"中和"，因为是"中和"才有可能使得阴阳对立之物同一，也就是"中和"是"同一"的"道"，《中庸》："中也者，天下之大本也；和也者，天下之达道也。"怎么理解"中"与"和"呢？《中庸》："喜怒哀乐之未发，谓之中；发而皆中节，谓之和。"显然这里是近取譬喻做法，但究竟如何理解呢？比如东海和南海问题，提出"搁置争议，共同开发"，这叫同一性，然而这个同一性仅仅是表象的，是发了之后的对策。其背后的"道"则是"喜怒哀乐之未发"，也就是让对手明于事理、慑于实力之后不敢、不能、不必发喜怒哀乐，这就是"中"，也就是符合事物

---

① 这就充分体现了充满东方神秘色彩的致思方式。西方的分解尽理，也就是实验、推理、分析、逻辑、演绎等工具对付的是形而下之器物，而这里却是形而上的道，分解尽理对此无能为力，只能用综和尽理。

② 此处部分参引了吴志杰等人观点，见吴志杰、王育平的《和合认识论——中国传统和合文化研究》一文，载《内蒙古社会科学》（汉文版）2011年第3期。

之本原。即使要发，也是"发而皆中节"，做到"和"。这就引出一个更深的问题：如何找到"中和"？这就是"致中和"，这里的"致"就是"找到"，而不是"达到"，达到中和，那是实践论了。只有找到中和，才能"天地位焉，万物育焉"。至此，真正的问题是：这个"中和"怎么能找得到？也就是，在"体悟"与"中和"之道之间存在一道坎儿，怎么跨过去？这又推出了另一个认识论命题：以诚致成。

"体悟"之心必须是诚。孟子将诚提到无以复加的高度："诚者，天之道也；思诚者，人之道也。"（《孟子·离娄上》）《中庸》的核心范畴也是"诚"，强调"唯天下至诚，为能尽其性；能尽其性，则能尽人之性；能尽人之性，则能尽物之性；能尽物之性，则可以赞天地之化育；可以赞天地之化育，则可以与天地参矣"。这就是说，只有"诚"，才能"与天地参"。而且强调"诚者物之终始，不诚无物"。这就是以诚致成。但是，"诚"与"成"之间还需要一个中介环节：明。《中庸》云："诚则明矣，明则诚矣。"这里的"诚"其实是一种真实无妄的客观态度，"明"是理性认识的结果，这样在"诚则明，明则诚"互动中接近真理，参乎大道，人就达到"诚明"境界。如是，体悟——以诚致成——致中和就构成了和合认识论的链条。

三、和合实践论

中国传统文化本来就是体用一源。"和实生物"命题内含着实践要求，"致中和"本身就要求着变认识论为实践论。但即使我们把握到了中和之道，是否实践就一定能"成"呢？未必，因为主观见诸客观是有条件的，这就涉及如何运用中和之道了，这个运用心法就是"中庸"。中庸本来就被称为"孔门心法"，《〈中庸〉章句》开篇即道："'中者，天下之正道。庸者，天下之定理。'此篇乃孔门传授心法。"如何准确理解并运用"中庸"？用孔子的话表达就是"时中"："君子中庸，小人反中庸。君子之中庸也，君子而时中；小人之中庸也，小人而无忌惮也。"（《中庸》）

"时中"，简言之，"中"就是原则性、规律性，"时"就是权变，合之就是"合宜"。儒家认为，世间万物运行都是有规律的，一切事物都随着时间运行而不断发展变化，人的行为必须适应这一发展变化。"时中"就是适应和把握事物发展变化的实际情况，"无忌惮"就是不管客观事物发展规律，单凭主观愿望一意孤行，结果往往走极端，不是陷入"过"就是"不及"。因此《易·艮·象》云："时止则止，时行则行，动静不失其时，其道光明。"而且儒家认为，"中"在"时"中，也就是"中"不是固定僵化的，而是要根据"时"去把握"中"，离开"时"就会破坏规律，典型例子就是孔子说的"使民以时"（《论语·学而》），孟子说的"不违农时，谷不可胜食也……斧斤以时入山林，材木不可胜用也"，"鸡豚狗彘之畜，无失其时，七十者可以食肉矣。百亩之田勿夺其时，数口之家可以无饥矣"（《孟子·梁惠王上》）。

"时中"的另一诠释角度就是"权变"。"中"的前面还有一个"时"，这就意味着规律性并不等于必然性，而是存在偶然性，这就会出现意外反常情况。这时候，要在"执中"的前提下做到灵活变通，儒家称之为"权"，如果不这么做，那就是"执一"，对此孟子深恶痛绝："执中无权，犹执一也。所恶执一者，为其贼道也，举一而废百也。"（《孟子·尽心上》）"执一"就是用片面、孤立、静止的观点看待事物，这就是僵化的形而上学，后果必定祸害无穷。"嫂溺援手"就是权变的生动体现，如果"执一"，岂不害死嫂子？难怪孟子斥之为"贼道"。由此可见"时中""权变"高度体现了原则性与灵活性的统一，中庸之道绝不是一加一除以二这么简单，不该遭到误解与诋毁，相反它充满着中华民族传统文化的智慧。

运用时中，和合乃成。那么古人眼中和合的最高境界是什么呢？"故阴阳和，风雨时，甘露降，五谷登，六畜蕃，嘉禾兴，朱草生，山不童，泽不涸，此和之至也。故形和则无疾，无疾则不夭，故父不丧子，兄不哭弟。德配天地，明并日月，则麟凤至，龟龙在郊，河出图，洛出书，远方之君莫不说义，奉币而来朝，此和之极也。"（《汉书·公孙弘传》）这是一幅多么美好的画卷，一个多么令人神往的理想世界。

事实上，中国人的所有生活世界，从宇宙观到精神世界、思维方式、人生观、自然观、社会观、历史观、文化观、生命观、建筑、艺术、音乐，乃至日常生活，其中无不贯彻着一个"和"字：在宇宙宏观层面上，"立天之道曰阴与阳，立地之道曰柔与刚"（《说卦传》），以阴阳和谐有序确立宇宙法则；在天人关系上，以"天人合一"贯通人道仁义与天道阴阳、地道柔刚，确立天地人浑然一体、圆成会通的宇宙整体统一模式，并以此作为认识事物的总的出发点；在人伦关系上，认为"立人之道曰仁与义"（《说卦传》），提出"礼之用，和为贵"（《论语·学而》）原则，强调德性伦常，主张"保合太和"与"同人"之道，亲附聚合；在身心关系上，主张身心平衡，中医作了阴阳五行相互有序协调论证，心性修养强调诚意、正心、修身而止于至善；天下关系上强调协和万邦。由此而构建了一个圆融和谐的世界，可见，中华文明得以流传五千年而不亡，绝非侥幸，自有其深刻伟大之生存哲学。

和合文化内涵本体论、认识论、实践论，可视为中华文明之精髓。中华文明历五千年而不衰，于当代而中兴，其间奥秘由此可窥一二。当然并不是说和合文化白璧无瑕，它也存在严重缺陷，如认识论方面，重综和尽理轻分解尽理，导致科学不昌，近代以来遭受屈辱与此不无关系，因而现代教育大力引进西方模式，不可谓不必要，但由此导致的勘天役物极大地破坏了天人合一。对此，是否需要运用和合加以对治、能否对治以及如何对治？这是当代面临的根本问题，期待玉见。

（原载《宁夏社会科学》2017 年第 3 期；作者单位：浙江工商大学马克思主义学院、广西高校人文社科重点研究基地民族地区文化安全研究中心）

中华"和合"文化的实质、内涵及时代价值

籍雪梅　郑小玲

"和合"文化是中华优秀传统文化的重要组成部分，富有极其深刻的哲学思辨和中国智慧，体现了中华民族的价值追求和民族性格。党的十八大以来，以习近平同志为核心的党中央，高度重视中国优秀传统文化的继承和发展，把中华"和合"文化的传统智慧作了世界化的新诠释，并运用于新时代治国理政的实践，彰显了"和合"文化的时代价值。

一、"和合"文化的源头及实质

中华"和合"文化源远流长，"和"字最早见于我国商代中期的钟鼎文①，最初形容的是音乐，指和谐的韵律、动听的乐声；"合"最初的含义是指上下唇的合拢、闭合。殷周时期，"和""合"二字都是单独成字，未有连起来使用的记载。"和合"成为一个词语，可追溯到春秋时期，在《国语·郑语》中有这样的表述，"商契能和合五教，以保于百姓者也"，意即商契能和合"父义、母慈、兄友、弟恭、子孝"五教，使百姓安居乐业。其中蕴含了通过融合不同要素或事物，最终达到和谐的意思。"和合"思想的产生，是先秦时期儒家、道家、墨家等各派文化相互碰撞、借鉴、融合的结果，尤其是春秋之后，"和合"文化不断得到丰富和发展，内涵也扩展到自然、政治、社会、文化等各个领域，成为中国传统文化的精髓和被人们普

---

① 参见王巍：《中国考古学大辞典》，上海辞书出版社 2014 年版，第 56 页。

遍认同的价值理念。

如何理解"和合"文化的实质呢？"和合学"的提出者张立文认为，"和合"是指"自然、社会、人际、心灵、文明中诸多形相和无形相的相互冲突、融合，与在冲突、融合的动态变易过程中诸多形相和无形相和合为新结构方式、新事物、新生命的总和"①，这里阐明了"和合"是一个融合不同要素、促进新事物产生的动态过程。习近平总书记在《之江新语》一书中这样说："'和'指的是和谐、和平、中和等，'合'指的是汇合、融合、联合等。这种'贵和尚中、善解能容，厚德载物、和而不同'的宽容品格，是我们民族所追求的一种文化理念。"② 在此，习近平总书记从文化角度对"和合"进行了更为具体的阐释，指出了"和合"的文化品格和民族性格。

"和"所表达出来的"和谐、和平、中和"，这些价值都是源自人的内心，用来描述人内在精神状态的；而"合"所表达出来的"汇合、融合、联合"，主要指外在的合作、协作关系，处理的是外部性联系。"和"是内在状态，"合"是外在呈现，"和合"共同构成一种由内而外的关系，即人的内在精神境界和外在行为方式的有机统一。首先，内在的"和"所注重的是人的精神境界，在儒家看来，就是个体的德行修养，强调要重视人内在的精神涵养、境界提升。比如，《大学》讲求"修身"，《中庸》讲求"慎独"，都是通过提高自我以达到"和"的状态。其次，外在的"合"体现的是人的主动行为能力，因为个体的内在德性并不是一个抽象的观念，而是体现在人的日常行为之中，有了内在的道德修养，它必然会通过外在行为表现出来。正如《大学》中所言"修身、齐家、治国、平天下"，《中庸》中倡导"成己成物"，两者表现出来的都是由内而外的转化过程，通过提高自身修养来惠及他人、造福社会。最后，由个体的"和"到相互的"合"，是一个动态过程，经过认识实践，取长补短、存优去劣，把彼此不同的事物统一于一个和合体中，使之达到和谐、融洽的最佳状态，从而推动事物向前发

---

① 张立文：《中国传统和合文化与人类命运共同体》，https://www.sohu.com/a/424632499_556629。

② 习近平：《之江新语》，浙江人民出版社 2007 年版，第 150 页。

展。由此可见,"和"是精神层面的表达,"合"是行为能力的反映,二者有机结合、完美呈现,使"和合"文化的境界得以彰显。这就是"和合"文化的实质所在。

二、"和合"文化的基本内涵

(一)天人合一、万物和谐的生态思想

从"和合"文化的实质来看,人类和自然界是两个不同系列的存在,自然界是自在的存在,人类是自觉的存在,但两者又不是各自孤立的,人是自然界的产物,是由自然界演化而来的,两者是相互依存的关系。按照"合"的理念,要把这两个不同系列又相互依存的系统融合到一起,促进和谐共生,需要发挥人类的主观能动性,通过道德修养、聪明才智来达到。这就是人和自然界的"和合"过程,包含三个方面。首先,人类和自然界是一个共生共存的统一体,人类的生存和发展离不开自然界,人的行为要与自然相协调。正如恩格斯所说,"自然界和精神是统一的。自然界不可能是无理性的,理性不可能是违反自然的"①。其次,人是有思维和实践能力的,自然界是可以认识、可以为我所用的客观对象,开发、利用自然是必然的。最后,开发、利用自然必须以尊重客观规律为前提,要以和善、友爱的态度对待自然万物。习近平总书记指出:"琴瑟和鸣,黄钟大吕,这是韵律的和谐;青山绿水,山峦峰谷,这是自然的和谐;天有其时,地有其财,人有其治,天人合一,这是人与自然的和谐。"② 这就深刻揭示了天人合一、万物和谐生态观的实质,体现了"和合"生态思想的最高境界。

(二)协和万邦、持久和平的政治智慧

从"和合"的外在呈现来看,强调达到汇合、融合、联合的状态,这其中蕴含着博大的政治智慧。《尚书·尧典》中有这样的记述:"克明俊德,

---

① 《马克思恩格斯选集》第3卷,人民出版社2012年版,第923页。
② 习近平:《在中国国际友好大会暨中国人民对外友好协会成立60周年纪念活动上的讲话》,《人民日报》2014年5月16日。

以亲九族。九族既睦，平章百姓。百姓昭明，协和万邦，黎民于变时雍。"①
意思是说，要通过明智扬德，使家族亲密和睦，然后团结其他各族，协调万邦诸侯，让天下各族人民和睦相处。其中"协和万邦"是关键，"协"的意思是"协调"，其目的是达到"和"，而"和"的达成，是以"万邦"为前提的。因此，"和"是处理"不同"的有效方式，"协和"就是在寻求各方共同目标的同时，使"不同"的各方各自发挥优势，形成合作、互补机制，从而达成共识、做到共赢，最终使整个事物处于相互协调的状态。"协和万邦"主张国家之间应该相亲相敬、和睦相处，而不是剑拔弩张、你死我活。可见，这种朴素的"崇博爱、尚和平"思想早已在几千年前就体现在中华"和合"文化之中，并被历代政治家和思想家所推崇，成为对外交往所秉持的价值理念。

（三）和而不同、兼收并蓄的社会文明价值

从"和合"的概念来看，它是通过融合不同要素或事物，从而达到和谐。与此如出一辙，那就是"和"与"同"。最早提出"和"与"同"概念的人是西周史伯，在《国语·郑语》中有"和实生物，同则不继"这一命题。其中的"和"仍然是指"和谐、和平、中和"之意；"同"则是指相同东西的简单相加、重复累积，是没有差别的一致。不同事物之间和谐相处才能生成万物，如果都是无差别的"同"，那么就不能发展。在自然界中，差别是客观存在的，承认差别、容许不同，才能走向新的统一。恰如美妙的音乐、绚丽的文采、可口的佳肴，都是多样性相统一的结果。孔子认为，"君子和而不同，小人同而不和"，就是提倡要尊重差别、求同存异、凝聚共识，社会才能真正实现和谐有序发展。由此可见，中华"和合"文化具有"和而不同""兼容并包"之气质，内含统一性和多样性有机结合的辩证逻辑，正是这种开放性、包容性，使其历经数千年始终文脉不断、历久弥新，成为人类文化史上的一朵奇葩。

（四）人心和善、明德修身的道德操守

"和合"是一个动态过程，促进这个过程形成并达到完善状态，就需要

---

① 龙韶华：《归善斋〈尚书〉二典章句集解》上卷，社会科学文献出版社 2014 年版，第 295 页。

"人心和善、明德修身"的智者来完成。这就是"和合"理念在道德层面的反映。中国的思想家们对于人性的思考，从来就没有停止过。两千多年前的"性善论"和"性恶论"的争论，不管是认为人本善良、自觉向善，还是人性有恶、去恶成善，其实质都是对人心向善的期待。《大学》中提出"大学之道，在明明德，在亲民，在止于至善"，每个人都需要不断进行道德修养，这种提升不仅局限于自身，还应该推己及人，起到榜样和示范作用，最终的理想状态是使整个社会都能达到高尚美好的道德之境。孟子提出"仁者爱人，有礼者敬人"，有仁德、懂礼德的人才会关爱他人、敬重别人。因此，要不断修炼身心、提升境界，才能达到家庭和睦、百姓幸福、社会安定，力争实现和合天下的目标。这就是千百年来"和合"文化所倡导的"与人为善、人际和睦、立己达人、推己及人"等价值观念在道德层面的反映。

三、中华"和合"文化的时代价值

（一）"和合"文化是培育社会主义核心价值观的深厚沃土

价值观属于文化范畴，它的形成、发展与历史文化传统紧密相关。社会主义核心价值观作为中国特色社会主义的核心价值体系，它植根于中国传统文化的深厚沃土。在"富强、民主、文明、和谐，自由、平等、公正、法治、爱国、敬业、诚信、友善"这 24 字社会主义核心价值观中，国家、社会和公民三个层面的倡导都不同程度地吸收和借鉴了中华"和合"文化的思想道德精髓。其中"和谐""爱国""友善"等直接与"和合"思想相一致，其他各方面也都蕴含着"和合"文化的理念。

首先，从国家层面看，社会主义核心价值观所倡导的"富强、民主"要求一切从人民群众利益出发、关注民生，唯有人民安居乐业，国家才能富强，这是民本思想在当今时代的升华；在中华传统文化中，特别注重人与自然的和谐，强调人类活动应顺应自然规律，以达到"天人合一"的境界，这种思想反映在核心价值观中，即是"文明、和谐"思想的体现。其次，从社会层面看，我们倡导"自由、平等、公正、法治"的价值追求，构建民主法治、公平公正、充满活力、安定有序的和谐社会，就是对儒家思想强调社会和谐、重视公平公正等思想精华的吸收和借鉴。最后，从公民层面看，社会主义核心价值观所倡导的"爱国、敬业、诚信、友善"，与儒家思想中"天下兴亡，匹夫有责""民无信则不立""老吾老以及人之老，幼吾幼以及人之幼"这些理念相一致。可见，社会主义核心价值观根植于中国传统文化这片深厚的土壤中，体现了"和合"文化的思想精髓。

（二）"和合"文化为生态文明建设贡献了历史智慧

"和合"思想主张"天人合一、万物和谐"的整体系统观，提倡人与自然和谐共存，倡导尊重自然规律、适度开发利用自然资源，这些思想为解决当今生态问题提供了基本思路。生态文明的核心就是坚持人与自然和谐共生，这是中华民族生命之根，是中华文明发展之源。建设生态文明，就是调适好人与自然的关系，使之处于和谐相处、共生共存的良好状态。改革开放四十多年来，在自然生态方面，我国还存在发展不平衡、不充分等突出问题，有些地方过度开发、竭泽而渔、杀鸡取卵，给生态环境造成较大破坏，出现水、土、空气遭到污染等严重环境问题，直接影响到经济社会可持续发展。在对待自然界的态度上，"服从自然"和"征服自然"这两种极端的观念都是机械、孤立的，有悖于"和合"思想理念，没有用系统论的思维去思考和解决问题。

党的十九大报告指出，要"坚持人与自然和谐共生"，"建设生态文明是中华民族永续发展的千年大计"[①]。习近平生态文明思想为经济社会发展指明方向，要求在发展过程中，统筹考虑经济发展与生态保护的关系，把山水林田湖草沙这些自然生态与人类作为一个生命共同体，形成绿色发展方式和生活方式。这一系列要求和实践探索，既阐明了生态文明理念的实质要求，又创造性地传承和弘扬了中华"和合"文化中人与自然相统一的整体系统观念，彰显了"和合"文化在新时代中国特色社会主义生态文明建设中的思想智慧。

---

① 习近平：《决胜全面建成小康社会　夺取新时代中国特色社会主义伟大胜利》，《人民日报》2017 年 10 月 18 日。

（三）"和合"文化是推动世界文明交流互鉴共存的思想基础

"和合"理念强调把"和"与"合"作为处理事物之间关系的基本原则，既主张"以和为贵"，又尊重"和而不同"；既倡导"己欲立而立人，己欲达而达人"，又要求"己所不欲，勿施于人"。这些理念为推动世界文明交流互鉴奠定了深厚的思想基础。

当前，不同国家和民族间的交流交往日益密切，不同文明间的交融互通更加深入。虽然不同文明之间是有差异的，甚至存在矛盾，但是这些并不可怕，越是这样，越需要不同国家和民族、不同文明之间进行交流对话而不是相互排斥，进行交融互鉴而不是相互取代。崇尚"和合"思想的中华民族，历来尊重差异性和多样性，主张在包容中共生，强调和谐交融发展。"万物并育而不相害，道并行而不相悖"，"和合"才能共生，共生才能共存。正如党的十九大报告中所指出的："要尊重世界文明多样性，以文明交流超越文明隔阂、文明互鉴超越文明冲突、文明共存超越文明优越。"[1] 因此，只有坚持平等相待、互学互鉴、兼收并蓄，才能通过"各美其美、美人之美"实现"美美与共、天下大同"。弘扬和发展中华传统文化中的"和合"思想，促进不同文明之间平等包容、交流互鉴、共生共存是中国对人类文明发展作出的重要贡献。

（四）"和合"文化为构建人类命运共同体提供价值支撑

当今世界，科学技术日新月异，经济全球化与信息化迅猛发展，各个国家和各个民族互相联系、互相依存的程度空前紧密。同时，人类也正处在一个挑战层出不穷、风险日益增多的时代，诸如世界经济增长乏力，国际金融危机阴云不散，发展鸿沟日益突出，兵戎相见时有发生，恐怖主义、难民危机、重大传染性疾病、气候变化等问题持续蔓延。在这些全球性危机与矛盾面前，每个民族、每个国家的前途命运都紧紧联系在一起，需要合作的领域越来越广，任何国家和地区都不可能单打独斗、独善其身，只有共同协商、通力合作，才能战胜危机和挑战。

---

① 习近平：《决胜全面建成小康社会　夺取新时代中国特色社会主义伟大胜利》，《人民日报》2017 年 10 月 18 日。

这种互相依存的世界格局，与"和合"思想主张的兼爱非攻、亲忍善临、以和为贵、和而不同的理念高度契合，这就为倡导"协和万邦"的"和合"思想提供了前所未有的宽阔舞台和发展空间。正是基于这样的世界眼光和全球视野，习近平总书记高瞻远瞩，吸收"和合"文化精髓，内化新时代要求，提出了"构建人类命运共同体"的重要思想，为解决人类问题贡献了中国智慧、提供了中国方案，充分彰显了中华"和合"文化的时代魅力和世界价值。

（原载《中共石家庄市委党校学报》2021年第10期；作者单位：中共石家庄市委党校校刊编辑部、中共唐山市委党校统战理论教研室）

先秦和合文化思想体系论析

杨供法

金岳霖先生曾指出，每一文化都有它的中坚思想，每一中坚思想都有它最崇高的概念。"和合"是和合文化最崇高的概念，而和合思想即是和合文化的中坚思想。关于先秦时期的和合思想体系，可以从历时性和共时性两个维度考察：从历时性看，"和合"概念在先秦的不同历史阶段都有其独特的内涵，主要有五行和合、阴阳和合、五教和合、百家和合等，这些核心内涵是和合文化在这一时期的发展过程中凝结而成的思想节点，这些节点连接成线，构连起和合思想发展的基本脉络；从共时性看，在先秦时期提出的一系列和合思想，汇聚成这一时期和合文化的思想体系。本文截取先秦这一历史阶段作为"切面"，不仅因为这一时期提出"和合"这一概念，还因为春秋战国作为中国文化的轴心期，诸子提出的一系列思想，回答了构建人与自然、人与人以及不同文化之间和合关系的问题，所以，截取并分析先秦时期的和合思想体系，在和合文化思想研究中具有范本意义。

一、"和合"概念的提出

"和"最初是指一种乐器，甲骨文写作龢，左边的龠是上下接头，上面的△象形嘴巴；下边的龠是由多个管子组成的一种乐器，上下合起来，象形用嘴在吹奏一种多管乐器。这种乐器类似今天的"排箫"或"笙"。《尔雅·释乐》曰："大笙谓之巢，小者谓之和。"郭璞注："巢，大笙，大者十九簧；和，小笙，十三簧者。"也就是说，"和"是由十三根长短不一的管子组成的乐器，延伸为由多根管子的乐器发出不同声音，奏出协调和美的音乐。正如《文心雕龙·声律》注释："异音相从谓之和。"至今我们还用"和声"表示不同声音相和。"合"也是象形字，甲骨文写作合，上面的∧是齐民的盖子，下边凵是一个圆形的容器，所以，"合"象器皿上部的盖子与下部的容器闭合之形，引申为会合、联合、合作等。"会合""联合"的意思都是"合"，如《周礼·司仪》："将合诸侯"，郑玄就以"会"解"合"。再如《国语·楚语下》："合其州乡朋友婚姻"，韦昭也注："合，会也。"

在先秦，"和"与"合"的词义也可以互通，如《尚书·尧典》的"协和万邦"，孔颖达注解："以协为和，和合义同，故训'协'为合也。"其中"和合义同"一句，就明确将"和"与"合"在含义上等同起来。又如《诗经·常棣》曰："妻子好合，如鼓瑟琴。"孔疏云："志意合和，如鼓瑟琴相应和。"再如《荀子·非十二子》有"古之所谓士仕者，厚敦者也，合群者也"。杨倞注为："合，谓和合群众也。"① 在这里，杨倞注解"合"即"和合"。《吕氏春秋》也有以"和"注解"合"的，如"夫物合而成，离而生"。其注曰："合，和也。"② 可见，在古汉语里，以"和"训"合"是训释通例，这表明，"和"已蕴含了"合"义，而"合"也蕴含了"和"义，正是在这一意义上，我们说和合文化也称"和文化"。

在先秦典籍中，"和""合"频繁出现，在《尚书》里，"和"字出现过23次，"合"出现过5次。但"和合"一词出现较晚，从现有的文献看，最早见于《国语·郑语》史伯所说的"商契能和合五教"③ 一语，由此看来，史伯在和合文化思想史上最早提出了"和合"概念，稍后的《管子》出现过二次"和合"，即所谓"和合故能习"④、"和合故能谐"⑤。管仲生活的时代比史伯要晚100年左右，这样算来，史伯提出"和合"概念要比

① 王先谦：《荀子集解》，中华书局2019年版，第99页。
② 吕不韦：《吕氏春秋》，《诸子集成》第6卷，上海书店出版社1996年版，第124页。
③ 左丘明：《国语》，中华书局2018年版，第570页。
④ 管仲：《管子》，《诸子集成》第5卷，上海书店出版社1996年版，第42页。
⑤ 管仲：《管子》，《诸子集成》第5卷，上海书店出版社1996年版，第96页。

管子早 100 年左右。

二、"和合"内涵的演变

从历时性看，"和合"概念内涵是不断丰富和发展的，它在先秦时期的不同历史阶段都有独特的核心内涵，主要有五行和合、阴阳和合、五教和合、百家和合等，这些内涵是和合文化在先秦时期发展的思想节点，这些节点连接成一条线，构成了和合思想在这一时期发展的基本脉络，它呈现出将和合本体论运用于分析和处理从家庭伦理到不同文化流派（诸子百家）关系的发展历程。

（一）五行和合

"五行"一词最早出现于箕子的《洪范》："五行：一曰水，二曰火，三曰木，四曰金，五曰土。水曰润下，火曰炎上，木曰曲直，金曰从革，土爱稼。润下作咸，炎上作苦，曲直作酸，从革作辛，稼穑作甘。"[①]

箕子是殷商末期的思想家，他认为，万物由金、木、水、火、土五行和合而生。他举例说，向下湿润的"水"产生咸味，向上燃烧的"火"产生苦味，可曲可直的"木"产生酸味，形状可变的"金"产生辣味，可种庄稼的"土"产生甜味。这是说，金、木、水、火、土"五行"和合，衍生了咸、苦、酸、辣、甜"五味"。到战国时期，邹衍进一步将金、木、水、火、土抽象为万物生成的基本元素，提出"五行相生"的学说。他认为"木生火、火生土、土生金、金生水、水生木"，即"五行相生"。邹衍的"五行相生"说，并非仅仅指五行本身的相生，而是指万物都包含着五行相生的原理，即宇宙万物都由木、火、土、金、水五种物质元素和合而成。由于五种元素相生相克，不断变化，宇宙万物也因此变化不已。而自然的这种变化也支配和影响人甚至国家的命运。这是商周时期中国古人对于万物来源的唯物主义解说。

但箕子、邹衍等并没有把"五行"的多样性进一步抽象成对立统一的

---

① 《尚书》，中华书局 2019 年版，第 146 页。

两种因素，即"两端"。借用现代哲学语言，他们的"五行和合"是与"阴阳和合"不同的本体论，可以说是一种多元和合本体论。

（二）阴阳和合

"阴""阳"在《周易》里多次出现，但均为单独出现，如"阴凝于阳必战，为其嫌于无阳也"①，又如"鸣鹤在阴，其子和之"②，这里只有一个"阴"字。不过，《周易》关于阴阳对立统一的观念却非常清晰，如"阴疑于阳必战"。其他虽不以阴、阳二字表述，但与此类似、具有相反相成的范畴则反复出现，如刚与柔，"屯，刚柔始交而难生"③。再如乾与坤、泰与否、贵与贱、损与益等，这些范畴讲的都是事物不同的"两端"，皆有阴阳和合之意。然而，这样的"两端"不是割裂的，而是互相"交通"的，如《泰》卦（☰），上半部分是《坤》卦，代表地，地属阴，表示阴气在上；下半部分是《乾》卦，代表天，天属阳，表示阳气在下。而阳气是从下往上升的，阴气则从上往下降，当上升的阳气与下沉的阴气交汇了，就达到了一种"和合"状态，也就"泰"了。阴阳的这种和合过程，用老子的话说就是"冲气以为和"④。阴阳和合则"泰"，这就是《易经》的核心思想。

（三）五教和合

进入周以后，盛行于殷商的"神本主义"开始转向人本主义。与此相应，一些开明的思想家吸取商朝灭亡的教训，开始将思考的重点从天人关系转向人际关系，史伯在与郑桓公对话中，借鉴"商契能和合五教"的历史经验，建议桓公重视伦理道德处理家庭关系，标志着和合文化适应人本主义的时代精神，从重视"天人合德"转向"五教和合"，即以父义、母慈、兄友、弟恭、子孝为核心，规范家庭关系。

其实，重视家庭和睦、社会和谐的人际关系，早见于尧舜时期，"天下明德皆自虞帝始"⑤。《尚书》就有载：在尧帝时代，虞舜就以善用"五典"

---

① 《周易》，中华书局2017年版，第43页。
② 《周易》，中华书局2017年版，第528页。
③ 《周易》，中华书局2017年版，第45页。
④ 老子：《道德经》，《诸子集成》第3卷，上海书店出版社1996年版，第26—27页。
⑤ 司马迁：《史记》，《二十四史》第1卷，中华书局2000年版，第32页。

处理部落里的人际关系而著称，即"慎微五典，五典克从。纳于百揆，百揆时叙。宾于四门，四门穆穆。纳于大麓，烈风雷雨弗迷"①。舜即位之后，针对百姓不亲、家庭不和、社会伦理不彰的严峻现实，他任用商契为司徒，以"五教"教化百姓。"契，百姓不亲，五品不逊。汝作司徒，敬敷五教，在宽。"②

"五教"与"五典"都是指五常之法，包括父义、母慈、兄友、弟恭、子孝。它表明：舜一改前人把改善社会关系寄望于符合"天德"的做法，转而将重点放在处理家庭关系上。这一转向是正确的，用现代话来说，家庭是社会的细胞，社会和谐的基础在于家庭和谐，正如《礼记·大学》所言："古之欲明德于天下者，先治其国；欲治其国者，先齐其家。""五教和合"的提出，虽然只是家庭伦理五个方面的结合运用，但它意味着，和合的核心内涵已从本体层面的五行和合，具体化为家庭伦理不同层面之间的和合，这一转变，为以后处理不同文化流派之间、不同文明之间的关系，形成百家和合、三教合一等的和合观奠定了思想基础。

（四）百家和合

"百家和合"是从和合视角看待百家争鸣而概括的一个概念。参与"争鸣"的究竟有没有百家？这不是本文讨论的重点，我们感兴趣的是诸子百家是如何处理相互之间关系的。韩非子将儒墨定为显学，细分为11家，"孔、墨之后，儒分为八，墨离为三"③。班固将先秦到汉初流行的诸子分为189家，后来又将它们整理成儒、道、阴阳、法、名、墨、纵横、杂、农、小说共10个流派，而"诸子十家，其可观者九家而已"④。司马谈则将"百家"归为阴阳、儒、墨、名、法、道德六家。⑤

诸子百家思想虽然还有不少涉及本体论，但在战争频乃的春秋战国时代，和平与安宁又是社会共同的企求，在这样的社会背景下，作为显学的儒

---

① 《尚书》，中华书局2019年版，第15页。

② 《尚书》，中华书局2019年版，第25页。

③ 韩非：《韩非子》，《诸子集成》第5卷，上海书店出版社1996年版，第351页。

④ 班固：《汉书》，《二十四史》第5卷，中华书局2000年版，第1378页。

⑤ 参见司马谈：《论六家要旨》，《二十四史》第3卷，中华书局2000年版，第2485页。

家、墨家、纵横家等，关注更多的是如何处理人与人的关系以及国与国的关系，以达至社会的和平、和谐。道家虽然对本体论有系统的论述，但它的本体论主要为论证人的身心关系、人与自然关系提供理论基础。而从和合文化视角看，值得注意的是，伴随诸子百家蜂起争鸣，如何处理不同学派之间的关系，回应社会反对战争、追求和平的要求，逐渐成为各家必须思考的问题。一个社会的文化反对战争、要求和平，其文化内部的不同思想流派之间首先必须和合包容，这是诸子在争鸣的同时，又能百家和合的根本依据。所以到战国时期，一些思想家已注重思考"百家"之间的关系，如韩非子认为"孔子、墨子俱道尧、舜，而取舍不同"①，荀子、吕不韦等甚至将其他文化派别的主张纳入了自身的思想体系，凸显出百家"合"的趋势，最为典型的是《吕氏春秋》，可以说它是百家和合的代表作。

汉代的思想家对"百家"之间的和合关系看得更为清楚，他们认为：一方面，诸子百家言说不一，"九家之术蜂出并作，各引一端，崇其所善"②；另一方面，诸子都以提供"天下之大治"理论为学术承担，如司马谈指出："阴阳、儒、墨、名、法、道德，此务为治者也。"③班固在《汉书·艺文志》里也有类似的评论："其言虽异，辟犹水火，相灭亦相生也。"④"百家"之间关系的这两个方面，体现了"不同而和"的和合特点，就此而言，所谓"百家争鸣"其实也是"百家和合"。

百家和合，是中国历史上以和合思维看待和处理不同文化流派关系的开始，它预示了300多年后处理儒、释、道三教关系的基本思路，也预示了中国近现代社会处理中西文化关系的基本思路，为我们在全球化背景下处理多元文化关系，尤其是处理外来文化与本土文化关系，提供了宝贵的经验借鉴。

三、和合思想体系的形成

从共时性看，一定时期有关和合文化的主要思想，构成了这一时期和合

---

① 韩非：《韩非子》，《诸子集成》第5卷，上海书店出版社1996年版，第351页。
② 班固：《汉书》，《二十四史》第5卷，中华书局2000年版，第1378页。
③ 司马谈：《论六家要旨》，《二十四史》第3卷，中华书局2000年版，第2485页。
④ 班固：《汉书》，《二十四史》第5卷，中华书局2000年版，第1378页。

文化的思想体系。作为中华传统文化的精髓之一，和合文化源远流长，博大精深，因而任何一个历史阶段的和合思想，都不能完全反映和合文化的思想全貌，但和合文化作为一种文化体系总有它的形成期、成熟期和发展期。和合文化是否形成，一个重要的标识是，它有没有提出一个明确的主题，以及是否比较系统地回答了这一主题。和合文化的主题是：什么是和合文化？如何以和合文化的理念与思维，处理身与心、人与人、人与社会、人与自然以及不同国家、不同民族、不同文明之间的关系，最终达到万物和谐，即"太和"境界？对于前者，史伯《国语·郑语》中指出："以他平他谓之和。"即将不同事物结合在一起，使他们协调平衡，这就是"和"。史伯的这一解释，清晰地界定了和合文化的核心范畴"和"的内涵；对于后者，分析先秦时期的和合文化思想，我们发现先哲们在本体论、价值观、思维方式、天人关系、人际关系、对外关系、社会理想等多个方面，都给出了和合意义上的回答。

（一）在本体论上，和合文化认为"和实生物"

任何一个民族在进入文明后，总要回答万事万物包括人自身怎么来的问题，才能让本民族成员认识世界、改造世界。对于本体论问题，今天的我们可以从自然科学或者哲学角度，比较容易地找到答案。但在遥远的古代，先民们的解释多为"神创"说，其中影响最大、传播最广的，自然是《圣经》的"创世纪"了。中国文化史上也有"宇宙神创"论，如人们熟悉的"盘古开天地""女娲造人"等传说，这些传说带有明显的唯心主义色彩。作为中华传统文化的精髓，和合文化对万物来源问题的回答是唯物主义的，最具代表性的，是史伯提出的"和实生物"思想。

> 夫和实生物，同则不继。以他平他谓之和，故能丰长而物归之；若以同裨同，尽乃弃矣。故先王以土与金、木、水、火杂，以成百物。是以和五味以调口，刚四支以卫体，和六律以聪耳，正七体以役心，平八索以成人，建九纪以立纯德，合十数以训百体，出千品，具万方，计亿事……讲以多物，务和同也。①

_____

① 左丘明：《国语》，中华书局 2018 年版，第 573 页。

在这一段话里，史伯提出了"和实生物"的本体论。他说："先王以土与金、木、水、火杂，以成百物。"在这里，史伯运用箕子的"五行"学说，说明了万物（百物）是由土与金、木、水、火和合而成的，这是先秦和合文化非常重要的本体论思想，意思是"五行"和合才能产生万物。史伯提出的"和实生物"思想，回答了万物的起源问题，是对箕子"五行"说的运用和发展。

在先秦时期，关于万物起源的唯物主义的本体论还有两种主要观点：一是《洪范》的"五行"说。从史伯与郑桓公的对话看，史伯的"和实生物"主要是继承和发展了"五行"学说。《周易》和《道德经》则开辟了"和实生物"的另一途径：《周易》云："《易》有太极，是生两仪，两仪生四象，四象生八卦"；《道德经》也说："道生一，一生二，二生三，三生万物。"由于"太极"所生的"两仪"即是阴阳二气，而《道德经》的"一生二"中的"二"也是阴阳。我们这里将二者合称为"阴阳和合"之路。

"和合生物"是和合文化对万事万物来源的说明，是和合文化思想体系的根基。无论是五行和合，还是阴阳和合，其基本含义都是"和合生物"，所说明的是"万物各得其和以生"[1]，在本体论上可以代表先秦时期朴素的唯物主义和辩证法精神。

（二）在价值观上，和合文化崇尚"和为贵"

《周易》第一卦说："保合太和，乃利贞。"其中"保"，指保持、常在的意思；"太和"指春暖、夏热、秋凉、冬寒，四时之气不同但调和，无极端气象，这样就普利万物，为天之正道。儒家继承了《周易》的这一思想，并将它应用到社会关系领域，提出了"礼之用，和为贵"[2]的思想。"和"在伦理价值上究竟"贵"到何种程度？孟子指出："天时不如地利，地利不如人和"[3]，把"人和"置于天时、地利之前。《中庸》则提出："和也者，天下之达道也。致中和，天地位焉，万物育焉。"认为"和"不仅是天地万物生成的基本规律，也是社会运行、治国处事皆须遵循的行为准则和价值标

---

① 荀况：《荀子》，《诸子集成》第2卷，上海书店出版社1996年版，第206页。
② 《论语》，《诸子集成》第1卷，上海书店出版社1996年版，第16页。
③ 孟轲：《孟子》，《诸子集成》第1卷，上海书店出版社1996年版，第148页。

准。儒家如此偏好和重视"和",奠定了中国文化重和而不重争、重合而不重分的价值理念。

(三) 在思维方式上,和合文化尊崇"允执厥中"

思维方式是人们看待事物、分析问题的角度、方式和方法。由于人的行为是由一定的思想指导的,因而他的行为方式与其思维方式密不可分。中华民族以辩证思维见长,如"易"(发展变化)、"矛盾"(对立统一),更以"中和"的思维方式异于他族,"中和"思维就是和合思维。这种思维方式认为,任何事物都应保持适度的合理性,想问题、做事情不应固执两端,要不偏不倚,努力做到"中和",也就是"允执厥中"。

"允执厥中"出自《尚书·大禹谟》:"人心惟危,道心惟微,惟精惟一,允执厥中。"朱熹解释说:"中者,不偏不倚、无过不及之名。"① 允执厥中的思维方式和行为方式一直为中国人所推崇,尧在禅让舜时告诫道:"天之历数在尔躬,允执其中。四海困穷,天禄永终。"包融注曰:"言为政信执其中,则能穷极四海,天禄所以长终。"② 认为执政者始终如一地遵循允执厥中的思维方式,百姓才能免于穷困,"天禄"也才能久长。无怪乎方孝孺将"允执厥中"上升为圣人的治世之道;他说:"圣人之道,中而已矣。尧、舜、禹三圣人为万世法,一允执厥中也。"③ 方孝孺认为"允执厥中"为"万世法",即指它是中华民族传统的思维方式和行为方式。

"允执厥中"也称中庸之道。"中庸",语出《论语·庸也》,在这里,"中庸"是人们的言行须遵守的道德高标,"中庸之为德也,其至矣乎"④。但在后儒那里,更多的是将"中庸"视作行为方式,如郑玄就持这样的观点:"名曰中庸者,以其记中和之为用也。庸,用也。"这里的"庸,用也"一句解释很重要!何晏进一步注解为"用,可施行也"⑤,这是说,"中庸"是人们解决问题、处理矛盾的行为方式。"庸"与"中"连起来,就是以

---

① 朱熹:《四书章句集注》,中华书局 1982 年版,第 9 页。
② 《论语》,《诸子集成》第 1 卷,上海书店出版社 1996 年版,第 411 页。
③ 方孝孺、徐光大点校:《逊志斋集》,宁波出版社 2000 年版,第 123 页。
④ 《论语》,《诸子集成》第 1 卷,上海书店出版社 1996 年版,第 132 页。
⑤ 《论语》,《诸子集成》第 1 卷,上海书店出版社 1996 年版,第 132 页。

"中和"思想指导自己的言行，以求不偏不倚，这就是和合文化尊崇的思维方式和处事之道。

（四）在天人关系上，和合文化追求"天人合一"

近代以来，西方文化思维的一个主要特点是主客二分，它把世界分为主体和客体两个部分，其中人为主体，自然为客体。在人与自然之间的价值关系里，自然有没有价值以及价值的大小，只能以其对人的利益大小为标准，这就是近代以来统治西方的"人类中心主义"。在这一理论指导下，人们贪婪地掠夺自然，加剧了人与自然关系的紧张，甚至引发了生态危机。但和合文化则强调"天人合一"，其中的"天"是指自然，而"合一"则是指天与人不是绝对对立的，可以构建一种和合关系，实现并存无碍、和谐美好的状态。6000多年前，伏羲氏"作八卦，以通神明之德，以类万物之情"①。这是说，伏羲通过自己所画的八卦，与神明（天神）相通，这是有稽可查的"天人合一"思想的发端，此后提出的"天人同构""天人合德"等思想，都是对"天人合一"的表达。需要指出的是，先秦儒家虽没有明确提出"天人合一"概念，但这一思想的论述已较为丰富，如孟子提出的"仁民而爱物"观点，将"天"看成是一个至高无上的无所不能的精神实体，他依据"尽心、知性、知天"的认识理路，将人的心性与"天"连接起来，体现了儒家"天人合一"的基本思想。先秦道家的"天人合一"观，集中体现在其"人与自然融为一体"的观念上，如《庄子·齐物论》中"天地与我并生，而万物与我为一"思想。

（五）在人际关系上，和合文化强调"和而不同"

如前所述，商契和合"五教"，能处理好家庭成员之间的关系，家庭成员之间的和睦显然是一种人际和合，那家庭以外的人际关系又应该是怎样一种状态呢？儒家认为也应该建立一种和合关系，孔子指出："君子和而不同，小人同而不和。"②他认为，君子与人交接，要循乎道义，而不阿比，即使有个性差异，以及思想观点和处事方式等的不同，君子之间也应保持和

① 《周易》，中华书局2017年版，第607页。
② 《论语》，《诸子集成》第1卷，上海书店出版社1996年版，第296页。

谐的关系。在孔子以后，还出现了建立和合人际关系的许多思想观点，如孟子提出有等级差别的"仁爱"，墨子提出的"兼相爱"等。与孟子的"仁爱"不同，墨家的"兼相爱"是一种建立在平等基础上的人际和合观，因为"兼相爱"的前提是"交相利"，即以利益共享，以"爱"利万民、利天下，其目标是建立一种平等博爱、利益与共的和谐社会。

今天，和合文化主张人际关系的"和而不同"，必须是以平等为基础的，就此而言，墨子的兼爱思想更具现实意义。同时需要指出的是，和合文化强调以和合理念和思维处理人际关系，并不否定人与人之间存在的矛盾，而是要将矛盾限定在相互依存的和合体中，以免社会因过度的斗争陷于动荡之中。总之，"不同而和"，是社会主义和谐社会该有的人际和合关系。

（六）在国际关系上，和合文化强调"协和万邦"

民族与民族、国家与国家之间的关系，实际上是一种扩大和延伸了的人际关系。和平安宁是人类追求的生活理想，如何实现这样的理想？中华文化慎用战争，主张以"修德""非攻"等和平方式解决国与国之间的矛盾。《尚书·尧典》提出"协和万邦"的基本路径："克明俊德，以亲九族。九族既睦，平章百姓。百姓昭明，协和万邦。"即发扬大德，使家族亲密和睦。家族和睦后，使各族的政事清明。各族的政事清明了，协调万邦诸侯，使天下万邦友好和睦起来。这与后来《大学》的修身、齐家、治国平天下的路径一致。

儒家的"怀德而柔远人"是"协和万邦"的极致形式。孔子指出"远人不服，则修文德以来之"[1]，这一思想为后儒所推崇。孟子指出"交邻国之道"，"惟仁者为能以大事小，惟智者为能以小事大"[2]。儒家的这些"邦交之道"，不脱"相与以德"的轨迹，在处理国与国关系中，依循的还是尚德不尚武的价值取向。

相较而言，墨家主张"非攻"的方式处理对外关系，更契合"协和万邦"之精神。他认为，国与国之间存在利益矛盾和冲突是难免的，但"天

---

[1] 《论语》，《诸子集成》第 1 卷，上海书店出版社 1996 年版，第 352 页。
[2] 孟轲：《孟子》，《诸子集成》第 1 卷，上海书店出版社 1996 年版，第 65 页。

之意，不欲大国之攻小国也，大家之乱小家也，强之暴寡，诈之谋愚，贵之傲贱，此天之所不欲也"①。因而他主张以"非攻"即和平方式解决争端，否则"除天下之害，当若繁为攻伐，此实天下之巨害也"②。即便兵家也认为，战争不是解决问题的上策，《孙子兵法·谋攻》曰："上兵伐谋，其次伐交，其次伐兵，其下攻城。"孙子推崇运用外交和智谋，尽量避免攻城。主张君主必须慎重用战，切不可穷兵黩武。自此提倡"不战而屈人之兵"，成了中国兵家战略文化中的最高境界。概言之，中华和合文化在对外关系中倾向于运用"王道"战略，即依靠优越的中华文明尤其是道德力量，"感化"异邦，而非使用武力征服的"霸道"行为。

（七）在社会理想上，和合文化追求"天下大同"

"天下大同"，是儒家关于社会发展的最高理想，在《礼记·礼运》中有详细的描述，简而言之，那是人人各安本分、各得其所、友爱互助、没有战争、社会和谐的理想社会。如何实现大同理想？和合文化提出了相应途径，包括树立"和为贵"价值理念、"和而不同"的社会观，通过"协和万邦"方式解决国际矛盾和冲突，实现"天下大同"。儒家也指出了一条实现"天下大同"的路径，应从个人修德做起，即《大学》提出修、齐、治、平的思路，把个人修德、齐家、睦邻关系扩及族群与国家关系，指出了一条由己及人、由家及族、由族至国，最终达至"平天下"即"大同"的路径。在实现"天下大同"的路径上，和合文化以"和"为灵魂，贯穿整条路径；儒家文化以"修德"为基础，由己及人，由近及远。前者强调和合，后者注重道德，都展示了中华文化尚和的价值理念，以及包容不同民族的博大胸怀。

在上述七个部分中，每个部分都带一个"和"，或带有与"和"意义相同之字。"允执厥中"虽然没有"和"，但在古汉语里，"中"也有"和"的意思，如"中和"；"天下大同"不仅没有"和"字，"大同"好像还有悖于"和而不同"，然而"大同"之中还是有"小异"的，《庄子·天下》

---

① 墨翟：《墨子》，《诸子集成》第 4 卷，上海书店出版社 1996 年版，第 123 页。
② 墨翟：《墨子》，《诸子集成》第 4 卷，上海书店出版社 1996 年版，第 98 页。

有言："大同而与小同异，此之谓小同异；万物毕同毕异，此之谓大同异。"其大意是"异中有同，同中有异"，还是不脱"不同而和"的"和合"之意。

　　总之，先秦诸子从本体论、宇宙观、价值观、思维方式、社会观、国际观、理想社会等多个方面，比较全面地回答了万物起源问题，以及如何看待和处理人与自然、人与人、国与国之间等一系列问题，描绘了"天下大同"的人类社会愿景，构建了一个关于自然和人类社会的和合思想体系，这是先秦时期和合文化的核心内容，它奠定了中华和合文化的思想基础，决定了中华文化作为"和"文化的本质属性。

（原载《台州学院学报》2020 年第 5 期；作者单位：台州
学院和合文化研究院）

孔子以"仁礼和合"为核心的内圣外王之道

盛杏雨

"内圣外王"之说出于道家著作《庄子·天下》篇,但"内圣外王"历来被视为儒家学派的价值追求。孔子作为儒学的奠基者,开启儒学"内圣外王"之滥觞。春秋时期,西周的统治大厦轰然崩塌,作为维持"尊尊""亲亲"统治秩序的礼遭到严重践踏,"礼乐征伐自诸侯出",甚至"陪臣执国命"的无道局面,屡见不鲜。面对礼崩乐坏的残破之局,各派思想家勇于承担起补益时弊的历史使命,纷纷著书立说,以寻求治世安民之道。孔子顺应时代潮流,怀抱积极的入世精神,以"修己安人"为己任,在"祖述尧舜"的同时,充分发掘具备人文主义精神的"仁",并纳仁入礼,赋予礼以新的生命力,使礼冲破"尊尊""亲亲"宗法等级制的束缚,成为道德教化的重要工具。

"仁礼和合"作为孔子思想的价值核心,以仁为基础,以礼为辅助,仁内礼外,始终贯穿于孔子以"修己安人"为合理内核的内圣外王之道。以"为仁由己""克己复礼"的内圣修身之道为起点,承接"孝悌为本""事之以礼"的齐家之法,最终达至"道德齐礼""博施济众"的治国平天下的理想之境,是孔子"仁礼和合"思想在"内圣外王"之道的逐步深化,展现出孔子以人为本、关注现实世界的人文主义情怀。

一、内圣修身

修身是孔子以"仁礼和合"为核心的内圣外王之道的价值基础,"自天子以至于庶人，一是皆以修身为本"①，内修德性作为通向外王事功的根基，一切皆以修养身心为本，孔子尤为重视修身成德的基础意义。"仁礼和合"则作为孔子思想的价值核心，以仁为基础，以礼为辅助，仁礼"和而不同"是孔子修身成德的根本途径。孔子以前的时代，仁仅作为一般德目存在，完全淹没在礼的巨大光环之中。孔子慧眼识"仁"，并赋予"仁"以至高无上的地位，使其升华为"全德之名"，统率诸德。至此，仁成为人之内在规定性的最高德目。《礼记·中庸》记孔子语："仁者，人也。"② 仁是人的本质属性，是行为主体的道德自觉，"仁远乎哉? 我欲仁，斯仁至矣"③，"仁"远吗? 作为道德主体的"我"希望成就"仁"，孔子以正话反说的方式彰显了仁德践履的主体价值。"仁"作为行为主体的内在德性，求仁得仁是孔子修身成德的基本致思路径。

　　人作为"一切社会关系的总和"，虽有相近之天性，但亦不免因后天环境之影响，而丧失内在仁德，如此寻求外在道德约束成为必然之势。春秋时期，制度之礼作为维护宗法等级秩序的政治工具，失去了原有的效力，违礼行为屡见不鲜。孔子忧于礼崩乐坏的社会现实，主张纳仁入礼，他说："人而不仁，如礼何? 人而不仁，如乐何?"④ 孔子以仁为礼的价值基础，为礼寻得源头活水，使礼成为道德教化的重要工具，并反身以成就仁德。《论语·颜渊》载，颜渊曾向孔子请教关于"仁"的问题，孔子主张"克己复礼为仁"⑤，克制自身行为以符合礼之要求是为仁，具体展现为视、听、言、动等行为皆以礼为价值准则，积极践行"非礼勿视，非礼勿听，非礼勿言，非礼勿动"⑥ 的道德要求。不仅如此，礼作为外在道德规范，它是人的立身之本，孔子说："不学礼，无以立。"⑦ 不学习礼义规范，便无以立身行事。即使行为主体具备恭敬、谨慎、勇敢、正直等美德，若无礼以节制也易于引

---

① 朱彬撰，沈文倬、水渭松校点：《礼记训纂》，浙江大学出版社 2010 年版，第 854 页。
② 朱彬撰，沈文倬、水渭松校点：《礼记训纂》，浙江大学出版社 2010 年版，第 763 页。
③ 杨伯峻：《论语译注》，中华书局 2009 年版，第 73 页。
④ 杨伯峻：《论语译注》，中华书局 2009 年版，第 24 页。
⑤ 杨伯峻：《论语译注》，中华书局 2009 年版，第 121 页。
⑥ 杨伯峻：《论语译注》，中华书局 2009 年版，第 121 页。
⑦ 杨伯峻：《论语译注》，中华书局 2009 年版，第 176 页。

发劳倦、惧怕、盲乱、急迫等偏颇，"恭而无礼则劳，慎而无礼则葸，勇而无礼则乱，直而无礼则绞"①，礼作为外在道德规范，凡事符合礼之要求，则可以无过矣。

仁与礼作为孔子修身成德之二柄，以仁养心，以礼修身，"文质彬彬，然后君子"②。然而，学习作为人的本能，是行为主体获取外界知识的基本途径。孔子认为仅崇尚美德却疏于学习，则不能明其理，反致弄巧成拙，有失道德。孔子说："好仁不好学，其蔽也愚；好知不好学，其蔽也荡；好信不好学，其蔽也贼；好直不好学，其蔽也绞；好勇不好学，其蔽也乱；好刚不好学，其蔽也狂"③，仁、知、信、直、勇、刚皆为人之美德，但若不以学习为判断是非之标准，则易于导致愚、荡、贼、绞、乱、狂六种弊病。孔子重视学习的重要意义，指出博学笃志、切问近思，仁德就在其间。④ 因此，在学习方法上，孔子总结出一套千古不易的实践标准，孔子说："学而不思则罔，思而不学则殆。"⑤ 只学习不加思考则陷入迷惘，反之，只思考不深入学习则感到困惑。学思结合，是为明智之举。与此同时，内省作为成德的重要途径，孔子主张："见贤思齐焉，见不贤而内自省也。"⑥ 以贤者为榜样，以不肖者为戒惧，反求诸己，则无所愧疚。孔门弟子曾子也曾说："吾日三省吾身：为人谋而不忠乎？与朋友交而不信乎？传不习乎"⑦。内省作为道德人格升华的重要途径，究其本质，它是行为主体内求以唤醒心中的道德自觉，是求仁的一种重要方式。

修身作为齐家、治国、平天下的根本前提，内修仁德，外行礼义，是实现"安人""安百姓"⑧ 的基础。执政者作为国家的主宰，是全国百姓效法的榜样，孔子主张为政者首先端正自身行为，方能端正百姓，孔子说："苟

---

① 杨伯峻：《论语译注》，中华书局 2009 年版，第 77 页。
② 杨伯峻：《论语译注》，中华书局 2009 年版，第 60 页。
③ 杨伯峻：《论语译注》，中华书局 2009 年版，第 182 页。
④ 参见杨伯峻：《论语译注》，中华书局 2009 年版，第 198 页。
⑤ 杨伯峻：《论语译注》，中华书局 2009 年版，第 17 页。
⑥ 杨伯峻：《论语译注》，中华书局 2009 年版，第 38 页。
⑦ 杨伯峻：《论语译注》，中华书局 2009 年版，第 3 页。
⑧ 杨伯峻：《论语译注》，中华书局 2009 年版，第 156—157 页。

正其身矣，于从政乎何有？不能正其身，如正人何？"① 孔子用反诘的方式，证明执政者端正自身品行对治国理政具有重要意义。

二、孝悌齐家

家庭是构筑社会的基本细胞，是连接个人与社会的中间环节，"齐家"则是"修身"通向"治国、平天下"的重要枢纽。孝悌作为和谐家庭关系的基本原则，儒家历来有重孝悌之传统，孔子以血缘纽带为基础，主张孝悌是伦理道德之源点，是处理人际关系的基石。孔门弟子有子说："其为人也孝弟，而好犯上者，鲜矣；不好犯上，而好作乱者，未之有也。君子务本，本立而道生。孝弟也者，其为仁之本与！"② 孝悌作为协调家庭关系的根本准则，是践行仁德的根本。凡重孝悌者，皆以珍爱生命、保全自身为行孝悌之根本，那么其人必不为犯上作乱之事。不仅如此，孔子从孝悌与为政的关系出发，论证孝悌是治国理政的基础。《为政》篇载：曾有人询问孔子为何不从政，孔子引《尚书》语反诘道："'孝乎惟孝、友于兄弟，施于有政。'是亦为政，奚其为为政？"③ 孔子将和睦家庭关系视为从政之基础，孝敬父母，友爱兄弟，影响及于政治，即为从政。孔子亦站在执政者的角度，指出："君子笃于亲，则民兴于仁。"④ 统治者行孝道，是百姓行仁道的前提，君主孝顺父母、慈爱百姓，百姓自然效忠君主。孔子将孝悌与从政相比附的做法，是中国古代宗法社会家国同构的反应，家庭和睦是社会和谐的基石，齐家是治国、平天下的前提和基础。

孝悌作为和睦家庭关系的基本原则，在《论语》一书中，孔子从三个不同层面阐释了行孝的价值准则。首先，尊敬父母。孔子说："今之孝者，是谓能养。至于犬马，皆能有养；不敬，何以别乎？"⑤ 孔子以"能养"为

---

① 杨伯峻：《论语译注》，中华书局 2009 年版，第 136 页。
② 杨伯峻：《论语译注》，中华书局 2009 年版，第 2 页。
③ 杨伯峻：《论语译注》，中华书局 2009 年版，第 20 页。
④ 杨伯峻：《论语译注》，中华书局 2009 年版，第 77 页。
⑤ 杨伯峻：《论语译注》，中华书局 2009 年版，第 14 页。

行孝之基础，以"敬"为行孝之价值依据，若仅满足父母的物质需要，却不以尊敬之情尽孝，对父母的精神需求亦缺乏关注，此与饲养犬马并无本质区别。因此，孔子以反问的方式指出："有事弟子服其劳，有酒食先生馔，曾是以为孝乎？"① 只注重物质层面的孝行，不足为道。真正的孝道是在父母面前始终保持和颜悦色，以委婉的态度劝谏父母，若建议不被采纳，仍保持恭敬之姿而不触犯，即使忧愁但不怨恨，并且做到不让父母担忧，此乃真孝道。其次，以礼侍奉父母。据《学而》篇载，鲁国大夫孟懿子曾问孝于孔子，孔子以三桓僭礼行为为依据，指出孝之道在于以"无违"之礼奉养父母，做到"生，事之以礼；死，葬之以礼，祭之以礼。"② 礼作为协调人伦关系的道德准则，父母生前，遵照礼节侍奉父母，父母去世之后，亦遵照礼节丧葬并祭祀父母，如此则"民德归厚矣"。最后，继承父亲遗志。孔子说："父在，观其志；父没，观其行；三年无改于父之道，可谓孝矣。"③ 儒家历来重视家道之传承，不仅展现在家族血脉之延续，更体现为家族精神之弘扬，此乃子辈对父辈的责任所在，如后世儒者所著《颜氏家训》《曾国藩家书》等著名家训、家规，皆为重视家道思想传承的具体实践。

孔子以"父母三年之爱"④ 为基础，倡导"三年之丧，天下之通丧"⑤ 的孝道主张，旨在强调"仁"之本质乃血缘亲情之爱，在"仁"面前，不合时宜之礼仪仍需退居其次。《八佾》篇载：林放问礼之本，孔子赞许其为"大哉问"，孔子说："礼，与其奢也，宁俭；丧，与其易也，宁戚。"⑥ "俭"与"戚"是"仁"之精神的具体呈现，是行为主体内在情感的真实表达，"奢"与"易"则是不合时宜的礼之仪。可见，相较于形式化的"礼仪"，孔子更加重视象征礼之本的"礼义"。以"仁"释"礼"作为孔子对不合时宜之周礼的损益，深刻展现出孔子以人为本的人文主义情怀。

孔子以"仁礼和合"为核心的孝道精神，延伸至法律层面，体现为父

---

① 杨伯峻：《论语译注》，中华书局 2009 年版，第 15 页。
② 杨伯峻：《论语译注》，中华书局 2009 年版，第 13 页。
③ 杨伯峻：《论语译注》，中华书局 2009 年版，第 7 页。
④ 杨伯峻：《论语译注》，中华书局 2009 年版，第 186 页。
⑤ 杨伯峻：《论语译注》，中华书局 2009 年版，第 186 页。
⑥ 杨伯峻：《论语译注》，中华书局 2009 年版，第 24 页。

子相隐。《子路》篇载："叶公语孔子曰：'吾党有直躬者，其父攘羊，而子证之。'孔子曰：'吾党之直者异于是。父为子隐，子为父隐，直在其中矣。'"① 叶公之直躬者，展现出大义灭亲的精神，符合现代法律公平公正的原则。孔子则以血缘亲情为基础，指出"直"之价值精神体现为"父子相隐"，此等理论虽符合"仁"之为人的价值依据，但与现代法律精神相违背，历来为法律学者所诟病。如何在"仁"之常情与象征公平公正的法律之间寻求平衡，以达到人情与立法的和谐统一是现代立法者必须面对的问题。

三、以德治国

"内圣外王"是儒家一以贯之的致思路径，以修身基础，中经齐家、治国，最终实现天下平的理想境界。修身、齐家、治国、平天下作为实现大同理想社会的基本环节，相辅相成，缺一不可。

孔子说："吾道一以贯之"②，曾子以"忠恕"二字题解"夫子之道"，朱熹则以"尽己之谓忠，推己之谓恕"③ 对忠恕之道作出进一步阐释。可见，"忠恕"之道是指处理人我之间关系的价值准则。孔子主张以自我为源点，推行"己欲立而立人，己欲达而达人"④ "己所不欲，勿施于人"⑤ 的"忠恕"之道，是行仁之方。因此，所谓"忠恕"之道，是为仁道。《颜渊》篇载："樊迟问仁。子曰：'爱人。'"⑥ 仁作为处理人际关系的道德准则，其本质是为爱人，推而广之，爱人扩展到政治层面则体现为以民为本的德政方针。孔子说："为政以德，譬如北辰，居其所而众星共之。"⑦ 统治者施行德政作为群臣百姓效忠的前提，如同高居天空中央的北极星，被众星环

① 杨伯峻.《论语译注》，中华书局 2009 年版，第 137 页。
② 杨伯峻：《论语译注》，中华书局 2009 年版，第 38 页。
③ 朱熹：《四书章句集注》，中华书局 1983 年版，第 72 页。
④ 杨伯峻：《论语译注》，中华书局 2009 年版，第 64 页。
⑤ 杨伯峻：《论语译注》，中华书局 2009 年版，第 121 页。
⑥ 杨伯峻：《论语译注》，中华书局 2009 年版，第 129 页。
⑦ 杨伯峻：《论语译注》，中华书局 2009 年版，第 10 页。

绕，孔子重视"为政以德"的德政方针。《论语》作为孔门弟子记载孔子言论的重要典籍，书中蕴含丰富的德政思想。

（一）正名

西周时期，以"尊尊""亲亲"为基础的宗法分封制奉行等级森严的统治秩序，礼乐之制作为宗法分封的重要补充，与宗法分封制并行而不悖，共同构筑起西周的统治基础。春秋时期，礼崩乐坏，名实不符的现象时有发生，《论语·八佾》篇记载孔子批评季氏："八佾舞于庭，是可忍也，孰不可忍也？"① 即为其中一例。面对"礼乐征伐自诸侯出"②，甚至"陪臣执国命"的无道局面，孔子指出为政的首要任务是为正名。孔子说："名不正，则言不顺；言不顺，则事不成；事不成，则礼乐不兴；礼乐不兴，则刑罚不中；刑罚不中，则民无所措手足。"③ 名实相符作为"为政以德"之基础，是社会秩序正常运转的前提和保障，孔子主张遵循名正——言顺——事成——礼乐兴——刑罚中的政治路径层层递进，使百姓有"礼"可依，知所避就，反之，"则民无所措手足"。因此，当齐景公向孔子询问为政之策时，孔子以礼乐之制所维护的"君君，臣臣，父父，子子"的政治伦理秩序复之，即主张实现"礼义以为纪，以正君臣，以笃父子，以睦兄弟，以和夫妇，以设制度，以立田里，以贤勇知，以功为己"④ 的小康社会。

（二）满足百姓的物质需求

孔子虽然主张"仁"是人的内在品德，但孔子亦认识到"富与贵，是人之所欲""贫与贱，是人之所恶"⑤ 的客观现实。孔子说："君子怀德，小人怀土；君子怀刑，小人怀惠。"⑥ 君子心怀恩德和法治，百姓则心怀土地和恩惠。而百姓作为国家的主体，孔子主张施行德政的基本条件在于满足百姓的物质需求，做到"因民之所利而利之"⑦，如此则惠而不费。同时，

---

① 杨伯峻：《论语译注》，中华书局 2009 年版，第 23 页。
② 杨伯峻：《论语译注》，中华书局 2009 年版，第 172 页。
③ 杨伯峻：《论语译注》，中华书局 2009 年版，第 131—132 页。
④ 朱彬撰沈文倬、水渭松校点：《礼记训纂》，浙江大学出版社 2010 年版，第 326—327 页。
⑤ 杨伯峻：《论语译注》，中华书局 2009 年版，第 35 页。
⑥ 杨伯峻：《论语译注》，中华书局 2009 年版，第 37 页。
⑦ 杨伯峻：《论语译注》，中华书局 2009 年版，第 209 页。

孔子以人情为依据，指出为政"不患寡而患不均，不患贫而患不安。盖均无贫，和无寡，安无倾。"① 两极分化作为引发社会不公的导火线，积极避免两极分化带来的弊端，尽力满足全体社会大众之意愿，均衡分配物质财富，是"为政以德"在社会分配层面的具体应用。

（三）施行礼义道德教化

孔子说："道之以政，齐之以刑，民免而无耻；道之以德，齐之以礼，有耻且格。"② 用政治与刑罚的手段治理百姓，只能使百姓免于刑罚处置，却无法引导百姓自觉向善。反之，用仁德与礼义教化百姓，如此百姓不但具备廉耻之心，且足以心悦诚服。因此，孔子主张施行"庶之""富之""教之"③ 的德政路线，主张在国家人口众多、百姓生活富裕的基础上，以仁义礼乐教化百姓，使百姓自觉树立道德观念。反之，道德教化作为"为政以德"的重要手段，若不先施以道德教化而杀戮百姓，是为暴虐，以孔子为代表的儒家学派极力反对施行暴政。统治者作为道德教化的主体，是群臣百姓效仿的榜样，为政者所崇尚之品德，百姓必定趋之若鹜。《颜渊》篇载："季康子问政于孔子曰：'如杀无道，以就有道，何如？'孔子对曰：'子为政，焉用杀？子欲善，而民善矣。君子之德风，小人之德草。草上之风，必偃。'"④ 统治者主动培养高尚的道德情操，以引导百姓自觉向善，是道德教化的重要途径，为历代儒家学者所重视。

（四）举贤才

人才作为"为政以德"的关键因素，孔子重视人才在施行德政中的重要作用。鲁哀公曾向孔子咨询使百姓信服的为政之策，孔子以"举直错诸枉，则民服；举枉错诸直，则民不服"⑤ 复之。孔子认为将正直之人措置于枉者之上，可矫正枉者之邪行，使其复归正直。孔门弟子子夏以"舜举皋陶、汤举伊尹"为例，对孔子之言作出具体解释，指出"举直错诸枉，则

---

① 杨伯峻：《论语译注》，中华书局 2009 年版，第 170 页。
② 杨伯峻：《论语译注》，中华书局 2009 年版，第 11—12 页。
③ 杨伯峻：《论语译注》，中华书局 2009 年版，第 134—135 页。
④ 杨伯峻：《论语译注》，中华书局 2009 年版，第 127 页。
⑤ 杨伯峻：《论语译注》，中华书局 2009 年版，第 19 页。

不仁者远矣"①。《论语·子路》篇载，仲弓曾向孔子请教识贤举才之法，孔子以"举所知"为范式，则"所不知"之贤者，亦可被发掘。② 知贤、举贤是孔子用人思想的重要组成部分，与此同时，孔子亦非常重视人才的培养，孔门四科：文、行、忠、信是孔子教育实践的基本门类，尤以道德教育为主。孔子指出："能行恭、宽、信、敏、惠五者于天下"③，可称得上仁人，原因在于"恭则不侮，宽则得众，信则人任焉，敏则有功，惠则足以使人。"④ 具备恭、宽、信、敏、惠五种德行，足以获得百姓的拥戴，并承担起"以德治国"的历史重任。

（五）德主刑辅

孔子重视"为政以德"的重要作用，主张实行"道德齐礼"的治民之策，但曾官至鲁国大司寇的孔子绝非道德至上论者，其仍将"道政齐刑"视为"道德齐礼"的政治底线，"政刑"是"德礼"的重要补充。孔子在评价郑国执政大夫子大叔的治政方针时曾说："政宽则民慢，慢则纠之以猛，猛则民残，残则施之以宽。宽以济猛，猛以济宽，政是以和。"⑤ "宽猛相济"即指道德与法律作为治国理民之二柄，相辅相成，相互补充，缺一不可，兼具道德与法律二柄，方能实现政治和谐。

"内圣外王"之道是儒家理想人格到政治实践的价值追求，是儒家积极入世精神的反映，深刻展现出儒家现世人文主义关怀和历史使命感。孔子以"仁礼和合"为核心的内圣外王之道，以内圣修身为起点，最终达至外王事功的终极理想目标。孔子评价管仲说："桓公九合诸侯，不以兵车，管仲之力也。如其仁，如其仁""管仲相桓公，霸诸侯，一匡天下，民到于今受其赐。微管仲，吾其被发左衽矣。岂若匹夫匹妇之为谅也，自经于沟渎，而莫

---

① 杨伯峻：《论语译注》，中华书局 2009 年版，第 129 页。
② 参见杨伯峻：《论语译注》，中华书局 2009 年版，第 131 页。
③ 杨伯峻：《论语译注》，中华书局 2009 年版，第 181 页。
④ 杨伯峻：《论语译注》，中华书局 2009 年版，第 181 页。
⑤ 陈成国：《春秋左传校注》，岳麓书社 2006 年版，第 1022 页。

之知也。"① 孔子以仁人称许管仲，认同管仲相桓公成就"九合诸侯，一匡天下"的霸业，并指出管仲对华夏文化的存续起着重要作用，若无管仲，则中原民族复归蛮夷。孔子虽有以"器小""焉得俭""不知礼"② 等语指责管仲，但相较于管仲之功业，孔子更加偏重于管仲给百姓带来的福祉以及对社会历史的贡献。孔子重视内圣修身的基础意义，亦重视外王事功的现实实践。《礼记·礼运》篇载："大道之行也，天下为公，选贤与能，讲信修睦。故人不独亲其亲，不独子其子，使老有所终，壮有所用，幼有所长，鳏、寡、孤、独、废疾者皆有所养，男有分，女有归。货恶其弃于地也，不必藏于己；力恶其不出于身也，不必为己。是故谋闭而不兴，盗窃乱贼而不作，故外户而不闭。"③ 大同社会是孔子内圣外王之道的最高价值追求。

孔子以"仁礼和合"为核心的内圣外王之道，贯通"修身成德"与"外王事功"，对于提高国民素质，和谐家庭关系，增强官员的责任意识，建设"以德治国"与"依法治国"和谐统一的中国特色社会主义和谐社会具有重要理论意义和实践价值。以提升国民素质为基础，继而实现家庭和睦，最终达至国家大治的理想目标，是孔子以"仁礼和合"为核心的内圣外王之道的现实应用。

（原载《济宁学院学报》2017 年第 1 期；作者单位：曲阜师范大学历史文化学院）

---

① 杨伯峻：《论语译注》，中华书局 2009 年版，第 149 页。
② 杨伯峻：《论语译注》，中华书局 2009 年版，第 31 页。
③ 朱彬撰，沈文倬、水渭松校点：《礼记训纂》，浙江大学出版社 2010 年版，第 325—326 页。

以德为本：孟子"和合"思想的特质

高贵朋

"和合"是中国文化的核心特质之一，张立文先生指出：和合是"自然、社会、人际、心灵、文明中诸多形相和无形相相互冲突、融合，与在冲突、融合的动态变易过程中诸多形相和无形相和合为新结构方式、新事物、新生命的总和。"① 也就是说，"和合"可以理解为事物和谐、协调、平衡发展的状态。作为中国传统学术主流的儒学，从多方面表现出了中国文化的"和合"特质。孟子是儒家的重要代表，其学说就包含丰富的"和合"思想。本文拟从天人、身心和人伦三个方面探讨孟子的"和合"思想。

一、天人和合

在孟子的思想中，"天"具有多种含义，但"孟子'天'论中最丰富的一层，是他对道德之天的认识"②，所谓道德之天，就是将"天"视为道德的先验根据，他说：

> 心之官则思，思则得之，不思则不得也。此天之所与我者，先立乎其大，则其小者弗能夺也。（《孟子·告子上》以下凡引《孟子》只注篇名）

---

① 张立文：《和合学》，中国人民大学出版社 2006 年版，第 58 页。
② 何晓明：《孟子"天"论剖析》，《齐鲁学刊》1995 年第 1 期。

仁义礼智，非由外铄我也，我固有之也，弗思耳矣。(《告子上》)

“心之官则思”的“思”不是指一般意义上的理性思维，而是指道德之思，是仁义礼智的省思。人对道德的省思乃“天之所与”，也就是说，“天”即道德的先验根据。因为人对道德的省思是“天之所与”，所以“仁义礼智”之德，就是人生而具有，“非由外铄”的，只是由于人不假思索，才使其为物欲所遮蔽。在孟子看来，虽然人的道德源于天的赋予，但是人也可以通过各种道德修养工夫，反过来体认“天道”。孟子的修养工夫大体包括两个方面：一是寻找本心；二是扩充本心。所谓寻找本心即是“求放心”，将放失的本心寻找回来，孟子说：

仁，人心也；义，人路也。舍其路而弗由，放其心而不知求，哀哉！人有鸡犬放，则知求之；有放心，而不知求。学问之道无他，求其放心而已矣。(《告子上》)

孟子认为，本心人人具有，只是人们不自觉，才将本心放失，因此“学问之道”就在于“求其放心”。“求其放心”就是“先立乎其大”，对于本心有基本的自觉。但人的道德修养工夫不能止步于此，还要在此基础上扩充本心。孟子说：

凡有四端于我者，知皆扩而充之矣，若火之始燃，泉之始达。苟能充之，足以保四海；苟不充之，不足以事父母。(《公孙丑上》)

万物皆备于我矣。反身而诚，乐莫大焉。强恕而行，求仁莫近焉。(《尽心上》)

扩充本心就是在“求放心”的基础上，进一步使本心显发出来，推扩到具体事务上，使本心成为现实之人应接事物、运筹划策的主宰。孟子认为，如果能够将本心“扩而充之”，用以处理各种事务，足以使天下太平。因此，在献策君王时，孟子强调"以不忍人之心，行不忍人之政"（《公孙丑上》），这也是就本心的扩充而言。更进一步，将本心扩充至天地万物，那么，整个实然宇宙就成为本心弥漫的道德宇宙，正是在这个意义上，孟子讲"万物皆备于我"。其实"万物皆备于我"的境界，也就是"天人和合"的境界。对于这一境界，孟子有更明确的表达：

> 尽其心者，知其性也。知其性，则知天矣。存其心，养其性，所以事天也。殀寿不贰，修身以俟之，所以立命也。（《尽心上》）

知天是"上达道体"①。通过"尽心知性"的道德修养工夫，了知本心本性乃"天之所与"，就是达到对天道的体认，即"知天"。事天是"存养天机"②。体悟"天生德于予"之后，再通过"存心养性"的工夫，涵养心性本体，此时的工夫蕴含着天命的庄严，即是事天。"知天""事天"是天人交互之两轮，天将德性降衷于人，人通过道德修养，又反过来上达于天。人本来是有限的，通过心性工夫，以天赋之德涵养现实生命，人可通达无限的意义，从而体认"天道"。这里所表达的就是"天人和合""天人合一"的思想。

"天人和合"讲述的是天与人的关系，要达到"天人和合"之境，必须通过一定的道德修养工夫，这就涉及身心关系问题。

二、身心和合

身心关系问题是中西哲学家都十分关注的问题，不同于西方哲学的身心二元论，中国哲学更强调身心的和谐与统一。但在和谐与统一之中，还有一个十分关键的问题，那就是身与心谁为主宰的问题。因为对这个问题的解答，也就规定了思想家的为学方向。我们先通过孟子与公都子的一段对话，

---

① 崔海东：《〈传习录〉解〈孟子〉"尽心"三节辩误》，《贵阳学院学报》2016 年第 5 期。
② 崔海东：《〈传习录〉解〈孟子〉"尽心"三节辩误》，《贵阳学院学报》2016 年第 5 期。

看孟子对身与心的基本界定：

> 公都子问曰："钧是人也，或为大人，或为小人，何也？"孟子曰："从其大体为大人，从其小体为小人。"曰："钧是人也，或从其大体，或从其小体，何也？"曰："耳目之官不思，而蔽于物，物交物，则引之而已矣。心之官则思，思则得之，不思则不得也。此天之所与我者，先立乎其大，则其小者弗能夺也。此为大人而已矣。"（《告子上》）

由此可知，孟子将身视为"小体"，将心视为"大体"。他认为"耳目之官"没有思的能力，容易被物欲遮蔽，从而导致"物交物"的弊病，所以"耳目之官"所代表的身只能是"小体"，而非"大体"。与之相对，心有"思"的能力，可以进行道德的省思，从而超越于见闻知觉，因此是"大体"，而非"小体"。"大体""小体"的区分，凸显了心的重要性，"先立乎其大"更是确立了心在工夫上的关键地位。所以在孟子这里，是以心主宰身的。虽然心为主宰，是修养着力处，但这并不意味着，对于作为"小体"的身就可以不管不顾，孟子还说：

> 夫志，气之帅也；气，体之充也。夫志至焉，气次焉。故曰：持其志，无暴其气。（《公孙丑上》）
>
> 志壹则动气，气壹则动志。（《公孙丑上》）

志代表心，乃"心之所之"[1]；气与形体相关，乃"体之充也"，指生理层面的血气。因此，气志关系亦即身心关系。孟子认为，"夫志，气之帅也"，就是说志是气的统帅，心是身的主宰。"志至焉，气次焉"说明了志与气、心与身的主次关系。"持其志，无暴其气"则是在主张本心工夫的同时，强调不忽视身体上的工夫，即"无暴其气"的工夫。所谓"无暴其气"也就是不能任气驰骋，反而以之操控心志。总之，既要强调心之主宰，也要重视

---

[1] 朱熹：《四书章句集注》，中华书局2012年版，第232页。

身的作用，从而做到志气交修。志气交修最终达到的状态是"身心和合"的状态，这种状态也就是本心与气一贯，以本心为统帅的身心合一状态。孟子将由本心贯注的气，称为"浩然之气"：

> 其为气也，至大至刚，以直养而无害，则塞于天地之间。其为气也，配义与道；无是，馁也。是集义所生者，非义袭而取之也。行有不慊于心，则馁矣。（《公孙丑上》）

孟子在这里描述了"浩然之气"的属性，"其为气也，至大至刚，以直养而无害，则塞于天地之间"。就是说"浩然之气"具有蓬勃浩然的规模。所谓"以直养而无害"①，就是以"义"养而不妨害，强调养气工夫在心上做。关于"塞于天地之间"一语，旧注多以充满天地之间者为"浩然之气"②，据此，孟子的"浩然之气"难免被人诟病为"神秘主义"。

其实不然，"浩然之气"并非神秘主义，而是由本心贯注的道德之气，也就是道德本心"睟面盎背""施于四体"（《尽心上》）而达到的"身心和合"之境。"天地之间"是人所面对的整个实然世界，"浩然之气""塞于天地之间"，就是说以道德本心去观照实然世界，那么实然世界就成了弥漫着主体之道德精神的世界。这并不是什么"神秘主义"，而是主体内在德性的向外推扩。在这个意义上，孟子并不是说纯粹的"浩然之气"可以充满天地之间，而是说主体的道德精神可以挺立于天地之间。

至于"配义与道"，朱熹云："配者，合而有助之意。义者，人心之制裁。道者，天理之自然。"③ 这就是说义是对于人而言，道是对于天而言，义即道，道即义，而非二事。"孟子以心为义与道之根源，故'配义与道'，即是以心为主宰。"④ 若没有"义与道"相配，心就不得为主宰，气便虚馁

---

① 焦循称："直即义也。"参见焦循：《孟子正义》，中华书局 2015 年版，第 216 页。
② 赵岐与朱熹均认为"塞于天地之间者"为"浩然之气"。参见赵岐注：《孟子注疏》，载阮元校刻：《十三经注疏》，中华书局 2017 年影印版，第 5841 页；朱熹：《四书章句集注》，中华书局 2012 年版，第 232—233 页。
③ 朱熹：《四书章句集注》，中华书局 2012 年版，第 232 页。
④ 李明辉：《孟子重探》，台湾联经出版事业公司 2001 年版，第 32 页。

而无法充盈为"浩然之气"。"是集义所生者，非义袭而取之者也"。一方面强调"浩然之气"配义而生；另一方面则批判告子的"义外说"。"集义"与"义袭"相对，是一种由内而外、由心及气的道德培养活动；"义袭"则是将"义"看作一种外在的行为规范，而非发自内心的活动。"行有不慊于心，则馁矣。"仍是强调修养工夫在心上做。因此，可以说"浩然之气"是由本心贯注、充盈的道德之气，是志气融洽、"身心和合"的标志。

由志气交修的工夫，可以达到"身心和合"的境界，但这仍是在个体范围内所达到的境界。修养工夫的具体指向，则是超乎个体的人伦日用。

三、人伦和合

人伦涉及的是人与人之间的关系，在孔子那里，处理人伦关系的基本原则是仁和礼。孟子继承并发展了孔子的思想，将仁义礼智作为统摄人伦关系的基本原则。在孔子那里，仁是全德，是最重要的。但在孟子这里，仁不再是全德，而是四德之一。孟子说：

> 仁之实，事亲是也；义之实，从兄是也。智之实，知斯二者弗去是也；礼之实，节文斯二者是也。（《离娄上》）

家庭是人伦的出发点，孟子先从家庭内部的角度谈仁、义、礼、智。在家庭关系中，仁义首先表现为孝悌。所谓仁就是孝顺父母，义就是尊敬兄长。智就是懂得仁义的道理，并始终奉行。礼则是对仁义的适当调整。这是仁、义、礼、智四德在家庭中的表现，将四德推扩到社会之上，用以处理人与人之间的关系，它们就被赋予了更为广泛的意义。孟子说：

> 恻隐之心，仁也；羞恶之心，义也；恭敬之心，礼也；是非之心，智也。（《告子上》）

将在家庭中体验的美德向外推扩，用以处理人与人之间的关系，仁就表现为恻隐之心，是对他人的同情、理解，亦即同理心；义则表现为羞恶之心，就是对自身不好行为感到羞愧，亦即羞耻心；礼，表现为恭敬之心，就是对他人的尊重，亦即谦卑心；智，表现为是非之心，就是对行为好坏的判断，亦即明理心。这"四心"是处理社会中各种人际关系的准则。孟子多次表达了仁、义、礼、智四德在社会人生中的体现。如：

> 君子所以异于人者，以其存心也。君子以仁存心，以礼存心。仁者爱人，有礼者敬人。爱人者人恒爱之，敬人者人恒敬之。（《离娄下》）
>
> 君子之于物也，爱之而弗仁；于民也，仁之而弗亲。亲亲而仁民，仁民而爱物。（《尽心上》）
>
> 尊德乐义，则可以嚣嚣矣。故士穷不失义，达不离道。（《尽心上》）
>
> 仁之于父子也，义之于君臣也，礼之于宾主也，智之于贤者也，圣人之于天道也，命也，有性焉，君子不谓命也。（《尽心下》）
>
> 人皆有所不忍，达之于其所忍，仁也；人皆有所不为，达之于其所为，义也。（《尽心下》）

不仅如此，孟子还将仁义推扩到政治领域，以之作为处理君臣关系和君民关系的原则。在君臣关系上，为君者以仁义治国，"君仁莫不仁，君义莫不义，君正莫不正"（《离娄上》），那么"为人臣者怀仁义以事其君"（《告子下》）。在君民关系上，"万乘之国行仁政，民之悦之，犹解倒悬也"（《公孙丑上》），"君行仁政，斯民亲其上、死其长矣"（《梁惠王下》）。因此，君主以仁义治国，臣子就事君以忠，人民就爱君如父，从而实现君臣和谐、君民和乐。

总而言之，若能以仁、义、礼、智统摄现实人生的种种行为，那就达到了"父子有亲，君臣有义，夫妇有别，长幼有序，朋友有信"（《滕文公上》）的社会和谐状态。这种状态也就是"人伦和合"的境界。反之，若人人自谋其私，则会造成"天子不仁，不保四海；诸侯不仁，不保社稷；卿大夫不仁，不保宗庙；士庶人不仁，不保四体"（《离娄上》）的恶劣局面。

通过以上分析，我们不难看出，孟子的"和合"思想始终围绕着"德"展开。无论是"天人和合""身心和合"，还是"人伦和合"，都是以"德"贯穿的。"天人和合"是通过对天赋之德的体认，而达到的天人融洽之境；"身心和合"是将本心之德贯注于身，而达到的身心融贯之境；"人伦和合"是将内在之德扩充之至社会人生，而达到的人伦和睦之境。强调道德，是儒家的一贯立场，也是儒家区别于其他各家的标志。孟子以德为本的"和合"思想，体现了儒家学问成德成人的根本宗旨。

虽然孟子的"和合"思想是以德为本的，但其中亦有明显的层次划分。"天人和合"无疑是最高的境界，"身心和合"与"人伦和合"既是在个体领域与集体领域达到的境界，也是实现"天人合一"的必经过程与阶段。也就是说，通过涵养本心、扩充本心的工夫，将本心贯注于身，并表现于现实人生中，是实现天人合一的工夫次第。由于德是天赋予人的，人对本心之德的涵养、操存，亦即对天的奉养。因此，可以说"身心和合"与"人伦和合"的最终指向是"天人和合"，这种思想与理路被张载《西铭》所继承。

孟子的"和合"思想体现了中华文化温和、平和、融和的特点，是优秀传统文化的重要组成部分。立足于 21 世纪的今天，继承优秀传统文化，弘扬"和合"思想，对于现代社会精神文明构建具有重要意义。

（原载《佳木斯大学社会科学学报》2021 年第 4 期；作者
单位：陕西师范大学哲学与政府管理学院）

试论荀子"和合"思想

李记芬

近年来，因张立文先生创立和合学，对和合思想的研究引起学界的广泛关注。"和合"一词最早出现于《国语》，但就儒家层面来说，《论语》《孟子》都没有提到这一概念，《荀子》是最早使用它的儒家典籍，可见"和合"在荀子思想中的重要性。

一、欢欣与和合

"和合"一词出现于《荀子·礼论》。《礼论》篇讨论了礼的起源、功用等，其中着重突出礼与人情的关系，指出礼义文理的制定就是为了养情。人生而有很多情感，比如喜生、哀死、好利、恶等。在荀子看来，如何使这些人情得以恰当长养而不丧失，是礼最重要的功用所在，即"礼者养也"。在所有的情感中，荀子最为看重的是人在生死变动中产生的情感，所以《礼论》反复强调"礼者，谨于治生死者也"。基于对喜生、哀死情感的看重，荀子对丧礼的制定和功用等进行了细致论述。正是在对乐生、哀死之情和丧礼的考量中，荀子引入了对"和合"概念的探讨。"和合"指向的是人的一种内心情感。荀子道：

> 祭者，志意思慕之情也。愅诡、唈僾而不能无时至焉。故人之欢欣和合之时，则夫忠臣孝子亦愅诡而有所至矣。彼其所至者甚大动也，案屈然已，则其于志意之情者惆然不嗛，其于礼节者阙然不具。故先王案

为之立文，尊尊亲亲之义至矣。故曰：祭者，志意思慕之情也，忠信爱敬之至矣，礼节文貌之盛矣，苟非圣人，莫之能知也。（《荀子·礼论》）

此段是讲人在祭祀时产生的思慕之情，此情之深会让人时时悲伤、感动。忠臣和孝子在"欢欣之时"常常有此种悲伤，尤其是想到君主或亲人已不能再有此种欢乐时。"和合"与"欢欣"在此处并列出现。因为"和合"，所以人会产生欢欣之情。依王天海的注释，"此言人之欢欣团聚之时，忠臣孝子感触而生哀伤之情"①。也就是说，欢欣之情指的是人在团聚中而自然产生的欢乐。人在父母生时，对父母有仁爱亲近之情，因为没有别离而能生活相聚在一起，所以人是欢乐的。

这种欢乐之情与人在思慕时产生的不能与君主或亲人再次团聚而有的哀戚之情相呼应。根据《荀子》原文之意，"欢欣和合"正好与"志意思慕之情"相对，前者指人在相聚时的欢乐、欣喜，后者意为人在生死别离时产生的哀痛、思慕。思慕的产生，是人的欢欣之情的深入体现。生人会有对死者的想念，尤其是在日常生活有相聚时会更思念与死者的相聚；在丧期之后，人会继续自己的生活，但仍然怀有对死者的敬慕、悼念。在这种敬慕、悼念中，生者期待还能与死者有某种形式的"相聚"。这种相聚会令人产生一种更深层次的欣喜之情。从思慕的角度理解，"和合"注重人的生与死的合一。荀子反复强调，生死两全才是人道最圆满的表现，正如《荀子·礼论》所说：

生，人之始也；死，人之终也；终始俱善，人道毕矣。故君子敬始而慎终。终始如一，是君子之道，礼义之文也。

故丧礼者，无它焉，明死生之义，送以哀敬而终周藏也。故葬埋，敬藏其形也；祭祀，敬事其神也；其铭、诔、系世，敬传其名也。事生，饰始也；送死，饰终也。终始具而孝子之事毕，圣人之道备矣。

---

① 王天海：《荀子校释》下册，上海古籍出版社 2005 年版，第 806 页。

人不仅应当重视在父母生时如何爱亲、事亲，还应当重视在他们死后该如何敬、如何事的问题。比如，不仅在现实生活中能和父母、兄弟、君主等聚在一起生活，得现实相聚之欢，还能在死亡别离后与逝去的人尤其是家族祖先有联系。通过安葬、祭祀和书写铭、诔、族谱等形式，现实中的人对逝去亲人的爱敬之情得以进一步表达。在爱敬的表达中，人得以和先祖相连、合聚，进而得生死两全之欢。如此，人才可以真正被称为孝子。

人在表达对祖先的思慕、敬爱之情时，也会丰富和加深对自我的认知。人因为思慕先祖的生活故事、行为方式、为人之道等，从而对于自己的家族既能有历史性的、根源性的了解，也能对自己当下的生活做出更进一步的认识和反思。在这种了解和反思中，人因为与先祖的靠近而产生一种同一感和一种更深层次的自我身份认同。这份同一感和认同感，带来的是一种更深厚的人生欢乐之情。

综上而言，"和合"指的是与父母亲人在生时的聚合，这一聚合在死后也能继续延续下去。虽然在世的人与逝去的亲人、先祖等有实质的别离，但在精神和情感上并未别离，仍然有着精神上的聚合。在这种聚合中，人与先祖能够相连，从而在根本上能加深人对自身的认识。这样便可以更好理解荀子所说的"先祖者，类之本也"（《荀子·礼论》）。

"和合"在《礼论》篇的出现并非偶然，与荀子对礼之功用的理解密切相关。不论是欢欣还是思慕，荀子认为都需要礼去规约和引导它们的进一步发展。"和合"作为人生中非常重要且必不可少的情感，是礼在制定中必定十分关注的。一方面，礼要通过恰当形式去表达人生活中的欢欣之情；另一方面，在生命的大变动中，礼也注重将人的欢乐以不同的形式进一步深化。如此，人情才得以完全、深入的长养。

二、乐合同

如果说荀子在《礼论》篇提出的"和合"概念主要还是从"合"的角度来突出人在生死层面上的"聚合""同一"，那么，该如何理解"和合"这一概念中"和"字的意义呢？对"和合"概念，荀子虽然仅在《礼论》

篇提到 1 次，但对"和"与"合"在《乐论》等篇中的分别论述，能为理解"和合"概念提供进一步说明。荀子将"和合"与"欢欣"放在一起讲，彰显了"和合"之义中所有的欢乐，此种欢乐是人必不可少的一种情感。情感的生发往往又会在人的声音、行为举止中表现出来，使得和合之乐更为凸显。此种"和合"之乐与荀子对音乐的理解密切相关：

> 夫乐者，乐也，人情之所必不免也，故人不能无乐。乐则必发于声音，形于动静，而人之道，声音、动静、性术之变尽是矣。故人不能不乐，乐则不能无形，形而不为道，则不能无乱。（《荀子·乐论》）

欢乐之情人人都有、不可缺少，且这种情感会在人的声音和行为举止上有进一步的体现。比如，人内心有欢乐之情，便会咏叹歌唱、手舞足蹈等。声乐就是对人的内心欢乐之情的一种外在抒发和表达。"且乐者，先王之所以饰喜也。"（《荀子·乐论》）对这种情感的表达，荀子认为需要人去导引。如果不加以导引，就容易导致乱的产生。"故乐者，所以导乐也。"（《荀子·乐论》）对于如何导引，荀子指出：

> 先王恶其乱也，故制《雅》、《颂》之声以道之，使其声足以乐而不流，使其文足以辨而不諰，使其曲直、繁省、廉肉、节奏足以感动人之善心，使夫邪汙之气无由得接焉。（《荀子·乐论》）

先王制定《雅》《颂》之乐对人进行导引，使得咏叹歌唱之声可以恰当展现人的欢乐，使得乐章清晰明白、通顺，使得声音、文辞在曲直、繁简、刚柔、节奏变化中可以感动人的善心。反之，如果不用如《雅》《颂》的正乐来引导人情，就会使人放纵欢乐之情、乐章窒碍不通，也不能使声音、文辞的变化感人善心。

音乐可抒发人的情感，也可通过外在的声或气对人的内在情感产生熏习或渗透作用。"凡奸声感人而逆气应之，逆气成象而乱生焉。正声感人而顺气应之，顺气成象而治生焉。唱和有应，善恶相象，故君子慎其所去就也。"(《荀子·乐论》)乐分奸声和正声：奸声如郑、卫之音，正声如《雅》《颂》之乐。如果用奸声来导引人的内心情感，那么人身就会有逆气、逆情产生，进而通过声音和行为表现出来，呈现出乱的景象；反之，则是顺气、顺情和治的景象的产生。因而，乐的选择对内在性情是非常重要的。乐之所以能导引性情的发展，是因为乐可以感动人心，通过人心对性情有所作用。荀子说：

> 生之所以然者谓之性。性之和所生，精合感应，不事而自然谓之性。性之好、恶、喜、怒、哀、乐谓之情。情然而心为之择谓之虑。心虑而能为之动谓之伪。虑积焉、能习焉而后成谓之伪。(《荀子·正名》)

在此，"和"与"合"分别出现，是"和合"概念在荀子性论思想中的进一步展现。荀子指出，性是人生来如此的东西，从阴阳之气自然相互"冲和"的角度来讲，人性也可称为精气之性①。精气之性通过耳目精灵等与外物"合遇"②。在合遇中，天官与万物有自然感应，从而目能视、耳能听；而作为天君的心能征知万物而生情，"说、故、喜、怒、哀、乐、爱、恶、欲以心异。心有征知。征知，则缘耳而知声可也，缘目而知形可也"(《荀子·正名》)。心可以令耳知物之声、令眼知物之形等；心知万物，进而或应之以好、喜之情，或应之以恶、怒之情等。这与《礼记·乐记》"物至知知，好恶形焉"的思路是一致的。具体到乐，如果人心感知奸声则内有邪情产生，人心感知正声则有顺情产生。人心发挥知的作用而能产生不同的

---

① "性之和所生"，依杨倞注，"和，阴阳冲和气也"，"言人之性，和气所生"。从"和气"的角度，物双松、冢田虎、王天海等学者将这种性理解为阴阳冲和而使人生而自然有的性。参见王天海：《荀子校释》下册，上海古籍出版社 2005 年版，第 885 页。
② "精合感应"，依照杨倞注，"精合，谓若耳目之精灵与见闻之物合也。感应，谓外物感心而来应也"。依冢田虎注，合即是"合遇"。"言人之精气与物合遇，而所以感应乎视听，乃是所生于性之和气，而不事之而自然者，亦谓之性也。"参见王先谦撰，沈啸寰、王星贤点校：《荀子集解》，中华书局 1988 年版，第 412 页；王天海：《荀子校释》下册，上海古籍出版社 2005 年版，第 885 页。

情，更为重要的是，人心还能对不同的情进行选择，即发挥思虑的作用去导引情的发展。为了使情最终合于善，心需要对于其所交接的乐声做出恰当选择。人心可以选择正乐，使情最终合于善。这就是所谓的正乐可以导引人走向"和齐"：

> 故听其《雅》、《颂》之声，而志意得广焉；执其干戚，习其俯仰屈伸，而容貌得庄焉；行其缀兆，要其节奏，而行列得正焉，进退得齐焉。故乐者，出所以征诛也，入所以揖让也。征诛揖让，其义一也。出所以征诛，则莫不听从；入所以揖让，则莫不从服。故乐者，天下之大齐也，中和之纪也，人情之所必不免也……乐中平则民和而不流，乐肃庄则民齐而不乱。民和齐则兵劲城固，故国不敢婴也。如是，则百姓莫不安其处，乐其乡，以至足其上矣。（《荀子·乐论》）

正乐可以导引人心向公，在行为举止上齐同于公道的追求，而不是仅仅关注于私欲的满足。如此，就能实现天下大同：君在外征诛讨伐，可以使民听从而归服；在内治国，民都能行揖让之礼而服从君的治理。不管是外民的归服还是国民的服从，不管是"和而不流"还是"齐而不乱"，都是指正声雅乐最后可以导人走向大公、大同和齐同，实现和齐之乐、齐同之乐。齐同之乐通过"合同"的方式达成，与"别异"的方式相对而言：

> 君子以钟鼓道志，以琴瑟乐心，动以干戚，饰以羽旄，从以磬管。故其清明象天，其广大象地，其俯仰周旋有似于四时。故乐行而志清，礼修而行成，耳目聪明，血气和平，移风易俗，天下皆宁，美善相乐。故曰：乐者，乐也。君子乐得其道，小人乐得其欲。以道制欲，则乐而不乱；以欲忘道，则惑而不乐。故乐者，所以道乐也。金石丝竹，所以道德也。乐行而民乡方矣。故乐者，治人之盛者也，而墨子非之。且乐也者，和之不可变者也；礼也者，理之不可易者也。乐合同，礼别异。（《荀子·乐论》）

在荀子看来，礼以"别异"的方式展现事物的清晰条理，从而依理可以调节人欲的不同；但音乐则是以调和、合同的方式，"乐也者，和之不可变者也"（《荀子·乐论》）。"和"即正声雅乐调和人心，所展现的是世间万物的和乐之景。如果没有正声雅乐的导引，人的内心就会流于私欲的追逐而放纵不止，行为举止不能得其同而为小人；"小人乐得其欲"，会使民风民俗也不能得大公、大同之善，从而失去真正的乐。如果有正声雅乐的导引，可使人志气清明、血气和平、欲望得其治，从而行为举止能得其正而成为君子；"君子乐得其道"，也会影响民风、民俗，使其一同行公道从而得其善。这便是声乐的合同导引功用带来的最大的欢乐，指向的是一种更广范围的和乐之境。在这种和乐境界中，荀子十分强调"和"与"同"的关系。《荀子·乐论》：

> 故乐在宗庙之中，君臣上下同听之，则莫不和敬；闺门之内，父子兄弟同听之，则莫不和亲；乡里族长之中，长少同听之，则莫不和顺。故乐者，审一以定和者也，比物以饰节者也，合奏以成文者也，足以率一道，足以治万变。

音乐有和同之功用，具体而言即是君臣同听（乐）以和敬、父子兄弟同听（乐）以和亲、乡里长少同听（乐）以和顺。不论是和敬、和亲还是和顺，都是在同听（乐）中可以达成的。从这个角度而言，"和"即"和同"。这与《尚书·泰誓》中对于"同心同德"思想的强调是一致的：君臣之间如果能同心同德、上下一心，那么国家就能得到好的治理。"审一以定和"意思是通过审查乐声的正邪，就可以知道民之和同是否可以达成。进一步地，这种和同功用的达成之方，在于乐的节奏之合，即"比物以饰节"和"合奏以成文"①。不管是通过协和不同的乐器以调整节奏，还是进一步协和声音节奏以成乐章，"和"在这里都主要是指"协和"，即协和不同之物以得

---

① 王天海指出："比物以饰节"意思是指"协合乐器以调整节奏"（依《乐记》郑注"以成文，五声八音克谐相应和"）；"节奏合以成文"即是"言其节奏协和以成乐章"的意思。王天海：《荀子校释》下册，上海古籍出版社 2005 年版，第 813 页。

其同。

总之，荀子在《乐论》中进一步推进了对"和合"意涵的探讨。"和"即调和人心以得其同；"合"即合同。（声）乐以调和、合同的方式使人合于公道，最终得和乐之境界。这种通过调和、合同人心而达成的乐是公道之乐，与合聚之欢相呼应。人因为与亲人生死相聚而得人生整全之乐；而公道之乐则是这种整全之乐在社会这一更广范围内的进一步展现。

三、群居和一之道

乐的功用是合同，礼则是别异。但礼别异的思想仍是以和合为最终目标。在这一和合目标中，重要的是人合群而能和睦相处。荀子十分强调"明分使群"（《荀子·富国》），但其中所追求的还是"群居和一之道"（《荀子·荣辱》）。

"合"在荀子指的是亲人家庭之间的聚合，放到更广意义上的社会自然来说，也可指人类的聚合，与自然中的其他生物比如草木禽兽的行为相对而言。正是从人类的合聚意义上而言，"合"也可指向"群"——合群。荀子认为"人生不能无群"（《荀子·王制》），正是因为群才使得人在自然中能与其他物种区别开来。"力不若牛，走不若马，而牛马为用，何也？曰：人能群，彼不能群也。"（《荀子·王制》）因为人能群，所以人在自然面前能够变得强大，从而能够使自然资源为我所用，维持人类的生存发展。

与"群"相对的则是"离"。如果人与人之间离居相处，那么在自然面前人就会变得很弱小："故人生不能无群，群而无分则争，争则乱，乱则离，离则弱，弱则不能胜物；故宫室不可得而居也，不可少顷舍礼义之谓也。"（《荀子·王制》）"离"会使人不能很好地利用自然资源以满足人的生活起居等基本自然需要，即会破坏人与自然之间的相互扶养之道。"离"不仅会破坏自然对人类的扶养，还会使人与人之间的相互扶养也遭到破坏。如果人与人之间离居相处，那么人与人之间便不能聚合在一起共同协作。没有协作，就无法满足人的种种生活需要，也不能使人与人相互帮助以共同面对自然和社会的灾难等。如此一来，人类自身的发展，尤其是长远意义的发展也就无法得到保障。正是在这个意义上，荀子明确指出"离居不相待则穷"（《荀子·富国》）。

人需要合群，但并不是指人简单地聚合、聚集在一起，其中还有特殊的意涵。如果仅仅是从聚集的角度而言，动物也有群。但人的群之所以能区别于动物的群，是因为人的合群中有"分"、有"义"：

> 人何以能群？曰：分。分何以能行？曰：义。故义以分则和，和则一，一则多力，多力则强，强则胜物，故宫室可得而居也。故序四时，裁万物，兼利天下，无它故焉，得之分义也。（《荀子·王制》）

通过制定礼义，群体中的人得到不同的角色、职能等，从而使得人与人之间有所分别。人遵守各自社会角色、职能等的要求并各司其职，进而使得人与人之间的角色和职能可以相互调和、调剂，并汇集成一股共同的、更大的社会力量。换言之，人通过礼义来使得人与人之间有了不同，但不同不是最终的目的，而是"和"、是"一"。人在群中能够各司其职、和睦相处，便可以化多人的力量为一，使彼此之间同心同德相互扶养，最终人人都能得到共同长远发展。荀子主张"和"与"一"，也就必然重视"合群"。在荀子，能做到合群的人才可称为君子。君子不仅能使人聚集、合聚在一起，还能使人人得以长养：

> 君子以德，小人以力。力者，德之役也。百姓之力，待之而后功；百姓之群，待之而后和；百姓之财，待之而后聚；百姓之势，待之而后安；百姓之寿，待之而后长。父子不得不亲，兄弟不得不顺，男女不得不欢，少者以长，老者以养。（《荀子·富国》）

真正意义上的合群，重视人与人之间的和睦相处，人人相互帮扶长养、共同富裕。君子能统合百姓之力，满足所有人的生活需求；能汇聚所有人的财富在一起，使民获得更多的财富；能聚集百姓在一起，使民众生活安定；能使人共同生活在一起，使人类得到更为长远的发展。这也是君主治理国家之道。"君者，何也？曰：能群也。"（《荀子·君道》）总之，不管是仕人、君子还是君主，都重视合群之道，使人与人能和睦相处。

人能合群，因为人本身就是"合"的代表。"水火有气而无生，草木有生而无知，禽兽有知而无义，人有气、有生、有知，亦且有义，故最为天下贵也。"（《荀子·王制》）人最为天下贵，是因为人既有水火的气，又有草木的生，还有禽兽的知，更有它们没有的义。气、生、知、义的结合，使人处于万物之中而能成为万物之总（《荀子·王制》）。人分不同的伦理角色、职能等，通过相互协作，人便能总括万事万物。"君者，善群也。群道当，则万物皆得其宜，六畜皆得其长，群生皆得其命。"（《荀子·王制》）正是因为君主懂得群居长养之道，所以人人都能得其养，甚至天下万物也能得到适宜的长养，这就是人与自然的相互扶养之道。通过群，一方面能满足人的各种生活需求；另一方面能使万物都能得到适宜的长养，从而人类与自然万物最终能和睦相处在一起。

正是从人与万物之间相互扶养的角度出发，荀子反复强调人的"群居和一之道"：

> 夫贵为天子，富有天下，是人情之所同欲也。然则从人之欲则势不能容，物不能赡也。故先王案为之制礼义以分之，使有贵贱之等，长幼之差，知愚、能不能之分，皆使人载其事而各得其宜，然后使悫禄多少厚薄之称，是夫群居和一之道也。（《荀子·荣辱》）

人有各种不同的生活需求和欲望，需要自然提供资源来满足，但同时万物自身也需要长养。从使人与自然万物能够相容的角度出发，人应该对人欲自身做出调节，具体方式是通过礼义的教化。先王制定礼义，以区别人与人之间的角色、地位、智能等，如此人便能在各自的角色、地位、能力范围内各行其是，各得其所。如此，人合群居住在一起且能和睦相处；而这种和睦使人既能从自然获取一定的资源满足生活需求，也能在调节自身的需求的同时使自然万物的生长各得其宜。这便是更广意义上的人与自然的和睦相处。"和一"既是人人和睦群居住在一起，也是人与万物和睦相处。

制礼义使人能合群且和睦相处，是"乐合同"功用的最终追求。荀子反复强调社会的治乱和礼乐密切相关。"乐者，圣人之所乐也，而可以善民心，其感人深，其移风易俗，故先王导之以礼乐而民和睦。"（《荀子·乐论》）圣人看重礼乐、正声，注重感化民心于善，通过礼乐而化民心、导民俗，才能使得民能够和睦相处。乐的功用在于合同，合同人心以得其同、得其公，从而民能够和睦安定的生活。这与制定礼义使人"群居和一"的最终目标是一致的。

"群居和一"是人的"欢欣和合"之情的全面展现。人人协和而居，从而使合乐得以实现。国家治理中，君与臣有不同的职分而能协和相处，使得君臣能和敬而合（群）一国；家庭中，父与子、兄弟等有不同的角色而能协和相处，使得父子、兄弟等能和亲而合（居）一家；乡里之中，长少各有辈分不同却也能协和相处，使得长少们能和顺而合（聚）一乡。同理，宗族管理中，人与先祖有很远的距离也能在思慕中协和相处，使得人与先祖能和敬而合（存）一类。不论是生死之合聚，还是协和不同声音以合同人心、制定礼义使人"群居和一"，都是从不同层次突出和合意涵中的欢欣快乐。生时的群居之道，就是协和聚居以得人与自然之和睦相处；死后的相聚之道，就是通过思慕得生死合聚之全。这种和睦与生死之全，使得和合内涵中的欢乐之情更为圆满地体现出来。

四、荀子和合思想的意义

和合在荀子既有"和"又有"合"。从"和"上说，"和合"即调和人心以得其同。具体到修身，（声）乐以调和、合同的方式使人心好公道而得和乐之境界；进一步从治世而论，和合即是"群居和一"：调和人与自然的关系，使人与人甚至与万物能合群居住，最后达到一种和谐、和睦相处的状态。从"合"的角度而言，"和合"主要是指合聚、联合。聚合不仅是指现实生活中多种不同事物会合在一起，更多是指向生死两隔后精神的联合、聚合。这体现了荀子在讲"合"时，不仅仅强调在场事物的相互交往，也注重强调与不在场事物的关联。死后对祖先的思慕，是对生时与父母合聚的状态进一步的拓展与抽象。在与先祖聚合中，人的自我同一达到源初意义上的完全与整合。

总之，荀子的"和合"既有对生的考虑，也有对死的理解；既有对个体人身修养的探讨，也有对整体人群之道的考量，是人生大乐中很重要的一面。因而，"和合"在荀子那里是一个有着全面和深层次内涵的概念。近些年，"和合"思想研究引起学界的广泛关注。对于荀子"和合"的基本意涵研究，既有助于进一步展现中国哲学中"和合"思想的丰富性，也能为推动"和合"思想在当今世界的发展提供一些新的启示。

"和合"在荀子思想中占有很重要的地位。荀子重视"和合"思想，与其对礼义思想的重视相辅相成。从人心引导方式而言，"和合"路向的凸显集中体现在乐教。荀子重视礼义，也重视乐教；乐教与礼义思想两者毕竟是相辅相成的。"且乐也者，和之不可变者也；礼也者，理之不可易者也。乐合同，礼别异，礼乐之统，管乎人心矣。"（《荀子·乐论》）乐重在以和同的方式感化人心，其优点是快速、深入①，且能直指欢乐和美的境界；礼则以明理的方式明心化性，其优点是能给出具体的方式（比如明分使群）指导人更有效地达成善。两者虽然方式、路向不同，但都是对人心的治理与引导所不可或缺的方面，相辅相成才能达到美善相乐的境界。

如此的和乐之道，使得"和合"概念也具有德性的意涵。以乐导心，人人同心协力于道，最后德性就可以彰显。这正是《国语·周语》中所说的"和同之道行，则德义可观也"。人人同心协力于道，最终获得的是一种大乐。在和合之乐中，荀子既强调修身意义上的生死两全之乐，也强调治国意义上的美善相乐，从而是一种整全、深远的人生之乐。

荀子"和合"思想的提出有其历史意义。不论是从"和"还是"合"，我们都可以看出荀子在"和合"概念中更加注重同的一面，体现了对"和合"概念的一种深入理解。在古代社会，"和合"概念有其丰富的内涵，既有对于"和而不同"的强调，比如《国语·郑语》史伯提出"夫和实生物，同则不继"；也有对于作为整体的"和同"的强调，这不应该被忽视。比

---

① 参见《荀子·乐论》："夫声乐之入人也深，其化人也速，故先王谨为之文。"

如，就在《国语·郑语》史伯讲"和实生物"句的前面，就阐发了合"和"与"同"为一的"和同"的思想，指出在异姓婚配、财富聚集、选拔人才、治国之策，都应追求和乐为一的"和同"景象，体现了对和同价值的肯定①。荀子继承这一"和同"思想，并且从修身和治世的角度分别对同的价值给予肯定。荀子既强调合同人心的状态，也强调人与万物和一的大同境界，从而使得"和合"概念中"同"的地位和意义得以进一步深化。

（原载《现代哲学》2019 年第 4 期；作者单位：

中国人民大学哲学院）

---

① 对于"和同"概念中"同"思想肯定的一面，不仅在《国语·郑语》中有体现，而且在《国语·周语》中也有体现。（参见向世陵：《"和合"义解》，载《和合大同与人类命运共同体学术研讨会会议论文集》，2017 年，第 50—58 页）

张载和合思想试析

李勇强

张载建构了自己思想的系统性，在其哲思体系中，暗含了和合思想，这是本文试图发明的内容。

张载承认，人类面临的世界是多样的，其明显特征是"不齐"：

> 人与动植之类已是大分不齐，于其类中又极有不齐。某尝谓天下之物无两个有相似者，虽则一件物亦有阴阳左右。譬之人一身中两手为相似，然而有左右，一手之中五指而复有长短，直至于毛发之类亦无有一相似。至如同父母之兄弟，不惟其心之不相似，以至声音形状亦莫有同者，以此见直无一同者。①

在张载看来，地球上的生灵中，人、动物、植物三大类的划分，已经显示了在"类"上的"不齐"，这是从种类的分野上所显现的，其明显表征是天下没有完全一样的事物。即便是同一个事物中，其组织结构也有阴阳、左右、长短之别。同父同母的兄弟，各自的想法不一，声音、容貌不一，可谓各异其趣、无　相同。

张载承认这个世界的"不齐""直无一同"，与此同时，又指出："造化所成，无一物相肖者，以是知万物虽多，其实一物；无无阴阳者，以是知天

---

① 张载：《张子语录·中》，《张载集》，中华书局1978年版，第322页。

地变化，二端而已。"① 换言之，天地万物的多样性之"多"背后是那个本质的"一"，即阴阳二气的和合，这里的二端，即事物内阴阳之类的异质性属性，阴阳二端的交集运动，使得"其实一物"造化出"无一物相肖"的纷繁世界。

张载发现这一"不齐"的多样性世界，本质上又呈现出"太和"的状态，对于这一整体和谐的奥妙，张载提出了"太虚即气"的学说加以解释。

> 太虚无形，气之本体，其聚其散，变化之客形尔。②
>
> 气之为物，散入无形，适得吾体；聚为有象，不失吾常。太虚不能无气，气不能聚而为万物，万物不能不散而为太虚。循是出入，是皆不得已而然也。③

在张载的世界图式中，世界的本源是"太虚"，太虚是无形无象的，有形有象的是气。气聚，则为万物；气散，则归于太虚。张载有时候又以"虚空"称"太虚"，对于太虚与气的关系，张载提出"虚空即气"的命题，此处的"即"，非"就是"之意，乃"不离"之意。太虚不离气，气不离太虚，二者不是割裂的二分，而是体用不二的，天然如此的。故张载说："知虚空即气，则有无、隐显、神化、性命通一无二，顾聚散、出入、形不形，能推本所从来，则深于易者也。"④ 在这段话中，张载明示，"虚空即气"的命题中，包含了一个动态和谐的世界，正是以太虚为体、以气为用的世界本体结构中，气与太虚分别呈现出有无、隐显、形不形等状态，气的运动以"神化"作用，最终达到天道性命的合一。如果说"太虚"指称的是表象为有形之气所构建世界的本体状态，那么，"太和"则指向气的"神化"作用所呈现的动态的和谐：

---

① 张载：《正蒙·太和篇》，《张载集》，中华书局1978年版，第10页。
② 张载：《正蒙·太和篇》，《张载集》，中华书局1978年版，第7页。
③ 张载：《正蒙·太和篇》，《张载集》，中华书局1978年版，第7页。
④ 张载：《正蒙·太和篇》，《张载集》，中华书局1978年版，第8页。

太和所谓道，中涵浮沈、升降、动静、相感之性，是生绚缊、相荡、胜负、屈伸之始。其来也几微易简，其究也广大坚固。起知于易者乾乎！效法于简者坤乎！散殊而可象为气，清通而不可象为神。不知野马、绚缊，不足谓之太和。①

在张载描述的"太和"状态中，包含上述一系列气的运动方式，正是这些运动化生了多样性的"不齐"中又"太和"的世界。此中的"野马"，即《庄子·逍遥游》中的"野马也，尘埃也，生物之以息相吹也。"野马，指天地间的游气。绚缊，出自《周易·系辞下》："天地绚缊，万物化醇。男女构精，万物化生。"孔颖达疏云："言天地无心，自然得一，唯二气绚缊，共相和会，万物感之变化而精醇也。"② 绚缊，即阴阳二气相互激荡交融的和合状态，正是二气的和合，化生了世界万物。

在张载以"虚空即气"这一命题所构建的世界图式中，一切运动变化的"太和"状态，基于阴阳二气的和合。

我们不妨进一步来梳理张载思想体系中所蕴含和合思想的具体表现。

一、和合之结构：一物两体与天参

张载以"一物两体"说和"天参"说，来解释"虚空即气"命题下所涵盖的天地万物体用和合的结构范式。

一物两体者，气也。一故神，两在故不测。两故化，推行于一。此天之所以参也。两不立则一不可见，一不可见则两之用息。两体者，虚实也，动静也，聚散也，清浊也，其究一而已。有两则有一，是太极也。若一则有两，有两亦一在，无两亦一在。然无两则安用一？不以太极，虚空而已，非天参也。③

①　张载：《正蒙·太和篇》，《张载集》，中华书局 1978 年版，第 7 页。
②　王弼注，孔颖达疏：《周易正义》，北京大学出版社 1999 年版，第 310 页。
③　张载：《横渠易说》，《张载集》，中华书局 1978 年版，第 234 页。

一物中有"两体"，这是气的分化所致，阴阳二气在相融相荡中，以内在的矛盾和张力的消长生息，而化生万物。"一故神"中的"一"，指的是"太虚"本体，太虚本体通过气的流行而将天道性命下贯于人和万物，从而显示出"神妙"的特性。两，即阴阳二气，二气的运动变幻莫测，其过程"神化"，一方面，气之聚，将太虚本体神妙于万物，另一方面，气之散，复归于太虚。气的外在运动也就成为"太虚"本体的流行与回归的动态过程，故说"推行于一"，即气的作用，不外乎太虚本体的外推与内敛的过程。没有"两"（即二气）的相推和流行，无形的太虚本体无法显现出其作用；太虚本体如果不外显于气化流行，二气也就没发挥其功用。朱熹云："'一故神，两故化。'两者，阴阳、消长、进退。两者，所以推行于一；一所以为两。'一不立，则两不可得而见；两不可见，则一之道息矣。'横渠此说极精。非一，则阴阳、消长无自而见；非阴阳、消长，则一亦不可得而见矣。"①

天参，也就是太虚与阴阳二气这一体用结构的和合整体，即形上形下的统一。牟宗三解读说："'一物'即太极、太虚神体之为圆为一，'两体'即昼夜、阴阳、虚实、动静等，此是属于气。而言'一物两体气也'是浑沦地言之，即'参和不偏'地言之，是表示太极太虚之不离气，即由太极两仪之统而为一以'即用见体'也，即气之通贯以见天德神体之'参和不偏'、'兼体无累'也，并非说太极、太虚、天德神体亦是气。"②

关于"两体"，张载解释为："两体者，虚实也，动静也，聚散也，清浊也，其究一而已。"显然，这里的"两体"，涵盖了太虚和气的本体和作用两方面，太虚有虚、静、清的特点，为本体；气有实、动、浊的特点，为质体或曰形体。"聚散"则是气的运动中所呈现的太虚与气和合一体的动态过程。张载强调，两体实则一体，即太虚和气是和合不二、体用一如、形上形下贯通的。

太虚之气，阴阳一物也，然而有两体，健顺而已。③

---

① 黎靖德编：《朱子语类》卷第九十八《张子之书一》，中华书局 2010 年版，第 2512 页。
② 牟宗三：《心体与性体》，上海古籍出版社 1999 年版，第 388 页。
③ 张载：《横渠易说》，《张载集》，中华书局 1978 年版，第 231 页。

在这里，张载的"两体"，同时指向了太虚之气所内含的两种对立的属性：健与顺，在《周易》的话语体系中，乾为阳、为健，坤为阴、为顺，而乾坤、阴阳、健顺，这一对立的内在要素的冲突与融合，又统一于一气之中，成为推动万物化生的内在动力。"游气纷扰，合而成质者，生人物之万殊；其阴阳两端循环不已者，立天地之大义。"① 张载的"两体"，在这里又具体化为阴阳两端，阳刚阴柔，交互激荡，"刚柔相推而生变化"，从而生成了整个世界。"天道不穷，寒暑也；众动不穷，屈伸也；鬼神之实，不越二端而已矣。"② 不论是天道运行所显现的寒暑对立，还是运动中所显现的屈与伸，都是统一体中的对立"二端"彼此互动的结果。

> 一物而两体，其太极之谓与！阴阳天道，象之成也；刚柔地道，法之效也；仁义人道，性之立也。三才两之，莫不有乾坤之道。③

《周易·系辞上》："是故易有太极，是生两仪。"《周易》的这一宇宙生成模式，成为张载"一物两体"说的思想渊源。从这里出发，张载进而提出了天参说。"地所以两，分刚柔男女而效之，法也；天所以参，一太极两仪而象之，性也。"④ 这里的参天、两地，源于《周易·说卦传》："昔者圣人之作《易》也，幽赞于神明而生蓍，参天两地而倚数，观变于阴阳而立卦，发挥于刚柔而生爻，和顺于道德而理于义，穷理尽性以至于命。"地数为两，为偶数，效法的是刚柔、男女之别。天数为三，为奇数，表征的是"易有太极，是生两仪"的统一体。

> 易一物而合三才：阴阳气也，而谓之天；刚柔质也，而谓之地；仁义德也，而谓之人。⑤

---

① 张载：《正蒙·太和篇》，《张载集》，中华书局1978年版，第9页。
② 张载：《正蒙·太和篇》，《张载集》，中华书局1978年版，第9页。
③ 张载：《正蒙·大易篇》，《张载集》，中华书局1978年版，第48页。
④ 张载：《正蒙·参两篇》，《张载集》，中华书局1978年版，第10页。
⑤ 张载：《正蒙·大易篇》，《张载集》，中华书局1978年版，第48页。

王夫之释云："才以成乎用者也。一物者，太和氤氲合同之体，含德而化光，其在气则为阴阳，在质则为刚柔，在生人之心，载其神理以善用，则为仁义，皆太极所有之才也。"①

张载的天参说，融会《周易》的三才之道，将天地人三才相贯通，从而把"一物两体"的物质结构、运动结构范式，上升到"天参说"的天道性命结构，也就是张载所说："阴阳、刚柔、仁义，所谓'性命之理'"。②

林乐昌谓："张载的最大贡献，就在于他强调地指明了阴阳与太极、两和一的三位一体式的存在。"③

张载一物两体说和天参说的内核，一方面诠释了"虚空即气"说所包含的太虚本体与阴阳二气的体用一如的宇宙结构，另一方面解释了这个三位一体式的统一体并非僵化静止的，而是在内在对立要素的互动和交融中，呈现出动态的和谐，即"太和"境界，而这一切，正好体现了"和合"一词所包含的内在矛盾冲突走向融合的意涵。

二、和合之生成：感通与神化

"无一物相肖"的缤纷世界何以达成"太和"的状态，这一和合之境何以生成？张载从《周易》中汲取了《咸》卦和《系辞》的思想资源。

《咸·彖》辞说："咸，感也。柔上而刚下，二气感应以相与，止而说，男下女，是以'亨利贞，取女吉'也。天地感而万物化生，圣人感人心而天下和平，观其所感而天地万物之情可见矣。"《周易·系辞上》："《易》无思也，无为也，寂然不动，感而遂通天下之故。"

张载以感通说来解释遵循"太和"之道的和合之生成。

> 无所不感者虚也，感即合也，咸也。以万物本一，故一能合异；以其能合异，故谓之感；若非有异则无合。天性，乾坤、阴阳也，二端故

---

① 王夫之：《张子正蒙注》卷五《大易篇》，中华书局 1975 年版，第 241 页。
② 张载：《横渠易说》，《张载集》，中华书局 1978 年版，第 235 页。
③ 庞朴：《一分为三论》，《庞朴学术思想文选》，上海古籍出版社 2013 年版，第 425 页。

有感，本一故能合。天地生万物，所受虽不同，皆无须臾之不感，所谓性即天道也。①

这段话包含了如下几层意思：

一是太虚无所不感，是性与天道的圆满状态。

二是天地之性，有乾坤、阴阳之二端，阴阳相感，化生万物。

三是天地万物，无时不感。万物所感，一则禀受天道性命，二则彼此相感及内在的阴阳交感。即张载所谓"感亦须待有物，有物则有感，无物则何所感！"②

四是有异方有感，无异则无感，物之不齐，属性有异，是感应的前提。

张载这里明确了和合之达成，在于异质之相感。阴阳之二端，既彼此对立，又阴中有阳、阳中有阴，相感相合，化生万物。正如《国语·郑语》所言："夫和实生物，同则不继。以他平他谓之和，故能丰长而物生之，若以同裨同，尽乃弃矣。故先王以土与金、木、水、火杂以成百物。"

张载多处强调同异相感，和"一物两体"说相表里。

物无孤立之理，非同异、屈伸、终始以发明之，则虽物非物也；事有始卒乃成，非同异、有无相感，则不见其成，不见其成则虽物非物，故一屈伸相感而利生焉。③

在张载看来，同异、有无相感是万物生成不可或缺的路径，正是在这一相感过程中，有空间上的屈伸，时间上的终始等感应轨迹，最终达臻《周易·系辞下》所说的"屈伸相感而利生"的效应。"感而后有通，不有两则无一。"④ 二端相感、同异相感，感而遂通，道通为一，从而圆成了一物两体的动态和合。

---

① 张载：《正蒙·乾称篇》，《张载集》，中华书局 1978 年版，第 63 页。
② 张载：《张子语录》，《张载集》，中华书局 1978 年版，第 313 页。
③ 张载：《正蒙·神化篇》，《张载集》，中华书局 1978 年版，第 18 页。
④ 张载：《正蒙·太和篇》，《张载集》，中华书局 1978 年版，第 9 页。

气本之虚则湛一无形，感而生则聚而有象。有象斯有对，对必反其为；有反斯有仇，仇必和而解。①

作为阴阳二气的本源，太虚本体是无形无象的，阴阳二气交感聚合而产生了有形有象的万物，万象万物产生后，自然与他物相对待，我者与他者因彼此差异而在彼此相感中出现相反相对的行为和现象，而这种异质化的冲突最终将归多于一，因为这种阴阳对立的运动是在太虚即气的统一体内展开的，而其归宿是太虚与阴阳二气的和合圆成。

张载提出了相感相通的几大路径：

感之道不一：或以同而感，圣人感人心以道，此是以同也；或以异而应，男女是也，二女同居则无感也；或以相悦而感，或以相畏而感，如虎先见犬，犬自不能去，犬若见虎则能避之；又如磁石引针，相应而感也。若以爱心而来者自相亲，以害心而来者相见容色自别。"圣人感人心而天下和平"，是风动之也；圣人老吾老以及人之老而人欲老其老，此是以事相感也。感如影响，无复先后，有动必感，咸感而应，故曰咸速也。②

张载提出的感应之道包括：

1. 以同而感：圣人感应天命之性，故以天道感人心。

2. 以异而感：如男女之间，阴阳相感相合。如果儿女同居，则无感无应。儿女同居出自《周易·睽》卦，睽卦兑下离上，火在泽上。兑为长女，离为中女。《象》曰："睽，火动而上，泽动而下，二女同居，其志不同行。"离为火，炎上；兑为泽，润下。故火泽不相交感。又两女同居，长成各奔夫家，故其志不同行。

3. 相悦而感：两情相悦，彼此相感。

---

① 张载：《正蒙·太和篇》，《张载集》，中华书局1978年版，第10页。
② 张载：《横渠易说·下经·咸》，《张载集》，中华书局1978年版，第125页。

4. 相畏而感：如犬见虎，因畏惧而感到恐慌。

5. 相应而感：磁石能吸针，物物相应而感。

值得一提的是，张载在强调以异而感的同时，却旨归于"以同而感"，正如张载从"一物两体"指向"天参"之说，最终在肯定人与天地万物的"不齐""直无一同""无一物相肖"的多样性之后，走向"其实一物"的统一性；从二端、两体的对立冲突和内在张力，走向圆融和谐的太和之境；从天地万物与芸芸众生的杂多感应，走向圣人所感的天道性命，从而实现天人合一，走向天地人三才的大和合。

> 天包载万物于内，所感所性，乾坤、阴阳二端而已，无内外之合，无耳目之引取，与人物蓑然异矣。人能尽性知天，不为蓑然起见则几矣。①

天所感所性，为阴阳二端之气性，为乾坤健顺之德性，是无内无外，遍在一切的。人物所感，因为通过耳目等感官的作用，而有内外之合，固所感之性，有天地之性与气质之性的分野。人只有通过穷理尽性知天的努力，方可实现对天性的圆满感应，而做到这一点，也就成就了圣人的功业。"有无一，内外合，庸圣同。此人心之所自来也。若圣人则不专以闻见为心，故能不专以闻见为用。"② 圣人之心，不以闻见为心，而以天地为心，人心、人性与天心、天性合一。

张载的圣人"以同而感"，彰显了他的阴阳和合、虚气和合、天地人三才和合思想背后的价值旨归：人心与天性天道的合一。

天道性命如何下贯于万物与人心？张载用"神化"二字概括了这一过程的神妙性。

> 一物两体者，气也。一故神，两在故不测。两故化，推行于一。此天之所以参也。③

---

① 张载：《正蒙·乾称篇》，《张载集》，中华书局 1978 年版，第 63 页。
② 张载：《正蒙·乾称篇》，《张载集》，中华书局 1978 年版，第 63 页。
③ 张载：《横渠易说》，《张载集》，中华书局 1978 年版，第 234 页。

　　一即太虚本体，其性为"神"，神者，伸也，即太虚本体所含摄的天性天命有下贯于人与万物的天然神妙的动能。张载说："动物本诸天，以呼吸为聚散之渐；植物本诸地，以阴阳升降为聚散之渐。物之初生，气日至而滋息；物生既盈，气日反而游散。至之谓神，以其伸也；反之为鬼，以其归也。"① 在这里，神的本义指气聚而化生万物这一过程中，太虚之气赋予万物的神妙动态。张岱年先生谓："张载所谓'神'，最易误解。这所谓神不是指宗教的人格神，也不是指人类的精神作用，而是指自然界中的微妙的变化作用。所以张载说：'天之不测谓神，神而有常谓天。'（《正蒙·天道》）这个神的观念源出于《易传》'阴阳不测之谓神'，'神也者，妙万物而为言者也'。所谓神指事物变化之内在的动力。"②

　　神，作为禀赋万物天性天德的天然动力，通过"两在"即阴阳二气的交感流行，阴阳相推而生变化，从而以神妙莫测的方式化育于人和万物，这就是"化"。朱熹云："言'两在'者，或在阴，或在阳，在阴时全体都是阴，在阳时全体都是阳。化是逐一挨将去底，一日复一日，一月复一月，节节挨将去，便成一年，这是化。"③

　　从张载对"变化"这一范畴的规定可知，"化"是一种渐进运动。张载说："变言其著，化言其渐。"④ 又说："'变则化'，由粗入精也；'化而裁之谓之变'，以著显微也。"⑤ 在张载看来，和合生成世界的达成，经由"神化"这一太虚本体与气化作用的体用和合，而展示给我们一种春风化雨般的神妙路径。

　　　气有阴阳，推行有渐为化，合一不测为神。其在人也，智义利用，
　　则神化之事备矣。德盛者穷神则智不足道，知化则义不足云。天之化也
　　运诸气，人之化也顺夫时；非气非时，则化之名何有？化之实何施？中

---

① 张载：《正蒙·神化篇》，《张载集》，中华书局1978年版，第18页。
② 张岱年：《关于张载的思想和著作》，《张载集》，中华书局1978年版，第3页。
③ 黎靖德编：《朱子语类》卷第九十八《张子之书一》，中华书局2010年版，第2512页。
④ 张载：《横渠易说》，《张载集》，中华书局1978年版，第198页。
⑤ 张载：《正蒙·神化篇》，《张载集》，中华书局1978年版，第16页。

庸曰"至诚为能化"，孟子曰"大而化之"，皆以其德合阴阳，与天地同流而无不通也。①

显然，张载并不满足于太虚与气的神化这一自天而人的单向度作用，在构建和合生成世界的同时，张载申言了和合意义世界的可能：阴阳相推为化，阴阳合一为神，太虚本体的外化与内敛，除了二气的流行与化育外，张载更赋予人的互动可能，即人心与天德的同一。如果说天性的流行化育依靠的是气的运动，人文化成则需要顺时而动，人之所顺，自然当顺天性、天命、天德，即《中庸》之至诚，孟子之"大而化之"，即圣。《孟子·尽心下》："充实而有光辉之谓大，大而化之之谓圣，圣而不可知之之谓神。"

神化者，天之良能，非人能。故大而位天德，则穷神知化。②

神化是天能而非人能，但人通过"大而位天德"，就能"穷神知化"，从而与天能之神化达成完满的互动。这里所谓"大"，即张载的大心说。"大其心则能体天下之物，物有未体，则心为有外。"③ 大其心，实则孟子所谓"尽心"，而"尽"，即扩而充之，《孟子·尽心上》："尽其心者，知其性也，知其性则知天矣。"就孟子而言，尽心的内容，为善、为诚，将善、诚扩充至极，即可谓之尽心。不过张载又说："大可为也，大而化不可为也，在熟而已。易谓'穷神知化'，乃德盛仁熟之致，非智力能强也。"④

张载之意，神化作为天能，不可人力取得，但人在崇德养德、德盛仁熟之际，德性与天性合一，亦可获得天德之位，进而自动接轨太虚神化的天之良能。所以，张载强调通过穷理尽性、穷神知化，而与天德合一："惟

---

① 张载：《正蒙·神化篇》，《张载集》，中华书局 1978 年版，第 16 页。
② 张载：《横渠易说·系辞下》，《张载集》，中华书局 1978 年版，第 219 页。
③ 张载：《正蒙·大心篇》，《张载集》，中华书局 1978 年版，第 24 页。
④ 张载：《正蒙·神化篇》，《张载集》，中华书局 1978 年版，第 17 页。

君子为能与时消息，顺性命、躬天德而诚行之也。"① "穷理尽性，则性天德，命天理。"② 关于天德的内涵，张载规定为"诚明所知乃天德良知"③，诚明，由诚而明或由明而诚，不论是天道下贯到人心，还是人心复归天性，都是张载和合天人的核心内涵。

综上所述，张载的和合思想，在"太虚即气"的体用和合的整体范式下，一物两体和天参说，阐述了天地万物和合一体、动态圆融之太和境界，这是张载构建的和合世界结构；感通与神化之说，则解释了和合世界的生成方式，进而提出了人类主动参与创造天地和合世界的可能和实践路径。从和合生成世界到和合意义世界的建构，张载给我们展示了一种神妙的天人合一的和合世界图景。

（本文为特约稿件；作者单位：中国人民大学孔子研究院）

---

① 张载：《正蒙·大易篇》，《张载集》，中华书局1978年版，第51页。
② 张载：《正蒙·诚明篇》，《张载集》，中华书局1978年版，第23页。
③ 张载：《正蒙·诚明篇》，《张载集》，中华书局1978年版，第20页。

《周易》阴阳观与和合文化论析

杨效雷　曾华东

《周易》以卜筮为外衣却富含哲学智慧和历史经验，指导人生决策以趋吉避凶，是上古巫史文化的百科全书。李学勤先生倡言："国学的主流是儒学，儒学的核心是经学，经学的冠冕是易学。"[1]《庄子·天下》云："《易》以道阴阳。"可谓对《周易》核心思想的精到概括。天人观、阴阳观、尚中观，是《周易》三大核心观念，然而，《周易》阴阳观具体包括哪些方面，未见前人明确总结。和合文化是学界研究热点之一，自张立文先生将和合文化上升到"世纪之交的文化战略"[2] 高度后，每年都有数十篇乃至上百篇相关论文发表，但从《周易》角度研究者罕见。本文将《周易》阴阳观总结为三：阴阳交易观、阴阳分判观、尊阳抑阴观，将和合文化的特点概括为三：同一性、差异性、主导性，在此基础之上，首次系统揭示《易》学与和合文化之关联。因属初步探讨，不妥之处，祈请方家指正。

一、《周易》阴阳交易观与和合文化同一性

《周易·系辞传》中说："一阴一阳之谓道。"《周易》之"易"的内涵之一，便是"交易"。孤阴不生，独阳不长，故"一阴一阳之谓道"。《周易》向人们揭示此阴阳对立统一之道，故名"易"。朱熹说："周，代名也。

---

[1] 李学勤：《经学的冠冕是〈易〉学》，《光明日报》2014 年 8 月 5 日。
[2] 张立文：《世纪之交的文化战略的构想——和合学概论自序》，《中华文化论坛》1995 年第 3 期。

易，书名也。其卦本伏羲所画，有交易、变易之义，故谓之易。"① 阴阳交易感通，对立统一的矛盾运动，是事物发生、发展的动因。《周易·序卦传》中说："有天地然后有万物。"《周易·象辞传》中说："天地不交而万物不通也。"又说："天地不交而万物不兴。"

在《易》学吉凶占卜体系中，阴阳爻之变易，往往带来吉凶之转化。从卦名上看，阴阳贯通交易则吉，反之则凶。如，《泰》卦上卦为坤，下卦为乾，坤为地，乾为天，地气重浊而下降，天气轻清而上扬，天地之气相交易，故卦名为泰；《否》卦卦象与《泰》卦相反，天、地之气不相交易，故卦名为《否》。再如，《既济》卦上卦为坎，下卦为离，坎为水，离为火，坎水往下，离火往上，水、火之气相交易，故卦名《既济》；《未济》卦卦象与《既济》卦相反，水、火之气不相交易，故卦名《未济》。又如，《睽》卦上卦为离，下卦为兑，离为火，兑为泽，离火上炎，兑泽下流，方向不一致，故卦名为《睽》；《同人》卦上卦为乾，下卦为离，乾天之气轻清而上扬，离火亦上炎，方向一致，故卦名《同人》。

和合文化是中华民族的文化特质。程思远先生曾说："和合是中华民族独创的哲学概念和文化概念。尽管国外也讲和平、和谐，也讲联合、合作，但是，把'和'与'合'两个概念联用，是中华民族的创造。"② 在《二论世代弘扬中华和合文化精神》一文中，程思远先生又说："如果有人提出，今天我们为什么不能沿用世界通用的和平、和谐或合作、联合概念，而一定要提出和合概念与和合文化并加以弘扬呢？我的回答是，越是民族的，就越是世界的；越是具有中国特色的独特的文化精神财富，就越是能够产生世界性的普遍意义。况且，和合概念与和合文化确实比目前世界通用的和平、和谐或合作、联合等概念更深一层次并更具包容性，为什么不值得我们加以弘扬呢？我要大声疾呼，我们一定要珍惜中华民族创造的中华和合文化这一宝

---

① 朱熹：《周易本义》卷 1，宋咸淳元年吴革刻本，中国国家图书馆藏，全 1 函 6 册，第 1 册，第 1 页。

② 程思远：《世代弘扬中华和合文化精神——为中华和合文化弘扬工程而作》，《光明日报》1997 年 6 月 28 日。

贵的精神财富。"① 程思远先生指出，和合文化与和谐文化是两个不同的概念，但未明确总结概括两者之区别。我们认为，和合文化的确如程思远先生所说，内涵更丰富，层次更多，至少可分三个层面：同一性、差异性、主导性。

和合文化的基本特性之一，便是同一性。同一性首先表现为矛盾双方相互依存，其次表现为矛盾双方相互贯通、相互转化。在《易》学史上，王夫之曾提出"乾坤并建"的命题。他说："纯乾纯坤，未有易也，而相峙以并立，则易之道在。"② 又说："《周易》并建乾坤以为首，而显其相错之妙。"③ 王夫之的"乾坤并建"说，被视为王夫之《易》学思想之主干。如朱伯崑先生说："由于王夫之主'《易》之全体在象'，视卦象为其占学的依据，他进而探讨了八卦和六十四卦卦象的逻辑结构以及六十四卦象形成的法则，提出'乾坤并建'说，作为其《易》学及其哲学的纲领。"④ 廖名春先生说："乾坤并建，统宗全《易》，是船山《易》学的出发点与归宿点，在他全部有关著作中，他始终坚持把这一理论作为自己解《易》的最基本原则，并对之进行了反复详尽的解说与阐发。"⑤ 有学者认为，王夫之提出"乾坤并建"是为了反对"阳尊阴卑""阳主阴从"。其实不然。如前所述，《易》学阴阳观由三部分有机组成：阴阳交易观、阴阳分判观、尊阳抑阴观。"乾坤并建"属阴阳交易观。提出"乾坤并建"并不意味着否定"尊乾阳，抑坤阴"。如，诠释《乾》卦时，王夫之说："德不先刚，则去欲不净；治不先刚，则远佞不速。"⑥ 诠释《坤》卦时，他说："以阴柔为先，则欲胜理，物丧志，而迷；以阴柔为后，得阳刚为主而从之，则合义而利。"⑦

---

① 程思远：《二论世代弘扬中华和合文化精神》，载《中华文化论坛》1998 年第 1 期。
② 王夫之：《周易内传》卷 1，载《续修四库全书》第 18 册，上海古籍出版社 2002 年版，第 18 页。
③ 王夫之：《周易外传》卷 5，载《续修四库全书》第 18 册，上海古籍出版社 2002 年版，第 371 页。
④ 朱伯崑：《易学哲学史》第四卷，昆仑出版社 2005 年版，第 68—69 页。
⑤ 廖名春、康学伟、梁韦弦：《周易研究史》，湖南出版社 1991 年版，第 333 页。
⑥ 王夫之：《周易外传》卷 1，《续修四库全书》第 18 册，上海古籍出版社 2002 年版，第 300 页。
⑦ 王夫之：《周易内传》卷 1，《续修四库全书》第 18 册，上海古籍出版社 2002 年版，第 34 页。

西周末年，史伯在与郑桓公谈论西周国政时，说："夫和实生物，同则不继。以它平它谓之和，故能丰长而物生之。若以同裨同，尽乃弃矣。故先王以土与金、木、水、火杂以成百物。"韦昭注："阴阳和而万物生。同，同气也。谓阴阳相生，异味相和也。土气和而物生之，国家和而民附之。裨，益也。同者，谓若以水益水。尽乃弃之，无所成也。杂，合也。成百物，谓若铸冶煎亨之属。"① 相同性质的事物在一起无法生成新事物，只有不同性质的事物在一起才能生成新事物。《礼记·学记》："独学而无友，则孤陋而寡闻。"《周易·兑卦·大象》辞："丽泽兑，君子以朋友讲习。"以上与《周易》阴阳交易观皆相契合。

二、《周易》阴阳分判观与和合文化差异性

《周易》既强调阴阳交易，同时也重视阴阳分判，即"阴阳各归其类"。阴阳交易强调矛盾双方的同一性，阴阳分判则强调矛盾双方的相对独立性、差异性。《周易·系辞传》中说："乾道成男，坤道成女。"又说："方以类聚，物以群分。"《周易·象辞传》中说："同人，君子以类族辨物。"《周易·文言传》中说："同声相应，同气相求。水流湿，火就燥，云从龙，风从虎，圣人作而万物觌。本乎天者亲上，本乎地者亲下，则各从其类也。"程颐"同德相应"之说本此而发。在《周易》象数体系中，一般来说，阴爻与阳爻相应主吉，反之主凶，但有时阳爻与阳爻相应也主吉，程颐称之为"同德相应"。如，《乾》卦九二、九五爻辞皆有"利见大人"之文，九二利见之大人指九五，九五利见之大人指九二，对此，程颐说："乾坤纯体，不分刚柔，而以同德相应。"②

在六十四卦错综图中，类阳之卦一般皆居奇数位，类阴之卦一般皆居偶数位。③ 在纳甲筮法中，乾、震、坎、艮（一父三男）只纳奇数位的干支，坤、巽、离、兑（一母三女）只纳偶数位的干支。《乾》卦六爻自下而上，

---

① 韦昭注：《国语》第4册卷16《郑语》，宋刻宋元递修本，中国国家图书馆藏，第5页。
② 梁韦弦：《〈程氏易传〉导读》，齐鲁书社2003年版，第52页。
③ 参见李尚信：《卦序与解卦理路》，巴蜀书社2008年版，第23页。

分别纳甲子、甲寅、甲辰、壬午、壬申、壬戌；《震》卦六爻自下而上，分别纳庚子、庚寅、庚辰、庚午、庚申、庚戌；《坎》卦六爻自下而上，分别纳戊寅、戊辰、戊午、戊申、戊戌、戊子；《艮》卦六爻自下而上，分别纳丙辰、丙午、丙申、丙戌、丙子、丙寅；《坤》卦六爻自下而上，分别纳乙未、乙巳、乙卯、癸丑、癸亥、癸酉；《巽》卦六爻自下而上，分别纳辛丑、辛亥、辛酉、辛未、辛巳、辛卯；《离》卦六爻自下而上，分别纳己卯、己丑、己亥、己酉、己未、己巳；《兑》卦六爻自下而上，分别纳丁巳、丁卯、丁丑、丁亥、丁酉、丁未。以上也都反映了《周易》阴阳分判观。

阴阳交易与阴阳分判是辩证统一的关系。阴阳分判，言其异也；阴阳交易，言其同也。《周易·象辞传》中说："君子以同而异。"荀悦说："《易》曰'有天道焉，有地道焉，有人道焉'，言其异也；兼三才而两之，言其同也。故天人之道有同有异。"① 中国传统的礼乐文化就反映了"同而异"的《周易》思想。《礼记·乐记》："乐者为同，礼者为异。""乐者，天地之和也；礼者，天地之序也。"

和合文化范畴中"和合"指有差异的统一。"和合不仅是指'正相反对'的两个方面在统一性或同一性基础上的有机结合，而且是指诸多差分要素的统一，即多样性的统一。"② "和合，是指不同的元素或要素联系汇聚在事物的整体系统中。它是以元素或要素的不同即差异、矛盾乃至斗争为前提和内容的。"③《周易》阴阳分判观正反映了这种有差异的多元一体的和合文化的精髓。重视有差异的统一，不仅是正确处理国际关系、民族关系的行为准则和价值标准，而且是"差异教学评价"的理论依据。南京师范大学教育学博士孙玲说："和合视野下，评价的差异性要求保证评价标准的适度弹性。适度的弹性指的是评价标准既不表现出太多的随意性，又不囿于已制定好的评价标准走向僵化。既坚持客观的标准，保证学生对知识的准确理

---

① 荀悦：《前汉纪·高后纪》，载《四库全书》第 303 册，上海古籍出版社 1987 年版，第 253 页。
② 左亚文：《论中华和合思想的时代价值》，《江汉论坛》2007 年第 2 期，第 17 页。
③ 程思远：《二论世代弘扬中华和合文化精神》，《中华文化论坛》1998 年第 1 期，第 31 页。

解，又尊重知识的多样性和学生认识的个体差异。鼓励学生的个性化理解、感受和体验，特别是对于那些尚未有定论的开放的不确定的问题。"① 这里，说的就是一个和合差异性包容的范例。同时，我们也看到：《周易》阴阳分判观与和合文化差异性对称存在及其同属中国传统文化范畴相关的可能性。

三、《周易》尊阳抑阴观与和合文化主导性

《周易》在阴阳交易和阴阳分判的辩证关系下，虽然肯定阴、阳两方缺一不可，但是以阳刚一方为主。如，《乾卦·彖》曰"大哉乾元，万物资始，乃统天"，《坤卦·彖》曰"至哉坤元，万物资生，乃顺承天"。乾坤并建，缺一不可，但《乾卦·彖》言"统"，《坤卦·彖》言"承"，主次轻重关系十分明显。《周易·系辞上》"天尊地卑，乾坤定矣"，直陈尊卑关系。《易传》以阳为大，阴为小，阳比君子，阴比小人。《泰》卦卦辞"小往大来"，《象传》："内阳而外阴，内健而外顺，内君子而外小人，君子道长，小人道消也。"《泰》☰☷内卦为阳，外卦为阴，由外而内称"来"，由内而外称"往"，故云"小往大来"；"小"比小人，"大"比君子，故云"君子道长，小人道消"。《否》卦卦象和《泰》卦相反，故卦辞云"大往小来"，《象》曰"内阴而外阳，内柔而外刚，内小人而外君子，小人道长，君子道消也"。《周易》卦序乾前坤后，坎前离后，震艮前、巽兑后等，也都是《周易》"尊阳抑阴"观的体现。

《周易》"尊阳抑阴"观为后世所继承。宋儒朱熹说："虽是一阴一阳，《易》中之辞，大抵阳吉而阴凶。"② 又说："《易》则是个尊阳抑阴，进君子而退小人，明消长盈虚之理。"③ 据元儒吴澄"卦统说"，少、长二男合中男，少、长二女合中女之卦，男合男者（如《屯》卦、《蒙》卦）居上篇，女合女者（如《革》卦、《鼎》卦）居下篇；三男合父、三女合母之

---

① 孙玲：《差异教学评价——基于和合文化精神的观点》，南京师范大学 2011 年博士学位论文，第 63 页。
② 黎靖德编：《朱子语类》卷 65，载《四库全书》第 701 册，第 317 页。
③ 朱鉴编：《文公易说》卷 18，载《四库全书》第 18 册，第 788 页。

卦，男合父者（如《需》卦、《讼》卦、《无妄》卦、《大畜》卦）居上篇，女合母者（如《晋》卦、《明夷》卦、《萃》卦、《升》卦）居下篇；二阳、二阴之卦，二阳者（如《临》卦）居上篇，二阴者（如《遁》卦）居下篇；一阳、一阴之卦，一阳者（如《复》卦）居上篇，一阴者（如《姤》卦）居下篇。以上都反映了《周易》"尊阳抑阴"观。①

阴阳交易观强调同一性，阴阳分判观强调差异性，尊阳抑阴观则强调主导性。《周易》和合思想的特征之一，"是主张阴阳有等次的和合"②。恩格斯说："唯物史观是以一定历史时期的物质经济生活条件来说明一切历史事件和观念、一切政治、哲学和宗教的。"③《周易》和合思想的主导性是周代社会的等级制度在意识形态领域的反映，其时代、阶级局限性是不言而喻的，但是，如果我们剥离其时代、阶级外衣，抽象承传之，则可发现其合理内核，那便是：在和合体内部不是不分主次轻重的，而是有主导的，应以积极、向上、光明的正能量为主导。张克宾先生说："'尊阳抑阴'既是以生生为本的宇宙观的体现，也是崇尚君子、贬斥小人的价值观的投影。"④ 笔者深以为然。

综上所述，《周易》阴阳观包括阴阳交易、阴阳分判、尊阳抑阴三个有机组成部分。"和合文化"的特性可总结概括为同一性、差异性、主导性。《周易》阴阳交易观强调同一性，阴阳分判观强调差异性，尊阳抑阴观则强调主导性。阴阳交易观与"和合文化"强调交流互鉴的内涵相契合，阴阳分判观与"和合文化"尊重差异性的内涵相契合，尊阳抑阴观则与"和合文化"的主导性内涵相契合。"天地和合则美，万物和合则生，人身和合则康，人人和合则善，心灵和合则静，家庭和合则兴，社会和合则安，国家和合则强，世界和合则宁，文明和合则谐。"⑤ 和合文化既是目的论，又是方法论；既是价值观，又是宇宙观。植根于《易》学文化基因的和合文化必

---

① 参见杨效雷：《吴澄的卦统、卦主、卦变说》，《周易研究》2012 年第 5 期。
② 陈恩林：《论〈易传〉的和合思想》，《吉林大学社会科学学报》2004 年第 1 期，第 109 页。
③ 《马克思恩格斯选集》第 3 卷，人民出版社 1995 年版，第 209 页。
④ 张克宾：《因象以明理：论程颐易学的"卦才"说》，《中国哲学史》2015 年第 1 期。
⑤ 张立文：《和合与对话》，载《第四届寒山寺文化论坛国际和合文化大会论文集》，上海三联书店 2011 年版，第 3 页。

将在世界文化发展潮流中起到其应有的重要作用。立足于中国古代逻辑的本土特点，《周易》阴阳观是中国传统推类逻辑的基本前提之一。本文对基于广义论证的中国古代逻辑研究，或亦有所裨益。①

（原载《周易研究》2017 年第 5 期；作者单位：天津师范大学历史文化学院、南昌大学政治学院）

---

① 参见鞠实儿、何杨：《基于广义论证的中国古代逻辑研究》，《哲学研究》2014 年第 1 期。

《道德经》中蕴含的人与自然的和合思想

白言笑　张铁军

现实世界中两大基本而且最为重要的关系包括人与自然形成的生态关系、人与人之间组成的社会关系。人与自然的生态关系是一个经久不衰的话题，这对关系更是现实世界中不可忽视的十分重要的关系。人与自然之间是相互联系、相互制约的关系，可以说人类一切的生产、生活活动都是围绕处理这二者之间的关系展开的。自然环境是人类生产活动和生活活动的物质基础。人类在任何时候都不可能脱离自然提供的物质资料而存活下去，积极借鉴和汲取《道德经》中人与自然的和合思想，树立顺应自然、尊重自然、崇敬自然的生态理念，在不破坏生态平衡的基础上运用合理适度的手段开发利用自然资源，与自然界建立一种和谐相处、同存共生的关系。

一、树立以柔克刚的辩证思想

科技的进步，对自然的探索使人类在改造自然的过程中取得了不小的成就，人类因此感到自豪，张扬了自身能力，实现了自我价值，但是，这些成就并不意味着人类征服了自然，成为自然的主宰，挣脱了自然对人类的束缚，因此，人类对自然的所谓战胜或胜利只是短暂的荣耀，是不可取的。人类通过改造自然获得的所有成就，都是在有意识或是无意识地遵循着自然规律的发展轨迹，并不是战胜自然的结果。道家不但肯定人自身的价值，而且也认为人类在自然界中有正确的定位，人不是自然的主宰者和征服者，自然界不是任人宰割的对象，而是有其自身的客观发展规律，人与自然是相互关联、相互依存的关系。人要立足于天地之间，就必须遵循道家所讲的天与人不相胜、天人合一的思想。因此，我们首先要在观念上改变长此以来形成的征服自然、战胜自然的人类中心主义观念，改变长此以往形成的自然的主宰者姿态，进而实现人与自然和谐相处。事实上，人类取得的这些看似耀眼的成就往往是以对自然的掠夺，生态的破坏为代价换取的，埋下了生态隐患，最终会招致自然的报复。恩格斯就此告诫我们说："我们不要过分陶醉于我们对自然界的胜利，对于每一次这样的胜利，自然界都对我们进行报复。每一次胜利，起初确实取得了预期的结果，但是往后和再往后却发生不同的、出乎意料的影响，常常把最初结果又消除了。"① 恩格斯的这番话绝非危言耸听，时至今日，在人类对自然界的野蛮掠夺和疯狂攫取下，自然环境不断恶化，人与自然的关系日趋紧张。例如，频繁发生的自然灾害、日趋枯竭的矿产资源以及全球气候变暖等，这都是自然对人进行报复的征兆。由此可知，回归自然和人类的本真状态，做到返璞归真，是当前实现人与自然和谐相处的关键所在。

老子曰："将欲歙之，必固张之；将欲弱之，必固强之；将欲废之，必固兴之；将欲夺之，必固与之。是谓微明。柔弱胜刚强。鱼不可脱于渊，国之利器不可以示人。"②（《道德经·三十六章》）这一章里主要阐述了老子关于矛盾双方相互转化的辩证法思想，例如，"物极必反""盛极而衰"等等。意思都是说，任何事物的性质如果发展到极端，会向相反方向转化。这些构成了自然界运动变化的基本规律，即"祸兮，福之所倚；福兮，祸之所伏"③。这种观点贯穿于《道德经》全书。

从这一章的内容看，主要讲了事物的双重性和矛盾转化的辩证关系。在事物发展的过程中，都会走到某一个极限，此时，它必然会向相反的方向变化，本章的前八句是老子对于事态发展的具体分析，体现了老子的辩证法思想。本章所讲的"合"与"张""弱"与"强""废"与"兴""取"与"与"这四对矛盾的对立统一体中，老子偏重居于柔弱的一面，得出了"柔

---

① 《马克思恩格斯选集》第 4 卷，人民出版社 1985 年版，第 383 页。
② 老子：《道德经》，吉林大学出版社 2010 年版，第 71 页。
③ 老子：《道德经》，吉林大学出版社 2010 年版，第 112 页。

弱胜刚强"的结论。① "人之生也柔弱，其死也刚强。……故坚强者死之徒，柔弱者生之徒。……强大处下，柔弱处上。"② 由此可见，天下万事万物，无不以坚强为死之徒，柔弱为生之徒也。③ 老子强烈反对刚强，他倡导柔弱、谦虚、卑下。这就是人与自然的相处之道，在自然面前，人类永远是弱小谦卑的，人类应该放低姿态，顺应自然规律，遵循"坚强处下，柔弱处上"的准则，永远以柔弱自处，做到尊重自然、崇尚自然，而不是妄图掌控自然，对自然界发号施令。如果在客观条件下本身处于强势地位，则要向下抑之，知其坚强，守其柔弱。犯之，则难以持久，就是自取灭亡。

二、清静平和——促进和谐发展

"和"是中国传统文化的基本精神和显著特征。在中国古代，和谐思想是包含在"和"的范畴之中的，其含义十分丰富，揭示出了事物多样性、差异性的辩证统一，构成了中国传统文化的最高境界。④《道德经》中所蕴含的天人和谐、身心和谐、人际和谐等方面的和合思想对于构建和谐社会，促进社会和谐发展有着重要的借鉴意义和指导作用。

事物变化所遵循的自然规律，老子把它们叫作"常"。老子告诫我们说："复命曰常，知常曰明。不知常，妄作，凶。"⑤ 我们应该遵循自然规律，根据规律来指导个人行动。老子把这叫作"袭明"。人"袭明"的通则是，想要得到某些东西，就要从它的反面着手；想要保持什么东西，就要容纳一些与之相悖的东西。道家的中心问题本来就是全生避害，躲开人生的危险。老子在对待人与自然的关系时，倾向于退避无争，无为而治，人与自然之间要建立一种亲和关系。

---

① 参见冯友兰：《中国哲学简史》，北京大学出版社 2013 年版，第 97 页。
② 老子：《道德经》，吉林大学出版社 2010 年版，第 144 页。
③ 参见黄元吉：《道德经注释》，中华书局 2012 年版，第 324 页。
④ 参见周旋：《从老子〈道德经〉中的"自然辩证法"看人与自然的关系》，《辽宁教育行政学院学报》2009 年第 3 期。
⑤ 老子：《道德经》，吉林大学出版社 2010 年版，第 32 页。

老子对比了"天之道"和"人之道"，认为"人之道"应该效仿"天之道"，流露出一种朦胧的、模糊的平等与均衡的人与自然的关系。"天之道，其犹张弓与？高者抑之，下者举之；有余者损之，不足者补之。天之道，损有余而补不足。人之道则不然，损不足以奉有余。"① 在本章中，老子把自然界保持生态平衡的现象归之于"损有余而补不足"。老子将天道比作拉弓射箭，意在表明，自然大道有余而益谦，也就是说大道对满的、强的损之，对谦的、弱的益之，始终保持中和。宇宙万物的自然之道之所以能够冲气为和，周行不殆，与这条规律发挥的作用密不可分。因此，老子要求人类社会也改变这种"损不足以奉有余"的不合理、不平等的现状，这体现了老子尊重自然的观念和清静平和的心态。自然之道如此，可是人类却与之恰恰相反，肆意妄为。物质财富已经十分丰富但却更贪恋物质层面的满足，越有权利追求权利之心就越膨胀，贪婪的欲望变得无止境。穷者愈穷，富者愈富，贫富差距扩大，社会矛盾尖锐，促进社会和谐发展，呼唤"清静平和"之心回归已迫在眉睫。

老子《道德经》中表达的思想代表了他个人悟道的心得体会，其中在人生的社会实践和具体作为方面，提出了"三宝"之说。老子的三宝是："一曰慈，二曰俭，三曰不敢为天下先。"② 老子的第一宝是慈。慈代表母性的特质，是"无为"的另一种表述，包含有柔和、爱惜之意。譬如母亲的爱称为慈爱。为什么把"道"比喻成母亲呢？因为万物皆来自"道"。③ 所谓"道生一，一生二，二生三，三生万物。"④ 道生出万物，所以是万物的母亲，能够包容关怀一切，所以用慈爱来表现。⑤ 自然界以同样的方式来对待人类，人类社会生存和发展所需的一切都是自然界给予的，是人类社会赖以生存和发展的外部环境和条件，因此必须追求人与自然的和谐，换言之即追求天人合一，质言之即处理好人与自然的关系。老子的第二宝是"俭"。

---

① 老子：《道德经》，吉林大学出版社 2010 年版，第 145 页。
② 老子：《道德经》，吉林大学出版社 2010 年版，第 129 页。
③ 参见冯友兰：《中国哲学简史》，北京大学出版社 2013 年版，第 95 页。
④ 老子：《道德经》，吉林大学出版社 2010 年版，第 82 页。
⑤ 参见傅佩荣：《哲学与人生》，上海三联书店 2008 年版，第 217 页。

"俭"的内涵有两层：一是节俭、吝惜；二是收敛、克制，也可以说"俭"是对待物质的一种态度。"慈"从"道"而来，因为"道"是万物的母亲，所以"慈"是一种普遍的关怀和同情，"俭"则是我们对待自然的态度。它要求人类在消耗自然界的能量和资源时不但要有节约意识，要懂得节约人力、物力，而且还要聚敛精神、积蓄能量、等待时机，这样才能实现天人和谐，促进人类社会的可持续发展。老子的第三宝是"不敢为天下先"。"不敢为天下先"也有两层涵义：一是不争、谦让；二是退守、居下。"慈""俭""不敢"是老子对待自然的态度。对自然以慈爱之心，要俭啬自然而不尽用，不凌驾于自然，要像水一样"利万物"①"衣养万物"②，这是人与自然和谐共处的动力。③

和谐思想对建立生态哲学，实现可持续发展具有重要价值。老子把大自然看成是一个有机的整体，强调天、地、人三者的和谐关系，认为人与自然的关系中两者是统一体，认为自然界是一大天地，人是一小天地，视天人一体，强调人与自然不可分割，追求天、地、人的整体和谐。老子主张对万物和人类都应有一种慈爱的情怀，使天、地、人之间维持着一种祥和的状态。认为万事万物的存在、变化和维持都是由于阴、阳对立双方的依存和协调，而阴阳和谐的状态则称为"和"。古代的先哲深刻地洞悉到万物之间存在着内在的必然的本质联系，有其自身秩序和自身规律。人类必须尊重自然规律和自然万物，做到"人道"和"天道"相符合。

三、天人合一——建设生态文明

人与自然的关系，中国传统哲学又称作"天人"关系，是中国传统文化极为重要的一个方面。中国传统文化强调的是人与自然的亲和与协调，希望达到"天人合一"的文明形态。"天人合一"这一命题有三层意涵：天人

---

① 老子：《道德经》，吉林大学出版社 2010 年版，第 16 页。
② 老子：《道德经》，吉林大学出版社 2010 年版，第 67 页。
③ 参见孙勇才：《天人合一：人与自然和谐的文化意涵》，《东南大学学报》（哲学社会科学版）2008 年第 3 期。

合于天；天人合于人；天人合于非天、非人的某物，如道。道家的"天人合一"论是天人合于道，一者，道也，自然也。道家的"天"是不同于"人为"的"自然之天"，是本真的自然状态。在道家看来，人是自然万物的一部分，人的存在和发展也是顺应自然的过程。"天人合一"不仅是他们对人与自然关系的实然描述，也是对人与自然关系的应然表达。① 老子的"天人观"即人与自然的思想有一个最基本的内容，这就是对"天"、对"自然"的信赖与尊重，也就是以"自然"为中心而非以"人"为中心的思想。这一思想，便是老子的"天人和谐"思想。纵观历史，可以说最早、最系统地提出顺应自然的当属老子。所谓"天人和谐"，实际上就是"天人一体"（或"天人合一"），即要求人与天地（自然界）成为一个和谐统一的有机整体。人类只有认识到人与自然是和谐统一的整体，在遵循自然规律的前提下顺势而为，才能实现人与自然的和谐统一。

《道德经》作为世界公认的人类文明的杰出成果，为我们解决当前生态失衡、环境恶化、资源短缺等生态环境问题提供了正确的思路，为建设社会主义和谐社会、走绿色发展道路、实现社会经济可持续发展提供了理论指导。

首先，世界包括自然界和人类有机体的思想，克服了西方传统思维中的主客二分的主导思维方式对环境的负面影响。道家"天人合一"思想认为天人同源，承认人类作为生命与万物同属一个生命场，他们是相互依存的关系，"它们具有同样的根或本性，遵循同样的宇宙根本规律——'道'"②。老子认为人的生命活动包含在整个宇宙发展过程之中，人类只有依自然而为，遵循事物的内在本性和发展规律而为才能生存得有意义。人类既要顺应世界万物生长变化过程的自然本性，协调好自己与世界万物的关系，又要自觉地不以人为的强制方式去破坏自然，减少冲突与对抗，维护自然和社会中的和谐秩序，达到人与自然环境的和谐之美。此外，人与自然之间不仅是一

---

① 参见王崎峰、王威孚：《道家"天人合一"思想的现代环境伦理价值》，《求索》2009年第6期。

② 曾小五：《人与环境——如何重新解读中国哲学的"天人合一"理念》，《武汉大学学报》（人文科学版）2007年第1期。

种密切的依存关系，而且又是一种亲如母子的亲情关系。在这两种关系的共同作用下，人类就会在内心深处树立起与自然和谐的思想观念，充满仁爱与敬畏，而不是凌驾于自然之上的疏离感和征服欲。

其次，肯定人是自然界的重要组成部分，认为天人同源，主张自然万物都是生命的结晶，高扬宇宙生命一体化，肯定人和自然的统一是有机的统一。对比现代社会普遍存在的人类中心主义主导下的人类的行为和后果，道家的这一思想显得很深刻，对目前人类面临的环境困境具有很大的价值。为此，客观地要求人类在向大自然索取资源以资其用时，要做到顺应自然，要充分考虑到自然界生态环境的承受限度。道家认为，人们之所以应该平等地尊重所有的生命和自然物，在于他们与人类一样都是为道所创生，为德所蓄养。为道所生之物具有自己的德，因而与人类具有相同的价值尊严。所以人不仅应该尊重人类的生命，而且应该尊重自然万物的生命，维护万物的存在。

最后，着眼于我国社会的现实发展状况和存在的环境问题，大力推进生态文明建设已迫在眉睫。建设生态文明是关系人民福祉，关乎民族未来的大计，是实现中华民族伟大复兴中国梦的重要内容。[①] 推进生态文明建设，必须树立尊重自然、顺应自然、保护自然的生态文明理念，坚持节约资源和保护环境的基本国策，坚持节约优先、保护优先、自然恢复为主的方针，形成节约资源和保护环境的空间格局、产业结构、生产方式、生活方式。[②] 要处理好经济发展同生态环境保护的关系，牢固树立保护生态环境就是保护生产力、改善生态环境就是发展生产力的理念，着力推进绿色发展、循环发展、低碳发展，绝不以牺牲环境为代价去换取一时的经济增长。只有兼顾当代人的利益、子孙后代的利益以及地球上其他生命体的利益，才能重新建立起人与自然之间原本存在的亲和关系，真正实现生态、经济、社会的可持续发展。

---

① 参见中共中央宣传部：《习近平总书记系列重要讲话读本》，学习出版社 2014 年版，第 120 页。

② 参见中共中央宣传部：《中国特色社会主义学习读本》，学习出版社 2013 年版，第 62—63 页。

两千多年前诞生的《道德经》虽然仅五千余言，但字字珠玑，其中所蕴含的以柔克刚的辩证思想、清静平和的和谐观念以及天人合一的生态理念不但在中国数千年的文明发展中作出了突出贡献，而且这种蕴含着宝贵生态意识的传统思想仍是当今处理生态问题的重要思想依据，对我们探寻生命自然的本源，实现人类社会可持续发展具有重要价值。

（原载《社科纵横》2017 年第 3 期；作者单位：兰州理工大学马克思主义学院）

《春秋繁露》中的和合思想及其当代价值

白力强　路　畅

《春秋繁露》作为反映董仲舒思想的政治哲学著作，运用阴阳五行等传统文化元素构建了宏大的"大一统"思想体系，在理论上为当时社会的稳定提供导引与匡正。其中，和合即是其政治哲学思想的理念之一。

一、《春秋繁露》和合思想主要内容

维护社会和谐有序是所有历史阶段的基本着力点。这起码需要协调三个方面的关系：一是自然生态和谐；二是人文生态和谐；三是自然与人之间的和谐。《春秋繁露》不仅阐述了上述三个方面，而且从哲学层面论证了和合的根据。

（一）和合之根据

正如《道德经》所言：有无相生，难易相成，长短相形，高下相倾，音声相和，前后相随。《春秋繁露》也指出："凡物必有合。合必有上，必有下，必有左，必有右，必有前，必有后，必有表，必有里。有美必有恶，有顺必有逆，有喜必有怒，有寒必有暑，有昼必有夜，此皆其合也。"（《春秋繁露·基义》）

这里，阐明了"凡物必有合"的基本事实。无论空间还是时间，无论生命情绪还是价值审美，都存在着相合的属性。不仅如此，《春秋繁露》更进一步地从哲学层面，即阴阳视角论证了"凡物必有合"的必然性与客观性。

"阴者，阳之合，妻者，夫之合，子者，父之合，臣者，君之合。物莫无合，而合各有阴阳。阳兼于阴，阴兼于阳；夫兼于妻，妻兼于夫；父兼于子，子兼于父；君兼于臣，臣兼于君。君臣、父子、夫妇之义，皆与诸阴阳之道。君为阳，臣为阴；父为阳，子为阴；夫为阳，妻为阴。阴阳无所独行，其始也不得专起，其终也不得分功，有所兼之义。"（《春秋繁露·基义》）一定意义上，阴为阳之体，阳为阴之用；换言之，阴为体，阳为用。所以，阴阳犹如一个事物的两个方面，本身就是不可分离的统一体。

为此，《春秋繁露》进而言之："是故臣兼功于君，子兼功于父，妻兼功于夫，阴兼功于阳，地兼功于天。举而上者，抑而下也；有屏而左也，有引而右也；有亲而任也，有疏而远也；有欲日益也，有欲日损也。益其用而损其妨。有时损少而益多，有时损多而益少。少而不至绝，多而不至溢。"（《春秋繁露·基义》）

（二）天之和合

《中庸》有言："喜怒哀乐之未发，谓之中；发而皆中节，谓之和。中也者，天下之大本也；和也者，天下之达道也。致中和，天地位焉，万物育焉。"中乃天地之大本，和乃天地之达道。中和之状态即天地安其位、万物得其所之情状。与之相应，《春秋繁露》同样指出："一岁四起业，而必于中。中之所为，而必就于和。故曰和其要也。和者，天之正也，阴阳之平也，其气最良。物之所生也，诚择其和者，以为大得天地之奉也。天地之道，虽有不和者，必归之于和，而所为有功；虽有不中者，必止之于中，而所为不失。"（《春秋繁露·循天之道》）一年之中，四季流转。这个过程就是趋向中和的过程。其间，即使存在暂时的"不中""不和"，但天地之阴阳之气的综合作用终将使天地宇宙能量抵达中和之境。

其大体作用机制为："阳之行，始于北方之中，而止于南方之中；阴之行，始于南方之中，而止于北方之中。阴阳之道不同，至于盛而皆止于中，其所始起皆必于中。中者，天地之太极也，日月之所至而却也，长短之隆，不得过中。天地之制也，兼和与不和，中与不中，而时用之，尽以为功。是故时无不时者，天地之道也。顺天之道，节者天之制也；阳者天之宽也；阴者天之急也；中者，天之用也；和者，天之功也。举天地之道，而美于和，是故物生皆贵气而迎养之。"（《春秋繁露·循天之道》）阴阳之气始于中、止于中，从而达致天之"中和"之功用。是故"成于和，生必和也；始于中，止必中也。中者，天地之所终始也；而和者，天地之所生成也。夫德莫大于和，而道莫正于中。中者，天地之美达理也，圣人之所保守也。"（《春秋繁露·循天之道》）

不仅天地和合，而且四时亦然："天有和有德，有平有威，有相受之意，有为政之理，不可不审也。春者，天之和也；夏者，天之德也；秋者，天之平也；冬者，天之威也。天之序，必先和然后发德，必先平然后发威。此可以见不和不可以发庆赏之德，不平不可以发刑罚之威。又可见德生于和，威生于平也。不和无德，不平无威，天之道也，达者以此见之矣。"（《春秋繁露·威德所生》）由是，一年四季，春夏秋冬，成为相互承接的和合流转过程集合体。

天之所以和合，从五行的角度看，相互之间存在着相生相克的关系，且五行与四季乃至方位构成了某种对应关系，从而达成一个和的整体。"天有五行：木、火、土、金、水是也。木生火，火生土，土生金、金生水。水为冬，金为秋，土为季夏，火为夏，木为春。春主生，夏主长，季夏主养，秋主收，冬主藏。藏，冬之所成也。"（《春秋繁露·五行对》）"五行之随，各如其序；五行之官，各致其能。是故木居东方而主春气，火居南方而主夏气，金居西方而主秋气，水居北方而主冬气。是故木主生而金主杀，火主暑而水主寒。"（《春秋繁露·五行之义》）

（三）人之和合

在传统社会，人与人是存在等级差别的。一定程度上，保持人与人之间的身份差序状态是维护社会良性秩序存在的前提条件。而传统社会中，区别人们之间身份状态的基本标准就是服制。为此，"各度爵而制服，量禄而用财。饮食有量，衣服有制，宫室有度，畜产人徒有数，舟车甲器有禁。生有轩冕、服位、贵禄、田宅之分，死有棺椁、绞衾、圹袭之度。虽有贤才美体，无其爵，不敢服其服；虽有富家多赀，无其禄，不敢用其财。天子服文有章，夫人不得以燕、以飨庙，将军、大夫不得以燕、以飨庙，官吏以命，士止于带缘，散民不敢服杂彩，百工商贾不敢服狐貉，刑余戮民不敢服丝玄

纁、乘马，谓之服制。"（《春秋繁露·服制》）

衣服就其基本作用而言，遮羞保暖而已。但是社会的演进不断使其功用增进，从而具有了区别身份高低贵贱的作用。并在此基础上，产生了教化之功能，以和社会之秩序。"凡衣裳之生也，为盖形暖身也，然而染五采、饰文章者，非以为益肌肤血气之情也，将以贵贵尊贤，而明别上下之伦，使教亟行，使化易成，为治为之也。"（《春秋繁露·度制》）

反之，"若去其度制，使人人从其欲、快其意、以逐无穷，是大乱人伦而靡斯财用也，失文采所遂生之意矣。上下之伦不别，其势不能相治，故苦乱也。嗜欲之物无限，其数不能相足，故苦贫也。今欲以乱为治，以贫为富，非反之制度不可。古者天子衣文，诸侯不以燕，大夫衣褖，士不以燕，庶人衣缦，此其大略也。"（《春秋繁露·度制》）这意味着，如果废弃度制，任人之所为，则势必有害于人与人之间的社会人伦关系，并且造成社会财富的浪费，其害无穷。

服制作为礼制在外在形式上确定了人与人之间的身份差别，而人与人之间的和合状态的实现更需要物质层面的保障和支撑。故《春秋繁露》则是在经济层面提出了"调均"的思想。"圣者则于众人之情，见乱之所从生。故其制人道而差上下也，使富者足以示贵而不至于骄，贫者足以养生而不至于忧。以此为度而调均之，是以财不匮而上下相安，故易治也。"（《春秋繁露·度制》）

这样，人与人之间方得以相安而处，各得其所。相反，一旦财富不均，则"有所积重，则有所空虚矣。大富则骄，大贫则忧。忧则为盗，骄则为暴，此众人之情也。"（《春秋繁露·度制》）则和合难矣。

进而言之，如果不能从制度层面保证富者与贫者在物质利益方面某种程度上的均衡，那么社会治理必然产生问题，从而破坏社会的和谐与秩序。如《春秋繁露》言曰："今世弃其度制，而各从其欲；欲无所穷，而俗得自恣，其势无极。大人病不足于上，而小民羸瘠于下，则富者愈贪利而不肯为义，贫者日犯禁而不可得止，是世之所以难治也。"（《春秋繁露·度制》）

（四）天人和合

《春秋繁露》在论证了天之和、人之和的基础上，重点探讨了天人之和。天、地与人本身就是相为手足的一体存在。"天地人，万物之本也。天生之，地养之，人成之。天生之以孝悌，地养之以衣食，人成之以礼乐，三者相为手足，合以成体，不可一无也。"（《春秋繁露·立元神》）

人之所以为人在于其禀受于天，即天生而化之。"人之为人本于天，天亦人之曾祖父也。此人之所以乃上类天也。人之形体，化天数而成；人之血气，化天志而仁；人之德行，化天理而义；人之好恶，化天之暖清；人之喜怒，化天之寒暑；人之受命，化天之四时。人生有喜怒哀乐之答，春秋冬夏之类也。喜，春之答也，怒，秋之答也，乐，夏之答也，哀，冬之答也。天之副在乎人，人之情性有由天者矣，故曰受，由天之号也。"（《春秋繁露·为人者天》）显然，人就是天的副本。

故从取象比类的角度看，人与天有着诸多的相似性。"人有三百六十节，偶天之数也；形体骨肉，偶地之厚也；上有耳目聪明，日月之象也；体有空窍理脉，川谷之象也；心有哀乐喜怒，神气之类也。"（《春秋繁露·人副天数》）是故"喜怒之情，哀乐之义，不独在人，亦在于天；而春夏之阳，秋冬之阴，不独在天，亦在于人。……故曰：天乃有喜怒哀乐之行，人亦有春秋冬夏之气者，合类之谓也。"（《春秋繁露·天辨在人》）

于是，《春秋繁露》得出了天人合一的判断。"天亦有喜怒之气、哀乐之心，与人相副。以类合之，天人一也。"（《春秋繁露·阴阳义》）由是观之，天与人不仅仅相合，而且和合达到了高度的契合一致性。

为此，人须顺天而行。"天之道，春暖以生，夏暑以养，秋清以杀，冬寒以藏。暖暑清寒，异气而同功，皆天之所以成岁也。圣人副天之所行以为政，故以庆副暖而当春，以赏副暑而当夏，以罚副清而当秋，以刑副寒而当冬。庆赏罚刑，异事而同功，皆王者之所以成德也。庆赏罚刑与春夏秋冬，以类相应也，如合符。"（《春秋繁露·四时之副》）唯此，君王则正，"王正，则元气和顺，风雨时，景星见，黄龙下"；反之，"王不正，则上变天，贼气并见。"（《春秋繁露·王道》）

此外，《春秋繁露》中还阐释了和以养生的思想。"循天之道以养其身，谓之道也。"（《春秋繁露·循天之道》）"凡养生者，莫精于气，是故春袭葛，夏居密阴，秋避杀风，冬避重漯，就其和也。……春秋杂物其和，而冬夏代服其宜，则当得天地之美，四时和矣。"（《春秋繁露·循天之道》）"故仁人之所以多寿者，外无贪而内清净，心和平而不失中正，取天地之美，以养其身，是其且多且治。……气苟不治，虽满不虚。是故君子养而和之，节而法之，去其群泰，取其众和。"（《春秋繁露·循天之道》）

二、和合思想的当代价值

《春秋繁露》和合思想虽然存在着某种程度上的神秘色彩，但是依然不能否定其内在的价值与意义。即使在今天，虽然时代条件与两千年前的社会有很大的不同，但人类面临的基本关系，即人与自然、人与人以及人与自身都没有改变。所以，重温其和合思想，对建设中国特色社会主义新时代依然具有重要价值。

其一，在社会生态领域，人类活动应以保持天地自然生态的能量平衡与均衡为标准，在此基础上，方得以进行改造自然的劳动活动。这是迈向美丽中国的必由之道。从宏观角度而言，天地自然就是一个能量平衡体，"中者，天地之所终始也；而和者，天地之所生成也。夫德莫大于和，而道莫正于中。"（《春秋繁露·循天之道》）天地宇宙就是能量平衡的和合统一体。其间，如果由于外力所致从而造成天地宇宙整体均衡能量的失衡，那么，天地宇宙势必以其自然必然性的方式使之恢复到平衡态。正如《春秋繁露》所言："天地之道，虽有不和者，必归之于和，而所为有功；虽有不中者，必止之于中，而所为不失。"（《春秋繁露·循天之道》）

广而言之，从自然现象来看，在某种程度上可以说，地球上所发生的一切灾害（如海啸、地震等）都是地球能量场由失衡态恢复到平衡态的一种途径或方式。

自人类诞生以来，尤其是晚近时期，人类改造自然的广度、深度越来越大，改造自然的频率或节奏日益呈现出加速度趋势。为此，如果人类改造自然的活动不能从天地宇宙整体能量均衡的视角考虑，则其结果必然从破坏自然生态进而最终危及人类自身。正如恩格斯所说："我们不要过分陶醉于我们对自然界的胜利。对于每一次这样的胜利，自然界都报复了我们。每一次胜利，在第一步都确实取得了我们预期的结果，但是在第二步和第三步却有了完全不同的、出乎意料的影响，常常把第一个结果取消了。"

天地之性，惟人为贵。人作为天地之中的贵者，其价值就在于以自身的高贵与完美实现立己立人、成人成物的目标。唯此，方合"天地之德，阴阳之交，鬼神之会，五行之秀气"的高尚品格。

其二，在社会关系领域，既要重视人与人之间社会身份层面的差异性，又要重视人们之间经济层面的平等性。这是实现和谐社会的基本前提。社会关系本身就是人与人之间在横向与纵向两个方面的交叉复合体。横向关系表现为同一层级之间的人与人之间的关系，纵向关系表现为不同层级之间人与人之间的关系。纵向关系意味着上下级之间的身份等级秩序（就实质而言，这并非意味着人与人之间的尊卑贵贱）——各安其位、各行其是，此所谓"君君，臣臣，父父，子子"也，从而形成和谐、秩序的社会关系氛围。

然而，在现实社会关系领域，血缘宗法观念深深地植根于人们的意识当中，从而社会关系宗亲化成为人们的习惯性思维，从而破坏了社会关系当中正常的人际关系秩序，特别是在一些不正常的"圈子"关系领域，这种状况尤为严重。这对公共关系交往产生着非常不利的影响，进而对公共社会生活造成危害。

《中庸》曰："君子素其位而行，不愿乎其外。素富贵，行乎富贵；素贫贱，行乎贫贱；素夷狄，行乎夷狄；素患难，行乎患难。君子无入而不自得焉？在上位，不陵下；在下位，不援上。正己而不求于人则无怨。上不怨天，下不尤人。故君子居易以俟命，小人行险以侥幸。"显然，安于己而不慕（或陵）于人，是构建良好的人际关系秩序的重要条件。

良好和谐的社会关系还有赖于人与人之间的经济层面的平等性。这要求充分发挥包括政府、社会以及公益组织的作用，给社会弱势群体提供基本的生活保障。

其三，在工作节奏日益加快的时代条件下，须坚守身忙心不忙的养生意识。这是走向健康中国的基本要求。市场机制极大地助推了社会生产力增长，一定程度上，也使逐利成为人们的一致追求。重利而不惜以身体健康为代价严重地损害了国民身体健康状况，甚至影响国民的整体素质。

在传统文化中历来就有"君子不尽利"之说，即"君子仕则不稼，田则不渔，食时不力珍，大夫不坐羊，士不坐犬"（《春秋繁露·度制》）。之所以如此，《春秋繁露》在天道意义上进行了解释："天不重与，有角不得有上齿，故已有大者，不得有小者，天数也。"为此，"夫已有大者，又兼小者，天不能足之，况人乎？故明圣者象天所为为制度，使诸有大奉禄，亦皆不得兼小利、与民争利业，乃天理也。"（《春秋繁露·度制》）另《春秋繁露》有言："天之生人也，使人生义与利。利以养其体，义以养其心。心不得义，不能乐；体不得利，不能安。义者，心之养也；利者，体之养也。体莫贵于心，故养莫重于义。义之养生人大于利。"（《春秋繁露·身之养重于义》）就此而言，重利而不忘义乃当下人尤为值得注意。

中国本属于农业国，所以人们的饮食起居习惯于"循天之道"。时下，尽管科技的演进、社会的发展已经使人们越来越摆脱自然对人生命活动的影响，但就其根本而言，人作为天地自然之中的生命形式永远与天地自然息息相关。这意味着，无论社会发展到何种程度，人都要受到自然的制约。由是，一年四季，往复流转，春生、夏长、秋收、冬藏，而人也须与天地保持同步。

同时，心之淡然、平和也是保持身心健康的关键。如《黄帝内经》所言："恬淡虚无，真气从之，精神内守，病安从来？"这是有助身心健康的正能量。

（原载《泰山学院学报》2018年第2期；作者单位：衡水学院董子学院、河北水利电力学院团委）

《伤寒杂病论》中的和合意蕴

凌靓 温波

《伤寒杂病论》是东汉南阳"医圣"张仲景所著，在战乱纷争、疫病流行的时代背景下，张仲景"勤求古训，博采众方"，撰有《伤寒杂病论》共计十六卷。此书自问世以来，广受医家青睐，被后世奉为医学经典。但由于历史原因，《伤寒杂病论》原书已不复可见，后世几经流转，将其中伤寒部分编为《伤寒论》，把杂病部分编为《金匮要略》。《伤寒杂病论》流传至今虽已有千百余年，仍不失其中医历史文献地位，所创立的融理法方药为一体的理论体系与方法，长期以来一直有效地指导着中医药工作者的临床实践，并为中医哲学思想的继承和发展奠定了坚实的基础。①

《伤寒杂病论》继承了《易经》《黄帝内经》的哲学思想，完善了中医哲学体系，极大地丰富了中医哲学的内涵和外延。《伤寒杂病论》中"和"字大约出现了81次，其所蕴含的和合思想，简而言之，具有正常稳定、协调平衡、调和阴阳、和解病机等含义，和合不仅概括了对疾病原理的认识，对于认知人与自然的关系、中医治疗原则、中药的方剂配伍、中医"和法"的运用都有着重要的指导价值。② 另外，以和合为诊断依据和治疗目的的学术思想对中医临床有着重要的实践意义。笔者将从以上几点详细论述《伤寒杂病论》中的和合意蕴。

---

① 参见张立文：《和合学——21世纪文化战略的构想》，中国人民大学出版社2006年版。
② 参见张其成主编：《中医哲学基础》，中国中医药出版社2004年版。

一、以和合表示身心状态

与西医不同，中医学认为人体以五脏为中心，各组织器官之间构成了相互依存、相互制约的统一整体。在人体健康的状态下，各组织器官能维持对立统一、协调平和的关系。中医的"和"不仅要求人身心和谐，还注重人与社会、自然的和谐，体现了天人共存、人我共存、天人合一的整体哲学精神。道家思想强调"天和"，追求人与天地万物自然的"和"。儒家思想强调"人和"，追求社会人际关系的"和"，《伤寒杂病论》在儒家、道家观点的基础上，更强调人体的"和合"概念。《伤寒杂病论》中的"和合"含义是健康舒适、正常稳定、天人相应的趋势和状态。只有人体自身处于"和合"状态，才能实现儒、道之"人和""天和"，这就是贯彻《伤寒杂病论》的生命观和疾病观。

（一）和合是人体健康的状态

万事万物之间及自身内部的处于一种平衡和谐的状态，而这种状态有利于事物维持正常的生长发展。我们称之为"和合"状态。《金匮要略》中用"和"来表述健康的生理状态，如"身和，汗自出，为入腑即愈"（《脏腑经络先后病脉证治》），"身形如和"（《百合狐惑阴阳毒病脉证治》）。若人体五脏六腑营卫气血相互协调，正气充盈，保持动态平衡，就能维持稳定的内环境而处于和合状态。《金匮要略》把这一思想进一步概括为"若五脏元真通畅，人即安和"，《伤寒论》中也多处有这种表述，如："卫气和，名曰缓；荣气和，名曰迟；迟缓相搏，名曰沉。寸口脉缓而迟，缓则阳气长，其色鲜，其颜光，其声商，毛发长；迟则阴气盛，骨髓生，血满，肌肉紧薄鲜硬。阴阳相抱，荣卫俱行，刚柔相搏，名曰强也"。表述了和缓舒迟的脉象，说明了阴阳协调、刚柔相济、荣卫和谐则机体正常。再如"若人能养慎，不令邪风干忤经络，不遗形体有衰，病则无由入其腠理"，不仅要求人体内部脏腑阴阳保持协调平衡，亦要求人体与自然节律达到和谐统一，强调了保证人体内部的协调平衡，不仅要求顺应自然规律，更要与外界环境相适应。[①]

[①] 参见曹柏龙、杨建宇：《〈伤寒杂病论〉成书过程及张仲景中医治法方法刍议》，《中国中医药现代远程教育》2011年第9期。

（二）"不和"是疾病的原因

《伤寒杂病论》对人体功能失常与疾病有多种表述方式，从其严重程度来分，大致可分为"家""病""不和"。"家"一般用于病势凶险、病情严重的疾病状态。"病"一般用于脉象典型，主症明显的病证。而"不和"一般用以表示病邪较为单一的病证，如"此卫气不共营气谐和故尔"（《伤寒论》太阳篇53条），"脉不和"（《伤寒论》平脉篇38条），"睛不和"（《伤寒论》阳明篇252条）。《伤寒杂病论》对人体和、不和等不同状态已经有了系统性的认识，不和通常用来表示人体失去平衡和谐、出现疾病的状态。疾病的原因复杂多样，但无论病机如何变化，都离不开"不和"这一共同的基础，故"不和"亦是导致疾病的原因。《素问·调经论》有云："血气不和，百病乃变化面生"。说明阴阳气血失去平衡协调状态会导致疾病的发生。《伤寒论》继承《黄帝内经》的思想，亦常用"不和""未和"等来描述疾病的原因，如"胃气不和"（《伤寒论》太阳病篇29条），"表解里未和"（《伤寒论》太阳病篇52条）等，在《伤寒杂病论》中肌体、气血以及各脏腑之间如果失和就会导致形、气、神诸方变化，从而导致人体的功能或物质太过或不及，必须及时调理，以保证平和。①

二、以和合指导六经辨证

六经辨证作为"和合"诊断的具体方法，是张仲景在医疗实践中首创的具有深远意义的中医诊断模式，主要是以临床实践为基础，结合中国哲学中的和合思想，提出各经病证的总提纲、排布顺序以及传变的规律。《周易》"六位"的概念是六经辨证的主要哲学渊源，《伤寒杂病论》又结合《黄帝内经》对热病的认识来说明外感热病的各个阶段和传变规律，同时将哲学的三阴三阳思维运用到中医临床。具体来说三阴三阳指的是太阳、阳明、少阳、太阴、少阴和厥阴等六种病症，分别代表外感热病的不同阶段，

---

① 参见姚魁武、薛燕星、熊兴江：《中医学"和合"思想渊源探析》，《世界中西医结合杂志》2011年第2期。

每个病证是指外感热病所处的某个病程阶段，从三阳到三阴，疾病从浅到深、从轻到重，至厥阴而表现出病有转机，从阴出阳。六经辨证又是根据"天人相应"的和合思想观察到人体的脉搏与四时有同步的规律，以阴阳为总纲来概括六经之病脉证治和六经病症的传变。[①]

（一）三阴三阳的"和合"观

中医领域中的三阴三阳有着特殊的意义，阴阳双方存在着既对立统一又相互斗争的矛盾关系，双方互根互用，发生量变。三阴三阳的"和合"观就是中医追求对立双方量变稳定在一定范围内的和谐状态。当阴阳双方的量变超出一定的范围，发展到不可控制的程度，则会发生质变，或者疾病发生，甚至可能导致生命死亡。即如《伤寒论》所云"皮之不存，毛将安附焉？""病有发热恶寒者，发于阳也，无热恶寒者，发于阴也。""伤寒三日，三阳为尽，三阴当受邪，其人反能食而不呕，此为三阴不受邪也。"三阴三阳概念作为六经辨证体系的重要组成部分，是根据人体抵抗力的强弱、病因的属性、病势的进退缓急等因素，总结脏腑经络气血的生理功能和病理变化，将外感疾病演变过程中所表现的各种证候进行分析综合归纳，从而分为阴阳两大证候类型，并依此确立调和阴阳为其治疗方法。《伤寒杂病论》充分利用三阴三阳的哲学思想来指导中医临床实践，把三阴三阳吸收到中医理论里面，是"天人合一""中庸""阴平阳秘"等和合思想的重要体现。人体内正邪力量一直在相互较量和斗争，一般会稳定在某个范围内，保持稳定的状态，在正常生理状况下，三阴三阳的"和合"观有利于人们见微知著，治疗未病，保持人整体的和谐状态；在病理状况下，有利于人们掌握正邪双方力量的强弱变化，灵活选择方药，制定治法。

（二）六经辨证的思路

六经辨证重视从整体和动态的方面去把握人体对疾病的功能反映，针对不同疾病的不同反应，通过望闻问切等非创伤性的方法来诊断疾病，以脏腑辨杂病，以六经辨外感，灵活多变地选择相应的治疗方法和方药制剂，充分体现了求同存异的和合观念。如《金匮要略》："自能饮食，腹中和无病，

[①] 参见张金虎：《张仲景文化基本内核哲学探析》，《国医论坛》2011 年第 6 期。

病在头中寒湿，故鼻塞，内药鼻中则愈"；《金匮要略》："热除脉迟，身凉和"表示解除身热，体温恢复正常后，用于鉴别表里寒热属性；如《金匮要略》的"身形如和"指从人的身体形态上鉴别诊断，并没有显著的病态，用于区分病情轻重程度；如《伤寒论》第105条："脉当微厥，今反和者，此为内实也"，用于鉴别诊断阳气的多少存亡；又如《金匮要略》："自汗出，此为表和里实"，表和是指疾病症状中无表症，作为判断疾病表里属性的重要依据。总之，诊疗疾病时，首先要在掌握疾病的基本情况的基础上，结合病理变化的不同症候、不同阶段等实际情况，选择相应的治疗方案。六经辨证既强调共性规律以辨病，又特别注重证候动态变化以辩证，如《伤寒杂病论》中有汗、吐、下、和、温、清、消、补八种治疗方法，八法在具体运用时根据病情可单用、可合用、可相兼、可并重，变化很多。①

三、以和合表示治疗的目的和方法

和合是《伤寒杂病论》中明确的治疗标准和治疗目的。如《伤寒杂病论》："此为卫气不和也，先其时发汗责愈，宜桂枝汤""令胃气和则愈""下之则和，宜大陷胸丸"等。《伤寒杂病论》的主要诊疗原则体现在：通过寒热同用、升降共进、攻补兼施、敛散并投等方法以达到上下有度、出入有序、阴阳平衡的目的。治疗方法虽各有不用，但都旨在使人体脏腑阴阳气血得以平衡协调，以求达到和合的状态。

（一）求和是基本的治疗原则

《伤寒杂病论》继承了《黄帝内经》"谨察阴阳之所在而调之，以平为期"的治疗思想（《素问·全真要人论》），主张治疗疾病贵在求和。《金匮要略》中提出"病痰饮者，当以温药和之"。此处之"和"，不仅是对痰饮病的治疗原则，更是治疗所有疾病的准绳，论治疾病应当注重调和阴阳，不

---

① 参见罗桂青、李磊：《〈伤寒论〉六经辨证体系与〈周易〉哲学思想的理论渊源》，《河南中医》2013年第1期。

可急于求成，《伤寒论》中多次提到"宜桂枝汤小和之"（第387条），"以小承气汤，少少与微和之"（第251条），都是这一思想的具体体现。纵观《伤寒杂病论》，其辨证论治的整个过程都包含了"求合"的论治原则，提出以汗、吐、下攻邪时应当谨慎从事，把握分寸，强调祛邪不伤正。如对于大承气汤，应"得下余勿服"（第208条）；对于大青龙汤，应"取微似有汗，一服汗者，停后服"（第38条）；对于瓜蒂散，应"温顿服之，不吐者，少少加，得快吐乃止"（第166条），都应避免矫枉过正，引起新的不和。《伤寒杂病论》还非常重视匡扶人体正气，"扶阳气，存津液"的思想贯穿整个《伤寒论》，其中方剂使用以扶正药居多。《伤寒论》共有112方，其中用甘草70次，大枣40次，桂枝40次，生姜36次，附子23次，人参22次，而麻黄和大黄只各用了13次，水蛭、虻虫、瓜蒂等则偶尔用之。常把人参、大枣、甘草、生姜等护胃和中，助养正气的药用于汗、下、清、消诸等方剂中，做到扶正以祛邪或祛邪不伤正。[①]

　　单一使用汗、吐、下、温、清、消、补等方法，皆有明显片面性，若使用不当，难免"失和"。错综复杂的疾病，处于表里出入，虚实互见，寒热进退，升降悖逆的发展变化之中，发表、治里、攻邪、补虚皆不能单独使用，故《伤寒杂病论》制方选药注重于整体调治，力戒偏颇，除因病情需要，必须使用选药较为单一的攻邪、补虚方剂之外，大多数是表里双解、寒热并用、补泻同施、升降两行、阴阳互调的方剂，而这些方剂往往由性质和作用迥然不同，但又相反相成的药物恰当组合，融为一体，不仅避免了此盛彼衰，而且能全面照顾，各方并治，使矛盾错综复杂的病理状态归于和合。如乌梅丸、半夏泻心汤、小柴胡汤等方剂配伍的原则即是很好的例证。

　　（二）"和法"是一种具体的治疗方法

　　"和法"是针对阴阳气血营卫失和、脏腑气机失和、表里上下失和等病机矛盾，通过调和人体机能、和解病机关系而治疗疾病的一类治法。"和

---

① 参见张茂云、刘宏岩：《张仲景"人体自和"观探析》，《安徽中医学院学报》2013年第2期。

法"既非专攻邪症的汗、吐、下、清、消之法，亦不同于专主扶正的温、补之法，而是重在"调和""和解"。《伤寒杂病论》所论述的"和法"，从广义上说"和法"是指治疗法则，即包括治则与治法，"和法"是祛除寒热，调其偏胜，扶其不足，达到祛邪御病目的的一种治疗法则。正如《景岳全书·和略》的所释："和方之剂，和其不和者也，凡病兼虚者，补而和之；兼滞者，行而和之；兼寒者，温而和之；兼热者，凉而和之，和之为义广矣。亦犹土兼四气，其中补泻温凉之用，无不及。务在调平元气，不失中和贵也。"故"和法"内涵广泛，意义深远，治法治则兼在其中。从狭义上讲，则专指治法，即"八法"之一的和法，是指通过"和解""调和"的治法，调和营卫、脾胃、升降、内外以达到治疗目的。①

1. 和解之法

和解之法包括和解少阳法和调和营卫法。小柴胡汤历来被众多中医学家推崇为《伤寒论》中和解少阳的代表方，主要用于少阳枢机不利之证。小柴胡汤以和解少阳为主，兼和胃气，邪气得解，枢机得利，脾胃调和，充分体现了和法的运用。如《伤寒论》所谓"其在外内之间者，则和解而分消之"。小柴胡汤的应用范围已远远超出了伤寒少阳病，其涉及外感病、肝胆病、消渴病、郁症及不明原因发热等多种疾病，如《伤寒论》中描述的"伤寒中风，有柴胡证，但见一证便是，不必悉具"。桂枝汤是调和营卫的代表方剂，主要针对营卫表里失和的病机，属于协调营卫关系的治法。营卫两者处于"阴在内、阳之守"，"阳在外、阴之使"的和谐关系之中，营阴失守于内的太阳中风表虚证和营失卫守而外泄之内伤自汗证均表现为营卫不和，桂枝汤广泛运用于临床各科疾病，无论外感还是内伤，凡是属于营卫不和之证，都可以通过助卫为固、益营之阴等原理治疗，并依法加减使用。

2. 调和之法

调和之法包括调和脏腑、调和气血、平调寒热等方法。调和脏腑主要是

---

① 参见何婧琳：《浅析〈伤寒论〉之"和"》，《民族医药发展论坛论文集》2010年版，第199—201页。

针对肝脾、肝胃、脾胃不和等基本病机，运用疏肝健脾、疏肝和胃、健脾和胃之方药进行治疗。所谓"治脾胃之法，莫精于升降""脾宜升则健，胃宜降则和"，其法多以辛热与苦寒两种性、味相反的药物配伍，达到"辛开苦降"的目的，大柴胡以炙甘草、人参、大枣补中，健脾胃升降之枢以调畅气机；四逆散则以芍药、炙甘草益肝，借肝之升发疏泄以畅达气机。调和气血是针对气虚血瘀和气滞血瘀等病机，运用益气活血和行气活血的方法进行治疗。气行则血行，气滞则血瘀，通过行气以活血，达到气血调和的目的；气虚则血瘀，气旺则血行，通过补气以推动血运，达到活血化瘀、气血和调的目的。"诸药配伍，气血通畅，升降相因，共奏行气活血之效。"可见，气滞血瘀者，往往可以通过行气活血、调和气血之法以逐瘀，而并非唯有攻逐瘀血之法。平调寒热是针对上热下寒、虚实互见等病机，采用清上温下、温中散寒、益气和血等方药进行治疗。[①]

3. "自和"是治疗的最高法度

人体"自和"是最高法度，《伤寒杂病论》中对此提到"自和"，如"凡病若发汗、若吐、若下、若亡血、亡津液、阴阳自和必自愈"，这种自愈的观点揭示了只要阴阳失和的程度仍在自我调节功能尚可允许的范围内，人体就可以通过自我调节功能，使失和的阴阳恢复平衡，不需治疗，疾病亦会痊愈。同时恢复人体的自我调节功能，也就是治疗的关键所在。当然这不等于所有的疾病，特别是某些严重疾病都可以不治自愈，它有一定的适用范围，这是一个严谨的医学话题。《伤寒杂病论》所阐述的可以判断自和的方法，如《伤寒论》第49条："脉浮数者，法当汗出而愈。若下之，身重心悸者，不可发汗，当自汗出乃解。所以然者，尺中脉微，此里虚。须表里实，津液自和，便自汗出愈。"第211条："发汗多，若重发汗者，亡其阳，谵语，脉短者死；脉自和者不死。"《金匮·五脏风寒积聚病》的"不须治，久则愈"等都体现了人体"自和"的医学观。这种医学观也是一个动态的并且有一定自行修复能力的过程。疾病"自和"的思想，还

---

① 参见邹晓明、宫晓洋、谷松：《老子认识论与〈伤寒论〉辨证思想》，《吉林中医药》2007年第11期。

充分反映在《伤寒杂病论》把"保胃气"作为重要的治疗原则。《伤寒论》中"保胃气"的治疗思想一以贯之，且与《黄帝内经》"必养必和，待其来复"（《素问·五常大论》）的精神是一脉相承的，如"和胃气"（太阳篇第 170 条），"胃气和则愈"（太阳篇第 171 条）。胃气即脾胃对饮食水谷的消化功能，胃气正常，人体气血生化有源，正气自然恢复，疾病亦会自愈。

《伤寒杂病论》人体自和理论指出正气在人体自和的过程中起着主导作用，自和的关键在于人体自身的正气的强弱，这在《伤寒杂病论》临床实践中得到了充分的验证与应用。《金匮要略》中小建中汤和肾气丸即是其重视人体正气的具体体现，即确立补益脾肾是治疗内伤杂病的治本之法，治病注意补益脾肾，照顾正气，即使祛邪也未忽视保护正气。《金匮要略》第 6 篇第 16 条曰："虚劳诸不足，风气百疾，薯蓣丸主之。""虚劳诸不足"是指人体气血阴阳均不足，此时最易感受外邪而发病，治法应着重扶正，单纯祛邪反而损伤正气，故以薯蓣丸健脾胃为主。再如《金匮要略》第 13 篇第 3 条："男子消渴，小便反多，以饮一斗，小便亦一斗，肾气丸主之。"论述肾阳虚所致下消证，肾气丸补肾之虚，温养其阳，以恢复其蒸津化气之功，则消渴自解。健脾胃，补肾阳，诸多疾病皆可自愈，故补益脾肾确为治疗内伤杂病，促使人体自和的关键之法。《伤寒杂病论》的人体自和观对医学的作用在于把人体自和作为所有治疗活动的最高法度，调动和激发人体自和功能，使人体达到和合的状态，是真正意义上的以人为本的健康理念。①

综上所述，和合思想是中华传统文化的核心价值观与中医学治法精髓所在，中医学在长期的发展历程中，始终重视蕴含着丰富的和合思想。作为中医学著作《伤寒杂病论》，其中的和合思想也是中医哲学思想的重要组成部分，主要表现为和合的身心观，失和则为致病的根本原因，六经辨证的"和合"诊断方法，治疗的原则在于"求和"，最高法度在于"自和"，这些理论形成了《伤寒杂病论》完整的中医理论体系，成为其核心准则。随

---

① 参见张立平：《中医"和法"的概念与范畴研究》，中国中医科学院 2012 年版。

着时代的发展，疾病谱发生了较大改变，影响健康的因素日益复杂，治疗疾病逐渐趋于个性化，作为贯穿《伤寒杂病论》始末的和合思想，是现代医学所不能代替的，无论在中医理论基础还是中医临床治疗方面，必将在将来有广泛的应用价值和发展前景。

（原载《长江大学学报》（自然科学版）2018 年第 8 期；
作者单位：苏州科技大学教育与公共管理学院、苏州大学附属儿童医院；苏州科技大学人文社科处）

试论和合学对"和合"话语的哲学建构

刘 畅

根据张立文先生的意见，和合学的核心话题是"和合"。和合学理论体系的建构，就在于探讨"和合"这一话语的"必要性和合理性"①。"和合"至少有三个层面的意思：从和合的思想渊源来说，"和合"所依傍的中国传统文献以《国语》为主，以《管子》《墨子》为辅。在今人普遍重视儒家传统文献和儒家道统建构的主流声音中，张先生却对《国语》《管子》和《墨子》情有独钟，显然是意味深长的。从和合的思想逻辑来说，和合是一种历史与逻辑的统一和逐次展开，是从普遍性的"和合现象"的总结，经由"和合事实"的升华并最终实现未来"和合世界"的描述，从而达到和合学在历史、逻辑和未来三个维度上的合理性建构。从和合的思想内涵探讨来说，和合始终不是一个静态的目标，而是一种"在途中"动态不断展现和丰富的历史、哲学乃至信仰诉求。具体而言，要深入地理解张先生对"和合"话语的建构，关键在于在"和合"话语的"发现"过程中去看"和合"的历史性衍生问题，因而对这个问题的理解在很大程度上已经内在地蕴涵在张先生对"和合"的历史性探索中，而对这个问题的理解深度与范围，则取决于张先生对"和合"在不同历史阶段所呈现出来的解读。不过，对于如何理解张先生对"和合"话语的历史性追问，其根底在于张先生对不同历史时期的"和合现象"的选择及其在此基础上判定的"和合事实"在很大程度上并非通过哲学陈述来完成的，而是通过经由"和合现象"

---

① 张立文：《论和合学的必要性和合理性》，《新视野》2002 年第 4 期。

的发现到"和合事实"的判定并由此形成未知"和合事实"的某种预测，对"和合"这一概念进行不断的意义转换来实现"和合"话语的建构。张先生这样的追问历程不仅体现出张先生本身作为哲学史家的历史性眼光，而且能在更广更深的问题层面上对"和合"如何可能以及进一步深化"和合"之所以"在途中"的必然性这样的问题有更为清晰的解决。依据这样的前提性理解，笔者根据张先生对"和合"意义的历史性追问和解读，把握其在不同历史阶段下的意义呈现，简略地分析"和合"在不同历史阶段间意义转换的逻辑脉络。

一、"和""合"与"和合"

张先生在《新人学导论》第六章"自我和合论"和《和合学——21世纪文化战略的构想》第九章"和合源流的考察"中，均对"和合"的历史渊源进行了日渐精微的考索。按照张先生的论述，"和合"最为原始性的词源在于"和"与"合"是同源而异出的"单一概念"①。对于"和""合"的界定，张先生在《和合中华哲学思潮的探析》一文中认为，"和"是指"对于天地万物差分性、冲突性形相、无形相基本价值的承诺和体贴，并在此基本价值承诺、体贴的反复互动、融突基础上，以求各个差分性、冲突性的形相、无形相获得协调性、和谐性、有序性规范，酝酿与支撑着各差分性、冲突性形相、无形相在协调性、和谐性、有序性过程中，开发生生潜能，大化流行"；"合"意指"对待双方的交合，既不是单方面的结合，也不是同质的相合，而是性质相对、相反要素的融合；合本身就表示有此必有彼，是美与恶、顺与逆、寒与暑、昼与夜同构、同步的呈现。合便是存有呈现的方式"②。对于"和"与"合"之间的关系，张先生认为："合""是对

---

① 张立文：《和合学：21世纪文化战略的构想》，中国人民大学出版社2016年版，第311页。

② 张立文：《和合中华哲学思潮的探析》，《北京大学学报》（哲学社会科学版）2014年第2期。张先生根据历史文献对"和""合"做出了很多的总结，如："和有两方面的含义：一是天地万物的生成，必以和合为根据，这是和对万物而言；一是就和自身及构成和的诸

于冲突性、差分性、异质性的形相、无形相，经反复互动、融突的协调、和谐的'和'，而落实到合的合作、结合、融合的新事物、新生命的和合体上。"① 从此处表述来看，"和""合"之间呈现出"……和—合—（新）和—（新）合……"这样的关系，"和"指向的是"合"，这种"合而和或和而合"的过程或者状态即是"和合"②。

张先生认为，"春秋时期，和合二字并举，构成和合范畴，是人们对社会生活各个层次、各种冲突现象和谐的认知的提升，也是对自然现象、社会现象后面是什么状态的探索"③，"和合"是古人"基于对宇宙自然、社会政治、人际事物诸多冲突融合现象的理性探索，便提出了'和合'的概念"④。"和合在天地万物的创造、人类社会的道德的产生中起着联系、沟通阴阳、刚柔、天地的作用，而具有普遍性、一般性"⑤，构成"其价值根源和尺度"⑥。"和合"从春秋以降，经由历代的阐释，使得"和合"观念"作为中国文化思想的精髓，浸润着中国文化思想的各个方面"⑦，"和合不

要素之间亦以和合为标准；""和作为天地间最普遍、最基本的原则、原理，与天地之道相融；""'和'相对于思维客体而言，它标志思维自由创造过程的和谐性，以及思维自由创造活动对价值理想的肯定性。""和是自然、社会、人生的最高原则、原理，为天、地、人所遵循。""合指会合、聚合。""'合'是融洽、聚会、符合、和合之义。""合是相冲突多元要素的和合。"（张立文：《和合学：21 世纪文化战略的构想》，中国人民大学出版社 2016 年版，第 326、328、222—223、330、312、53、319 页。）从张先生著述整体情况来看，貌似张先生对"和"的界定比"合"至少从数量上来看要重视得多，或许在张先生看来，"和合学的本旨是和，它是对于自然、社会、人际、心灵、文明的整体和谐、协调、有序的探索；是对在这一不断破缺和完美过程的所以然的求索；是对于什么是自然选择的为什么的追求，以及什么是选择的价值原则的为什么的追究"。（张立文：《和合学：21 世纪文化战略的构想》，中国人民大学出版社 2016 年版，第 69 页）

① 张立文：《和合中华哲学思潮的探析》，《北京大学学报》（哲学社会科学版）2014 年第 2 期。
② 张立文：《和合学：21 世纪文化战略的构想》，中国人民大学出版社 2016 年版，第 230 页。
③ 张立文：《和合学：21 世纪文化战略的构想》，中国人民大学出版社 2016 年版，第 312 页。
④ 张立文：《和合学：21 世纪文化战略的构想》，中国人民大学出版社 2016 年版，第 314 页。
⑤ 张立文：《和合学：21 世纪文化战略的构想》，中国人民大学出版社 2016 年版，第 319 页。
⑥ 张立文：《新人学导论——中国传统人学的省察》，职工教育出版社 1989 年版，第 252 页。
⑦ 张立文：《和合学：21 世纪文化战略的构想》，中国人民大学出版社 2016 年版，第 352 页。

仅是天地万物产生的根据和纷纭复杂事物现象后面的存有，而且是社会主体政治、道德、艺术、日用交往活动的准则、原则、原理和主体人的心理感受、情感愉悦、身心协调的尺度"①。故而，张先生总结为，"人世间一切现象都蕴涵着和合，一切思维都浸润着和合。在和合的视野下，自然、社会、人己、心灵、文明（文化）就是和合。和合是各生命要素的创生、发展、整合而融突成整体的过程，是对和合经验的反思、梳理和描述"②。可见，作为从传统文化中择别出来的"和合"，是一种由日用而不知的习惯性认知规范和行为原则构成的传统，它并不是有目的性地被制度化为一种所谓理性的设计，在很大程度上是作为一种文化心理与外在的理性规范之间的张力所产生的历史性结果。经由这种从习得的惯例中所形成的认知和行为，并不是一个人为的自我理性设计，而是在历史文化不断的发展中一个经常性的甄别和时刻进行转换的过程所形成的经验共识③，在认知和行为之间构成共存并进的关系。对于社会生活中的个人来说，一个能够使他的认知和行为因时、因地、因人、因事而不断相调适的习惯性经验，无疑比有关他的认知和行为如何表现的原理要直接且实用得多。这也就是说，作为一种在习得性的认知和行为模式中，个人在一定程度上必然是在并不理解该种认知和行为模式为什么是合理的情况下而接近本能地实际践行这种模式，也正是经由内化为一种文化心理的习得使个人在不同的情况下能够对什么是合理的认知和行为有所辨别并加以调适自己的认知和行为。关于这样的认知和行为产生的价值意义，需要指出的是：其一，个人的习得性的认知和行为惯例大多仅是部分地理解到这些重要的价值，但历史中的无数个人坚持这样的惯例却无疑以这些惯例的实用特性为认知和行为的根据；其二，社会生活中的个人只能经过不断的无意识的努力而使这些重要的价值适时调适与转换，却并没有创造出一

---

① 张立文：《和合学：21世纪文化战略的构想》，中国人民大学出版社2016年版，第323页。
② 张立文：《和合学：21世纪文化战略的构想》，中国人民大学出版社2016年版，第49页。
③ 此处"经验"即是指"包括人处于其中的动态的世界经验，是人的历史性经验和合贯通的总和……经验不断被创造，又不断获得，呈现为一个无限的过程。经验的创造和获得作为人的活动，可看作是一种特殊的反思活动，表现为新经验不断代替旧经验的活动形式。但作为个体人来说，是相对于无限经验世界的有限经验世界"。（张立文：《和合学：21世纪文化战略的构想》，中国人民大学出版社2016年版，第306页）

个得到实践证明的全新价值。

对于如何去证明"和合"本身蕴含的价值意义，则是追问"和合如何或怎样是一个真"①的问题。对此，张先生认为，"作为人类存有的基本模式的和合，其实也是人的世界经验的基本模式"②，这样把人的存有作为一种"经验的基本模式"的体现，构成了"和合"之所以为"和合"的"本质"——"和合的本质，即和合所是，应从和合事实中推知；而和合事实是什么，又只有从和合本质中才能获知"③，"和合事实的敞开，即其所是，便是和合本质"④。结合张先生对"和合学"的界定来看，即"所谓和合学，是指研究在自然、社会、人际、人自身心灵及不同文明中存在的和合现象，并以和合的义理为依归，以及既涵摄又超越冲突、融合的学问"⑤。综合而言，追问"和合"的"和合学"，其首要的任务在于研究"和合现象"，根据研究"和合现象"去判定是否构成"和合事实"，并证明其如何"以和合的义理为依归"。根据这样的分析和解释，目的在于揭示出在现实经验生活中的"和合现象"是否能够经受住"和合事实"的检验并以什么样的方式完成对"和合"的叙述。其实质即是在已知的"和合现象"基础上去解释未知，而叙述方式则在于一种可能的预测的前提下提出人们常常没有直接性感知到的那些"和合事实"的新陈述，并且经由与其他各种"和合现象"中进行相关组合的陈述，抑或由此推论出某些虽然是可检验的"和合现象"但可以对其证伪的陈述，由此对"和合现象"的理解就在于构成可预测性的前提的新陈述之中，至于非"和合之真"⑥，则是那些可以被证伪的陈述。这本身的根源在于"和合"的价值基于如此的"和合事实"，即如果这样预测性的假设能够得到认可和接受，那么便能够从这些假设中得出同样适用于新的"和合事实"的结论，甚或对其并没有进行一种检测的

---

① 张立文：《和合学：21 世纪文化战略的构想》，中国人民大学出版社 2016 年版，第 49 页。
② 张立文：《和合学：21 世纪文化战略的构想》，中国人民大学出版社 2016 年版，第 305 页。
③ 张立文：《和合学：21 世纪文化战略的构想》，中国人民大学出版社 2016 年版，第 298 页。
④ 张立文：《和合学：21 世纪文化战略的构想》，中国人民大学出版社 2016 年版，第 299 页。
⑤ 张立文：《和合学：21 世纪文化战略的构想》，中国人民大学出版社 2016 年版，第 59 页。
⑥ 张先生认为，"和合之真，是和合关系之真，即'融突'关系之真"。（张立文：《和合学：21 世纪文化战略的构想》，中国人民大学出版社 2016 年版，第 49 页）

情况依然可以把其看作是真实的，而可证伪的陈述虽然构成了关于一种"和合现象"的话语，但对这样的"和合现象"的陈述超出了"和合"价值的适用范围和"和合"的适用能力。这也就是说，"和合"话语的建构在于能否阐释那些所观察到的"和合现象"，或者对所观察到从"和合现象"得出的"和合事实"是否依然存在从"和合"话语中预测出的那些未知"和合事实"的范围之内，如果关于所有的"和合现象"的进行事实性的"和合"建构都能成为可接受性的阐释，而且能够从"和合"话语中推导出一种未知的"和合事实"对我们的认知和行为进行显现性导向，那么，这样的"和合"话语的建构无疑是极为具有价值意义的，这也才能够把"和合"的价值内化到个人的生命历程中。

从一般性的视角来看，为了说明这种习以为常的"和合现象"看起来并没有足够的理论新特点，而且在这种理解下的人并不关注对这种看起来简单的"和合现象"的解释以及由此建构起来的阐释模式。但是，只要稍加注意，就不难发现"和合"的话语建构本身就内在地蕴含在对"和合现象"的发现与对"和合事实"的判定之中。如果对一种习惯性观念有着自然的日用而不知的定势思维，未必意味着已经意识到内涵其中的知识性结论，或者说，这种知识性的结论虽然对观察到的经验现象有不证自明的解释力度，也未必能够证明已经可以充分地进行运用。事实上，发现一种经验现象在何种程度上可以根据现有的认知进行解释，以及保证这些发现的经验现象以何种方式可以得到这样解释的陈述，是很有难度的发掘工作，即在很大程度上我们都不大可能根据现行的知识性结论以及在这样前在预设性的认知指导下去理解和解释其中蕴含的全部结论①。但是，重要的问题并非在于对现行的知识性结论的真实性去进行一种验证，而在于能否从公有的这种知识性结论中去陈述一种在历史上得到验证与在现实中可资凭用的导向性的假设，以及

---

① 对此复杂的问题，张先生提出"观念的超前功能"，即人"根据自己的需要对客观事物进行能动的观念分解和综合，并借助于推理，预测、预见未知客观对象的存在和变化，预见客体的未知结构、属性及其变化发展的趋势。这是客体的尺度和人的内在尺度在观念中的融合，也是符合人的需要的客体的观念模型。同时，人还借助于创造性的思维，运用观念的动态性，在观念的时空中创造客观对象中还不存在的东西，这种东西即使是客观现实，也不会自然产生观念客体。"（张立文：《新人学导论》，第163页）

能否把现今的知识性结论与这种导向性的假设有机地组合起来。在张先生这里，即是对历史上的"和合现象"进行"新"的发现并作为一种"和合事实"的判定，这个"新"也就在于把以"和合"为核心概念的话语建构与作为"和合现象"的发现和"和合事实"的判定进行一种"智能"的组合，不在于把这个"新"作为现行的知识性结论的出发点而表现出具有"偏执性"① 的理论陈述。

张先生认为，"和合是不确定的确定，是确定新事物、新生命作为新事物、新生命的那个东西，是使一切新事物、新生命得以出现的基础和先决条件，是使新事物、新生命展现、澄明其为新事物、新生命的活动和过程。一切新事物、新生命必须通过智能创造，才能成为确定的、现实的新事物、新生命。没有智能创生或价值创造，就没有新事物、新生命"②。"和合"话语建构的目的不是陈述某种原则并对其进行证实，而在于从历史传统影响下的已得到共同认可的认知和行为的思维方式进行"新"的"体贴"③。这也就是说，作为历来存在于习以为常的认知和行为模式中的"和合"，通过揭示可以预期未知的"和合现象"以及在此基础上"和合事实"的判定，这种对"和合"话语所进行的尝试性建构无疑为我们的认知和行为提供"新"的解释模式。这不仅对我们已经掌握了的现行的知识性结论进行反思，而且对当下的认知和行为模式进行即时性的调整和改善，还能够对未知的认知和行为提供导向性的适用范围。"和合之所以智能创新，在元素层面上，就是因为价值创造的主体能够通过冲突机制，使之按一定的结构生成和合体。"④

---

① 张先生认为，"偏执性的思辨方法……这种带有偏执性的思辨方法，会造成这样的逻辑偏差：要么偏向'一分为二'的易简化分析，崇尚'你死我活'的斗争，人为地制造'非此即彼'的取舍推理和'两败俱伤'的价值冲突；要么偏向'合二为一'的简单化综合，崇尚'你中有我'，'我中有你'的同一，人为地设计'亦此亦彼'的二元混淆和'无可无不可'的随意掺和；要么否定之否定，斗争与同一阶段性极化，分析与综合周期性振荡，出现《三国演义》开章所说的'天下大势，分久必合，合久必分'的人造规律。"（张立文：《和合哲学论》，人民出版社 2004 年版，第 51 页）

② 张立文：《和合哲学论》，人民出版社 2004 年版，第 71 页。

③ "体贴"之意即为"有体悟、反省、反思"的意思。（张立文：《和合中华哲学思潮的探析》，《北京大学学报》（哲学社会科学版）2014 年第 2 期）

④ 张立文：《和合学：21 世纪文化战略的构想》，中国人民大学出版社 2016 年版，第 56 页。

二、由"和""合"而"和合"

和合学对"和合"意义的发掘，最终指向的是"和合如何可能"① 的问题。根据张先生《和合学：21 世纪文化战略的构想》一书对"和合"所作的解释，即："和合是指自然、社会、人际、心灵、文明中诸多形相和无形相的相互冲突、融合，与在冲突、融合的动态变易过程中诸多形相和无形相和合为新结构方式、新事物、新生命的总和"②。从张先生对"和合"的界定来看，"和合"内在地附带着静态与动态这两个规定性：从静态的方面来看，"和合"呈现为"自然、社会、人际、心灵、文明中诸多形相和无形相"没有"冲突"之时的原初状态，把"和合"作为一种在观念上被确信为合理的基础。这即是张先生在界定"和合"时，虽然把"和合"作为一个"名词化叙述"，但"并不表明和合是实质性的本体存有，而仅仅表征'和合'是虚拟化的逻辑结构或逻辑系统"③；从动态方面来看，即是从"自然、社会、人际、心灵、文明中诸多形相和无形相""在冲突、融合的动态变易过程中诸多形相和无形相和合为新结构方式、新事物、新生命"，这个界定中把"和合"的"名词化叙述"转化为具有动词化倾向的"和合为"，把这一"动态变易"的过程诠释为"（○○）""和合为""和合"的"（○○）"的过程，即"（○○）是和合的"④，此"和合为"的动态过程也就是把"处处时时都可感悟到和合的效用和潜能"转化成为"和合"的"存在方式"⑤，即"和合不仅是方法，而且是万物存有的方式"⑥。

从张先生构建和合学理论体系追寻"和合"的根源来看，"和合的本真就在于它的和合这个事实。和合的那个本真，就是和合的内核性问题，就是

---

① 张立文：《和合学：21 世纪文化战略的构想》，中国人民大学出版社 2016 年版，第 49 页。
② 张立文：《和合学：21 世纪文化战略的构想》，中国人民大学出版社 2016 年版，第 49 页。
③ 张立文：《和合哲学论》，人民出版社 2004 年版，第 187 页。
④ 张立文：《和合哲学论》，人民出版社 2004 年版，第 186 页。
⑤ 张立文：《和合哲学论》，人民出版社 2004 年版，第 186 页。
⑥ 张立文：《和合学：21 世纪文化战略的构想》，中国人民大学出版社 2016 年版，第 333 页。

追溯到和合的元根据处"①，这个"元根据""就是和合者的形相、无形相的智能创造，形相、无形相在现实层面存在着某种差分、冲突现象，差分、冲突是融合的根据，其实融合也是差分、冲突的根据，两者互为根据"②。这里涉及和合学理论体系建构的两个核心范畴——"差分""冲突"。大致地说，张先生建构的和合学理论体系，以其现实主义的眼光直接审视现实社会生活中的各种冲突以及由冲突带来的病态与灾难③，现实世界之所以存在如此普遍的冲突问题，直接导源于不同的个体、民族、利益集团、政治国家等相差异甚而相反的价值观念，而价值观念的差异从历史产生的根源上说，是我们人类自己把自己从本来是作为整体世界中"差分"出来，并把自己与整个世界相对象化而独立，故而张先生总结为"按照和合学的理解，20世纪是价值冲突的世纪"④，"五大冲突""从实质上看，一切冲突都根源于非此即彼、主客二分、你死我活、势不两立的不相容价值抉择"⑤。由此，"和合"的"元根据"，就在于回答"能在什么和怎样的高度与水平上逻辑地整合无限差分化的实存世界"⑥ 这个问题。

根据张先生的著述，结合笔者自己的理解，可以说，"和合"最为根底的问题在于"和合"如何处理价值观念的差异化与由此引发的冲突问题，特别是当"和合不是现成化的对象"⑦ 时，如何进行"和合"。而价值观念的载体则是社会中的人，尤其是个体性的人。在和合学理论视野里，这里的人首先就是一个"人的和合存在"，"是作为和合意义对话者和追求者的存在"⑧，"作为和合对话

---

① 张立文：《和合哲学论》，人民出版社 2004 年版，第 72 页。
② 张立文：《和合哲学论》，人民出版社 2004 年版，第 73 页。
③ 张先生认为，"21 世纪人类共同面临着五大冲突和危机，当下人人所面对的是一个病态的自然，病态的会，病态的人际，病态的心理，病态文明。当今世界人最畏惧生病，也畏惧自然、社会、人际、心理、文明生病，因为每一种病态都对每个人造成不同程度的伤害、疾病、死亡、烦恼和痛苦。"（张立文：《致思和合学的心理路程》，《河北大学学报》（哲学社会科学版）2005 年第 30 卷第 5 期）
④ 张立文：《和合哲学论》，人民出版社 2004 年版，第 42 页。
⑤ 张立文：《和合哲学论》，人民出版社 2004 年版，第 42—43 页。
⑥ 张立文：《和合学：21 世纪文化战略的构想》，中国人民大学出版社 2016 年版，第 90 页。
⑦ 张立文：《和合哲学论》，人民出版社 2004 年版，第 69 页。
⑧ 张立文：《和合哲学论》，人民出版社 2004 年版，第 70 页。

者和追求者而存在的人，较之其他事物的和合具有其特殊的特征：这个和合的规定性就是他的和合本身，而不是其他东西，这个和合的和合存在，既不是先验的东西，又没有实体性意义，而是一种可能性；这个和合能够追求自己的和合，具有形而上学的优先地位；这个和合不仅包括了对其本身的和合的体认，也统摄了对事物的和合的领悟。这样便打开了会通事物的和合大门，同时亦敞开自身的和合的灵魂，使和合存在成为最'充实'的存在"①。这也就是说，社会中的个人在具体的认知和行为过程中，首先是作为一个具有价值抉择的个人，能够与社会中的其他人进行一种价值对话，以此保证个人的认知和行为不会与他人产生冲突。对此，张先生总结为，"价值观念是人的生活实践经验和价值选择活动的总结，即人的生活知识和经验的积累而形成有关价值关系的观念系统。它具有对人的价值活动和认知情绪、意志、兴趣进行协调、选择、支配、控制的作用。不同的历史时期、不同民族、不同的阶级、党团，往往具有不同的价值观念，它构成了一定社会意识形态的主要内涵，因此，不同意识形态的差异，主要是价值观念的异趣。一般说来，价值是以人为主体，主体是价值原，客体是价值的载体，表示事物具有满足主体需要的属性、作用和意义"②。

张先生认为："以和合为自然选择的真切义的过程，和合就是一不断符合真切的过程。选择说到底是主体人依据自然而然需要的选择，也是主体人在选择过程中的价值判断和价值取向。如果说选择是主体与人化了的客体之间的相互作用，以及在相互作用中依共同需要和互动选择所肯定、选取的一种特定关系，那么，自然选择是主体与人化了的客体之间一种制约、创造和超越机制……智能选择，和合创新，是人类特有的目的化行为，是文化价值领域的根本现象。正因为人类能在价值层面智能创新，文化才得以自由地发展。"③ 这种"自然而然需要的选择"之所以作为"特有的目的化行为"，在于个人的认知和行为一旦遭遇"我—你"（"主体与客体"）④ 的"特定关

①　张立文：《和合哲学论》，人民出版社 2004 年版，第 70 页。
②　张立文：《新人学导论》，人民出版社 2004 年版，第 183—184 页。
③　张立文：《和合学：21 世纪文化战略的构想》，中国人民大学出版社 2016 年版，第 57 页。
④　张先生在很多的表述中引用日常通俗化的"我""你"说法，如"你中有我，我中有你""你死我活"等。

系",就必然地打破了个人先在的认知预设和行为计划以及实现这些预设和计划的原定目的,为了实现自身认知和行为的目的以及避免这种"我—你"的冲突,把"自然而然需要的选择"的"和合"作为协调"我—你"各自的认知预设和行为计划的一种"理解机制"。"和合"意义视野下的"理解机制",也就是分别把先在的以"我""你"为中心的各自的具体认知预设和行为计划以及此认知和行为内含的价值趋向,纳入"我—你"彼此可以承认或批判的合理性之中与能够进行有效性诉求的束缚之下,其目的即是促使"我"与"你"改变视角而重新作出各自的认知预设和行为计划。故而,张先生说,"在和合学中主客体不是绝对对立的,而是相对相关的,和合主体在敞开中与客体融合,客体在敞开中与主体融合。和合所谈论的世界只能是与此和合浑然一体、并为此和合所领悟和展现的世界,不是离开此和合的世界。和合在主客体的和合生生中,亦展现了自己的本真"①。"客体在敞开中与主体融合",即是对生活世界内部的一切认知和行为解释为某种可以在交互"理解"的基础进行统一的有机协调,而"和合""在主客体的和合生生中""展现了自己的本真",则是把以个人的认知和行为为出发点的"我—你"关系作为一种具体的"和合事实"加以把握而实现"和合"的"导向功能"②。

在以"和合"观念观照下的"我—你"的交互"理解"中,作为个体性的"我"与"你"之所以在"理解"的基础上能够疏离自我、批判自我、修正自我③,就在于我们把"和合"观念当作一种可以在"我—你"之间协同联系的观念,这种协同联系即是在承认"我"与"你"各自的认

① 张立文:《和合哲学论》,人民出版社2004年版,第71页。

② 关于"导向功能",张先生认为:"和合意义世界(人界)的价值和合规范,具有导向功能……意义世界在导向生存世界和可能世界,实现其价值和意义,自我导向完善主体自我的方向发展,其总导向是使人提升到真善美相和合的境界。"(张立文:《和合哲学论》,人民出版社2004年版,第65页。)

③ 张先生的表述为,"和合的内核性的元根据,在于人世间人的社会、人生、人心的智能创造的需要性和适宜性。和合这个需要性和适宜性虽是外在的,但也是不可或缺的,这是'时遇''时机'的问题。诸多形相、无形相作为和合的根基性的东西,在智能创生或价值创造中能否达到和合,便存在'机遇'"。(张立文:《和合哲学论》,人民出版社2004年版,第72页)这里张先生所谓的"需要性和适宜性",笔者将其转化为个人在"理解"过程中参照理解对象而对自我进行一种疏离、批判与修正,即是对个人的自我局限的认知。

知预设和行为计划是有差分性的。虽然作为社会中的"我"与"你"构成"对称"① 关系，但每个个人在"知识水平、道德修养、学术派别、政治倾向、价值观念、思维方法、心理结构等"② 方面影响下的认知预设和行为计划蕴含着不同的评价标准存在差分性特点以及由此隐藏的可能冲突，使得"我—你"的"理解"呈现出不平衡性而存在着"你死我活""非此即彼"的同化性趋向和"偏执性"特点。对此，张先生提出"转换"的说法。"转换"是"和合学逻辑建构的动态机制。和合学逻辑建构的动态转换机制，是和合体内在的变化或自我革新，是和合体自我批判和自我否定功能的体现"，这种整体的转换方式即是"原和合体通过自我批判、否定，更新元素、要素，修复或调适结构，整体性转换为新的和合体"③。而在不平衡的"理解"过程中，这种"转换构成机制"为"人涵养内在意义和价值本性，修治外化为天地万物的价值意义规矩"④。具体而言，"价值意义规矩内化为主体的价值意义本性，又修治外化为主体人的价值意义命运或使命；价值意义规矩外化为主体的价值意义命运、使命，又修治内化为主体的价值意义本性。由此顺进反演，生生不息，变化日新，纵贯横摄，贯通和合，使人和社会的涵养修治的内外价值意义关系，融合为一个统一的和合意义世界"⑤。这就是说，在"和合"的视野中，个人参与到"我—你"关系时固然要在"我"与"你"之间进行"理解"，更重要的是，能够发现自己的局限性。"理解"达成的视角融合是每个人在认知和行为过程所拟定的目标，但实现"理解"视角融合并非是"我"对"你"或"你"对"我"的同化过程，

---

① 所谓"对称"，是指"事物整体统一性中系统与系统内部各要素、元素间的等价关系"（张立文：《和合学：21世纪文化战略的构想》，中国人民大学出版社 2016 年版，第 68 页）。

② 张先生说："评价是主体对对象的设定和体认，这种设定和体认与价值主体自身的素质如知识水平、道德修养、学术派别、政治倾向、价值观念、思维方法、心理结构等相关联。价值主体的素质不仅影响人物、事件的价值评价，甚至会产生截然相反的价值评价。这固然与人物、事件的政治集团、党派学派的利益相关联，亦与一定时期意识形态相关联，但主体素质所积累的意识习性和惯性，也会潜意识地制约着对价值的评价。"（张立文：《和合哲学论》，人民出版社 2004 年版，第 243 页。）

③ 张立文：《和合学：21世纪文化战略的构想》，中国人民大学出版社 2016 年版，第 91 页。

④ 张立文：《和合学：21世纪文化战略的构想》，中国人民大学出版社 2016 年版，第 191 页。

⑤ 张立文：《和合学：21世纪文化战略的构想》，中国人民大学出版社 2016 年版，第 191 页。

而是通过"转换"各自的视角并进一步对自我进行"修治"的过程，去获得一个可能的有着共识的共同点，此即张先生所谓的"最低限度认同的规则、原则、原理及其价值观念"①。

由此可以看出，"和合"如何可能的题中之义是可以化约为如何"和合"的问题，也就是"如何、怎样启动和合学理论原理"，从一种"'体'的和合学"转换为"'用'的和合学"，"使和合学理论原理进入生存世界、意义世界、可能世界的各个层面"，这个过程"不仅有和合学自身的转换机制、生生机制，而且有和合体内在诸差分化的元素、要素自身乃至相间的冲突、选择、淘汰、更新的活动机制"②，这也正是张先生所指出的，"和合""不能仅从认知论和方法论意义上把和合归结为是人的主观意识的活动，而应从人的存有的形上学意义上去理解它"③。

三、"和合起来"

张先生在《和合哲学论》第二章以及《中国哲学的创新与和合学的使命》等文章对"和合起来"的问题做了论述。总的来看，张先生在这些著述中对如何看待以前的学说思想、"和合"的"根底""和合"之道等问题。根据笔者阅读张先生著述的心得，"和合起来"或许是一个"和合的本性是什么"④ 的问题，即作为社会中的个人在现实社会生活中如何进行以"和合"本性为指向的认知和行为。

---

① 张先生在《和合学纲要》一文中说："面对人类所共同面临的这五大冲突与危机，这是建构人类共同价值理念的基础。虽不能建构全人类完全一致的价值理想、精神家园、伦理道德、终极关怀，但可以确立一些各民族、各国家最低限度认同的规则、原则、原理及其价值观念。各民族、各国家应把注意力集中到能否化解现代人类所面临的冲突和危机的现实，这是时代的需要和时代精神的呼唤。若以此为价值标准和价值导向来审视一切文化，则无所谓西方文化与东方文化的绝对界限或优劣之分，也可以超越传统与现代两极二分的固定框架，人们可以转换视角，用一种新的冲突融合而和合的理念，来思考人类所面临的冲突与危机。"（张立文：《"自己讲"、"讲自己"：中国哲学的重建与传统现代的度越》，第 56 页。）
② 张立文：《和合学：21 世纪文化战略的构想》，中国人民大学出版社 2016 年版，第 393 页。
③ 张立文：《和合学：21 世纪文化战略的构想》，中国人民大学出版社 2016 年版，第 305 页。
④ 张立文：《和合学：21 世纪文化战略的构想》，中国人民大学出版社 2016 年版，第 49 页。

在张先生的著述里显而易见地与作为日常生活经验的人的两个事实有关：一是个人本身在现代学科知识体系的"教育"下具有对日常生活经验有直接的认知（即使这种认知是依托所受"教育"而具备的单方面的鉴别能力），这种认知不仅使个人有能力进行判断，而且成为其社会行为的内在动机；二是个人生命的有限性以及由此决定对日常生活经验认知的有限性，这种有限性必然地预设了个人在面对整体世界时有其所不能认知与行为的东西，使得个人在未知未行的事物面前能够自觉自发地把握与运用在已知已行的经验历程中总结、反思的所谓理性的认知规则和行为原则。这两个事实在很大程度上奠定了建构各种学说思想的前提：一方面，各种学说思想的提出者前在地预设了一种规范社会个体行为的最高原则，企及从个人对学科知识体系的无知的原初地位衍化出一套自以为可能的认知规范和行为原则，貌似整个社会中的个人都可以按照这种最高原则进行确定性的认知与行为；而在另一方面，正是在这样的最高原则导向的理路下，作为本身就是孤立的个人遭遇了完全理性的最高原则的拷问，正是这样的最高原则对孤立的个人进行一种所谓的理性规训，由此使得孤立的个人只有在趋同的最高原则下才能认知与行为。

不过，张先生和合学理论体系对"和合"的界定，虽然也是基于上述的两个事实，但其进路则是不同于以某种最高原则为旨归的理论。对此，张先生说，"我的体认是：一是以往中西哲学都以不同形式为形而上学追问设立价值本体，或承诺某种实体目标，设置惟一真理和惟一终极根底，并将其固化起来；二是他们不同程度地都没有把他们的哲学价值系统真实地落实到人的安身立命的基础上，给每个人（无论是贫富贵贱、还是东西南北不同地区、民族、种族的人）提供安身立命的根基和终极关切的价值目标，使人人都可以在此获得安身立命的慰藉；三是哲学要走向百姓日用的生活，哲学要返回到人间"①。根据上述和合学建构的两个事实基础，与之相应的是：第一，个人在现代学科体制下接受的知识性"教育"，这是历史性形成的客观因素，是我们每个人不得不以之为前提的，但需要指出的是，"和合"话

---

① 张立文：《和合哲学论》，人民出版社2004年版，第60页。

语的发掘并不否认这个前提，而是在这个前提下有必要援引"和合"作为现行被"教育"的认知规则和行为原则的一种必要条件，因为"和合"话语本身只会产生一个在现行的学科知识体系"教育"下的虚性观念。这意味着"和合"话语本身指向的是一种当然之意，趋向于把社会中的个人以其有限的对生活经验的认知最大化地贡献给整个社会知识体系的建构和生命价值意义的追寻，和合学对"和合"的发现，也就"需说明一切和合现象的基本条件、因素和环境，这些条件、因素和环境使和合成为一个最终不是由和合主体所决定的，即不纯粹是主观意识的活动。和合学通过研究和分析和合的种种条件、因素、环境，来陈述作为现实人类存在的人在传统、历史和世界中的经验"[1]。这也就是说，"和合"的确定性指向在于，能够促使个人的全面发展与社会整体的有序发展建立在个人对有限经验的认知并不断地丰富这样的经验的基础之上，而并不依托于预设一个所谓的最高理性原则，此即张先生所谓"和合是各生命要素的创生、发展、整合而融突成整体的过程，是对和合经验的反思、梳理和描述"[2] 之意。第二，个人本身的生命有限性以及对日常生活经验认知的有限性，在与社会的互动中是带有很大的偶然性，个人的认知和行为与社会整体始终保持着一定的张力[3]，"和合"即是在个人与社会的交互过程中避免个人与社会的脱节。张先生明确认为，"和合的本质所表明的似乎只是和合事实和真的关系，其实不然，它所表现的是人类生存的根本性的东西，即和合事实在确立真的同时，就是建立一个世界，一个生存世界和意义世界（价值世界）。因为当和合事实以其特有方式敞开了在者的存在，即是其真。所以和合事实也即和合本质正是在者之真在和合事实中的确立"[4]，"和合就是人对人所生存的对象世界的思考

① 张立文：《和合学：21 世纪文化战略的构想》，中国人民大学出版社 2016 年版，第305 页。

② 张立文：《和合学：21 世纪文化战略的构想》，中国人民大学出版社 2016 年版，第49 页。

③ 这里的"张力"也就是张先生所谓"和合"自身蕴含的内在本性："和合而有事物的本性，事物本性只有在和合中存有，无和合亦无所谓事物本性，这样和合本性才有张力。"（张立文：《和合学：21 世纪文化战略的构想》，中国人民大学出版社 2016 年版，第49 页。）

④ 张立文：《和合学：21 世纪文化战略的构想》，中国人民大学出版社 2016 年版，第299 页。

的自我观念、自我创造的活动"①。这就意味着，个人的有限认知和行为的偶然并不必然地遵循某一个预设的最高原则，因为在实际生活现实中，预设的最高原则关于个人的人性②经验和社会整体之间的张力与其自圆其说的论证并不关涉，最高原则的预设大多来自承接历史传统所形成的一种文化知识，这在一定程度上脱离了个人当下的经验生活事实，而"和合"作为一种虚性的价值导向功能，并非把自己设定为一个强加在个人身上的必须遵循的最高原则，毋宁是旨在说明为了维护良好的社会整体为什么需要在历史文化传统与现实社会生活中发现一个能够避免冲突的可付诸实践的哲学观念。

张先生认为，"由于追求和合的人是有生命、思想、文化的，是变动不居的时空的产物，人的交往活动或理论思维活动对和合本身所作的诠释和理解，是一个与时俱化的过程"③。所谓"变动不居""与时俱化的过程"，社会整体倡导的认知规范和行为原则对个人在社会生活中的具体的认知和行为并不必然地存在由因到果的关系，相反，它们两者之间是一种互动的助益性的关系。这即是说，在和合学这里，从历史文化传统和现实社会生活来看，虽然我们接受了现代学科体制下的知识性教育，但在整体上对社会倡导的认知规范和行为原则在事实上并不能完全地解释个人的认知和行为。对于社会整体来说，社会整体倡导的认知规范和行为原则这样的最高原则对现实的个人在很大程度上是无效力的，甚至产生一种敌对的效应；对于个人而言，在进行具体的认知和行为时，为什么会有这样的认知和行为，而不是选择另外的认知和行为，在多数情况下或者呈现出来的是一种因时、因地、因人、因事的权宜之计，或者只是一种日用而不知的有限经验的再次重现。如此，可能就产生这样的一个假设性的矛盾：个人具体认知和行为的选择在其现实性

① 张立文：《和合学：21世纪文化战略的构想》，中国人民大学出版社2016年版，第85页。
② 张立文先生在关于和合学理论体系中较少涉及"人性"的论述，在其《和合哲学论》的第二章"和合起来"有一界定："人性是人作为意义和价值规范的创立者的内在隐蔽规定性"，这里的"人性"之"性"与"命"相对应，"命"即是"人作为意义和价值规范的履行者的显现化（外化）使命"，"和合意义世界依据人规范社会价值的涵养、修治和合特征，人以其能动的智能创生或价值创造为'性'与'命'"（张立文：《和合哲学论》，人民出版社2004年版，第65页）。
③ 张立文：《和合学：21世纪文化战略的构想》，中国人民大学出版社2016年版，第298页。

上并不可能脱离客观历史造就的实际社会整体倡导的认知规范和行为原则的范围，但又因为自身的有限性而无力证明自身当下的认知和行为的理由以及预判将要如何认知和行为的结果。而在"和合"的视野下，规避这个假设性矛盾的有效理路即是把社会整体倡导的认知规范和行为原则与个人在社会生活中的具体的认知和行为作为一个共生共成的关系。

换言之，作为社会中孤立的个人，与其对社会整体倡导的认知规范和行为原则保持中立、不合作甚至拒斥的态度，不如实际地参与其中，因为这是在接受了现行学科体制下的知识性教育的前提后进行"理解人生生命存在及其活动的最基本的模式"①，但随着个人在日常社会生活经验日益的增加，就不可避免地与正在实践的认知规范和行为原则形成一种冲突，而为了化解这样的冲突，即是以"和合"的观念对冲突的"关节点"达致一种交互性的理解。这样的预示性结果即是使得社会整体倡导的认知规范和行为原则对个人在社会生活中的具体的认知和行为保持一定的张力，而且更为重要的是，随着个人生活经验的不断增加又能对社会整体倡导的认知规范和行为原则起到助益作用。这不仅是个人在现实社会中安身立命，更是在推动社会发展过程中实现人生价值，个人这样的生命活动即是"和合"导向下的"人对生存、意义、可能世界的思考的自我观念、自我创造的活动"②。

如果把这样的交互性的理解过程放大，这样的"和合现象"则"不仅是主体认识客体的主观意识活动，而且包括了经验世界的一切世界经验，发现一切和合模式共同的东西，是世界共识的现象"③。这也正是"作为和合的根基与源泉的最内核性的问题"，即"人类文化的智能创生或价值创造"④。正是在这样的指向性的理解过程中，"和合起来"成为我们当今最为切要的现实使命。

综上，"和合"的思想不仅仅源于儒家，更可追溯至《国语》《管子》和《墨子》。"和合"的概念不仅仅是历史事实的总结描述，更是人类和合

---

① 张立文：《和合学：21世纪文化战略的构想》，中国人民大学出版社2016年版，第305页。
② 张立文：《和合学：21世纪文化战略的构想》，中国人民大学出版社2016年版，第310页。
③ 张立文：《和合学：21世纪文化战略的构想》，中国人民大学出版社2016年版，第305页。
④ 张立文：《和合哲学论》，人民出版社2004年版，第77—78页。

使命的哲学表达。和合使命的提出，不仅仅符合和合逻辑的展开，更是表示这种逻辑的展开在历史的进程中是没有尽头的。或者说，和合是人类自古以来不断宣示的现实进行式而不是单纯的终极信仰。"和合"是自古以来不断践行而渐明的人类使命，或许我们一直在途中而忘道，故不得不强立"和合"而开悟吾人以至道。张先生遨游于和合史，寄情于人类大同的和合理想，开示和合的精微意蕴而主张一种实践的、"在路上"的和合道路。

（本文为特约稿件；作者单位：西南民族大学哲学学院）

和合思想：中国方案的文化渊源

张凯兰

当今世界面临诸多重大问题，全球性挑战不断增多，中国智慧、中国方案为全球治理注入了新内涵，提供了新思路。

中华传统文化是中华民族的重要标识，当今世界面临诸多重大问题，全球性挑战不断增多，中国智慧、中国方案为世界发展提供了重要方向。

一、和合思想的包容性使中国更具自身凝聚力

自身凝聚力是贡献中国智慧、提供中国方案的重要前提。中国作为历史悠久的文明古国，具有强大的凝聚力，其重要原因在于中华文化的包容性。中华传统文化以整体和谐为最大特征。因为和谐，整个社会即是一个运化自如的体系，其政治、经济、法律乃至宗教等均为这个体系的有机组成部分，而前提是整体的包容。

从政治思想上看，春秋时期，华夏民族已有以文化区分民族的取向，而不唯血缘关系。如华夏人接受夷人的风俗习惯，所谓"四海之内皆兄弟也"。以和合思想为代表的中国传统文化的包容性，显示出宽厚与亲善，为中华民族的形成与巩固发挥了重要作用。从某种意义上说，大汉民族的出现，也是"华夷互化"的历史结果。从历史进程看，春秋以降为民族大融合时期。戎、夷、狄、蛮与华夏族联系密切，并在民族交往间逐渐华夏化。秦始皇统一中国后，36 郡之内已大体无民族区分。和合思想包容性对于民族心理的培育，对于中华民族整体性的形成具有历史意义。

在包容无数地域文化和少数民族文化的同时，中华民族还以博大的胸怀接纳各种域外文化，体现出一种整体和合趋势。纵使西汉中叶以后，中国传统思想文化的发展趋向已基本定型，却仍能以非凡的气度包容输入的异域文化，其中包括外国宗教，诸如佛教、摩尼教、景教、基督教、伊斯兰教等。其中，魏晋以来出现的儒、道、释融合的思想潮流，更是和合思想包容性的具体体现。中央政权从未有过宗教的神权统治，也没发生过宗教战争。这既是中国历史一大特点，也是和合思想包容性的具体体现。《周易·系辞》言："天下同归而殊途，一致而百虑。"和合思想使中国人易以开阔的胸怀包容和吸纳外来文化，丰富和发展本民族文化，是中华民族凝聚力的重要思想根系。

二、和合思想的文明性使中国更具世界关怀力

"和也者，天下之达道也。"文明性也是和合思想的内蕴和精神所在。具有文明性特质的和合思想不以战争或暴力冲突为手段对待外界，能促进中国焕发出巨大的世界关怀力，从而以进步的思想理念提高人类的精神水准。

《国语·郑语》所谓："和实生物，同则不继"，即指出了和而不同的相处路径。这种思想决定了中国和平崛起的内生性，也是给当代世界的启示。人类社会不断演进的历史，始终和文明的多样性与文化的差异性相生相伴。不同种族因居处环境、生产生活方式、语言习俗、价值观念各异而拥有各自独特的民族文化。同时又因经济文化类型的差异和物质资源互补的需求，不同民族之间不可避免地进行着广泛交流。多样的文明和多元的文化相互交融，构成了一个丰富多彩、和而不同的世界。和合思想对承载着不同文明、不同文化的国家和民族，在相互交往中如何对待多样的文明和多元的文化，实际上给出了理想的答案。尊重差异、包容多样、增进交流、扩大共识，既可避免国家之间、民族之间"文明的冲突"，也能增强多民族国家内部不同民族之间的文化认同。而这是和合思想始终倡导并不断实践于世的。

和合思想是中国特色的传统思想，也是中华民族给现代社会的宝贵精神财富。可以说，基于西方经济学基础的国际经济理念过于简单地贯彻着动物

界的进化规则，忽视了人类社会及国际社会的和谐共生要求。与此相比，将和合思想贯彻到国际经济关系之中，更适合世界各国和地区的和平发展，有助于处理好各种国际经济关系，体现出世界关怀力。包容和谐思想的文明性代表着人类未来的走向，它作为跨越时空、超越国度的最亮丽的中国名片，是世界思想文化宝库中最富生命力的代表性元素。

三、和合思想的开放性使中国更具全球调适力

传统和合思想作为一种观念体系，在不同的历史条件下，会依自身的逻辑有着不同的展开形式或表现形式，体现出开放性特征。其内在机理在于，和合思想因包容，必然使所吸收的内容为适应整体而发生合理的改观，而整体也会因之而出现新的变化。和合思想是一种既追求同一性又包容差异性的思想，它通过对同一性与差异性的承认与超越，形成新的和合体。即作为一种能够包容并超越同一性和差异性的思想，必然地具有开放性。可以说，开放性构成了和合思想存在与发展的必然要求，也成为和合实践内在的驱动力，在文化的传承与历史的发展过程中奠定了民族的开放精神。

时代在发展，现实需要的并非单纯拘泥于对传统和合思想理论继承，而是重视其价值启示，将其应用于改革开放的实践过程中，以此为群己和合、民族和睦、国家共赢等提供理论借鉴，造就理想的社会与国家图景。故而和合思想的开放性也在当代展现出向实践开放、向世界开放、向未来开放的特征，体现了中华传统文化的整合功能。可以说，在全球化背景下，和合思想所体现的开放性具有强大的辐射力，能"大庇天下"，使世界更加和谐、世界文化更加丰富多彩。

如何处理好世界普遍价值认同与民族身份的自我认同等问题，对于国家的制度选择和文化安全具有决定性意义。对主权的尊重与和平的维护深深植根于中华民族的精神世界。早在1955年，中国政府就提出国际关系的"五项原则"，被誉为"团结、友谊、合作"的万隆精神，即是一个典范。而今，以和为贵、和而不同、协和万邦等在中国世代相传的理念，为今日中国的和平发展作出生动注解，和合思想丰富而深刻的内涵诠释了中华民族造福

人类的当代表达。和合既是中国古典智慧，也是现代文化方式的选择，其开放性适应了中西文化价值冲突融合与传统现代化转换的需要，在化解当前经济文化与社会冲突，减少国际政治动荡中，具有强大的调适功能，为新时代广泛合作提供了广阔平台。

（原载《学习时报》2018 年 3 月 30 日；作者单位：长沙市委党校马列教研部）

中国传统文化的"和合包容"
精神及其创造性运用

张继泽

民族之存在，赖于有一定规模的生生不息之人口、必要的物质基础及作为民族魂魄的文化传承。文化之异同，取决于作为其内核的精神。当今世界"文明的冲突"，首先是指文化精神即核心价值观的冲突，其次才是具体的制度设计和行为模式。当今世界主要的文明形态中，西方文明以古希腊文明和希伯来文明为源头，并非同一民族、同一文化的传承；伊斯兰文明由阿拉伯文化、波斯文化和突厥文化相互融合、共同发展演化而来；印度文明并不是古印度文明的延续，主要内容是佛教精神。中华文化不但千年一脉、源远流长，而且从来没有凌驾于世俗政权之上的教权。梁漱溟先生曾说："以偌大民族，偌大地域，各方风土人情之有，语音之多隔，交通之不便，所以维持树立其文化的统一者，其必有为彼一民族社会所共信共喻共涵育生息之一精神中心在：唯以此中心，而后文化推广得出，民族生命扩延得久，异族迭入而先后同化不为碍。"① 中华文化绵延数千年、屡经外族侵袭而不易，所凭借的，便是流淌于中华文化血脉中的"和合包容"精神。

一、和合包容是中国传统文化的主要精神内核之一

"和合"二字见于纸面是在战国初期成书的《国语·郑语》中，"夏禹

---

① 梁漱溟：《中国文化之命运》，中信出版社 2013 年版。

能单平水土，以品处庶类者也，商契能和合五教，以保于百姓者也。"意即商契（传说"商"部落的始祖叫"契"）因为能和合父义、母慈、兄友、弟恭、子孝"五教"，才使百姓安定和谐的相处与生活。春秋以来，"和合"这一概念不断在实践中自我完善，其范围也变得越来越大，逐渐成为处理小到日常生活，大到内政外交种种关系的一般性准则。

历史上不同流派的思想家对"和"做出了自己的界定。孔子说："君子和而不同，小人同而不和。"（《论语·子路》）认为和是君子之美德，是君子与小人的分野。和还是儒家最重要的社会行为准则。史伯认为，周人的先王"聘后于异姓，求财于有方，择臣取谏工而讲以多物，务和同也"。① 就是说，周人在婚姻上奉行同姓不婚的制度，须聘娶异姓女子为妻；在经济上实行与诸民族互通有无的贸易政策；在政治上实行广纳贤才、广开言路的方针。周朝之所以能"成天地之大功"，正因为先王能包容差异，协和万方。周朝之所以衰败，是因为"去和而取同"。对于"同"的危害，史伯说"声一无听，物一无文，味一无果，物一不讲"。那么到底什么是和，什么是同呢？《国语·郑语》说："以他平他谓之和，故能丰长而物归之；若以同裨同，尽乃弃矣。""和"就是"以他平他"，就是让不同质的事物相互结合，达到平衡才能产生万物。"同"则是"以同裨同"，即排斥差异、矛盾、对立的事物的相互结合，只求同质事物的绝对同一，则无所成了。《老子》说"万物负阴而抱阳，冲气以为和"（《老子》四十二章）。道家认为，和是阴阳平衡的结果，也是万事万物发展的最高境界。老子还说"知和曰常，知常曰明"（《老子》五十五章），即知晓了"和"的道理，就是明白了道的常规，就是明智的人。可以说，儒家和道家在对"和"的认识问题上是殊途同归。"和"表达的都是不同的事物之间和谐、和睦，协调、平衡或调和之意，是做人、做事、治国安邦的最佳方法。

相比之下，"合"的论述要少很多，其一部分含义也渐渐被"和"取代了，表述上多为"和合"连用，如："畜之以道，则民和；养之以德，则民合。和合故能谐，谐故能辑"（《管子集校·兵法》），"内之父子兄弟作怨

① 左丘明：《国语》，齐鲁书社 2005 年版。

仇，皆有离散之心，不能相和合"（《墨子间诂·卷三》），"天地合而万物生，阴阳接而变化起"（《荀子·天论》）。总体思想是，只要按照自然规律来管理百姓，让百姓丰衣足食，他们就会内心祥和，和平共处；再用道德来教化他们，百姓就会同心同德、齐心合力。合的一般含义是融合、齐一或是合作。

总之，"和合"是指在承认矛盾、差异的前提下，把不同的事物统一于一个相互依存的整体中，扬长避短，达到最佳组合，由此促进新事物的产生，推动事物的发展。

包容，首要含义是上对下的宽容，《汉书·五行志下》："上不宽大包容臣下，则不能居圣位。"其次是指一事物对另一事物或者主体对客体的容纳。前蜀杜光庭《皇后修三元大醮词》："气分二象，垂包容覆载之私。"在中国传统文化中，对于包容并没有太多的阐释，但是它与和合是密不可分的，与和合一起成就了中华文化的博大精深、源远流长。包容对中国传统文化的影响可从两个层面来分析：第一，包容是文化繁荣的前提。根据辩证唯物主义基本原理，对立的双方只有在统一体中才能斗争和发展。不同的文化流派只有相互包容，才能相互借鉴、共同进步。春秋战国时期是公认的中国文化发展最快的时期之一，被德国哲学家雅斯贝尔斯称为人类文明的"轴心时代"，当其时也，"百家争鸣"，众学派各抒己见又相互攻讦，一时星光灿烂，名家如云，最终却是不约而同地和合于探求治国安邦之谋，天地万物之道，善恶人文之德，由此奠定了中华文明的深厚根基和发展方向。相反，到了汉武帝时期，"罢黜百家，独尊儒术"，对于儒家以外的诸子百家及其著作，不是包之容之，而是坑之焚之，交流学习借鉴的对象消失了，数百年间思想同一于儒教一门，后人在相当长的历史时期内也就只能在其上添添补补，再无跨越式的发展了。第二，包容是不同流派共存的条件。各个文化形态都是由无数个部分构成的，这些部分又分为外围、内围与内核。不同流派的交流，首先进行的是一些外围观念和衍生物的冲突，此后才会进行内围的和合运动。但是一般来说每一文化流派的内核始终保持其原有特征，这时只有相互包容，才能和谐相处，共同发展；否则，要么同归于尽，要么一方消灭另一方，斗争结果归于"同一"而丧失发展的动力。

总之，文化的发展其实就是一个各流派相互接纳包容—和合发展—包容异质—再和合发展的循环往复并不断上升的过程。

二、中国古代"和合包容"精神的表现及其特点

（一）中国古代"和合包容"精神的表现

中国传统文化是在"和合包容"精神的引领下不断发展壮大的。中国古代"和合包容"精神体现在两个层面：一是中国传统文化的发展史贯穿于中国各民族交往史之中，是以汉族为主体的华夏文化与少数民族文化相互吸收、融合的发展史。中国传统文化发展的两次高峰，都是华夏文化与其他文化相互包容和合带来的。周朝末年，王权衰微，诸侯并起，导致华夷杂处，社会动荡不安。古圣先贤总结前人的治理经验，提出了"和合"才能生物的理念，从而华夏与夷族不断吸收对方文化中的优秀成分，其标志性事件是赵武灵王的"胡服骑射"。经过春秋战国思想家们的不断整理，出现了以儒家、墨家、道家、法家为代表的诸子百家，中华文化体系初步形成，达到了中国传统文化发展的第一个高峰。此后，秦始皇焚书坑儒，选择法家作为治国理政的工具，长城的修筑，一定程度上又阻断了中原各民族与北方游牧民族的交往交流；秦的短命及其教训，使西汉王朝采取了"罢黜百家、独尊儒术"的策略，汉代思想家综合了先秦各种思想体系，形成了以儒家为核心的经学体系，文化的融合走向沉寂。从汉末到隋初，三百多年的时间，中华大地，纷争不息，特别是南北朝时期作为标志性事件的"五胡乱华"，各少数民族纷纷内徙，使中原文化与周边异族文化交流处于历史上最密切的时代，由此带来了中国文化融合发展进入第二个高峰。二是中国传统文化发展史伴随着中外文化交流史，是在不断扬弃异域文化的过程中发展壮大的。古代中国大规模吸收外来文化主要有三次：第一次是汉朝开辟丝绸之路，带来了西域文化及风俗盛行；第二次是佛教传入，带来了印度文化、希腊文化的元素并被儒家文化所吸收融合在中华文化之中；第三次是宋明时期航海业的发展，带来了阿拉伯文化，增强了与亚非国家的文化交流。当然中国古代本土各民族内部文化的包容与对外文化交流是在同一个历史过程中完

成的。

（二）中国古代"和合包容"精神的特点

中国古代自给自足的小农经济决定了其政治、文化整体上是保守的，由此"和合包容"精神在促进中国文化发展的过程中呈现出了其内敛性、被动性的特点，其传播策略是防御性的。具体说来，包括三个方面。

第一，"和合包容"精神呈现出来的特性是内敛的而不是扩张的。一块石头扔进池塘，必会形成一圈一圈向外扩散的波纹。中国传统文化发展的特点则相反，它就像一个以华夏文明为核心的漏斗状旋涡，其波纹是内敛的而不是向外发散的，是靠自己的"和合包容"精神在自己的领土范围内实现文化的大一统，很少有对外进行文化扩张的冲动。虽然从汉武帝时起，出现了一项名为"示无外"的政策，要求对于在帝国范围内的其他国家和民族的人"爱之如一"，不与本国人民相分别，给予相同的待遇，尊重其文化和信仰，但并不强制他们学习中原文化习俗，体现出一种平等和包容一切的态度。隋唐时期达到了诸夷与夏相杂而居、浑然无异，实现了经济上的自由贸易；政治上对各国人民平等对待和文化上的同化与融合。明朝永乐帝时期，进一步重申"示无外"政策，产生了中国对外交往的另一个高峰期。但是值得注意的是，这项政策的对象是进入本国境内的外来人口，而不是境外和他国之民，即中华文化"文以化之"的对象仅限于中国境内的人。

第二，中国传统文化的传播策略是被动防御而非主动进取的。从积极的方面说，儒家文化信奉的是"桃李不言，下自成蹊"（《史记》）、"譬如北辰，居其所而众星拱之"（《论语·为政》），在文化传播策略上，力图凭借中原（后来是中华）文化的先进性和高度发达的文明与道德水平所产生的吸引力，使周边文化较为落后地区、以至于更远的其他文明主动来学习中华先进文化，再借由其归国的国民将中国文化传播到其国内。其文化传播策略用老子的话说便是"夫唯不争，故天下莫能与之争"（《道德经·二十二章》）。从消极的方面看，华夏文明与夷族文化的交流多数伴随着少数民族的入侵，游牧民族通过军事入侵把他们的文化带入中原，再通过相互融合，为中华文化增添新的内涵。

第三，中国传统文化的"和合包容"精神体现出来的文化自信是建立在强大的政治和经济实力基础上的。在几千年的世界历史上，除了极个别的历史时期之外，中国无论在人口、土地、经济实力方面，还是在政治制度上，绝对是站在世界舞台的中央，加上悠久的历史，浩如烟海的典章制度和灿若星辰的名师大家，中国人在文化上有理由充满自信。所以，即使有一些文化上的冲突，在中国人看来，也"只是一时之变，要求调和，乃是万世之常"。① 也因此采取一种"修文德以来之，既来之，则安之"（《论语·季氏》）的文化传播策略，骨子里含着的还是自信。也正因为如此，当西方通过工业革命积累了巨大的财富，通过科学技术制造了坚船利炮并力图打开中国大门的时候，仍做着中华大帝国美梦的封建王朝，才无论如何也不愿放下身架向西方学习。

三、"和合包容"精神在当今国际条件下的运用

历史已经证明，经过两千多年的实践，中国传统文化所孕育的"和合包容"精神能够为异质文明的交流、发展提供有益的借鉴。今天，站在中华民族伟大复兴的新的历史起点上，伴随着"一带一路"战略的实施，我们有信心也有能力走近世界舞台的中央，与全世界一切爱好和平、向往美好生活的国家和人民共同推进我们自己的"全球化"进程。为此，我们既要继承"和合包容"精神的优秀成分，也要克服它的不足，为"一带一路"建设提供强有力的文化支撑。

（一）倡导"各美其美、包容共处"的文化多元化思想

文化霸权，就是"文化帝国主义"，是指"把一种'优越的'文化灌输给另一国家的人民，使他们自愿服从这种文化的统治"。② 当今西方发达国家具有一定的政治、经济、文化优势。特别是美国，依仗其军事和科技实力把控着国际话语权，利用文化产业优势与媒体宣传力量形成对中国文化所谓的"三重围攻"：大肆渲染"中国威胁论"，通过组织专门的智库对中国文

---

① 钱穆：《中国文化精神》，台湾三民书局 1971 年版。
② 陈文力等：《中国文化对外传播战略研究》，九州出版社 2012 年版。

化进行断章取义、牵强附会的曲解，在国际上妖魔化中国文化与价值观，力图阻止中国文化"走出去"；不断联合盟友以民主人权问题指责中国，妄图打击中国人民的民族自信心；依靠其传媒技术和文化产业，大量向中国本土输送其价值观，妄图从内部分化改变中国文化，进一步压缩中国文化的生存空间，甚至逐步消灭中国文化，实现其文化霸权。为此，我们当务之急是：第一，树立文化自信心。中华文化具有五千年的历史积淀，有丰富的革命文化传承，有占世界近五分之一人口的不断创新创造，只要我们坚持"和合包容"的精神，就一定能创造出具有中国特色的社会主义新文化，并在世界文化大舞台上占有自己的一席之地；第二，宣传上要主动出击，要善于和敢于利用一切手段、一切国际场合反对文化霸权，揭露他们的谎言和阴谋，争夺国际话语权并建立我们自己的话语体系；第三，要敢于展示中国强大的防卫力量。中国必须加强对外宣传力量，建设强大的网络安全部队，展示中国强大的军事实力，阻吓一切来犯之敌。当然，反对西方文化霸权不是为了建立我们自己的霸权，也没有必要与仍然处于强势地位的西方国家发生正面对抗，我们要大力宣扬和倡导"各美其美、包容共处"的文化多元化思想，只要取得了与西方文化同台竞争的机会，剩下的让世界人民去评判和选择。

（二）倡导"求同存异、和合包容"的理念

中国同大多数亚非拉国家一样，曾长期遭受帝国主义国家的侵略和欺凌，深知独立自由之可贵，当然不会把自己曾经遭受的痛苦强加在它们身上。新中国成立以来，中国的对外援助从来不附加任何政治条件，得到了广大发展中国家的信任。今天，我们倡导"一带一路"建设，就是要运用中国强大的基础设施建设能力和工业制造能力，实现沿线国家的互联互通。各沿线国家可以对接各自的发展战略，发挥比较优势实现国家的跨越式发展。过去，我国的对外建设和对外援助都是政府间的、以经济合作为主，当地居民不配合、不理解的现象时有发生。今后我们要把对外建设、对外经济援助与文化援助结合起来，一边搞建设，一边培训当地工人，并在当地设立学校免费教授中国文化，让他们在学习技术和汉语的过程中，听到中国故事，了解中国主张。我们不是把"和合包容"的理念强加给当地人民，而是在"和合包容"理念的指导下，既尊重、学习和吸收各国文化，又向他们介绍我们的文化，通过平等交流，准确理解对方的意图，减少误解，保持合作的长久和稳定。

"一带一路"建设虽然应该以陆路建设为主，但是我们认为，文化沟通上可以从东南亚国家开始。从地缘上说，东亚、南亚以及东南亚国家与中华文化圈有着亲缘性，更利于接受中国文化和政治理念；从历史上说，东南亚国家处于"海上丝绸之路"沿线，与中国交流频繁，更容易接受和理解当代中国的外交观念，其本身的外交理念也与中国有诸多相似之处。新中国成立以来的外交实践中，无论"求同存异""搁置争议、共同开发"还是"和平共处五项原则"都获得了高度认同。这些都是中国重启海上丝绸之路的文化优势。

总之，中国传统文化是一种充满生命力的"人学"，立足于活生生的社会人而上升到人的集合——国家、社会，这种文化来源于实践又归于实践，具有强大的生命力和自我发展自我完善的动力。历史绝不是无用的，中国传统文化血脉中流传的"和合包容"精神在今天的国家、民族、文化交往中仍具有非常可贵的指导价值，尤其对于"一带一路"建设中的文化交流、传播，对于中国重获文化话语权的尝试有着巨大的现实意义。中国以"和合包容"精神来解决国家间文化与价值观的冲突一旦成功，也将为解决全世界所共同面对的"价值观困境"提供宝贵的经验。

（原载《潍坊学院学报》2017 年第 1 期；作者单位：广西大学）

中华民族多元一体"和合文化"建构

——以汉族民间衣裳的历史变迁与文化融合为例证

牛　犁　崔荣荣

费孝通先生指出:"中华民族是一种建立在各民族普遍联系基础上的历史凝聚叙事模式,汉族以其人口众多、分布广泛,成为联结各民族的核心。"① 汉族原称华夏,是由古代华夏族和其他民族长期混居交融发展而成的人口最多的民族,自汉王朝后有了"汉族"的称谓。华夏文化与周边地域和其他少数民族文化相互交流、相互借鉴,形成中华民族。数千年间,中华民族经历了多次政权的更替、民族的交流及思想的演变,其中和合文化思想一以贯之,正如《中庸》所载:"和也者,天下之达道也。致中和,天地位焉,万物育焉。""和"是天地万物生长的基本规律,也是社会发展的法则。在"和"的价值诉求之上,传统社会形成了"天人合一""协和万邦""大同"等立意深远的理想世界观②。中华民族正是重视合与和的价值、保持完满的和谐,各民族才能产生凝聚力,万物才能顺利发展。

衣裳是我国最早的服装形式。所谓衣裳,《说文解字》称"上曰衣,下曰裳",是区别于上下连属袍制的一种传统服饰形制。上衣同下裳分裁开来单独作件,因而变通与创新的空间更大,在中国历史上数次民族融合中延伸出多种样式。同时,民间衣裳的灵活多变,使其对外来服装潮流的学习与接纳能力相比宫廷衣裳更胜一筹,对民族的情感与个性的表达也更突出。自夏

---

① 费孝通:《中华民族多元一体格局》,中央民族大学出版社1999年版,第5页。

② 姜珂:《守望、融合与革新:从中华优秀传统文化透视提升文化自信之路》,《河南社会科学》2019年第5期。

商周起，汉族与他族的文化交流频繁，或通过和平的纳贡，或通过残酷的战争，或为顺应局势的变化，汉族民间衣裳吸收融合了他族的特色与优点进行改良。不同历史时期汉族民间衣裳因文化融合而表现出汉族与少数民族之间的服饰文化借鉴、少数民族与汉族之间的相互影响、东西南北不同地域服饰文化交流等。衣裳变革中的主动与被动，整体性变革与局部性变革的内在关联，文化变迁中不同的推进因素所产生的不同作用等方面的综合使得汉族民间衣裳呈现出以传统服制为中心、款式百花齐放的特殊景象。汉族民间衣裳正是在中华民族历史进程中民族间不断交往交流融合的艺术结晶，其融合与变迁过程是对中华民族多元一体"和合文化"构成理论的重要物质实证。

一、多元之和：和而不同的包容智慧

和合思想，最早可以追溯到先秦时期。儒家的"仁爱"、墨家的"兼爱"皆倡导包容。中华民族在漫长的分分合合的历史进程中，终于由许许多多分散孤立存在的族群，形成了一个"你来我去、我来你去，我中有你、你中有我，而又各具个性的多元一体"[1]。这种多元，除体现在民族成分上的多元外，还体现在生存方式之多元、语言方言之多元、文化信仰之多元等方面[2]。重要的是，这些多元从来不是孤立存在的，而是相互补益、相互学习、相互依存的圆融联系状态，体现出"和而不同"的包容智慧。在文化发展与民族交流进程中，汉族民间衣裳得以产生、发展，便是在"和而不同"的理念下形成的民族融合与交流的产物。上衣与下裳的造型及装饰经历了数次历史变迁，融合了其他民族服饰，逐渐演变出多种特色的样式，呈现出不同的时代风格特色。

（一）上衣的多元发展

汉族民间上衣种类多样，尤其是女子的上衣，因各朝代社会环境的差异而不尽相同，其变化主要体现在领襟、衣长、袖子及衣身的宽窄几个部分。

---

① 费孝通：《文化与文化自觉》，群言出版社 2010 年版，第 453 页。
② 参见青觉、徐欣顺：《多元之和与一体之合：中华民族共同体之根本》，《中国民族报》2018 年 7 月 27 日。

先秦时期，汉族平民妇女着襦裙，上衣紧身窄瘦，袖子窄小便于活动，右衽开襟，下摆至腰节，敞开的对襟常收束于裙腰内，并用条带系扎于胸前。这种衣襟样式保留至南北朝时期发生改变，交领右衽的上衣逐渐成为主流。汉代，襦成为汉族妇女最主要的上衣样式之一，相比前朝的长短宽窄有些微变化，上襦极短，衣长至腰间，甚至汉末盛行一种窄小而短到胸部的上襦。"上短下长"的女装是这一时期具有特色的服饰。东汉末年，除了襦还首次出现了衫，即无祛（即袖口）的开衩单上衣，右衽大襟，有立领与无领之分，以盘纽、襻带或明暗扣系襟，流行于民间。魏晋时期的衣裳以宽博为尚，女装宽袖的形制别具一格，富有曲线变化，袖根紧窄，而自袖中拼接处袖口复为宽大。北朝时期社会混乱，中原地区汉族女性衣裳吸收了北方少数民族的服饰特点变得紧而窄小，窄袖短衣，有右襟与对襟两种形制。这种瘦长纤细的女装在隋唐时期发生了较大的转变，短襦或衫的领口变化多样，出现了圆领、方领、斜领、袒领与直领等造型，相比于魏晋时期袖口收窄，并在窄袖衫外罩穿长至腰部的半臂短衫，以作搭配。

盛唐之后，社会开明与对外交流使得上衣款式比前朝历代更显丰富。唐代妇女服饰就是在吸收西域乃至中亚地区胡服文化的优良成分并有所创新和发展的基础上，形成了自己独特的内涵。为顺应女性崇尚体态丰腴的审美特点，衣衫造型日趋宽大，袖子也逐渐肥大，宫廷民间皆普遍流行一种袒胸露肩、领口宽大的衫。此时衣裳形制的多元与夸张是历代服装中前所未见的①。这种华丽开放的服装风格与之后宋代清素淡雅的风格迥然不同。在宋代强调"存天理，灭人欲"的程朱理学思想下，人们的审美观念也变得崇尚朴素，女子衣裳以"瘦、窄、长、奇"为特点，上襦较短小，交领右衽，袖身窄瘦，衣身细长。这时期特有的褙子就是由半袖胡服演化为武士服和民间服饰。褙子的袖子长而窄，对襟直领不以纽扣或绳结系连，衣长过膝，并于左右腋下开衩，腰部用勒帛系扎。而经历了辽金元少数民族政权下胡服的影响，明代的褙子依然采用了宋代的主要形制，有长袖、短袖和无袖三种，

---

① 参见张蓓蓓：《南北朝至隋唐时期新疆与中原民族妇女服饰交流》，《民族艺术研究》2015年第2期。

袖有宽有窄，套在襦袄外面。其时盛行另一种穿在衫外的无领无袖的开襟马甲，由隋唐时期的半臂演变而来，称为"比甲"，衣长过膝，成为女子日常穿着的外衣。这种半长上衣在清代又缩短了长度，发展出大襟、对襟与琵琶襟等多种造型的坎肩与马甲，而女子的上衣演变为立领斜襟，袖口又转为宽大，袄、衫长及臀部，不再收束于下裳之内。

（二）下裳的演进更迭

汉族民间的下裳分有裙装和裤装两种类型。裤由于多作内衣，因此变化不大，而裙作为上衣的主要搭配，随上衣的变化与社会审美的变迁先后进行了不同的演变。在这种演变中，可以领略到中华民族多元一体和合文化历史变迁和各民族文化的和谐共生。

纵观历史上汉族女性的衣裳搭配，裙的造型变化多表现在裙腰的高度、裙身的长度以及褶裥的运用上。秦汉以前，女性穿襦裙时裙腰常用绢带系于腰间，裙摆及地，盖住脚面以行不露足。汉代襦裙的下装整体呈上窄下宽的喇叭状，腰间两侧缝有系结用的丝带，汉末民间妇女为了方便劳作，将裙长改良缩至膝盖。至魏晋时期，裙腰上提至腰节之上，裙摆宽大，以追求飘逸之美，并通常在裙外系穿一件较短的围裳，用丝带系扎固定。隋唐的女子上装变短，下裳的裙腰也随之提高，用绸带系在胸部上下，下摆长及地面并呈圆弧形，主要吸纳了胡服的轻便元素。这种窄小紧身的高腰襦裙，既表现出人体结构的曲线美，又体现了当时社会崇尚的潇洒风度，为唐代初期最流行的款式之一。

从初唐到盛唐，裙装的造型由窄小逐渐演变为宽博肥大，裙身由多幅布拼合缝制，以达到宽大的造型效果，或用两色或以上面料制作，衍生出了如石榴裙、花笼裙等别致的款式，形成兼容并包、兼收并蓄的艺术特征。宋代裙的造型则基本上延续了唐代形制，制作所用的布幅数量最多为12幅，但以褶多为美，裙身多褶裥。以6幅褶裙为例，中间4幅均匀打上60褶，裙摆拖于地面，裙腰仍束于胸下，整体保持了窄瘦细长的视觉效果。明代初期，女子的裙子依旧遵循"裙拖六幅湘江水"的古训，明末才始选用8幅乃至12幅造型。明清时期，女子所着裙式以马面裙、百褶裙等为经典，裙长及足，覆住脚面，裙褶的造型多样集中在裙身两侧，且衍生出"活褶"

与"死褶"之分，并留出前后 20 厘米左右宽的平幅裙门，在造型上更具层次与装饰感。

（三）装饰历史融合求新

纺织技术水平的日渐提高，审美内容的日益完善，使衣裳上的工艺装饰逐渐成熟而精美。包绲在衣衫领襟、袖口的缘饰，起连接固定作用的扣饰与丝带，交错于裙面腰间的褶饰等，在各朝社会环境中有着不同的内涵及表现形式。战国时期出现了上衣下裳制的襦裙，衣裳用绳带系结固定，后借鉴胡服形制时也学习了其先进的腰带设计，将打有小孔的皮带头部装饰金属环扣与扣针，这种腰带实用性相比传统汉族腰饰更强[①]。魏晋时期，"彩色绢条"的装饰"早期多见于西域少数民族的袍服，形状短而宽，多缝缀于衣片之上。而由花海毕家滩 26 号墓所出襦裙来看，至少在魏晋时期，'彩色绢条'已经融入中原服饰。形状长而窄，制作方式则改缝缀式为嵌入式，逐渐融合中原居民的穿着习惯，改良成为一种新的服装款式"[②]。至明代以前，女子衣裳仍采用系扎闭合。明代女子着褙子时则常用纽扣，时用绳带。纽扣的使用率开始明显增加。清代更是以纽扣、绳扣等扣饰作为衣裳闭合的主要连接物。材质也有织物、金属、玉石等不同分类，且造型精美，求变求新。与扣饰一同变化的还有褶裥的活用，自魏晋时期开始出现多褶裥裙，人们对褶裥与裙身的结合就愈加熟练，后世下裳装饰中褶裥的密度与数量不断变化。明清时期更是在此基础上再设计出纹理独特的鱼鳞状百褶裙，展示出传统汉族民间人们极强的创造性及审美装饰的手工技艺。

"和而不同"是和合文化的重要内核。"和"与"不同"是辩证统一的关系，"和"是建立于"不同"之上的"和"，"不同"是显现在"和"之中的"不同"，同时还是统一于"和"的前提。二者是建立在互相依赖、缺一不可关系基础之上的矛盾对立双方[③]。易言之，"和而不同"就是要充分尊重不同文化、不同文明之间的差异性，在"不同"中寻求文化的相同之处，促成多元共存。正如《国语·郑语》所谓"以他平他谓之和"，"和"

---

① 参见夏添、王鸿博、崔荣荣：《楚墓出土麻、绢织物工艺特征》，《服装学报》2020 年第 4 期。

② 夏侠：《从楼兰出土文物看魏晋时期的西域服饰》，《新疆艺术学院学报》2009 年第 3 期。

③ 参见尹素琴、高静文：《中华文化的哲学底蕴》，《学术交流》2011 年第 9 期。

将不同事物结合在一起协调平衡。在绵延久长的中华历史文化中，从汉族民间衣裳的历史变化中，我们可以清晰地看到，在和谐中求变求新的发展观就像一个强壮有力的引擎，推动着衣裳相互吸收和相互借鉴，促进着文化与艺术的共同发展。从历时性角度看，我们可以理解这是"文化自觉"推动"文化自新"的一种重要表现，同时也是多元一体理论格局下中华文化自我更新能力及"海纳百川"包容智慧的重要体现。

二、一体之合：美用融合的文明互鉴

《汉书》言："天下之大义，当混为一。"本体为一，看似简单，实则凝聚了复杂重要的内涵。一体之合，不仅意味着一种统一性、整体性，更意味着一种一统性、合法性。"美用融合"是"和合"文化在实用品上不断丰富和发展而形成的，"美"主要是指外在审美，而"用"则强调使用功能。"美用融合"的观念体现了中华民族对于二者关系的兼容态度和共生理解。

（一）功能需求下汉族民间衣裳的文化借鉴与融合

关于服装的起源，一说是为了满足人们的生理需求，调节人体温度或保护身体避免伤害。而衣裳作为服装的主要形式，其功能性尤显重要。在充满变动的中华历史中，汉族民间衣裳为了弥补自身实用性与功能性的不足，也曾多次向周边地区与少数民族借鉴其服装特点，在遵循实用、适用与巧用的过程中不断改进衣裳的设计。在功能需求驱使下将传统汉族衣裳与胡服形制相融合所进行的第一次尝试，出现于战国时期。在学术百家争鸣、各国战事频繁的社会背景下，为了在战争中提高自己军队的战斗力以抵抗周边国家和北方少数民族的侵犯，赵武灵王研究学习了北方游牧民族的服装，借鉴其活动性、实用性强的形制特点，在全国推行"胡服骑射"，普及胡服。据《史记·赵世家》记载："今中山在我腹心，北有燕，东有胡，西有林胡、楼烦、秦、韩之边，而无强兵之救，是亡社稷，奈何？夫有高世之名，必有遗俗之累。吾欲胡服。"[①] 于是汉族传统的宽衣博袖形制趋于紧窄，传统的套

---

① 司马迁：《史记》，中华书局1974年版，第1806页。

裤也改为更适合骑马行动的,有前后裆之分,且与裤管相连的合裆裤,胡服形制逐渐被汉族所接受并借用。

与战国相似,魏晋时期汉族与少数民族的联系进一步深入,军中的骑乘之风也逐渐影响到民间①。实用功能比传统汉族宽松肥大的服装优越的胡服,向汉族民间的劳动者阶层转移、普及,紧窄短小、上俭下丰的适体样式逐渐流行于民间,极大地满足了民间百姓生产劳作及生活活动的各种需求。尤其是裤褶、裆等适于骑马的胡服,成为流行时尚,衍生了汉服、胡服并存以及胡服逐渐汉化的历史现象。南北朝时期民族融合更进一步,沈括在《梦溪笔谈》中直接指出:"中国衣冠,自北齐以来,乃全用胡服。窄袖、绯绿短衣、长靿靴、有蹀躞带,皆胡服也。窄袖利于驰射,短衣、长靿皆便于涉草。"可见,功能性需求是汉族民间衣裳与少数民族衣裳融合与发展的重要推动力。

(二) 审美需求下汉族民间衣裳的文化借鉴与融合

造物之美在于主(人)客(物)体相融,物必须被人用在身上或鉴赏于心里,并置于与之相应的时间、空间中,其审美价值才能被充分展示出来。造物艺术作为文化心理的对应品,无疑将随着民族的迁徙、时代的变迁和文化思想的发展而呈现出千变万化的造型、色彩、材料、功能等表现形式。换言之,造物要取得最佳效果,必须与两个环境——小环境(即人与物之间形成的内空间环境)和大环境(即造物的外空间环境)相和谐才能实现。从我国数千年社会文化发展史来看,不同的历史时代催生出各自独特的审美内涵。

自周代建立服制伊始,纺织及制衣技术的发展趋于成熟,决定了后世衣裳开始重视实用功能外的其他方面,人们对美的追求映射在衣裳之上。作为以博为尚的代表时期,唐朝中晚期在自身经济发展与纺织技术条件支持下同时受到外来思想文化的影响,对女性体态的审美观念发生了转变,女子以丰腴为美,女子的衣裳便随之渐渐宽大化②。汉族民间衣裳由初唐的小衣窄裙

---

① 参见张蓓蓓:《多元文化激荡下妇女服饰系统趋向研究:南北朝至唐前期之"鲜卑化"现象》,《南京艺术学院学报》(美术与设计) 2017 年第 4 期。

② 参见张珊:《从图像资料看唐代女装常服的变迁》,《艺术设计研究》2015 年第 2 期。

向中后唐的博衣阔裙的转变历程，与后来的明代有着异曲同工之处，但后者在衣裳款式上对外来服装文化的吸收与融合程度远不及唐代。唐中后期为表现人体曲线美而改用的袒胸露肩款式，亦反映了这一时期社会风气与民众审美的改变和创新，其开放程度为其他前后朝代所不及。而经济的繁荣亦使得人民的生活水平提高，中唐之后民众对华美的追求促使该时期的衣裳呈现出自由多样且高贵奢华的特点。

与唐代追求丰盈为美相反，宋代的审美风格达到了另一个极端。在宋代重文轻武的治国理念的影响下，上至贵族百官，下至平民百姓，皆以儒雅素净为风尚。衣裳的造型逐渐收敛，趋于守旧简洁，形成了宋代服装独有的严谨理性之美。同时，儒释道三教汇融，也极大地影响了宋人的处世心态与美学观念，愈加追求自然闲适的服装审美格调，反对过度的装饰与造型。南宋时期女性的衣裳狭窄贴体，大襟交领，将胸部完全遮盖①。另一典型的款式"褙子"，满足了人们的审美需求，成为最流行于民间的衣裳之一。可以看出，在不同时期不同历史下，受思想与文化发展程度及风格的影响，人们的审美理念有或大或小的差异，并推动了汉族民间衣裳对前朝形制或其他民族地域服装风格的融合与改良。

（三）美用融合下的汉族民间衣裳造物观念

汉族民间衣裳文化融合与历史变迁体现了汉族文化对于"他文化"的主动接受，这些被吸收的"他文化"经过"消化""改造"之后成了汉文明中新的、属于自己的内容，并从衣裳的变化中反映出来，最终形成汉族衣裳美用融合的风格，并在美用融合的基础上形成了衣裳的造物之"道"。

造物作为一种创造性的思维活动和实践过程，包含着技术、艺术、经济等多方面、多层次、多角度的思考与统一。它不仅包含着造物过程中作为造物者的人所体现出来的原则、依据和预想，同时也表现为被造物者所创造出来的"物"所折射出来的社会思潮、科技文明、历史文化。在中国古代漫长的衣裳造物实践中，它广泛吸收了华夏历史文明进程中本土和外来的各民族造物的特点，并形成了自身鲜明的思想体系和价值特色，即"唯变所适

---

① 参见徐吉军：《南宋时期的服饰制度与服饰风尚》，《浙江学刊》2015年第6期。

性、等级制度性、多样并蓄性、民族人文性"①。如元代之后裙装多褶裥，这样的设计增加了很大的灵活空间，方便人们的运动劳作，既符合人体工学的生理要求，也满足了美观的需求。李渔在《闲情偶寄》中分析："裙制之精粗，惟视折纹之多寡。折多则行走自如，无缠身碍足之患，折少则往来局促，有拘拿桎梏之形，折多则湘纹易动，无风亦似飘飘，折少则胶柱难移；有态则同木强。故衣服之料，他或可省，裙幅必不可省……"②

这种在"美"与"用"中不断变化的体系是中华民族"精神价值""生活方式"和"信仰习惯"的集合体，包含传统民族造物观念的历史与艺术价值、继承传统文化的社会符号价值、传习传统文化意蕴精神价值、民族个性价值以及民族情怀等方面内容，最终呈现出衣裳之治、器饰共生、师法自然、备物致用、器以载道、敬物尚俭等思想内核。美与用的和谐统一超越了地域、民族和信仰，在吸纳、凝聚与融洽各地人民、各族人民、各种文化信仰的人民的进程中，将中华民族的多元多样铸合为一体，更可证实在华夏文化的发展史上，民族间的物质文化存在着一种"涵化"，亦即双向交融的倾向③。

三、中华民族和合文化构建中的诸因素

汉族衣裳历经几千年的历史变迁，记录了改朝换代的政治烙印，反映出社会每一步发展与创新。然而衣裳的款式"最终是由在人们内心起作用的服饰独特的美的意识或表现意识来决定"④。衣裳仅作为一种重要的物象化载体，其变化离不开外界种种因素的影响。从汉族衣裳自身分析，其每一次对少数民族服装特色的吸收与融合无不体现出中华民族多元一体下强大的包容性，其造型风格的改变深受社会文化与思想氛围的影响，其装饰的演化更

---

① 张立文：《民族服饰与民族人文精神》，《河北学刊》2006 年第 4 期。
② 李渔：《闲情偶寄》，重庆出版社 2008 年版。
③ 参见陈宝良：《朝代更替与华夏民族服饰文化心理变迁：以元明、明清鼎革为例》，《艺术设计研究》2019 年第 1 期。
④ 板仓郎：《服饰美学》，李今译，上海人民出版社 1982 年版，第 41 页。

是显现出人们审美观念的日益进步。因此，中华民族衣裳文化的多元一体是建立在其"凝聚核心"——"和合文化"上的①。

（一）文化融合与变迁的内部因素

1. 民族自身的多元性与包容性因素

衣裳文化的形成和发展是中华民族多元一体"和实生物、同则不继"的产物。汉族衣裳在历史演变过程中表现出较明显的多元同一性，在继承自身文化核心的同时，面对少数民族服装与文化的传入时或积极地主动包容，或被动地吸收融合，在这个过程中传统汉族衣裳学习并结合了异质服装的性能、造型、审美等多方面特点，会同中华文明呈现出多元共存、兼收并蓄的风格。作为一定历史时期内一脉相承的主流服装，传统汉族衣裳显现出强大的自信心与文化认同感，成为其延续千年、在混乱的时代变迁中仍能保持核心内涵与主要形制特点的重要原因。这种民族文化的认同感促使了传统衣裳在日积月累中逐渐彰显出强烈的和合文化魅力，吸引着周边其他民族服饰文化前来取长补短。

和合文化展现了强大的包容性，其特点在于尊重每一个民族群体的服装特色与文化，在顺应社会发展的环境下提炼并借鉴异族服装的优势之处。例如盛唐时期的衣裳与文化，对外来文明的广泛包容与接纳使得这一时期汉族女性衣裳在款式数量、造型的变化与开放程度等方面都超过了前朝的审美标准，服装整体风格异彩纷呈，极为巧妙地吸收了胡服的元素。唐代衣裳的演变程度通过当时的文字记录得以重现，天宝初年女子的服装一度尚小，《安禄山事迹》下卷对其描述为"妇女则簪步摇，衣服之制，襟袖狭小"。而元和以后"风姿以健美丰硕为尚"②，数十年间女子的衣裳造型就发展到了另一个极端。这种开放奢美风尚之盛使朝廷不得不颁布明令加以约束，在《旧唐书·文宗纪》中记述，太和二年，唐文宗传旨诸公主"不须着短衣

---

① 参见苏航：《"汉族中心"还是"汉族核心"：费孝通"中华民族多元一体格局"理论新探——兼评新清史的内亚王朝史观》，《西南民族大学学报》（人文社会科学版）2019年第9期。

② 姚汝能：《安禄山事迹》，上海古籍出版社1983年版。

服"①。此外，中原同少数民族的贸易来往不断拓展深入，汉族百姓在与少数民族日益频繁的接触中，自发自觉地模仿了部分性能优于传统衣裳的胡服，并对胡服的设计要点和造型结构进行了解体和分析，再转化应用于传统衣裳之上，演变过程中"胡服盛行"与"女着男装"之风更为鲜明地体现了汉族自身强大的文化包容性。宋代亦然，据载"妇女着裤，始于北宋；劳作者服饰的主要特点是衣不及膝，交领衣为主，条带束腰，椎髻露顶，脚下多着麻鞋或草鞋"。通过广泛吸收华夏历史文明进程中本土和外来的各民族造物的特点，并在广泛流行、融突互补中不断化生新的造物艺术，中华民族的造物艺术在世界造物设计文化中呈现出绚丽多姿、光彩夺目的独特魅力，并形成了自身鲜明的思想体系和价值特色，即所谓的"唯变所适性、等级制度性、多样并蓄性、民族人文性"。

2. 民族不断进步的审美思想因素

审美意念和象征意念不仅受时代意念的制约，而且受民族意念的制约，这是服饰文化具有时代特色和民族特色的重要诱因②。历史上的汉族人民在和合文化一脉相传的核心思想下形成了独一无二的民族特色，在更迭交替的历史变迁中又受时代制约形成了具有时代特色的服装风格。

汉族民间衣裳作为中华文化的一种物象化表现，要在漫长的历史中保持生命力，形成以传统形制和服饰文化、和合文化为主体，并辅以适应当时社会需求的少数民族服装特色作为参考的活性发展模式，其自身审美观念与造物思想的进步性起到了重要作用。人们审美理想潜移默化的改变直观地表现在服装上，作为人们审美观念及审美追求的物象化载体，衣裳的风格演变一定程度上反映了穿着者自身审美的发展和当时社会文化的发展；与之相对应，不同历史阶段内审美倾向的差异也促进了衣裳形制及装饰的自我调整。明代《嘉靖太康县志》载："弘治间，妇女衣衫，仅掩裙腰；富用罗、缎、纱、绢，织金彩通袖，裙用金彩膝襕（按：裙幅上的折叠处），髻高寸余。正德间，衣衫渐大，裙褶渐多，衫惟用金彩补子，髻渐高。嘉靖初，衣衫大

---

① 刘昫等：《旧唐书》，中华书局 1975 年版，第 522 页。
② 参见黄能馥、陈娟娟：《中国服饰史》，上海人民出版社 2004 年版，第 1 页。

至膝，裙短褶少，髻高如官帽。"① 在引文中呈现了由弘治到嘉靖初年，大约二十年之间妇女的服饰与冠髻就有了三次大的变化。这些现象都反映了时尚的创新与变化相当快速，同时时尚的传播也十分迅捷，才能"随时异制"。流行时尚变化的速度愈快，消费需求的变化愈快，对生产方面也会有一定的影响，印证了明代前后期不同社会审美风尚下百姓服饰的转变。清代上衣的变化主要集中于袖口的细节运用上，袄袖口的大小经常随着潮流而变化，时宽时窄，时肥时瘦，正如《阅世编》所载："袖初尚小，有仅盈尺者，后大至三尺，与男服等。自顺治以后，女袖又渐小，今亦不过尺余耳。绣初施于襟条以及看带袖口，后用满绣团花，近有洒墨淡花，衣俱浅色，成方块，中施细画，一衣数十方，方各异色。"变化之韵律可见一斑。

另外，古代人们的造物观还随着时间的积累逐渐完善精练，由早期缺乏对自身认识的"自然崇拜"思想发展到后期更重视与强调人自身存在及需求的造物理念，逐渐将重心从实用性转移到装饰性及文化的抽象符号化表达中，并在社会经济条件客观因素制约下构建了"节物致用、物尽其用"的造物观点，推动着人们在制作衣裳过程中不断发掘并显现出创造性的智慧才能。

（二）文化融合与变迁的外部因素

1. 被动涵化的战争与政治因素

传统汉族衣裳并非独立存在，在其形成之时就已被周边少数民族服装环绕，民族间的文化交流从未断绝。历史上几次民族大融合都发生在战争混乱、动荡不安的时期。以战国时期与魏晋南北朝时期为例，少数民族入侵中原，频繁的战争作为一个硬性因素促成了汉族衣裳与少数民族的融合，为了满足战争中活动方便的要求，汉族民间开始学习北方游牧民族骑马行动时所着服装的形制与设计理念。其中亦有被动学习，如金朝进入中原后北方民族普遍通汉语、识汉文，同时宋人也以学女真语、穿胡服、作胡妆为时尚。陆游在《得韩无咎书寄虏时宴东都驿中所作小阕》一诗中曾写道："上源驿

---

① 安都纂：《嘉靖太康县志》，《天一阁藏明代方志选刊续编册》（58），上海书店出版社1990年版，第110页。

中捶画鼓，汉使作客胡作主。舞女不记宣和妆，庐儿尽能女真语。"朱熹在《朱子语类》中更是明确说道："今世之服，大抵皆胡服，如上领衫、靴、鞋之属。先王冠服，扫地尽矣。中国衣冠之乱，自晋五胡，后来遂相承袭，唐接隋，隋接周，周接元魏，大抵皆胡服。"

同样推动传统汉族衣裳向周边民族交流学习的还有政治的不稳定，少数民族建立政权的几个时期，例如元代与清代，各民族之间的人口流动性更强，汉族与少数民族杂居的情况更为常见。统治者强制推行的明令与民间百姓自发的模仿借鉴，都反映着民族服装及文化间的融合日益深入的特点。"短衣匹马"频繁出现于元代汉人文士的诗句中，短衣裤装束在下层劳动民众范围内甚为普及流行[1]。明初宋濂称："元有天下已久，宋之遗俗，变且尽矣。"[2]《明实录》亦云："衣服则为裤褶窄袖及辫线腰褶，妇女衣窄袖短衣，下服裙裳，无复中国衣冠之旧。"然而《经世大典序录·舆服》却记载："圣朝舆服之制，适宜便事，及尽收四方诸国也，听其俗之旧，又择其善者而通用之。"[3]《元典章》中也有"南北土服，各从所便"[4]的命令。虽然元朝官方并没有实行金朝式的强制服饰胡化的政策，但是亦可见相对强势的政治因素对百姓衣裳形制的演变影响之大。

至清代，由于满汉民族长期杂居与交流，必然会相互影响、相互融合，在女装上也有明显体现。鉴于"十从十不从"的规定，当时的汉族妇女可以不穿满族服装，但与明代服饰相比已经有了明显的不同，如改变了原来以衫为主的上衣形态，而改穿袄，衣襟也以大襟或对襟为主。尤其到清代中期以后，汉族妇女穿的袄由短变长，并用不同颜色的阑干做装饰，同时在袄之外穿起了满族特有的马甲。正如《六十年来妆服志》中所载："在清初的时候，妇女所穿的衣服，与明代无甚歧异，只是后来自己渐渐变过来了。"[5]

---

[1] 参见陈筱娇：《中国古代设计中的"胡化"与汉胡融合现象研究》，南京艺术学院 2018 年博士学位论文，第 275 页。

[2] 宋濂：《宋文宪公全集》，《四部备要》本，第 369 页。

[3] 苏天爵：《元文类：卷四十一》，《四部丛刊初编》本，第 3 页。

[4] 苏天爵：《元文类：卷四十一》，《四部丛刊初编》本，第 3 页。

[5] 包天笑：《六十年来妆服志》，《杂志》1945 年第 2 期。

2. 悄然浸润的宗教及文化因素

随着古代社会发展的逐渐成熟与完善，文化交流的扩展与深入成为不可逆的进程，对外来文化的接纳和输出对国家综合实力的提升起到了不可或缺的作用。宗教与文化本身具有多元、多样和多变的特质，不同文化在某些理念上仍存在共通性，且在政治与经济的硬性条件限制下融入了较多主观的社会要素。因而在民间传播的过程中，外来文化的个别因素顺应了当下社会需求或贴合人们期望追求的特性，且被加以强调或夸大，在大众的推动作用下建构出一种独立的流行风尚。

相比于战争与政治因素，外来文化与宗教的传入对传统汉族衣裳的影响则相对温和，对人们审美产生着潜移默化的改变。如印度佛教中代表佛法超俗与圣洁的黄、白两色，一度成为唐人衣裳喜用的流行色，同时佛教所推崇"'肥白'之躯体为健康之象，瘦弱则是疾病之征兆"的观念也深刻影响了唐代人们对体型美的偏好。坦然展现肉体之美的佛像，是对古人受儒家伦理约束产生的极强的身体遮蔽心理的文化冲击。在思想高度自由开放的社会环境中，这种宗教文化的浸染影响尤其表现在盛唐女子的衣裳上。在纹样装饰方面，如著名的新疆阿斯塔那墓出土的唐代彩绘舞蹈女俑半臂上的"联珠纹"，"中国人选取心目中与西方有密切联系的题材与联珠纹结合，使联珠纹在很大程度上丧失原有的图案寓意，成为粟特文化的标签，反映的是对异域事物的喜爱"①。受佛教文化艺术的影响，缠枝纹、忍冬纹、桃形纹、生命树等装饰纹样均有所发展。

随着文化的不断繁荣，北方游牧民族服装文化、西域服装文化以及后期波斯服装文化、欧洲服装文化等外来文化对中国传统汉族衣裳的影响日渐深入。鸦片战争前后，江南地域流行舶来的衣饰，诸如花边丝镂之类，民间俗称"鬼子栏杆"，可以算作晚清妇女服饰变化的开始。19 世纪八九十年代，上海等城市流行紧小合体款式的时新女装，据《老上海三十年见闻录》记载，当时"海上妇女时装，竞尚紧小，窄袖细腰，伶俐可喜"②。衣裳制式

---

① 陈彦姝：《六世纪中后期的中国联珠纹织物》，《故宫博物院院刊》2007 年第 1 期。

② 陈无我：《老上海三十年见闻录》，上海书店出版社 1997 年版，第 39 页。

一改传统宽腰大袖,有了注重人体曲线美的倾向。

上述例证有力说明了中华文明的结构和机制在漫长岁月中经过一代代先人的不断实践、探索、积淀与完善,俨然形成了一套成熟的、自洽的和谐统一模式。这种衣裳上的交融、共生与互补,充分体现了中国古人高度的政治智慧和中华民族深厚的多元一体"和合文化"底蕴,形成了古代中国"家天下"的国家治理观念。这种"包纳四夷""天下一家"的国家治理观念,也实证了费老关于"各美其美,美人之美,美美与共,天下大同"的精辟论断。

多元一体理论将中华民族的和合文化的一体性建立在各民族最高的历史文化认同层面上,和合文化也为趋于一体的中华大家庭客观历史发展趋势铺设了文化底蕴。这里的"一体"不是主体民族对非主体民族的同化,而是各民族文化的互动,最终形成各民族共有的"合文化"的过程。一体是多元的前提,多元是一体的载体。上下分属的民间衣裳在不同的民族融合、文化浸润下,受不同的社会政治、经济、思想环境影响,衍生出"美用融合"的多种艺术形态,体现了文化的"和而不同",彰显了社会和谐。汉族强大的多元包容性、古代中国社会构成及环境的频繁变更,以及人们日益变迁的审美趣味观念,使得传统汉族衣裳在面对更好用、更美观的服装时,能够积极地借鉴并融合其特点于自身,并在自身优于其他服装时亦能自主改良创新,从而保证了传统汉族衣裳在坚守其文化核心的基础上得以永葆活力地发展,鲜明地反映出中华民族艺术文化交往、交流、交融的具体过程,是多元一体理论格局的重要实证,亦为现代服装与服饰文化研究提供了理论借鉴。换言之,尽管汉族民间衣裳的造型艺术百变,但其核心内涵传承千年未改。如今我们通过对大量遗存的衣裳进行梳理、研究,试图还原千年前的历史文明,讲述好古代汉族人民的造物思想、审美观念以及技术手段等,以期为当今中华民族伟大复兴下的服装文化研究与设计提供有价值的灵感活水与理论依据。

(原载《河南社会科学》2021 年第 4 期;作者单位:江南
大学设计学院、教育部中华优秀传统文化传承基地)

论和合：隋唐民族共同体建构的深层意蕴

杨 帆 王 成

隋唐时期民族关系的发展摆脱了魏晋南北朝时期冲突的主基调，进入众族融合的新时代。参与这一动态过程的各民族呈现出愈发紧密的族际关系，这就是和合思想引领下民族共同体建构的完整过程。如果把存在的明显差异、分歧、对立归入冲突的话，那么隋唐早期冲突所占比重显然大于融合。来自大河上下、茫茫草原、葱郁森林的民族大迁移，在带来民族关系重组的同时，也不可避免地造成了复杂的族际关系，使隋唐王朝间或面临的政治局面更加复杂诡谲。政治集团之间的对立、冲突，又使民族关系时常蒙上政治矛盾的色彩。值得欣慰的是，无论是政治对立还是民族冲突，在探寻民族本源时，大家都会不约而同地指向同一源头——炎黄二帝。这种民族共同体的演化特质，从深层次上讲是和合思想引导着民族共同体的发展，引领着民族共融的步伐，这也是中国在经历魏晋南北朝近四百年的分裂对立之后，依然能够建立规模庞大、人口众多、民族多样的统一王朝的原因。本文的基本思路是以和合思想为指导，在充分占有历史资料的基础上，从认识、观念、制度等角度，探究中国各民族摆脱魏晋时期的大动荡、大割据的政治影响，走向统一、融合，并在隋唐形成民族共同体雏形的历史过程与逻辑演进理路。

一、和合促进了多民族共融局面的开创与拓展

李唐天子能够切实贯彻"胡汉一家亲"政策，与其赖以起家的关陇集团密切相关。最高统治集团的特殊背景推动了中原与周边各民族的交往，外

来民族与文化纷纷进入大唐，为各民族共融的大花园再添亮色。据吴松弟统计，仅贞观年间，移民中原地区的突厥、契丹等民族人口即有六七十万，考虑到当时管控、统计等方面的实际情况，漏载不可避免，就此估计真正移民中原的少数民族人口不会少于百万。① 此外，欧洲、中亚地区的外国人亦蜂拥而至，使团、商旅往来穿梭，在为唐王朝带来新鲜血液的同时，也促进了文化的繁荣、思想的碰撞与活跃。本就具备开放包容精神的中华文化在接触这些异质文化元素后，有甄别地除旧布新，使本土文化更增活力之源。陈寅恪指出："扩大恢张，遂能别创空前之世局。"② 从民族共同体建设的角度看，隋唐结束了南北对立割据的局面，由逼仄格局下走出来的人们更容易迸发出极度开放包容的精神，更容易海纳百川，更容易兼容互通，更容易创造各族交融的新局面。边地民族与外国人的到来使隋唐时期的思想文化呈现出新的面貌。

无论是接受隋朝经营民族关系失败的教训，还是承继关陇集团善于融合各民族于一体的传统，唐太宗都将"皇帝""天可汗"中原政权的名号与游牧政权的名号加于一身，成为各民族共同的元首，除了开放的胸襟，其对待各民族的心态无疑是建立在平等前提之下的。这种先进的胡汉观念已经超越了封建时代其他的任何一位帝王。"皇帝"作为中原政权元首的名号，得到其他各民族的认可，事实上也就获得了其对中原王朝法统的认可；中原人民对"天可汗"的接受，也是其对游牧民族在心理和思想上的接受。这意味着各民族之间在价值理念上实现了深层次的融合。

唐太宗之后的李唐帝王沿袭了民族团结政策，各民族友好关系进一步加强。如唐高宗诏令有言："百蛮执贽，万国来庭，朝野欢愉，华夷胥悦。"③ 诏令中，高宗很自然地使用了"蛮""夷"等称谓，明确说明这些表述在当时没有任何民族歧视色彩，作为"外接百蛮"④ "八荒无外"⑤ 的帝王，其

---

① 参见吴松弟：《中国移民史》第 3 卷，福建人民出版社 1997 年版，第 138—139 页。
② 陈寅恪：《李唐氏族之推测后记》，载《金明馆丛稿二编》，上海古籍出版社 1980 年版，第 303 页。
③ 宋敏求：《唐大诏令集》卷 3《改元总章诏》，商务印书馆 1959 年版，第 14 页。
④ 宋敏求：《唐大诏令集》卷 42《封宁国公主制》，商务印书馆 1959 年版，第 206 页。
⑤ 宋敏求：《唐大诏令集》卷 42《金城公主降吐蕃制》，商务印书馆 1959 年版，第 205 页。

政治格局一定是宏阔的、全方位的，没有什么夷夏之防。"无隔于华夏"①，唯有如此，才有可能达到"混六合以为家"② "德被寰宇"③ 的政治高度。虽经"安史之乱"的政治动荡，"但等到外族降服，便视如一国，不加猜防"④。这说明李唐政权推行的民族一家政策，其核心理念是超越前人的。这种情怀使其拓展了宏伟的气魄，在经济、政治、思想文化等方面赢得了各民族的服膺与归附。协和万邦的民族融合思想，在民族认同的文化背景下，成为王朝治国理政的圭臬，这是之前历代王朝从未有过的新气象。以海纳百川的情怀兼容华夏大地乃至域外各民族的思想文化，以兄弟之邦的态度对待戎狄蛮夷，唐王朝实现了对各民族的抟聚。民族融合在唐王朝尤其是前期，擘画了从未有过的华美景象，具体表现有三：

第一，王朝政权的多民族色彩更加浓厚。民族融合程度的一个重要衡量标准是考察当政者是否能够吸收各民族人士进入权力体系。就此而言，唐王朝不是开创者，却是很好的实践者。比如"高祖即位，以舞胡皆拜将军、安叱奴为散骑侍郎"⑤，又比如颉利可汗死后，突厥各部落纷纷来降，"酋长降者中郎将，布列朝廷，五品以上百余人，殆与朝士相半，因而入居长安者近万家"⑥。这样的事例非常多，说明唐王朝在政治生活中对待非汉民族持完全开放信任的态度，换来的自然是非汉民族对王朝的强烈认同。有些外国朝贡使者在长安居住数十年未归，唐朝政府让他们自愿选择归国还是留在大唐，"今当假道于回纥，或自海道各遣归国，有不愿归者，当于鸿胪自陈，授以职位，给俸禄为唐臣"，结果"胡客无一人愿归者，泌皆分隶神策两军，王子、使者为散兵马使或押牙，余皆为卒，禁旅益壮。鸿胪所给胡客才十余人，岁省度支钱五十万缗，市人皆喜"⑦。此处有一关键信息值得特别

---

① 宋敏求：《唐大诏令集》卷42《封宁国公主制》，商务印书馆1959年版，第206页。

② 宋敏求：《唐大诏令集》卷42《金城公主降吐蕃制》，商务印书馆1959年版，第205页。

③ 宋敏求：《唐大诏令集》卷42《封宁国公主制》，商务印书馆1959年版，第206页。

④ 傅乐成：《唐型文化与宋型文化》，载《汉唐史论集》，（台湾）联经出版事业公司1995年版，第357页。

⑤ 刘肃：《大唐新语》卷2《极谏》，中华书局1984年版，第18页。

⑥ 司马光：《资治通鉴》卷193《唐纪九》，上海古籍出版社1987年版，第1295页。

⑦ 司马光：《资治通鉴》卷232《唐纪四十八》，上海古籍出版社1987年版，第1597页。

关注，这就是留下来的部分胡客被安排进了唐王朝最重要的禁军——神策军，充分证明了唐朝民族融合程度之深以及民族成分观念之淡薄。

第二，民族融合在制度层面进一步深化。唐代的民族融合已经不仅仅停留在通婚、经济互惠、聚居杂居等方面，而是开始走向制度化、规范化。唐太宗击败薛延陀（役属突厥）之后亲自北上，铁勒各部纷纷表示臣服。唐太宗下诏"告于清庙，仍颁示普天"。从民族融合角度看，该诏书的核心内容包括两方面：其一，大量北方民族并入唐王朝。"铁勒诸姓、回纥胡禄俟利发等，总百余万户"，"委身内属，请同编列，并为州郡"。一方面，北方部族融入唐朝人数众多，即便是有所夸张，但人数多当是没有问题的；另一方面，对于这些新融入民族，开始视为"编户齐民"，以设置州县的方式加以管理。这种州县管理虽然不能完全等同于中原地区，但纳入国家管理体制是确定不疑的。其二，从文化习俗到生活方式实现由游牧向农耕的转变，"解其辫发，并垂冠带"①。这种转变带有根本性意义，意味着北方游牧部族开始在价值理念、文化认同等方面与中原民族全面融合。

第三，开放性与包容性并存的民族格局。隋唐的民族关系格局虽然总体看以中原为核心，以汉族为融合主体，以边疆各族群为辅翼，但体系本身不是固定不变的，民族关系格局也会随着政治形势的演变而发生相应变化。其一，开放性。隋唐王朝建立的民族基础是广泛的，并非纯粹的汉人王朝，况且，汉族本身就是多民族融合的产物，自古及今从来就没有所谓纯粹的汉族，是地区融合、民族融合、观念融合、文化融合缔造了隋唐王朝，开放性是其生命力的源泉。其二，变动性。民族融合局面的形成，不代表着各民族关系就此可以一帆风顺，政治形势的变动同样会晃动民族共同体建构的舟船，甚至带来剧烈动荡。安史之乱、唐蕃冲突、突厥复辟等均属此类。这说明，民族融合统一固然是大的历史发展趋势，但其间的曲折、动荡、坎坷是在所难免的。

二、和合牵引着民族融合理念的演进

隋唐王朝特别是唐王朝，疆域面积较之既往有了很大拓展，这期间少

---

① 刘昫等：《旧唐书》卷199下《北狄列传·铁勒》，中华书局1975年版，第5347—5348页。

不了流血战争、族群冲突，但总体看，胡汉接触、融合是大趋势。由于中原民族具有发达的思想文化、先进的生产方式、包容共享的价值理念，在与其他地区部族接触中会很自然地产生强烈的向心力与凝聚力。游牧民族由于缺乏和合传统，政权的建立与消亡同样迅疾。由此不难看出，和合理念浸润下的中原文化具有强大的包容性和凝聚力。虽然这种以农耕为基础发展起来的文化熔融游牧、渔猎文化需要有足够的耐心与毅力，甚至会出现曲折与倒退，但一旦陶铸完成，就颇具硬度与韧性。其融合体有如磁场，将各种异质的文化兼收并蓄，在展现生命力与魅力的同时不断延展自己的辐射范围，这一特点在隋唐王朝表现得更加突出。隋唐王朝之所以会表现出这样的特性，与其强烈的"天下一家"和"大一统"政治诉求密切相关。

"天下一家"与"大一统"追求的最终目标是实现天地人之和合。中国王朝更替历来不存在以消灭某一民族为目标的情况，其政治诉求往往是寻求"天下一家"。这种观念进入唐朝后，尤其是从唐太宗时期开始，表现得特别突出。在唐太宗君臣眼中，既往的政治家、思想家，乃至不明就里的普通百姓，对华夷区别过分夸大其词了，本就是各民族融合产物的汉族与戎狄蛮夷没有什么根本不同。基于这种认识，唐王朝对待各民族的制度安排，更突出团结、平等、友好、合作。虽然友善对待兄弟民族并非李唐王朝所独有，但就民族融合的深度与广度而言，唐朝达到了空前水平。

唐朝的民族融合追求的是"六合同风，九州共贯"[1]，意即全国各地形成各民族共同接受的风俗习惯与大家一致认可的政治制度设计。这其中就包含了对差异性的尊重与关爱。这种制度安排的人文属性，自上古"天可汗"时期的五服制即已得到凸显，唐代表现更加突出，也更加完善和真实。以唐太宗获得的名号为例，柳宗元曾经赞叹："文皇南面坐，夷狄千群趋。咸称天子神，往古不得俱。献号天可汗，以覆我国都。"[2] 这一盛世，其政治、历史意义不在于唐太宗获得了多少荣耀，而在于中国以长城为界的农耕族群

---

① 班固：《汉书》卷72《王吉传》，中华书局1962年版，第3063页。
② 柳宗元：《柳宗元集》卷1《雅诗歌曲·唐铙歌鼓吹曲十二篇》，中华书局1979年版，第24页。

与游牧族群实现了政治上的统一。这是中国大地上从未有过的重大事件。它标志着从东海之滨到西域，从长城以北的茫茫草原，跨越岭南，直达中南半岛，在如此广袤的土地上，在同一个王权治下，各民族实现了伟大的融合。唐王朝在中华民族共同体构建逻辑链条上的意义主要体现在这里。李唐治下的各族人民，既包含多民族融合演化而来的汉族，也包含原有中国土地上各民族交融产生的新民族，同时还包括周边国家与地区慕大唐之盛而加入中土的外来民族。《新唐书》指出：唐王朝建立之初，无力顾及周边各民族。自从唐太宗平定实力强大的突厥之后，西北各民族部落开始慢慢向大唐靠拢、归附。于是，唐朝中央政府开始在这些地区设置州县，将其纳入直接控制，其中，"突厥、回纥、党项、吐谷浑隶关内道者，为府二十九，州九十。突厥之别部及奚、契丹、靺鞨、降胡、高丽隶河北者，为府十四，州四十六。突厥、回纥、党项、吐谷浑之别部及龟兹、于阗、焉耆、疏勒、河西内属诸胡、西域十六国隶陇右者，为府五十一，州百九十八。羌、蛮隶剑南者，为州二百六十一。蛮隶江南者，为州五十一，隶岭南者，为州九十二"[1]。另外还有 24 个党项族聚居的州，隶属关系不甚明了。"大凡府州八百五十六，号为羁縻云。"[2]

民族如此融合的景象堪称中华民族共同体建设的历史高峰。这一高峰的出现，一方面得益于隋王朝崛起之时，南北方已经形成多民族共同发展的王权体系，唐王朝承接隋之衣钵，具备良好的民族融合基础；另一方面，唐王朝推行开放、平等的民族政策，使原本态势健康的民族交融之势得以延续。同时，李唐王朝发达的经济、文化成就对内对外产生强烈的磁场效应，不仅周边民族纷纷汇入融合潮流，其他国家的使臣、商旅、移民纷至沓来，也推动了各民族跨越国界、超越种族的大融通。"万国朝未央"[3] 与"万国之会"[4]，生动地描绘了万国来朝的盛世景象。

---

① 欧阳修：《新唐书》卷 43《地理志下》，中华书局 1975 年版，第 1119—1120 页。

② 欧阳修：《新唐书》卷 43《地理志下》，中华书局 1975 年版，第 1120 页。

③ 李世民：《正日临朝》，载《全唐诗》，上海古籍出版社 1986 年版，第 21 页。

④ 柳宗元：《柳宗元集》卷 26《馆驿使壁记》，中华书局 1979 年版，第 703 页。

三、和合令胡汉融合一家亲思潮得以流行

在古代中国，判断人们所属族群、血统固然重要，但更重要的是看其对文化属性的认同。陈寅恪指出："汉人与胡人之分别，在北朝时代文化较血统尤为重要。凡汉化之人即目为汉人，胡化之人即目为胡人，其血统如何，在所不论。"① 无论是杨隋还是李唐，其先人均浸染了鲜卑文化，这就使其政权汇聚了众多汉系与胡系成员，其对胡汉文化的兼容程度自然要高很多。这种善纳异质文化的胸襟使隋唐社会更愿意吸纳外来文化，包括血统的融合。基于此，隋唐王朝和合的思想与品质始终能很好地推动中国各民族的大融合。其具体表现可以归纳为三个方面：

第一，民族安置兼顾汉族与非汉族的利益，取大杂居、小聚居之法。隋唐时期的民族融合以北部和西北部为主，突厥、铁勒等族群人数最多。在突厥安置问题上，唐廷曾有过激烈争论。魏征等人坚持华夷有别的传统观念，反对突厥留在唐土，认为漠北是最佳安置场所。温彦博（西河郡公）等人认为将胡人与汉族杂居安排，"教之耕织，可以化胡虏为农民"②，况且，"收居内地，教以礼法。选其酋首，遣居宿卫，畏威怀德，何患之有？"③ 唐太宗综合两派意见，将突厥安排于塞下，"全其部落，顺其土俗，以实空虚之地，使为中国扞蔽"④。这样，将突厥人作为一个整体进行安排，使其与汉人比邻居住，既尊重保全了其固有的生产生活方式，又使其有机会与汉族接触，推动胡汉融合。事实证明，这一策略对于推动突厥由游牧转向农耕以及实现"胡汉一家亲"是非常有效的。"初，咸亨中，突厥诸部落来降附者，多处之丰、胜、灵、夏、朔、代等六州，谓之降户。默啜至是又索此降户及单于都护府之地，兼请农器、种子。则天初不许，默啜大怨怒，言辞甚慢，拘我使人司宾卿田归道，将害之。时朝廷惧其兵势，纳言姚璹、鸾台侍

---

① 陈寅恪：《唐代政治史述论稿》，上海古籍出版社1982年版，第17页。
② 司马光：《资治通鉴》卷193《唐纪九》，上海古籍出版社1987年版，第1295页。
③ 吴兢：《贞观政要》卷9《安边》，上海古籍出版社1978年版，第274页。
④ 司马光：《资治通鉴》卷193《唐纪九》，上海古籍出版社1987年版，第1295页。

郎杨再思建议请许其和亲，遂尽驱六州降户数千帐，并种子四万余硕、农器三千事以与之，默啜浸强由此也。"① 这则材料除了反映突厥人依然具有桀骜不驯的民族性格，也说明农耕已经成为突厥人占主导地位的生产方式。

第二，大胆启用少数民族将领并委以重任。虽然唐廷内部依然存在魏征一派坚持"戎狄人面兽心，弱则请服，强则叛乱"② 的势力，但以唐太宗为代表的胡汉融合派依然占据主导地位。融合派固然清楚胡汉在生活习性、生产方式方面的区别，经历数千年的接触融合，不同族群内部的融合基因是非常强大的。要发挥这种基因的民族融合效应，执政者必须充分兼顾各民族的利益，并给予充分的尊重与信任。大唐之所以成为大唐，非汉民族的贡献是非常突出的，甚至可以说，没有非汉民族的贡献，就没有大唐盛世。铁勒人与漠北其他游牧民族归附于唐廷，不仅使唐王朝减少了敌对势力、增强了国力，而且在大唐军事体系建设及军事行动中扮演了不可或缺的角色，重用胡人蕃将一度成为唐代军队建设的一大特色。如果向上追溯，唐王朝起家的支柱之一就是胡人蕃将。平定安史之乱的重要功臣李光弼（谥"武穆"）就是契丹人，其父李楷洛为契丹酋长，死于反击突厥的战争，唐廷赠谥"忠烈"。另一位平叛功臣仆固怀恩是铁勒人，家族中为国殉难者达四十六人，他曾对唐皇说："臣家本蕃夷，代居边塞，爰自祖父，早沐国恩。臣年未弱冠，即蒙上皇驱策，出入死生，竭力疆场，叨承先帝报功，时年已授特进。洎乎禄山作乱，大振王师，臣累任偏裨，决死靖难，上以安社稷，下以拯生灵，仗皇天之威神，灭狂胡之丑类。无何，思明继逆，又据东周，宸极不安，海内腾沸。臣谬承大行皇帝委任，授以兵权，誓雪国仇，以匡时难。阖门忠烈，咸愿杀身，野战攻城，皆先士卒。兄弟死于阵敌，子侄没于军前，九族之亲，十不存一，纵有在者，疮痍遍身。况陛下潜龙之时，亲统师旅，臣忝事麾下，陛下悉臣愚诚。大行皇帝未捐宫馆之时，臣频立微效，累沾官赏，遂被辅国等谗害，几至破家，便夺兵权，逾年宿卫。臣虽内省无疚，终惧谗佞倾危，以日继时，命悬秋叶，至将归骨泉壤，永谢明时。幸遇陛下龙

---

① 刘昫等：《旧唐书》卷 194《突厥列传上》，中华书局 1975 年版，第 5168—5169 页。
② 司马光：《资治通鉴》卷 193《唐纪九》，上海古籍出版社 1987 年版，第 1295 页。

跃天衢，继缵鸿业，知臣负谤，察臣丹心，遂开独见之明，杜绝众多之口，特拔臣于汧、陇，再任臣于朔方。诚谓游魂返骸，枯骨再肉，使臣得竭驽塞之力，效锥刀之功，上答陛下再造之恩，下展微臣犬马之志。"① 从民族关系的角度看，这段言辞至少说明两点：其一，在以仆固怀恩为代表的蕃将眼里，自己就是大唐的将领，没有什么民族之分；其二，中原文化对非汉民族影响深刻，忠君爱国观念表现突出。虽然免不了反复与矛盾，但民族融合的大趋势是确定的。

第三，异族通婚频繁，家庭文化交融色彩浓厚。通婚是民族融合的重要方式，隋唐时期，不同族群间的通婚非常普遍。除了皇室和达官显贵，其他人群的异族通婚也极其普遍。比如居住在中国的粟特人，其居住方式以聚居为主，也存在大量散居现象。② 其婚配对象，除了本族内部联姻，与西域各族、汉族通婚也很常见。唐律规定：内附各族及外国人与唐人婚配所育子女为大唐百姓。这就意味着凡是与唐人通婚者，其后代自然成为大唐百姓。那些非唐人士乐意与唐人婚育，就意味着他们愿意放弃自己原有的身份加入大唐，成为大唐臣民。事实上，长时间居住在中国，这些异族与域外人士无论是观念、心态还是价值理念，都早已融入大唐，大唐才是他们的精神家园。

四、和合强化了"无隔华夷"的民族一体思想

"无隔华夷"语出刘知远（沙陀族，五代后汉高祖）的散文《北巡赦文》，其文曰："自古圣帝明王，开基创业，辑宁庶汇，康济四方。行宽大之恩，不遗遐迩；布含宏之德，无隔华夷。"③ 这段文字用于诠释唐太宗的民族思想，再恰当不过。唐太宗将自己的成功归纳为五个方面，其中第五条就是恰当处理民族关系，推动各民族的融合。他批评了历史上"贵中华，贱夷、狄"的思想与做法，认为汉族与其他各民族没有什么不同。正是因为有了如此开创性的民族思想，唐代民族政策才能始终贯彻开放、包容的精神。

---

① 刘昫等：《旧唐书》卷121《仆固怀恩列传》，中华书局1975年版，第3483—3484页。
② 参见李鸿宾：《唐代墓志中的昭武九姓粟特人》，《文献》1997年第1期。
③ 刘知远：《北巡赦文》，载董诰等编：《全唐文》卷120，中华书局1983年版，第1214页。

第一，汉族与非汉民族平等的民族观。传统华夷关系是不平等的，"中国百姓，天下根本，四夷之人，犹于枝叶，扰其根本以厚枝叶，而求久安，未之有也"①。唐太宗的民族观既受到传统的影响，又超越了传统，比如他视华夷为一家、视华夏与夷狄如一的思想，均突破了古人的局限性。

第二，对乐意归附的民族始终保持开放欢迎的姿态。唐之前各王朝对待非汉民族特别是北方游牧民族，即便是持接纳态度，其防范之心依然很重。大唐则非如此，凡归顺大唐者，大唐都会根据国势及其当时民族力量对比状况予以妥善安排，这一做法在李唐王朝初期是惯例。长安、洛阳一般用于安排各归附民族的首领、贵族，农耕区与游牧区交界之处用于安排一般民众，既尊重了他们原有的生产方式与生活习惯，又为其向农耕生活过渡预留了空间。②"来无所拒，去无所留"，基本可以看作写实之语。

第三，通过和亲以推动民族融合的策略。唐朝刚刚建立，唐高祖即就民族共存问题提出建议："抚临四极，悦近来远，追革前弊，要荒藩服，宜与和亲。"③ 唐朝和亲与汉代迫于匈奴军事压力的和亲有所不同，其内在根据往往在于推动王朝与周边民族的和谐共荣。通过和亲，不仅可以加强不同民族间的交流与文化认同，而且可以促进彼此价值理念的沟通。松赞干布求娶文成公主，其请婚更多地体现了吐蕃对大唐繁荣强盛的倾慕："我父祖未有通婚上国者，今我得尚大唐公主，为幸实多。当为公主筑一城，以夸示后代。"④ 这番言辞中，松赞干布作为当时实力强大的吐蕃首领将大唐视为"上国"，说明其时大唐天下共主的地位广为各族认可。这种和亲还发生在与大唐关系密切的诸多部族政权间，此时可谓中国历史上的和亲高潮期。

五、和合推动了民族认同意识的增强

与文化认同相伴，隋唐时期的民族认同意识开始增强，这一点在唐代表

---

① 吴兢：《贞观政要》卷9《安边》，上海古籍出版社1978年版，第275—276页。

② 参见李显：《赐突厥书》，载董诰等编：《全唐文》卷17，中华书局1983年版，第210页。

③ 李渊：《命行人镇抚外藩诏》，载董诰等编：《全唐文》卷1，中华书局1983年版，第24页。

④ 刘昫等：《旧唐书》卷196上《吐蕃列传》，中华书局1975年版，第5221—5222页。

现得更加明显。①

第一，唐代的民族认同已经成为一种治国理念而非权宜之计。唐高祖曾经说过："胡、越一家，自古未有也。"他不仅认为民族问题"名实之间，理须相副"②，更是希望将设想拟为诏书，颁示天下。唐太宗则提出："夷狄亦人耳，其情与中夏不殊。人主患德泽不加，不必猜忌异类。盖德泽洽，则四夷可使如一家。"③ 唐皇不仅言如此，行亦如是。突厥可汗因曾有功于大唐而颇为骄横，唐太宗生擒颉利可汗后指出："凡有功于我者，必不能忘，有恶于我者，终亦不记。"④ 不仅没有追究颉利可汗之恶，相反对突厥进行了妥善安置，"自幽州至灵州，置顺、祐、化、长四州都督以处之，其人居长安者近且万家"⑤。不唯突厥，在处理与回纥、吐蕃等各民族势力之间的分歧、矛盾、冲突方面，唐廷均采取了积极包容的民族政策，在推进民族融合的进程中，强化了各民族人民之间的认同意识。

第二，唐代的民族认同不仅表现在政治高层，更体现在社会生活的方方面面。中原地区普及的图书，包括儒家经典、史籍、生活用书等在西域也大量流行，这说明包括汉族在内的中原地区各民族人民创造的文化传统在当地已经获得了较高地位。东北地区的渤海国人民不仅活着的时候学习中原文化，去世后的墓葬、碑文等均采用或模仿汉族风格。回鹘人不仅采取农耕的生产方式，其日常建筑、碑文等均具中土汉族特色。音乐、舞蹈、绘画、宗教、文学创作、思想文化等，处处透露着不同民族风格交融渗透的丰富多彩。大唐周边各族"率以儒教为先，彬彬然与诸夏肖矣"，"其向风仰流，归吾化哉"。⑥

第三，"华夷互变"的观念进一步加深。华夷互变在《春秋公羊传》中早有表述，算不上是理论创新，但经过近千年复杂的民族演化再去探讨华夷

---

① 参见司马光：《资治通鉴》卷 194《唐纪十》，上海古籍出版社 1987 年版，第 1301 页。
② 刘昫：《旧唐书》卷 199 上《东夷列传·高丽》，中华书局 1975 年版，第 5321 页。
③ 司马光：《资治通鉴》卷 197《唐纪十三》，上海古籍出版社 1987 年版，第 1325 页。
④ 刘昫：《旧唐书》卷 199 上《突厥列传上》，中华书局 1975 年版，第 5159 页。
⑤ 吴兢：《贞观政要》卷 9《安边》，上海古籍出版社 1978 年版，第 275 页。
⑥ 孙樵：《序西南夷》，载董诰等编：《全唐文》卷 794，中华书局 1983 年版，第 8326 页。

互变，依然颇具积极意义。韩愈在《原道》中指出："孔子之作《春秋》也，诸侯用夷礼则夷之，进于中国者则中国之。"① 韩愈此处强调以文化作为区分华夷的标准虽无理论创建，但在唐代民族融合的大背景下不仅更易于人们接受，也更容易产生普遍的影响。大食（阿拉伯帝国）人李彦升被宣武节度使卢钧推荐参加科举考试，很多人表示反对，陈黯（汉族）撰写《华心》②，表达了处华而为夷心、处夷而为华心，均应从实际情况出发考虑问题的态度。程晏（进士）的《内夷檄》③ 更详尽地阐述了华夷互变的观点。以二人的作品为代表的系列文章，均是对孔子划分"华""夷"以文化而非地域、种族、血缘观念的阐发，同时揭示了李唐时代民族融合交流日益加深的内在根据。这些理论思考表明，华夷不是固定不变的，判别民族差异的根据是精神层面的文化，而不是浅层次的地域、血缘等条件。

总体看，隋唐时期的民族融合、民族认同意识较之既往有了跨越式发展，其在推动中国各民族一体化进程中的贡献无疑是极为突出的，对中华民族共同体的形成是必不可少的关键环节。

放在中华民族共同体形成的历史长河中看，隋唐时期，各少数民族在中国历史发展中的地位开始得到极大的重视，包括其民族历史、民族习俗、民族政权等，特别是"华夷之辨"由强调"非我族类其心必异"演变为"无隔华夷"，展现了中国民族关系在曲折演化中走向深度融合的历史发展趋向。特别是民族融合的进展，推动了边疆各民族主体意识、政权意识、国家意识的觉醒。魏晋中央王朝崩溃之时，边地各民族纷纷展开区域民族统一政权的建设，并进而追求新的多民统一国家的建立，避免了由于某家某姓王朝覆灭而出现天下长时间的大分裂。换言之，外显政治体系的坍塌不仅没有造成各民族走向分离，反而促使其以本民族为内核，联合其他民族寻求新的统一。这样一种政治思潮的形成，其内在动力就是和合，就是中国各民族基于强烈的民族文化认同而产生的向心力。这种向心力随着历史的演进越来越

---

① 韩愈：《原道》，载董诰等编：《全唐文》卷558，中华书局1983年版，第5649页。
② 参见陈黯《华心》，载董诰等编：《全唐文》卷767，中华书局1983年版，第7986页。
③ 参见程晏：《内夷檄》，载董诰等编：《全唐文》卷821，中华书局1983年版，第8650页。

清晰、确定，于是唐王朝覆灭后的五代动荡时长较之魏晋南北朝要缩短很多。即便是分裂，也是在为扩大边地多民族生活的区域、促进民族政策的调整与完善、加深南北东西各民族的融合，从而为建立更大范围的民族统一奠定历史和文化条件。

（原载《山东社会科学》2021 年第 2 期；作者单位：山东大学政治学与公共管理学院）

中国古代华夷族群和合之道的现代启示

周　鹏

党的十九大报告明确提出："铸牢中华民族共同体意识，加强各民族交往交流交融，促进各民族像石榴籽一样紧紧抱在一起，共同团结奋斗、共同繁荣发展。"① 铸牢中华民族共同体意识成为新时代我国民族工作的重要内容之一。历史证明，每个国家和民族的历史传统、文化积淀都深刻影响其现代道路的形成与发展。在中国历史上，华夷族群遵循和合之道，大混杂、大融合，共享历史、共创文化，共同创造了大一统格局。这一和合之道，随着中国历史的延续而传承，影响着一代代中国人的致思趋向，在中国特色社会主义新时代更能发挥其凝聚人心、促进和谐的作用，也是新时代铸牢中华民族共同体意识的题中之意。

一、和合理念的生成与逻辑

在中国古籍里，和、合两字最早见于金文和甲骨文。和取声音悦耳之义，最早是指一种名为"龠"的管乐器发出的声音；合采上下唇合拢之形，上下唇合拢即为一合。和合两字并用首见于《国语·郑语》"商契能和合五教，以保于百姓者也"②。同样在《国语·郑语》中，西周史伯回答了怎样实现这一和合状态。"夫和实生物，同则不继。以他平他谓之和，故能丰长

---

① 习近平：《决胜全面建成小康社会　夺取新时代中国特色社会主义伟大胜利——在中国共产党第十九次全国代表大会上的报告》，人民出版社 2017 年版，第 40 页。
② 陈桐生译注：《国语》，中华书局 2016 年版，第 300 页。

而物归之；若以同裨同，尽乃弃矣。"① 在承认差异性的基础上，和是不断"以他平他"的过程，而且只有和才能生万物。沿着这一思维逻辑可知，和合状态的实现须经过以下三个逻辑相洽而又递推演进的阶段。

第一，承认差异，意识到"他"的存在。 "他"的存在是客观的，"我"与"他"之间的差异是绝对存在的。承认差异是对于他者存在这一客观事实的尊重和认同，是和合理念逻辑演进的起点。"我们的身份至关重要地取决于我与他者的辩证关系"②，他者的存在使"我"之为"我"，并明晰了自我、他者皆为多元、多样之中的"一"，为"自我"与"他者"成为"我们"打下了基础。

第二，持续互动，即"以他平他"的过程。互动是一个相互影响和相互塑造的过程，在这一过程中，一个个体或群体的情感及认知被其他个体或群体所感知和分享，最终这些个体或群体被整合进一种共同的文化生活。文化适应进程的巨大力量把"我"与"他"重新交融，将他者注入自我，同时也将自我注入他者成为新的"我"与"他"，合为共同的"我们"。在这种持续互动中，不同的个体或群体的原有样貌发生变化，而共性得以不断彰显和强化。

第三，实现和合状态，"丰长而物归之"。在承认各自差异的基础上持续不断互动和交融，既保留了彼此的个性，同时又成为更高层面的一体，最终达到和谐一致。在中国传统文化中，这种和合状态是"君子和而不同、小人同而不和"③ 的人际相处之和，是"以大和为至乐，则荣华不足顾矣"④ 的心灵之静和，是"万物负阴以抱阳，冲气以为和"⑤ 的万物生成之和，最终实现"天、地、人"和谐一体。

总之，和合就是在承认"不同""他者"这一客观实在的基础上，通过

---

① 陈桐生译注：《国语》，中华书局 2016 年版，第 304 页。
② Charles Taylor. *Multiculturalism: Examining the Politics of Recognition*, Princeton: Princeton University Press, 1994: 34.
③ 张燕婴译注：《论语》，中华书局 2007 年版，第 199 页。
④ 戴明扬：《嵇康集校注》，人民文学出版社 1962 年版，第 190 页。
⑤ 饶尚宽译注：《老子》，中华书局 2006 年版，第 105 页。

持续不断互动和融合，最终达到一体的逻辑推演及实现过程。

二、中国古代华夷族群的和合之道

"地理环境的差别是生存于不同地域内人们所从事的生产类型差别的基础……正是地理环境的差别使人们在同自然界的斗争中，采取不同的方式。"① 所处地域的差别，决定了华夷族群不同的生产生活方式。得益于生产生活方式的互补性和中国传统文化对华夷之辨的积极诠释，华夷族群持续交流互动、融合发展，并因共同对中华正统的选择和追逐，最终共同塑造了大一统格局。这就是中国古代华夷族群"华夷有别华夷互动华夷一体"的和合之道。

（一）和合之始：华夷有别

在地理位置上，"夫先王之制：邦内甸服，邦外侯服，侯、卫宾服，蛮、夷要服，戎、狄荒服。甸服者祭，侯服者祀，宾服者享，要服者贡，荒服者王"②。这就是说，在天下秩序中，四夷处于"五服"中的最外服——要服、荒服，位置最偏，因此统治者一般对边疆地区采取"叛则讨之，服则舍之"③ 的治理策略。由此华夏族群处于至上地位，而蛮夷族群所在的边缘部分则处于从属地位。

文化方面，在儒家看来，"夏，大也，中国有礼仪之大，故称夏，有服章之美，谓之华，华、夏一也"④。直言之，已经开化、创制礼仪并穿着华美衣服的人为华夏族群，而因蛮夷族群披发左衽、衣羽毛穴居、不粒食等衣食特点，儒家认为其还没有进入"人之道"。在中国古籍中，"崇吾之山有鸟焉，其状如凫，而一翼一目，相得乃飞，名曰蛮蛮"⑤，儒家往往以"兽"或"虫"的偏旁部首来命名这些蛮夷，多少具有轻视意味。

---

① 黑格尔：《历史哲学》，王造时译，商务印书馆 1963 年版，第 152—155 页。
② 陈桐生译注：《国语》，中华书局 2016 年版，第 5 页。
③ 司马光：《资治通鉴》，中华书局 1956 年版，第 733 页。
④ 左丘明撰，杜预注，孔颖达疏：《春秋左传正义》，北京大学出版社 1999 年版，第 1587 页。
⑤ 方韬译注：《山海经》，中华书局 2009 年版，第 34 页。

在政治地位上，古代中国的朝贡体系并不是出于经济上的平等互惠考量，而是蛮夷臣服于皇帝的一种象征和政治安排。皇帝为了表示自己的仁慈慷慨，维系自己泽被天下的形象，往往给朝贡者更为优厚的回赠，也因此在赏赐和进贡的具体礼节安排上，必须体现皇权的至高无上和蛮夷族群的俯首低下。

需要指出的是，在古代天下观和有教无类思想的影响下，华夷之别并没有想象中那么大，在古人的想象中，华夏族群与蛮夷族群同处天下。"凡天子者，天下之首，何也？上也。蛮夷者，天下之足，何也？下也。"①"首""足"之喻意味着天子与蛮夷同处于"身体"中，虽有上下之别，却共同构成一个整体。《春秋公羊传》曰："春秋内其国而外诸夏，内诸夏而外夷狄。王者欲一呼天下，曷为以外内之辞言之？言自近者始也。"② 对于欲实现天下一统的王者而言，华夷没有内外之分。同时在"有教无类"思想的影响下，"远人不服，则修文德以来之，既来之，则安之"③。在文德的教化下，"苟有礼也，夷可进为华"④。这就说明了华夷间的互通性，也预设了之后的"华夷一体"局面。

（二）和合之重：华夷互动

诚然，华夏族群与蛮夷族群之间有过战争和杀戮，中原王朝更是多次修建长城以防御北方民族的入侵，但是华夷之间持续不断的互动和交流却是历史的主题。

这种互动和交流方式丰富多样，既有政治上的朝贡、和亲，也有经济上的往来，更有文化方面的彼此影响以及婚嫁不禁与血缘融合。

以和亲为例，可以说明华夷之间政治上的互动交流。中国历史上的第一次和亲是汉高祖刘邦成功地运用和亲政策稳住了当时军力强大的匈奴，从而赢得了汉王朝逐步走向强大的时机。和亲政策一开始被视为中原王朝的绥靖之举，后来则发展为蛮夷族群求和亲，比如隋朝年间突厥启民可汗请求和

---

① 班固：《汉书》，中华书局 1999 年版，第 1720 页。
② 公羊高撰，顾馨、徐明校点：《春秋公羊传》，辽宁教育出版社 1997 年版，第 59 页。
③ 张燕婴译注：《论语》，中华书局 2007 年版，第 250 页。
④ 王韬：《瞍园文录外篇》，中华书局 1959 年版，第 296 页。

亲，"上以宗女义成公主妻之"①。在中国历史上，汉族政权与夷族政权之间有过多次和亲，对彼此都有利好。对于夷族政权而言，迎娶和亲公主是其统治者荣耀的象征，大量陪嫁品的到来促进了当地经济、文化的发展（文成公主一例最为明显）；对于汉族政权而言，"如能生子，则我外孙，不侵中国"②，可保一定时期的边疆安宁。

因生活所需，蛮夷族群需要华夏族群生产的茶叶、棉布、丝绸等农产品和手工制品，以致匈奴"嗜汉财物"③，夷族政权的权贵更以拥有这些中原产品为荣耀。同时，诸如苜蓿、葡萄、马匹等夷族物品陆续从周边地区传入中原，极大丰富了中原地区人们的物质生活，最终形成了"我们坐的椅子，北方人睡的炕，椅子原称胡床，是从匈奴方面传来的，炕则是辽金人带来的"④ 局面。

汉文化和蛮夷文化经过不断互动融合，化成了一种综合文化——中华文化。正是由于不断的互动融合，中华文化成为一种具有包容开放特征且成分丰富的共享文化，展现出崇德重义、坚韧不拔的特点，其中各种文化已经深度融合、难寻其貌，共同创造了中华文化博大精深的华彩乐章。

华夷间通婚不禁、血缘融合。自周朝起，关于华夏族群与蛮夷族群通婚的记载就不绝于书，两者的同化进程也并不因彼此间的战争而延误。正是由于不断的融合，中国古代民族的族体有或大或小的变化，甚至有如鲜卑、匈奴等民族族体已经消失，或者被汉族同化，或者融合到其他民族中。

正如费孝通先生所言，在"西起帕米尔高原、东到太平洋西岸诸岛、北有广漠、东南是海"这块中华民族的生存空间中，各民族不断接触、混杂、联结和融合，你中有我、我中有你，共同演绎着多元一体中华民族的自在形态⑤。

---

① 魏徵等：《隋书》，中华书局1973年版，第1873页。
② 刘昫等：《旧唐书》，中华书局1975年版，第5345页。
③ 班固：《汉书》，中华书局1999年版，第3765页。
④ 顾颉刚：《中华民族是一个》，载马戎编：《"中华民族是一个"——围绕1939年这一议题的大讨论》，社会科学文献出版社2016年版，第36页。
⑤ 费孝通：《中华民族的多元一体格局》，《北京大学学报》（哲学社会科学版）1989年第4期。

（三）和合之成：华夷一体

在中国历史上，打着顺应天命的旗帜而伐纣成功的周王朝建立了一个以周天子为宗主、其他异姓诸侯拱卫王室的天下体系，周王朝替天行道并成功代商而立，事实上证明了"天下非一人之天下也，天下人之天下也"[①] 观念的合理性。周王朝的示范效应，使不同的人或群体可以运用天命观和天下概念来证明自己行动的合法性。努尔哈赤在写给明朝万历帝的信中，就借用天下概念来论证自己主政中原（天下的中心、正统的所在）的合法性。"天地之间，上自人类下至昆虫，天生天养之也，是你南朝之养之乎？……天命归之，遂有天下。"[②] 这样，华夏族群和蛮夷族群都有逐鹿天下的资格，都存有问鼎中原的强烈动机。

一旦入主中原，统治者就会视一统天下为己任，将华夷视为生活在王朝疆域之内的臣民，把促使蛮夷族群接受礼教作为自己的责任。唐太宗直接宣称："自古皆贵中华，贱夷狄，朕独爱之如一。"[③] 继辽而起的金朝同样是这种看法，金熙宗曰："四海之内皆朕臣子，若分别待之，岂能致一。"[④] 在自认为是天下之主的王朝统治者看来，要将华夷视为一体，并通过王政完成泽被天下、礼教四方的大一统格局。这就解释了中国历史上不管是哪个民族入主中原，都会以一统天下为己任，坚定地宣扬儒家文化以期实现礼教四方的历代王朝叙事。这种大一统局面是华夷族群共同维系的结果，反过来又是"华夷一体"的最佳注解。

概言之，中国古代华夷族群的最终和合状态是"华夷一体"的大一统态势，也因此这种"华夷一体"大一统观念成为近代各民族共同抵抗外来侵略的重要思想基础。近代以来，面对帝国主义的侵略，各民族休戚与共、共策共励，从而维系了中国疆域的完整，促进了中华民族共同体的形成和发展。

---

① 许维遹：《吕氏春秋集释》，中华书局 2016 年版，第 17 页。
② 潘喆、李鸿彬、孙方明：《清入关前史料选辑》，中国人民大学出版社 1984 年版，第 289—296 页。
③ 司马光：《资治通鉴》，中华书局 1956 年版，第 6247 页。
④ 脱脱等：《金史》，中华书局 1975 年版，第 85 页。

三、和合之道的传承、发展及现代启示

历史已经证明，每个国家和民族的历史传统、文化积淀都深刻影响其现代道路的形成与发展。中国古代华夷族群的和合之道随着中国历史的延续而传承，不断深化发展，对铸牢中华民族共同体意识、促进各民族共同繁荣发展具有重要现实意义。

（一）和合之道的传承与发展

在中国古代悠久的历史时空中，华夷族群遵循和合之道不断深化交流、融合发展，共同塑造了"五方之民"共天下的大一统格局，这是中国广阔大地上的真实历史。

梁启超先生在借鉴西方民族主义基础上吸收了中国古代大一统观念，提倡将五族共和与立宪政治结合在一起，宣扬"大民族主义"[①]；顾颉刚先生通过实地考察描述了古代中国民族的多元起源，"打破民族出于一元的观念"[②]；费孝通先生提出"中华民族多元一体格局"理论，明晰了中华民族的多元一体结构。随着中国历史的延续，古代华夷族群之间的互动交流与融合发展已成为现阶段我国各民族交往交流交融的历史铺垫和经验，古代华夷族群遵循的和合之道代代传承，成为整个中华民族的致思趋向。

必须承认，就王朝中国当时的政治经济和社会环境而言，这种和合处于相对低端、自在的阶段。王朝中国的政治秩序是在生产生活资料极其有限的情况下优先保障统治者养尊处优的安排，传统的"羁縻"制度从本质上说是为了维护统治者的"天子"形象；群体之间的迁徙受自然环境的严重制约，天然障碍的存在以及落后的交通工具使各群体间的交流并不畅通；尽管"茶马互市"延续千年，华夷族群间存在一种天然分工，但在落后的生产方式制约下，商品流通仅限于马匹、茶叶、盐、布料等为数不多的种类。农业

---

① 梁启超：《政治学大家伯伦知理之学说》，《梁启超全集》卷 4，北京出版社 1999 年版，第 1070 页。

② 顾颉刚：《答刘胡两先生书》，《顾颉刚古史论文集》卷 I，中华书局 2010 年版，第 200 页。

社会如同马克思所形容的，好像一袋马铃薯是由袋中的一个个马铃薯所集成的那样①，人与人之间、群体与群体之间的交流与联系，囿于当时的政治经济社会环境，缺乏现代意义的整体性内涵。

经过长期努力，中国特色社会主义进入了新时代。我国各族人民交往的政治、经济、社会环境发生了重大变化，社会主义民主是最广泛、最真实、最管用的民主，有效保障了各族人民当家作主，充分激发了各族群众携手共建社会主义事业的热情，交通工具现代化和市场经济一体化使各族人民的联系和交流更加密切和频繁。在中国特色社会主义新时代，政治上的团结统一、经济和社会的密切交流，促使和合之道更能发挥其凝聚人心、促进和谐的价值功用。

（二）和合之道与铸牢中华民族共同体意识

面对我国多民族共存和区域发展不均衡的客观现实，要以铸牢中华民族共同体意识为主线，客观承认民族间的发展差距，坚持和完善民族区域自治制度，不断促进各民族交往交流交融，使各民族团结一心、和合一体，形成具有高度凝聚力、向心力、行动力的中华民族共同体。

1. 客观承认民族间的发展差距

中华人民共和国成立特别是改革开放以来，我国生产力水平显著提高，国家在少数民族地区实施了持久、全面的扶助计划和照顾政策，少数民族地区快速发展，2020 年我国脱贫攻坚圆满收官，各民族全面脱贫。实现各民族共同繁荣发展，是中国共产党解决民族问题的根本立场，符合全国各族人民的根本利益。从总体上看，受区位、历史、自然环境、教育、文化传统等因素影响，少数民族地区发展仍然相对滞后，仍需进一步加大对少数民族地区的扶持力度，引导少数民族群众充分利用国家给予的优惠政策和政策性金融工具，推进少数民族地区高质量发展，实现各民族的共同富裕。

2. 坚持和完善民族区域自治制度

民族区域自治制度，是我国的一项基本政治制度。根据我国多民族的特点，实行民族区域自治符合我国国情，是马克思主义民族平等观的充分实

① 参见《马克思恩格斯选集》第1卷，人民出版社 2012 年版，第 762 页。

践，也是当时历史条件下的正确选择。我国实行民族区域自治制度保障了少数民族的自治权，切实维护了少数民族的根本利益，促进了少数民族地区的快速发展。历史成就的积淀彰显了中国特色社会主义制度的独特优势，新时代更应充分认识民族区域自治制度的重要性和优越性，进一步坚持和完善民族区域自治制度，坚持党的全面领导，贯彻落实党的民族理论和民族政策，建立健全与民族区域自治相关的法律法规体系，加强对民族区域自治法及相关法律法规的宣传教育，着力解决区域间公共服务资源配置不均衡等问题，完善基本公共服务体系，推进基本公共服务均等化，推动区域间均衡发展。

3. 促进各民族交往交流交融

我国各民族大杂居、小聚居，交错居住。各民族交往交流交融是中华民族自我完善发展的强大推力，各民族在交往交流交融中加深了解、取长补短、和谐共赢。为此，要进一步推进民族团结进步模范区建设，运用互联网技术加强对"民族团结一家亲"活动的动态管理，通过举办联谊会、书法、舞蹈比赛等形式多样的社区活动，建立健全开展民族团结联谊活动的长效机制，以活动为纽带，引导各族群众共建共享美好社区。以铸牢中华民族共同体意识为主线，促进各民族在交往交流交融中互帮互助、加深感情，不断增强各民族的共性，为最终成为和合一体打下坚实基础。总之，我国各民族在社会主义大家庭中共同团结奋斗、共同繁荣发展，这种局面的形成是多种有利因素良性互动的结果，而中国古代华夷族群和合发展就是一个重要的历史因素。中华民族的历史，蕴含着中国数千年丰富多彩的族际融合发展的和合之道，崇尚和合理念、追求和合之美已成为中华民族内在的文化特性。在和合之道的传续中，铸牢中华民族共同体意识，对提升各族人民聚合力、实现中华民族伟大复兴将产生一定的动力和作用。

（原载《西北民族大学学报》（哲学社会科学版）2021年
第 2 期；作者单位：山东大学政治学与公共管理学院）

我国历代名人家规家训中的和合思想探析

张　燕

中国古代家训发轫于先秦，发展于汉魏六朝，在隋唐走向成熟，宋、元、明、清时期达到鼎盛，于近代发生转型。在浩如烟海的家规家训文献中，蕴藏着中华民族传统文化的精髓——和合思想。"和"作为家庭建设的核心要素，是中国传统家规家训一直所倡导的价值取向与核心内容。综观现存可见历代名人的家规家训，虽然数量可观，其内容却有固定模式可循，主要涵盖了两大方面：治人与治家。治人在于处己，协调好自身心灵以达圆满与和谐，是实现家庭和睦的起点；治家是处理好身边的人际关系、家庭的周际关系，是达到"家和"的条件保障。

一、人自身的和谐是家庭和合的基础

和合人生观认为，"'天地之性，人为贵'，人的生命有珍贵的价值，其珍贵的价值就在于立德、立功、立言，这样人活着才有意义。若专为钱、色、权而活，就可能坠于遗臭万年的深渊"[①]。家规家训非常关注对人的内在品德培养，"往往把教子仰慕圣贤，砥砺品格作为一项重要内容"[②]。东汉经学大师郑玄在《诫子益恩书》中要求儿子"其勖求君子之道，研钻勿替，敬慎威仪，以近有德"[③]；诸葛亮在《诫子书》中告诫儿子要"静以修身，

———————

① 张立文：《和合文化当代价值论坛论文集·序言》，中国艺术出版社2016年版。
② 朱明勋：《中国家训史论稿》，四川出版集团2008年版，第30—31页。
③ 翟博：《中国家训经典》，海南出版社1993年版，第40页。

俭以养德"①，而刘备在临死时仍不忘叮嘱阿斗"勿以恶小而为之，勿以善小而不为"②，要做"惟贤惟德"之人；宋代袁采的《袁氏世范》有《处己》篇，主要是教人修身养性的；清曾国藩在《谕纪鸿》中说："凡人多望子孙为大官，余不愿为大官，但愿为读书明理之君子。"凡此等等，均是古人希望儿孙加强自身修养以便将来成为一个有道德的人。

古人家训中教诫子孙注重品德修养的要目很多，如孝、悌、友、恭、俭、忠信、敬恕、谨慎等。明人高攀龙在《高氏家训》中说："以孝悌为本，以忠信为主，以廉洁为先，以诚实为要"；清人张履祥在《训子语》中说："欲得其心非他，忠信以存心，敬慎以行己，平恕以接物而已……忠信笃敬，是一生做人根本"，等等。这些内容是古人对君子品评的标准，也是儒家所倡导的道德观，基本上是仁义礼智信"五常"的拓展与变体，是中华几千年的基本道德基因，也是和合道德观所倡导的范畴与内容。

通过何种途径才能达到修身的目的呢？中国传统家规家训③中给出了以下几种方法：

（一）净思以存善

其要义以净化自己的思想，去邪念而存善念。如宋人江瑞友在教诫儿子时说："夜卧不眠，常须息心定志，勿妄筹划无益之事及起邪思。当审观此身暂聚不久，既死之后，急急殓藏，盖其败坏不可堪见，方此之时，谁为我者？如此思之，用意劳神、凿空妄作、名利之心皆可灰灭。以之涉世，遇患鲜矣。志虑既澄，自能体道，念念皆正，则大丈夫之事也。"④

（二）慎独以安心

它的要旨是在没有他人的情况下做事要问心无愧，以使自己心安。曾国藩在《谕纪泽纪鸿》信中讲得很全面，他说："自修之道，莫难于养心。心既知有善知有恶，而不能实用其力，以为善去恶，则谓之自欺。方寸之自欺

---

① 翟博：《中国家训经典》，海南出版社1993年版，第54页。
② 翟博：《中国家训经典》，海南出版社1993年版，第51页。
③ 朱明勋：《中国家训史论稿》，四川出版集团2008年版，第202—204页。
④ 刘清之：《戒子通录》卷五"江瑞友"条，纪昀主编：《四库全书》第703册，上海古籍出版社1987年版，第66页。

与否，盖他人所不及知，而已独知之。故《大学》之'诚意'章，两言慎独。果能好善如好好色，恶恶如恶恶臭，力去人欲，以存天理，则《大学》之所谓'自慊'，《中庸》之所谓'戒慎恐惧'，皆能切实行之，即曾子之所谓自反而缩，孟子之所谓仰不愧、俯不怍，所谓养心莫善于寡欲，皆不外乎是。故能慎独，则内省不疚，可以对天地、质鬼神，断无行有不慊于心则馁之时。人无一内愧之事，则天君泰然，此心常快足宽平，是人生第一自强之道，第一寻乐之方，守身之先务也。"①

（三）读书以养性

训主们不仅将读书当作出仕的手段，还把它当作修身养性的途径。如明代吴麟徵在《家诫要言》中说："多读书则气清，气清则神正，神正则吉祥出焉，自天佑之；读书少则身暇，身暇则邪间，邪间则过恶作焉，忧患及之。"②

（四）主敬以自成

其要义是：人无论是内心思维抑或是做事，均要以"敬"存心，这样方可成就自身的美德。康熙帝在《庭训格言》中说："君子修德之功，莫大于主敬。内主于敬，则非僻之心无自而动；外主于敬，则惰慢之气无自而生。念念敬，斯念念正；时时敬，斯时时正；事事敬，斯事事正；君子无在而不敬，故无在而不正。"③

修己慎行而达于仁义，是一般的修身原则，也是中庸之道儒行的最高修养。没有这种修养，就很难达到仁义的思想境地，二者是相辅相成的④。因此，古人在家训中非常重视子孙后代的修身，希望他们能成为品德高尚的君子。修身修德是达到人内心和谐的主要途径与渠道，在不断加强道德修养的过程中逐渐实现内心的和谐。因此，内心和谐是和合文化追求的目标，也是实现家庭、环境和社会和合的起点⑤。唯有如此，外部的协调才能起作用，

① 翟博：《中国家训经典》，海南出版社1993年版，第868页。
② 翟博：《中国家训经典》，海南出版社1993年版，第611页。
③ 爱新觉罗·玄烨：《庭训格言》，中国社会科学出版社2004年版，第15页。
④ 王长金：《传统家训思想通论》，吉林人民出版社2005年版，第43页。
⑤ 张立文：《和合文化当代价值论坛论文集·序言》，中国艺术出版社2016年版。

整个家庭的和谐才有可能实现。

二、人际之间的和谐是家庭和合的环境保障

和合价值观认为："中华民族自古以来以'和为贵'作为自己所追求的价值目标和价值评价体系，以和合作为认识、处理各种错综复杂的冲突的指导思想和根本原则。和，便是'以他平他谓之和'。"① 为使家庭生活安乐、祥和，训主们非常重视协调处理家众之间、家人和邻里之间的关系，构建家庭伦理准则；教导交友之道，促进儿孙们在良好的环境中积极成长。

（一）睦亲

睦亲包括睦家和睦邻两部分。所谓睦家，就是指协调好父子、兄弟、夫妇等关系以使家众和睦。古人家训中充分意识到"和"在家庭稳定和团结中的作用。《周易》中就有论及"和"在家庭关系中的重要性，"夫妻反目，不能正室也"②。只有夫妻和睦，才能振兴家室。左宗棠在家书中明确指出："家庭之间，以和顺为贵。严急烦细者，肃杀之气，非长养气也。和而有节，顺而不失其贞，其庶乎？"③ 陆九韶说："一家之事，贵于安宁和睦悠久也。"④ 张履祥在《训子语》说："处家不论贫富，亦须有宽和之气。"⑤

如何使家庭和睦、构建和谐的家庭关系，是古代家训中的主要内容与强调的部分。"父慈子孝、兄友弟恭、夫信妇贤"是训主们所遵循的家庭伦理总原则。如《颜氏家训·治家》篇中说："父不慈则子不孝，兄不友则弟不恭，夫不义则妇不顺矣。"⑥ 清人孙奇逢在《孝友堂家训》中说："夫家所以齐者，父曰慈，子曰孝，兄曰友，弟曰恭，夫曰健，妇曰顺，反此则父子相伤。"⑦ 张履祥在《训子语》中说："一家中男子本也，父慈子孝，兄友

---

① 张立文：《和合文化当代价值论坛论文集·序言》，中国艺术出版社 2016 年版。

② 《周易》，中州古籍出版社 2007 年版，第 82 页。

③ 《左宗棠家书》，中国华侨出版社 1985 年版，第 5 页。

④ 包东波：《中国历代名人家训精粹》，安徽文艺出版社 2010 年版，第 151 页。

⑤ 包东波：《中国历代名人家训精粹》，安徽文艺出版社 2010 年版，第 263 页。

⑥ 翁福清、周新华：《中国古代家训》（集成），中国国际广播出版社 1992 年版，第 207 页。

⑦ 徐少锦、陈延斌：《中国家训史》，陕西人民出版社 2011 年版，第 698 页。

弟恭，本之本也。"① 其他家训无不直接或间接如此论述。

在家庭伦理总原则的基础上，训主们给出了更具体的方法与建议，便于族人与子孙后代施行。宋人袁采在《袁氏世范》中说："人言居家久和者，本于能忍"②；明人罗伦在《诫族人书》中说："若只认得一忍字、一让字，便齐得家也"③；清人吴汝纶说："忍让为居家美德"，其原因是"若必以相争为胜，乃是大愚不灵，自寻烦恼"④。由此可见，古代家训认为"忍"是睦亲的主要途径。但如果一味地忍或"知忍而不知处忍之道"，则"其失多"⑤。这样家众只会暂时相安无事，而难以达到久和的目的。

因事关家庭的真正和睦，训主们从实际经验出发，注意分析父子、兄弟之间产生不和的原因并对症下药。对此，宋人袁采的论述较为详尽，他说："人之性，或宽缓，或褊急，或刚暴，或柔懦，或严重，或轻薄，或持检，或放纵，或喜闲静，或喜纷上奴加下手，或所见者小，后所见者大，所禀自是不同。"这样，如果"父必欲子之性合于己"，而"子之性未必然"，"兄必欲弟之性合于己"，而"弟之性未必然"，"其性不可得而合，则其言行不可能而合"，此乃"父子兄弟不和之根源也"；又，人的思维方式各异，故"临事之际，一以为是，一以为非；一以当先，一以当后；一以为宜急，一以为宜缓，其不齐如此，若互欲同于己，必致争论"，而"争论不胜，至于再三"，则"不和之情自兹而启，或至于终身失欢"。有鉴于此，故袁采便建议："为父兄者，通情于子弟，而不责子弟之同于己；为子弟者，仰承于父兄，而不望父兄唯己之听"，诚如是，则"处事之际，必相和协，无乖争之患"，此乃"和家之要术也，宜熟思之"。⑥ 通过这段论述，可见袁采提到的解决方法，是在尊重个体差异的基础上，相互理解、相互融合，最终实

---

① 翁福清、周新华：《中国古代家训》（集成），中国国际广播出版社1992年版，第280页。
② 袁采：《袁氏世范》卷一《睦亲》，天津古籍出版社1995年版，第7页。
③ 罗伦：《诫族人书》，欣敏主编：《中国君臣家书精品》，四川辞书出版社1995年版，第193页。
④ 吴汝纶：《诫子书》，欣敏主编：《中国君臣家书精品》，四川辞书出版社1995年版，第101页。
⑤ 袁采：《袁氏世范》卷一《睦亲》，天津古籍出版社1995年版，第7页。
⑥ 袁采：《袁氏世范》卷一《睦亲》，天津古籍出版社1995年版，第1页。

现和睦相处的目的，体现了和而不同的思想，可谓入情入理，对如何处理好家庭主要成员之间关系具有实际的指导意义。

所谓睦邻，就是处理好与村邻间的关系，为家庭的正常生活创造一个良好的外部环境。在处理与村邻间的关系时提倡和气、中庸，把事情做到适度，不激化矛盾。中国古代家规家训认为，处理与村邻间的关系首重品德，要"忠信以存心，敬慎以行己，平恕以接物"，"当不失宗族之心"，这样才会"人人可处"；若与人相处不好，则只能检查自己平时为人是否"有所不尽"，要"不责人，责己"①。与人交谈"须言顺而气和"，"若子弟童仆与人相忤，皆当反躬自责，宁人负我，无我负人"，当"持雅量而优容之"，万不可"悻悻然怒发冲冠，讦短以求胜"，这样只能"速祸"②，于己于人皆为败事。平时行事要秉承忠诚之心，"患难之际，不妨人而利己"；说话要讲信用，"有所许诺，丝毫必偿；有所期约，时刻不易"；处世态度要恭敬，"礼貌卑下，言辞谦恭"，总之，要"处事近厚，处心诚实"。③

其次，要积德、行善，见人有难得鼎力相助。清人朱伯庐在《劝言》的"积德之序"时说："首以亲戚始，宗族邻党中，有贫乏孤苦者，量力周给。尝见人广行施与，而不肯以一丝一粟援手穷亲，亦倒行逆施矣。次及于交与……次及于物类。"对于族人，如果不"曲加扶持保护"，而"专己自私，不相顾恤"，则是"得罪祖宗，不孝孰大焉!"④ 宋人范仲淹在族人的训语中说："吴中宗族甚众，于吾固有亲疏，然以吾祖宗视制，则均是子孙，固无亲疏也。苟祖宗之意无亲疏，则饥寒者吾安得不恤也?"⑤ 显然，家规家训中体现的这些内容，在相当程度上是处于宗族为本的观念。虽然如此，这种周济邻人的行为仍充分地体现了古人"民胞物与"的宽广胸襟和慈善心肠⑥。

---

① 包东波:《中国历代名人家训精粹》，安徽文艺出版社 2010 年版，第 263 页。
② 包东波:《中国历代名人家训精粹》，安徽文艺出版社 2010 年版，第 191 页。
③ 袁采:《袁氏世范》卷二《处己》，天津古籍出版社 1995 年版，第 68 页。
④ 翟博:《中国家训经典》，海南出版社 1993 年版，第 263 页。
⑤ 刘清之:《戒子通录》卷六"范文正"条，纪昀主编:《四库全书》第 703 册，上海古籍出版社 1987 年版，第 71 页。
⑥ 朱明勋:《中国家训史论稿》，四川出版集团 2008 年版，第 227 页。

最后，与村邻在财产上发生纠纷时，要忍让，不可强争，若"争一亩田，占一亩地住基，两边不让，或致人命，或告官府，或集亲戚"，则不唯"所损甚大"，亦是"逆天理矣"；亲旧如果"借贷"，则须"量力捐助，以尽吾心"；要"勿以小嫌而疏至亲，毋以新怨而忘旧恩"。①

以上古代家训中有关"睦亲"的主要内容，无论是"睦家"还是"睦邻"，均显露了我国古人宽大为怀、与人为善的美好品德，是我们处家和处世的龟鉴，其精神值得我们永远继承和发扬。

（二）交游

所谓交游，就是指与别人相处，它包括与朋友相处和与一般人相处两个方面，其中尤以与朋友相交最为重要。② 朋友是一个人生活的外部环境，交什么样的朋友，反映了一个人的道德品行，不仅对一个人的成长起着消极或积极的影响，而且关系到家族的名誉与兴衰。因此，家规家训特别强调交友时要"慎择"，不可妄交。明人高攀龙在《高氏教训》中说："言语最要慎重，交游最要慎择。多说一句，不如少说一句；多识一人，不如少识一人。若是贤友，愈多愈好，只恐人才难得，知人实难耳。语云：'要做好人，须寻好友。'……格言也。"③ 曾国藩在《致四弟》中说："择友，则慎之又慎，昌黎曰：'善不吾与，吾强与之附；不善不吾恶，吾强与之拒。'一生成败，皆关乎朋友之贤否，不可不慎也。"④ 这些例句分别从不同的角度论述了朋友的贤否对一个人一生造成的不同影响，因此交友要慎择，须与君子相处，而不能与小人为伍。

在如何交友的问题上，即如何处理人与人之间关系时，训主们也采用了和合的思想智慧。如有的家训主张以"义合"，清人张履祥在《训子语》中说："朋友之交，皆以义合，故曰：'友也者，友其德也。'……总以道义为取舍，以久要为指归"⑤；有的主张当"和易"，如宋人袁采在《袁氏世范》

① 许相卿：《许云邨贻谋》，商务印书馆1938年版，第975册。
② 朱明勋：《中国家训史论稿》，四川出版集团2008年版，第204页。
③ 翟博：《中国家训经典》，海南出版社1993年版，第590页。
④ 曾国藩：《曾国藩家书》，北京致公出版社2011年版，第33页。
⑤ 朱明勋：《中国家训史论稿》，四川出版集团2008年版，第204页。

中说："与人交游，无问高下，须常和易，不可妄自尊大修饰边幅。若言行崖异，则人岂复相近？然又不可太亵狎"①；有的主张要"谦虚"，明人杨继盛在《杨忠愍公遗笔》中说："与人相处之道，第一要谦下诚实。同干事则勿避劳苦，同饮食则勿贪甘美，同行走则勿择好路，同睡寝则勿占床席。宁让人，勿使人让吾；宁容人，勿使人容吾；宁吃人亏，勿使人吃吾亏；宁受人之气，勿使人受吾之气。人有恩于吾，则终身不忘；人有仇于吾，则即时丢过。"② 高攀龙在《高氏家训》中说："临事让人一步，自有余地；临财放宽一分，自有余味。善须是积，今日积，明日积，积小便大。一念之差，一目之差，一事之差，有因而丧身亡家者，岂可不畏也。"③

虽则措辞不尽相同，但其思想基本一致，认为与人相交须有德、诚笃，要举止可称，逊让为怀。这些均是当时家训中教诫子孙如何为人处世的典型例句，其中闪耀着古人高尚的德育思想，显然也浸透着和合价值观。

三、人与自然的和谐是家庭和合的生存条件

和合世界观认为"和实生物"，由多元五行互相冲突融合而成万物，亦是天地、父母、阴阳冲突通过絪缊、媾精的融合形式，和合化生万物④，倡导天人合一。受和合思想的影响，古人家训中融入了爱护万物生灵的儒家仁爱思想。仁爱强调的是对生命的珍惜和尊重，从而把爱护人的生命推及爱护万物生灵。训主们对人们无节制地物质贪欲膨胀，破坏和灭绝生物种群的行为深恶痛绝，反对人类破坏自然生态陋习。南宋诗人陆游在《放翁家训》中说："人与万物，同受一气，生天地间，但有中正偏驳之异尔，理不应相害"，⑤ 他认为人食禽兽主要是弥补粮食的不足，如是图口福，妄杀生灵，只能是造成浪费，除猪羊鸡鹅外，一切都要禁止。还有宋代江端友的《家

---

① 袁采：《袁氏世范》卷二《处己》，天津古籍出版社1995年版，第86页。
② 翟博：《中国家训经典》，海南出版社1993年版，第549页。
③ 翟博：《中国家训经典》，海南出版社1993年版，第590页。
④ 张立文：《和合文化当代价值论坛论文集·序言》，中国艺术出版社2016年版。
⑤ 包东波：《中国历代名人家训精粹》，安徽文艺出版社2010年版，第127页。

诚》、明代高攀龙的《家训》、清代的纪昀的《训子书》等，都提到了要爱护万物，节制杀生。

古人家训还关注人赖以生存的自然环境，强调环境对人的生存关系①。其一，他们在家庭建设中注重室内生活环境的卫生。朱伯庐在《治家格言》中说："黎明即起，洒扫庭除，要内外整洁，既昏便息，关锁门户，必亲自检点。"② 其二，许多训主对室外安全保卫、如何预防天灾人祸等生活环境要素也作了科学论述。如"人之居家，井必有杆，池必有栏，深溪急流之处，峭险高危之地，机关触动之物，必有禁防，不可令小儿狎而临之，脱有疏虞，归怨于人，何及？""居宅不可无邻家，虚有火烛无人救应。宅之四周如无溪流，应为池井，虑有火烛无水救应。"③ 其三，训主门科学地认识生存条件。尽管大部分训主都是豪门高官、文人学者，家大业大，不愁生计，但是他们都清醒地认识到农业的重要性，体现出了"重农务本"思想。帝王家训强调"国家以农业为重"，士大夫家训强调"事农为本"。曾国藩等重臣名将，即使在自己官运通达、恩宠中天时也告诫子孙们，"在朝为官时谋生的权宜之计，耕田务农才是谋生根本"④。水利是农业的命脉，袁采在《世范·治家》篇中针对当时"三月思种桑，六月思筑塘"的懒惰思想，训诫子孙们"池塘、陂湖、河埭，蓄水以灌田者，须于每年冬月水涸之际，浚之使深，筑之使固，遇天时亢旱，虽不至大稔，亦不致于全损"。强调农业种植以时："桑果竹木之属，春时种植甚非难事，十年二十年之间，即享其利"。在谈到农耕技术时告诫说："风土气候必乘，种性异宜必审，种植耕耨必深，沃瘠培灌必称，芟草去虫必数，雍溉修剪必当时，程督必详，勤惰必察。此生民第一务，周人王业肇基于此。"⑤

敬畏生命，认识到客观环境对人及家庭的意义，重视以农为本，这是"天人合一"世界观在古人家训中的体现，也是先祖们从保障家庭兴旺不衰

---

① 王长金：《传统家训思想通论》，吉林人民出版社 2005 年版，第 132 页。
② 包东波：《中国历代名人家训精粹》，安徽文艺出版社 2010 年版，第 273 页。
③ 包东波：《中国历代名人家训精粹》，安徽文艺出版社 2010 年版，第 127 页。
④ 包东波：《中国历代名人家训精粹》，安徽文艺出版社 2010 年版，第 127 页。
⑤ 包东波：《中国历代名人家训精粹》，安徽文艺出版社 2010 年版，第 144 页。

的生存条件考虑，教诫子孙们的金科玉律。

"家和万事兴"是千百年中国人民来所遵行的思想准则与追求目标。为使子孙后代绵延长远、家族事业兴旺不衰，我国古代家庭中的有识之士，上至帝王将相，下至文人士大夫，都非常重视家风建设，这与自古以来中国人浓厚的家国同构情怀紧密相连。《孟子·离娄篇》中说："天下之本在国，国之本在家。"《礼记·礼运篇》认为要："以天下为一家，以中国为一人。"《大学》认为："古之欲明明德于天下者，先治其国；欲治其国者，先齐其家；欲齐其家者，先修其身。"家族在传统中国人社会、经济、文化、政治中占据核心和主导的地位，家族文化也集中地体现了中国传统文化的基本精神和突出特征，钱穆先生曾说过："中国文化，全部都从家族观念上筑起"①。

历代名人家规家训的训主们或是达官贵人，或是硕学鸿儒，他们制订家规、家训，向后代、族人传播修身治家、为人处世的道理，凝聚、积淀了我们民族精神文化的诸多方面。训主们在教导后代子孙们如何处理人与自身、人与人、人与自然关系时融入了"和合"的智慧，体现了和生、和处、和立、和达、和爱的思想。其中教诫子孙强于自修、崇尚人品的精神，无论在任何年代，都应该是一种永恒的美德；而在教子为人处世中的谦让、宽容、尊重、善良等诸多品德，也值得后人继承与发扬；而训主们所体现出来的敬畏生命，尊重万物，保护自然，天人合一的思想，对解决当前我们共同面临的环境问题也具有借鉴作用。

（原载《台州学院学报》2017 年第 2 期；作者单位：台州
学院校办、天台山文化研究院）

---

① 钱穆：《中国文化史导论》，商务印书馆 1994 年版，第 51 页。

论中国传统音乐的和合之道

云　燕

一、和合之道的思想渊源与基本内涵

笔者有感于著名哲学家张立文老师提出的"和合学"，受益于崔宪老师所赠之《履薄记》一书中关于对"龢"字之理解，重新翻查资料，对乐之和有更为深刻的理解。

在《尔雅·释乐》篇"和"字共出现了三次：

第一，"大笙谓之巢，列管瓠中，施簧，管端大者十九簧。小者谓之和。十三簧者。"《说文》对"巢"之释曰："巢，鸟在木上曰巢，在穴曰窠。从木，象形。凡巢之属皆从巢。"也就是说，"巢"要表达的是大笙的外型，就像鸟在木（树）上一样。有十九簧的是大笙，有十三簧的是小笙。为什么说"小者谓之和"，小笙、"笙"与"和"有什么联系？在《说文》中对"笙"之释曰："笙，十三簧。象凤之身也。笙，正月之音。物生，故谓之笙。"这里只说了十三簧的"笙"，而"大笙"，即十九簧的"笙"却没有提及。在《十三经注疏·尔雅注疏》《说文解字注》《康熙字典》对"笙"之解释中，皆引《释名》之释，曰："笙，生也。象物贯地而生。"也就是说，无论是有十九簧的大笙，还是有十三簧的小笙，都有"生"之特点，此"生"所描绘的是草木"贯地而生"这样的一种景象。缘何如此？皆因"和""生"是"和"的结果，"和"是"生"的前提。那么"笙"作为一种乐器，它的外形像鸟（凤）在木（树）上一样，其实质是与节气相应，象征草木破土而出，刚刚生发的状态，无论吹奏"笙"与否，皆体现的是"和"之精神，即天地之间万事万物生生不息、和谐相处的精神。

第二，"徒鼓瑟谓之步，徒吹谓之和，徒歌谓之谣，徒击鼓谓之咢，徒鼓磬谓之寋。"其释曰："凡八音备作曰乐，一音独作，不得乐名，故此辨其异名也。徒，空也。""空也"，所"空"之意为"一音独作"，即仅仅是"鼓瑟""吹""歌""击鼓""鼓磬"，这是对演奏上述乐器状态的描述，"徒吹谓之和"是对吹奏乐器演奏状态的描述。

第三，"和乐谓之节。"其释曰："八音克谐，无相夺伦，谓之和乐。乐和则应节。""八音克谐，无相夺伦"见于《尚书·舜典》。"八音"原是指金、石、丝、竹、匏、土、革、木八种制造乐器的材料，有八种乐器之意，有八卦之音、八风之音之意。从制造乐器之材料取自于自然界而言，"八音"与外在事物、外在环境相关联。在《礼记·乐记》篇有云："大乐与天地同和，大礼与天地同节。"说明乐之本为"法天象地"。从"音"包含于"声"而言，即从"八音"的音乐属性，从音乐的内部关系与结构来看，"八音克谐"所体现的是乐曲之高度和谐。"无相夺伦"，伪孔传："伦，理也。八音能谐，理不错夺。"八音高度和谐，内在秩序井然，达到了极高的精神境界。这是对所要达到的目的——和谐的解释、说明，透显了"和"是各种音声相胜相生、相反相成、相应随顺之结果。"乐和则应节"，说明"乐"因"和"而与"节"相应。因为音乐内外部之关系皆有节制，相互感应、相互牵制、相互促进，从而达到和谐的状态。故而，"和乐谓之节"。

《说文》对"和"（hè）之释为："和，相应也。从口禾声。"此字取"口"字之象，取"禾"字之声。"口"，《说文》曰："口，人所以言食也。象形。凡口之属皆从口。""口"为言语表达、吹奏乐器之器官，《鬼谷子·捭阖》有言："口者，心之门户也；心者，神之主也。"《国语·晋语》云："且夫口，三五之门也。"韦昭注曰："口所以纪三辰，宣五行，故谓之门。""三辰"即日、月、星，它们是古代天文学的研究对象，研究的目的是观象授时、编制历法。从我国古代天文学独有的特征——时间与空间同构来看，"三辰"既代表时间又代表空间。"五行"，即水、火、木、金、土，在古人最初的观念里，它们是构成物质世界的基本元素。故，"三五"为天地之数，代表天地之道。也就是说，"口"表达的是遵循"天地之道"的

"心"。"禾"在《说文》中的解释为："禾，嘉穀也。二月始生，八月而孰，得时之中，故谓之禾。禾，木也。木王而生，金王而死。从木，从ㄡ省。ㄡ象其穗。"凡禾之属皆从禾。即"禾"为谷物，属木。草木于二月开始萌发生长，至八月成熟，处四季之中，所以称它为禾。八月之后因金旺而死，这透露着五行相胜之关系。"禾"之字源来自"ㄡ"，"ㄡ"像禾谷的穗子，造字原理是所有与"禾"相关，或是有"禾"之属性的字，都用"禾"作偏旁。

与"和"相关的字是"龢"（hé），在崔宪老师所著之《履薄记》一书中的"曾侯乙钟铭'龢'字探微"这篇文章中有言："'龢'通'和'"。这是从声、音、乐所表达出的音乐视听效果——和谐，给出的结论。在《康熙字典》第 185 页，"和"与"咊""龢"之意合并，引《广韻》之释为："顺也协也，不坚不柔也"。"和"与"龢"都用"禾"做偏旁，除了取其音，同样也取其象，表明造此二字之时，我国已进入农业文明，以谷物作为赖以生存的基本食物，这是对生命存在之物质基础的重视。《说文》对"龢"之释为："龢，调也。从龠禾声。读与咊同。"此字取"龠"字之象，"禾"字之声。在《康熙字典》第 1538 页引《广韻》之释为："协也合也。""龠"作为一种乐器，通"籥"。《说文》对"龠"之释为："龠，乐之竹管。三孔。以和众声也。从品龠。龠理也。凡龠之属皆从龠。"在《尔雅·释乐》对"籥"之释为："籥，乐器名。""龠"作为度量衡、一种律制，在《汉书·律历志上》记载："量者，龠、合、升、斗、斛也，所以量多少也。本起于黄钟之龠，用度数审其容，以子谷秬黍中者千有二百实其龠，以井水准其概。合龠为合，十合为升，十升为斗，十斗为斛，而五量嘉矣。"在明代乐律学家朱载堉所著之《律吕精义》曰："籥者，五声之主宰，八音之领袖，十二律吕之本源，度量权衡之所由出者也。"由此可见，龠为管乐器，竹制，有孔，有律，此律通伦理，是"天之道"于音乐上之落实。所以，"和"与"龢"虽然字义相近，皆有音乐属性，却有本质的差异。"和"取"口"之象，说明"和"所强调的是生命存在的基础，重点在于乐之外在的、与外物相应的表达；"龢"取"龠"之象，强调乐之律，表明乐律遵循天之道，是自天而降于乐之伦理，其重点在调和。如此，说明

"龢"之神圣性、崇高性高于"和"。

除此之外，乐之神圣性、至上性还体现在其调和作用。

在杨荫浏老师所著之《中国古代音乐史稿》（上册）有言：传说，在远古氏族朱襄氏的时候，风很大，天很干，植物枯萎散落，结不成果实。有人造了一个五弦的瑟，用以求雨，以安定人民的生活。又说，在阴康氏的初期，水道不通，湿气很重，人们的筋骨很不舒畅，所以创造了舞，以便进行治水工程。前者是赋予音乐以一种神秘性，把它视为一种可以沟通神人关系的东西；后者是把舞视为人们与水灾斗争之前的一种战术演习，是人们相信自己力量的标志。

以上说明，远古人类发挥主观能动性，利用乐舞使得天、地、人相协调，看似荒谬，却表达着祝祷与祈愿，即使在生命难以维持的艰难时刻，依然不妥协、不放弃，体现着对生命存在之至诚。这样一种顽强而又乐观的精神，支撑着远古人们强烈的生存意识，推动人类社会之发展。

在《国语·周语下》有言："夫政象乐，乐从和，和从平。声以和乐，律以平声。"此段话虽对乐之特征、乐之外在形态有客观的描述，但是"夫政象乐"这四个字说明为政就像奏乐一样，要体现乐"和"的精神——政通人和，这是治国理政的目标，进一步由"和"实现"平"——天下太平，乃是政治的最高境界。

"唯乐不可以为伪""乐由天作"（《礼记·乐记》），体现乐自得于天而发自人内在之诚，不可以虚假。《礼记·中庸》曰："诚者，天之道也。诚之者，人之道也。……自诚明，谓之性。自明诚，谓之教。诚则明矣，明则诚矣。唯天下至诚，为能尽其性；能尽其性，则能尽人之性；能尽人之性，则能尽物之性；能尽物之性，则可以赞天地之化育；可以赞天地之化育，则可以与天地参矣。"即"乐"因得自于天，要效法。"天之道"而有其诚，客观真实地呈现"人之道"。"人之道"通过"乐"来表达，体现着人之诚，是人之诚于音乐、舞蹈上之落实。《礼记·乐记》有言："诗，言其志也。歌，咏其声也。舞，动其容也。三者本于心，然后乐器从之。"说明从外在表现形态来看，音乐与舞蹈本为一体，诗、歌、舞皆以心为本，说明身心为一体，所体现的是人之诚。将人之诚落实于音乐、舞蹈之上，体现的亦是乐之诚。乐之诚落实于个人而言，强调的是人何以为人、何以立足于天地之间？如何"成人"？如何"立人极"？如何实现自我教育、自我成长？如何自主、自觉、自发、自愿地守住人之所以为人的人之道？当"我"之志向与乐之情志相互交融，体现个人情志与意识形态之和合，透显乐之教化功能，这是自诚而明与自明而诚之和合①，彰显"我"之性如果是孟子"人性善"与荀子"人之性恶"之和合，那么"我"守诚、化"人之性恶"为善，遵从天之道，而后通过"乐"来表达，在"天之道"不断加持中，促使"我"之人格不断完善，实现"止于至善"之境。

综上所述，乐之诚是诚于天地之道与"人之道"；"乐之和"是天地之道与人之道之和合，体现的是乐之神圣性、崇高性，以及生生之理。"乐之和"调和的是天、地、人之关系，体现的是人与人、人与社会、人与天地万物和谐共处，生生不息的理想状态；"乐制"则是通过调和人与人之关系、人与社会之关系而达到的治国安邦、天下太平之理想之治。

二、从当下对中国传统音乐所持之态度彰显和合之道

1998 年 7 月 15 日《中华读书报》上刊登了清华大学著名教授、博士生导师廖名春老师写的"积极继承与'批判继承'"的文章，文中有言："以'批判继承'说对待我们的文化传统，体现不出爱国主义的特殊情感，只具有淡化祖国和民族情结的作用。"笔者赞同廖老师之观点，反对对中国传统文化、中国传统音乐文化持"批判继承"这样的态度。"批判"是对"继承"的修饰与限定，亦是对"继承"具体操作方法的说明，可是这个词语是贬义词，连中性词都算不上，用这样的词语来表达是不合适的。作为中国的每一个公民，皆爱我们的祖国、爱我们的民族、爱我们的传统文化。这种

---

① "自'诚'而'明'，即是由自然而自觉，此者'谓之性'，表明由自然而自觉是性的自然显发；自'明'而'诚'，即是由自觉而自然，此者'谓之教'，表明由自觉也可以达到自然之境。人本来即具有辨别是非、善恶的能力，人也具有受教化、能教育的能力，人也具有守善弃恶的能力。所以，人能够'诚明'，人也能够'明诚'，'诚'可以助人'明'，'明'可以助人'诚'。'诚则明矣，明则诚矣'。"（罗安宪：《"诚信"观念的历史生成及时代意义》，《哲学家》2011 年辑。）

爱里流露着对中国传统文化之认同与继承，透显着我们的文化自信和对古圣先贤的感恩。真正的爱国、爱民族，应持有之心态为：恭敬虔诚、祈愿祝祷；对传统文化继承之态度是积极的，而非批判。更何况，以这样一个贬义词来修饰限定对中国传统文化的继承，所起到的实质性效果到底是弘扬中国传统文化，还是戴着有色眼镜看待中国传统文化？

"中国之传统"是从我们中国历史上代代相传而流传至今的，在我们中国领土之上、具有各个民族特点的思想、文化、道德、风俗、艺术、意识形态等，以及由此所产生的价值观念、思维方式和行为方式。中国之传统既然是传统，就有时代特征，是历史选择之必然。中国传统文化塑造了中华民族共同的心理结构。在李泽厚老师所著之《美的历程》中有言："心理结构创造艺术的永恒，永恒的艺术也创造、体现人类流传下来的社会性的共同心理结构。……心理结构是浓缩了的人类历史文明，艺术作品则是打开了的时代魂灵的心理学。"那么，对于不适应当今时代的部分内容，我们要分析辨别，以损益之道来对待，即过时的、腐朽的可以"损"，同时与时俱进，结合时代进行创新，这就是"益"。作为中国的音乐人，我们力所能及之事为守住自己之操守，不随波逐流，通过用心去做并且努力做好，只问自己还能再多做些什么，积极地去改变不良现状，这要比说困难，却更有意义。所以，与其坐而论，不如起而行，从自身做起。再者，揭露与抨击会产生社会负能量，容易被别有用心的人或团体利用，构建和谐社会需要的是正能量不断的生发与传递。我们在适宜之时，通过合理的表达方式，用实际行动来加持社会正能量，使之生生不已。当正能量充斥于社会的每一个角落，然后作用于每一个人，最终使社会和谐、国家长治久安，这才是最有价值的。更何况植根于中国传统文化之上的中国传统音乐，在"批判继承"这样的语境之下必然受到影响，所以，推动中国传统音乐理论研究之发展，首先要对中国传统文化、中国传统音乐文化有正确的、合乎情理的态度。

在中华人民共和国教育部网站 2011 年 3 月 8 日发布的"关于印发《学位授予和人才培养学科目录（2011 年）》的通知（学位［2011］11 号）"，所分之学科门类和一级学科来看，艺术学首次从文学门类中独立出来，成为新的第 13 个学科门类（代码为：1302），体现出国家对艺术的重视。艺术是多维的价值之统一，其中有历史维度、文化维度、意识形态、自我认知、道德信仰、情感需要等。故，艺术本来就有和合之特征，那么所有归属艺术的学科皆有其特征。

从艺术学门类下所设之"音乐与舞蹈学"这个学科名称来看，体现的是国家对传统"乐"之认识理解的"积极继承"。

在《十三经注疏·毛诗正义》卷第一（一之一）第七页曰："诗者，志之所之也，在心为志，发言为诗。情动于中而形于言，言之不足，故嗟叹之，嗟叹之不足，故永歌之，永歌之不足，不如手之舞之、足之蹈之也。"说明音乐与舞蹈本为一体之原因——人之情志不断地在心中生发、弥漫，当情不能自已时，只有载歌载舞才能表达此时此刻之心情。故，在我们传统中国人的思想观念里，"乐"本来就是音乐与舞蹈之和合。从当下对"乐"之本义的继承来看，也遗留着以乐治国之思想，在"音乐与舞蹈学"这个学科命名的加持之中，通过"乐"之外在表达反映国治之政通人和的目标，流露的即是乐之和合的特征。

三、中国传统音乐理论和合之外在表现特征

中国传统音乐理论具有人文学科的性质，属于音乐学的范畴，有双重或多重属性的特点。

中央音乐学院李吉提老师在《星海音乐学院学报》2017年第1期发表的《民族器乐音乐评论与乐评中的音乐分析》中讲道："任何音乐理论家的科研如果脱离了音乐自身，就无异于将音乐研究附属于史学、美学、人类学、哲学等其他学科，而失去了作为音乐学自身存在的意义。"也就是说，音乐是音乐学的基础，脱离了音乐，音乐学这个学科则不成立。

在王耀华老师和乔建中老师主编的《音乐学概论》明确说：

关于学科性质问题，在西方的学术体系中，通常是把音乐学归入人文科学的一个部门，这是它因为归根结底是以研究音乐这一人类的精神

活动为目的。但是，在涉及音乐学的各门分支学科时，常会遇到"双重"或"多重"属性的问题。……从某种意义上说，音乐学是属于以人文科学为主的一个综合性学科。

依据上文之所述，将音乐学归入人文学科是西方学术体系下人为的划分。音乐学之英文表达为"musicology"，是个合成词，由"music"和"ology"组成，此二词有且只有名词词性；而中国字之"音"、中国字之"乐"，在《说文》中皆有各自的解释，"乐"除了有名词词性，还有动词词性。故，"music"≠"音乐"，西方之"musicology"与中国之"音乐学"亦存在本质的差异。

在杨燕迪老师主编的《音乐学新论——音乐学的学科领域与研究规范》中有言：

> 音乐学研究音乐，但它并不属于音乐（作为实践艺术和实践活动）的范畴。这正如植物学与植物本身分属两个完全不同的体系。因此，将音乐学与作曲、表演、接受与欣赏混淆在一起，这个出发点从根本上便发生错误。音乐学不属于音乐的艺术和实践范畴，因此，它的功能与意义如果仅从音乐艺术和实践的角度去考察便会含混不清，乃至发生偏差。音乐学是"学"，是"学问"，因而它归属于与艺术不同的另一个人类精神活动的家族——知识。

笔者无法赞成"音乐学不属于音乐"这样的观点。作为"实践艺术"之音乐，属于艺术，艺术包括音乐。作为"实践活动"之音乐，包括音乐表演活动、音乐作品之创作，是以声音为媒介、为表达方式之艺术。音乐实践将音乐这一学问具体落实，是思维与行为活动之产物。音乐不等于音乐作品，音乐作品却属于音乐，二者为包含与被包含之关系。音乐实践艺术和实践活动属于音乐，作为指导音乐实践艺术和实践活动的音乐理论，即是其所以是如此形态之根本，同样属于音乐。将音乐的范畴限定在音乐实践艺术和音乐实践活动，所造成的结果是将音乐这一学科范围人为地缩小。笔者以为，只要是在研究音乐，并且音乐属性占主导性地位，那么无论从何种角度、用何种语言、通过哪种表达方式皆属音乐范畴。只是研究音乐需要限定音乐的范围，明确具体的研究对象，并对研究音乐的方法予以说明。

在田耀农老师编著的《中国传统音乐理论述要》中有言："'中国传统音乐理论'以论述中国传统音乐的思维方式和行为方式为己任，并以此区别于以研究和介绍中国传统音乐作品为主的冠以'中国传统音乐理论'的专著或教材。"也就是说，"中国传统音乐理论"之内容，不仅仅限定在音乐作品之上，还有音乐作品之所以是如此形态之本根与根本，是音乐实践所践行之思维方式、行为方式、价值观念的和合。

总而言之，音乐学是学科跨界之结果，无论是从当前中国现行的学科分类标准或是音乐这个学术领域来看，皆认为音乐属于艺术，音乐学为"音乐与舞蹈学"的下属学科，对中国传统音乐理论之研究属于音乐学范畴。虽然音乐学具有双重或多重属性，却不影响音乐学属于音乐。从这样的属性中体现的是音乐之和合的特征，"和"中体现的是世间万物不但相辅相成，而且相反相成，在相反相成之中体现的是对对立双方相互尊重其存在的态度，透显的是我们中国传统文化仁者爱人、天下大同这样的一种胸怀，以及生生不息之质。从属于音乐学的中国传统音乐理论同样具有这样的特征。

四、中国传统音乐理论发展之我见

中国传统音乐理论是音乐研究者通过长期的钻研，对中国传统音乐中的各个音乐元素的收集与整理，其中既有对外在实践行为的描述，又有对指导音乐实践理论的理解与论述，是中国传统音乐思维方式、价值观念以及行为方式之和合。作为中国的音乐人，我们如何通过音乐来展现中国人的根本精神？如何在继承中推动中国传统音乐的发展，笔者以为需要更好地发挥乐之和合的作用，对此有如下之观点。

首先，关于音乐人之胸怀，用林则徐之言为："海纳百川，有容乃大。"关于音乐人之志向，笔者有感于宋代儒学家张载之言："为天地立心，为生民立命，为往圣继绝学，为万世开太平。"我们音乐人要有如大海一样之胸襟，要有为音乐注入信仰与灵性之气魄。我们为音乐注入文化内涵，给音乐作品注入精神品格，让聆听者从中获得精神给养，通过音乐实践彰显音乐人之情志，发挥强大的社会功能，让受益者的范围实现最大化，其目的是爱国、爱家、爱人皆从自我做起，最终实现"天下太平"。

我们用音乐营造一个至善和合的"桃花源"，那是我们的精神家园，是我们内心深处的一片净土，我们在此自在逍遥、无畏豁达、安然自如，让心灵受创的人可以在此疗伤，让迷茫困惑的人可以摆脱蒙昧，让冰冷的心可以获得温暖，让心里黑暗的人可以点亮心灯，燃起希望之光，让人们于音乐之中获得心的力量，坚定意志，固守志向，促进人格的自我完成，实现精神超越。这体现着我们音乐人一样具有孔子所说的人与生俱来、人人皆有、给予他人的这样一种宽广博大、无等差的仁爱之心。

音乐人通过自身努力而获得音乐界的身份认同，在践行自己音乐理想的过程中，无论是否受主观意愿的影响与支配，终将对社会造成影响。所以，音乐人的文化涵养很重要，如果只依靠声之美、音之美，为了美而美，于作曲家而言，难以创造出有精神境界的音乐作品；于演奏家而言，在解读音乐作品之时，无法完满地诠释音乐作品的深刻内涵，更无法传达音乐作品所构筑的精神世界。演奏音乐作品是"六经注我"与"我注六经"之和合，展现的是作曲家与演奏者的心灵境界。于聆听者而言，音乐作品最完美之表达为：演奏者与曲作者跨越时空之交流，于音乐之中展现曲作者的精神品格、流露演奏者的人格魅力，最终通过这部作品让聆听者感受到那闪耀着的人之所以为人的至情至性至真至诚至善之光芒。

其次，是关于学科跨界。学科跨界不仅体现的是"乐"之和合的特征，更为重要的是从和合之中萌发新事物，从而促进音乐学科的发展。故步自封，不与其他学科交流，无疑是在近亲繁殖。当然，中国当前的音乐与世界音乐接轨，以显其国际化。但是，将音乐设定为实践艺术，限定在音乐实践活动这个领域，没有精神层面的、纲领性的指导，中国音乐则缺乏中国之魂，而缺乏中国之魂的中国音乐，在与国际音乐接轨之时，会不会迷失自我？

若将音乐学推出音乐这个领域，既是不明智的表现，亦不符合乐之和合的特征，更是对中国传统音乐之本质的不了解。音乐实践艺术是以声音为媒介，为表达方式之艺术。音乐作品是音乐这一学问的具体落实，是精神活动之产物，证明着人的历史存在，所展现的不仅仅是作品本身，还有作曲者的创作初衷、创作灵感、创作理念，透显着曲作者的文化底蕴、价值判断、审美取向、性格特点、人生追求等。当一部音乐作品呈现于观众面前，首先是要用文字语言进行引导，即使如此，每个人对音乐作品皆有自己的理解与认识，也许并不以曲作者的真实想法为转移，因此，公之于众之音乐作品已然不完全属于曲作者本人，而是属于整个社会。所以，作曲家创作出的音乐作品需与当下文化特征相应、符合大众审美。故，笔者注重"乐之教"，注重对音乐作品进行全方位的解析。因为只对音乐技术、技巧层面进行解读，无法精准地诠释作品的深刻内涵；将文学语言与音乐术语相结合进行全面的解读，使听不懂音乐的人依然可以通过文字描述来理解音乐作品；通过美学语言、哲学语言将其升华，将音乐作品之精髓得以提炼，让所有接触到音乐作品的人，在享受音乐作品的同时，获得更多的精神给养。

音乐作品是音乐行为和音乐思维实践活动的产物，音乐理论不但论述音乐行为，还有指导此行为之音乐思维。中国音乐与西方音乐之最大的不同是，中国传统音乐不但注重形式，更为重要的是其内涵，是通过外在形式之描述，而向实质之归结与超越。讲音乐，除了音乐实践艺术，就是音乐实践活动吗？讲音乐之美，用美学的语言来表达就属于美学范畴了吗？讲音乐中透显的人生哲理，用哲学语言来表达就属于哲学范畴了吗？如此，音乐是不是太过狭隘，会不会把自己边缘化？

最后，要以和合之道从"道"与"器"两个层面继承创新中国传统音乐。中国传统音乐之构成，既具有形而上之"道"的理想追求，是中国传统音乐之"体"，还具有形而下之"器"的技巧实践，是中国传统音乐之"用"，所蕴含的是中国人的思维方式、价值观念，以及行为准则。即使历经千年，在我们的灵魂深处依然留有历史流传下来的、难以割舍的、无法抹去的基因。

研究中国传统音乐实践方面的理论，最重要的意义就是通过对音乐现象的研究、用音乐语言构建音乐模型，使音乐外在的表现形态清晰明朗化，为音乐发展提供"行为"基础，此为中国传统音乐之基础。而研究中国传统音乐乐论方面的理论，则是对音乐行为用文字语言进行的描述与解读，并为音乐行为提供纲领性的指导，是中国传统音乐之所以是如此形态的、内在而又根本的动力，此为中国传统音乐之根本。二者相辅相成，相维相济，从不同角度、不同维度、不同向度全方位地再现中国传统音乐。没有中国传统音乐之基础，中国传统音乐无具体落实之处；没有中国传统音乐之根本，中国传统音乐则失去灵魂。二者水乳交融，是不可分割之整体，其中所体现的就是和合之道。

中国传统音乐之胸怀不狭隘，并不是只停留在实践艺术和实践活动之上；中国传统音乐之精髓所表达的爱是"泛爱众而亲仁""亲亲仁民，仁民爱物""民胞物与""仁者与天地万物为一体"的大爱；我们中国传统音乐之美更不是停留在声之美、音之美之上，而是强调"美与善之统一""情与理之统一""认知与直觉之统一""人与自然之统一"；① 是通过音乐实践，达到的一定的审美境界和精神境界，此境界指向天地之外这样一个客观的、行之有规的、至高无上的永恒存在，所展现的是中国传统音乐所具有的独特的、客观的、理性的宇宙意识。因此，中国传统音乐有神圣性、至上性、永恒性，有家国情怀、个人情志、人间情爱，以及以有形向无形的超越意识。

"和"是我们中国传统文化之根本特征，亦是中国传统音乐之根本特征，所展现的是我们中国人之胸怀。用声音艺术所表现的"和"是与"天之道"相和、与意识形态相和、与人之情志相和的外在表现，透显的是乐之至诚无伪。中国传统音乐因奉持"和合之道"，而有海纳百川之胸襟、温文尔雅之气质、深邃内敛之情怀，虽然其外在表现形态随时代变迁不断发展变化，但其中不变之永恒是"和"，于"和"中萌发新事物，体现的是生命因生生不息而永恒存在。

我们中国人，尤其是当今的中国音乐人，对中国传统音乐之继承，不但

---

① 中国美学的基本特征有以下几点："第一，高度强调美与善的统一"；"第二，强调情与理的统一"；"第三，强调认知与直觉的统一"；"第四，强调人与自然的统一"。（李泽厚、刘纲纪主编：《中国美学史》，中国社会科学出版社 1984 年版，第 23、24、27、28 页）

要有外在的表现形式、理论范式，更为重要的是对支撑中国传统音乐之基础，以及推动中国传统音乐发展之根本动力的继承，在继承之中所呈现的是中华民族所特有的魅力，所体现的是我们中国人的根本精神，以及属于我们中国人所独有的"天人同构""天人一体""天人合一"这样的宇宙意识。①

中国传统音乐体现着中国传统音乐文化，透露着中国传统文化的根本特征，彰显着中华民族的根本精神。每个民族都有自己的语言，有自己的表达方式，音乐亦是一种语言，同样有着属于自己民族独特的表达方式。中国传统音乐以音乐这样的表达方式，用声音艺术反映着我们中国人的精神品格，展现中国传统文化的灵动、和谐与美好。

笔者希望中国传统音乐可以担当起传播中国文化的使者，将我们中国传统而优秀的文化承载起来，并予以传播，以显我们的大国之风、大国之胸襟、大国之气魄。

（原载《北方音乐》2018 年第 5 期；作者单位：中国人民大学艺术学院）

---

① "认为整个自然界的一切都是富有生命的，都是气韵流荡、生机盎然的，物与人从根本上来讲是相类相通，天人同构，天人一体，天人合一，这就是中国人对于整个宇宙的总观点、总看法。"（罗安宪：《论中国人的宇宙意识》，《宝鸡文理学院学报》（人文社会科学版）1997 年第 6 期）

当代与创新

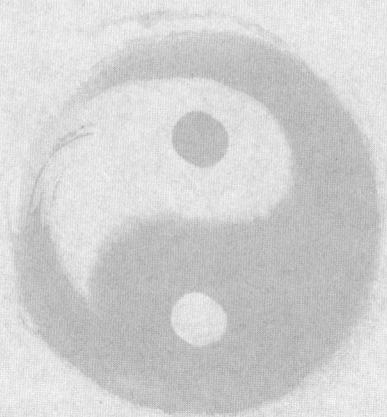

和合学的思维特性与智能价值

张立文

罗素说:"哲学家们常常是从我们'如何知道'开始,然后进而至于我们'知道什么'。我认为这是一种错误。"① 这是因为,知道我们如何知道,是知道我们知道什么的一小部分。本文就从知道什么是和合学始。

一、何谓和合与和合学

和合是指自然、社会、人际、心灵、文明中诸多形相、无形相的相互冲突、融合,与在冲突、融合的动态变易过程中诸多形相、无形相和合为新结构方式、新事物、新生命的总和。和合如何或怎样是一个真?和合之真,即融突关系之真。差分和生是和合的自性生生义,存相式能是和合的本性形式义,冲突融合是和合的变化超越义,自然选择是和合的过程真切义,烦恼和乐是和合的艺术美感义,统此五义,便是和合之真。

所谓和合学,是指研究在自然、社会、人际、人自身心灵及不同文明中存有的和合存有,并以和合义理为依归,以及既涵摄又度越冲突、融合的学说。和合的主旨是生生,这是中华文化人文精神的精髓。和合生生的追求,便揭示了和合学然与所以然、变化与形式、流行与超越、对称与整合、中和与审美的意蕴。和合学作为时代精神的精华的体现,是为化解人类当代所共同面临的种种冲突与危机而构建的理论思维体系。

---

① 罗素:《我的哲学的发展》,商务印书馆1982年版,第11页。

二、和合学的思维特性

任何理论思维系统都具有其规范的思维话语体系，每一个时代的哲学理论思维都围绕着一个需要理解的核心话题展开，这个需要理解的核心话题往往面对这个时代的人类所共同面临的冲突和危机，这就把人类命运不可分地联系在一起。"两地俱秋夕，相望共星河。"人们虽处不同地方，但同是在天地之间，仰观的是同一个银河。人类需要共同应对和化解共同面临的冲突和危机，从古今中外文化宝库和现实语境中铸炼出体现时代精神的核心话题的理念，这个核心话题的理念，支配着对时代所面临的冲突和危机问题的理解、回应和化解。在人类社会永不停息的演变中，各个历史时期所要致力理解的核心话题的理念，构成这个时代的哲学思潮。就西方而言，从古希腊到现代，致力于存在、上帝、自然、自我、生命。就中国而言，先秦致力于道德之意，两汉致力于天人相应，魏晋致力于有无之辨，隋唐致力于性情之原，宋元明清致力于理气心性，当代致力于和合。这是因为哲学的构成是依哲学概念、范畴体现的，理论也不例外。哲学及理论都是规范和指导人们思想和行为的各种概念、范畴体系。哲学不是桌子、扇子本身，而是桌子、扇子所以然的概念、范畴，依公孙龙的"白马非马"论，也可以说白色的桌子不是桌子，因为桌子所以然的概念、范畴与白色的桌子不是一码事。

任何哲学之谓哲学，必具理论思维体系，没有独具特色、性质、风格、神韵的理论思维体系，不是照猫画虎式的"照着讲"，就是秉承衣钵式的"接着讲"，不是讲前人所未讲，阐前人所未发。

和合学理论思维体系是纵横得新意式的自己讲、讲自己。其理论思维具体体现在思维逻辑自身所具有往圣的承择性、时代的融突性、思维的包容性、逻辑的结构性、和合的天下性中。

第一，往圣的承择性。是指"继往圣之绝学"的和合理论思维是五千年中华文明史的结晶，是中华认识史的凝聚，是中华人对大道多视域选择的精萃，是中华人对实践经验教训的总结，亦是人类价值理性的积淀。其结晶、凝聚、精萃、总结、积淀，体现为哲学理论思维概念、范畴的逻辑结构，而构成理论思维体系。和合学理论思维是以自身为前提和结果的运动，是中华和人类不断继续理论思维的"驿站"，是中华民族往圣为和合理论思维精微创造的大道。周幽王八年，郑桓公为王室司徒，与太史史伯谈论"兴衰之故"和"死生之道"，史伯说："商契能和合五教，以保于百姓者也。"（《国语·郑语》）商契能够了解民情，因伦施教，父义、母慈、兄友、弟恭、子孝，使百姓和睦，皆得保养。史伯断定周幽王必将衰败，其原因是"去和取同"。他说："夫和实生物，同则不继。"如何"和实生物"？"故先王以土与金木水火杂，以成百物。"（《国语·郑语》）五行是天地间五种性质差异、冲突的质能元素，善于和合五种元素，就能生机勃勃地产生万物、王道荡荡地社会和谐。若只追求专一，毁弃多样，"声一无听，色一无文，味一无果"（《国语·郑语》），势必危亡，违背和合生意。管子说："畜之以道则民和，养之以德则民合。和合故能谐，谐故能辑，谐辑以悉，莫之能伤。"（《管子·兵法》）畜养道德，人民和合，和合所以和谐，和谐所以团聚，和谐团聚，就不会伤害。墨子以"兼相爱，交相利"为一切关系的根本原则，反对他与他者之间的怨仇，他说："内者父子兄弟作怨恶，离散不能相和合。天下之百姓，皆以水火毒药相亏害。"（《墨子·尚同上》）和合使家庭、社会凝聚团结在一起，形成不离散的社会整体有序结构，反对互相伤害，使家庭、国家分离，人民遭殃。

"和实生物，同则不继"的和合生意，是以天地、人事间相互冲突、差分、矛盾的事物通过工具理性和价值理性的工夫，融突而和合，和谐而团聚；是以矛盾、冲突、对立为理论前提，由畜养大道和德性的实践，而提升、化解矛盾、冲突、对立的智能。"若以同裨同，尽乃弃矣"（《国语·郑语》）。犹如以水济水，不产生质的变化，就不能诞生新事物；弃异专同，无异议和不同意见，同声附和。其结果是加剧矛盾、冲突和对立，以致世无宁日。所以和合是当时首要价值，也是当今时代价值。

第二，时代的融突性。时代是理论思维的源头活水，任何理论思维都是在时代所面临的冲突、矛盾和对立中点燃，其中蕴含着重大的理论课题，融突时代各种错综复杂的冲突、矛盾和对立，回答时代重大的需要理解的理论问题，提出化解冲突、矛盾和对立的理论观点和体系，是理论思维的大本大法。

"叹世间，多少恨，几时平。"当今世间，矛盾冲突不可胜计，人们积累了多少怨恨，何时能平。概而言之，人类共同面临着人与自然、社会、人际、心灵、文明间的五大冲突，由而产生自然生态危机、社会人文危机、人际道德危机、心灵精神危机、文明价值危机。如何化解此五大冲突和危机，与全球每个人的生命财产、人身安全、安居乐业密切相关。全球共同面临的问题，必须全球来解决，一个国家、民族不可能化解，唯有各国、各民族共同致力化解，共同互相商议，在互鉴互信基础上，制订化解方案、措施，并切实致力实行，以求开全球的太平，这是各国、各民族必须担负的历史使命和时代职责。然化解人类面临的五大冲突和危机，需要有理论思维的引领。和合学以融突而和合的理念，吸纳古今中外的优秀思想文化，智能创新地揭出化解的五大理则：

和生理则：天地万物从哪里来的？和实生物，天地万物都是和生的生命体。天为父，地为母，人人都是同胞兄弟，自然万物都是人类亲密的伙伴。各自我主体，如自然、社会、国家、民族、宗教，都在融突中和生，和生才能共荣共富。和处理则：尊重生命，天地万物都有生存的权利，就要和平共处。尽管各个民族、国家、集团、社会、宗教殊相，但可以"和而不同"地"万物并育而不相害"。不能像小人那样"同而不和"，结党营私，党同伐异，阴谋他者，为自我利益、霸权，不惜挑起动乱、战争，制造严重人道主义灾难。唯有和平共处，才有发展、合作、共赢。和立原则：任何事物都有自己独立的、特殊的存在形式、方式和模式，自然有自然生存、生长的方式，社会有自己独特的社会制度和发展道路，各个文明有其自己的价值观念、思维方式、语言文字、宗教信仰、生活习惯等，大相径庭。因此，必须遵循孔子所说"夫仁者，己欲立而立人"的精神，绝不能搞唯我独优，唯我独尊，强加于人。要"己所不欲，勿施于人"，自己立起来了、独立自主了，也要尊重他者，帮助他者站立起来，使他者自主选择独立方式。和达理则：孔子说："己欲达而达人。"自己通达、发达，要使他者通达、发达，唯有全球通达、发达，共达共富，才能万国咸宁。贫富差距拉大，是世界不安定的根源之一。和爱理则：和生、和处、和立、和达理则的根基和动力是和爱，是人类的生命智慧、智能创造的火焰和力量，是各个生命体大化流行、生生不息的活水和依据，亦是他与他者之所以互相尊重、互信互谅的因缘和基础。大爱无疆，润泽人人，这是人类终极关切的家园。此五大理可能是化解人类共同面临的五大冲突和危机的最具智能的选择之一。

第三，思维的包容性。理论思维错综复杂，百家争鸣，又融突和合，多元共存。"天下同归而殊途，一致而百虑。"理论思维唯有殊途百虑，百花齐放，才能姹紫嫣红；同归一致，融突和合，才能有容乃大。理论思维的他与他者，应该遵循"道并行而不相悖"的精神，在不相悖的包容中不断丰富发展。但包容有一个理论前提，即谁包容谁的问题，相似于"我注六经"，抑或"六经注我"的意蕴。若你包容我，我成为你构造理论思维的资料，凸显你的主体性；若我包容你，是立足于我，"六经注我"，为创造我的理论思维体系服务，这就应该像张载那样，为建构理学的气学理论思维体系，他出入佛道，"尽究其说"，为其所用。包容必须允许各种理论思维的存在，营造一个开放、宽松的氛围，自由争鸣的环境，才能有融突和合、智能创新的理论思维体系、观点、方法。当其形成以后，就具有一定的稳定性。然全球社会的发展，经验事实的瞬息万变，没有一种理论思维体系能够回应日新变化中的全部现实课题，即使"理在事中"亦很难做到；没有一种理论思维体系是绝对圆满的，不存在逻辑欠缺、矛盾。因此，任何一种理论思维体系都是"在途中"，封闭使自己走向衰败，开放包容，吐故纳新，"日新之谓盛德"。这是和合学生生不息的生命力之所在。

第四，逻辑的结构性。任何一个民族的理论思维体系，一个时代的哲学思潮或一个哲学家的哲学体系，都是通过一系列哲学概念、范畴来表达的，是由诸多互相联系、作用的哲学概念、范畴间的逻辑的有序性、内涵的确定性、性质的清晰性、结构的整体性构成的。理在事中，论在"名"中。金岳霖说："哲学是概念的游戏。"冯友兰认为："这个提法说出了哲学的一种真实性质。"金岳霖的话语虽有偏颇，但亦不无道理。理论思维逻辑结构展开的过程，是把人类体认天地万物的过程作为自己形成和积累丰富的进程，又把宇宙自然和社会政、经、文、法的历史发展进程作为自己产生和发育成长的依据。这是一个从无系统到有系统、无序到有序、无结构到有结构的过程，也是一个从具体到抽象，再从抽象到具体的历程。这便是和合学理论思维自我合理性论证的历程，而其他理论思维亦不例外。

第五，和合的天下性。理论思维所构建的价值理想天下，是一个人类终极关切、灵魂安顿、精神家园的天下。中华民族自古以来就具有强烈的天下情怀。《礼记·礼运》建构了"大同世界"的价值理想，"圣人耐以天下为一家，以中国为一人者，非意之也"。孔颖达疏："此孔子说，圣人所能，以天下和合，共为一家，能以中国，共为一人，问其所能致之意。"① 提出了和合的天下性。"天下和合"不是一种臆测，而是建立在知民情、义理教化、明白有利、避免祸患的基础上的，是切实可行的一种价值理想世界。

和合学理论思维的内在逻辑进路是：源自中华文化往圣的核心话题的理念是和合学理论思维的活水，斩断这一源头活水，就割断了和合学的精神命脉，传承和弘扬、融突和创新这个命脉，是往圣承择性的过程；任何民族的理论思维都是回应现实课题，在化解社会矛盾、冲突中完善自己，在融突和合中寻找自身时代价值和生命活力，这是时代融突性的使命；世界各民族在相互交往、开放包容的实践中创造各自文明，各文明多元共存，美美与共，这是思维包容性的体现；各民族的理论思维唯有经过逻辑的系统化、有序化、结构化，才能构成理论思维体系，这是逻辑结构性的开显；在理论思维结构性中已蕴含着价值理想世界，这是人们所尊崇的和合天下世界。五性环环相扣，循环往复，生生不息。

三、和合学的智能价值

和合学理论思维若作为时代精神的精华和文明的活的灵魂的呈现，必然使和合学思维五特性由苦涩变为甘甜，由苍白进入澄明，以便引向自然、社会、人际、心灵、文明之间，使其对实存世界种种错综复杂关系理性化、逻辑化、度越化，而构成一种和合生生道体的超越形态。和合生生道体的理论思维形态的智能价值体现为传统与现代的和合、形上与形下的和合、本无与

① 《礼记正义·礼运》，《十三经注疏》，中华书局1980年版，第1422页。

崇有的和合、负阴与抱阳的和合、明体与达用的和合、认识与实行的和合、能知与所知的和合、天理与人欲的和合、中国与世界的和合。这种和合并非西方追求存在就是"一"为宗旨的二元对立关系，而是蕴含致广大、尽精微的多元形相、无形相的和合体。

第一，传统与现代的和合。传统是指历代沿传下来的、具有根本性的模型、模式、准则的综合，这是《后汉书·东夷传》所具的意蕴。在现代，我在《传统学七讲》中，将其规定为"人类创造的不同形态的特质经由历史凝聚而沿传着、流变着的诸文化因素构成的有机系统"①。传统是一种开放体系，它像生命之流，一代代的逝去、成长、新生，永无休止。它使时代与时代、历史阶段与历史阶段之间构成一种延传性、融合性，而呈现为和合性。现代是人类历史发展的一个阶段，它以高科技为杠杆，推动农业、工业、信息发展，以及政、经、文、制度、道德、国防现代化的过程。传统与现代，即中国历史上所讲的古与今的话题。司马迁就说过"通古今之变"，往古、现今、未来三维序态互相互通、互动、互济、互补，无古即无今，无今即无未来，传统的遗传积累至今，现今的肩负，蕴含往古传统，又孕育、化生着未来，三维融突和合。

第二，形上与形下和合。《周易·系辞》载："形而上者谓之道，形而下者谓之器。"朱熹解释说："道是道理，事事物物，皆有个道理；器是形迹，事事物物，皆有个形迹，有道须有器，有器须有道，物必有则。"（《朱子语类》卷75）道理、规则是事物的形而上者的本质、本体，多元事物的形迹是形而下者的器物、现象。"道不能无物而自道，物不能无道而自物。"（胡宏：《知言·修身》）道理与事物，形而上与形而下，譬如风之有动，水之有流。据形而下而有形而上，离器而道毁。道与器、形而上与形而下融突和合。

第三，本无与崇有的和合。无与有，甲骨、金文皆有见。《周易》和先秦诸子对有无范畴均有诠释，而老子最著。老子说："三十辐共一毂，当其

① 《传统学引论》，中国人民大学出版社1989年版；《传统学七讲》（修订本），长春出版社2008年版，第6页。

无，有车之用；埏埴以为器，当其无，有器之用；凿户牖以为室，当其无，有室之用。故有之以为利，无之以为用。"（《老子》第十一章）毂、器、室因其有空无，所以有其效用。"天下万物生于有，有生于无。"（《老子》第四十章）天下杂多万物生于有，有生于无，有无差分而又融合。"有无相生，难易相成，长短相形，高下相倾，音声相和。"（《老子》第二章）有无融突而和合。魏晋时王弼发扬老子思想，认为无是有的根据，有是无的表象。他说："天下之物，皆以有为生，有之所始，以无为本。将欲全有，必反于无也。"① 无是有的本质、本体，但必须通过有来体现、呈现。两者融突而和合。裴𫖮著《崇有论》，认为有是万有存在的根据，有无待于无，无已在有之中。本无与崇有构成中华多彩多姿的追求本体的园地。

第四，负阴与抱阳的和合。阴阳概念、范畴，殷商时已成为对待思想。老子认为阴阳对待而融合。"道生一，一生二，二生三，三生万物。万物负阴而抱阳，冲气以为和。"（《老子》第四十二章）多元的"三"产生形形色色的万物，万物蕴含着阴背负着阳、阳拥抱着阴的状态，而构成整体的和谐、和合。庄子说："吾又奏之以阴阳之和，烛之以日月之明。"（《庄子·天运》）讲阴阳调和。王弼认为，阴阳交通成和合，是阴阳本身内在的需求。"阴求于阳，晦求于明，各求发其昧者也。"② 犹晦暗求于光明，蒙昧求于聪明，这种内在的需求是相互的。"夫阴之所求者阳也，阳之所求者阴也。"③ 二程说阴阳相求，犹如男女相求配合，"阴阳交感，男女配合，天地之常理也"④。男女结婚，生儿育女，这是天地间的常理。朱熹进一步认为，"阴中自分阴阳，阳中亦有阴阳"（《朱子语类》卷94）。阴阳之中各自有阴阳，构成多元对待而又融合的和合生生道体。

第五，明体与达用的和合。体用概念是中国哲学独具特色的范畴，中国哲学中诸多概念、范畴都可以纳入体用，由体用范畴的规定性和其逻辑关系，就可以把诸多范畴按一定哲学体系的内在逻辑，构建成思维逻辑结构。

---

① 《老子道德经注》第四十章，《王弼集校释》，中华书局1980年版，第110页。
② 《周易注·蒙》，《王弼集校释》，中华书局1980年版，第241页。
③ 《周易略例·明象》，《王弼集校释》，中华书局1980年版，第591页。
④ 《周易程氏传》卷4，《二程集》，中华书局1981年版，第978页。

王弼说："万物虽贵，以无为用，不能舍无以为体也。"（《老子道德经注》，《王弼集校释》，第94页）万物以无为本体，不能离无，自以为用。形形色色的万物，是无的功用和体现，体用相依不离。柳宗元主张体用不二，反对相离。他说："有能言体而不及用者，不知二者之不可斯须离也。离之外也，是世之大患也。"① 体用须臾不离，相互依存，倘若相离，为世之大患。佛教天台宗、华严宗、禅宗都主张体用双融，理事互融，定慧体一不二。二程提出"体用一源，显微无间"② 的思想，朱熹诠释二程这个思想说："盖举体而用之理已具，是所以一源也。言事则先显而后微，盖即事而理之体可见，是所以为无间也。"③ 体用一源，理事互渗，据体用具，言事理在，即体即用，体用一如。体用不可分先后，有体则有用，有用则有体。王守仁亦主张即体即用。李颙在与顾炎武辩论时，提出"明体适用"之学，他说："《六经》、《四书》，儒者明体适用之学也。"（《富平答问》，《二曲集》卷15）明体而不适用是腐儒，适用而不明体是霸儒，不明体不适用是异端，体用和合。

第六，大本与达道的和合。《中庸》讲："喜怒哀乐之未发谓之中，发而皆中节谓之和。中也者，天下之大本也；和也者，天下之达道也。致中和，天地位焉，万物育焉。"中和作为主体心性的不同层次，升华为天下大本达道的本体的高度。朱熹注：天下之理皆由中出，所以为大本；天下古今所共由，所以为达道。惟致中和，就可以位天地、育万物，与天地相参，天人相合，是心性与宇宙天地相合的最高境界。中国后来哲学家、思想家乐此不疲地解释中和的大本与达道的学说。

第七，认识与实行的和合。中国简称为知与行，它贯穿中国哲学始终，源远流长。《古文尚书·说命中》："知之非艰，行之惟艰。"知易行难。墨子讲："言必信，行必果，使言行之合。"（《墨子·兼爱下》）蕴含言行一致，知行相合。荀子认为"见之不若知之，知之不若行之，学至于行之而止矣"（《荀子·儒效》）。强调行在认识过程中的重要性，实行能明白事理，

① 《送琛上人南游序》，《柳宗元集》卷25，中华书局1979年版，第680页。
② 《易传序》，《二程集》，中华书局1981年版，第689页。
③ 《太极图说·附辩》，《周子全书》卷2，《万有文库》，商务印书馆1937年版，第34页。

"明之为圣人"，能达到圣人的境界。王通亦重行，他在《文中子中说》讲："知之者不如行之者，行之者不如安之者。"二程针对"知易行难"和重行说，提出知行均难说。"非特行难，知亦难也。"① 由知难而提出先知后行说，"故人力行，先须要知"②。朱熹继承二程先知后行说。"知之为先，行之为后，无可疑者。"③ 但朱熹提出知轻行重新命题，"论先后，知为先，论轻重，行为重"（《朱子语类》卷9）。王守仁明确主张知行合一说，"我今说个知行合一，正要人晓得一念发动处，便即是行了"④。这是他"立言宗旨"，否定了程朱知行先后、轻重说。孙中山依其革命理论对行动的指导作用，把传统的"知易行难"命题颠倒过来，提出"行之非艰，知之惟艰"的知难行易命题。然从中国哲学本质特性来观，知行相依、认识与实行一致的知行合一说，是中华民族主导理念。

第八，能知与所知的和合。是指认知主体的认识能力与认知客体对象的关系范畴。管子说："人皆欲知，而莫索之其所以知，彼也。其所以知，此也。"（《管子·心术上》）有此然后知彼，彼为所知客体对象，此为主体能知的能力，人类要获得知识，必须求索所知与能知的关系。后期墨家说"知也者，所以知也"（《墨子·经说上》）。所以知为主体能知，荀子更肯定地说："所以知之在人者谓之知，知有所和者谓之智。所以能之在人者谓之能，能有所合谓之能。"（《荀子·正名》）人具有自然固有的认知客观事物的能力叫作知，主体认知能力与客观事物相符合叫作智，人固有的认知能力叫作能。王夫之则把能知与所知推向高峰。他从体用、发副、思位、己物四层次论证了能知与所知的关系。就体用关系而言，"乃以俟用者为所，则必实有其体，以用乎俟用而可以有功者为能，则必实有其用"（《召诰·无逸》，《尚书引义》卷5）。有待于主体认知的客体对象是所，所是体；认知主体有待于认知功能，能是用。所与能、本体与作用、能知与所知相依符合，构成融突和合的关系。

---

① 《河南程氏遗书》卷18，《二程集》，中华书局1981年版，第187页。
② 《河南程氏遗书》卷18，《二程集》，中华书局1981年版，第187页。
③ 《答吴晦叔》，《朱文公文集》卷42，《四部丛刊初编》缩本，商务印书馆1919年版。
④ 《传习录下》，《王文成公全书》卷3，明隆庆六年刊本。

第九，天理与人欲的和合。饮食男女，是人人都具有的情感、欲望，圣人也不例外。道家主张无欲，儒家提倡寡欲，墨家讲有限度的欲望。《礼记·乐记》载："人化物也者，灭天理而穷人欲者也。"把两者对立起来。宋明理学家继承《乐记》思想，二程说："灭私欲则天理明矣。"① 朱熹主张："革尽人欲，复尽天理。"（《朱子语类》卷 13）都把道德原则与感性欲望作为非此即彼二元对待的关系。明代末年，中国商品经济发达，资本主义萌芽，形成一定情欲张力。陈确打破传统理欲观，勇敢提出理欲合一论，他说："学者只是从人欲中体验天理，则人欲即是天理矣。"② 反对把天理与人欲对立起来，天理皆从人欲中见。王夫之与陈确同，主张天理寓于人欲，天理人欲同行，天理人欲互体。戴震进一步对存天理灭人欲进行批判，指出理存欲中，理不离欲。理欲不二，欲外无理说，终统摄天理于人欲融突而和合。

第十，中国与世界的和合。自古以来，中国就以天下的情怀，把中国与世界联系融为一体，建构"圣人耐以天下为一家，以中国为一人者"③ 的大同世界。荀子也讲"四海之内若一家"。王守仁认为"以天地万物为一体者也，其视天下犹一家，中国犹一人焉"④。中国与世界犹为一家，两者相依不离，和合天下。

和合学的智能价值，立足于文明的活的灵魂，致思自然、社会、认识、心灵、文明的十个融突而和合的话题，以开出体现时代精神的和合生生道体的花朵。"尚和合"的鲜花，必将在中国以至世界遍地开花。

（原载《中国哲学史》2018 年第 1 期；作者单位：中国人民大学哲学院、中国人民大学孔子研究院）

---

① 《河南程氏遗书》卷 24，《二程集》，中华书局 1981 年版，第 312 页。
② 《瞽言·近言集》，《别集》卷 2，《陈确集》，中华书局 1979 年版，第 425 页。
③ 《礼运》，《礼记正义》卷 22，《十三经注疏》，中华书局 1980 年版，第 1422 页。
④ 《大学问》，《王文成公全书》卷 26，明隆庆六年刊本。

和合文化的内涵与时代价值

陈立旭

党的十八大以来，习近平总书记高度重视文化建设，把文化软实力作为事关一个民族精气神的凝聚，体现一个国家综合实力最核心的内容，要求讲清楚中华优秀传统文化的历史渊源、发展脉络、基本走向，讲清楚中华文化的独特创造、价值理念、鲜明特色，增强文化自信和价值观自信。他不仅将坚持中国特色社会主义文化自信与坚持道路自信、理论自信、制度自信并提，而且进一步强调，文化自信是更基本、更深沉、更持久的力量，是更基础、更广泛、更深厚的自信。文化是一个国家、一个民族的灵魂。文化兴国运兴，文化强民族强。没有高度的文化自信，没有文化的繁荣兴盛，就没有中华民族伟大复兴。这些重要论述，回答了为什么要坚持文化自信以及如何坚持文化自信等一系列重大理论和现实问题，丰富发展了中国特色社会主义文化理论，为继承弘扬发展中华优秀传统文化特别是中华和合文化指明了方向。

一、源远流长代代相传的中华和合文化

在中国国际友好大会暨中国人民对外友好协会成立 60 周年纪念活动上的讲话中，习近平指出："中华民族历来是爱好和平的民族。中华文化崇尚和谐，中国'和'文化源远流长，蕴涵着天人合一的宇宙观、协和万邦的国际观、和而不同的社会观、人心和善的道德观。在 5000 多年的文明发展中，中华民族一直追求和传承着和平、和睦、和谐的坚定理念。以和为贵，

与人为善，已所不欲、勿施于人等理念在中国代代相传，深深植根于中国人的精神中，深深体现在中国人的行为上。"① 这就不仅系统归纳了中华和合文化的丰富内涵，而且阐明了中华和合文化源远流长、代代相传的历史脉络。

纵观中华民族历史，"和合"理念一直贯穿于中华文化发展过程，构成了中华优秀传统文化的重要组成部分。甲骨文和金文已经出现"和""合"二字。"和"的初义是声音相应和谐；"合"的本义是上下唇合拢。殷周之时，"和"与"合"为单一概念，尚未联用。《易经》上说，"乾道变化，各正性命，保合太和，乃利贞。首出庶物，万国咸宁。"（《易经·乾卦·象传》）朱熹注曰："变者，化之渐。化者，变之成。物所受为性，天所赋为命。太和，阴阳会合冲和之气也。各正者，得于有生之初。保合者，全于已生之后。此言乾道变化，无所不利，而万物各得其性命以自全，以释利贞之义也。首出庶物，万国咸宁。圣人在上，高出于物，犹乾道之变化也。万国各得其所而咸宁，犹万物之各正性命而保合、太和也。"② 天道、王朝、人事不断变化，各正性命，各得其所，天地万物保持最大的和合、和谐，是普利万物的首要因素，所有邦国都会因此得到稳定和安宁。中国现存最早的记言体史书《尚书》则提出了"九族既睦，平章百姓""百姓昭明，协和万邦"的观念。九族和睦了，就可以平理百官族姓，昭明礼仪。百官族姓明理彰义，就能实现天下和谐。中国最早诗歌总集《诗经》不仅提出"既且和平，依我磬声"，寄托了对社会和谐的向往，而且蕴含和乐、和鸾、和旨、和奏、和鸣、和羹等美好理念。

"和合"二字联用，构成一个范畴，最早见于《国语·郑语》："商契能和合五教，以保于百姓者也。"所谓"五教"，即"父义、母慈、兄友、弟恭、子孝"。《史记·五帝本纪》上说，"举八元，使布五教于四方，父义，母慈，兄友，弟恭，子孝，内平外成。"明人朱有炖《灵芝庆寿·第一折》上说，"皆因中国，雨顺风调……兄友弟恭，夫义妻贤，中外和乐，以致祯

---

① 习近平：《在中国国际友好大会暨中国人民对外友好协会成立 60 周年纪念活动上的讲话》，《人民日报》2014 年 5 月 16 日。
② 朱熹：《周易本义·第一卷·上经》。

祥屡现，百福咸臻。"商契能把"五教"加以和合，使百姓安身立命。《国语·郑语》还记述了史伯的"和""同"言论："夫和实生物，同则不继。以他平他谓之和，故能丰长而物生之。若以同稗同，尽乃弃矣。故先王以土与金、木、水、火杂以成百物。"冯友兰阐释说："'以他平他谓之和'；如以咸味加酸味即另得一味。酸为咸之'他'，咸为酸之'他'，'以他平他'，即能另得一味，此所谓'和实生物'也。若以咸味加咸味，则所得仍是咸味。咸与咸为'同'，是则'以同稗同'，'同则不继'也。推之若只有一种声音，则无论如何重复之，亦不能成音乐。如只有一种颜色，则无论如何重复之，亦不能成文彩。必以其他济之，方能有所成。"[①] 和合中包含不同事物的差异，矛盾多样性的统一，不同东西的彼此和谐才能产生世间万物，完全相同的东西则无所生。苏保华在考察先秦诸子之前的"中和"观后判断，在夏代，"和"可能主要表现为音乐演奏中不同乐器的谐和，这种谐和的形式犹未完全脱离巫风，也可能含有"和天地人神"的意义。到了商代，"中和"观念既包含了殷商之人彻地通天的意识，也体现为求通天（含颂神之义）而进行的有秩序的乐舞活动。"伴随周代礼乐制度的成熟同步生成、发展的礼乐教化观念在一定程度上改变了'中''和'在夏商两代所具有的具象性和神秘主义特质，从而使之包含了更丰富、更具抽象概括性且更加明晰的哲学、社会学以及美学内涵。"[②]

春秋战国是一个"圣王不作，诸侯放恣，处士横议"（《孟子滕文公下》）的时代，群雄纷争、列国混战、生灵涂炭，顺理自然地使和谐、和平、和睦、祥和的生活成为人们的美好向往。诸子百家中的不少思想家都阐述了"和合"理念。钱穆甚至认为，诸子百家的"家"字，与现代哲学家、思想家等的"家"字不同，不是只一个人，一个人成不了"家"，"家"本身就是和合性的，个人则是分别性的。[③]

老子认为万物都包含着阴阳两个相反方面，和谐由阴阳而产生，"万物负阴而抱阳，冲气以为和"（《老子》第四十二章），阴阳相互作用、相互激

---

① 冯友兰：《中国哲学史》上册，中华书局 1961 年版，第 59 页。
② 苏保华：《先秦诸子之前"中和"观考释》，《社会科学》2013 年第 3 期。
③ 钱穆：《从中国历史来看中国国民性及中国文化》，九州出版社 2011 年版，第 59 页。

荡而构成"和"。挫、解、和、同,特别是"和其光",和合、混合人们辨别万事万物的智慧之光,就能泯灭、消解诸多主观刻意判别亲疏、利害、贵贱等的差异与对立,达到不同而和、万物与我为一的"玄同"。老子之"和",不是人为刻意之"和",而是自发、自化的无为之"和"。"人法地,地法天,天法道,道法自然"(《老子》第二十五章)。顺乎自然就能达到和谐状态。据统计,《老子》通行本共81章,道篇37章,德篇44章,有20章涉及和合思想,约占81章的四分之一,其中,言"和"者有七处,如"音声相和"(2章)、"六亲不和"(18章)、"冲气以为和"(42章)、"和之至也"、"知和曰常"(55章)、"和其光"(56章)、"和大怨"(79章);言"合"者有二处,如"天地相合"(32章)、"未知牝牡之合而朘作"(55章);言"不争"者有五处,如"水善利万物而不争"(8章)、"夫唯不争"(22章)、"以其不争"(66章)、"是谓不争之德"(68章)、"为而不争"(81章)等。

　　孔子传承、弘扬和发展了"和"的观念。孔子说:"礼之用,和为贵。先王之道斯为美。小大由之,有所不行。知和而和,不以礼节之,亦不可行也。"(《论语·学而》)一方面,"和"是"礼"的目的,治国处事、礼仪制度,以"和"为价值标准,"礼"是"和"的体现;另一方面,"礼"是"和"的保障,"以礼节之"是"和为贵"的前提,制礼守礼是"致中和"的条件,"克己(克制欲望)复礼"才能"天下归和"。否则,泛泛而谈"和",会很容易流于迂腐,成为乡愿,也就成了小人之"同"了。在孔子的核心思想即"中庸"中,蕴含"过犹不及""执两用中""权变""和"等意思,而"和"则是"中庸"追求的理想境界。"喜怒哀乐之未发,谓之中,发而皆中节,谓之和;中也者,天下之大本也;和也者,天下之达道也。致中和,天地位焉,万物育焉。"(《中庸》)朱熹注曰:"喜、怒、哀、乐,情也。其未发,则性也,无所偏倚,故谓之中。发皆中节,情之正也,无所乖戾,故谓之和。大本者,天命之性,天下之理皆由此出,道之体也。达道者,循性之谓,天下古今之所共由,道之用也。此言性情之德,以明道不可离之意。""致,推而极之也。位者,安其所也。育者,遂其生也。自戒惧而约之,以至于至静之中,无少偏倚,而其守不失,则极其中而天地位矣。自谨独而精之，以至于应物之处，无少差谬，而无适不然，则极其和而万物育矣。盖天地万物本吾一体，吾之心正，则天地之心亦正矣，吾之气顺，则天地之气亦顺矣。"（《中庸章句集注》）孟子继承和弘扬了孔子"和"的理念，提出"天时不如地利，地利不如人和"，将"人和"置于"天时""地利"之上。正是从"人和"的重要性出发，他得出了"得道者多助，失道者寡助"的结论。

在先秦诸子中，管子将"和"与"合"并举，予以高度重视，《管子·幼官》上说，"畜之以道，则民和；养之以德，则民合。和合故能习，习故能谐，谐习以悉，莫之能伤也。"（《管子·幼官》）养兵以道则人民和睦，养兵以德则人民团结。和睦团结就能使力量聚合，聚合就能协调，普遍地协调相聚，谁也不能伤害了。《管子·兵法》进一步说："畜之以道，则民和；养之以德，则民合。和合故能谐，谐故能辑。谐辑以悉，莫之能伤。"这就将"和合"作为民众道德的直接体现，畜养道德，人民就和合，和合就能和谐，民众"和合"，就能产生"莫之能伤"的强大力量。《管子》突破了道家强调天道自然、儒家突出人道有为的局限，讲道是天、地、人三道的和合，又是无始终、大小、内外的和合。

墨子把天下不安定原因归根于父子兄弟结怨仇、有离散之心，"离散不能相和合"。他认为虽然父子有怨恶、兄弟有冤仇，但父子仍然是父子，兄弟仍然是兄弟，是可以通过和合而消除怨恨的。墨子坚信"和合"是处理个人与家庭、社会、国家关系的根本原则，"和合"能使家庭、群体凝聚，形成整体结构。他因此而主张一种有别于儒家"仁政"的"义政"，倡导"兼爱""和合""非攻""尚同"以实现"一同天下之义"。"若使天下兼相爱，国与国不相攻，家与家不相乱，盗贼亡有，君臣父子皆能孝慈，若此则天下治。"（《墨子·兼爱上》）

秦汉以来，和合概念得到普遍运用，中华文化发展也呈现出一种融合的趋势，逐步形成了以儒家为主体，儒佛道各自独立又相互融合，在冲突中融合，在融合中发展的局面，这构成了汉代以后中国文化发展的重要现象、内容和特征。两汉之际佛教传入中国以后，先秦以来的儒道两教融合开始转变为儒佛道三教在冲突中相互融合。隋唐以来，随着天台宗等"中国化佛教"

的形成和发展，三教融合趋势更加明显。宋明理学则在前一时期三教融合基础上，将三教的思想优势集于一身，从儒家立场出发完成了三教的融合。源远流长的中华文化经过数千年嬗变，最终形成了以儒佛道三教为基本组成部分的多元融合，同时也保留各家自身鲜明特色和个性的文化系统和基本格局。

在儒佛道融合过程中，不仅入世间的儒家倡导和合，而且出世间的佛道两家也主张和合。"和合"思想是包括儒佛道在内的中华传统文化中最富生命力的文化内核和因子。自"和合"思想产生以来，作为对中华文化现象本质的概括，始终贯穿在中国文化发展史上各个时代、各家各派之中，成为中国文化的精髓和被普遍认同的精神，"和合"之境也成为中华民族数千年来的美好向往和孜孜以求的理想境界。正如钱穆所说，中国"文化中发生冲突，只是一时之变，要求调和，乃是万世之常"①。钱穆从历史和现实考察了中西方文化性格和国民性格并得出结论：西方文化冲突性更大，而中国文化则调和力量更强，中国文化的伟大之处，乃在最能调和，使冲突之各方兼容并包，共存并处，相互调济。他认为，这种不同的文化性格也给中西国民性格打上了深深的烙印："西方人好分，是近他的性之所欲。中国人好合，亦是近他的性之所欲。今天我们人的脑子里还是不喜分，喜欢合。大陆喜欢合，台湾亦喜欢合，乃至……全世界的中国人，这都喜欢合。"②

需要特别指出的是，在漫长的历史中，儒佛道三教睦邻而居和谐相处的天台山形成了独特的和合文化。不仅在天台山的儒家文化中包含着丰富的和合文化，而且在天台山的佛道文化中，在"和合二圣"的传说中，在天台山民间文化中，都包含着丰富的和合文化观念。天台山是中华和合文化的圣地，天台山和合文化是中华和合文化的重要组成部分。

二、中华和合文化的丰富内涵

习近平总书记指出中华民族一直追求和传承着和平、和睦、和谐的理

---

① 钱穆：《中国文化精神》，台湾三民书局1971年版，第51页。
② 钱穆：《从中国历史来看中国国民性及中国文化》，九州出版社2011年版，第27页。

念。以和为贵，与人为善，己所不欲、勿施于人等理念在中国代代相传，深深植根于中国人精神中，体现在中国人行为上。他从宇宙观、国际观、社会观、道德观这四个方面系统归纳和阐述了深深植根于中国人精神、体现在中国人行为上的中华和合文化的丰富内涵。

一是天人合一的宇宙观。习近平总书记说："琴瑟和鸣，黄钟大吕，这是音律的和谐；青山绿水，山峦峰谷，这是自然的和谐；天有其时，地有其财，人有其治，天人合一，这是人与自然的和谐。"① 这就揭示了天人合一宇宙观的精髓。中国传统文化中的"天人合一"，主要包含两种意义：一是天人本来合一，二是天人应归合一。据张岱年所说，中国儒家的天人合一观念，发源于周代。《周易》上说，"'大人'者与天地合其德，与日月合其明，与四时合其序，与鬼神合吉凶，先天而天弗违，后天而奉天时。"（《周易·乾卦·文言》）经过孟子的性天相通观与董仲舒的人副天数说，到宋代的张载、二程，儒家的天人合一思想达到成熟。在中国近古儒家哲学中，"从张载、二程到王夫之、戴震都宣扬天人合一。张载、王夫之、戴震的哲学是唯物主义的，二程、朱熹的哲学是唯心主义的。虽然都宣扬天人合一，但是两者的理论基础不同。张载、王夫之、戴震是在肯定物质世界是基础的前提下讲天人合一的；程朱学派是在肯定超自然的观念是基础的前提下讲天人合一的。但是两者都企图从天道观中引申出人伦道德来，这是中国古代哲学的特点之一。"② 这就较清晰地梳理和描绘了儒家天人合一宇宙观的脉络和谱系。儒家倡导人是自然界的一部分，人与自然具有统一性。董仲舒说，"以类合之，天人一也。""天人之际，合而为一。"（《春秋繁露·阴阳义》）张载说："儒者则因明致诚，因诚致明，故天人合一。"（《正蒙·诚明》）朱熹说："天即人，人即天。人之始生，得于天也。既生此人，则天又在人矣。"（《朱子语类》）王阳明说："盖天地万物原是一体。"（《传习录》）正因如此，儒家主张"仁民爱物"，由己及人、由人及物，把仁爱扩展至宇宙万物，"赞天地化育""与天地参""与天地同流""与天地和其德""万物

---

① 习近平：《和谐社会需要平安》，《光明日报》2006年3月20日。
② 张岱年：《中国哲学中"天人合一"的思想的剖析》，《北京大学学报》（哲学社会科学版）1985年第1期。

各得其和以生"。王阳明甚至将是否视"天地万物为一体""天下犹一家，中国犹一人"作为衡量大人和小人的标准："若夫间形骸而分尔我者，小人矣。大人之能以天地万物为一体也，非意之也，其心之仁本若是，其与天地万物而为一也，岂惟大人，虽小人之心亦莫不然，彼顾自小之耳。""苟无私欲之蔽，则虽小人之心，而其一体之仁犹大人也；一有私欲之蔽，则虽大人之心，而其分隔隘陋犹小人矣。故夫为大人之学者，亦惟去其私欲之蔽，以明其明德，复其天地万物一体之本然而已耳。非能于本体之外，而有所增益之也。"(《大学问》) 道家与儒家的"天人合一"论基本相近，不同之处在于，儒家论"天人合一"，主要是想从自然法则中发现人伦道德的根据；而道家讲天人合一，主要是从人与自然的关系中探究生命奥秘以便在更高层次上复归于自然。道家强调人与自然的和谐共生，"天地者，万物之父母也。"(《庄子·达生》)"人与物类，皆禀一元之气而得生成"①。因此，"天地与我同根，万物与我同体。"② 人与天地万物在本原上和禀受上有着同一性。人与自然和谐的法则就是"天人合一""道法自然"。"人法地，地法天，天法道，道法自然"，是道家处理人与自然关系的准则，鲜明地体现了道家"天人合一"和谐理念的特征。

在中华民族历史上，正是从"天人合一""天人和谐""天地万物为一体""天下犹一家，中国犹一人"理念出发，不少思想家强调对天地万物的爱护，倡导以和善、友爱态度对待自然万物，不破坏禽兽草木虫鱼繁殖和生长，反对滥杀滥伐。如孔子的"泛爱众"，朱熹的"物谓禽兽草木，爱谓取之有时，用之有节"等，王阳明"见鸟兽之哀鸣觳觫，而必有不忍之心"，"见草木之摧折而必有悯恤之心"，"见瓦石之毁坏而必有顾惜之心"，都鲜明地体现了这种理念。也有一些思想家基于山、水、林、薮、土地为衣食之源、人生之本的认识，主张"保护自然"。如管仲说，"山林菹泽草莱者，薪蒸之所出，牺牲之所起也。故使民求之，使民籍之，因以给"(《轻重甲第八十》)；《周语下·第三》倡导"不堕山，不崇薮，不防川，不窦

① 《云笈七签》卷56，《道藏》第22册，第383页。
② 《海琼白真人语录》卷三，《道藏》第33册，第129页。

泽"等。

钱穆认为，与天人合一观念形成对照，西方人常把"天命"与"人生"划分为二，认为人生之外别有天命，把"天命"与"人生"分作两个层次、两个场面来讲。"如此乃是天命，如此乃是人生。'天命'与'人生'分别各有所归。此一观念影响所及，则天命不知其所命，人生亦不知其所生，两截分开，便各失却其本义。"① 西方人喜欢把"天"与"人"分别来讲。换句话说，他们是离开了人来讲天，决不如古代中国人之"天人合一"论，能得宇宙人生会通合一之真相。西方人的这种观念，在今天，科学愈发达，愈易显出它对人类生存的不良影响。与此不同，"中国人常抱着一个天人合一的大理想，觉得外面一切异样的新鲜的所见所值，都可融会协调，和凝为一。这是中国文化精神最主要的一个特性。"② 中国人把"天"与"人"和合起来看，"天命"就表露在"人生"上，离开"人生"，"天命"也就无从谈起，反之亦然。"所以，中国古人认为'人生'与'天命'最高贵最伟大处，便在能把他们两者和合为一。离开了人，又从何处来证明有天。所以中国古人，认为一切人文演进都顺从天道来。违背了天命，即无人文可言。'天命''人生'和合为一，这一观念，中国古人早有认识。我以为'天人合一'观，是中国古代文化最古老最有贡献的一种主张。"③ 季羡林则在深入研究和阐释中华和合文化中的"天人合一"命题后得出结论："天人合一"的命题不仅是中国，而且也是东方综合思维模式的最高、最完整的体现。"东方人对大自然的态度是同自然交朋友，了解自然，认识自然；在这个基础上再向自然有所索取。'天人合一'这个命题，就是这种态度在哲学上的凝练的表述。""天人合一"，"这个代表中国古代哲学主要基调的思想，是一个非常伟大的、含义异常深远的思想。"④

二是协和万邦的国际观。习近平说，"中华民族历来是一个爱好和平的民族，爱好和平在儒家思想中也有很深的渊源。中国人自古就推崇'协和

---

① 钱穆：《中国文化对人类未来可有的贡献》，载刘梦溪主编：《中国文化》1991年第4期。
② 钱穆：《中国文化史导论》，上海三联书店1988年版，第162页。
③ 钱穆：《中国文化对人类未来可有的贡献》，载刘梦溪主编：《中国文化》1991年第4期。
④ 季羡林：《"天人合一"新解》，《传统文化与现代化》1993年第1期。

万邦'、'亲仁善邻，国之宝也'、'四海之内皆兄弟也'、'远亲不如近邻'、'亲望亲好，邻望邻好'、'国虽大，好战必亡'等和平思想。"[①] "协和万邦"是中国文化的基因与核心价值之一，语出《尚书·尧典》："克明俊德，以亲九族。九族既睦，平章百姓。百姓昭明，协和万邦，黎民于变时雍。"这段文字颂扬了帝尧以其超群的修养和光辉的人格去亲和本族，辨明其他各姓部落之责，得万邦和睦、民众和悦之盛况。"协和万邦"之"协"的意思是"协调"，目的是"和"。"和"以"不同"为前提，目标则是寻求"不同"的各方之相互应和，"不同"既是各方的"生机"和"优势"，但也可能导致疏离、引发冲突。让"不同"发挥优势的唯一方案就是"协"。"协和万邦"是为了让不同的人和群各自发挥优势，形成合作、互补，是为了"和合万国"，是为了"保合大和"，实现"万国咸宁""天下和平"，由家族和谐，扩展到社会和谐，乃至不同邦族之间的和谐。历史表明，"和"是处理"不同"的有效方案，文明依赖于"协和不同"的智慧，使"不同"各自发挥优势，处于相互协调的状态。尧的"协和万邦"理念为历代政治家和思想家所传承与弘扬，并被运用于处理与周边国家的关系上。成书于商周之际的《尚书·洪范》上说："无偏无党，王道荡荡；无党无偏，王道平平。"告诫统治者处事公正，没有偏向，圣王之道就会宽广无边，国家的治理就会井然有序。《周礼·天官冢宰》有"以和邦国，以统百官，以谐万民"之说。《周易·乾卦》说，"首出庶物，万国咸宁。"主张万国团结，和睦共处。《左传》也说："亲仁善邻，国之宝也。"（《左传·隐公六年》）孔子主张以文德感化外邦，反对轻率使用武力："远人不服，修文德以来之"（《论语·季氏》）；"君子敬而无失，与人恭而有礼，四海之内皆兄弟也。君子何患乎无兄弟也？"（《论语·颜渊》）孟子主张"以德服人""仁者无敌""春秋无义战"，倡导王道，反对霸道。他对春秋战国时期诸侯"强凌弱，众暴寡""争地以战，杀人盈野；争城以战，杀人盈城"的现实提出严厉的谴责，称"今之所谓良臣，古之所谓民贼也"。到了北宋，张载在《西铭》

---

① 习近平：《在纪念孔子诞辰 2565 周年国际学术研讨会暨国际儒学联合会第五届会员大会开幕会上的讲话》，《人民日报》2014 年 9 月 25 日。

中，提出"民胞物与"思想，"凡天下疲癃残疾惸独鳏寡，皆吾兄弟之颠连而无告者也"。张载将天地当作一个大家园，把天下人都视为兄弟，将天下万物都看作伙伴，把自己视为这个大家庭中的一分子，有应尽的责任与义务。上述表明，"协和万邦"的理想是深深植根于"和合"这一中国传统文化精髓之中的，是以达到"天下一家，中国一人"的"大同社会"为目标的。

三是和而不同的社会观。习近平指出，"尊老爱幼，夫妻和睦，邻里团结，谅解宽容，与人为善，这是人与人之间的和谐；社会各阶层平等和谐，兼容而不冲突、协作而不对立、制衡而不掣肘、有序而不混乱，这是社会分工和社会内部的和谐。和谐就是指矛盾着的双方在一定条件下达到统一而出现的状态。在这种状态下，自然界内部、人与人、人与社会、人与自然之间以及社会内部诸要素之间等诸多元素实现均衡、稳定、有序，相互依存，共生共荣。"① 这就不仅描绘了社会和谐的理想，也从矛盾统一的角度阐发了"和而不同"社会观的内涵。纵观中华文明史，"和而不同"是中华传统和合文化的重要理念。周太史史伯曾对郑桓公论"和实生物，同则不继"（《国语·郑语》），和则生，万物的创生都以和为基础。晏子曾对齐侯论"君甘则臣酸，君淡则臣咸"，说，"和，如羹焉。水，火，醯，醢，盐，梅，以烹鱼肉"（《左传·昭公二十年》），这些作料"和"成的新滋味，既不只是醯（醋）味，也不只是醢（酱）味。因此，"和"与"异"并非是不相容的，相反，只有几种"异"合在一起时才产生"和"。"若以水济水"，"若琴瑟之专一"，就不会形成任何新的东西。孔子进一步强调，"君子和而不同，小人同而不和"（《论语·子路》）。何晏阐释道："君子心和然其所见各异，故曰不同；小人所嗜好者同，然各争利，故曰不和。"（《论语集解》）君子内心所见略同，外在表现却未必一样，有人出仕做官，有人教书育人，有人务农，这种"不同"可以致"和"；小人虽然嗜好相同，但因为各争私利，必然互起冲突，这种"同"反而导致了"不和"。欧阳修《朋党论》说，"君子与君子以同道为朋，小人与小人以同利为朋。"《朱子

---

① 习近平：《和谐社会需要平安》，《光明日报》2006 年 3 月 20 日。

语类》卷四十三说："大抵君子小人只在公私之间，和是公底同，同是私底和。……盖君子之心，是大家只理会这一个公当底道理，故常和而不可以苟同。"申居郧说，"君子论是非，小人计利害。"(《西岩赘语》)"和而不同"意味着君子在人际交往中能够与他人保持一种和谐友善的关系，但对具体问题的看法却不必苟同于对方；君子之和以公正为原则，做到心底无私，君子尚义尚正，坦坦荡荡，纵使与尚同的小人相处，也不会受其影响，仍旧能够保持固有的平和与正气。与此形成对照，"同而不和"则是小人迎合别人心理、附和别人言论而内心深处却并不抱有一种和谐友善态度的人际交往方式。因此，君子之"和"与小人之"同"是两个不同的概念。"同"是相同东西的简单相加、重复或纯粹量的积累，是不讲差别的一致、同一；"和"是通过差异互补来寻求最佳组合，使不同事物协调共处于统一体之中，是有差别基础上的和谐。孔子反对小人不讲原则地附和、迎合别人的"同而不和"，赞成君子既承认差异又和合不同事物的"和而不同"，通过互济互补，达到统一、和谐。刘梦溪认为，"和而不同"是中国人面对这个世界的总原则，也是中国文化贡献给人类的大智慧。"和"的关键，首要在承认不同。如果都相同，就无所谓"和"了。不同，也能共处于一个统一体中。"不同"是"和"的条件。承认不同，容许不同，欣赏不同，才能走向和谐。① 因此，"和而不同"是中国一大治理智慧，它承认社会是由性格、文化、种族、出身等不同的人群组成的，要允许别人与自己不同，并能够合作共事，共同生活，这样就能实现社会和谐。

四是人心和善的道德观。习近平指出，"中国古代历来讲格物致知、诚意正心、修身齐家、治国平天下。从某种角度看，格物致知、诚意正心、修身是个人层面的要求，齐家是社会层面的要求，治国平天下是国家层面的要求。"② 这就揭示了儒家的核心理念：要实现治国平天下、推进社会和谐，首先必须通过道德的学习和修炼，以启发人的内在良知和自觉，培育和善的道德观。《大学》上说，"大学之道，在明明德，在亲民，在止于至善。"据

---

① 刘梦溪：《"和而不同"是中国文化的大智慧》，《北京观察》2015 年第 3 期。
② 《习近平谈治国理政》，外文出版社 2014 年版，第 169 页。

冯友兰阐释："明明德""亲民""止于至善"等《大学》的'三纲领'就是人之理的内容，也就是要成为'圣人'的人的修养目标，能达到这个目标就算是'穷人之理'、'尽人之性'。这完全是通过道德实践提高精神境界的事，不是增进知识的事。"① 王阳明认为，"三纲领"其实只有二纲领，那就是"明德"和"亲民"，"至善"只是"明德"和"亲民"的极致，"天命之性，粹然至善，其灵昭不昧者，此其至善之发见，是乃明德之本体，而即所谓良知者也。"（《王文成公全书》卷二十六）再进一步说"三纲领"其实只有一纲领，因为"亲民"不过是"所以明其明德了"。《大学》在说了"三纲领"后，接着就说道："古之欲明明德于天下者，先治其国；欲治其国者，先齐其家；欲齐其家者，先修其身；欲修其身者，先正其心；欲正其心者，先诚其意；欲诚其意者，先致其知；致知在格物。物格而后知至，知至而后意诚，意诚而后心正，心正而后身修，身修而后家齐，家齐而后国治，国治而后天下平。"（《礼记·大学》）格物、致知、诚意、正心、修身、齐家、治国、平天下这"八条目"，既是为达到"三纲领"而设计的条目工夫，也是儒学所展示的人生进修阶梯。冯友兰说，"什么是人之理，怎样实现人之理？'三纲领'回答了第一个问题，'八条目'回答了第二个问题。'八条目'的最后一条就是实现人之理入手处。从这里下手就可以一步步地达到'三纲领'的目标，那就是'明明德'。"② 孔子特别强调自省对于养成和善道德观的意义，"吾日三省吾身：为人谋而不忠乎？与朋友交而不信乎？传不习乎？"（《论语·学而》）"见贤思齐焉，见不贤而内自省也。"（《论语·里仁》）孟子说，"取诸人以为善，是与人为善者也。故君子莫大乎与人为善"，强调要通过"和"与"善"的精神养分培养温和善良、彬彬有礼、内外兼修之人。君子的操守从修养自身开始，"君子深造之以道，欲其自得之也。自得之，则居之安；居之安，则资之深；资之深，则取之左右逢其原，故君子欲其自得之也。"（《孟子·离娄下》）人心和善的君子在道德修养方面必须不断"反求诸己"，"为仁由己"，层层向内转，但

---

① 冯友兰：《中国哲学史新编》第五册，人民出版社1988年版，第212页。
② 冯友兰：《中国哲学史新编》第五册，人民出版社1988年版，第213页。

其目的不在于自我解脱，而在"推己及人"，"修己安人"，"修己以安百姓"，所以君子之道同时又必须层层向外推，不能至于自了，"君子之守，修其身而天下平"（《孟子·尽心下》）。只有人人和善、身心和谐、人格完善，才能创造"人和"环境、推进社会和谐。

三、和合文化的时代价值

习近平从促进民族凝聚力、创造力提升，从推动自然与社会和谐、个体与群体和谐等高度，阐发了中华和合文化的历史地位、意义和作用，指出，"贵和尚中、善解能容、厚德载物、和而不同"的宽容品格，是我们民族所追求的一种文化理念，"自然与社会的和谐，个体与群体的和谐，我们民族的理想正在于此，我们民族的凝聚力、创造力也正基于此，甚至还可以毫不夸张地说，我们中华民族传统文化的精神也正是在于这种伟大的和谐思想。"① 在 G20 杭州峰会期间他再次强调，和衷共济、和合共生是中华民族的历史基因，也是东方文明的精髓。在充分肯定中华和合文化历史价值的基础上，习近平还深入阐发了中华和合文化的当代意义和价值，将中华和合文化运用于治国理政实践中，创造性地传承、弘扬和发展了中华和合文化。

第一，和合文化是涵养社会主义核心价值观的重要源泉之一。核心价值观是价值观最核心的内容，承载着一个民族、一个国家的精神追求，体现着一个社会评判是非曲直的价值标准。② 社会主义核心价值观是当代中国精神的集中体现，凝结着全体人民共同的价值追求。党的十八大以来，习近平从多角度阐述了核心价值观的作用和地位，强调核心价值观是文化软实力的灵魂、文化软实力建设的重点，是决定文化性质和方向的最深层次要素，一个国家的文化软实力，从根本上说，取决于其核心价值观的生命力、凝聚力、感召力。培育和弘扬核心价值观，有效整合社会意识，是社会系统得以正常运转、社会秩序得以有效维护的重要途径，也是国家治理体系和治理能力的

---

① 习近平：《之江新语》，浙江出版联合集团、浙江人民出版社 2007 年版，第 150 页。
② 陈立旭：《从核心价值体系到核心价值观》，《中共浙江省委党校学报》2012 年第 6 期。

重要方面。历史和现实都表明，构建具有强大感召力的核心价值观，关系社会和谐稳定，关系国家长治久安。习近平从强化教育引导、实践养成、制度保障等多方面提出了培育和践行社会主义核心价值观的途径和方法。他反复强调中华文化源远流长，积淀着中华民族最深层的精神追求，代表着中华民族独特的精神标识，培育和弘扬社会主义核心价值观必须立足中华优秀传统文化，认真汲取中华优秀传统文化的思想精华和道德精髓，特别是要深入挖掘和阐发中华优秀传统文化讲仁爱、重民本、守诚信、崇正义、尚和合、求大同的时代价值，使中华优秀传统文化成为涵养社会主义核心价值观的重要源泉。在中华优秀传统文化元素中，作为"中华民族历史基因""东方文明精髓"的"尚和合"思想，对于涵养社会主义核心价值观具有更加突出的意义。早在担任浙江省委书记期间，习近平已经提出"要大力弘扬正确的世界观、人生观、价值观，努力形成以和为真、以和为善、以和为美、以和为贵的社会价值取向，不断提高人民群众的思想道德素质"①。"尚和合"与社会主义核心价值观具有天然的亲和性。在"富强、民主、文明、和谐，自由、平等、公正、法治，爱国、敬业、诚信、友善"这24字社会主义核心价值观中，"和谐""友善"等直接与"尚和合"相关，而富强、民主、文明、自由、平等、公正、法治、爱国、敬业、诚信，也都蕴含着"尚和合"的因素，贯穿着和合文化的精神。中华和合文化已经成为中华民族的基因，植根于中国人内心，潜移默化地影响着中国人的思想方式和行为方式。今天我们提倡和弘扬社会主义核心价值观，必须广泛深入地从中华和合文化中汲取丰富的营养。

第二，和合文化是实现人与自然和谐的重要思想资源之一。在担任浙江省委书记期间，习近平把创建生态省、打造绿色浙江作为"八八战略"的重要组成部分，将浙江生态文明建设提升到了前所未有的地位。2005年8月，习近平在考察安吉县天荒坪镇余村时，首次提出了"绿水青山就是金山银山"重要思想。党的十八大以来，习近平高度重视生态文明建设，强调要将生态文明建设融入到政治、经济、文化与社会建设中；强调要正确处

---

① 习近平：《干在实处走在前列》，中共中央党校出版社2006年版，第290页。

理好经济发展同生态环境保护的关系，牢固树立保护生态环境就是保护生产力、改善生态环境就是发展生产力的理念；强调山水林田湖是一个生命共同体，人的命脉在田，田的命脉在水，水的命脉在山，山的命脉在土，土的命脉在树。在党的十九大报告中，习近平进一步强调建设生态文明是中华民族永续发展的千年大计，"必须树立和践行绿水青山就是金山银山的理念，坚持节约资源和保护环境的基本国策，像对待生命一样对待生态环境，统筹山水林田湖草系统治理，实行最严格的生态环境保护制度，形成绿色发展方式和生活方式，坚定走生产发展、生活富裕、生态良好的文明发展道路，建设美丽中国，为人民创造良好生产生活环境，为全球生态安全作出贡献"①。这些论述，既体现了生态文明理念的时代精华，也创造性地传承和弘扬了中华优秀传统文化特别是和合文化中"天人合一"思想的精髓。源远流长、底蕴深厚的中华传统文化，始终强调作为自然界组成部分的人类应遵循自然界法则，好生以德，与天地万物共生共处，顺应万物生息规律，助其繁荣滋长。道家的"人法地，地法天，天法道，道法自然""天地与我并生，而万物与我为一"，儒家的"天地万物与吾一体之仁""天人合一""赞天地之化育""与天地参"等，都体现了这种理念。建设生态文明和美丽中国，就是要实现人与自然的和谐。"生态兴则文明兴，生态衰则文明衰。"面对环境污染严重、生态系统遭到破坏的严峻形势，习近平希望广大干部群众干部汲取、坚守和弘扬"天人合一""和而不同""和实生物""道法自然""休养生息"等中华传统智慧，尊重自然、顺应自然、保护自然。"人类可以利用自然、改造自然，但归根结底是自然的一部分，必须呵护自然，不能凌驾于自然之上。我们要解决好工业文明带来的矛盾，以人与自然和谐相处为目标，实现世界的可持续发展和人的全面发展。"②

第三，和合文化是推进社会和谐的重要保证和必然要求。早在担任浙江省委书记期间，习近平已经深入阐述了弘扬中华和合文化对于促进社会和谐

---

① 习近平：《决胜全面建成小康社会 夺取新时代中国特色社会主义伟大胜利》，《人民日报》2017年10月28日。

② 习近平：《携手构建合作共赢新伙伴 同心打造人类命运共同体》，《人民日报》2015年9月29日。

的重要意义。他强调，构建和谐社会，必须从以人为本理念出发，关注人与自我、人与人、人与社会、人与自然的和谐，进一步明确经济发展以社会发展为目的，社会发展以人的发展为归宿。构建和谐社会，不仅追求物质条件、经济指标，还要追求"幸福指数"；不仅追求自然生态的和谐，还要追求"精神生态"的和谐；不仅追求效率和公平，还要追求人际关系的和谐与精神生活的充实，追求生命的意义。这就深刻地表明，贯穿和谐社会的核心和主线就是"和合"精神。"我们的祖先曾创造了无与伦比的文化，而'和合'文化正是其中的精髓之一。'和'指的是和谐、和平、中和等，'合'指的是汇合、融合、联合等。"[1] "因此说，文化育和谐，文化建设是构建和谐社会的重要保证和必然要求。"[2] 不仅如此，习近平也深刻地阐发了和合文化特别是"人和"理念对于协和人我、创造和谐人际关系的意义和价值。他说，祈盼和顺、崇尚和美、追求和谐，是中华民族的优良传统和高贵品德。古往今来，"人和"理念一直都被有识之士奉为圭臬。"人和"包括了和谐、和睦、和善、祥和等含义，蕴含着和以处众、和衷共济、和谐和美、政通人和等深刻的处世哲学和人生理念。"实践反复证明，团结就是力量，人和才能政通。"[3] 习近平希望广大干部群众吸收中华和合文化的智慧，同志之间、上下级之间以及部门之间要以共同目标为价值追求，以"人和"为乐、以团结为贵，以协作为重，和衷共济，"要从满足'社会人'的交往和尊重需要出发，营造相互尊重、相互理解、相互关爱的氛围，使广大人民群众共享祥和的社会生活。"[4] 与此同时，习近平也强调，"和"并不意味着无原则的"同"，并不意味着抹杀差别，他说，"工作和生活中也难免产生一些意见、隔阂、矛盾，对原则问题应当理直气壮地坚持正确立场，但在具体生活中许多矛盾都不是因原则问题而引发的，对此则应讲风格，讲胸怀，不去斤斤计较，多想着人家的好处，相互尊重，相互支持，在相互配合中加深了解，在合作共事中增进团结，努力营造一心一意干工作、

---

① 习近平：《之江新语》，浙江出版联合集团、浙江人民出版社 2007 年版，第 150 页。

② 习近平：《之江新语》，浙江出版联合集团、浙江人民出版社 2007 年版，第 150 页。

③ 习近平：《之江新语》，浙江出版联合集团、浙江人民出版社 2007 年版，第 178 页。

④ 习近平：《与时俱进的浙江精神》，《哲学研究》2006 年第 4 期。

尽心竭力谋发展的良好氛围。"① 这就表明，中华传统文化中的"和而不同""求同存异"理念和智慧，可以成为处理人际关系、推进社会和谐必须遵循的基本准则之一。

第四，和合文化是构建人类命运共同体的重要思想资源之一。当今世界发展面临诸多挑战，反全球化声音甚嚣尘上，地缘政治冲突不时发生，网络攻击威胁社会安全等，这些都成为国际社会面临的难题。世界正处于大发展大变革大调整时期，全球治理体系和国际秩序变革加速推进。党的十八大以来，习近平洞察世界政治与经济格局发展变化的新情况、新问题和新趋势，从中国发展与世界和平发展的互动关系出发，统筹国内和国际两个大局，不断拓展我国外交工作和走和平发展道路的新局面。他在多个场合阐述了人类命运共同体的思想，表达了中国追求和平发展的愿望，为世界发展和全球治理提出了"中国方案"，展现了中国负责任大国的形象。党的十九大报告对人类命运共同体思想做出了明确的概括：构建人类命运共同体，建设持久和平、普遍安全、共同繁荣、开放包容、清洁美丽的世界。习近平人类命运共同体思想，是对近代以来西方文明的扬弃和超越，与中华民族传统文化具有共通性，是吸收了外来文化成果、弘扬和发展了中华和合文化精华的具有中国特色、中国风貌的全球交往新思想新理念。党的十八大以来，习近平在多个外交场合传播了中华和合理念，强调中华民族几千年来形成了兼爱非攻、亲仁善邻、以和为贵、和而不同的理念；中国这头狮子已经醒了，但是这是一只和平的、可亲的、文明的狮子；中国人从骨子底里没有侵略别国的文化基因；中国人的血脉中没有称王称霸、穷兵黩武的基因。"中国人民不接受'国强必霸'的逻辑，愿意同世界各国人民和睦相处、和谐发展，共谋和平、共护和平、共享和平。"② 习近平有力地回应和破除了"中国威胁论"。人类命运共同体既是一个合作、普惠、共赢的国际秩序，也是一个包含多种要素的复合型立体架构，涵盖多行为体、多层面、多领域、多疆域，是一个

---

① 习近平：《之江新语》，浙江出版联合集团、浙江人民出版社 2007 年版，第 178 页。
② 习近平：《在中国国际友好大会暨中国人民对外友好协会成立 60 周年纪念活动上的讲话》，《人民日报》2014 年 5 月 16 日。

体现"和而不同""万物并育而不相害，道并行而不相悖"中华和合文化理念的共同体。习近平在第七十届联合国大会一般性辩论时的讲话中指出："我们要促进和而不同、兼收并蓄的文明交流。人类文明多样性赋予这个世界姹紫嫣红的色彩，多样带来交流，交流孕育融合，融合产生进步。""文明相处需要和而不同的精神。只有在多样中相互尊重、彼此借鉴、和谐共存，这个世界才能丰富多彩、欣欣向荣。不同文明凝聚着不同民族的智慧和贡献，没有高低之别，更无优劣之分。文明之间要对话，不要排斥；要交流，不要取代。人类历史就是一幅不同文明相互交流、互鉴、融合的宏伟画卷。我们要尊重各种文明，平等相待，互学互鉴，兼收并蓄，推动人类文明实现创造性发展。"① 这就表明，人类命运共同体必须以"和而不同"理念为重要精神支撑，构建人类命运共同体必须将中华和合文化作为重要思想资源。

> （原载《浙江社会科学》2018 年第 2 期；作者单位：中共浙江省委党校；浙江省文化发展理论与文化浙江研究中心）

---

① 习近平：《携手构建合作共赢新伙伴　同心打造人类命运共同体》，《人民日报》2015 年 9 月 29 日。

和合学对构建人类命运共同体的价值

蔡方鹿　邓　洁

张立文教授多年来从事中华和合文化的研究，在此基础上，通过理论创新，提出了和合学的思想。所谓和合的"和"是和谐、和平、祥和，"合"是结合、融合、合作，和合是指自然、社会、人际、心灵、文明中诸多元素、要素的相互冲突、融合，与在冲突、融合的动态过程中各元素、要素和合为新生命、新事物的总和。和合是宇宙间的普遍现象，而被和合学作为研究对象。建立在和合文化基础上的和合学，是指研究在自然、社会、人际、人自身心灵及不同文明中存在的和合现象，与以和合的义理为依归，既涵摄又超越冲突、融合的学问。和合学的提出，不是偶然的，它具有深刻的社会时代背景和思想文化根源，它既是作者把理论探索与社会实践相结合，在长期的研究工作中体贴出来的学术思想体系和理论建构，又是对源远流长、贯通于中国文化各个时代、各家各派之中、普遍存在的和合文化现象的本质概括，使之成为一门有体系、历史与逻辑相统一的学问。大致说来，和合学的提出，既是时代发展的需要，又是理论发展的需要，是对现代新儒学的超越，是为了解决当前时代发展所面临的重大社会问题和挑战而提出来的系统的学术思想体系和理论学说。

"人类命运共同体"这一概念的提出，强调在追求本国利益时兼顾他国合理关切，在谋求本国发展中促进各国共同发展。这得到了越来越多人的共识。因为人类只有一个地球，各国共处一个世界，所以应倡导"人类命运共同体"意识。

2018 年 3 月 11 日，第十三届全国人民代表大会第一次会议通过的宪法修正案，将宪法序言第十二自然段中"发展同各国的外交关系和经济、文化的交流"修改为"发展同各国的外交关系和经济、文化交流，推动构建人类命运共同体"。这体现了中国在国家层面上对构建人类命运共同体的重视和肯定。

在当前国内外时代背景下，坚持推动构建人类命运共同体，把实现中国人民的梦想同各国人民的梦想结合起来，统筹国内国际两个大局，始终不渝走和平发展道路、奉行互利共赢的开放战略，坚持正确义利观，树立共同、综合、合作、可持续的新安全观，谋求开放创新、包容互惠的发展前景，促进和而不同、兼收并蓄的文明交流，构筑尊崇自然、绿色发展的生态体系，始终做世界和平的建设者、全球发展的贡献者、国际秩序的维护者。这体现了和合学的精神，表明和合学对于构建人类命运共同体具有重要价值和现实意义。

党的十九大报告指出，坚持和平发展道路，推动构建人类命运共同体。中国将高举和平、发展、合作、共赢的旗帜，恪守维护世界和平、促进共同发展的外交政策宗旨，坚定不移在和平共处五项原则基础上发展同各国的友好合作，推动建设相互尊重、公平正义、合作共赢的新型国际关系。

在全球化时代，人类共同面临着人与自然、社会、人际、心灵、文明五大冲突，而带来的生态、社会、道德、精神信仰、价值五大危机，和合学的和生、和处、和立、和达、和爱五大原理是整合、协调、平衡错综复杂的五大冲突和危机的化解之道，以大同、仁义、均富等价值观缓和各种矛盾，以建构和谐世界。和合学是中国语境下的中国哲学形式与学说。中国哲学要自己讲，讲自己，度越西方文化中心论的视域，不是排斥西方哲学，而是"知己"。知己是为了更好地知彼。知己，知彼，才能平等地交流、对话。在中国哲学语境下，中国哲学是指人对宇宙、社会、人生之道的道的体贴和名字体系。唯依此规定发现中国哲学创新的三条规则，即核心话题的转变，诠释文本的转换，人文语境的变化，才能建构当代中国的哲学形式之一——和合学。和合学的和生、和处、和立、和达、和爱五大原理，是人类共同面临的五大冲突和危机的化解之道。

在社会转型进程中，学术界既需要继承一切优秀传统文化，更需要自己讲，讲自己，以创造出与时代的发展相适应的社会思想观念和新学说。和合学就是与此相关的学说理论。人们应认识和了解对中华文化与中国社会影响甚大的中国和合文化有什么含义，其流传演变对社会的发展产生了什么影响，有什么可为当今社会提供借鉴之处。今天的中国是昨天的中国的继续，世界上还没有一个抛弃了自己的民族文化而能够生存和发展的国家，中国和合思想文化对今天的中国产生了客观的影响，了解中国和合思想文化的产生、发展、演变的历史，把握和认识在此基础上创立的和合学大致的理论构成，以及对今天的中国社会产生了什么影响，为治国理政、文化建设提供一定的借鉴和参考。在这方面，应通过对和合文化、和合学的研究，为决策者在文化强国、文化建设方面提供相应的借鉴和文化渊源的指导，亦可作为了解中国文化的特色，比较东西方文化的异同，加强东西方思想文化的交流，促进世界文明的发展，走一条具有中国特色的发展之路。

处于大发展大变革大调整时期的当今世界，和平与发展是时代的主题。呈现世界多极化、经济全球化、社会信息化、文化多样化的深入化发展。全球治理体系和国际秩序变革加速推进，各国相互之间的联系和依存日益加深，国际力量对比更趋平衡，和平发展大势不可逆转。与此同时，世界也面临着突出的不稳定性不确定性问题，世界经济增长动能不足，贫富分化日益严重，地区热点问题此起彼伏，恐怖主义、网络安全、重大传染性疾病、气候变化等非传统安全威胁持续蔓延，人类面临许多共同挑战。

面临如此重大的各种挑战和问题，人类不应放弃梦想，而应迎接挑战。但没有哪个国家能够独自应对人类面临的各种挑战，所以人类应扩大共识，勇敢地迎接挑战。各国人民同心协力，共同构建人类命运共同体。以建设持久和平、普遍安全、共同繁荣、开放包容、清洁美丽的世界。各国要相互尊重、平等协商，坚决摒弃冷战思维和强权政治以及斗争哲学，走对话而不对抗、结伴而不结盟的国与国之间交往的新路。要坚持以对话解决争端、以协商化解分歧，统筹应对传统和非传统安全威胁，反对一切形式的恐怖主义。要同舟共济，促进贸易和投资自由化便利化，推动经济全球化朝着更加开放、包容、普惠、平衡、共赢的方向发展。要尊重世界文明多样性，以文明交流超越文明隔阂、文明互鉴超越文明冲突、文明共存超越文明优越。要坚持环境友好，合作应对气候变化，保护好人类赖以生存的地球家园。

中国坚定奉行独立自主的和平外交政策，尊重各国人民自主选择发展道路的权利，维护国际公平正义，反对把自己的意志强加于人，反对干涉别国内政，反对以强凌弱。中国决不会以牺牲别国利益为代价来发展自己，也决不放弃自己的正当权益，任何人不要幻想让中国吞下损害自身利益的苦果。中国奉行防御性的国防政策。中国发展不对任何国家构成威胁。中国无论发展到什么程度，永远不称霸，永远不搞扩张。

兵家的"非战"和合思想是中国和合思想的重要内容和体现，至今仍有重要的现实意义，孙子主张"上兵伐谋，其次伐交"，始终把和平放在第一位，军事手段放在第二位；强调贵和"慎战"，表现出中华民族爱好和平的传统。并受儒家思想的影响，讲仁爱、和谐相处，"惟民是保"（《孙子兵法》地形第十），这对于当今世界正确处理各国、各文明之间的关系，具有重要的现实指导意义。弘扬此种精神，有助于化解各国家、各文明之间的冲突和矛盾，使之和平共处，和而不同，求同存异，互相尊重，扩大共识，反对以一种模式来规范世界的专一观念；反对强加于人，以武力相威胁。倡导和树立这种和合国家观、和合文明观，可作为化解国家冲突、文明冲突的价值基础，提供反对霸权主义、强权政治的价值评判标准，因而有助于推动世界和平、发展与合作的潮流，促进世界文明的健康发展。"和合"不等于苟合。有实力、常备不懈，充分做好打仗的准备才能言和。

人类只有一个地球，各国共处一个世界，所以要倡导"人类命运共同体"意识。习近平就任总书记后首次会见外国人士就表示，国际社会日益成为一个你中有我、我中有你的"命运共同体"，面对世界经济的复杂形势和全球性问题，任何国家都不可能独善其身。"命运共同体"是中国政府反复强调的关于人类社会的新理念。2011年《中国的和平发展》白皮书提出，要以"命运共同体"的新视角，寻求人类共同利益和共同价值的新内涵。

当前国际形势基本特点是世界多极化、经济全球化、文化多样化和社会信息化。粮食安全、资源短缺、气候变化、网络攻击、人口爆炸、环境污染、疾病流行、跨国犯罪等全球非传统安全问题层出不穷，对国际秩序和人类生存都构成了严峻挑战。不论人们身处何国、信仰何如、是否愿意，实际上已经处在一个命运共同体中。与此同时，一种以应对人类共同挑战为目的的全球价值观已开始形成，并逐步获得国际共识。

习近平主席在上合组织青岛峰会上提出的发展观、安全观、合作观、文明观和全球治理观这五"观"为构建人类命运共同体指明了方向。五"观"与"和合"理念存在着契合和相通之处，这体现了和合文化、和合学对构建人类命运共同体的价值。下文将展开论述。

一、和合文化对提倡创新、协调、绿色、
开放、共享的发展观的价值

中国和合文化历来重视环境保护，蕴含着丰富的生态伦理思想。在自然观上，儒家重视人与自然和谐统一，认为人是自然界的一部分、天人是相通的，提倡"天人合一""仁者以天地万物为一体"（《河南程氏遗书》卷二上），注意保护人类赖以生存的自然环境。这些思想与西方文化强调征服自然、人与自然对立二分的观念形成鲜明对照。

儒家历来反对滥用资源。孔子明确提出"节用而爱人，使民以时"的思想。荀子把对山林川泽的管理、对自然资源的合理开发与保护作为"圣王之制"的内容，要求砍伐和渔猎必须遵守一定的时节，并规定相应的"时禁"期，以保护生物和资源。儒家认为，对待天地万物，应采取友善、爱护的态度；自然资源是人类赖以生存的物质基础，如果随意破坏、浪费资源，就会损害人类自身。孔子说："伐一木，杀一兽，不以其时，非孝也。"（《大戴礼记·曾子大孝》）孟子主张把人类之爱施于万物。他说："亲亲而仁民，仁民而爱物。"（《孟子·尽心上》）朱熹进一步阐发了爱物的思想，他说："此心爱物，是我之仁；此心要爱物，是我之义。"（《朱子语类》卷十五）儒家的生态伦理思想给今天的人们带来有益启示，那就是在发展经济、开发自然、利用资源的同时，必须注意人与自然关系的协调，把发展经济、发展科技与生产力同保护生态环境有机统一起来，把人类生活需要与生态环境运行规律有机结合起来，提高开发自然、利用资源的科学性与合理性。当前，我们解决资源短缺问题，合理利用和有效保护资源，可以借鉴儒

家所倡导的取用有节、物尽其用的思想。

今天，生态危机已成为全球性问题。解决这个问题，不仅要在技术层面探索更多治理手段，更重要的是解决人们的思想观念问题。生态危机的实质是文化危机。人类要克服生态危机，继续生存下去并进一步繁荣发展，就必须抛弃以人类为中心、人与自然对立二分的观念，反对盲目强调人是自然的主宰，反对为所欲为地征服和掠夺自然。在这个问题上，和合文化所主张的协调人与自然关系的"天人合一"思想是可资借鉴的理论资源。

和合学、和合文化包含着诸多超越时空限制的合理内涵，这些符合客观规律的成分不会随时代和地域的变迁而过时，我们要根据当代中国、当今世界发展的实践需要，促进和合生态伦理思想创造性转化、创新性发展，使之成为生态文明建设的重要思想资源。

同时也表明这种发展观包含了相互协调、人与自然合一、多元开放、互涵共享等和合理念，并在新时代加以发展，以实现各国经济社会协同进步，解决发展不平衡带来的问题，缩小发展差距，促进共同繁荣。同时要尊重各自选择的发展道路，和而不同，照顾彼此的核心利益和重大关切，促进世界的多元发展。

气候变化、资源能源短缺、环境污染带来的严重问题，使任何国家都不可能独善其身，任何国家要想自己发展，必须让别人发展。

二、和合文化对践行共同、综合、合作、可持续的安全观的价值

中国和合文化从来都倡导亲仁善邻、协和万邦，《孙子兵法》提出贵和、"慎战"的思想，表达了中国人民的和平友好的对外交往方针。这反映了自古以来中国人民就希望天下太平、与各国人民友好相处的愿望。维护世界和平，构建和谐世界，是当今世界各国人民的重要使命。全球化使世界成为"太极图"式的阴中有阳、阳中有阴的共同体结构，仅依赖单边主义、霸权主义的范式已不能应对，唯有合作之道，才能共富、共赢、共荣、共乐，实现可持续安全。而对外扩张则引发冲突而易导致国家危亡，所以轻易

言战不可取，"故曰明主慎之，良将警之，此安国全军之道也"（《孙子兵法》火攻第十二）。对今天的启示是，安全观应该是建立在友好协商，合作双赢的基础上，而要摒弃冷战思维，反对以牺牲别国安全换取自身绝对安全的做法，实现普遍安全。任何国家要想自己安全，必须让别人安全。

和合世界观对国际新安全观产生了客观的影响，当今所提倡的共同、综合、合作、可持续的安全观亦是对中国传统和合哲学的传承，与中国独立自主的和平外交政策，以及和平共处五项原则具有一致性。中国传统文化的和合共生理念与新安全观具有密切联系，和衷共济、和合共生是中华民族的历史基因，也是东方文明的精髓。世界多样性思想、相互依存的国际观以及中国传统的和合哲学构成新安全观的理论基础，体现了和合学对新时代安全观的价值。也是中国新安全观形成的理论来源之一。

加强政治、安全对话与合作，增进相互信任和了解，践行可持续的安全观，始终做世界和平的建设者和维护者。各国应珍惜难能可贵的和平和安宁，为维护全球和地区稳定发挥建设性作用。合作、共赢始终是世界形势的主流。应加强国际和地区合作，创国际安全合作的新局面。把世界建成持久和平、共同繁荣的和谐世界，通过对话合作促进各国可持续安全。

三、和合文化对秉持开放、融通、
互利、共赢的合作观的价值

中国和合文化历来讲究同舟共济，相救如左右手，把合作视为谋求生存和发展的前提。这体现了和合文化对合作观的价值。和衷共济是中华文明、和合理念的精髓，当今世界，应以和衷共济、和平合作为思考问题的出发点和立足点。《孙子兵法》亦指出，"不合于利而止"（《孙子兵法》九地第十一），互利是构建和谐世界的基础，而应拒绝霸权主义大国一味追求本国利益，推行单边主义、保护主义，不顾世界规则的短视封闭的狭隘政策。

中国积极发展全球伙伴关系，扩大同各国的利益交汇点，推进大国协调与合作，构建总体稳定、均衡发展的大国关系框架，按照亲诚惠容理念和与邻为善、以邻为伴周边外交方针深化同周边国家关系，秉持正确义利观和真实亲诚理念加强同发展中国家团结合作。

与西方文化宣扬和提倡弱肉强食的丛林野兽法则和零和思维，为争夺利益引发战争的无法避免相比，中国和合学则提倡"共同利益"，讲求中道和谐，损有余而补不足，均平共生。己欲立而立人，己欲达而达人，反对己所不欲而施于人。这成为合作共赢的思想基础。

中国政府自改革开放以来调整了自己与国际体系的关系，越来越重视人类的共同利益，使自己成为国际社会的"利益攸关者"。正如十八大报告所强调的那样，中国将坚持把中国人民利益同各国人民共同利益结合起来，以更加积极的姿态参与国际事务，发挥负责任大国作用，共同应对全球性挑战。

中国坚持对外开放的基本国策，坚持打开国门搞建设，积极促进"一带一路"国际合作，努力实现政策沟通、设施联通、贸易畅通、资金融通、民心相通，打造国际合作新平台，增添共同发展新动力。加大对发展中国家特别是最不发达国家援助力度，促进缩小南北发展差距。中国支持多边贸易体制，促进自由贸易区建设，推动建设开放型世界经济。这种合作观受到和合文化的影响，体现了其重要的价值和现实意义。

四、对树立平等、互鉴、对话、包容的文明观的价值

中国和合观念以"公天下"反对"家天下"，主张"天下为公"，人人权利平等。北宋哲学家张载提出"民胞物与"的思想，认为人与人是同胞手足的关系，人与物是一种朋友、伙伴的关系，整个宇宙如同一个和谐的大家庭，体现了中国文化的和合包容精神。中国古代三教并存，通过儒释道对话，由鼎立相争走向融合互补，这体现了和合文化精神，对当代化解宗教、文明冲突，共荣互补具有重要借鉴意义。由此建构融合多元文化、体现人类共同愿望的价值观，促进全球文明共生共存，包容发展，维护全球秩序，超越文明冲突，而共享文明成果。

我们已迈入了一个新的发展时代，在新的发展时代，现代化可以具有不同的文化形式，应发扬我中华和合文化几千年来所讲求之中道融合、和而不

同原则，挖掘中华文明与中国价值的世界意义，倡导人类命运共同体，探寻人类共同价值体系，而从中国和合思想中发掘人类的普遍价值，为世界文明的进步和社会发展增添新的内涵，这是一个有意义的课题。

世界文化由多元构成，各国发展道路也有不同，这是历史形成又延续至今的客观现实。每一种文明、文化都是在本民族、本国生存和发展的历史中产生，并为本国、本民族乃至世界文明的发展作出过各自的贡献，都有它存在的理由和价值。在世界文明发展史上，各文明、文化既有相互差异的一面，又有相互融合、相互沟通的一面，同时保持自身的特色，由此推动了世界文明的不断发展。人们应看到各国发展道路的不同，世界文明之间的差异是客观存在的，应相互尊重，扩大文明的共识，而不应以自己的文明和价值观强加于人，使人就范。对世界文明之间的差异和矛盾如不妥善解决，将危及当今世界的和平与发展。而中国古老的和合思想则有助于化解文明之间的冲突矛盾，从而维护世界和平。

五、对坚持共商共建共享的全球治理观的价值

中国和合文化提倡"万物并育而不相害"（《礼记·中庸》）的原则，天地间是人类生存的共同居所，尊重天地万物而不加相害。人类爱护自己的生存环境，通过融突而和合，使人类得以共存共荣，享有理想的生存世界。王阳明亦指出："大人者，以天地万物为一体者也，其视天下犹一家。"（《王文成全书·大学问》）这超越了国家、民族、种族、宗教等之间的界线，使全球共享治理。易学精神亦强调，"通力合作，有无相资"（《大易通解·井卦》），"通力合作，尽力沟洫，相友相助，相生相养，亦犹是也"（《易笺·井卦》）。这与坚持共商共建共享的全球治理观相吻合，发扬此种精神，有助于推动各国携手建设人类命运共同体。

共商合作大计、共建合作平台、共享合作成果是贯彻落实全球治理新理念的正确途径。中国积极参与全球治理，可以推动全球治理朝更加公平合理、包容发展、权责共担、共商共建共享的方向发展，中国也可以从全球治理中获得更多的和平发展机遇，中国的和平发展对世界的发展又形成了有力

的促进。弘扬中华和合文化，对于加强同世界各国交流合作，推动全球治理机制变革，积极促进世界和平与发展，推动国际秩序和国际体系朝着公正合理的方向发展，具有重要的意义。

人类社会是一个相互依存的共同体已经成为共识，和合学、和合文化对于对构建人类命运共同体具有重要的价值，它通过对发展观、安全观、合作观、文明观和全球治理观这五"观"所具有的影响表现出来。探讨和发掘和合学、和合文化对于构建人类命运共同体的价值，使和合学理念得以体现并在新形势下得到发展，这具有重要的时代意义。

（本文为"和合学与中国哲学创新"学术研讨会参会论文；

作者单位：四川师范大学；河北邯郸学院）

中国传统"和合"理念与构建人类命运共同体

严文波

党的十八大以来，习近平总书记着眼于人类历史发展潮流大势，总结中国自身发展的历史经验和文化传承，多次强调要积极推动构建人类命运共同体，促进全球治理体系变革，为世界和平与发展贡献中国智慧。自古以来，中华民族爱好和平，始终崇尚和谐和睦、友好合作。"和合"理念作为中华优秀传统文化的一个重要标识，富有极其深刻的哲学思辨与中国智慧，体现了中华民族的价值追求与民族性格，是新时代推动构建人类命运共同体的重要思想基础与价值支撑。

一、人与人之间的和谐，需要依靠
"和而不同"的思想共识

从本质上说，人与人之间的和谐相处是一种平等自主、相互尊重的良性关系。个人作为人类命运共同体的最小组成元素，在整个人类命运共同体运作的过程中起着最基础性的作用。自然地理条件的不同、社会历史环境的差异以及语言风俗习惯的差别等，带来了各地区、各民族之间文化信仰上的差别，孕育了民族文化的多样性，也导致人与人之间的交往行为方式、实践认识活动以及思维方式的不同。怎样实现人与人之间的和谐相处，是构建人类命运共同体过程中需要解决的首要问题。

"和实生物，同则不继。"中国传统文化崇尚和合共生，主张和而不同。《礼记》云："乐者为同，礼者为异。同则相亲，异则相敬。"《论语》曰：

"君子和而不同，小人同而不和"。"求同存异""和而不同"作为中国传统文化思想中处理人际关系的方法论，对于维持人与人之间的和谐交往具有独特的辩证智慧。一方面，和谐并不等于相同事物的简单叠加，其本身也包含着差异和对立，是多样性的有机统一。接受差异，是道德观念上的一种共识，也体现为人与人交往中的宽容与尊重。面对世界文化的多样性，应当以开放包容的态度正确理解差异、尊重区别，以消弭隔阂，促进人与人之间的和谐共处。另一方面，在尊重文化多样性的同时，也应当充分寻求不同文化之间的共性特征，既要以平等尊重的态度和兼收并蓄的方式进行文化交流与传播，用文化的同一性联结吸纳文化的差异性，也要搭建文化桥梁、摒弃文化偏见，在潜移默化中构筑基于文化理解与认同的新思维，在现实交往与文化传播中形成尊重包容、和睦共处的价值观。

"万物并育而不相害，道并行而不相悖。"习近平总书记在尊重文明多样性的基础上，以宽广的眼界和深刻的思索在更高层面上积极探索不同文明的相处之道。习近平总书记多次指出："要促进不同文明不同发展模式交流对话，在竞争比较中取长补短，在交流互鉴中共同发展"，"要把'和'、'合'的传统理念付诸彼此相处之道"。"各美其美，美人之美，美美与共，天下大同"，是对不同文明差异性和平等性的生动诠释，也是实现不同文明之间友好往来的必要条件。只有在相互尊重和信任的基础上，通过文明对话的形式，各国人民彼此交流借鉴、取长补短，弥合文化差异产生的理念分歧，才能推动实现人类命运共同体内部人与人之间的真正和谐。

二、人与自然之间的和谐，需要依赖"天人合一"的绿色情怀

习近平总书记在出席"共商共筑人类命运共同体"高级别会议发表主旨演讲时指出："我们应该遵循天人合一、道法自然的理念，寻求永续发展之路。""天人合一"思想作为"和合"理念的重要组成部分，在中华优秀传统文化中具有独特内涵与意义。从人与自然和谐统一的角度看，"天人合一"强调人与自然是一个相互影响、相互作用的统一体。中国传统文化思

想提倡"赞天地化育""天地万物为一体",遵循"道法自然""天地与我并生,万物与我为一",认为人与自然万物皆为同源,天道的自然是人道的根基,是人与自然和谐共生的必然要求。人与自然之间应当是一种相互统一的和谐关系,人作为实践主体具有主观能动性,但主观能动性的发挥理应建立在现实的客观存在之上,并且主观能动性的发挥要充分尊重客观现实和规律。"天人合一"思想不仅是传统中国智慧对于主客体关系的深刻思考,也孕育了中华民族尊重自然、顺应自然、保护自然的文化传统和绿色情怀,为构建人类命运共同体过程中实现人与自然之间的和谐相处提供了基础理念。

面对全球性的生态危机和环境问题,人类只有回归自然,才能走出困境。人类的生存发展离不开完备健康的生态空间,也离不开以自然资源为主体的物质资料,人类命运共同体的构建需要人与自然的协调合作、和谐共生。无论是发达国家,抑或是发展中国家,都需要主动承担生态环境建设的责任,积极应对全人类共同的生存危机。"天人合一"这一传统中国智慧无疑为全球生态环境建设提供了更好范式。全球生态环境建设需要实现生产发展、生活富裕、生态良好三者的高度统一,生产发展是实现生活富裕的条件,生活富裕是生产发展的目的,而良好的生态环境则是实现生产发展和生活富裕所必须依赖的前提和必须坚持的保障,是从根本上实现人与自然和谐共生的基础。"天人合一"所强调的正是人与自然有机共生的绿色发展理念,这不仅是基于对自然规律更深层次的把握,更是人类实现永续发展的追求和理想,体现了人与自然关系的深化与融合。以自然之道去寻求人与自然的和谐共生关系,是中国"和合"智慧为全球生态治理提供的新方案。

立足于全球背景,习近平总书记倡导在世界范围内要树立"天人合一"的绿色生态理念,在更高科技水平和意识观念层面上实现人与自然的和谐相处与可持续发展,在公平、共担原则基础上开展应对生态环境变化的国际合作,构建全球生态治理新体系,形成共同商议、共同保护、共同管建的新机制。习近平总书记指出,中国将同世界各国深入开展生态文明领域的交流合作,推动成果分享,携手共建生态良好的地球美好家园。当前,只有世界各国自觉树立起"生态兴则文明兴,生态衰则文明衰"的绿色生态观,积极推行生态环境变革、建立严格长效的生态环境保护制度,充分尊重自然、顺应自然、保护自然，形成绿色发展方式和生活方式，人类命运共同体的可持续发展才会成为可能，一个清洁美丽的世界才能成为现实。

三、不同社会之间的和谐，需要秉承"合作共赢"的价值追求

当今世界，人类处在挑战层出不穷、风险日益增多的时代。贸易保护、资源封锁等有碍世界经济合作的"逆全球化"现象不断出现。习近平总书记指出："世界大同，和合共生，这些都是中国几千年文明一直秉持的理念。不能独善其身，而应该兼济天下。"面对全球化困境与安全威胁，中华优秀传统文化中的"和合"理念，为解决今天的一系列矛盾和问题提供了一种新思路。《周易》的"保合太和，乃利贞。首出庶物，万国咸宁"，强调要达到"太和"境界，赋予作为天下之大道的"和"以普遍的必然性与规律性；《中庸》的"和也者，天下之达道也"，把"和"作为通达天下之"道"；《论语》的"四海之内，皆兄弟"则蕴含着睦邻友好、守望相助的美好期许。人类是休戚与共、风雨同舟的命运共同体，战胜危机的人间正道唯有互相支持、团结合作。协调不同国家之间的关系，必须秉承"协和万邦""和衷共济"的价值理念。坚持对话协商，构建对话不对抗、结伴不结盟的伙伴关系，才能建设一个持久和平的世界；秉持"合作共赢"思想，坚持构建开放型世界经济，引导经济全球化健康发展，才能建设一个共同繁荣的世界；秉持"共建共享"观念，树立共同合作、可持续的新安全观，才能建设一个普遍安全的世界。更加包容的全球治理、更加有效的多边机制、更加积极的区域合作，需要的是和平而不是战争，合作而不是对抗，共赢而不是"零和"，这才是人类社会和平、进步、发展的永恒主题。

为推动建立以"合作共赢"为核心的新型国际关系，构筑持久和平、共同繁荣、普遍安全的和谐世界，习近平总书记创造性地提出共建"一带一路"重要倡议。共建"一带一路"作为构建人类命运共同体的重要实践平台和助力引擎，充分彰显了中华民族"尚和合、求大同"的传统文化理念，是中国理念对世界的贡献，目的是推动世界经济朝着更加开放、包容、

普惠、平衡、共赢的方向发展。正如习近平总书记 2020 年 6 月 18 日在给"一带一路"国际合作高级别视频会议的书面致辞中所指出的:"我们愿同合作伙伴一道,把'一带一路'打造成团结应对挑战的合作之路、维护人民健康安全的健康之路、促进经济社会恢复的复苏之路、释放发展潜力的增长之路。通过高质量共建'一带一路',携手推动构建人类命运共同体。""计利当计天下利"。"一带一路"倡议顺应各国要求加快发展的愿望,秉承"合作共赢"的价值追求,实现各国战略对接、优势互补,用实实在在的行动体现了人类命运共同体的精神实质,为人类命运共同体的实现提供了独具中国智慧的全新范式,必将有力推动不同社会之间和谐共处的最终实现。

总之,构建人类命运共同体重要战略思想深刻体现了中国将自身发展同世界发展相统一的全球视野、世界胸怀和大国担当。作为中华优秀传统文化的精髓,"和合"理念强调在践行人类命运共同体这一战略思想的过程中,充分实现人与人、人与自然,以及不同社会之间的和谐共生,这一理念为新时代推动构建人类命运共同体提供了重要理论支撑,为解决人类共同面临的重大问题贡献了中国智慧和中国方案。

(原载《红旗文稿》2020 年第 16 期;作者单位:江西省中国特色社会主义理论体系研究中心江西师范大学基地)

人类命运共同体思想中的和合文化探析

姚晨宇

伴随着人类命运共同体这一思想的提出，习近平也在不同场合多次强调："中国'和'文化源远流长，蕴涵着天人合一的宇宙观、协和万邦的国际观、和而不同的社会观、人心和善的道德观"。人类命运共同体的研究与其根植的文化沃土密不可分，值得进行深入细致的研究，因为这一包容性的词汇涉及一系列文化观念，甚至是价值体系的深刻变革及文明转型等。"和合文化"贯穿在整个中华文明的发展中，人类命运共同体又是当代整个中华民族的行动指南，因此探求人类命运共同体中的和合文化有着深远的意义。

一、和合文化的渊源

中华优秀文化源远流长，历经几千年的传承与发展依旧生生不息，有着强大的生命力与活力。它是在中华民族的历史发展与实践中形成的中国优秀思想的结晶与智慧。"和合文化"作为中华优秀的传统文化精华，更是对全国上下、国内国际都产生着重要的影响。"和合文化"从古至今，一直贯穿在中国人的为人处世之中，潜移默化的影响着中国人民的世界观、人生观、价值观，甚至可以被算作为当代中国社会的思想指引与行动指南之一。

在《辞源》里就对"和"做出过解释，"和谐""和顺""和睦"等多重释义，无不围绕着尊重差异又和谐统一开始的。其中和、合二字最早出现在甲骨文和金文中，并作为一国之基。在殷周时期，那时候的"和"还是一个单一的概念，并没有统一起来。春秋时期，"和合"这两个字共同构成了和合文化的起源。"和""合"二字在一起组成的内涵就是既承认矛盾的存在，又尊重差异的出现。在和合文化的指引下，中国文化不断创新，发挥了主体间性，既能够吸收国际上的优良价值观念，在对外交流中这种也受和合文化精神潜移默化的影响，从而在国际社会中塑造出独树一帜的文化格局，并逐渐为国际社会中的大多数国家所接收和应用。和合文化是承认差异、尊重差异，但是又能够和谐统一，因此和合文化有两个基本要素：一是客观认识差异也尊重差异，如阴阳、天人、男女等；二是将不同事物有机地融合在一起，如阴阳和谐、天人合一、和谐等。①

"和合"观念，较早见之于《国语·郑语》："商契能和合五教，以保于百姓者也"。《管子》载："畜之以道，养之以德。畜之以道，则民和；养之以德，则民合。和合故能习，习故能偕。"人有了道德、思想、见识、修养，便追求和合精神以立身。墨子认为和合精神是作为国家富强、社会稳定、家庭和睦的必要条件。家作为最小单位的团结使得整个社会变得安定和谐，繁荣发展的思想基础，个人与社会的关系一直是中国传统的焦点，维护社会秩序是协调两者关系的关键。在中国传统中，"五伦"（父子、君臣、夫妻、兄弟、友人）和"五常"（仁、义、礼、智、信）为主体的伦理秩序和道德观念，体现了丰富的人际关系道德意义，极大地增强了人际关系的道德操守，增强了个人对社会价值观的认同感，为维护社会秩序和社会稳定提供了有力支撑。"和合文化"倡导尊重多样性，包容差异，发展和谐关系。它蕴含着诸多文化传统与哲学意象，但其核心内涵包括协和万邦、和而不同、天人合一。

二、人类命运共同体中的和合文化内涵

建设持久和平、普遍安全、共同繁荣、开放包容、清洁美丽的世界是人

---

① 白明峰：《中国传统和合理念与当代和谐文化建设》，青海师范大学 2008 年硕士学位论文。

类命运共同体的核心要素。① 这一基本内涵体现着人类命运共同体是一种多方面的价值观，包含相互依存的国际权力观、不可分割的共同利益观、可持续发展观和多方合作的全球治理观。探求这些价值观的传统文化基底会发现，和合文化的基本内核对于其形成有着重大的影响。

（一）协和万邦

《尚书·尧典》中写道："克明俊德，以亲九族。九族既睦，平章百姓。百姓昭明，协和万邦。"② 这句话所要表达的精神是家族内部、国与国之间、百姓与百姓之间相互依赖、互为基础，形成具有万邦之礼的儒家思想的理想社会。在和合文化的教育下，家和才能万事兴。一个国家作为小家的集合，更是小家和睦，国家社会才能和睦，大家才能安居乐业生活安康。人人都以和合精神修身，自然会使得家族和睦，国家和谐，社会稳定安康，世界进而和平。以仁德育人，以仁德普惠人，从而在深层次达到和睦相处的目的，在与别的国家交流中要本着尊敬的姿态构建和谐稳定的国际关系。

在中国，儒家文化对整个社会和各行各业的人都有很大的影响。与崇尚"骑士文化"和"武士文化"的国家相比，儒家思想主导下的中国是爱好和平、不尚武的，因此中国奉行防御性的国防国策，提倡持久和平。③

（二）和而不同

"和而不同"的观念是中国古代哲学的主流思想与研究方面。春秋时期，史伯提出"和实生物，同则不继"的思想，这是史伯观点的核心，也是"和"文化的精髓。"和而不同"思想主张不同成分之间的协调与平衡，反对单一要素的简单强化，因为这样会扼杀生命力与特点，使事物发展不可持续。"和"代表矛盾双方统一的一面，"同"代表不同事物的绝对一致、绝对同一。"和"就是矛盾双方"和谐相处"但又"合二为一"，即矛盾差异等相互对立的两个方面是相互融合，最终成为绝对的一体，和谐共生。反之"同"是一个静止的思想，让人们抹平棱角，固执求同，一味跟风，盲

---

① 习近平：《共同构建人类命运共同体》，《人民日报》2017 年 1 月 20 日。
② 曾颖娟：《〈尚书〉万邦治理思想研究》，广东外语外贸大学国际关系学院 2017 年硕士论文。
③ 李力争：《中华和合文化与构建和谐社会》，《科技创业月刊》2013 年第 26 期。

目从众，而失去了自己的独特性。秉承着"和"的思想，那么就会事事有发展，万物皆向荣。相反，按照"同"的思想去办事，就会变得事事停留滞，万物难发展。

在中国传统哲学思想中，"和而不同"既是一种自然观、世界观、生态观，更是儒家谦谦君子待人接物的行动准则和思想指引。"和而不同"是万物发展的规律，进入新时代，习近平提出"和而不同是一切事物发生发展的规律"，在讲话中强调"促进和而不同、兼收并蓄的文明交流"，指出"要秉持和而不同理念"，赋予世界新的治理观念和时代意蕴。理念不同但是一定要有相同的目的，那就是为时代发展注入动力，治理方式也要因地制宜，这就是"不同"的含义，两者并不矛盾，所以中国在国际社会中提倡开放包容。

（三）天人合一

中国自古就强调自然规律不可违抗，一切都要从实际出发。"天人合一"与"天人之分"说相对立。"谋事在人，成事在天"这句话正是对于中华传统天人合一思想的最好诠释。道家思想家庄子作为崇尚自然界力量的思想大家，自是"天人合一"的思想的提出者、发展者与维护者。儒家也认同"天人合一"的思想。《礼记·中庸》说："诚者天之道也，诚之者，人之道也。"强调人与人交往要秉承着诚实诚信的原则。董仲舒则明确提出："天人之际，合而为一。"更是把天时与人和高度结合起来强调要顺应天时，按照人民的意愿去改造世界。

面对当今世界的疾病、毒品、环境问题等治理失灵问题，中国提出要做到在天人合一思想的影响下建立普遍安全与清洁美丽的世界，尊重自然及整个世界的发展规律。中国坚持走绿色、低碳、可持续发展道路，也为国际社会的可持续发展承担起责任，例如积极参加协调《巴黎气候协定》等。

三、当代世界中和合文化的作用

当今国际关系中，全球化是最为突出的现象之一。全球化的范围是不断增强的、全方位的、交往与联系。全球化也会导致人类社会关系、社会组织、生活方式从国家性向全球性进行转变。

一个国家文化软实力的强弱直接影响着人民对国家认同感的强弱，随着历史的推移，文化总趋势是向着积极的、有影响力的方向转化，这个转化的过程要经历人民大众对其认可度以及历史发展导向的牵引程度，历史是人民创造的，当然人民大众也是文化的重要传播者和继承者，牢牢依附于人民大众。国际社会在看待问题时总是站在自己民族的角度考虑，中国是一个文化大国，在看待问题上总是站在时代的前沿，利用辩证思维去分析问题，努力包容尊重各个国家的文化，找到其中的利益共同点从而达成共识。2018 年统计数据来看期刊杂志进口总量同比增长了 14%，汲取知识是一个国家充分发展的重要源泉。学习国外的知识的同时，中国也积极向外传输中国的孔子精神，目前孔子学院在世界上有足够大的影响力，为世界各国提供了足够的条件接触到中国五千年的精神内涵，有报告显示，在语言文化海外传播方面，2016 年新建 84 所孔子学院和中小学孔子课堂。目前，中国已在 140 个国家和地区建立 511 所孔子学院和 1073 个中小学孔子课堂供国外学生了解中国文化。目前注册学员约 210 万人。孔子学院的广泛影响力把中国的"和合精神"传播推广，积极引导人类走向命运共同体。

习近平谈国家文化软实力时强调，增强做中国人的骨气和底气，要注重塑造我国的国家形象，重点展示中国历史底蕴深厚、各民族多元一体、文化多样和谐的文明大国形象。因此我们在看待问题上一定要从主要的矛盾入手，抓住关键点展开部署，在重大问题上充分吸收各个国家的观点和想法，共同寻求最佳的解决方案、实施最有效的统一部署体系，一同应对面临的重大危机和挑战。

在新时代更要抓住文化这条主线，为建设我国社会主义现代化文化打下坚实的基础，包容兼蓄吸收外来文化，取其精华去其糟粕。文化的繁荣发展带动文化交流的深入，中俄建交 70 周年间两国的发展世人瞩目，依靠的就是相互的信任和合作，充分发扬了和合的精神，这为其他国家与国家之间的关系提供了实践依据。经济全球化进程不断推进，各种信息都趋向经济大国，这些国家似乎成为历史发生的转折点，但是经济并不是单一影响力，因为文化的影响力远超出经济的实力范畴。

和合文化精神的深远意义在于挖掘现代思想的传统根基，把握历史发展方向，促进国际间制定积极的和谐的外交政策，加大对外合作的力度，充分把握好文化发展大势、经济发展大事、军事发展大势。保持独立自主的外交政策的基础上充分保障国家安全稳定，国际秩序高效有序，充分调动各个国家的优势力量攻坚克难。在经济上不搞独裁，在国家上不结盟，在行动上不称霸，在文化上有自信。积极发挥和平力量，维护主权国家的利益，推动国际社会融合，最终建立人类命运共同体，把地球建成一个美丽清洁和谐的"地球村大家庭"。

人类命运共同体的提出表明了现有的国际社会及整个人类都将进入一荣俱荣、一损俱损、你中有我、我中有你的"共同体"时代。"共同体"的提出不是一种文化取代另一种文化，而是各种文明与文化共存、相互借鉴，共同形成"价值观共同体"。其背后的协和万邦、和而不同、天人合一等和合文化意蕴对于这个整个新时代都有着重要意义。充满理性与思辨的现代社会，需要和谐、合作、包容、共享作为其核心要素。人类命运共同体是和合文化最深层次、最理性、最合理的延展，可以有力地推动整个人类的价值观念及思想动态走向合理化和更高凝聚性。在新的时代，在重建国际秩序、人类社会秩序、人与自然秩序的基础上，和合文化指引下的人类命运共同体思想对人类未来的文明提出了新的构想，为新的文明秩序指明方向。

（原载《邯郸学院学报》2020 年第 3 期；作者单位：南开大学周恩来政府管理学院）

人类命运共同体思想对
中华和合文化的传承与时代创新

胡凌艳

人类命运共同体是一种跨越社会制度和意识形态的全球性理念，旨在追求全人类的共同发展，维护全人类的共同价值，坚持世界各国在主权平等、对话协商的基础上合作共赢，实现人类社会的共建共治共享。近年来学术界围绕习近平总书记关于人类命运共同体的重要论述掀起研究热潮，学者们从人类命运共同体与中华传统文化的内在关联、中华传统文化对人类命运共同体实践路径的影响等角度深入分析，并认为："中国倡导并遵循人类命运共同体意识，既显示了当代中国的理念与'和文化'理念的一脉相承性，又具有与当代世界和平发展的现实所需要的适应性。"① 本文在此基础上梳理和阐释习近平总书记关于人类命运共同体思想的重要论述对传统和合文化的传承与创新。

一、人类命运共同体思想出场的时代诉求

当今世界的发展面对着一系列难题和挑战，以资本逻辑为核心的狭隘社群利益交往实践异化导致全球"正义"日渐式微。面对"人类社会向何处去""世界怎么了，我们怎么办"的时代之问，中国共产党的解决方案是以

---

① 金应忠：《从"和文化"到新型国际关系理念：兼论人类命运共同体意识》，《社会科学》2015 年第 11 期。

新发展理念构建全新的"多元一体"格局的人类命运共同体，推动世界的繁荣发展。

（一）人类命运共同体思想是对全球治理赤字的积极回应

马克思、恩格斯在《共产党宣言》中早就科学地预见了资本主义生产方式将扩大世界交往和全球市场，经济全球化是社会发展的必然趋势，但是资本主义生产方式内在的趋利性却造成世界各国在经济全球化时代下的发展断裂与失衡。当前，很多国家特别是发展中国家都面临诸如气候变暖、能源短缺、环境污染、新冠疫情、恐怖主义、难民潮等难题，单凭他们自身的力量是难以有效解决的，而西方发达国家主导的全球治理体系奉行"资本至上"的原则，更不可能与发展中国家真正携手合作解决问题。构建"你中有我、我中有你"的人类命运共同体势在必行，只有从全球治理的角度制定系统性规划和方案，完善国家间合作机制，搭建国际一体化治理平台，优化有效治理体系，共同遵守规则，才能协调矛盾和利益冲突，合力化解世界性危机，提升全球治理效能。

（二）人类命运共同体思想是对新发展理念的呈现与践行

"创新、协调、绿色、开放、共享"的新发展理念对实现社会主义现代化强国和中华民族伟大复兴的中国梦具有战略性引领作用。

第一，创新：人类命运共同体思想旨在超越西方传统治理道路，以创新重塑全球治理的核心价值、道路理论、制度体系，推进新型国际政治经济秩序的建立。自习近平总书记提出"一带一路"倡议以来，中国共产党始终致力于将其作为实践人类命运共同体思想的创新路径，并取得了丰硕的成果。第二，协调：人类命运共同体思想主张"人—自然—社会—国家—世界"是一个系统整体，不能割裂这五者的内在联系。很多全球性问题的爆发正是由于内部各种复杂因素纵横交错而导致的，因此全球性难题势必需要人、自然、社会、国家、世界等多种主体的协调与合作来共同解决。第三，绿色：人类命运共同体所担负的重要使命之一就是解决日益严峻的环境问题，要坚持经济发展与生态保护的和谐并进，"建设一个清洁美丽的世界"，助推人类与自然的共存共荣。第四，开放：在当前贸易保护主义抬头，反全球化浪潮不断涌现的背景下，人类命运共同体坚持顺应经济全球化的历史潮流，以开放的心态加强同世界各国的交流与合作，推动全球在人类命运共同体的框架下联动发展，促进世界共同繁荣。第五，共享：人类命运共同体的关怀指向是实现全人类的共同价值即世界各国人民能够平等地共享发展的权利、机会和成果，实现全球范围的共建共治共享。实践证明，五大新发展理念对构建人类命运共同体提供了理论引领和路径导向。

（三）人类命运共同体思想是彰显大国担当的中国方案

中国共产党坚守马克思主义胸怀天下的情怀，关注人类前途命运，自觉承担起作为"世界和平的建设者、全球发展的贡献者、国际秩序的维护者"的责任与使命，构建和平、发展、合作、共赢的新型国际关系，在推动中国发展的同时兼顾和助推其他国家的发展，力求在和谐包容、多元共赢中最大限度地维护人类共同利益。例如，"一带一路"作为国家级顶层合作倡议，"使中国和亚非欧各国乃至整个世界在共商共建共享中更好地实现开放、包容、均衡、普惠发展"。[1] 目前，中国已与171个国家和国际组织签署了205份共建"一带一路"合作文件。据统计，"截至2020年一季度，中国已规划或在建'一带一路'项目共计3164个，总金额达4万亿美元。"[2] "一带一路"的高质量发展正是中国构建人类命运共同体实践行动的生动写照，展现了中国共产党人的世界情怀，以"中国方案"彰显大国的责任担当，推进中国梦与世界梦在共同命运中交相辉映。

二、人类命运共同体思想对和合文化致思方式的传承

通常一种思想的产生是时代发展的产物，但从理论渊源来看其并非无源之水、无本之木，而是从本国传统文化的优秀基因中汲取了智慧。人类命运共同体思想来源于以和合文化为核心的中华传统文化，是当代人对中华传统和合文化中"天下大同"古老观念的现代阐释。"和合"的价值旨归是实现

---

① 薛秀军：《当代中国的大国担当：为世界发展提供中国方案》，《光明日报》2017年6月7日。

② 余惠敏：《路孚特报告显示："一带一路"项目总金额突破4万亿美元》，《经济日报》2020年7月27日。

万物的和谐发展。倡导人与宇宙整体统一、自然万物多样差异、人与人和善友爱的致思方式为人类命运共同体思想提供了方法论指导。

（一）人与宇宙的整体统一

中国古代思想家在追溯世界本源时，主张"和实生物"的整体观。老子认为世界是由阴阳二气相互作用而成，当阴阳二气能够达到"和"的状态，就能实现"道"。"道"是世间万物的起源，"道生一，一生二，二生三，三生万物。万物负阴而抱阳，冲气以为和"（《老子·德经·第四十二章》），即世界是由"道"产生的一切包括天、地、人、物构成的完整的有机整体。宋代张载进一步提出了"天人合一"的论断，认为："一物两体，其太极之谓与！阴阳天道，象之成也；刚柔地道，法之效也；仁义人道，性之立也。三才两之，莫不有乾坤之道。"（《正蒙·大易》）在张载看来，天、地、人都只是宇宙这个完整系统中的一部分，它们各负其责、彼此作用、相互影响，协调并共同推动宇宙这一有机整体的运行。明代王阳明则主张要将这种认知世界的整体思维方式拓展到统治者治国平天下的日常管理中，"大人者，以天地万物为一体者也，其视天下犹一家，中国犹一人焉。若夫间形骸而分尔我者，小人矣。"（《王阳明全集》卷二十六）总之，和合文化要求从整体观出发，把宇宙万物作为一个基于共同利益基础之上的普遍联系的统一体。这种东方式整体思维深刻地影响着中华文明，也为人类命运共同体的构建提供了整体主义的方法论指导。世界是一个系统的有机整体，很多全球性难题已不是单依靠某一个国家的力量或者只着力于某一领域的行动就能解决的，而是涉及经济、政治、安全、文化、生态、社会等诸多领域和方面，这就要求我们要用整体主义的思维认识世界、改造世界，从人类整体利益出发，构建人类命运共同体，加强世界各国的多维立体性合作，共同应对挑战。

（二）自然万物的多样差异

古代先贤们基于对自然界和人类社会的观察与探索来阐释"和合"中自然万物的多样性和差异性。

《易经》强调"乾道变化，各正性命"，即自然界的一切变化有自身的规律，世间万物人鸟兽虫鱼草木等均须受自然规律的支配，依照自身的习性来生长，这势必会使世界因为差异而呈现纷繁多样。和合文化并不认同事物的绝对一致和毫无差别，"夫和实生物，同则不继。以他平他谓之和，故能丰长万物而物归之；若以同裨同，尽乃弃矣。"（《国语·郑语》）完全相同的事物终将走向偏执和单调，只有存在差异和冲突的事物在彼此的关联与斗争中才能实现对立统一，发展出新的事物，使世界生生不息。和合的实质是消除矛盾双方的对立，达到和谐的状态。对于任何和合体而言，首先要客观地承认其内部不同事物间存在的差异，虽然这种差异必然导致矛盾双方的对立和斗争，但是"和合"旨在通过矛盾双方对立的转化达到最佳组合，最终有利于事物的发展。自然万物的多样差异是社会进步的前提和源动力。人类命运共同体的构建应借鉴和合文化对自然万物差异性和多样性的承认，认识到世界上不同国家和民族的发展情况存在着巨大差异，不能一味地要求套用和追随某一种发展模式或道路，只有允许不同国家根据自身国情探索适合本国的发展道路，才能共同促进世界的发展繁荣，真正实现人类的命运与共，永续发展。

（三）人与人的和善友爱

如前所述，和合文化承认人或事物间是存在差异性的，那么，如何化解人与人之间的差异以及由此导致的冲突呢？和合文化主张"优先追求相互兼容最大化和相互伤害最小化的逻辑预期"[1]，即采用"和"的思维以仁爱、宽容的原则与人为善并推己及人。譬如，"樊迟问仁。子曰：'爱人'。"（《论语·颜渊》）"以爱己之心爱人，则尽仁。"（《正蒙·中正》）古代思想家还将人与人之间的和善友爱原则拓展到国家统治和管理当中。孔子在回答颜渊何为"仁"时，强调要"克己复礼为仁。一日克己复礼，天下归仁焉。为仁由己，而由人乎哉？"《左传·隐公六年》提出与邻邦交往时要"亲仁善邻，国之宝也"。这说明，和合文化中"仁爱"不仅被纳为个人道德修养的重要内容，更是处理人与社会关系的价值追求和实践指向。这种通过和善友爱来实现"和"的思维方式为人类命运共同体的构建提供了宝贵的借鉴。只有在人类命运共同体中推行和善友爱的交往方式，国家间不分大小、强

---

① 陈霞：《和合文化：人类命运共同体的思想溯源》，《新疆大学学报》2020年第3期。

弱，相互尊重与沟通，不是靠武力而是靠平等协商，携手合作，才能化解冲突和危机，构筑安全、稳定、发展、繁荣的新世界格局。

三、人类命运共同体思想对和合文化的守正创新

人类命运共同体思想继承了中华文明的血脉，传承和弘扬了博大精深的和合文化精髓，使古老的和合基因与现代文明交相辉映，但是，和合文化毕竟是封建社会的产物，是建筑在自给自足的自然经济基础之上的，"和合"的核心理念渗透着浓厚的封建专制主义色彩，具有历史局限性。人类命运共同体思想在继承传统和合文化丰厚精神底蕴的同时，坚持以马克思主义思想为指导，以辩证唯物主义和历史唯物主义的方法论认识、分析世界，实现了对中华和合文化的创新性发展和超越。

（一）国际观：从"协和万邦"到"对话协商"

和合文化认为"万物并育而不相害，道并行而不相悖"（《礼记·中庸》）。世界万物的和谐共生是自然规律运行的结果，追求和谐是社会安定、国家繁荣的前提条件和必然要求，因此和合文化崇尚讲信修睦、与邻为善，"远人不服，则修文德以来之"，而不是恃强凌弱、主动挑衅，更反对使用武力，其实质就是以"和合"的方式来化解冲突，协调各民族、各地区、各国间的矛盾。《尚书·尧典》中更是对如何实现国家间的"和"给出了明确的回答——"克明俊德，以亲九族。九族既睦，平章百姓。百姓昭明，协和万邦"，即主张在"人""家族""社会""国家"的层层关系递进中通过仁德来实现和睦相处，从而建构以"中原帝国"为核心的网状政治统治秩序。

人类命运共同体思想在摒弃将"和合"纯粹地作为维护封建帝王专制统治途径的基础上，对和合文化中的"协和万邦"思想进行时代创新，提出要"坚持对话协商，建设一个持久和平的世界"[①]。人类命运共同体思想

---

① 中共中央宣传部：《习近平新时代中国特色社会主义思想学习纲要》，学习出版社、人民出版社 2019 年版，第 219 页。

强调要在国家间相互尊重和平等的基础上，通过和平对话、多边协商来解决国际冲突和争端，消弭战乱和矛盾，就如习近平总书记在第七十届联合国大会一般性辩论时的讲话中所强调："协商是民主的重要形式，也应该成为现代国际治理的重要方法，要倡导以对话解争端、以协商化分歧。"① 尽管协商不是解决国际争端的唯一途径，但通过国家间的多边协商化解隔阂、增强互信、扩大合作已是全球治理的必然趋势。只有在人类命运共同体中实现国家间的共商共量，才能带来更好的共建和共享，最大限度守护世界的和平与发展。

（二）治理观：从"天下为公"到"共建共享"

在中国传统文化中，"天下为公"是大同社会的鲜明标识，因此被历代思想家所推崇。《礼记·礼运》曾有这样的描述："大道之行也，天下为公。选贤与能，讲信修睦，故人不独亲其亲，不独子其子，使老有所终，壮有所用，幼有所长，矜寡孤独废疾者皆有所养。"作为一种政治统治思想，"天下为公"强调"公利"优先于"私利"，社会整体利益高于个人利益，因此，立君为公、行政尚公，即君王制度的设立和君主的日常统治出发点并非维护君主个人的私利，而是要以公心治天下，因为"天下非一人之天下也，乃天下人之天下也"。（《吕氏春秋·贵公》）"公"成为衡量君主贤明与否的重要标准。"天下为公"理念在和合文化乃至儒家思想中备受推崇，成为上至帝王下至百姓的文化认同，为人类命运共同体思想提供了理论借鉴。

但是，封建社会中孕育出的"天下为公"逃不出为封建统治服务的宿命，君王的天下为公终归是为维护封建地主阶级的整体利益，这恰恰与人类命运共同体思想有着本质的区别。人类命运共同体的核心价值追求是全人类的共同价值，它所倡导的"天下为公"治理是立足于全世界的范围，面向全人类，即超越了阶级、民族和国家的局限，体现的是"一枝独秀不是春，百花齐放春满园"的天下情怀和全球战略。习近平总书记在《携手建设更

---

① 习近平：《携手构建合作共赢新伙伴，同心打造人类命运共同体：第七十届联合国大会一般性辩论时的讲话》，《人民日报》2015年9月29日。

加美好的世界》的主旨讲话中强调："中华民族历来讲求'天下一家'，主张民胞物与、协和万邦、天下大同，憧憬'大道之行，天下为公'的美好世界。"① 传承于和合文化"天下为公"理念而建构的人类命运共同体摒弃了个体国家的"私"，从全人类"公"的角度出发，携手各国合力打造共建共治共享的新世界治理格局，努力"建设一个普遍安全的世界"。

（三）发展观：从"义以生利"到"合作共赢"

实现和合共生的前提是处理好义利关系。"义"是社会统治所需的伦理规范和道德原则，"利"是人们生活中的物质利益，两者都是社会发展不可或缺的重要内容。当义利关系和谐时，政通人和社会发展；当义利关系不协调时，国家容易陷于混乱。和合文化主张要把"义"与道德相挂钩，并作为人们认知和行动的重要评判标准。"君子喻于义，小人喻于利"（《论语·里仁》），"以利交者，利穷则散，故君子不与也"，意思就是，只有在遵循"义"的前提下才去保障"利"的实现。当然，这并不意味着义和利是截然对立的零和博弈关系，恰恰相反，两者是相辅相成的。

《左传·成公二年》中认为"礼以行义，义以生利，利以平民，政之大节也"，即道义的实行能给予百姓实实在在的物质利益，使其安居乐业，最终实现国家的长治久安。这表明，利是通过义的价值导向和行动规范得以实现的，只有义以生利才能和合共生。应该承认，诸如孔子的"以义制利观"、墨子的"尚利贵义观"等古代义利观念对封建社会的经济发展和国家安定起着积极作用，但是，不管是"义"的价值内涵还是"利"的目标动机都是小国寡民下自然经济的产物，从社会制度上无法超越封建主义，从地域辐射上无法拓展到全球范围。人类命运共同体思想蕴含的义利观则不然，它是以马克思主义为指导，倡导国际主义，强调通过国家间的平等合作来实现全人类的普遍繁荣，这是对儒家学说为代表的传统义利观的超越和时代创新。人类命运共同体思想反对弱肉强食、赢者通吃的做法，主张西方发达国家不能仅考虑本国利益，采取单边主义行动，而是应该从全球正义的角度出

---

① 习近平：《携手建设更加美好的世界：在中国共产党与世界政党高层对话会上的主旨讲话》，《当代世界》2017 年第 12 期。

发，对广大发展中国家给予更多的帮助和支持，搭建并不断扩大同所有国家在经贸、安全、生态、反恐等诸多领域的合作平台，共享发展成果，真正实现共赢。正如习近平总书记所强调："我们要注重利，更要注重义。""只有义利兼顾才能义利兼得，只有义利平衡才能义利共赢。"[1] "一带一路"正是人类命运共同体思想中关于"合作共赢"发展观的成功实践。

（四）交往观：从"和而不同"到"交流互鉴"

回溯历史，中华民族曾经历三次民族大融合的砥砺，作为四大古文明中唯一不曾中断的文明华夏文明是各民族不同文化交往交流交融的结晶，无论是"丝绸之路兴起，中华文化西进，西方文化东渐，中华民族对于不同文明发展的成果始终都以'和'之精神面对、接受、包容、借鉴，这是中华文明千年不衰的立身之道和伦理传承。"[2] 和合文化所推崇的"和而不同"一方面强调对人或事物要有足够的包容："海纳百川，有容乃大""以大度兼容，则万物兼济"；另一方面强调求同存异、共存共生，"君子和而不同，小人同而不和""和羹之美，在于合异"，即允许彼此间存在差异，不崇尚以武力寻求统一，而是通过相互协商实现合作。

世界上任何国家和民族的历史发展都有独特性，由此形成的文明也各具形态，并没有统一的模式和版本，基于此，人类命运共同体思想在继承古代"和而不同"理念的同时对其进行了现代话语的创新性发展，倡导尊重不同国家和民族文化的多样性，推动不同文明间的交流互鉴。世界上没有哪一种文明可以凌驾于其他文明之上或优越于其他文明，任何对其他文明的偏见和歧视都可能成为世界冲突和矛盾的根源。人类命运共同体思想要鼓励"促进不同文明不同发展模式交流对话，在竞争比较中取长补短，在交流互鉴中共同发展"[3]。唯此才能使国家间"不冲突、不对抗、不结盟"，走和平发展道路，实现"各美其美，美人之美，美美与共，天下大同"。

（五）生态观：从"天人合一"到"绿色低碳"

中国历来重视探究人与自然的关系。老子在《道德经·第四十二章》

---

[1] 习近平：《共创中韩合作未来　同襄亚洲振兴繁荣》，《人民日报》2014年7月5日。

[2] 吴昊：《习近平"人类命运共同体"理念之和合伦理》，《哈尔滨学院学报》2019年第8期。

[3] 习近平：《迈向命运共同体开创亚洲新未来》，《人民日报》2015年3月29日。

中提出："道生一，一生二，二生三，三生万物。"庄子则认为"天地与我并生，万物与我为一"（《庄子·齐物论》）。虽然诸子百家对世界的起源存在认知的差异，但是对人与自然的关系却有基本的共识，即人与自然万物是同根同源的，天、地、人、物是息息相关、相互作用的一体，自然为人类的生存和发展提供基础和支撑，因此人是不可能游离于自然而单独存在的。汉代董仲舒认为"天地之气，合而为一，分为阴阳，判为四时，列为五行"（《春秋繁露·卷十三》）。正是基于对自然与人为一体的判断，传统和合文化强调人要尊重自然规律，顺势而为，"天人交相胜"。譬如，孟子在《寡人之于国也》中提倡："不违农时，谷不可胜食也；数罟不入洿池，鱼鳖不可胜食也；斧斤以时入山林，材木不可胜用也……是使民养生丧死无憾也。"显然，古代的天人合一重视人与自然的内在联系，主张根据四季时节的变化来从事生产，遵循自然规律来安排劳作，保障人们的基本生存，这为人类命运共同体思想提供了尊重自然、顺应自然的绿色情怀与理论依据。当然，古代的天人合一是自然经济的产物，囿于生产技术和科学水平的落后，人在与自然的"和合"中只能被动地顺应与屈服于自然，而非能动地把握规律、改造自然。

人类命运共同体思想汲取古代天人合一思想精髓，强调人要发挥作为实践主体的主观能动性，"遵循天人合一、道法自然的理念，寻求永续发展之路"[1]。人类命运共同体思想既反对以牺牲环境为代价换取经济增长的传统工业化模式，也不认同单纯地保护自然，维持人与自然表面的和谐，而是呼吁不同国家和民族要消除隔阂与矛盾，共同立足于人类的可持续发展，"携手同行，共谋全球生态文明建设之路，牢固树立尊重自然、顺应自然、保护自然的意识，坚持走绿色、低碳、循环、可持续发展之路"[2]。构筑起真正的人与自然、人与社会和谐共生的美丽世界。

（原载《福建教育学院学报》2021 年第 10 期；作者单位：黎明职业大学马克思主义学院）

---

[1] 习近平：《共同构建人类命运共同体》，《人民日报》2017 年 1 月 18 日。

[2] 习近平：《携手构建合作共赢新伙伴，同心打造人类命运共同体：第七十届联合国大会一般性辩论时的讲话》，《人民日报》2015 年 9 月 29 日。

中国传统和合文化与构建人类命运共同体

李振悦

党的十八大以来，习近平总书记多次提出构建人类命运共同体的伟大构想，为世界和平与发展贡献了中国智慧。人类命运共同体思想不是空穴来风，其合作、和谐、和善、和平等价值观念，扎根于中国传统和合文化，继承了和合精神，彰显了中国传统文化的重要特质；站在新的历史起点上因时而生，顺势而变，实现了创造性转化与发展，具有深刻的当代价值与时代内涵。

一、"和而不同"的民族共识与共同利益观

春秋时期，齐国政治家晏婴从社会生活出发，提出了著名的"和同之辩"，"君所谓可，据亦曰可，君所谓否，据亦曰否；若以水济水，谁能食之？若琴瑟之专一，谁能听之？同之不可也如是。"[1] 到了孔子，"君子和而不同"[2]，已然成为君子人格的重要标识。"和而不同"思想从诞生起就颇具辩证色彩。不同的是和的前提，承认了事物的多样性，矛盾双方是对立的；和是不同的必然结果，摒弃了"非此即彼"的"等同"，而是追求"中和"、和谐圆满的境界，在对立中实现了统一。纵观华夏文明的整体历程，不论是百家争鸣，各放异彩，还是儒、释、道相互渗透，彼此融合，不同于

---

① 杨伯峻：《春秋左传注》第 4 册，中华书局 1981 年版。

② 钱穆：《论语新解》，九州出版社 2011 年版。

西方世界"此岸""彼岸"的二元对立思维，中华民族在任何时代始终秉承"和而不同"的处世哲学，在种族、宗教、文化等多重差异中寻求共同点，释放和合文化的内生动力，推动构建"和而不同"的美好世界。

时至今日，民族的变成世界的，人类命运共同体思想深刻表明，在处理国与国关系时，我们秉持"和而不同"的传统理念，坚持共同利益观，把合作共赢视为终极理想。在国际舞台上，面临不同种族、制度、文化的巨大鸿沟，什么是共同利益，如何权衡各方利弊，成为自新中国成立以来我国外交的重点，也成为人类命运共同体思想的伟大之处。人类命运共同体思想涵盖经济、政治、文化、生态等领域，其对象是广大人民群众，而不是任何特定阶级或政党。

在世界多极化发展的格局下，充分发挥传统和合文化中"和而不同"的理念，有利于我国与别国平等对话、有效沟通、反复协商，有助于反对一切形式的霸权思维、武力冲突，积极谋求利益共同点。

二、"天人合一"的绿色情怀与可持续发展观

在对待人与自然的关系问题上，中国自古以来就独树一帜，提出了"天人合一""万物一体"等核心理念。人类文明早期，先民对"天"的认识尚处于蒙昧阶段，不乏神秘色彩与宗教崇拜；到了春秋战国时期，"天"已完成从"命运之天"到"自然之天"的转变，以老子为代表的道家提出了天道自然、人道无为的思想，较早论述了天人关系，主张对自然规律的充分尊重与顺应；发展至宋儒，张载、二程等更进一步提出万物与我一体、民胞物与等思想，实现了人与自然平等关系的构建。因此，在古代先贤看来，天的力量固然强大，但不需盲目畏惧。在自然面前，华夏子孙从不蛮横自大，妄图改造；也不妄自菲薄，俯首称臣。我们始终秉持"天地人和"的美好愿景，坚持人与自然和谐共生。

工业革命以来，人类对自然资源过度开发、对生态环境肆意破坏，直接带来了环境污染、气候恶化、病毒频发等种种恶果，人类屡屡遭受自然界的无情报复。走过弯路之后，环境保护、可持续发展已成为人类发展的重大议

题之一，更成为世界人民心之所向。"生态霸权存在已久，主要体现在：一是生态污染的转嫁，比如发达资本主义国家把自身工业运行中产生的废气、废料、废水想方设法作为'私货'塞给发展中国家；二是对发展中国家生态资源的过度剥夺，让其在成为经济附属国的基础上日益成为生态附属国。"① 可以说，全球生态的日益失衡、抗疫合作的举步维艰，体现出部分国家将政治利益凌驾于生态保护之上；这无异于是饮鸩止渴，不仅会加剧生态的持续紊乱，更无法重负生态文明之担当。

而人类命运共同体思想把自然界与人类命运紧密相连，不以牺牲别国环境来促进本国发展，"遵循天人合一、道法自然的理念，寻求永续发展之路"②。在生态建设方面，多年来，我国一马当先，不仅在国内加强乡村治理、建设宜居城市、屡屡创造荒原变林海的奇迹；在国际上也主张打造"绿色丝绸之路"、积极推进"2020 年后全球生物多样性框架"、坚决维护《巴黎协定》，为全球环境治理持续做出重要贡献。在全球环境日益恶化的今天，人类命运共同体思想所倡导的可持续发展观，无疑是医治全球环境问题的一剂良药。今后，我们应坚持与各国共同商议、共同保护的原则，建立健全机制，加快构建人类卫生健康共同体，寻求永续发展之路。

三、"仁心和善"的道德追求与正确义利观

鸦片战争之后，华夏民族遭遇前所未有的巨大浩劫。在危急存亡之刻，不少人对"仁""礼""义"等传统道德标准产生怀疑，力量、权力一时成为统治世界的最高准则。时至今日，我们早已清醒地认识到，强权、霸权只能逞一时之勇，只有文明与道义，方可永存。相较西方世界，我们曾因缺少规则意识、法律至上等现代观念而妄自菲薄，而相较于强制性的、外在的规则约束，我国自古更强调反求诸己、克己复礼的心性之学。

"仁"作为孔子思想的集中体现，崇高人格的重要特质，在《论语》中

---

① 郇庆治：《"碳政治"的生态帝国主义逻辑批判及其超越》，《中国社会科学》2016 年第 3 期。

② 习近平：《共同构建人类命运共同体》，《人民日报》2017 年 1 月 20 日。

提及多达一百多次。仁并不是一个抽象的、理想空荡的积极概念，而是以性善论为基础，从固有生命而来的敦厚真挚之情。仁之易求，而又难达，不厌不倦，仁知之极。孔子提出的"仁"，超越了忠、孝、贤等私德范畴，与"礼"互为表里，讲究推己及人，从更高层面为我们树立了道德标准。"仁"作为中国传统和合文化的重要内核，蕴藏着全民族追求祥和安乐的美好希冀，体现了全民族温和谦让的精神特质。正是这种"仁心和善"的道德追求，使中华民族敦睦友善、爱好和平，也正是坚守正义的道德原则，使中华文明生生不息，薪火相传。

在国际社会中，我国已用行动反复证明，中国始终坚持走和平发展道路，始终是维护世界和平的主力军。习近平总书记早就提出始终坚持"与邻为善、与邻为伴，坚持睦邻、安邻、富邻"的外交政策。百年国耻难忘，中国曾在腥风血雨中绝处逢生，饱受战争与威胁，那么更要有大国担当，推动构建正确的义利观。"义"是实现"仁"的重要原则，"义利之辨"作为中国传统命题与近代西方"拜物""利益至上"等观念对比，高下立判。正确的义利观要求我们，在处理国与国关系时，不能一味追求自身利益最大化，更不能损人利己，要坚守公平与道义，只有义利兼顾，才能实现多方发展，方可逐步构建健康稳定的国际秩序。

四、"协和万邦"的大同理想与全球治理观

不同于西方世界在海洋文明下所形成的权利、掠夺意识，中国人自古就不拘小节，在个体之上，饱含家国情怀，还始终怀有"开万世之太平"的大同理想。"大同之'天下'不是虚构和幻想之物，它是人类曾经体验过的历史，人们在潜意识中还保有大同天下，天下一家的记忆"①。"协和万邦"作为大同理想的集中表达，在《尚书》中首次提及，"克明俊德，以亲九族；九族既睦，平章百姓；百姓昭明，协和万邦"。由此可见，大同理想不是夸夸其谈，也不是一蹴而就；而是层层推进，渐进式的发展。沿着这条

---

① 杨新铎：《德性文明论：古典儒家礼乐教化及其当代价值》，知识产权出版社 2018 年版。

路，"协和万邦"没有成为一家之谈。"修齐治平"是历代读书人的心之所向，究其根本是得益于"万物一体""仁者与物同体"的根基思想。在如何看待世界这个问题上，我们摒弃了向外的、欲求的道路；也远离了取消欲求、舍弃问题的道路，从固有的生命出发，寻求自在，无所为而为。至此内在生机畅达，人能弘道，天下兴亡，自在吾辈。可以说，"协和万邦""修齐治平"的理想，是"和而不同""天人合一""仁心和善"等思想的终极表达，也是中国传统和合思想的最终诠释。

历史发展到今天，脱贫攻坚取得全面胜利、已全面建成小康社会的中国，在谋求自身发展的同时，也从未忘记为全球治理作出中国贡献。以"一带一路"为载体，我们延续了古代丝绸之路的梦想，传承"协同万邦"的大同理想，建起了人类命运共同体之路。自2013年以来，在"一带一路"倡议下，周边国家在基础设施建设、产业发展、人才队伍建设等方面取得显著成效，人民幸福感显著增强。在经济全球化的今天，我们反对零和博弈、拒绝独善其身，以合作共赢为目标，积极参与全球治理，为世界发展贡献了中国力量。可以说，这一伟大举措是大同理想的当代表达，更是把天下观、责任感落到实处；不仅是对民族精神的弘扬，更为人类文明发展指引了方向。

与此同时，空有一腔热血还不够，全球治理要"善"治。一方面，要顺应时代潮流，把握历史规律。经济全球化发展到今天，各个国家、地区、人民都参与其中，对"贸易保护""资源封锁"等逆全球化的行径我们要立场鲜明，坚决说"不"；国际交流要循序渐进、求同存异，在"危"与"机"的辩证统一中寻求自身发展。另一方面，要顺势有为，探寻中国之治。对此，创立亚洲基础设施投资银行、丝路基金等，已体现了中国大有可为。今后要继续释放活力，实现治理能动性与多样性协同发展。总之，构建人类命运共同体，既需要秉持和衷共济的初心，更要有顺时而谋的智慧。

人类命运共同体思想作为解决世界问题的中国方案，自提出以来不仅唤醒了全球共识，更在各个领域取得了丰硕成果。人类命运共同体思想，蕴含着鲜明的理论品格与实践特色，值得我们追本溯源。从中国传统和合文化中探求本源，挖掘智慧，既继承和合文化优秀成果，坚定文化自信；又丰富和合文化的实践表达，实现与时俱进。人类命运共同体思想不是一成不变的，构建人类命运共同体方兴未艾，我们要继续用发展的眼光生动诠释，积极实践。

（原载《现代交际》2021 年第 15 期；作者单位：沈阳建筑大学马克思主义学院）

传统和合智慧与当代统战理论创新

刁　敏　郑冯涛

统一战线是中国共产党在革命中夺取胜利的三大法宝之一，为我国社会变革与发展作出重要贡献，是中国特色社会主义民主政治的重要内容之一。中国共产党在成立之初便创建统一战线，并且在实践中不断发展完善，它与党的成长历程一脉相承、息息相关，是中国共产党执政兴国的重要法宝。统一战线自建立以来便紧紧围绕大团结大联合的主题，凝聚各方力量。这不仅体现了中国古代历史文化"大一统"的民族特征，也蕴含着中国传统哲学中"和合"思想的智慧理念。统一战线理论所体现的"和合"智慧实际上追求的是和谐与合作，坚持的是"求同存异，团结包容"的原则。

一、传统和合智慧的形成

（一）和合智慧孕育于华夏文明沃土

在长江、黄河哺育的这片肥沃土地上，华夏文明持续数千年而未曾中断。"华夏文明"指由华夏族所创造的文明，也称"中华文明"，"华夏"即是汉族的前身，一般是"中国"的代称。在中国古代历史上，以礼乐制度、易经八卦、上古汉语为源泉的华夏文明历经王朝更迭，诸子百家对其不断继承发展，但无论如何变化，始终遵循着一个价值标准，始终离不开华夏文明之大系。著名历史学家汤因比曾指出，"就中国人来说，几千年来，比世界上任何民族都成功地把几亿民众，从政治文化上团结起来。他们显示出这种在政治、文化上统一的本领，具有无与伦比的成功经验"。中国作为四大文明古国之一，五千多年所孕育出的中华传统文明持续至今，表现出它长久不衰的生命力和包容性。万物皆有其根源，就"和合"智慧而言，它是孕育于华夏大地的一种文化形态，反映着古老的中国智慧。"和""合"二字含义起初是不同的，最早见于甲骨文、金文。《说文解字》中"和"相应也，"合"合口也。"和"即和谐、和平、祥和，指声音的相应和谐。"合"即结合、符合、合作，本义指人的上下唇合拢。殷周时期，他们还是单独的概念，还未形成连用的词汇，春秋时期和合二字出现连用。秦汉时期"和合"文化产生，各流派对其发展运用，同时又被赋予了新的意义，开始有了辩证统一的思想意味。寻求和合智慧产生的源头，离不开历史悠久的华夏大地。华夏大地是每一位华夏儿女的心灵原点，是和合智慧孕育萌芽的肥沃土壤。

（二）和合智慧产生于阴阳的对立冲突

人类要生存，社会要发展，此谓"生生不息"，《易经》中说："穷则变，变则通，通则久。"人类要生存发展必然会遇到来自自然和社会的各种障碍，于是人类产生了忧患意识。无论在哪个时代，矛盾都是普遍存在的，在错综复杂的矛盾中想要求得生存与发展，必然要均衡、协调各种矛盾使其稳定在一个维度。《淮南子》中对"和"作出了明确的规定，和就是阴阳对待两极的调和统一。阴阳学说认为，自然界的任何事物都包括"阴"和"阳"相互对立的两个方面，而对立的双方又是相互统一的。阴阳的对立统一运动，是自然界一切事物发生、发展、变化及消亡的根本原因。这种阴阳对立的两端思维就是矛盾的体现，只有协调好人与自然、人与社会、人与人之间的关系，才有利于生生不息的稳定发展，这种协调就是关于人类生存与发展的一门艺术。老子曰："知和曰常。""和"才是宇宙的根本目的，是一切运动变化的终极目标，世间万物千差万别，却能在自然的状态下共存而生生不息，没有"和合"，万物将不会生存、发展、运动。正是因为有了力物之间的差异，才产生了"和合"的价值理念，这是"和合"的前提。与西方哲学不同，西方人认为人与天地是冲突的，面对冲突他们偏向于战斗与征服。他们对于大自然理解是使其成为人类控制的对象，所以面对自然之物西方人倾向于索取，使其变为有利于自身生存与发展的资源。中国人面对未知的自然，呈现的是一种和谐共处的生存之道。世间万物没有无矛盾的冲突，世间也没有无冲突的社会，要在协调中实现共生。所以，"和合"智慧是矛盾的结果，也是冲突的表现形式。

（三）和合智慧植根于中华传统文化

和合思想的产生与中国悠久的历史文化息息相关。传统和合思想影响着中国传统文化的发展，而中国传统文化的发展也处处体现着传统和合思想。习近平总书记曾指出："中华优秀传统文化是我们最深厚的文化软实力，也是中国特色社会主义植根的文化沃土。"中华传统文化博大精深、体系庞大，体现在哲学、宗教、艺术等各个学科领域，是中华灿烂文明成果的根本创造力，是中国人道德品格、文化创造、思想精神的载体。在中国历史上，中华传统文化经历了炎帝、黄帝、尧、舜、禹等时代，到夏朝建立绵延至今，源远流长。中华传统文化中有一个一以贯之的精神理念，就是天人合一、以人为本、崇德尚义，这些为国人提供了立身处世的行为规范，以及最终的精神归宿。"和合"思想作为传统文化的一部分被各家各派普遍认同，儒、佛、道、法、墨等学派兼收并蓄，对其有不同程度的发展，深刻影响了人类政治与文化生活，并且随着社会的不断发展，形成了和合智慧。博大精深的中华传统文化为"和合"智慧源源不断地提供营养。

二、传统和合智慧的内涵

（一）"和合"思想是有关人与自然、人与人的关系的思想

"和合"思想在其历史演变过程中，被各流派吸收融合，最终形成了中国文化的精髓——和合智慧。张岱年曾指出：中国传统文化中有一个一以贯之的东西，即中国传统文化比较重视人与自然、人与人之间的和谐与统一。[①] 虽然各个流派对于"和合"思想有着不同程度发展，但万变不离其宗，始终围绕人与天、人与人的关系展开，其演变过程本身就是交融、和合

---

① 张岱年：《中国哲学中"天人合一"思想的剖析》，《北京大学学报》（哲学社会科学版）1985 年第 1 期。

的过程。陈忠宁在其论文中用一句话概括"和合"思想：传统和合思想是中国在长期历史发展过程中逐步形成的中国人关于天与人相通，人与人共处的一种思想体系。①"和合"智慧体现在人类日常生活、文化、政治等方面，它是关于人认识天地、探索自然的智慧，是关于人与人交往的智慧。虽然"和合"由"和""合"二字构成，但"和合"追求的是一种平衡协调的状态，不是单纯地追求"和"，这种平衡状态是蕴含着差异与多样的，它承认世间万物都有其自己的属性，把最终目标放在不同事物共生共存上，并且认为只有彼此和谐才能孕育出新的事物进而稳定发展。社会能够生生不息地稳定发展，除了正确认识世间万物的多样性，最为重要的是处理好人与人之间的关系。人与人之间的协调是社会稳定发展的基础，也是"和合"智慧的关键。

（二）"和实生物，同则不继"的社会发展观

古代关于"和""同"之辩的讨论由来已久，早在西周末年，周太史史伯最早提出"和"与"同"辩证关系。他在《国语·郑语》中提出："夫和实生物，同则不继。以他平他谓之和，故能丰长而物生之。"这是第一次将"和"与"同"作为相反概念提了出来，他认为只有正确看待不同事物，达到平衡状态，万事万物才能继续发展。史伯看到了二者的对立，但理论上真正将"和""同"看作对立又统一关系的是春秋时期的晏子，他认为"和"是不同事物的相反相成，并且借用做饭来比喻。他说，要想做出美味佳肴，必须对各种食材进行"中和"来实现。"和"既是不同事物的"和"，也是对立面的"和"，肯定矛盾与冲突，承认不同事物，这是"和合"的前提。两人所讲的"和"与"同"都是相对于政治而言，这与当时的封建专制、皇权至上的历史背景密不可分，所以带有在政治上反对专制主义的意义。正确分析"和"与"同"是理解"和合"智慧内涵的关键，比较而言，史伯将"同"看成是同一类事物，晏子则是以对立为前提，由此可以看出，在春秋时期晏子已经看到了"和"其实是由多种不同乃至相互对立的因素相互作用而得到的统一，正是有了"不同"才有"和合"，矛盾

---

① 陈忠宁：《传统和合思想与中国社会发展》，中共中央党校 2008 年博士学位论文。

的对立为社会的发展提供动力，而正确处理矛盾的多样性又是社会稳定发展的基础。

（三）"和而不同"的人际交往观

《论语·子路》曰："君子和而不同，小人同而不和。"和合思想承认事物之间的差异，强调去同取和，这一点既体现在政治上，也体现在人际关系上。晏子之后，孔子提出"和而不同"的概念，把"和"与"同"的思想扩展到人与人之间的关系上来。孔子的观点中，"和而不同"与"同而不和"作为两种与人交往的处事准则，也是君子与小人的不同之处。孔子所说的"和"与"同"是两种完全相反的概念，与人交往时，面对与自己不同意见的人，不盲目附和，能够虚心听取不同的声音，从而达到与他人和睦相处的结果，这就是"和而不同"，也是君子的相处之道。"同而不和"则带有贬义的情感，对上一味地迁就附和，没有自己的主张意见，对下自私自利，不准许别人持有不同的意见，这是小人的做法。这里的"和"指的是性质不同的要素构成的统一体，多元要素互济互补，求达平衡。"同"是指同声附和，简单的专同，无差别的相同，求同存异才是正确的相处之道、君子之交。正如中国现代著名哲学家冯友兰在其所著的《中国现代哲学史》一书中写道："在中国古典哲学中，'和'与'同'不一样。'同'不能容'异'；'和'不但能容'异'，而且必须有'异'，才能称其为'和'。譬如一道好菜，必须把许多不同的味道调和起来，成为一种统一的、新的味道；一首好乐章，必须把许多不同的声音综合起来，成为一个新的统一体。只有一种味道、一个声音，那是'同'；各种味道，不同声音，配合起来，那是'和'。"①

三、传统"和合"智慧在统战理论创新中的价值

（一）"和合"智慧为统一战线理论提供价值内核

根植于传统和合智慧的统一战线理论，是经过中华民族几千年历史的积

---

① 冯友兰：《中国现代哲学史》，广东人民出版社 1999 年版。

淀，逐渐发展为一种政治文化。延伸到政治领域，统一战线是不同的社会政治力量为了共同的目标而建立起的联合体。统一战线并不是中国特有的，这一概念最早是由恩格斯提出的，恩格斯在《马克思恩格斯全集》第四十一卷中，第一次提出"统一战线"一词，他号召人们运用统一战线反对宗教、封建势力。作为一种社会历史现象和一种联合战略，在古代典籍经书中还找不到"统一战线"一词，但"盟会""盟友""同盟""联合"等近义之词比比皆是，古代统治者为了维护统治，实现和平统一，不乏团结联合多方力量的实践。早在商朝末年，就有周武王号召诸侯讨伐商纣，各路诸侯在盟津会师，姜子牙"盟津之誓"，助周武王灭商兴周，周王朝八百年的基业由此展开。春秋战国时期战火纷争、诸雄争霸，张秦、苏仪的合纵连横策略就是一种联合战略的应用，几个弱国合纵抗击强国，与强国连横去进攻其他弱国。秦能够灭六国统一中国，与成功地运用联合战略是分不开的。"和亲"也是作为一种联合策略，在中国古代的政治领域发挥了重要作用。这种具有政治目的的联姻，将中央政权统治者与少数民族首领之间的关系亲情化，进一步缓和了民族矛盾，有利于民族融合和社会稳定。历史上昭君出塞、文成公主入藏就体现了和合共处的政治理念，客观上促进了民族之间友好往来的关系，巩固了政权。在中国传统和合智慧的滋养下，我国的统一战线工作经历了漫长而又曲折的历程。在近代历史进程中，在中国革命的长期斗争中，在中国共产党的领导下，统一战线充分运用于中国革命、改革与建设中，最终形成了十分丰富并具中国特色的统战理论。历史和实践反复证明了，从古至今"和合"智慧作为统一战线的价值内核，是其永葆生机的智慧源泉。

（二）"和合"智慧在统战实践中历久弥新

开展统一战线工作是党团结凝聚各方力量，攻克一个个历史难题，最后夺取胜利的重要法宝，在中国革命、建设、改革的每个关键时期都发挥了积极的作用。中国共产党历史上建立过五次统一战线。大革命中，建立"国民革命联合战线"开展反帝反封建斗争。土地革命时期，建立"工农民主统一战线"，紧紧依靠农民同盟军的力量，开辟了农村包围城市、武装夺取政权的革命道路。抗日战争爆发后，在民族危亡的紧要关头，建立了"抗日民族统一战线"，全国人民团结一致抵御外侮。解放战争和新中国成立后建立了"人民民主统一战线"，最终夺取新民主主义革命伟大胜利。改革开放后的"爱国统一战线"团结一切可以团结的力量，建设中国特色社会主义。虽然处在不同的历史阶段，"大团结大联合"始终是统一战线不变的主题，统一战线理论始终发挥着指引作用，实现最大范围的团结和联合始终是统一战线的出发点和落脚点。中国共产党领导的统一战线已经有近一百年的历史，统战理论与党的事业息息相关，正是因为中国共产党懂得运用统战理论，才能正确处理革命建设、改革中的各种矛盾。邓小平同志说，统一战线的"本质就是团结大多数，孤立敌人"。历史充分证明了和合智慧的优越性，"和实生物"在革命战争中充分得以体现，"和而不同"在中国共产党的引领下焕发新的生机与活力，统战理论将"和合"融汇其中，显现出了中国统战工作无穷的魅力。以合作的方式实现"和"的结局，统一战线与中国传统和合智慧的实质相契合。"和合"中包含着差异性，并非追求绝对的同一，这种和实生物、和而不同的"和合"智慧与统一战线理论相辅相成，为中国统战工作的开展提供理论观念上的支撑，也在统战理论创新中历久弥新。

（三）"和合"智慧是开展统战工作的理论遵循

"和合"智慧渗透在统战工作的方方面面，在统战工作的实践中证实了统一战线的重要性，也证明了和合智慧的历史传承。无论在哪个时代，矛盾是普遍存在的，矛盾对立是和合智慧产生的原因，同时"和合"智慧也是解决矛盾的办法。和合智慧为解决政治生活中的很多问题提供了基本的价值遵循。解放战争胜利后，为处理解决好中国共产党与各民主党派关系，筹备召开新政协成为当时政治社会的一大任务，面对各民主党派到底能否长期存在和如何长期存在与发展的时代命题，中国共产党摆出诚心诚意的合作姿态。在西柏坡召开的中共七届二次全会上，议定了中国共产党同党外民主人士长期合作的政策必须在全党思想和工作上确定下来，这也明确了中国共产党与民主党派之间的合作关系。新中国成立之后，中国共产党成为执政党，各民主党派成为参政党，共同绘制了中国民主政治的宏伟蓝图。在现实政治生活中，对八个民主党派，中国共产党长期遵循"长期共存、互相监督、肝胆相照、荣辱与共"的方针，尊重他们的意见，以协商民主的形式鼓励他们共同参与决策。周恩来指出：“每个党派都有自己的历史，都代表着各自方面的群众，有人要求各民主党派都和共产党一样，如果都一样了，则共产党和民主党派又何必联合呢？正因为有所不同，才需要联合。”周恩来把传统文化中“和而不同”思想贯彻于党的统一战线工作中，成为开展统战工作的楷模。统一战线理论还广泛应用于少数民族工作、宗教工作、港澳台工作中。我国是一个统一的多民族国家，五十六个民族共同生活于中华民族这个大家庭下，共同创造了灿烂辉煌的中华文化。对待少数民族，中国共产党坚持和完善民族区域自治制度，保障少数民族当家作主的权利，坚持平等、团结、共同繁荣的原则处理民族关系。民族区域自治制度是适合我国国情的一项基本政治制度，也是解决我国少数民族问题的一把钥匙。我国也是一个多种宗教的国家，佛教、道教、伊斯兰教、天主教、基督教等在中国有着广泛的传播，正确处理好宗教问题关系到社会的稳定，也关系到爱国统一战线的发展。对待宗教问题，中国共产党贯彻党的宗教信仰自由政策，依法管理宗教事务，坚持独立自主自办原则，积极引导宗教与社会主义社会相适应。统一战线理论具有很强的包容性，并且适用范围广泛，“一国两制”的提出为统战工作开辟了新的领域，丰富了统一战线的理论和实践。这些党和国家的重要决策无不体现着“求同存异”“兼收并蓄”“以和为贵”的“和合”理念。“和合”理念渗透到统战工作的每个方面，成为开展统战工作的根本价值遵循，对解决统战工作中出现的各种问题具有重要的指导意义。

（原载《天津市社会主义学院学报》2021 年第 2 期；作者单位：武汉理工大学；湖北省社会主义学院）

论和合文化对当代公民政治认同的影响

吴晓琴

中国共产党第十九次全国代表大会提出继续"培育和践行社会主义核心价值观",要"深入挖掘中华优秀传统文化蕴含的思想观念、人文精神、道德规范,结合时代要求继承创新,让中华文化展现出永久魅力和时代风采"[①]。和合文化作为中国优秀传统文化,"和"与"合"二字蕴藏了深厚的以和为贵、和谐至上的思想内核和中国精神,对于培育中华民族统一的政治认知和政治情感具有现实意义。在新时代倡导和合文化有利于引领国民精神文明建设,有利于提升国民对社会主义政治体制的整体认同感,从而推动中国特色社会主义政治体系的不断发展。因此,弘扬和合文化是培育和践行社会主义核心价值观的必由之路,是提升中华民族政治认同感的现实选择。

一、中国传统和合文化的精神内涵

和合是中华古老智慧的核心精神,是中国讲求的天人合一世界观的具体思想体现。其中"和"的意思是和谐、和平,"合"的意思是合作、融合。因此"和""合"二字结合起来就是指人与人、人与社会、人与自然界乃至整个世界内部的交流与融合。所谓和合"是指自然、社会、人际、心灵、文明中诸多形相、无形相相互冲突、融合,与在冲突、融合的动态变化过程

---

① 《决胜全面建成小康社会　夺取新时代中国特色社会主义伟大胜利——在中国共产党第十九次全国代表大会上的报告》,人民出版社 2017 年版,第 42 页。

中诸多形相、无形相和合为新结构方式、新事物、新生命的总和"①。和合文化主要研究人与自然、人与社会、人与人、不同文化之间的冲突与问题，并使各要素在相互融合的过程中和合成新事物，主张自然是和谐的整体，人与自然和谐以及人与人、人与社会的和平共处。

中国古代崇尚以和为贵，和合思想正好体现出"协和万邦"的伟大精神理念。以孔子为代表的儒家以"和"作为其思想的重要组成部分，强调"礼之用，和为贵"。② 孔子还主张"君子和而不同，小人同而不和"③ 的待人之道，将"和"的精神贯穿儒家思想的始终。道家所讲"万物负阴而抱阳，冲气以为和"④，就是认为阴阳相互作用、相互调和构成了世界万物，这体现了"天人合一"的思想理念。孟子曾道"天时不如地利，地利不如人和"⑤，将人的和合、上下的团结作为战争成功最重要的因素。和合思想不仅是古代各家各派的思想家探索世界本质和宇宙运转的理论基础，也为中国古代君王的为君为政提供思想养料。《左传·昭公二十年》中孔子曰："政宽则民慢，慢则纠之以猛。猛则民残，残则施之以宽。宽以济猛；猛以济宽，政是以和。"⑥ 用缓和、宽厚的政策来对待百姓，百姓才会尊敬、臣服于君王。西汉政治家董仲舒的《春秋繁露·郊语》中记录："天下和平，则灾害不生。"⑦ 西汉淮南王刘安的《淮南子·氾论训》记载："天下安宁，政教和平，百姓肃睦，上下相亲。"⑧ 这些都说明和合思想在古代政治思想中占据着重要地位。

和合思想追求厚德载物的博大胸怀，其海纳百川、求同存异、追求和平等中国传统思想，对于国家统一、民族友爱、社会和谐具有重要作用。有利于构建稳定和谐的政治环境，完善中国特色社会主义政治结构体系，扩大中

---

① 张立文：《中国和合文化导论》，中共中央党校出版社 2011 年版，第 26—27 页。
② 杨伯峻：《论语译注》，中华书局 2006 年版，第 8 页。
③ 杨伯峻：《论语译注》，中华书局 2006 年版，第 159 页。
④ 楼宇烈：《老子道德经注校释》，中华书局 2008 年版，第 117 页。
⑤ 杨伯峻：《孟子译注》，中华书局 2012 年版，第 91 页。
⑥ 《左传》，中华书局 2007 年版，第 276 页。
⑦ 曾振宇、傅永聚：《春秋繁露新注》，商务印书馆 2010 年版，第 299 页。
⑧ 刘文典：《淮南鸿烈集解》，中华书局 2013 年版，第 536 页。

国政治的群众基础，提升公民的政治认同感，从而推动中国特色社会主义政治建设的伟大进程。

二、和合文化对公民政治认同的积极作用

公民的政治认同感来自国家政治的各个方面，不仅包括外在环境的和谐稳定和政治主体的有所作为，还包括自身的思想认识和政治参与的意识。无论是政治行为者，还是政治参与者，都需要进行思想的交流与融合。和合文化具有传统的人本主义思想，有助于在社会形成普遍的注重和平、和谐发展的意识，从各方面为公民政治认同感的提高奠定思想基础。

（一）和合文化有利于形成和谐的政治氛围

公民政治认同感的高低直接影响国家政治氛围的和谐与否，而和谐的政治氛围也有利于公民政治认同感的提高。"和"一直是中华民族崇尚的美好状态，社会的和平和生活的安稳是公民评判执政党和政治制度的重要标志，也是公民政治认同感的现实来源。弘扬中华传统的和合精神，有利于形成和发展和谐、友爱的人际关系，有利于化解矛盾，解决冲突，形成和谐的政治氛围，进而提高公民的政治认同感。

古语云"百姓昭明，协和万邦"①，人民群众的拥护是国家和谐稳定的前提。各民族虽然在发展过程中有些许摩擦和矛盾，但是因为相同的文化传承和"天下一家亲"的普遍思想，各民族能够不断克服困难，和谐共生，共同构建起一个团结统一的多民族国家。正是以和为贵、求同存异等和合文化在中国广泛的继承和发展，各个民族在国家大局面前都和合利益纷争，坚决维护国家统一。此外，和合思想不仅能够协调民族之间的利益纷争，而且有利于党群、干群等关系的协调，从而使整个政治环境更加清明，政治氛围更加和谐。

（二）和合文化有利于培养统一的政治认知

政治认知是政治主体，即政治行为者对于政治力、政治体制、政治规范

① 《尚书》，中华书局 2012 年版，第 6 页。

等方面的认识。在现代社会，政治主体不止一个，因此各政治主体在行使权力过程中需寻求利益均衡，从而形成统一的政治认知。只有政治行为者统一认识，才能使政治行为更加规范高效，从而增强公民获得感。如此，才能使公民更加认同现行的社会主义政治体系。

面对各政治主体纷繁复杂的利益需求，和合思想有助于培养其统一的政治认知，从而凝聚人心，维护国家的长治久安。中国的政治主张和制度都注重民众的呼声和需求，以维护公民的权利为首要目标，这体现了和合文化以人为本的精神。人民代表大会制度最大限度地保证人民的利益，人民代表的表决权正是公民的决定权。共同协商的方式将公民之间的矛盾最小化、利益最大化，使得政策推行更加顺畅。中国的政党制度和政治制度都高度体现了"和"的思想精髓，而包容、互敬、和谐等思想的传承也促使政党、政府以及社会组织等行为主体在实践过程中统一思想认识，统一政治认知，更好地为人民群众谋福利。

此外，中国实行的是中国共产党领导的多党合作和政治协商制度。各民主党派代表着社会各阶层不同的政治利益，和合思想在各党派协调阶层利益关系、解决社会矛盾问题的过程中发挥着重要作用，这正是协和安邦的现实体现。

（三）和合文化有利于促进政治参与

和合文化在帮助政治行为主体统一认识的同时也促使公民积极参与政治，增强公民的政治参与意识。国家政策决策的受益者同时也是政治的参与者。现代国家中参与政治的主体范围越来越广，不仅包括公民个人，还包括各种各样的社会组织。和合文化的传播与继承有利于在社会形成一种为众人所接受的道德秩序，使公民的政治参与更加有序规范。同时，和合思想有利于寻求政治参与主体的"最大公约数"，构建完善的利益协调机制和矛盾化解机制，从而使政治制度和政治结构的发展满足更多更广泛人民的利益需求。

三、和合文化对公民政治认同的消极影响

文化是一定社会历史时期的产物，反映了当时的社会现实状况。和合文

化从先秦时期开始产生并不断发展，在历史变迁中吸收了各家所长并不断革故鼎新又与时俱进。和合文化不仅在培养政治氛围、统一政治认知方面具有积极作用，而且能够提升公民参与政治的热情，对公民政治认同的培养具有重要价值。但是，在日新月异的现代社会，公民意识多元并包，和合文化作为历史的产物具有一定的社会历史性，因此在现代社会可能因其局限性而对公民政治认同产生消极影响。

和合思想一定程度上制约了现代竞争意识。"和"的思想反映了中国传统的崇高的社会理想和人生哲学，在现代仍然是我国构建"人类命运共同体""亲、诚、惠、容"等政治主张的指导思想之一。但是，传统的和合文化不能适应现代社会发展，例如中庸之道所提倡的"既来之，则安之"和墨家"兼爱非攻"等思想。这些思想在全球化进程加快和市场经济飞速发展的现代社会一定程度上制约了市场经济的活力，阻碍了人们的首创精神和现代竞争意识。

其次，和合思想可能造成政府机构的庸俗化。中国传统社会讲血缘、重感情，在社会关系中重视仁义，靠关系和人情办事成为社会交往的潜规则。一些基层的党组织和政府各部门关系错综复杂，在某些乡县甚至形成了家族式的政府。这种政府机构的庸俗化和人际关系的复杂化会严重影响政治活动的效率，政府内部利益团队的形成也会加剧阶层固化，从而影响人民群众的政治认同感。

此外，和合思想可能造成政府机构的低效率。老子主张"无为而治"，这本是古代政治思想中对君主的告诫，希望君主不要对民众过多干预，但是在现代社会这可能会成为一些官员"在其位不谋其政"的借口。这种政府人员的不作为会直接导致公民政治认同感的缺失。中国特色社会主义政治的发展需要政治行为者付诸行动，在实践中完善政治制度和主张，以服务人民，从而不断增强公众信服力。

四、和合文化视域下加强公民政治认同的路径

思想文化是政治认同的基础，一国的传统文化对于塑造和发展该国的政

治文化具有重要作用。统一的文化背景和生活方式更能够团结公民朝着同一个方向前进。以和谐为核心内容的和合文化，是中华民族在社会生活中凝聚的智慧结晶，是中华民族一致认同的思想规范，对于人民群众的心理结构、价值观念、行为方式、思维方式等各个方面都具有潜移默化的作用。因此，应该积极弘扬中华传统和合文化，以和合文化为理论渊源，加强公民的政治认同。

第一，倡导天下为公，推进民主政治建设。天下为公主张国家是人民的国家，重视人民的政治权力以及人民参与政事的热情，这是中国古代文人墨客推崇的理想社会。

十九大报告提出："发展社会主义民主政治就是要体现人民意志、保障人民权益、激发人民创造力，用制度体系保证人民当家作主。"① 因此，要大力推进民主政治建设，保障人民群众的政治权力得到实现。只有权力真正掌握在公民手中，其政治认同才能切实得到提高。人民代表大会制度和中国共产党领导的多党合作和政治协商制是民主政治的重要内容。推进民主政治首先就应该坚持完善人民代表大会制度，这样才能在保证人民群众权力的基础上，不断增强公民的主人公意识，最终提高公民的政治认同。此外，要坚持中国共产党在政党制度中的核心地位，充分发挥共产党协调大局的能力，同时维护各民主党派合理的利益诉求，推进民主政治的顺利发展。

习近平同志在全面深化改革专题研讨班上的讲话中提出："治国犹如栽树，本根不摇则枝叶茂荣。"② 认为社会主义制度是治国理政的根本。只有不断坚持和完善中国特色社会主义制度，才能推动民主政治进程，提升公民的政治认同。

第二，坚持以人为本，维护人民政治权利。提高公民的政治认同应该在政治上将公民摆在首位，以人的需要为第一要务。和合文化是一种人本主义，以人的需要和满足、人与人之间的和谐作为关注重点。因此，在政治理

① 《决胜全面建成小康社会　夺取新时代中国特色社会主义伟大胜利——在中国共产党第十九次全国代表大会上的报告》，人民出版社 2017 年版，第 36 页。
② 《习近平在省部级主要领导干部学习贯彻党的十八届三中全会精神全面深化改革专题研讨班上的讲话》，《人民日报》2014 年 2 月 18 日。

念上倡导和合思想，坚持以人为本，对于公民政治权利的实现具有重要作用。

党的十八届五中全会确立"以人民为中心"的发展思想，这是和合文化以人为本的思想精髓在当代的新发展。习近平同志在省部级主要领导干部学习贯彻党的十八届五中全会精神专题研讨班上还引用"治国有常，而利民为本"①来说明以人民为中心的发展思想不是抽象的概念，而是实实在在立足于人民需要的发展理念。因此，要实现人民利益最重要的就是坚持以人民为中心，在人民群众整体利益提高的同时，现实地关注人民个体的生存状态和利益诉求，把人民群众的政治利益是否实现作为政治制度和政治理论的检验标准。

第三，承认和而不同，引导主流政治思想。和而不同是中国传承下来的大智慧，是指和谐的共生关系。和合文化在追求和谐统一的同时并不否认个体间的差异，而是以和合思维推动矛盾双方的互相转化，求同存异，促使事物在矛盾化解的过程中螺旋向上发展，从而形成总体上的平衡与和谐。

思想上层建筑是国家发展的重要一环，要使公民具有政治认同感必须使公民接受国家宣传的主流意识形态。在思想文化极度发展的现代社会，各种社会意识相互交织、共生共荣，意识形态建设成为国家建设的重点之一。中国正在进行的社会主义核心价值观和中国梦的教育与宣传，就是立足于现代社会、融入中国优秀传统文化而进行的中国特色主流意识形态教育。国家应该充分利用公民对传统文化的接纳与认同，发挥和合文化包容并济的作用，兼收并蓄地吸收各种思想当中的精华部分，不断补充和丰富社会主流思想。

第四，主张以和为贵，维护社会和谐。社会是由一个个社会个体所组成的，马克思曾说："人的本质不是单个人所固有的抽象物，在其现实性上，它是一切社会关系的总和。"②社会成员的相互关系直接影响社会结构与社会整体的和谐与否。"和"是中华民族一致认同的价值理念，以和为贵的思想经过几千年的不断升华，已经深入人心并成为党的执政理念和政府的行政

---

① 《习近平在省部级主要领导干部学习贯彻党的十八届五中全会精神专题研讨班上的讲话》，《人民日报》2016 年 5 月 10 日。

② 《马克思恩格斯文集》第 1 卷，人民出版社 2011 年版，第 135 页。

宗旨之一。

社会的安定和谐是公民政治认同的重要前提。中国民族众多，阶层分化明显，不同民族间存在着明显的差异和区别，不同阶层有着自己的利益需求。虽然阶级矛盾在我国已经消失，但是阶层之间的矛盾以及民族矛盾现在日益凸显，已经成为影响公民团结和政治认同的一大难题。因此，解决各方的利益冲突、满足各群体的政治诉求才能促进社会的和谐稳定，进而加强公民的政治认同。

党的十九大提出"推动中华优秀传统文化创造性转化、创新性发展"的关键是要"不忘本来"。正因为和合文化根植于中华五千年的历史进程，已经深深融入到中华儿女的思想之中，所以更能凝聚人心，增强社会主义建设的动力。在新时代宣传和弘扬中国传统的和合文化，是推动传统文化向现代转型的必要实践，能够形成广泛的社会效应，对于民族团结、人民互助、社会和谐都具有积极的影响。这种内化于心、外化于行的思想文化宣传能够让人民群众对党和政府充满信任，对未来生活充满信心，从而提升全体人民群众的政治认同感。

（原载《绵阳师范学院学报》（哲学社会科学版）2018 年第 3 期；作者单位：四川师范大学马克思主义学院）

"理性—和合"行政观：
中国特色公共行政精神的成熟定型

孙志建

一、问题的提出

理性化是政府治理现代化的基本目标与归宿。在现代公共行政学科话语中，以理性作为公共行政核心精神的理性行政观被视为实现公共行政理性化的根本指引。以之为基础的公共行政体系及其运行具有稳定、可靠、高效率、规则导向以及强调形式公平等特点，使其近乎成为具有普适性的标准、规范或者正统。在全球化时代，有悖于理性精神或理性行政观的公共行政发展往往都被定性为偏差。这种充满现代性气息的"规范—偏离"程式深刻影响了对于当代中国特色公共行政实践的观察、认知和评价。实际上，在关于中国特色公共行政运行的经验观察中，质疑的声音常常指向其理性化程度不足，认为中国的公共行政实践与现代理性行政模式尚有距离。

这种质疑有合理性但也可能存在根基上的谬误。其合理性在于，假如理性就是指规则导向、崇尚计算、就事论事以及稳定可靠的话，那么当前我国公共行政理性化水平的确还存在不足。因此，进一步按照理性化的要求推进中国特色公共行政改革创新仍然是一个基本方向。然而，之所以讲"也可能存在根基上的谬误"，主要是因为这涉及采用规范—偏离程式认知和规约现代国家（包括中国）公共行政发展的合理性问题。难道现代国家的公共行政都必须按照单一的"理性行政观"来塑造和构建吗？答案是否定的。正如马克思所言："理论在一个国家实现的程度，总是取决于理论满足这个国家的需要的程度。"① 实际上，理性化的重要倡导者马克斯·韦伯亦认为"人们可以从根本不同的基本观点并在完全不同的方向上使生活理性化"②。对于公共行政理性化而言，亦是如此。基于此，本文的核心问题是中国特色公共行政依循何种进路寻求理性化，这种进路又确立在怎样的公共行政精神基底之上？对于中国特色公共行政理性化进路的追问和对于中国特色公共行政精神基底的追问是两个紧密相关的问题，这是因为公共行政精神成熟定型的标志在于从"本源"，即海德格尔所说的"一个事物从何而来，通过什么它是其所是并且如其所是"③ 确立符合国情的公共行政理性化进路。

需要说明的是，对于公共行政精神的完整理解，需要兼顾显性和隐性成分两个层面。前者主要是指公共行政规范价值，譬如效率、自由、法治、平等、公平、正义、公共性、大局意识以及相应的公共行政伦理准则等；后者是指根深蒂固地塑造和制约公共行政架构设计及其运转的纲领性的、根本性或者本源性的原理层，即公共行政观。简言之，"公共行政精神＝公共行政规范价值+公共行政观"。在公共行政精神结构中，隐性成分（公共行政观）较之于显性成分（公共行政规范价值）更具根本性，它是将规范价值、情境、资源、权力、制度、行动以及方法等公共行政要素有机粘合起来的力量。因此，在一定程度上隐性的公共行政观决定了显性的公共行政规范价值发挥作用的领域、维度、程度、空间、时机以及方式。换言之，公共行政精神的成熟定型从根本上讲就是隐性公共行政观的成熟定型。鉴于此，本文的重点将放在公共行政精神的隐性层面，即追问中国特色公共行政及其现代化赖以为基础的公共行政观。

对于中国特色公共行政精神基底予以考察乃是深刻理解中国国家治理制度成熟定型的重要途径。学界对于这个重要的理论主题已经有所触及。譬如，朱国伟认为公共行政的发展呈现出一种价值理性、事实理性以及工具理

---

① 《马克思恩格斯选集》第 1 卷，人民出版社 2012 年版，第 151 页。
② 马克斯·韦伯：《新教伦理与资本主义精神》，阎克文译，上海人民出版社 2019 年版，第 239 页。
③ 海德格尔：《林中路》，孙周兴译，商务印书馆 2019 年版，第 3 页。

性"三维理性"① 共生演进的格局。此外，依据"工具理性—政治协调"二维分析框架，杨妍认为中国公共行政组织研究长期受制于韦伯官僚制"幽灵"之笼罩，忽视了政治协调属性和优势，需要完整地理解中国特色公共行政组织发展，兼顾工具理性与政治领导的共融②。总而言之，相关研究已经关注中国特色公共行政及其现代化的精神基底问题。而且知识界也意识到中国特色公共行政及其现代化乃受到"理性精神"和"理性之外的精神要素"共同影响。然而，既有研究对于根深蒂固地影响中国特色公共行政及其现代化的"理性之外要素"的论述还颇为缺乏。鉴于此，有必要回到中国政府治理实践，以中国为方法，进一步追问中国特色公共行政及其现代化（理性化）的独特进路，揭示塑造和制约当代中国特色公共行政及其现代化的精神基底。

二、超越理性行政观：中国特色公共行政的精神基底

改革开放以来，我国按照社会主义市场经济的要求推进政府治理体系朝向理性化的方向进行改革创新。截至目前，仅仅就政府治理的形式和表象来讲，我国政府治理越来越吻合理性精神和理性行政观的描述和构想。然而，当深入政府治理运行的精神层面，人们容易感受到在理性行政观之外，中国特色公共行政还深刻受到一种迥异其趣的公共行政观的塑造和制约。这种行政观强调和、度、关联以及实用理性等，我们称之为和合行政观。

（一）理性行政观：中国特色公共行政的现代遵循

理性行政观主张以理性为核心精神来规划、构想和构建现代公共行政体系及其运行机制，试图在公共行政运行中确立理性的主宰地位。作为一套公共行政改革哲学，理性行政观旨在推动公共行政朝向崇尚计算、寻求视野收缩和以确定性作为导向等基本方向实现现代化转型。

---

① 朱国伟：《公共行政理性范式之嬗变与取向——一种三维理性范式倡导》，《深圳大学学报》（人文社会科学版）2012 年第 6 期。
② 杨妍《基于"中国发展悖论"的中国公共行政组织再审视——一个"理性—政治"的分析框架》，《中国行政管理》2019 年第 7 期。

一是崇尚计算的行政观。对于现代公共行政而言，"理性"意味着行动的目的导向性，它试图在行动的目的与手段之间确立起最为直接、经济和有效的关联。因此，这就需要进行成本—收益计算或者手段—目的计算。赫伯特·西蒙讲，个体理性就是"个体在计算有效行动路线方面的能力"①。实际上，"崇尚计算"乃是现代政府及其有效运行的官僚制架构体系的精神内核之一。正如马克斯·韦伯所言，科层制组织具有遵守规则、就事论事以及长于手段—目的计算等特点。而且，"崇尚计算"的理性精神为现代政府治理确立更为"合格的"管理对象，为政府治理方式方法的现代转型提供基础。这集中体现在现代国家试图将整个社会塑造为一种"凡事都可以由数目字管理"的现代社会的努力之上。一方面，按照"凡事都可以由数目字管理"的目标，对作为管理对象的现代社会进行必要的去复杂化改造（即可计算、可统计）乃是成就现代政府治理的关键一环。这是现代政府进行总体的理性规划、计划或者谋划的前提。有鉴于此，现代政府治理倾向于将量化、计算、客观性、可统计、可量度性等摆放到经济社会以及政府运行的关键位置。另一方面，在对政府治理对象予以数目字化改造的基础之上，现代政府也朝向数目字管理方向进行政府治理方式方法创新。其要害，正如《算数：共和国早期的统计学与国家治理》一书主标题"Making It Count"②，即"算数"或"使之可计算"所传递的信息那样。也如竺乾威所言："数目字管理指的是一种理性的、精确的、可以进行计算的管理方式，这种管理是一切有效和有效率的管理的前提。"③ 1978 年，邓小平就着重从生产率、利润、个体收入以及集体福利等可计算、可比较的数字（即"多少"）上谈管理方法创新的重点与落脚点。④

概而言之，崇尚计算不仅为现代政府治理提供核心机理（即"手段—目的计算"）、组织基础以及更加"合格的"管理对象，而且也深刻影响政

① 赫伯特·西蒙：《人类活动中的理性》，胡怀国译，广西师范大学出版社 2016 年版，第 96 页。

② Arunabh Ghosh. *Making It Count：statistics and statecraft in the early People's Republic of China.* Princeton：Princeton University Press，2020.

③ 竺乾威：《公共行政的改革、创新与现代化》，复旦大学出版社 2018 年版，第 250 页。

④ 《邓小平文选》第二卷，人民出版社 2009 年版，第 150 页。

府治理方式方法的创新。崇尚计算的理性精神帮助现代国家完成了其治道的客观化进程，这是现代性和现代公共行政得以成长的重要原因。

二是视野收缩的行政观。"视野收缩"乃是现代性传递至国家治理层面的一个产物。同时，它也是"崇尚计算"的理性倾向的一个必然结果。詹姆斯·斯科特曾言："某些类型的知识和统治需要缩小视野。狭窄的管道式视野的最大好处就是可以在复杂和难于处理的事实面前只关注有限的一些特征。这种过分简单化又会反过来使处于视野中心位置的现象更清晰，更容易被量度和计算。"① 那么，在理性行政观的规划中，现代公共行政应当将视野收缩于什么之上呢？一言蔽之，需要收缩于"边界守护"这个核心视野之上。依据麦克斯怀特的观点，"理性的世界观是有边界的"②。这种边界划分的意识乃根植于现代性的谋划当中，现代性倾向于将事物分成两大阵营，即理性的和非理性的。因此，借助于理性，现代性试图将现代政府放置在视野狭窄的边界守护者角色之上。理性精神以"边界"（包括公与私、合规与违规、理性与非理性以及确定性与不确定性等）为抓手，为现代政府的职能设置确立了线索。为此，现代政府开始扮演起"守门员"的角色。譬如，防范主体行为越过合规与违规的底线边界，这乃是现代监管型政府构建和运行的基本逻辑。总而言之，现代公共行政在理性精神的主导下完成了其朝向"边界守护"这个核心视野的收缩和聚焦。理性精神倾向于将现代公共行政建构成为以边界治理为底色的实践。与之相应，公共行政叙事也主要围绕形式各异的边界和边界治理而展开。这种"边界"体现在制度上、行为中，甚至是思想观念层面。

随着视野的收缩，理性精神为公共行政灌输了一种排斥、淘汰以及压制倾向。实际上，理性就是通过其"排斥""淘汰"以及"压制"的东西来定义和建构自身的。譬如理性精神使得现代政府通过贬抑"非正式"的要素和过程的方式实现正规化；通过遮蔽或忽略情感、情绪、灵性、矛盾以及想象力等"活性"要素来成就政府治理的简单性。后现代企业管理大师汤

---

① 詹姆斯·C. 斯科特：《国家的视角》，王晓毅译，社会科学文献出版社 2011 年版，第 3 页。
② 麦克斯怀特：《公共行政的合法性》，吴琼译，中国人民大学出版社 2016 年版，第 212 页。

姆·彼得斯讲道，"理性的思考模式让我们忽略价值观的重要性"①。在公共行政中理性的运用亦存在类似的风险。"理性管理的一个表现在于对工具理性的追求超越了对价值理性的追求，在管理中形成了一种管理主义的取向。"② 概而言之，形成于现代性内部的理性行政观是一种非常纯粹、清澈以及讲究客观性的公共行政观。它同一切非理性的要素、倾向以及行为划清界限，同主观状态撇清关系，尝试将自己收缩于确定可靠的边界之内。因此，基于理性的公共行政观乃是一种视野收缩的行政观。实际上，理性行政观强调分离、分级、分工、划分边界以及"从部分的观照达到对整体的观照"等都是收缩视野的重要体现。

三是以确定性为导向的行政观。要更加深入把握"理性"的精神和本质，就必须将其放置在现代性语境之下，还原其作为现代性催化剂的角色。现代性乃是追求确定性的时代。理性在现代性潮流中得势就在于它能够帮助实现这个确定性追求的理想。按照确定性的要求，理性不仅为现代政府设定边界、航向以及运行原理，而且为现代公共行政输送理性的人、理性的组织、理性的制度、理性的思维、理性的观念、理性的视野以及理性的行动纲领等。那么，理性是如何实现对确定性的掌控呢？简言之，理性运用了积极与消极两个方面的手段。一方面，从消极层面来讲，理性以排斥不确定性而成就自身。理性是排斥取向的，它通过区分、分离甚至压制非理性、非正规性、主观状态、模糊状态、偶然情形、人格化因素以及活性要素等"对立面"而实现了自己的确定性。简言之，它排斥的恰恰就是那些被视为具有不确定性的因素或者事物。"理性不肯接受不可理喻的事情，理性思想没有超越性。"③ 由此而论，理性行政观乃是强调从部分的确定性来寻求整体确定性的一种政府治理体系构建之道。本质上，这也是一种"以确定性近似不确定性"的方式，即以微观或局部的确定性为起点来挤压和降低宏观或整体环境中的不确定性。另一方面，从积极层面论，理性以量化、计算、实

---

① 托马斯·彼得斯、罗伯特·沃特曼：《追求卓越》，胡玮珊等译，中信出版社 2012 年版，第 37 页。
② 竺乾威：《公共行政的改革、创新与现代化》，复旦大学出版社 2018 年版，第 254 页。
③ 赵汀阳：《第一哲学的支点》，生活·读书·新知三联书店 2017 年版，第 7—8 页。

证主义、科学思维以及数目字管理等来改造现代公共行政。这极大地提高了现代政府对于客观性的掌握，而这种客观性是通往确定性的重要基础。此外，理性精神还强调通过组织化、制度化、法治化、标准化、清单化以及流程化等将确定性程度较高的、成熟的公共行政方案予以定型，从而降低个体的理性不足造成公共行政不稳定和中断的风险。

理性行政观旨在推动现代政府和现代公共行政朝向确定性追求的轨道稳步迈进，无论是从手段、目的还是价值导向上都是如此。这种确定性寻求的偏好成就了现代公共行政，使之能够标准化、数字化以及稳定可靠地应对日渐复杂的公共事务。然而，当寻求确定性走向极端之时，其危害就会出来。譬如理性行政模式容易制造"他者"，即排斥那些视为非理性或不确定性因素；理性行政模式容易过分强调可控和工具理性，进而忽视价值理性，从而走向管理主义；此外，追求确定性的理性行政模式也深刻影响了官员个体的行动逻辑。理性和理性行政观的长处是不容否认的，但理性行政观也存在不容忽视的缺陷。有鉴于此，顺应现代化和全球化潮流，将理性行政观引入中国特色公共行政实践并予以本土化的过程，也就是对其予以反思、批判以及持续检视的过程。

（二）和合行政观：中国特色公共行政的传统遵循

相对而言，西方社会强调理性和分化，中国社会则更加注重"实用理性"[1] 与"和合性"[2]。这种差别渗透至现代政府设计及其运行过程。从海德格尔所称"本源"的层次上讲，这种差别就呈现为理性行政观与和合行政观之间的差别。后者乃是成就中国特色公共行政的行政观，它扮演着理性行政观的检视者角色。所谓和合行政观是指以"和合性""实用理性"等相关联的元素和精神作为规约、规划或者构想公共行政体系构建及其运行的一种行政观。具体而言，它是一种讲求"度""阴阳互补"以及"有机整体主义"的公共行政观。

一是讲求"度"的行政观。和合行政观以实用理性而不是理性作为核

---

① 李泽厚：《实用理性与乐感文化》，生活·读书·新知三联书店 2013 年版，第 3 页。
② 孙隆基：《中国文化的深层结构》，中信出版社 2019 年版，第 129 页。

心。在公共行政中，理性（尤其是工具理性）乃是强调"分判""分离"以及"排斥"的极化或客观理性，而实用理性讲求"度""和""中""巧"以及"中庸"的持中或经验理性。依据李泽厚的观点，"实用理性乃'经验合理性'的概括或提升"[①]，它以"度"作为第一范畴，认为"度"在本体上大于理性或者更具根本性，这是因为理性本身也是度的实现。不同在于，理性精神在度的实现方面倾向于将其极化，甚至追求所谓的"唯一最佳"方案。譬如20世纪初泰勒所提倡的科学管理原理就是这个方面的典型。相对而言，"实用理性"在度的实现上则保持更强的开放性与灵活性，或者说更加实事求是。

和合行政观强调将"度"的本体性作为考察中国特色公共行政运行的一个视角。在我国政府治理实践中，政府机构对于"弹性""韧性""试验""模糊性""非正规性""弹簧行政""疏堵结合"以及"摸着石头过河"等元素或观念有意无意、正式或非正式地加以运用，就是公共行政讲求"度"的一个体现。中国特色公共行政实践中，度的影响无处不在。目标设定（如强弱、清晰程度以及时空覆盖度等）、执行（如执行力度、重视以及配合程度等）以及考核评估等几乎所有的环节都要靠"度"来进行黏合。和合行政观奉行以适"度"作为标准的原则。"度"强调掌握分寸，恰到好处。因此，公共行政的关键在于对度、比例、节奏或者分寸的把握。那么，如何对度进行准确把握呢？这并非一个纯粹主观的问题。实际上，也只有跳出对于度的主观臆断而落实于制度化的、客观性的机制层面，和合行政观才能成立。经验显示，在围绕"度"的合理性构建起来的中国特色公共行政实践中，自然也会建构或者演化出相应的"度"的识别、探测以及沟通机制。

试举两例。其一，"由点到面"的政策试点。这是中国特色政府治理实践中一种较为成熟的方法。"中国'由点到面'的方法是指从个别'试点'发起的政策过程，这些'试点'由地方主导，在上级政策制定者的支持下展开实施。"[②]"由点到面"试点本身就意味着对度的掌控，而且通过试点

---

① 李泽厚：《实用理性与乐感文化》，生活·读书·新知三联书店2013年版，第3页。
② 韩博天：《红天鹅：中国独特的治理和制度创新》，石磊译，中信出版集团2019年版，第38页。

有助于政府部门对某项政策进行必要的压力测试（即度的探寻）。其二，"政治势能"研判。官员对于度的把握，还有另外一种相对客观或直观的方法，即正式或非正式地把握特定政策行动所暗含的政治势能。依据学者研究，"政治势能"是中国特色制度赋予政策执行的内在特征。"地方政府或执行单位能够识别出这些政策背后所具有的'政治势能'，根据政策所蕴含的势能高低作出相应的执行策略调整。"① 借助政治势能研判整个行政系统，能够相对准确地识别中心工作及其变化，进而有序安排好议事日程。对于观察者而言，也可以通过政治势能分析更好地把握某些公共政策执行得以在某个时段突然集中增强的原因及其机制。

在和合行政观看来，有效行政的重要基础就是基于总体确定性之上的灵活性，这种灵活性源自政府治理实践中对于度、分寸、比例、节奏、次序或者顺序的有效掌控。在政府治理过程中对于度的强调，使得中国特色公共行政实践不提倡一刀切、一步到位、非此即彼以及绝对化的二元对立等观念和做法。公共行政及其政策行动倾向于通过留余地、可塑造、预留空间、步步为营以及因地制宜等方式保持开放性和灵活性。套用李泽厚的说法，中国特色公共行政实践就是通过对经与权（即原则性与灵活性）、命与力、既济与未济的拿捏来运行。这些都是富有中国特色和合行政观的具体呈现。一言蔽之，和合行政观是一种讲求"度"的行政观，纯粹的机械的理性行政观念在中国的文化中行不通。

和合行政观旨在通过对"度"的有效把握、在确定性与灵活性之间维持适度的张力，进而成就中国公共行政的理性化。公共行政的成功展开依赖于对"度"的有效把握，公共行政运行就是追求"度"的制度化实现。甚至可以说，公共行政改革创新本质上亦是对"度"的突破或者规范。譬如从纯粹的经验管理到科学管理再到后来的行为主义管理，就是度的突破或者规范的结果。"'度'的本体日日新，又日新，推动着人类的生存、延续和发展。"② 行文至此，"度"的本体性作为考察中国特色公共行政运行的一

① 贺东航、孔繁斌：《中国公共政策执行中的政治势能——基于近 20 年农村林改政策的分析》，《中国社会科学》2019 年第 4 期。

② 李泽厚：《历史本体论》，生活·读书·新知三联书店 2008 年版，第 14 页。

个视角得以确立。总而言之，公共行政运行乃是围绕"度"的探索与确立、传递与接受、识别与沟通、分配与衔接，以及度的维持与突破等而展开。因此，"度"的视角为我们考察中国特色公共行政运行提供了一个富有前景的理论研究视角。未来可以进一步对公共行政中度的本体性的客观实施机制进行扎根于中国实践的专题研究。

二是"阴阳互补"的行政观。和合行政观奉行阴阳互补调和而非讲究区分、分割、对立以及排斥的公共事务治理哲学。这同中国社会文化精神是相通的。孙隆基讲，"中国人的本体论模式就是阴阳在太极之中互相调和"①。在公共行政实践中，"阴阳互补"的观念强调政府治理实践应当重视平衡、兼顾、调和、综合、结合、统筹、辩证统一以及对立面的转换等公共行政方法或理念。这种朴素辩证法同辩证唯物主义结合起来，进一步强化了中国特色的辩证行政运行逻辑。对此，毛泽东在《矛盾论》中从政治和理论的高度进行了十分精辟的阐释。基于强调"阴阳互补"的和合行政观，在中国特色公共行政运行中能够将那些看起来截然相反、充满张力或者矛盾的力量或者要素等融合为一体，或者至少是结合起来。譬如地方分权与中央集权、原则性与灵活性、模糊与清晰、疏与堵以及情理法等。这或许是确保中国这个超大规模国家治理及其科层组织有效运转的深层机理之一。换言之，这种辩证式的结合或互补构成了中国特色公共行政运行及其理性化的重要机制之一。确立在"阴阳互补"观念基础之上的和合行政观注重稳健持中而避免走极端。在对待二元论或者二元对立，譬如公共与私人、集体与个体、合法与非法、男性与女性、我们与他者等的态度上，就能很好地说明这点。对于政府治理实践而言，二元论简洁、清晰，符合理性精神，对于现代政府科层制有效运转和自上而下贯彻政策意图具有独特的行动优势。因此，二元论也就成为现代政府比较青睐的思维和行动框架。

总体上讲，理性行政观乃是二元论或两分法的推动者和支持者；后现代主义则对其予以极力批判，主张拆解二元论的暴力等级制。然而，和合行政观对于二元论则更加审慎持中务实，它既不先验力推亦不先验力反，而是依

① 孙隆基：《中国文化的深层结构》，中信出版社 2019 年版，第 136 页。

其实用效果来判断。正如李泽厚所言，实用理性将有用性悬为真理的标准，认定真理在于其功用、效果。[1] 因为这样才能更加有效地实现目标。鉴于此，实用理性和以之为基础的和合行政观对于二元论或二元对立采取一种辩证的态度。一方面，尊重那些源自生产生活实践且被证明简洁有效的二元对立的行动框架；另一方面，对于那些暗藏或蕴含强烈等级制色彩的二元对立，和合行政观也不会毫无原则地一味妥协，毕竟和合行政观还有讲求度，避免割裂、走极端的一面。此外，强调"阴阳互补"的和合行政观也主张在中国特色公共行政运行中调和情理法。这同理性行政观以规则为中心和强调非人格化是有差别的。钱穆曾言："中国人乃本于其情感而生理智，西方则必排除情感乃见理智。"[2] 据此而言，中国本土的和合行政观（如阴阳互补或情理法并重）并不是要逆公共行政理性化之潮流，本质上它也是一种实现理性化的途径。

三是"有机整体主义"的行政观。和合行政观也是强调有机整体主义的行政观，它注重有机关联而非区分、分解或者机械组合。这也是讲究隐喻、类比、循环、关联以及整体的中国式的"类比思维"[3] 在公共行政领域中的具体呈现。"有机整体主义"导向的和合行政逻辑乃是相对于区分、分离、排斥以及划分边界而治诸如此类的理性行政逻辑而言。理性可以通过缩小范围、视野以及范畴来实现，但和合需要通过扩大范围、视野以及范畴来实现。这主要是因为"和合"本质上是关系的和合，它更加倾向诉诸于关联、互补、集体、整体以及对立面的转换等观念、思路或要素。相对于机械的宇宙观或者理性行政观，关联性思维或者有机整体主义导向的和合行政观则更加重视要素之间的和合、转换以及关联，更加重视整体状态控制。和合行政观重视内容胜于形式，重视功能、作用、关系、整体胜于要素，而理性行政观则反之。重形式轻内容或许是盛行理性行政观的英美公共行政学界

---

① 李泽厚：《历史本体论》，生活·读书·新知三联书店 2008 年版，第 8 页。
② 钱穆：《晚学盲言》，生活·读书·新知三联书店 2015 年版，第 507 页。
③ 玛丽·道格拉斯：《作为文学的〈利未记〉》，唐启翠等译，社会科学文献出版社 2018 年版，第 14—23 页。

"要素想象力"① 颇为发达的根源。基于这种偏好，和合行政观将驾驭政府治理运行及其改革创新的主线放在公共行政诸要素的汇合点，即政府职能及其有效履行之上。

在实现公共行政理性化路径上，和合行政观与理性行政观各有其考量。其中，理性行政观主张从部分的观照达到对整体的观照（即部分→整体），而和合行政观反之，主张从整体的观照达到对部分的观照（即整体→部分）。前者的立足点在部分，后者的立足点在整体。这是两种非常不同的公共行政哲学。一方面，在中国特色公共行政实践中，各级政府部门倾向于将"本职工作"同"中心工作"关联起来加以考量。这种以"大局"或"中心工作"牵引注意力分配的方式是中国特色公共行政逻辑的一个具体体现。同时，也可以说是中国特色公共行政理性化的一种独特方案。另一方面，反映在当代中国政府过程或政策过程中，这种"从整体的观照达到对部分观照"的公共事务治理观念强调集体主义要多于个体主义。这也符合马克思主义国家治理观的基本主张。

概而言之，中国特色公共行政及其现代化既有普遍适用的"现代遵循"（即理性行政观），又有独特的"传统遵循"（即和合行政观）。前者代表现代性和普遍性，它是为了适应全球化、工业化以及现代化的需要；后者则彰显独特性、地方性以及适应性，它是尊重中国特色、国情以及有效治理的需要。二者并非并联或串联的关系，亦非纯粹的加法关系，而是一种复合关系。理性行政观与和合行政观相互碰撞、较量、妥协进而融合为一体，从而积淀成富有中国特色的公共行政现代化的"理性—和合"进路。

三、中国特色"理性—和合"行政观的成熟定型

公共行政观可以划分为"单一形态"与"复合形态"两种类型。前者以理性精神和理性行政观作为公共行政构建的根本指引，这种形态多在早发现代化国家中实行；后者往往以"理性+"的形态出现，涉及两种甚至多种

---

① 孙志建：《想象力、知识使命与中国公共管理学的理论创新》，《探索》2018 年第 6 期。

行政观的碰撞与调和，这种形态多为后发现代化国家所采用。中国特色公共行政及其现代化乃是确立在"理性—和合"进路之上，它以复合形态的"理性—和合"行政观作为精神基底。那么，在当代中国公共行政实践中，这种"复合形态"的行政观何以可能，为何又是理性行政观与和合行政观的复合形态？

（一）为何成熟定型于"复合形态"的公共行政观

实际上，中国自古就比较擅长将不同的国家治理哲学结合起来，以指引政府管理。如传统时期的中国国家治理总体上呈现为较为鲜明的"儒化的法家"① 治理色彩。法家严苛现实主义的治理意识形态被儒家的仁政思想所中和，二者共同服务于帝制中国的中央集权的政治形态。在当代，中国特色公共行政及其现代化精神之所以以"理性—和合"行政观这种复合形态成熟定型，主要有以下几个方面的原因。

一是为中国特色公共行政确立均衡的行动体系。公共管理现实的复杂性决定了有必要将看似矛盾、冲突或者充满张力的要素与观念结合起来。这是扎实推进政府治理能力现代化之所需。作为一种复合形态的行政观，"理性—和合"行政观的根本旨趣就在于此。质言之，"理性—和合"行政观意味着中国特色公共行政及其现代化的精神基底乃是理性与和合精神相互过滤和检视的产物。正是基于"理性—和合"进路，中国特色公共行政才能够将有效治理所需要的看似相互矛盾的公共行政要素辩证地统一起来。在我国公共行政实践中，这种辩证式的结合体现在多个方面。譬如，既通过理性的方案为公共行政保持确定性和简单性，又通过实用理性为其注入灵活性和弹性；既强调边界治理，又注重在行动层面和制度设计中实行综合、关联以及统筹；将分离、分析性质的"以要素为主线的行政观"同强调综合、整体运行的"以功能为主线的行政观"结合起来；将对个体的全面发展（包括福祉和权利）同集体主义的行动纲领结合起来；确保公共行政兼顾冷静的"狭窄视野"与积极寻求超越的"关联视野"的辩证统一；辩证权衡使用政

---

① 黄宗智：《过去和现在：中国民事法律实践的探索》，法律出版社 2009 年版，第 22—79 页。

府治理的清晰性和模糊性政策艺术；此外，还特别强调在政府治理中积极寻求情理法兼顾，等等。如此而论，和合行政观的萌发具有重要的历史使命，即推动理性行政观的中国化，中和理性行政观的纯净化倾向，将理性行政观所主张的边界之治、对于确定性的偏执追求，以及理性的排斥及遮蔽甚至压制倾向调整到适当的范围和轨道之上。

二是推动中国特色公共行政理性结构的健全。理性具有架构表现与运用表现之分。架构表现重视经验和逻辑，因此伴随着科学知识的积累和概念系统的构建，属于知识性层面的观点理性、理论理性，这是西方社会的长处。运用表现中的"运用"又称为作用或功能，"表现是据体以成用，或承体之起用，这是在具体生活中牵连着'事'说的"①。因此，运用表现是生活实践中积淀提炼出来的智慧及德性，属于实践理性。它长于动态运用而非静态架构，它不以抽象见长而强调行动实践场景中具体问题分析。概而言之，理性之架构表现是"分解的尽理之精神"的方式，运用表现是"综合的尽理之精神"的方式。牟宗三认为，传统中国缺乏"理性之架构表现"而长于"理性之运用表现"②。然而，对于正在积极推进政府治理现代化的当代中国而言，则有必要将二者统一起来。这个统一之道就是作为复合形态的"理性—和合"进路。其中，理性行政观为公共行政实践输送"分解的尽理之精神"和"理性之架构表现"，而和合行政观旨在将我国公共行政实践运行中的"综合的尽理之精神"和"理性之运用表现"在新的场景和时代中发扬光大。总而言之，在"理性—和合"进路之下，有助于推进公共行政理性的架构表现与运用表现、理性行政观与和合行政观以及机械理性与实用理性之间的有效结合和兼顾。基于此，一方面是"理性之架构表现"或者"分解的尽理之精神"的发展有助于推动中国公共管理朝向"治道的客观化"方向转变，降低政府治理的主观成分。这是逐步实现中国特色公共行政体制成熟定型的前提；另一方面是"理性之运用表现"或者"综合的尽理之精神"有助于在我国公共行政实践中保留实现"度"的合理性的灵活

---

① 牟宗三：《政道与治道》，广西师范大学出版社 2006 年版，第 39 页。
② 牟宗三：《政道与治道》，广西师范大学出版社 2006 年版，第 39 页。

空间，更加讲求轻重缓急，更加强调情理法并重以及更加强调就事论事。

三是有效支撑中国特色公共行政"三治合一"的理想境界。中国特色公共行政的整体运行实践呈现为"三治合一"的总体特点。所谓"三治合一"是指公共行政运行必须兼顾使命之治、规律之治和道义之治三重约束。"三治合一"是当代中国公共行政的理想境界，亦是通向中国特色政府治理现代化的基本方向。中国特色公共行政"三治合一"实践本身具有内在的张力，因此它要求"复合形态"的公共行政观作为精神基础。换言之，使命之治、规律之治以及道义之治的有机结合需要确立在"复合形态"的精神基底之上。纯粹形态的理性精神和理性行政观无法承载"三治合一"理想境界。

中国特色公共行政"三治合一"整体运行实践对于"本源"层次的公共行政精神提出的要求就是"基于但要超越于理性行政观"。从使命之治的角度来看，中国特色公共行政实践的展开并非一种纯粹客观化的、可计算的"手段—目标"权衡过程。无论是对于目标的设定，还是对于政府治理手段、方法等方面的权衡，都需兼顾理性精神和理性准则之外的考量。从规律之治的角度来看，公共行政所需遵循的规律并不都是客观或者机械性质的科学规律，它还需要遵循莫可名状的情境规律和社会政治规律。公共行政规律之治显然也有一个"度"的问题。这个度在情理法权衡、价值取舍以及资源分配等方面体现出来。从道义之治的角度来看，公共行政既需要符合伦理规范和正义原则，亦需按照"成性存存，道义之门"的思想来实施治理。换言之，中国特色公共行政道义之治强调依循公共事务中人、事或物的本性、义理以及内在"纹理"开展治理，旨在成就人的善性和物之本性并使之循环存续。显然，这种道义之治的理想境界并不能够完全通过理性精神和理性行政观来达成，还需要实用理性与和合行政观的助力。

（二）为何成熟定型于"理性行政观"与"和合行政观"的复合

理性乃是所有经历现代化、全球化浪潮洗礼的现代国家公共行政的基本面相。中国特色公共行政亦不例外。据此，从内容层面考察中国特色"理性—和合"行政观的诞生，解释的重点在于回答为何和合行政观会在中国特色公共行政实践中萌发。

一是"和合行政观"的文化根源。公共行政是文化约束的，它必然烙下社会中根深蒂固的文化传统印记。中国文化乃是一种讲究和、合、综合、中道、互补、会通、循环、关联、整体、融摄、兼收并蓄、吸纳众流以及和而不同的文化。"中国文化与中国人的性格中的'和合性'大于'分别性'。"① 而且，中西传统政治文化也存在显著差异。这种差异被学者概括为道义政治与权力政治②、德性主义与理性主义③以及文化中轴的政治文化与制度中轴的政治文化④之间的差别。通过长时段的生产生活实践积淀，不同的文化传统中会凝练出具有行动指导功能的思维模式。相比较而言，中国和西方社会在根深蒂固的思维模式上呈现出"综合之尽理精神"与"分解之尽理精神"⑤、类比思维与理性思维、实用理性与理性、有机整体主义宇宙观与机械论宇宙观⑥等之间的差异性。通过这种对比，可以对中国社会主导性的思维的整体观与阴阳观特点⑦有更加深刻的认识。其中，整体观思维强调从整体上把握认知对象，反对头疼医头，脚疼医脚；而阴阳观思维重视事物内在矛盾或者对立面之间的互补、平衡以及转化的可能性。这种思维模式的特点和差异必然渗透传递至公共行政实践层面，传导的媒介就是人本身。这是因为公共行政具有显著的人造属性，其设计与运行乃是"为了人""基于人"且"对于人"。因此，公共行政也必然无法抛开社会中人的主导性思维模式而另起炉灶。据此而论，中国特色公共行政实践也必然受到单一的理性行政观之外的讲求整体观、阴阳观、实用理性、类比思维、综合之尽理精神以及有机整体主义宇宙观的和合行政观的塑造和制约。

二是"和合行政观"的经济根源。"经验的观察在任何情况下都应当根据经验来揭示社会结构和政治结构同生产的联系。"⑧ 理性行政观有独特的

---

① 郭奇勇：《中国文化精神的特质》，生活·读书·新知三联书店 2018 年版，第 8—9 页。
② 钱穆：《晚学盲言》，生活·读书·新知三联书店 2015 年版，第 744 页。
③ 张再林：《中西哲学的歧异与会通》，北京燕山出版社 2017 年版，第 169 页。
④ 王沪宁：《转变中的中国政治文化结构》，《复旦学报》（社会科学版）1988 年第 3 期。
⑤ 牟宗三：《历史哲学》，吉林出版集团有限责任公司 2010 年版，第 180—182 页。
⑥ 陈来：《中国文明的核心价值：国学流变与传统价值观》，生活·读书·新知三联书店 2017 年版，第 4 页。
⑦ 郭奇勇：《中国文化精神的特质》，生活·读书·新知三联书店 2018 年版，第 8—9 页。
⑧ 《马克思恩格斯选集》第 1 卷，人民出版社 2012 年版，第 151 页。

土壤，它孕育诞生自工业资本主义和资本主义市场经济的襁褓之中。对于中国而言，公共行政发展及其行政观的积淀受到"坚持公有制为主体、多种所有制经济共同发展"这种基本经济制度的深刻影响。然而，挑战还不仅限于此。"基于中国的经济制度，中国国家治理体系现代化就必须解决人类前所未有的一个重大现实课题：将市场经济成功地建立在以公有制为主体的经济制度基础之上。"① 不同的生产方式与生产关系具有寻求与之相适应的有效的政府治理结构、观念以及方法论的内在动力。我国需要根据社会主义市场经济和我国基本经济制度的要求转变政府职能，坚持和完善中国特色社会主义行政体制。

换言之，社会主义市场经济体制改革与中国特色公共行政理性化路径创新必然是两个紧密关联的进程。前者必然尊重市场经济的普遍规律，后者也必须汲取和借鉴理性行政观的基本精神。然而，中国特色社会主义的规定性决定了社会主义市场经济体制建设必然具有中国特色。譬如更加强调"公""集体""大局意识"或者"国家观念"，等等。当然，这并非一个非此即彼、非黑即白的选择问题。这种经济基础层面的中国特色必然对政府治理结构与过程、形式与内容和手段与目的等提出独特的要求。中国特色公共行政体制构建及其运行更加需要维护好私与公、个体与集体以及企业与国家等部分与整体之间的关系，更需强调开放性、试验性以及灵活性而非封闭性、机械确定性，等等。与之相应，中国经济层面的改革所采取的渐进式的"摸着石头过河"路子同样具有重要影响。作为上层建筑，中国特色公共行政就需要有一种更为注重讲究度、灵活性以及经验合理性而非机械理性的公共行政精神（即和合行政观）为之护航。

三是"和合行政观"的政治根源。公共行政乃是选举政治、政治制度设计以及重大决策制定等典型政治在非典型状态下的延续。伍德罗·威尔逊强调，政治的根本原则构成公共行政的基本价值导向，他甚至认为"相同的自由原则孕育形成相同的政府方法"②。在现代国家治理中，基本政治形

---

① 林尚立：《当代中国政治基础与发展》，中国大百科全书出版社 2017 年版，第 379 页。
② 杰伊·沙夫里茨、艾伯特·海德、桑德拉·帕克斯：《公共行政学经典》，刘俊生译，中国人民大学出版社 2019 年版，第 33 页。

态的属性（如国体）、制度设计（如政体）及其核心价值等深刻塑造和制约其公共行政体系设计及其运转。中国亦不例外。中华人民共和国宪法规定："社会主义制度是中华人民共和国的根本制度。中国共产党领导是中国特色社会主义最本质的特征。"这决定了中国特色公共行政的展开必须以"社会主义制度""中国特色社会主义"以及"中国共产党的领导"等作为基本遵循。这意味着我国公共行政带有中国特色社会主义的品质、风格以及制度优势。譬如强调集体主义而非个体主义；注重从整体观照达到对部分的观照（如大局意识、中心工作观念）而非相反；提倡公共行政原则性与灵活性的辩证统一；具有更强的道义之治的约束性而非片面追求使命目标的达成和规律之治；更加强调党的领导、人民当家作主和依法治国的有机统一，等等。这种独特的有机的政治形态构成了和合行政观的现实约束条件和政治基础。

基于上述考量，中国特色公共行政架构和功能皆难以单纯按照理性精神或者理性行政观来进行设计和运转，还必须诉诸于"和合"精神与和合行政观。换言之，中国特色公共行政发展可以通过学习和借鉴理性行政观开篇，但不能以之作为根本而走向成熟定型。实际上，这也印证了公共行政学家弗雷德里克森的基本观点，即"公共行政精神融合了两种类型的知识或者两种依据经验、智慧和判断获取知识的方式，即理性的知识和经验的知识"[1]。

四、结论与讨论

"公共行政理性化"是现代国家治理现代化面临的共同问题。行文至此，我们已清晰地意识到有必要解构"作为目标的理性化"与"作为进路的理性行政观"之间的单向度关联。换言之，公共行政理性化是必要的，但实现理性化的方式或途径并非唯一。那种声称唯有依托纯粹的理性行政观方可实现公共行政理性化的"规范—偏差"程式是站不住脚的。公共行

---

[1]　乔治·弗雷德里克森：《公共行政的精神》，张成福等译，中国人民大学出版社2003年版，第3页。

理性化可以殊途同归。甚至可以说，判断一个国家公共行政精神是否成熟定型的关键就在于，它是否从"本源"上确立了符合国情的公共行政理性化的独特进路。对于中国特色公共行政而言，这个进路并非传统教科书所讲的理性行政进路，而是一种为和合行政观所中和了的"理性—和合"进路。换言之，复合形态的"理性—和合"行政观的确立标志着中国特色公共行政精神的成熟定型。

（一）"以中国为方法"推进中国特色公共行政原理创造

中国特色公共行政发展亟须逐步从"以中国为（问题）对象"转向"以中国为方法（源泉）"。"把中国作为方法，就是要迈向原理的创造——同时也是世界本身的创造。"① 通过以中国为方法，考察中国特色公共行政的独特原理与逻辑，更好地认知和坚守中国特色，进而对诞生自英美等早发现代化国家的公共行政知识体系进行新的理解、创造以及补充。当然，对于中国特色公共行政而言，倡导"以中国为方法"还有更深层次的考虑。20世纪初期，科学管理运动在美国风靡一时。在这项运动中，科学管理倡导者泰勒提醒，科学管理改革不能操作之过急，不能抛弃科学管理的精神或原理而直奔立竿见影的管理机制创新。这个提醒对于中国特色公共行政及其现代化而言，亦颇为重要。一方面，中国特色公共行政发展不能迷恋于"短平快"的政府治理技术层面的创新，而忽略其精神本源；另一方面，要以中国为方法，揭示内生于中国特色公共行政实践的基本方法、观念以及原理。这乃是"坚持和完善中国特色社会主义行政体制"之所需，亦是积极稳健地推进我国政府治理现代化之需。

作为催化剂，"理性"在中国特色公共行政运行及其现代化中发挥了基础性作用。然而，中国特色公共行政实践并不完全吻合理性行政观的预设、想象以及描述。因此，对于我国政府治理现代化状况的考察，不宜简单地运用纯粹的现代性框架或理性标尺，以免削足适履。据此来讲，正确认知和处理好理性行政观与和合行政观两种行政观念的关系及其在中国政府治理实践

---

① 沟口雄三：《作为方法的中国》，孙军悦译，生活·读书·新知三联书店2019年版，第133页。

中的作用及其实现方式，乃是深入推进我国政府治理现代化的一项关键课题。

（二）后现代转向与中国特色公共行政理性化

随着经济水平、思想观念以及权利意识层面的变化，中国特色公共行政现代化实践中的后现代因素开始逐步显现。譬如，公民对于被排斥的"他者"地位的抱怨、对于"元叙事"的抵制以及对于机械确定性的不满，等等。借助于技术创新，政府治理层面也出现了从"形式的专制"走向"形式的松动"（如信息跨层级传递、全域通办以及公共服务"异地"分享机制等）的苗头，以作为对于后现代转向的回应。公共行政的后现代转向不是目的，它是为了更好地实现政府治理现代化所必须考量的现实因素。政府治理现代化追求的是现代性，这是现代公共行政的基本导向。吊诡的是，极端的现代性方案却在本质上是悖逆现代性的。按照纯粹现代性思路和心智模式所确立起来的现代公共行政常常是顾此失彼、悖论重重。这也就是为什么赫伯特·西蒙将古典行政原则嗤之为"行政谚语"的原因。

对于公共行政而言，后现代性的萌发预示着政府所面对的各种压力的升级，以及对理性行政模式的怀疑。"公共管理方法的后现代转向部分是由于那些曾经在理性管理模式下被遮蔽、压制和糊弄过去的公共事务面向（譬如矛盾性、模糊区域）或议题已经到了无法再继续沉默的状态了。"[1] 这种压力指向唯理主义、排斥他者、边界之治、形式的专制以及二元论的暴力等级制。有鉴于此，公共行政学家试图对政府治理的纯粹现代性方案进行扭转、治疗或者解毒。而后现代性或者后现代主义就被视为现代性的一种重要的解毒剂。由此而论，寻求公共行政的后现代转向乃是时代提出的要求，也是现代性发展的必然产物。

对于中国而言，强调关注转型中国特色公共行政实践中的后现代因素，这不仅是由于"后现代"已经成为我国政府治理现代化进程中不可忽视的一种客观现实因素，而且是因为"后现代转向"的观念同和合行政观具有一定的相通性。这种相通性可以从两个方向来观察：一方面，基于"后现

---

① 黄宗智：《过去和现在：中国民事法律实践的探索》，法律出版社 2009 年版。

代转向→和合行政观"方向的观察。后现代就是要造理性的反，为之解毒，这同和合行政观对于"实用理性"或"度的本体性"的重视是相通的。有学者甚至认为，后现代管理就是要强调"和合治理"而非"分化治理"，并试图以前者超越和补充后者。另一方面，基于"和合行政观→后现代转向"方向的观察。在后现代方案之外，和合观念为补救公共行政现代性方案中的极端二元对立倾向及其风险提供了新的可能性。"传统的价值观念过分强化了价值的定性特征，结果导致了在价值的两个端点上手舞足蹈，二难抉择的逻辑假象，或称价值不相容冲突假象。"① 依据和合学的观点，可以在多元分维的定量水平寻求二元对立倾向及其风险的新型解决方案。后现代对于政府治理现代化而言并非完全都是挑战和压力，后现代性与和合行政观都存在抵制和对抗纯粹现代性的基因。对于"后现代转向"的温和主张的借鉴汲取，也可以为中国特色公共行政理性化贡献养分。

概而言之，在中国特色公共行政实践中，"理性"与"和合"乃是两种具有互补性质的公共行政精神。可以说，中国政府治理现代化的动力源泉和公共行政进化的密码就潜藏于两种行政观的碰撞、较量以及融合过程之中。中国特色公共行政理性化之道应当秉持一种"理性"与"和合"相互过滤以寻求最大公约数之道。进一步推进中国特色政府治理现代化应当坚持"理性—和合"进路，更好地将理性行政观与和合行政观结合起来。

（原载《探索》2020 年第 6 期；作者单位：上海
行政学院公共管理教研部）

---

① 张立文：《和合学：21 世纪文化战略的构想》下卷，中国人民大学出版社 2016 年版，第410 页。

和合学与中国哲学体系创新

古周瑜

在中国特色社会主义进入新时代之际，时代与社会对中国哲学赋予了新的使命。习近平总书记在《在哲学社会科学工作座谈会上的讲话》中提出要加快构建中国特色哲学社会科学，随后中共中央印发了《关于加快构建中国特色哲学社会科学的意见》，对如何加快构建中国特色哲学社会科学提供了指导方针。构建中国特色哲学社会科学，建设社会主义文化强国，必然要求我们要提升学科体系、学术体系、话语体系的建设水平，凸显出中国哲学自身的主体性、民族性以及时代性和原创性，增强中国哲学的话语权，在理论体系、话语体系等各方面充分体现出中国特色、中国风格。[1]

就哲学来说，近代中国哲学学科是在西方哲学的影响之下构建起来的，"照着讲""接着讲"是其发展过程中所经历的两个阶段。在这两个阶段中，我们以西方哲学为参照构建起中国哲学学科体系及其研究范式，不论是学术体系还是话语方式，西方哲学的影响是广泛而深刻的。而正是因为西方哲学的深刻影响，中国哲学作为一门独立学科的独立性被遮蔽了，其在哲学思考中的主体性也未曾得到彰显。因而可以说，在"照着讲"和"接着讲"这两个阶段中，中国哲学只是在跟着西方哲学讲，为西方哲学作注脚。在近代西强中弱的历史情境下，中国哲学暂时沦为西方哲学的注脚，丧失自身的主体性与话语权，这是无法避免的。

---

[1] 《关于加快构建中国特色哲学社会科学的意见》，参见中华人民共和国中央人民政府网站：http://www.gov.cn/zhengce/2017-05/16/content_ 5194467.htm。

而"自己讲""讲自己"则是张立文先生在中国哲学研究过程中对中国哲学研究方法的新的体贴，为在新时代讲述中国哲学提供了一个新的方向。"自己讲""讲自己"立足于中国实际与历史文化，着眼于时代与未来，力求实现中国哲学的当代创新，建立自身独特的话语体系，从而增强中国哲学的话语权，彰显中国哲学在哲学思考中的主体性、独立性和民族性。张立文先生以"自己讲""讲自己"为方法论指导，契合中国哲学的"三大转生规律"（核心话题的转向、诠释文本的转换、人文语境的转移）提出了自己的"和合学"理论，从而将中国哲学理论创新落实到了实处。其和合学理论立足于中国历史传统中的"和合"文化，着眼于全人类共同面临的"五大冲突"（人与自然、人与社会、人与人、人的心灵、不同文明间）以及中国文化面临的"三大挑战"（人类共同的五大冲突的挑战、西方文化的挑战、现代化的挑战），契合了时代精神，是中国哲学现代创新的重要理论成果。我们认为，和合学以"和合"作为核心概念体现了其对中国优秀传统文化尤其是对"和合"文化的继承和发展，其对中国及世界所面临的问题作出积极的回应彰显了中国哲学在参与哲学思考时的主体性与独立性，提升了中国哲学的话语权。和合学理论体系的诞生，其意义不仅仅在于推动我国哲学社会科学学科体系、学术体系以及话语体系的建构和发展，更彰显了中华文化在新时代的强力自信，在全球文化融合中增添了一抹中国色彩。

一、从"照着讲"到"接着讲"：
中国哲学学科的建立

中国哲学学科是由胡适、冯友兰等一批受过西方学术训练的学者建立起来的，他们以西方哲学的标准对中国思想史的材料进行筛选、划分，以西方哲学为理论指导来言说中国哲学。在这种"照着"西方哲学来讲述中国哲学的情境下，中国哲学必然无法获得自身的主体性与独立性，中国哲学的民族特征亦无从体现。

在"哲学"一词的理解上，我们从一开始便以西方作为度量衡。胡适以实用主义为指导定义"哲学"："凡研究人生切要的问题，从根本上着想，要寻一个根本的解决；这种学问叫做哲学。"① 冯友兰在《中国哲学史》中也指出："哲学本一西洋名词。今欲讲中古哲学史，其主要工作之一，即就中国历史上各种学问中，将其可以西洋所谓哲学之名者，选出而叙述之。"② 因此"所谓中国哲学者，即中国之某种学问或某种学问之某部分可以西洋所谓哲学名之者也"③。胡、冯二位先生以西方哲学为标准来理解和定义中国哲学，这在他们对哲学的定义中体现得尤为明显。而以西方哲学的标准来裁剪中国的思想材料，用西方哲学的话语体系来言说中国哲学，中国哲学只能是为西方哲学作注脚、作补充。诚如张岱年先生所说，"区别哲学与非哲学，实在是以西洋哲学为标准，在现代知识情形下，这是不得不然的。"④ 除了在"哲学"一词的理解上，当时历史条件下中国学人要构建中国的哲学史也不能不以西方哲学为参照，蔡元培先生认为："我们要编成系统，古人的著作没有可依傍的，不能不依傍西洋人的哲学史，所以非研究过西洋哲学史的人不能构成适当的形式。"⑤ 张、蔡二位先生的"不得不""不能不"道出了历史条件对当时中国哲学学科发展的限制。"照着"西方哲学讲是中国哲学学科在建立初期所不可避免的，但以西方哲学的话语方式来言说中国哲学，其弊病就是遮蔽了中国哲学自身的主体性与特殊性。

"照着讲"之后的"接着讲"是对前者的超越和发展，在此阶段中的中国哲学依然深受西方哲学的影响，但中国哲学的工作者们已经逐渐开始意识到我们不能照搬西方哲学的模式来发展中国哲学，开始意识到了中国哲学自身的主体性、独特性，想要回到中国哲学自身上来。所以"接着讲"与"照着讲"的区别，"就在于一是要说明以前的人对于某一哲学问题是怎样说的；一是要说明自己对于某一哲学问题是怎样想的"⑥。如冯友兰先生在其《新理学》的绪论中就指出："因为我们是'接着'宋明以来的儒学讲

① 胡适：《中国哲学史大纲》，上海古籍出版社 1997 年版，第 1 页。
② 冯友兰：《中国哲学史》，华东师范大学出版社 2011 年版，第 3 页。
③ 冯友兰：《中国哲学史》，华东师范大学出版社 2011 年版，第 6 页。
④ 张岱年：《中国哲学大纲》，商务印书馆 2015 年版，第 19 页。
⑤ 胡适：《中国哲学史大纲·序》，上海古籍出版社 1997 年版。
⑥ 张立文：《致思和合学的心路历程》，《河北大学学报》2005 年第 5 期。

底，而不是'照着'宋明以来儒学讲底，因此我们自号我们的系统为新理学。"① 其在《新理学》中将宋明学者未曾言说得尽的地方明确起来，提出自己新的想法，从而使理学更加圆融，而在总体上又不曾脱离理学的范畴，因而他认为《新理学》是"接着"宋明理学讲而不是"自己讲"。在当时的历史情境下，不仅仅是冯友兰，梁漱溟、熊十力两位先生也是接着宋明理学来讲的，不过是接着陆王心学讲。贺麟先生说："新文化运动以来，倡导陆王之学最有力量的人，当然要推梁漱溟先生。不过梁先生注重的是文化问题，他发挥儒家陆王一派思想，亦重在人生态度方面，很少涉及本体论及宇宙论。……黄冈熊十力先生，与梁先生为讲友，且曾入支那内学院问学于欧阳先生，乃代之而起，得朱陆精意，融会儒释，自造新唯识论，对陆王本心之学。发挥为绝对的本体，且本翕辟之说，而发展设施为宇宙论，用些智识证此发挥陆之反省本心，王之致良知。"②

　　虽然新理学、新心学对宋明理学的"接着讲"超越、突破了前面的"照着讲"，但这样的"接着讲"仍然是以西方哲学的研究范式为标准来言说中国哲学的，仍然是跟着西方哲学走，为西方哲学作注脚，中国哲学没有能建立起自身的话语体系和学术标准，其主体性和独立性依旧没有突显。而如何挺立中国哲学的主体性和独立性，使中国哲学能够平等的与西方哲学对话，拥有自身的话语权，这仍然是当时学人努力和探索的方向。而张立文先生的回答就是"自己讲""讲自己"，就是要整体超越"照着讲"和"接着讲"，实现自己讲述自己的哲学话题和故事。

二、"自己讲""讲自己"：中国哲学的生生之道

（一）"自己讲""讲自己"的提出

　　张立文先生提出"自己讲""讲自己"，不仅仅是中国哲学发展和演化的内在需要，更是世纪之交国内外各种因素的因缘和合，同时也是张立文先

---

① 冯友兰：《新理学·绪论》，北京大学出版社 2014 年版。
② 张立文：《致思和合学的心路历程》，《河北大学学报》2005 年第 5 期。

生作为一个中国学者在长期研究中国哲学史的过程中自觉承担发展中国文化的使命。

20 世纪 80 年代的世界和中国都发生了剧烈的变化，人类的命运被紧紧联系在一起，这意味着任何一个民族或国家所面临的问题或冲突都不是孤立的而是与全球相关的，有可能上升为全球性的危机。张立文先生认为当今人类面临着五大共同的危机和冲突：其一是人与自然的冲突及生态危机；其二是人与社会的冲突及其人文危机；其三是人与人的冲突及其道德危机；其四是人的心灵冲突及其信仰危机；其五是文明之间的冲突及其价值危机。而除了面临着上述人类共同五大危机的挑战之外，中国哲学自身仍面对着现代化与西方文化的挑战。如何使我们的传统文化更好地融入现代社会并发挥其应有的价值，实现传统文化的现代转化；如何化解西方文化与中国文化之间的价值冲突，增强中国文化的话语权，使中国文化、中国哲学走向世界、面向全球，这仍然是有待回应的问题。在这样的情境之下，张立文先生提出中国哲学要"自己讲""讲自己"，并以此为指导，在化解这些问题与挑战的过程中实现自身理论创新，而不是继续"照着""接着"西方哲学或宋明理学讲。

除了上述时代与社会的宏观原因之外，张立文先生提出"自己讲""讲自己"也是其长期致思的结果，而支持其长期坚持的动力则是对于传承中华民族文化的使命感和责任感。他认为"任何一个国家、一个民族，都需要有自己的哲学思维，没有哲学思维的国家和民族，不仅会被有哲学思维的民族瞧不起，而且最终会被有哲学的民族所消融、所代替。……一个民族失去了自己的传统文化、传统哲学，也就失去了自己民族的特性，失去了这个民族存在于世界的价值"[1]。如果我们继续"照着""接着"西方哲学来讲中国哲学，一切都向西方看齐，那么迟早有一天我们会陷入要被消融的境地。正是这种对民族文化深深的担忧，对传承弘扬民族文化的使命感，让张立文先生秉持中国哲学一定要实现"自己讲""讲自己"，挺立中国哲学自身的主体性，凸显中国哲学在世界各民族文化中的特殊性，以期发挥中国哲

---

[1] 张立文：《学术生命与生命学术》，中国人民大学出版社 2016 年版，第 173 页。

学应有的价值与贡献。

（二）"自己讲""讲自己"的内涵与要求

作为一种研究方法，"自己讲""讲自己"具有两个方面的意思："一方面，既是讲中国自己民族的哲学，是依据中国哲学实际讲，而不是照着西方哲学讲，也不是接着西方哲学讲；另一方面，是讲自己的哲学思想，而不是讲别人的哲学思想……讲自己对中国哲学的体认，讲自己对哲学话题的看法，讲自己哲学理论的建构。"① 就中国哲学的实际讲述中国哲学是"自己讲""讲自己"的大前提，我们要"自己讲"肯定就不会再"照着"或"接着"西方哲学的话语方式来讲述中国哲学了，而是以中国哲学特有的话语方式来挺立中国哲学的精神，表述中国哲学的思想。而我们要讲自己民族的哲学，就离不开我们五千年的文明传统，离不开我们的传统文化，但时代的发展又要求我们不能仅仅停留于传统，更要关注时下所面临的问题，实现中国哲学的当代创新从而讲述自己对中国哲学的体认，讲述自己对哲学话题的思考以及自己的理论建构。因而"自己讲""讲自己"最重要的不在于"怎样讲"，而在于"讲什么"，在于讲述的内容，而这个内容就是中国哲学思考与面对的"话题本身"，因为"中国哲学'讲述自己'要求直面'话题本身'……直接讲述中国哲学对'话题本身'的体贴、发明和创新，讲述中国哲学自己是中国哲学研究的本真叙事方式"②。而要将"自己讲""讲自己"的方法论落实到实处，就必须做到三点，"首先你必须对哲学为什么会转生的规律或者说'游戏规则'有个体认；然后是你对哲学要有一个新的定义；再就是你必须要有一套自己的理论架构"③。如果不能将这三点落实，"自己讲""讲自己"就是一句空话，不可能从实处实现中国哲学的创新。

和合学是张立文先生在致思中国哲学的过程中，贴合中国哲学转生的三大规律④，结合自身对时代精神的体认和对人类生命的体贴，以董仲舒"三

---

① 张立文：《学术生命与生命学术》，中国人民大学出版社 2016 年版，第 174 页。
② 张立文：《致思和合学的心路历程》，《河北大学学报》2005 年第 5 期。
③ 刘景钊、韩进军：《和合之路：中国哲学"自己讲"的努力与贡献》，《晋阳学刊》2006 年第 3 期。
④ "三大规律"是指"核心话题的转向""诠释文本的转换""人文语境的转移"。（详见张立文：《和合中华哲学思潮的探析》，《北京大学学报》2014 年第 2 期）

年不窥园"的精神所得出的重要成果。是张立文先生将中国哲学"自己讲""讲自己"落实到实处，是新时代中国哲学体系创新的实际建构。

三、和合学：中国特色哲学理论体系的创新

和合学作为中国哲学现代创新的重要理论成果，对于我们构建特色哲学社会科学体系具有深刻的理论和实际意义，发挥了一个重要的导向作用。其作为当代中国哲学理论创新的一个成功典范，我们认为其具有以下几个显著特色。

首先，和合学以其独特的研究方法与理论思维彰显了中国哲学的主体性与独立性。中国哲学学科在"照着讲"和"接着讲"两个阶段当中，我们哲学研究的方法也是以西方为标准的，具有西方哲学的烙印。如胡适的《中国哲学史大纲》便是以"实用主义"为方法论指导所编著而成的，其间随处可见实用主义的影子；而冯友兰两卷本的《中国哲学史》也是以西方新实在论为方法指导的，其建构的"新理学"思想体系也深受新实在论的影响。我们以西方哲学为标准建立起了中国哲学学科，为中国哲学学科的发展奠定了基础，却也由此丧失了中国哲学的主体性。而和合学则不然，其以"自己讲""讲自己"作为理论建构的方法论前提，鲜明地提出了挺立中国哲学主体性的要求。"自己讲""讲自己"中的"自己"就是中国哲学自身，这一方法论要求我们要讲述中华民族自己的哲学，而和合学植根于我们几千年的"和合"文化之中，正是我们民族自己的哲学。而和合学所倡导的"和合"思维更是与西方传统的"主客二分"的思维方法区别开来，也不同于现当代西方哲学所宣扬的"主体死亡"的口号。"和合"思维方法并不同于传统的思维只是简单地求得同一或者对立，而是追求不同事物之间的和谐共处，以期新事物的不断产生和发展，因而可以说是一种"生生法"或"创新法"。"和合"思维对传统以及西方思维方法的辩证批判体现了当代中国哲学在哲学思考中的客观性与独立性。

其次，和合学具有鲜明的历史继承性和民族性。中国具有丰富的历史文化资源，有着几千年未曾间断的文明传统，中国哲学要实现当代的理论创

新，是不可能对我们中华优秀传统文化资源视而不见的。传统文化是滋养我们精神生命的"根"，而和合学的"根"亦在我们的优秀传统文化中。和合学以"和合"作为其核心理念，并围绕这一概念建构起整个和合学理论体系，而"和合"一词最早是出现在先秦典籍《国语》之中的。《国语·郑语》载："商契能和合五教，以保于百姓者也。"① 而《国语·郑语》还记载了史伯关于"和"与"同"的论断："夫和实生物，同则不继。以他平他谓之和，故能丰长而物归之。若以同裨同，尽乃弃矣。故先王以土与金木水火杂，以成百物。"② 除此之外，儒家《论语》之中也有关于"礼之用，和为贵"③ 的论述，民间自古也有着"和合二仙"的传说，以及"家和万事兴"的家庭准则，这都说明了"和合"精神在中国传统文化即社会发展过程中所起的重要作用。和合学继承了"和合"这一中国文化的核心范畴作为其讨论的核心主题，并以《国语》作为其思想的主要诠释文本，而"和合"精神更是和合学所倡导的价值取向，这无一不体现着和合学对我国优秀传统文化的重视、传承与发展。

中国自古以来便提倡和睦相处，以"和"作为化解事物矛盾与争端的方法，以"和合"来求得事物的发展。中国因此而是爱好和平的国家，中华民族是爱好和平的民族。可以说，"和"已经作为民族基因深深地存在于我们每个中国人的心中，"和合"作为我们的价值追求而为和合学所提倡，体现了中华民族的民族品格，其民族性是显而易见的，

再次，和合学作为中国哲学现代创新的重要理论成果，具有显著的原创性和时代性。"理论的生命力在于创新。创新是哲学社会科学发展的永恒主题，也是社会发展、实践深化、历史前进对哲学社会科学的必然要求"④。理论创新的起点是从问题的思考开始的，和合学作为对中国文化面临"三大挑战"的回应，具有非常直接的问题面向。在新时期，中国哲学除了要面对人类共同的五大危机之外，还需要面对着现代化与西方文化带来的挑

---

① 陈桐生译注：《国语》，中华书局 2014 年版，第 320 页。
② 陈桐生译注：《国语》，中华书局 2014 年版，第 322 页。
③ 朱熹：《四书章句集注》，中华书局 2011 年版，第 53 页。
④ 习近平：《在哲学社会科学工作座谈会上的讲话》，《人民日报》2016 年 5 月 19 日。

战，即如何将中国传统文化向现代转换的问题，如何化解中国文化与西方文化之间的矛盾与冲突的问题。和合学是张立文先生在思考中国文化如何应对这"三大挑战"时所作出的回答，是他在研究中国哲学的过程中所提炼出来的具有学理性的新理论，是在新的历史条件下对中国哲学创新做出的新实践，而不是"照猫画虎"式的对他人的理论生搬硬套。况且张立文先生所提出的"自己讲""讲自己"的中国哲学创新方法也必然要求和合学是原创性的，它所要讲述的是张立文先生自己的哲学思想，是张立文先生自己对中国哲学的体认和对哲学话题的看法。和合学所思考的话题都是来源于我们改革开放和社会主义现代化建设的实践活动，是在实践中总结和提炼出来的，也是我们当下仍然需要思考与化解的问题。和合学立足于我国改革开放和社会主义现代化的社会实践，力求化解中国文化在现代发展中所面临的问题，其对于时代的思考是显而易见的。

最后，系统性与专业性是和合学作为理论形态所具有的最鲜明的特征。张立文先生是中国哲学的研究者，在创立和合学体系之前，已经深入研究中国哲学几十年，对中国哲学有着深刻的把握与体会。出版了《周易思想研究》《宋明理学研究》《朱熹思想研究》《中国哲学范畴发展史》等一系列中国哲学研究的著作，其所著的《传统学引论》《新人学导论》《中国哲学逻辑结构论》更是为提出"自己讲""讲自己"的中国哲学研究方法以及建构和合学理论体系奠定了基础。因而和合学的专业性是毋庸置疑的。而和合学的系统性则表现在其内部的理论架构上。总体来说，和合学构建了一个在时空维度上展现为"三界六层""八维四偶"的巨系统文化结构①，整个和合学体系都是由此展开而确立的。

和合学所具有的这四个特性尤其是其民族性与时代性体现了中国哲学在新时代的发展，展现了作为中国哲学理论创新成果的和合学具有浓厚的中国特色。和合学理论体系的建立，彰显了中国哲学的主体性与民族性，有力地推动了我国哲学社会科学学科体系、学术体系以及话语体系的建设和发展，

---

① 关于和合学体系的整体构想，详见张立文先生的《和合学概论》一书。张立文：《和合学概论》，首都师范大学出版社 1996 年版。

突显了我国在新时代强力的文化自信，为中国哲学走向世界作出了贡献，为世界哲学舞台贡献了更多的中国声音。

在中国哲学从"照着讲"到"接着讲"、再到"自己讲""讲自己"这一历史发展过程中，中国哲学的主体性不断得到凸显。和合学即作为在这一过程当中所创生出来的重要理论成果，其"自己讲""讲自己"的思想为我们指出了致思中国哲学创新的一种新方向。而和合学理论亦深深扎根于中国传统文化当中，"和合"一词在中国文化史上源远流长，"和合"也是中华文化的核心价值之一，从商契的"和合五教"，史伯的"和实生物"，到儒家"礼之用，和为贵"①，以及民间的"和合二仙"，"和合"精神在中国传统文化及社会的发展过程中都发挥着重要作用。张立文先生的和合学继承了中国哲学的这一核心范畴，并在此基础上展开了和合学的理论建构，体现了其对于中华优秀文化的继承与发展，使和合学具有显著的中国特色和民族性。而和合学亦立足于时代和中国的实际的基础之上，具有回应三大挑战的现实面向，其实践性与创新性是显而易见的。故而，和合学作为对中国哲学的现代创新，继承了中华文化优秀传统，凸显出中国哲学的主体性与民族性，具有鲜明的中国特色；而其立足时代、关注世界，为中国哲学提供了一个宽广的视角，并结合实际将中国文化智慧与时代精神相融合，使和合学具有鲜明的时代性与创新性。在构建中国特色哲学社会科学的过程中，和合学以其鲜明的民族性、时代性、创新性，以及鲜明的价值导向，奉献了自己的努力和价值，为解决世界性难题提供了中国的智慧，在国内乃至世界范围内都产生了积极的影响，但诚如张立文先生所言："哲学是爱智之学，它的本质在于不断寻求爱智。因此，哲学总意味着'在途中'"②。作为对智慧的一种追求，和合学亦仍"在途中"。对中国哲学的创新也"在途中"，并且这将是一个生生不息的过程，需要中国学人共同而坚持不懈地努力。

（本文为特约稿件；作者单位：广东科技学院马克思主义学院）

---

① 朱熹：《四书章句集注》，中华书局 2011 年版，第 53 页。
② 张立文：《和合与东亚意识——21 世纪东亚和合哲学的价值共享·自序》，华东师范大学出版社 2001 年版。

和合学本体论思议的四重转向

高晓锋

和合学是当代著名哲学史家、哲学家张立文先生创立的一种中国哲学新理论形态。经过张立文先生的智能创新，化解五大时代冲突和危机的和合学五大原理，通过和合思议的哲学话语和文本被阐发了出来。"和合"第一次以独立的理论思维形态呈现在世人面前，提供了一种崭新的和合方法论。从化解传统形而上学的危机及其推动传统本体论转向的层面来说，和合学存在着一个本体思议的面向，这就是"和合生生道体"。和合学正是通过思议和合生生道体的虚空性、多元性、流行性、具体性来澄明和朗现和合本真，打造一个一切人和合一切人的精神家园。

一、和合学的本体论思议

在当前"世界哲学"的背景下，进行中国哲学的本体思议仍然是可能的，也是必要的。张立文先生的和合学正是通过揭示天地万物生成与生命起源的和合源头、世界存有的和合方式，澄明和朗现和合本真，挺立和合在当下多元语境中的本体价值，具有重大的当代中国哲学本体论建构的意义。张立文先生曾明确提出了"和合就是形上学本体"[①] 的说法，和合本体的意蕴在于，和合就是世界存在的本然状态，也叫"和合的本真"。张立文先生

---

① 张立文：《和合学——21世纪文化战略的构想》上卷，中国人民大学出版社2016年版，第356页。

说："和合的本真就在于它的和合这个事实，和合的那个本真，就是和合的内核性的问题，就是追溯到和合的元根据处。"① 以"本真""内核性""元根据处"等词汇来描述和合，显然属于中国哲学固有的本体形上思维，只不过以和合替代了传统哲学的天、道、理、气、心、太极、太一等形上本体，赋予世界万物以和合生生的起源与存在，揭示了世界万物存在的本体是和合。

在和合学中，和合作为世界万物存在的本体，包含两方面的含义：第一，和合是新事物、新结构在诸多差分元素的冲突融合中产生的原因，是生命生生不息的源泉；第二，和合是宇宙大化流行、氤氲摩荡的背后动因。和合作为生命生生不息的源泉和宇宙大化流行的动因而被思议和言说的结果，就是和合生生道体，张先生有时直接称之为和合生生本体。② 作为形上学本体的和合，通过和合生存世界、和合意义世界、和合可能世界的激荡，而演潜在和合历史哲学、和合价值哲学和合语言哲学、和合艺术哲学中，最后收敛为和合生生道体；反之，和合生生道体下贯为和合学三界四层面所有冲突与危机的和爱化解，具有本体的效用。③

"和合""生生""道体"是中国哲学固有的三个分别独立的概念，虽然宋明儒学赋予道体以和合生生、流行弥散之义，但在宇宙生成论和道德本体论的建构上，道体的和合生生、流行弥散之义被化约为理、气、心、性等一元形上本体而隐没不彰。④ 张立文先生将和合体贴为当代中国哲学转生的

---

① 张立文：《和合学的哲学》，载王守常主编：《中国文化书院八秩导师文集》（张立文卷），东方出版社 2017 年版，第 65 页。

② 如张立文在《和合学的生生之道》一文中使用了"和合生生本体"的说法，见《深圳大学学报》（人文社会科学版）2004 年第 1 期。

③ 参见张立文：《和合哲学论》，人民出版社 2004 年版。

④ 如朱熹说："天地之化，往者过，来者续，无一息之停，乃道体之本然也。"（朱熹：《四书章句集注》，中华书局 1983 年版，第 113 页。）又说："如水之流而不息，便见得道体之自然。""鸢飞鱼跃，道体随处发见。"（黎靖德编：《朱子语类》，中华书局 1986 年版，第 975、1534 页）黄勉斋说："所谓道体者，无物不在，无时不然，流行发用，无少见断。"董澐说："盖所谓道体，即是仁也。仁只是一团生生之意，而其要本于慎独，慎独而还其无声无臭之天，则万物一体而纯亦不已矣。"（黄宗羲：《明儒学案》，中华书局 2008 年版，第 2028、293 页）这些论述都将道体描述为变动不居、生生不息、无所不在、流行发用，体现了道体生生、流行的特征。但在宋明理学理、气、心一元论的视野下，道体的这种特征并没有被贯彻到底，最终被理的道德形上本体所掩盖。

核心话题，回到"和合创生的自然原型"① 中，将和合、生生、道体思议为和合生生道体，以生生重拾道体的大化流行，以和合范导道体的大本达道。将道体放置在具体现实的大化流行和生生不息的场景中，拯救被形而上学搁置起来的孤悬道体，祛除笼罩在道体上面浓厚的价值独断色彩②，恢复了道体作为"道之道"的源头活水。从而将宇宙万物生成和世界存在解释为一种多元和合生生的图景，以此重建当代中国哲学的本体论。张立文先生说："和是阴阳对待融合的和合体，这个和合体即是道体。道体作为形上学本体的存有方式，是一种自然而然的常态，这便叫作'知和曰常'，常态作为存有的方式，是没有规定性的。"③ "道体作为形上学本体的存有方式"的言外之意就是，道体是世界万物的最终根据或根源，它不是呈现为孤零零的、静态的、毫无活力的本体存在，而是活泼泼的、动态的生生不息的多元和合的存在状态或方式。张立文先生明确指出："和合学哲学本体是变动不居，周流六虚，上下无常，刚柔相易，不可为典要，唯变所适的生生道体。"④ 正是在这个意义上，和合学的道体是道以和合为体，以生生为用，但和合之体与生生之用呈现为体用不二、即体即用的结构，称为和合生生道体。

需要澄清的是，将和合生生道体思议为和合学本体，并不意味着要为宇宙寻找一个终极本源，为世界建立一个终极存在，从而重蹈传统形而上学本体论的覆辙。在张立文先生看来："世界万物并不存在什么本体，所谓世界万物的本体，只不过是人们解释世界的观念或概念。如果肯定某一个哲学本体的存在，就必然承认世界万物有一个极限，有一个开端，也就承认有一个

---

① 张立文：《和合哲学论》，人民出版社 2004 年版，第 77 页。
② 在宋明儒学尤其是程朱理学那里，道体就是实理流行。如朱熹说："天地之间，阴阳交错，而实理流行，盖与道为体也。寒暑昼夜，阖辟往来，而实理于是流行其间，非此则实理无所顿放。犹君臣父子夫妇长幼朋友，有此五者，而实理寓焉。"（《朱子语类》，中华书局 1986 年版，第 2422 页）以此来看，如果将道体处理为实理流行，那么进一步按照朱熹"圣贤千言万语，只是教人明天理、灭人欲"的说法，以及明清两代将朱子理学作为道德价值判断的标准，从而呈现为一种价值独断主义。
③ 张立文：《和合学——21 世纪文化战略的构想》上卷，中国人民大学出版社 2016 年版，第 356 页。
④ 张立文：《和合学论纲》，载郭沂主编：《开新：当代儒学理论创构》，北京大学出版社 2013 年版，第 147 页。

先在的东西或实体的存在，那么，世界万物的无限性、无端性就被否定了。实质上追求形上学本体论，必然坠入先在论的陷阱，或者陷入不知主义的困境。"① 这即是说，当传统哲学为宇宙寻找一个终极本原、为世界建立一个终极存在的时候，实际上也就认为世界存在着一个终极开端或本原，但在追寻这个开端或本原的过程中却与人的思维认识的有限性发生了矛盾。如此一来，以往哲学的本体建构要么陷入先验主义的独断论中，要么陷入经验主义的不可知论中。但在和合学中，和合生生道体被思议为形上学本体，只是为了言说和合而不得已使用的一种名字称谓，"始制有名，和合哲学生生道体可强名之为虚为道，强字之曰和合道体"②。与此同时，就和合学所追求的"和合起来"的价值目标而言，和合生生道体是"价值创造的枢纽，是化解与体贴的机理，是即超越即流行的生生本体"③。因此，以和合生生道体作为和合学本体，一方面是为了思议言说的方便，另一方面是为和合学树立一个价值枢纽，使和合学有了灵魂和家园。④

概言之，和合生生道体不是对客观外在的宇宙本原和世界存在的根源、根据的本体追寻，而是在探究生命生生不息的源头和宇宙大化流行的动因的过程中，发现和合并回归和合源头，澄明和合本真，挺立和合价值的和合学建构而方便思议和言说的名字称谓和概念体系，以此来揭示和合话题对传统中西哲学中绝对的、唯一的、静态的、实体的、抽象的本体的克服，转生中国哲学的核心话题，转换传统哲学的本体范式。

二、和合学本体论的四重转向

在传统哲学史上，哲学几乎就是一切人反对一切人的战场。这是因为各

---

① 张立文：《和合学的哲学》，载王守常主编：《中国文化书院八秩导师文集》（张立文卷），东方出版社 2017 年版，第 220 页。

② 张立文：《和合哲学论》，人民出版社 2004 年版，第 357 页。

③ 张立文：《和合学的生生之道》，《深圳大学学报》（人文社会科学版）2004 年第 1 期。

④ 有论者曾指出："和合生生道体的构筑使和合话题具有了形而上学的形式化统一，并且使虚性的和合精神渗透到三界的各个构成环节中，成为一个整体和合、浑然照应的有机体。"（王颖：《形而上学的解脱——略论和合生生道体》，《邯郸学院学报》2009 年第 2 期）

种传统形而上学所建构的本体多以绝对的实在性、永恒的不变性、至高的唯一性、抽象的笼统性等范式特性言说本体的绝对刚性意义，具有强烈的排他性，导致了价值霸权和话语暴政。和合学将和合生生道体思议为一个具有多元和合性、生生不息性、变动不居性、具体现实性的崭新本体，挺立了"道并行而不相悖"的和合价值，从四个层面实现了本体论的转向。

（一）从实体转向虚体

实体是中国哲学固有的概念，最早出现在王充的《论衡》中①，在佛教典籍里得到了理论阐述②，在宋明理学那里获得了丰富的哲学含义。宋明儒使用实体概念，出现了天地之实体、造化之实体、本然实体、本体即实体、良知实体、气之实体等说法。③ 张岱年先生认为，中国哲学的实体观念含义有二：一是指客观的实在，二是指永恒的存在。④ 这点明了实体具有永恒性、客观性等特性。陈来教授认为，宋明理学的实体具有宇宙本原的意涵，处理实体与大用的关系，所以实体必有流行发用，而不太注意实体的属性与样式。⑤ 从宋明理学诸家使用实体概念的具体语境来看，呈现出了理解的差异性，如实际之状态（本然实体）、天地变易流行的大原（造化实体、天载

---

① 《论衡》记载："实体有不与人同者，则其节行有不与人钧者矣。"（黄晖：《论衡校释》，中华书局1990年版，第1114页）这里的实体概念并没有哲学的意味，只是用来指人的身体。

② 《大智度论》记载："毕竟空相是空，相是一切诸法实体，不因《华严经疏》内外有，是空有。"（《大智度论》卷七十四）又载："故名真如为法之性，名为法性非离色心别有实体，今多闻之人不唯知名而已。"（《华严经疏》卷二十四）佛教里面讨论的"实体"多指诸法实相，即诸法为空的真如性。

③ 如朱熹说："见天地之实体，而知易之书如此。""天尊地卑，乾坤定矣。上句是说天地造化实体，以明下句是说易中之事。"（《朱子语类》，中华书局1986年版，第1875—1876页）朱熹弟子李孝述说："虽未尽见是理自然流行之妙，而于本然实体固已识之。"（曾枣庄、刘琳主编：《全宋文》第250册，上海辞书出版社、安徽教育出版社2006年版，第69页）李见罗说："夫天载，实体也，无声尤臭，赞语也。"（《论学书》，《明儒学案》，中华书局2008年版，第679页）湛若水说："本体即实体也，天理也，至善也，物也，而谓求之外，可乎？"（《甘泉论学书》，《明儒学案》，中华书局2008年版，第887页）王廷相说："天内外皆气，地中亦气，物虚实皆气，通极上下，造化之实体也。"《慎言》，《明儒学案》，中华书局2008年版，第1179页）

④ 参见张岱年：《中国哲学的本体观念》，《张岱年全集》第五卷，河北人民出版社1996年版，第487页。

⑤ 参见陈来：《仁学本体论》，生活·读书·新知三联书店2014年版，第205页。

实体）、整体全体、统体（天地之实体）等。但将实体作为客观、永恒存在的宇宙本原仍然是中国哲学实体概念的核心意义，如阴阳、五行、天、理、气、物等都具有实体的意味。①

西方哲学传入中国后，实体概念被用来翻译 substance/noumenon，赋予了实体以 ontology 的意义。从亚里士多德、经院哲学，到近代笛卡尔、斯宾诺莎、莱布尼茨、黑格尔等都谈论作为最高本体的自因实体。如亚里士多德认为最高的实体是永恒不动的、无生无灭的万物运动的最后动因即形式②，笛卡尔认为，"所谓实体，我们只能看做是能自己存在，而其存在并不需要别的事物的一种事物"③；斯宾诺莎认为实体是"在自身内并通过自身而被认识的东西"④ 等。西方哲学所讨论的实体实际上是通过语言系辞 being 分析和逻辑演绎原则追究到的一个至高至上的自己使自己存在的"一"，赋予实体以不可入性与不可分性、完满性与普遍性、绝对性与客观性等特征。张立文先生对此指出："实体作为西方哲学核心范畴之所以被长期地延续着，是因为它凝聚着存在的本原性、普遍性、统一性的本质；实体自因、自性自存的品格，成为他物存在的根据；它是多元现象世界背后或底下的那个支撑者、承载者。"⑤ 实体范畴长期讨论的结果对人的思维产生了重大的影响：一方面，基于确定性的追求而高扬了人的普遍理性，推动了科

---

① 虽然有论者认为，"中国哲学中最核心、最究极的概念，例如道、德、理、命、性、心、诚、中、神、明等，都不能直接理解为实体（特别是亚里士多德意义上的 ousia），因为非实体化乃其本质特征"（黄克剑：《由"命"而"道"——先秦诸子十讲》，中国人民大学出版社 2010 年版，第 292 页）；"中国哲学中的本体思想，其精髓的部分是试图避免把根本性的道、理或者无实体化，而是倾向于从主客合一、道器相即、体用一如角度解读本体与现象之间的关系"（郑开：《中国哲学语境中的本体论与形而上学》，《哲学研究》2018 年第 1 期）。然而，由"理一分殊"于宋明理学尤其是程朱理学以来解决全体与大用的关系，理总是要从至高的宇宙本原的立场落泊在现实日用中，并以居敬穷理来达到对理的发现和认识。所以，正如张立文先生所指出的，朱熹的理实际上就是一个实体，而其他以心、气为本体的理论建构，虽然讲心的虚廓、气的流行，但都具有实体的意义。

② 参见亚里士多德：《形而上学》，苗力田译，中国人民大学出版社 2003 年版，第 128—135 页。

③ 笛卡尔：《哲学原理》，关琪桐译，商务印书馆 1958 年版，第 20 页。

④ 斯宾诺莎：《伦理学》，贺麟译，商务印书馆 1983 年版，第 3 页。

⑤ 张立文：《和合学的哲学》，载王守常主编：《中国文化书院八秩导师文集》（张立文卷），东方出版社 2017 年版，第 65 页。

学的形成与发展；另一方面，由于这种普遍理性的使用，出现了以自我价值为普适价值的追求，实质上是一种自我价值中心主义。

与传统实体范畴正相反对，和合生生道体不"落泊到具体的前提上或坎陷到实体的基础中"①，"也不包含传统意义上的宇宙观——即关于宇宙万物自性实在的物理学式的观点与宇宙论式的看法"②。相反，和合生生道体表现出了非实体性的特征，度越了原始象性思维和传统实性追求，追求的是"廓然与太虚同体"的虚性境界。王阳明曾说："廓然与太虚而同体，太虚之中何物不有，而无一物能为太虚之障碍。"③ 王阳明虽然讲的是良知，但和合未尝不是廓然与太虚同体的虚体，包容万有而无所凝滞。和合生生道体作为虚性的追求目标，也就是虚体，这个虚体不是从现象抽绎出来的绝对客观实在，不作为宇宙的本源和世界的本体；它只是一个至虚至无至空的和合本真形式，海纳百川、有容乃大，因而不承诺实体目标，没有唯我独尊的价值中心主义标榜和泛道德主义僭越。张立文先生指出："这个和合道体，或称和体或合体，它具有虚性、空性、无性的品格。这种和合虚性的追求不是追求到唯一的刚性实体，它不重蹈柏拉图以来西方实体本体论的覆辙，也不重演宋明理学本体论的故伎。和合生生道体是永远'在途中'的超越之道。因其自身不断超越，与时偕行，故和合生生道体不是僵化的、固定的实体，而是唯变所适的生命智慧及其化育流行的智能创生虚体。"④ 在和合学中，形容和合生生道体作为虚体的概念有唯变所适、生命智慧、化育流行、智能创生、超越有无等，反映了虚体有别于实体那种绝对普遍性、客观实在性、唯一性、静态性、至上性、不可入性、不可分性等特征。通过和合生生道体的虚体转换，释放了哲学作为和合生生、智能创新和审美意境的功能，规避实体范畴将哲学引入本质主义和逻辑主义的泥淖，具有重大的范式转换意义。

（二）从独体转向偶体

独体是明末刘宗周着重谈论的一个概念，他说："独体只是个微字，慎

---

① 张立文：《和合哲学论》，人民出版社 2004 年版，第 92 页。
② 张立文：《和合哲学论》，人民出版社 2004 年版，第 346 页。
③ 王阳明：《答南元善（丙戌）》，《王文成公全书》，中华书局 2015 年版，第 255 页。
④ 张立文：《和合哲学论》，人民出版社 2004 年版，第 92 页。

独之功，亦只在于微处下一着子，总是一毛头立不得也，故曰道心惟微。"① 又说："极天下之至妙者矣，而约其旨，不过曰慎独。独之外别无本体，慎独之外别无工夫，此所以为《中庸》之道也。"② 由慎独"莫见乎隐、莫显乎微"的至隐至微状态而发明独体，旨在为良心发动的最初念头（意根）植入一个形上根据，即"独之外别无本体"。牟宗三进一步将独体发展为现象背后的统一性本质，他说："独体之逻辑定义如下：设有一群现象共时生起于一背景中，而复有一律则将此共时生起之现象统束于一起，而使此群现象互相间皆发生一内在之关系，因而成一统一之结聚，则此统一之结聚即为一独体。"③ 以统一性讲独体，指的是共在之后或之上的本体。此外，道家哲学"独"的概念被郭象发展为"独化"，具有独体的意蕴。《老子》讲道"独立而不改"④，说明道的独立性和不改性。徐复观指出："《庄子》一书，最重视独的观念。"⑤ 在庄子哲学中，"独"首先指的是个体的独立性，其深层的意义是"莫得其偶"⑥，它是庄子体道或与道相处的一种方法，通过独进入超越形体、与道徘徊的境界。郭象在注《庄子》的过程中发明了"独化"概念，把自然"外不资于道，内不由于己，掘然自得"⑦ 的进程称为独化，解释自然万物的起源问题，独化就是万物自身的自我生成，使独具有了本体论的意涵⑧。总之，刘宗周的独体具有本体唯一的意涵，郭象的独

---

① 刘宗周：《语录》，《明儒学案》，中华书局 2008 年版，第 1518 页。
② 刘宗周：《刘蕺山集》卷十一，文渊阁《四库全书》本。
③ 牟宗三：《寂寞中的独体》，新星出版社 2005 年版，第 98 页。
④ 《老子·二十五章》，楼宇烈：《老子道德经校释》，中华书局 2008 年版，第 63 页。
⑤ 如"独与道游于大莫之国"（《山木》）、"独与天地精神往来，而不敖倪于万物，不谴是非，以与世俗处"（《天下》）、"朝彻而后能见独；见独而后能无古今"（《大宗师》）、"出入六合，游乎九州岛，独往独来，是谓独有。独有之人，是之谓至贵"（《在宥》）、"视乎冥冥，听乎无声。冥冥之中，独见晓焉；无声之中，独闻和焉"（《天地》）、"向者先生形体掘若槁木，似遗物离人而立于独"（《田子方》）等。引用徐复观语见氏著：《中国人性论史》（先秦篇），上海三联书店 2001 年版，第 348 页。
⑥ 《庄子·齐物论》："彼是莫得其偶，谓之道枢。"（陈鼓应：《庄子今注今译》，中华书局 2016 年版，第 60 页）
⑦ 引自郭象注，成玄英疏：《庄子注疏》卷三，中华书局 2011 年版，第 138 页。
⑧ 如郭象所说："故明乎众形之自物，而后始可与言造物耳。是以涉有物之域，虽复罔两，未有不独化于玄冥者也。故造物者无主，而物各自造，物各自造而无所待焉，此天地之正也。"（郭象注，成玄英疏：《庄子注疏》卷一，中华书局 2011 年版，第 60 页）

化具有本体自因的意涵，牟宗三的独体具有现象背后统一性的意涵，都体现了独体是独立的、自本自根的形上本体。

与此类似，西方哲学也曾孜孜不倦地寻找世界背后那个"寂寞的独体"。虽然没有使用独体概念，但在西方哲学那里，本体或实体的独一无二的唯一性就是一种独体，如亚里士多德所说的"这一个"（the One），这与庄子的"莫得其偶"若相契合。"莫得其偶"可以解读为没有第二个，是唯一的独体、个体。亚里士多德说："对于第一实体，这是无可争辩的和真实的，因为它表示'这一个'；因为它所表示的东西是不可分的，并在数量上为一。"① "这一个"就是指单一的个体，也就是说实体自身没有对立物，在数目上保持单一。② 显然，这都是在独体意义上谈论实体。中世纪宗教哲学对上帝作为独一无二存在的论证，以及近代笛卡尔、斯宾诺莎、康德、黑格尔都肯定一个唯一的至高存在，如斯宾诺莎认为宇宙间只有一个实体，除了神之外没有任何实体。③

将传统中西哲学的本体称为独体，意在揭示将宇宙的生成起源和万物存在看作是一个本体或实体的本体论观点，以及由此导致的一元论或一元中心主义的价值霸权和话语暴政。比如一神论宗教的排他性与这种哲学思维有着千丝万缕的关系；所谓普适价值实际上也肇源于这种一元本体的哲学思维。相反，和合学"不追求一个唯一的、绝对的、至极的形而上本体，也不追求一个否定多样、多极的中心或实体的统一性"④，而是将本体思议为一种偶体。和合生生道体转独体为偶体，打破了"莫得其偶"的独体立场。《尔雅·释诂上》说："偶，合也。"⑤ 郭象说："偶，和合之谓也。"⑥ 又说："偶，对也。"⑦ 偶指多元要素的和合对待，它不指向孤立性的存在，而是相

① 转引自吕纯山：《亚里士多德的实体理论：〈形而上学〉ZHA卷研究》，中国社会科学出版社2016年版，第43页。
② 张志伟：《西方哲学史》，中国人民大学出版社2002年版，第127—128、394页。
③ 张志伟：《西方哲学史》，中国人民大学出版社2002年版，第127—128、394页。
④ 张立文：《和合哲学论》，人民出版社2004年版，第53页。
⑤ 胡奇光、方环海：《尔雅译注》，上海古籍出版社2004年版，第20页。
⑥ 郭庆藩撰，王孝鱼点校：《庄子集释》卷七下，中华书局1961年版，第744—746页。
⑦ 郭象注，成玄英疏：《庄子注疏》，中华书局2011年版，第36页。

对于他者而在；不是对他者的否定，而是与他者相对待或和合相偶。所谓偶体，也可称为共体，是指二元以上要素对偶互生共在的和合体，或者多元要素融突和合而成新生命、新事物的和合体。和合生生道体作为一种偶体，主张世界的多极存在、万物的多元生成和价值的多样共享，构建一个和合共生的世界。①

（三）从静体转向流体

动静是中国哲学描述道、太极、心、理、气、物、阴阳等存在状态的概念范畴。虽然中国哲学的主流讲本体的流变、日新、感通，但也往往认为，在最原初的本然状态中，本体往往是静态的，只是静之后才动。也就是说，本体的原初本然状态是一种静体，只有在它们发用的时候才是动体，呈现一种静体动用的模式。老子的道寂静无为、王弼的本体寂然至无、僧肇的物不迁、周敦颐的太极静极、朱熹的理只存有不活动等都可以看作是这一思路的体现。

在西方传统哲学中，通过形式逻辑对现象世界进行个别到一般、具体到抽象物理到后物理（形下到形上）的分析，最后得到一个绝对唯一的、不动的稳定可靠的存在作为世界的本体或实体，实际上是将本体静态化的处理方式，柏拉图的分有、模仿说，亚里士多德的技艺制作说都说明了现象背后本体的静态性、稳定性和不变性。吴飞指出古希腊哲学的制作话题实质上反映了对本体动静的理解，比如在制造的模式中，形式被当作永恒不变的高级实体，而质料则是变动不居的低级实体；而中国哲学则与此相反，若以生生来理解万物的起源：阴阳两原则并非不变，而是处于永远的变易当中。② 吴飞的比较可谓抓住了中西哲学理解世界本体动静的差异。当然，他的比较只是就大体来说，实际上中国哲学的本体也有静态性面向。我们耳熟能详的马克

---

① 在中国思想视野中，万物的生成多以二元、三元、五元乃至更多要素产生而构建了一个万物共体存在的世界图景，共生、共在是中国哲学探究世界万有生成及其存在形式的固有特色。程颐说："有阴便有阳，有阳便有阴。有一便有二，才有一二，便是一二之间，便是三。老子亦曰：三生万物，此是生生之谓易。"（《二程遗书》卷一八，《二程集》，中华书局 2004 年版，第 1518 页）明儒周琦也说："若阳不构合于阴，形固不化，是谓独阳不生；阴不构合于阳，形亦不化，是谓独阴不成，则人物之生成乃阳与阴合非理与气合也明矣。"（《东溪日谈录》卷一，文渊阁《四库全书》本）

② 参见吴飞：《论"生生"——兼与丁耘先生商榷》，《哲学研究》2018 年第 1 期。

思主义哲学的辩证唯物主义主张世界的物质性存在是运动的、变化的、发展的；而形而上学则被认为把世界的存在处理为孤立的、静止的、片面的。之所以会有这样的结论，乃在于马克思深刻地把握到了西方传统形而上学在认识世界存在的过程中所建立起来的本体是一种静态的、稳定的、不变的存在。①

相反，和合生生道体继承中国哲学固有的生生意蕴，从道体的流行发用角度构建中国哲学的本体论，强调和合生生道体的生态性、动态性流变性，将传统哲学本体论的静体转换为流体或动体，呈现和合视域下世界永恒变化、创生不已，生命生生不息、於穆不已的本然状态。张立文先生指出："和合生生道体不是僵化的、固定的实体，而是唯变所适的生命智慧及其化育流行的智能创生虚体，是变动不居的流体。"② 程颐和朱熹都以流行变化将道体形容为流体，将宇宙生成置于历史的演潜进程中，赋予道体以时间性的意义。"川流不息"与"鸢飞鱼跃"作为宋明儒谈论道体话题的切入点，为道体注入了生生不息的流变态势，"道体并非天地之化、川流不息的主宰，而是自然道体的自然而然的状态。这就是说，变易生生的和合的形上品格，便是道体的自然而然状态，简言之，即和合的形上状态，而不是主宰性的形上学的和合"③。如果把道体思议为天地化生、不息的形上主宰，道体就会成为一个孤悬静态的本体，只是孤零零地主宰天地万物的化生和宇宙川流不息的流变。相反，和合生生道体就是天地化生和川流不息的流变本身自然而然的状态，是一种万物生长的和合物理世界与价值创生的和合价值世界在历史效用过程中的变化道理。也就是说，将和合生生道体处理为和合学本体，并不在于和合生生道体可以主宰万物化生和宇宙流行，而是作为万物化生和宇宙流行的内在机理，呈现为唯变所适、变动不居、上下无常、周流六虚、不可为典要的无限流动性。和合生生道体不面对静态本体所必须面对的一元本体承诺，而是"在途中"的和合价值的自我流行发用和澄明朗现，是"和合起来"的过程哲学。

----

① 参见刘福森：《马克思实现的哲学观革命》，《江海学刊》2014 年第 2 期。
② 张立文：《和合哲学论》，人民出版社 2004 年版，第 92 页。
③ 张立文：《和合学——21 世纪文化战略的构想》上卷，中国人民大学出版社 2016 年版，第 301 页。

（四）从统体转向具体

统体是中国哲学固有的一个概念，最早出现在《太平经》中①，在魏晋玄学和佛教本体论的影响下，宋明儒在进行抽象本体思议的过程中广泛使用。朱熹讲统体甚多，如天理统体、道统体、统体与一体相对等。② 最能体现朱熹统体思想的莫过于此句："天地之间，本一气之流行而有动静耳。以其流行之统体而言，则但谓之乾而无所不包；以动静分之，然后有阴阳、刚柔之别。所谓流行之统体，指乾道而言耶，曰大哉乾元，万物资始，乾道变化，各正性命，只乾便是气之统体，物之所资始，物之所正性命，岂非无所不包。"③ 气就是天地之间的实体，气有动静、阴阳、刚柔之别，但一气流行有一个背后的统体统领气的流行，这便是乾道，它是万物资生初始的乾元和性命变化的根据。显然朱熹是将乾道作为万物资始和变化的统体，即事物生成和变化背后的根据。明儒周琦也指出："刚健中正，其统体；而元亨利贞，其流行也。"④ 刚健中正作为乾道，是统体；元亨利贞是乾道的变化，所以是流行。这是以统体为体，流行为用，统体作为本体的意义明矣。简单来看，在宋明理学的讨论中，统体指称天、天道、理、心、性道、太极、气、仁等笼统、抽象形上本体，也有统领的含义，如"万物统体一太极之时，初无仁义礼智之别，盖浑然者耳"⑤，这反映了统体作为本体的一种形态，即统一性，与西方哲学谈论世界的统一性问题具有相似之处。

一般来说，西方哲学走的是一种向上抽象的思路，即从各种具体事物中抽象出各种事物共同的本质，最后找到所有事物最高的普遍性和抽象性作为万物存在的共同本质，即终极存在。沃尔夫就认为本体论是"论述各种抽

---

① 《太平经》卷四十载："人生乃受天地正气，四时、五行来合为人，此先人之统体也。"（王明编：《太平经合校》，中华书局 2014 年版，第 77 页）

② 如朱熹说："仁是天理之统体"，"然统体便都只是那个仁"，"道是个统体，贯乎经与权"，"未见这个大统体，先从细微曲折处行"，"至问心之德，是就专言之统体上说，爱之理是就偏言之一体上说"。（《朱子语类》，中华书局 1986 年版，第 112、641、989、1037、1220 页）李延平说："某尝以谓仁字极难讲说，只看天理统体便是，更心字亦难指说，唯认取发用处是心。"（李延平：《与朱元晦书》，《全宋文》第 185 册，第 160 页）

③ 黎靖德编：《朱子语类》，中华书局 1986 年版，第 1730 页。

④ 周琦：《东溪日谈录》卷二，文渊阁《四库全书》本。

⑤ 周琦：《东溪日谈录》卷二，文渊阁《四库全书》本。

象的、全普遍的哲学范畴，如'是'以及'是'之成为'一'和'善'，在这抽象的形而上学中进一步产生出偶然、实体、因果、现象等范畴"①。这说明西方哲学本体论所研究的对象是一个抽象体，也可称为统体。现代西方哲学对这种统体是批判的，认为对世界进行抽象的统体理解，就意味着对存在本真的分裂和背离。正如恩格斯所批判的，由于掌握了抽象的水果概念，而不懂得去吃现实中一个樱桃和李子，真正的情况却是，"我们固然能吃樱桃和李子，但是不能吃水果，因为还没有人吃过水果本身"②。同时，对统体的追求实际上也是一个抑爱崇智的过程。张立文先生认为："古典形而上学是一种抑爱崇智的在场形而上学。贬抑爱情欲望及其诗意想象，推崇理智认识及其概念思维，使这种形而上学具有枯燥乏味、晦涩难懂的抽象本质。"③

相反，和合生生道体不以建立一个抽象实体为目的，而是仅仅关注这样一个现实世界，即世界本然的和合性及其多元要素的和合生生场景。④ 在这个场景中，物是具体存在着的物，人是能够进行智能价值创造的具体存在着的人。黑格尔曾说："哲学是最敌视抽象的，它引导我们回复到具体。"⑤ 马克思正是在批判传统哲学将世界存在进行抽象化、客体化认知的基础上，阐明了"人的本质在其现实性上是一切社会关系的总和""全部社会生活在本质上是实践的"等哲学的具体性。胡塞尔的现象学还原就是向下回溯到真正本源的具体生活世界，回溯到主客未分的原始和合境域。⑥ 和合学作为一

---

① 俞宣孟：《本体论研究》，上海人民出版社 2005 年版，第 20 页。

② 《马克思恩格斯文集》第 9 卷，人民出版社 2009 年版，第 500 页。

③ 张立文：《和合哲学论》，人民出版社 2004 年版，第 11 页。

④ 有论者指出："和合作为具体事物的存在之旅，和合本体表现出了非实体性的特征。"（吴志杰、王育平：《论和合本体的非实体性特征》，《湖南科技大学学报》（哲学社会科学版）2009 年第 6 期）

⑤ 黑格尔：《哲学史讲演录》卷一，贺麟、王太庆译，商务印书馆 1959 年版，第 29 页。

⑥ 如胡塞尔说："我们生活在自己的具体的周围世界之中，而且我们的一切关注和努力都指向这个世界，指向纯然发生在这个精神序列中的一个事件。我们的周围世界是我们之中与我们的历史生活之中的一种精神结构。"（倪梁康选编：《胡塞尔选集》下卷，上海三联书店 1997 年版，第 944 页）又说："通过一种高于生活的素朴性，正确地向生活的素朴性回溯'科学性'，对于克服那种处于传统的、客观的哲学的所谓之中的哲学素朴性来说，是唯一可能的道路。"（转引自张廷国：《胡塞尔的"生活世界"理论及其意义》，《华中科技大学学报》（哲学社会科学版）2002 年第 5 期）

种化解全球化背景下世界多元交互的冲突和危机的崭新理论，继承马克思、胡塞尔等现当代哲学家对具体现实、感性、存在生活世界的回归和关照的思想资源，"关注人生此在，中转的不离百姓日用"①。和合生生道体以合转、方式下贯人事，思议、言说、可道、可名在场的具体层面，虚而不离真际、流而不远人事、偶而和合共处，实际上就是一个具象本体。因此，"和合境界可以充实成为和合生存世界里的经验事实"②，即和合生生道体作为一个具体，本身就是在具体的生活世界里流行发用，创造日新，既是虚体，也是具体；既是偶体，也是流体，正所谓"体用一源、显微无间"。

三、和合学本体论转向的意义

和合学本体论的思议，是在度越宋明理学道德形上学本体建构和西方哲学知识形上学本体追寻所带来的价值专权和本体悖论的基础上，以和合生生道体的多元和合性、生生不息性变动不居性、具体现实性来澄明和朗现和合本体，转换传统中西哲学本体的绝对实在性、永恒不变性至高唯一性、抽象笼统性等特性，具有重大的哲学本体范式转换的意义：

第一，不管是传统西方哲学还是中国哲学，都有将本体思议为实体、独体、静体和统体的普遍现象，这种本体思议的后果，就西方哲学来说，追求现象背后稳定、可靠、唯一、普遍、客观、抽象的终极存在本体，催生了对于宇宙万物物理知识的科学研究与逻辑规则的发现与遵循，为近代西方崛起奠定了两个重要的精神基础——理性主义与科学主义，二者往往融合在一起，相互影响。然而，这种本体思维带来的问题也很明显，即二元对立下的一元中心主义价值、政治、经济、文化、军事、科技霸权。就中国来说，基于一种至善形上本体的思议，将人置于一种道德制高点的优越感中，也同样制造了一种二元对立下的一元中心主义，如阴阳、义利、理欲、心物、古今、夷夏之争。概言之，不管是以知识形上学本体追寻为代表的西方哲学，

---

① 张立文：《和合哲学论》，人民出版社 2004 年版，第 355 页。
② 张立文：《和合哲学论》，人民出版社 2004 年版，第 350 页。

还是以道德形上学本体建构为代表的中国哲学，其形上学本体论思议的结果是以绝对者、唯一者、一元者、排斥相对、差分、多元、融突，而造成一统、独尊、霸权局面，以此将相对、差分、多元、融突视为谬误、异端、邪说、离道。① 张立文先生从中国古老哲学中挖掘出多元和合生生的智慧思议，经过智能创新，阐明了生命生生、变化日新、大化流行、对称整合、中和审美的和合人文精神，将和合生生道体思议为和合学本体论，赋予其虚体、偶体、流体、具体的本体意涵，转换传统哲学的实体、独体、静体、统体的本体范式，建立了和合作为天地万物化生和宇宙生命於穆不已的源头活水，以和合本真的"万物并育而不相害"的世界观，开显"道并行而不相悖"的价值观，有力地批判了二元对待冲突和一元中心主义，唱响了世界是多极中心、多元价值、多彩意义的和合存在的时代强音。

第二，和合学的提出和创立，直接面对的现实是全球化浪潮不断推进，经济全球化、政治多极化、文化多元化不断加深。与此同时，人类越来越面临着人与自然、人与社会、人与人、人与自身文明之间的四大共同冲突和危机。就当前来说，贸易保护主义、单边主义、霸权主义、暴力恐怖主义、宗教极端主义、地区冲突、气候环境、危机核扩散、跨境毒品犯罪、网络攻击、公共卫生治理危机等热点冲突和危机不断冲击着人类的永续发展和共同存在。和合学不以传统书斋、学院思辨哲学的建构为目的，而是直指当下，关注现实，为化解现实冲突与危机提供一种可能路径。和合生生道体转传统哲学的实体、独体、静体、统体为虚体、偶体、流体、具体，其中虚体意味着空旷，能包罗万有，体现了和生原理；偶体意味着多元，能并行不悖，体现了和处原理；流体意味着发展，能创造发明，体现了和立原理；具体意味着生存，能开物成务，体现了和达原理，四者整体贯通为和合生生道体对冲突与危机的和爱化解原理。因此，和合生生道体的本体范式转换，导向一个错综复杂的冲突与危机场域，为解决这些冲突和危机挺立起了具有中国特色的价值标杆。近年来，中国政府在国际政治、经济、文化、安全、网络、生态、健康等领域倡导的构建人类命运共同体、互利共赢、互学互鉴、共商共

---

① 张立文：《和合哲学论》，人民出版社 2004 年版，第 85 页。

建共享等理念价值，以及上海合作组织、"一带一路"倡议等举措，正体现了一种浓郁的和合理念。

第三，当前中国哲学的发展已经出现了进行新理论创构的趋势，在这个过程中如何继承和发展中国固有的哲学资源，借鉴和规避西方哲学的长短，是一个重大课题。和合学基于一种"世界哲学"的视域，度越"照着讲"和"接着讲"的局限，提倡"自己讲"和"讲自己"，标志着中国哲学开始走向新理论建构的阶段。[①] 和合学的"和合生生道体"思议，在实现传统哲学本体范式由实体、独体、静体、统体向虚体、偶体、流体、具体转换的同时，实际上也为当代中国哲学本体论建构进行了有益的尝试。在当前中国哲学本体论思议进程中，不管是黄玉顺的生活儒学的变易本体论，还是杨国荣的具体的形上学，抑或陈来的仁学本体论等，都不约而同地将本体思议为变易的、具体的、生生的，印证了和合生生道体的本体范式转换在新哲学理论形态创构层面的创新与范导意义。

（原载《江海学刊》2021 年第 2 期；作者单位：中国人民大学哲学院）

---

① 张瑞涛：《"自己讲"、"讲自己"：中国哲学研究范式的创新》，《江海学刊》2010 年第 2 期。

国际关系中的和合主义价值论研究

——兼论人类命运共同体思想的价值意蕴

易佑斌

国际关系理论在论争中发展，在时代变迁中前行，世界多极化、经济全球化、文化多样化、社会信息化深入发展的当今时代，呼吁新的全球治理理论。习近平站在人类历史发展进程的高度，深入思考"建设一个什么样的世界、如何建设这个世界"的重大课题，他在党的十九大报告中旗帜鲜明地提出："推动建设相互尊重、公平正义、合作共赢的新型国际关系"，推动构建人类命运共同体，同世界各国人民一道"建设持久和平、普遍安全、共同繁荣、开放包容、清洁美丽的世界"①。本文着重从和合主义价值论及人类命运共同体思想的价值意蕴角度探讨其理论渊源、价值内涵和价值实践。

一、和合主义价值论的渊源

和合主义价值思想主要渊源于中华优秀传统文化，尤其是和合文化的价值精髓，也来源于马克思恩格斯的思想及西方的理想主义思想。

（一）中华优秀传统文化

以和合文化为精髓的中华优秀传统文化与和合主义的主要渊源如下：一

---

① 习近平：《决胜全面建成小康社会　夺取新时代中国特色社会主义伟大胜利——在中国共产党第十九次全国代表大会上的报告》，《人民日报》2017 年 10 月 28 日。

是交往层面上的和平观。孔子"和为贵"的思想与孟子的"人和"思想，体现了人与人之间和平相处的原则，进而演化为"协和万邦"的部落与部落、民族与民族、国家与国家之间要和睦协调融洽的思想，① 可以说和平是中华优秀传统文化的基因，是数千年来指导中国与周边国家发展关系的不二法则；二是自然层面上的辩证观。老子第一个提出了"道"的概念，建立了"有无相生""难易相成""长短相刑"的朴素的对立统一辩证观，并进而提出天地万物由自然生成的"道法自然"思想，② 并通过不断的发展形成为"天人合一"的人与自然和谐相处的思想；三是伦理层面上的仁义观。孔子提倡要做"仁者"和"义者"，要以爱人和尊贤为核心，③ 做重义轻利的君子，后经孟子和董仲舒完善形成"仁、义、礼、智、信"这五种法则，指导人与人、国家与国家之间的伦理关系；四是冲突层面上的融实观。早在西周末年太史伯阳父提出了"和实生物，同则不继"的思想，认识到事物是矛盾的统一体，唯有在实现了"和"，即冲突融合的基础上，才能化生新的事物；④ 五是生命层面上的整体观。中国医学经典《黄帝内经》有云："夫人生于地，悬命于天，天地合气，命之曰人。人能应四时者，天地为之父母。"提出了人是自然界的产物，人与自然是对立统一的关系，人体是一个有机的整体，需要遵守自然界的运行规律⑤；六是共生层面上的多元观。孔子提倡"和而不同"的思想，强调君子能相互和谐共处，但不盲目附和⑥，体现了和谐共存，不强求一致的多元共生观；七是运筹层面上的总体观。中国"兵法圣典"《孙子兵法》提出了"上兵伐谋，其次伐交，其次伐兵，其下攻城"的战略思想⑦，体现了将政治斗争、外交斗争、经济斗争和军事斗争统筹考虑的总体运筹观；八是贯穿各个层面的最核心的中庸观。中

---

① 参见魏征：《群书治要》，北京理工大学出版社 2013 年版，第 15 页。
② 参见魏征：《群书治要》，北京理工大学出版社 2013 年版，第 435 页。
③ 参见魏征：《群书治要》，北京理工大学出版社 2013 年版，第 145 页。
④ 参见张立文：《和合学——21 世纪文化战略的构想》，中国人民大学出版社 2006 年版，第 379—380 页。
⑤ 参见赵建新、田元祥：《黄帝内经》，北京联合出版公司 2016 年版，第 116 页。
⑥ 参见魏征：《群书治要》，北京理工大学出版社 2013 年版，第 130 页。
⑦ 参见魏征：《群书治要》，北京理工大学出版社 2013 年版，第 432 页。

华优秀传统文化，尤其是和合文化最为核心的价值思想就是中庸主义，这种价值观贯穿了前述的各个层面，如孔子思想中的"和"更多地体现了恰到好处、适中的意思，子思传承孔子的思想作了《中庸》，提出了"中和位育""执两用中""中立不倚""从容中道""至诚无息"等一系列不偏不倚、无过不及的思想①，强调了融实和合的实现条件和最高境界，只有达到中庸状态，才能实现"首出庶物，万国咸宁"②的天下美好安宁的理想状态。

（二）马克思恩格斯的思想

马克思和恩格斯虽然没有专门研究过国际关系，但他们对人的本质、自然与社会矛盾规律、世界历史发展规律、世界市场发展规律和共同体发展规律的研究，揭示了国际关系的实质，并且在价值思想上与中华优秀传统文化有相通之处，为和合主义的价值思想提供了有益"养料"：一是人类社会整体发展观。马克思从整体的角度来认识人类，认为"人是类存在物"，"人把自身当做现有的、有生命的类来对待"③，人之所以为人，正是从它的群体性本质出发的，"通过实践创造对象世界，改造无机界，人证明自己是有意识的类存在物"④，人依赖群体而存在，人类社会的发展既要实现个体的自由和发展，更要实现社会的整体解放和发展，以一部分人的幸福建立在大多数人不幸福基础上的社会不是人类历史的终结。二是人类社会实践本质观。马克思从"社会性"和"关系性"的基础上来认识人的本质，那么人与人之间必然是通过无数的互动实践的关系来联系和建构的，因而，"全部社会生活在本质上是实践的"⑤，人类社会不能单靠理念来建构，也不能单靠物质来联系，而是通过实践这个纽带，将二者结合为一个整体。三是国际依存与合作观。马克思从工业化大生产促进社会分工，进而形成世界市场的角度来分析国与国之间的经济依存性，认为"单是大工业建立了世界市场

---

① 参见魏承思：《我们时代的中庸：中庸解读》，世纪出版集团 2016 年版，第 252—259 页。
② 魏征：《群书治要》，北京理工大学出版社 2013 年版，第 3 页。
③ 《马克思恩格斯选集》第 1 卷，人民出版社 2012 年版，第 55 页。
④ 《马克思恩格斯选集》第 1 卷，人民出版社 2012 年版，第 56 页。
⑤ 《马克思恩格斯选集》第 1 卷，人民出版社 2012 年版，第 135 页。

这一点，就把全球各国人民，尤其是各文明国家的人民，彼此紧紧地联系起来"①，并进一步指出，这种相互依存关系在殖民体系和贸易不自主、不平等的时代难以真正实现合作，"欧洲各民族的真诚的国际合作，只有当每个民族自己完全当家作主的时候才能实现"②，而一旦实现了贸易自由和建立世界性的市场，社会生产力得到极大提升，人民的生活水平也日益提高，"随着资产阶级的发展，随着贸易自由的实现和世界市场的建立，随着工业生产以及与之相适应的生活条件的趋于一致，各国人民之间的民族分隔和对立日益消失"③。资产阶级在极大地发展生产力的同时，促进了国家与民族之间对立的消失，形成了"你中有我，我中有你"的国际相互依存与真诚合作的局面。四是自然（社会）斗争与合作统一观。恩格斯从对达尔文生物进化论的扬弃，来论述在自然界物体的相互作用和社会关系中，和谐与冲突、斗争与合作是对立统一的。他指出："自然界中物体——不论是死的物体或活的物体——的相互作用中既包含和谐，也包含冲突，既包含斗争，也包含合作。"④ 恩格斯的观点体现了一种辩证的冲突融合观。五是共同体进化观。马克思从人的自由、发展和解放的角度来论述人生存所依赖的共同体的发展，认为从人类社会发展的规律来看，从国家"虚幻共同体"，再到货币—资本"抽象共同体"，最终将向"自由人的联合体"这一真正的共同体方向发展，⑤ 这体现了共同体的一种进化发展观，更体现了对人类历史不断进步的一种坚信。

（三）西方理想主义思想

西方理想主义思想尽管在 20 世纪三四十年代的论争中处于下风，被称之为乌托邦主义，但 20 世纪末以来，人们有意无意中，在实现一种回归，突出表现在以规范理论为主的，重视对伦理、道德的研究。理想主义思想也为和合主义的理论建构提供了思想渊源和价值土壤：一是利他的人性观。理

---

① 《马克思恩格斯选集》第 1 卷，人民出版社 2012 年版，第 306 页。
② 《马克思恩格斯选集》第 1 卷，人民出版社 2012 年版，第 395 页。
③ 《马克思恩格斯选集》第 1 卷，人民出版社 2012 年版，第 419 页。
④ 《马克思恩格斯全集》第 34 卷，人民出版社 1972 年版，第 161 页。
⑤ 邵发军：《马克思的共同体思想研究》，知识产权出版社 2014 年版，第 72—91 页。

想主义者认为人性本善，具有利他的客观性，有成人之美的天性，这与中国的"人之初，性本善"是相通的。二是利益交汇观。理想主义者认为国家之间并不存在重大的利益冲突，是可以协调而达到和谐一致的。三是国际道德规范观。理想主义者认为道义、民主、公平与正义等国际道德规范是可以起到约束国家行为、规范国际秩序的作用的。四是国际和平观。理想主义者认为国与国之间矛盾与冲突是时有发生的，但只要和平协商，通过国际法和国际组织限制和调节，矛盾和冲突是可以避免的，国际和平并不是不可实现的。五是国际关系应然观。理想主义者认为国际关系通过努力建构应该达到理想的状态，而不应顺应强权和私欲，强调对国际关系的应然性研究。①

二、和合主义的价值内涵及人类命运共同体思想价值意蕴的具象化

以和合文化为精髓的中华优秀传统文化、马克思恩格斯的思想以及西方理想主义思想，为国际关系中的和合主义提供了思想源泉，奠定了价值基石。那么和合主义的价值内涵是什么呢？笔者认为，习近平关于人类命运共同体和新型国际关系构建的一系列论述中包含着丰富的价值意蕴，集中体现在以和平、发展、公平、正义、民主、自由的全人类共同价值为基础。② 共同价值是对以抽象人性论为基础的"普世价值"的超越，是对人的现实共性的充分揭示，是新型经济全球化的价值遵循。③ 和合主义的价值内涵是对中华优秀传统文化、马克思恩格斯的思想以及西方理想主义思想的融通和合，也是以全人类的共同价值为基础的，与人类命运共同体思想的价值意蕴保持高度的一致，可以说是对人类命运共同体思想价值意蕴的具象化。具体说来，和合主义的价值论是奉行"中庸主义"，实行"恰到好处"的国际交

---

① 参见白云真、李开盛：《国际关系理论流派概论》，浙江人民出版社 2009 年版，第 404—405 页。

② 参见习近平：《携手构建合作共赢新伙伴同心打造人类命运共同体》，《人民日报》2015 年 9 月 29 日。

③ 参见鲁品越、王永章：《从"普世价值"到"共同价值"：国际话语权的历史转换——兼论两种经济全球化》，《马克思主义研究》2017 年第 10 期。

往，从"利己"上升为"我为人人，人人为我"的"守望相助"新境界，实现"中立不倚、和平共处、共同发展、和而不同、天人合一、优态共存"的基本性价值，"相互尊重、公平正义、合作共赢"的工具性价值和"构建人类命运共同体"，建设"五个世界"的目的性价值。

（一）基本性价值

和合主义的基本性价值突出体现为中立不倚、和平共处、共同发展、和而不同、天人合一、优态共存等基本价值准则。第一，政治上坚持中立不倚，在处理国与国之间关系的时候，以事实本身的是非曲直为准绳，不论亲疏远近，不搞政治联盟，行事做到不偏不倚，但也不一味退让，该坚持的核心利益坚定维护，也坚持做到不触犯别国的核心利益，实现"执中"这样一个"恰到好处"的交往状态；第二，安全上坚持和平共处，国与国之间出现矛盾和冲突是一种国际关系常态，但坚持不诉诸武力，不以战争相威胁，通过和平协商的方式，是可以将矛盾和冲突消灭在萌芽状态，或将矛盾和冲突的损失降低到最小状态，实现小国不挑衅、大国不霸凌的和平共处良好局面；第三，经济上坚持共同发展，科学技术的进步为实现共同发展和繁荣创造了条件，世界不再是一个"零和"的世界，贸易保护主义和本国优先策略，得到的可能是一个"损人并不利己"的结果；第四，文化上坚持和而不同，世界不可能产生"放之四海而皆准"的普遍价值，唯有孕育于多样化文明交流互鉴的价值汇合点，即共同价值，这种共同价值必然根植于多元文化中，如果强求一致，就变成了单一价值，从而失去了互动、互构和交融，进而就失去了创造力和生命力；第五，生态上坚持天人合一，人类社会是自然的一部分，人天是相合的，人类社会的运行规律与自然发展规律是相通的，人可以认识自然、改造自然，但也必须尊重自然和顺应自然，人类只有保护好赖以生存的自然环境，才能为永续发展奠定基石；第六，整体上坚持优态共存，和合主义最根本的价值准则就是优态共存。[①]

（二）工具性价值

和合主义的工具性价值是从方法和路径方面体现其价值意蕴，集中反映

---

① 参见余潇枫：《"和合主义"：中国外交的伦理价值取向》，《国际政治研究》2007年第3期。

在构建相互尊重、公平正义、合作共赢的新型国际关系的价值取向上。其一，在交往层面上追求相互尊重，回答怎样进行国际交往的问题。构建新型国际关系，要求在国际交往中，国与国之间要彼此尊重对方核心利益，彼此尊重对方的国际地位，彼此尊重对方的社会制度，彼此尊重对方的文化文明，不以"盟主"自居，不以优越自高，不以实力自傲，不以地位自大。其二，在规范层面上追求公平正义，回答国际交往要遵循怎样标准的问题。构建新型国际关系，各个国家要遵循的行为标准，只能是来自于得到世界各国各民族集体认同的世界共同价值，其核心就是公平和正义。国际行为体实施国际行为，既要追求机会公平、过程公平和结果公平，更要力求实现国际社会的秩序正义、政治正义和规则正义。其三，在效益层面上追求合作共赢，回答国际交往要达到怎样效果的问题。构建新型国际关系，就是要改变原有国际关系体系的不民主、"零和"博弈、崇尚权力等"丛林意识"，倡导合作，实现双赢、多赢和共赢。

（三）目的性价值

和合主义的目的性价值就是要通过构建人类命运共同体，建设"五个世界"的美好目标。人类命运共同体是由"五位一体"的美好世界组成的，是解决世界人民日益增长的对美好世界的需要与世界发展不平衡不充分之间矛盾的必由之路。和合主义的目的性价值，体现了中国共产党和中国人民对世界的博爱和对人类的大爱，表达了要建设一个什么样世界的价值追求：一是要建设持久和平的世界。持久和平的价值目标体现了"要和平不要战争"的价值内涵。实现这个价值追求，要求世界各国坚持对话而不对抗、结伴而不结盟的国际交往准则，达成既稳定又持久的国际和平局面。二是要建设普遍安全的世界。普遍安全的价值目标体现了"要合作不要对抗"的价值内涵。实现这个价值追求，要求世界各国坚持对话解决争端、协商化解分歧的国际安全思路，达成既防战又防恐的普遍安全局面。三是要建设共同繁荣的世界。共同繁荣的价值目标体现了"要共赢不要单赢"的价值内涵。实现这个价值追求，要求世界各国坚持普惠性贸易、互利性经济的国际发展方向，达成既合作又共赢的共同发展局面。四是要建设开放包容的世界。开放包容的价值目标体现了"要互鉴不要冲突"的价值内涵。实现这个价值追求，要求世界各国坚持多元共存、交流互鉴的国际文明公约，达成既共生又共进的开放包容局面。五是要建设清洁美丽的世界。清洁美丽的价值目标体现了"要珍惜不要破坏"的价值内涵。实现这个价值追求，要求世界各国坚持同一个世界同一个地球、同一个人类同一个命运的国际一体意识，达成既绿色又低碳的环境友好局面。

三、和合主义的价值实践

和合主义的价值实践其实质就是国际行为体遵循人类社会发展进步的要求，作出正确价值选择并推动构建人类命运共同体的过程。所谓价值选择，即国际行为体遵循人类社会发展的客观规律和反映世界人民根本利益的价值标准，对国际结构和国际行为作出善与恶的价值判断，在此基础上，坚持道义，坚持真理，坚持实施对人类社会发展进步有利的国际行为，在关切自身利益与发展的同时，关切他国和人类社会的利益与发展。价值选择是一种以互利为基础，以利他为追求的新型理性选择，是一种更高价值，更宽范围的理性选择，是对以本国为优先、以自私为天性的旧的理性选择的提升与超越。价值选择具有社会历史性、现实认同性和循序渐进性的特征。和合主义的价值实践集中体现在对国际社会发展目标和国际行动的正确价值选择上。中国作为世界和平的建设者、全球发展的贡献者和国际秩序的维护者，在世界上扛起了推进人类社会进步发展的价值大旗，率先进行了价值宣示和行动垂范，为全球治理贡献了中国智慧、中国方案和中国行动。

（一）价值选择与构建人类命运共同体的总体目标

党的十九大报告庄严宣告："中国共产党是为中国人民谋幸福的政党，也是为人类进步事业而奋斗的政党。"[①] 中国共产党从人类社会发展进步的基点出发，对处于大发展大变革大调整时期的当今世界，作出了世界人民期待美好未来，全球治理和变革加速推进，世界不稳定不确定不平衡不充分突

---

① 习近平：《决胜全面建成小康社会　夺取新时代中国特色社会主义伟大胜利——在中国共产党第十九次全国代表大会上的报告》，《人民日报》2017 年 10 月 28 日。

出，人类休戚相关命运与共，面临许多共同挑战等客观判断，进而坚定要通过构建人类命运共同体，为实现人类美好未来而不断追求的价值选择。为此，一是将历史性与现实性紧密联系起来。历史给国际行为体既带来启迪，又带来警示，人类社会所处的历史方位和现实共性，对国际行为体作出构建人类命运共同体的价值选择，提供了历史参照和现实诉求。二是将世界梦与中国梦紧密联系起来。实现中华民族的伟大复兴是每一个中国人的梦想，需要有一个和平稳定的国际环境，中国梦需要世界梦为依托，同样中国的发展又促进了世界的发展。三是将各种类型的命运共同体与人类命运共同体紧密联系起来。中国在横向角度通过构建利益共同体、责任共同体、网络命运共同体、政党命运共同体，在纵向角度，通过构建周边命运共同体、"一带一路"命运共同体、中非命运共同体、亚洲命运共同体等，来推动人类命运共同体的建设，实现人类命运共同体构建的全方位、立体化、多频道的推进局面。

（二）价值选择与构建"好关系"的实践行动

确定了人类命运共同体的总体目标，就需要一步一步去践行，要将价值选择体现在每一次国际行动中。中国行动以其道义性、利他性和平等性而获得了世界各国人民的称颂，为和合主义的价值实践开辟道路，积累经验。第一，美好国际社会需要美好国际关系。美好国际社会的愿景需要美好国际关系的实践去落实。中国通过一系列建立"好关系"的外交实践，探索构建更具温情正义的国际秩序①，如与世界各国建立好伙伴、好朋友、好邻居、好兄弟等关系结构，推进建设新型国际关系。第二，美好国际关系需要美好国际文化。影响中国外交行为的体系文化主要是和合文化，是一种行事适中、恰到好处、成人之美的文化系统，但同时也是一种关系越发密切，越能做到义利相兼，甚至重义轻利的"好文化"。第三，美好国际文化需要美好国际话语。中国"各美其美、美美与共"的"好文化"是支撑中国实施与各国"心灵"交往的价值力量，中国要通过"好价值、好文化、好关系、

---

① 参见詹德斌：《试析中国对外关系的差序格局——基于中国"好关系"外交话语的分析》，《外交评论》2017 年第 2 期。

好世界"等一系列符合人类社会发展进步的价值准则，建构中国的话语体系，讲好中国故事，突出中国特色，在构建人类命运共同体的旅程中不断拓展和壮大"朋友圈"。

（原载《邵阳学院学报（社会科学版）》2018 年第 1 期；

作者单位：邵阳学院马克思主义学院）

"和合学"与企业成功之道

——企业和合文化的当代价值

张立文

一、"和合学"视域下的企业文化

"文化是一个国家、一个民族的灵魂。文化兴国运兴，文化强民族强。没有高度的文化自信，没有文化的繁荣兴盛，就没有中华民族伟大复兴。"对于企业家而言，中国古人讲"和气生财"，现代人又说"合作发展"，这就是和合。中国文化中最早提出"和合"这个词的是《国语》的《郑语》，在史伯与郑桓公对话中说："商契能和合五教，以保于百姓者也。"商契就是商代的祖先，他讲要把五教和合起来。所谓"五教"就是指父义、母慈、兄友、弟恭、子孝。如果每个家庭都能够依照五教伦理道德去实行，就能够使百姓安居乐业。从当时人文语境来讲，是针对礼崩乐坏的现实而提出来的，旨在维护人际关系和道德关系。至于为什么要和合？那主要是为了协调和谐家庭人与人及人与国家之间的关系，并由和合而推致天地万物的产生及其之间的关系。从哲学理论思维来看，它首先要回答的是天地万物从哪来的问题，不管中国的还是古希腊的思想家、哲学家都在探讨这个问题。

古希腊哲学家泰勒斯提出水是万物的本原，由水产生天地万物。他说："世界为水支撑，就像一只船在海上，说它发生震动实际上是因为水的运动使其摇晃。"① 笔者曾在希腊洛德岛开国际会议，在爱琴海游泳的时候，水

① 苗力田主编：《古希腊哲学》，中国人民大学出版社 1989 年版，第 21 页。

清澈见底，浮力很大，海上有船，可体会到为什么当时泰勒斯说水是万物本原。赫拉克利特认为火是万物的本原。笔者在爱琴海上看日出，首先跳出来的是一轮像火一样的红太阳，这也许是赫拉克利特认为世界的本原就像一团火的原因。可见古希腊人是从客观自然出发来探讨世界万物本原的，回应天地万物从哪里来的问题。

中国古人的回应与古希腊人殊异。《国语·郑语》上说："和实生物，同则不继。""和"怎样能生万物？史伯说："先王以土与金木水火杂而成百物"，就是金木水火土"五行"杂合然后产生万物。《周易·系辞》说："天地絪缊，万物化醇，男女构精，万物化生。"天地、男女，在中国古代来讲就是阴阳，阴阳是对立的、差异的，五行有对立的一面，讲相克，水火不容，水火不同炉，是冲突的，但能相反相成，有相生的一面。矛盾、差异、冲突通过杂合絪缊、构精的形式而融合，然后和合而化生万物。

中华民族是富有智慧的民族，多元对立、差分的形相、无形相，经过融突而和合，产生万物。犹如男女结婚，构精，新生儿就诞生了。根据中华民族的理论思维，不是由单一的水、火、原子，或独一无二的上帝创造万物，而是诸多形相、无形相融突和合而成天地万物，即冲突—融合—和合体（新事物产生）。中华民族哲学理论思维从源头上就与西方哲学理论思维分殊。

和合究竟是什么？和合是指自然、社会、人际、心灵、文明之间诸多形相、无形相的相互冲突、融合，以及在冲突、融合的变化过程中诸多形相、无形相和合成新的结构方式、新事物、新生命的总和。

为什么要这样规定？因为人类现在遇到的是人与自然冲突而产生的生态危机；人与社会的冲突产生了诈骗、假冒伪劣等现象，造成了社会多方面的冲突和紧张，这就是社会人文危机的体现；人与人之间的冲突催生了各人自扫门前雪、重利轻义、大私无公的道德危机；人的心灵发生冲突，即灵魂怎样安顿，死了到哪里去，这些问题一直困扰我们。这涉及精神家园终极关切的问题。心灵冲突产生信仰和精神危机；文明之间的冲突产生价值危机。当前人类共同面临着五大冲突和危机，怎么样化解，人类从哪里去找出路，人类未来的前途在哪里？

在当今互联网、物联网、大数据、云计算的大智能时代，市场瞬息万变，智能发展又加剧了变革。然而变中有不变，此不变犹如"定海神针"，这便是企业文化，换言之便是企业精神。从"和合学"的视野来看，企业文化是企业的灵魂，企业的领导是企业的灵魂的"灵魂"。从这个意义上来看，一个没有"灵魂"的企业，一个没有"灵魂"的人，就与行尸走肉一样，是无前途的，是会走向消亡的。

什么是企业文化？简单地说是企业的一种精神。它不仅仅是企业的智能文化、创新文化、竞争文化、管理文化，也是企业的生命文化。一个企业没有文化生命力，当然就要被淘汰出局，就要破产；企业文化是指南针、方向盘，如果没有它，企业在大智能时代就会失去方向，无所适从；它是企业的指导思想，是一个企业怎样制定战略战术的依据；它是企业内部的职工凝聚力、团结力、向心力、前进力、发展力的活水，有助于企业发挥每一个职工的最大能力，是企业发展的动力；它也是企业反思工作，检验、总结经验教训，更好发展的推进力。就此而言，企业文化具有重大的价值与现实意义。

二、企业文化的成功之道

在全球化自由市场经济的竞争时代，在互联网、物联网、智联网、大数据、云计算的大智能时代，随着人与人、物与物、人与物的交感联通，智能相应，人类社会将进入一个复杂的、巨大的、系统的智慧时代。

人类经过了农业革命"力"的时代，工业革命"能"的时代，现在进入了大智能"智"的时代。尽管前两次革命对人类的影响是空前的，但是大智能时代的人工智能渗透到人类生活、活动的方方面面，小小的手机就将时空大大地压缩了。人们在世界任何一个地方购物只需在手机上一点就可以完成，货物就可以送到，可节约大量的时间。人类生活与活动发生了翻天覆地的变化。同时它也改变了我们的世界观、价值观、文化观、思维观、审美观、时空观、军事观，并致使政治、经济、文化、制度、学术、思想的各个层面都发生了质的变化。

人工智能改变人类生活的方方面面的速度以及它深入人类生活的程度，

都超过了农业革命和工业革命的时代。在这个时代，我们怎样创造企业的成功之道？它体现为和生的生财之道、和处的处事之道、和立的立诚之道、和达的通达之道、和爱的博爱之道这五大成功之道。

一是和生的生财之道。《周易·系辞》说："富有之谓大业，日新之为盛德，生生之谓易。"这就是企业文化的三大原理。"富有之谓大业"体现了价值空间的增益原理。古人注释说，富有是"大而无外"，广大而没有边界。"日新之谓盛德"体现了价值时间的创新原理，古人讲"久而无穷"，创新是无穷尽的，是不断的。"生生之谓易"体现了价值生产再生产的原理，是指不断扩大，生生不息。

富有之谓大业不仅仅是指我们财产资金的富有，它还包括知识、道德、技术、销售、金融的方式方法，产品的品牌质量，社会的效应等各个方面。一个企业家能够取得很大的成功，成功立业，事业不断发展、繁荣、壮大，走向世界，还需要各个方面的富有，如知识广博、精神充实、感情愉悦、谦虚谨慎、善于反思、凝聚人才、制度精准、人性管理、奖励创新、正确决策、合作共赢。现在来看，很多的企业都在某些方面有欠缺。

尽管我们新创的企业很多，但是若要达到真正能够长久，能够做成大事业者，还是有很多困难的，特别是在当前全球化时代，要想做成一个在国内外知名的、有影响的企业，确实很不容易，特别是当前经济低迷的时候，出口困难，很多企业面临紧缩，甚至破产。商场实际上就是一个战场。一个人，一个领导，一个总经理，为了赢得这场自由竞争的商战，迫切需要很高的智慧，要具备上面讲的各方面条件，才能成就大事业。

"日新之谓盛德。"这个"德"，一般书面解释为道德的"德"，汉代许慎《说文解字》曾解释"德"为得，内得于己，外得于人，即是说怎样得到，怎样有很大的获得，内外紧密联通。

企业怎样取得最大的利益，怎样做到利益的最大化？那就必须是日新、日日新，时刻创新。一个企业如果要维持不断的发展，必须进行不断的创新。产品的更新非常快，新产品日新月异，过去电视机又重又大，现在是平板的，手机从"大哥大"到现在又小又轻的智能手机。智能手机、数字相机取代以前的相机和胶卷。这就是不断创新的成果。产品的创新是不断的，是持久而无穷的。从这个意义上来看，如果一个企业要长久获得最大的利益，就必须创新。创新实际上是企业的生命所在，一个企业如果不创新，肯定就会逐渐被淘汰。

创新是激发人类不断发挥智慧的"法门"，创新也意味着唯变所适的更新创新理念，不断进行科技革新。一个企业永远是老样子，不投入充足的人力、物力、财力进行科技的、经营的、管理的方方面面的革新，那等于自己扼杀自己。因为世界和别人的发展、进步很快，你如果还停留在原来那个水平上，那么产品科技的含量落后于别人，落后就会被淘汰。创新实际上是一种生产力与生存关系的具体体现。

如果既富有，又日新，当然能达到生生之谓易。在大智能瞬息万变的时代，企业必须不断地全方位创新，才能大化流行，变动不居，生生不息，促使新事物、新生命不断诞生。

每个企业家都希望自己的企业鹏程万里。企业能生存、有价值、有理想，在于决策；正确决策，可功盖千秋，错误决策，会遗臭万年。从这个意义上说，我们可以认识到所谓生财有道，就必须追求这三大原理：价值空间的增益原理，价值时间的创新原理，价值生产再生产的原理。此三大原理，应当得到大力继承、实践、发扬。

二是和处的处事之道。处事，即和处，孔子讲"君子和而不同，小人同而不和"。一个企业、公司尽管内外、上下、左右各有不同，但应和谐相处共事。一个企业不是生活在真空当中，而是生活在周围各个企业互相竞争、内外企业互相较量这么一个复杂的矛盾冲突当中。那么企业应当怎样和处？

就国际关系而言，中国与周边国家及个别域外国家，有很多错综复杂的矛盾冲突。这些矛盾从本质上来说，突出表现在主要矛盾上，主要矛盾处理好了，不冲突、不对抗，合作共赢，次要矛盾就会迎刃而解。因此，重在抓主要矛盾；抓住了主要矛盾，就可以做到游刃有余。企业在复杂的矛盾当中若想游刃有余，做到高效高速发展自己，获得最大的利益，则需要高超的智慧。

企业在全球化、信息化、智能化的时代，在与国际上的企业竞争中，怎样发挥我们卓越的智慧？特别是在我们现在要走出去的这个节点上。这考验着我们企业领导进行智能创造的智慧。我们怎样处理好左右上下内外这样错综复杂的关系？笔者在此提出和合处事之道的五大措施。

（一）"利者，义之和也"，"利物，足以和义"①

义与利是可以和合的。这不是说不要利，一个企业不求利益是不可能的。利物与和义、义与利虽不同，但不是绝对对立，相反可以相成，利和义融突而和合，也就是利义并重、兼顾、兼备、并行，这是企业正道，但不是把企业利益最大化置于第一位。在企业互相竞争的过程中，在国内外企业较量过程中，不是说我一定要打倒你，你一定要打倒我，不是大鱼吃小鱼，小鱼吃虾米，而应该把竞争的对象看作是激发自己创新的一种动力，其他企业的新产品出来了，促使自己思考怎样进行更好的研发创新。只有这样的互相竞争，才能取得共同利益，这就是我们所说的合作共赢、互利多赢的原则。

如果只求自己的利益，就可能伤害别人的利益。在这种情况下，企业也做不大。只有我与他者互利共赢，才能不断地在合作中发展，在竞争过程中互相启发，互相学习，互相借鉴，互相促进，共同发达，把蛋糕做大，共同取得更大利益。

利者，义之和，义利并进，两者兼备。就是说一个企业家赚了钱，怎样去回报社会，把社会的效益和企业的利益结合起来。这是企业成功并做大做强的关键所在。

（二）各正性命，保合太和，"乾道变化，各正性命，保合太和，乃利贞"②

天道是不断变化的，每个人、企业需要各正性命，摆正位置，发挥自身的特性，以完成历史使命。这就需要依据社会多元发展的诉求，协调各方面的关系，相向而行，和谐、和合发展。

中国自古以来就非常讲究根据客观社会的不断发展变化，而做出相应的

---

① 朱熹：《周易文言传》，朱杰人、严佐之、刘永翔主编：《朱子全书》第 1 册，上海古籍出版社、安徽教育出版社 2002 年版，第 146 页。
② 朱熹：《周易象上传》，朱杰人、严佐之、刘永翔主编：《朱子全书》第 1 册，上海古籍出版社、安徽教育出版社 2002 年版，第 90 页。

改革和回应。各正性命，如果你是个领导就像领导的样子，父子像父子的样子，职工像职工的样子。所谓"样子"就是你应尽的责任，你的职责，你的任务，你应该做什么，你的道德应该怎么样，各个方面要像个样子。

各正性命意味着，一方面每个人应该尽心尽力地做好本职工作，在这个过程中人得回报社会和回报企业，实现自己的个人价值；另一方面，从领导层面来说，运用好每个人的智慧和能力，给企业的每个职工都能充分发挥个性才能、实现个人价值的机遇，这是领导聪明才智能力的表征。如果说你旗下那么多的职工都不能实现自己的人生价值，他工作起来当然就没有积极性了。

若一个国家、企业能使每个人都做到英雄有用武之地，这个国家、企业一定能兴旺发达，独占鳌头。现在一些企业领导不善于把企业打造成使每个人有英雄用武之地的平台。从历史上看，能否使每个人都有用武之地，是事业成败的关键。刘邦与项羽打天下，开始项强而刘弱，然而为什么最终会刘邦成功，项羽失败？刘邦说："夫运筹帷幄之中，决胜千里之外，吾不如子房；填国家，抚百姓，给饷馈，不绝粮道，吾不如萧何；连百万之众，战必胜，攻必取，吾不如韩信。三者皆人杰，吾能用之，此吾所以取天下者也。项羽有一范增而不能用，此所以为我禽也。"[1] 刘邦讲他取天下成功的关键，就是使人人都有用武之地，使其人生价值能力得到充分发挥。这也是企业成功之道的关键。

（三）称物平施，民悦无疆

企业管理怎样处理好上下左右和处的关系，依据人物的实际情况做到公平合理，这也包括分配、待遇多少、职称高低的评定。《周易》说："损上益下，民悦无疆。"上下能做到公平合理，大家心情愉快。这关系到企业能不能团结、凝聚人心，能否发挥职工积极性和创造性等重要事体；如果做得不公平，不合理，当然有很多人不满意，心情不快乐，一些人就会离心离德，所以要称物平施。

企业内部之所以会产生很多的矛盾、怨言以至内讧，主要原因之一是企

---

[1] 班固：《汉书·高帝纪第一》（下），中华书局 1962 年版，第 56 页。

业在一些事上做得不公平、不合理。一些人看到不公平的事情，即使不说出来，放在心里就影响他的积极性，影响他的智慧才能的发挥。领导应该知人善任，以使更好地发挥人的聪明才智，从而为企业创造更大利益。

同时，在企业和企业之间、上下、内外之间怎样做到公平合理，这是一门很大的学问。公平合理的问题实际上是正义的问题。柏拉图在《理想国》基本上讲的是正义问题，如人的忧虑、人生乐趣、人的性格、正义的生活、治理城邦、寻找与确认正义、灵魂的道路和正义的根源。这关系到城邦能否很好地生存下去，很好地发展。

若做得不公平合理，一个企业，一个国家，一个城邦就会不断地衰落。现在国际场域之所以存在不公平、不正义的情况，是因为在国际领域中存在三大集团：一是金融集团。现在的金融集团不是去扶植世界实体经济，而是以钱生钱，正因为这样，促使一些国家发生金融危机。二是利益集团，利益集团处处要维护自己的既得利益，处处维护他们所制定的原有的规则。一些国家发起战争，挑起动乱，以维护军事集团的利益。三是权力集团，其实金融集团，利益集团都同权力集团互相结合。就此而言，三个集团完全狼狈为奸，因而他们无法做到公平、正义，公平、正义会损害他们的利益。

（四）三才之道，阴阳合德

阴阳是矛盾冲突，《周易》说："立天之道曰阴与阳，立地之道曰柔与刚，立人之道曰仁与义。"[①] 那就是说，阴阳既互相矛盾又互相融合，阴阳、柔刚、仁义合德。"夫大人者，与天地合其德，与日月合其明，与四时合其序，与鬼神合其吉凶。"[②] 如果说一个企业领导是刚性的，可能刚愎自用，固执己见，听不进别人意见，有事不能共商，不能虚怀若谷，海纳百川，因而无法做出正确的决策和判断；在用人、处事、做事方面，不能做到恰如其分。如果一个企业领导是柔性的，可能缺乏迎难而上的奋斗拼搏精神，在竞争过程中可能难以引领整个市场。所以应该做到阴阳兼备，刚柔相济，相得

[①]　朱熹：《周易说卦传》，朱杰人、严佐之、刘永翔主编：《朱子全书》第1册，上海古籍出版社、安徽教育出版社2002年版，第153页。

[②]　朱熹：《周易文言传》，朱杰人、严佐之、刘永翔主编：《朱子全书》第1册，上海古籍出版社、安徽教育出版社2002年版，第150页。

益彰，这是企业成功之道的内功。

中国儒家文化讲君子自强不息。换言之，一个企业领导都应该像君子一样，"天行健，君子以自强不息"，刚健进取。它同时讲："君子终日乾乾，夕惕若厉，无咎。"白天勤勤恳恳地工作，晚上反省、检查自己的思想行为有否缺点、过失，以便及时改正，这样才不会有灾祸。

道家讲柔顺，"上善若水，水善利万物而不争"。水是柔性的，天下莫柔弱于水。譬如你向水里丢个石头，水里浮起一些波纹，就把石头给容纳进去了。如果说光是刚的或者光是柔的，两者都有其片面性，中国的智慧是讲阴阳、刚柔、仁义，兼备并用，弱能胜强，柔能克刚，刚柔相济，阴阳合德。从儒家来看，治国理政、企业运作，犹如汉代"霸王道杂之"，可理解为刚柔杂合。若如此，企业就能动静随时，进退有度，唯变所适。

企业的领导艺术就在于能够处理好各种性质、成分不同的关系，对刚性的人用柔，柔性的人用刚，这样对企业和企业之间、领导与职工之间、人与人之间的事务，就能处理得非常恰当、适宜、和谐。这就看领导的洞见和智慧。中国历来讲究辨证施治，具体问题具体解决，具体人具体对待，具体的企业有具体的措施，这样就能把问题处理得很好。

（五）节以制度，增财利民

《周易》的《节卦·象传》载："天地节而四时成，节以制度，不伤财，不害民。"[1] 节是有限而止的意思。一些企业不是以完善制度来管理企业，而是靠人际关系，从而容易出现问题。国家也一样，国家制度、法律不健全、不完善，就会善恶不清、奖罚不明。若要把企业、国家治理好，必须把制度完善起来，用制度去管理企业，而不是拍拍人的肩膀来管理企业，不是用你的亲人、亲信来管理企业，而是用制度。

国家应该完善各层面的制度。一个企业必须制定详尽的制度，比如说用人制度、管理制度、决策制度、赏罚制度，以及各方面法律、条例、规则等。按照制度去做，就能够把很多复杂问题处理得很好。如果一个企业的领

---

[1] 朱熹：《周易彖下传》，朱杰人、严佐之、刘永翔主编：《朱子全书》第 1 册，上海古籍出版社、安徽教育出版社 2002 年版，第 103—104 页。

导事必躬亲，大小事都管，那肯定是管不好的。用制度去管理，整个企业的运行才能正常有序，而不是乱来，这要求我们做事要守方圆、有规矩。这样企业领导就省去了诸多杂事，企业按照制度运行，领导就可以考虑大政方针、企业创新、新产品的开发、发展方向等决策。这样不仅不伤财、不害民，而且能增财、利民。

当今企业走出去，同其他国家打交道，同其他企业打交道，也要使之制度化。例如签订合同、契约，各方面都考虑到，有合同、条约可依，就能把事情管理好。企业和企业之间，领导和领导之间，内外、上下、左右之间，都应诚心和谐相处。譬如企业几个领导，经理、副经理、理事长之间，及时化解矛盾、无纠纷，开诚布公，也需要以制度来管控，以规则来约束；否则也会发生问题。基于制度而管理，既能约束人的行为，同时也能开拓发挥人积极性的空间。

三、企业道德建设的六大原理

关于和立的立诚之道，孔子说："己欲立而立人"，自己站起来了，自己独立了，自己成功立业了，也要使别人站起来，使别人能够独立，能够成功立业，这就是和立的立诚。

《孟子》《中庸》都讲诚，"诚者，天之道也"。诚必做到"言必行，行必果"；"诚之者，人之道也"。天是很讲诚信的，春夏秋冬不会变，到时候它就来了，那是讲诚信。人按照天道诚信来做事，反思诚使自己达到诚信。孔子讲诚信，有很多例子。比如，孔子和子贡谈论怎样去治理国家，孔子讲有三个维度：足食，有饭吃；足兵，有军备；还有一个，信，要诚信。子贡说：不得已在这三者中去掉一项，去什么？孔子说：去兵。子贡又说：不得已在粮食和信之间再去掉一项，要去什么？孔子说：去食，人都是要死的，国家无信不立，人无信不立。所以诚信是立国之本，也是立人之本，人若不讲诚信，谁还信任你？在企业的成功之道中，诚信是根本。诚信的伦理道德是企业成功立业的保障，它体现为重德尊道、重俭抑奢、诚信无妄、行己有耻、反腐倡廉、孝敬父母六个方面。

（一）重德尊道

孔子说："富与贵，人之所欲也。"富与贵是人之所欲，人都希望得到的，这是人的欲望。

孔子还说："不以其道得之，不处也。"就是说富与贵必须得之有道，必须是通过正道得到的，即符合道德，富为劳动所得，贵为勤恳工作成就所得；如果以不道德行为得到它们，就是非法的。

《庄子》有一篇《盗跖》的文章，讲盗亦有道："若弃名利，反之于心，则夫士之为行，不可一日不为乎。"[1] 不行仁义不会被信任，不被信任就无职位，无职位就无利禄，所以不可一日不行仁义。人、企业、国家一定要取之有道，现在社会上一些搞假冒伪劣的人，搞网络诈骗的人，贪污盗窃，抢劫，就是取之无道，这都是无道的行为。

企业要发展，要富有，要取得利益的最大化，但要取之有道。从企业和商人这个层面来说，要重德尊道，企业以道德为第一位。我们要做堂堂正正的人，要做堂堂正正的企业家，要靠自己的劳动，自己的智慧，自己的能量，自己的创新和技术的革新来发展企业。

（二）重俭抑奢

《尚书·大禹谟》讲："克勤于邦，克俭于家"，"邦"就是指邦国、国家，"家"就是指家庭。一个国家和家庭必须勤劳、克俭。家庭、国家如果勤俭，国家、家庭便能昌盛发达。中国过去很多企业家是靠自己勤俭起家的，现在有一些人，赚了钱以后就花天酒地，讲究享受，不是把资金投到再生产，投到开发新产品、新科技中去，而是把资金挥霍掉。

中国古代的家规、家训、家风、乡规、宗训都提倡勤俭持家，勤俭才能不愁吃穿，才能发家致富，成功立业。如果不勤俭，吸鸦片，赌博，再大的家产亦会花光。官员、企业家若花天酒地，必然要走向犯罪的道路。

一个家庭，一个国家，一定要克勤于邦，克俭于家。中国过去既有由勤俭持家而富裕起来的，当然也有乱花费而败亡的，有一些人祖上本来是有财产的，后来子孙不孝，花天酒地，把整个财产败光了，就是所谓"败家

---

[1] 郭庆藩撰，王孝鱼点校：《庄子集释》卷9下，中华书局1961年版，第1002页。

子"。

墨子讲"俭节则昌，淫佚则亡"，是根据很多的现实情况总结出来的。好淫佚者必然是贪污盗窃者，贪污盗窃者也就是淫佚者，互相循环，甚至互相促进。中国魏晋的时候，王恺与石崇斗富。王恺是晋武帝司马炎的舅父，皇帝曾赐给他两尺高的珊瑚树，他拿出来炫富，石崇就把它给砸掉了。王恺非常生气：怎么把皇帝赐给我的最珍贵的东西砸了。石崇说，我赔你。结果他从家里就拿出三四尺高的珊瑚好几棵。石崇为当时首富，最终遭杀身之祸。古代亦有奢侈无度的人，《晋书·何曾传》载：何曾"日食万钱，犹曰无下箸处"。每天吃饭花费"万钱"，还抱怨没有下筷子可吃的饭菜。

企业家、富人应该回报社会。你取之于社会，应该反馈社会，多做公益事业。比如说美国比尔·盖茨，他很富有，他在世界的排名可能是第一或第二位。但是他自己比较勤俭，而且做了很多慈善事业。日本的涩泽荣一提倡《论语》加算盘，被誉为日本"资本主义之父"。他在日本创造了 500 多个企业，同时他也办了 600 多个慈善机构去回报社会。当今企业家不要把钱去花天酒地，应把钱投入自己的实体企业去发展经济，以便更多地回报社会，做慈善事业。勤俭持家是中国古代家风、家教的重要内容，是诚意、正心、齐家、治国、平天下的一个很重要的条件。勤俭持家，勤俭办企业，这样企业一定能够不断地发展、壮大，进而成为国内外知名的企业。

（三）诚信无妄

无妄就是不自欺、不欺人。诚信是一个企业、一个商人处事的基本条件，也是一个国家的根本原则。诚是五常之本，百行之源。五常就是仁义礼智信，诚就是指忠诚老实，讲真实，真心，真物。对一个企业来说，要生产经营真货，不是假货，这是人与企业最基本的道德。我们同人真心打交道，诚心诚意打交道，而不是三心二意。从国家来说，我们讲和平合作、互利共赢。

我们现在"一带一路"的建设也是一样，是依照共商、共建、共享的原则，加强创新能力，合作共赢，借助海内外互联互通帮助其他国家发展，促进东西方互济的开放格局。我们付出的是真心、真意、真物，是诚信无妄的体现。

（四）行己有耻

管子讲礼义廉耻是国之四维。现在一些人不知羞耻，不讲羞耻的其人、其国不要交，因为不知羞耻的人什么都可以干出来。一个人，一个企业必须讲廉耻，有廉耻心，行为就有规矩，不会乱来。孔子讲："道之以政，齐之以刑，民免而无耻；道之以德，齐之以礼，有耻且格。"如果说光讲政和刑罚，民可暂时不犯罪、犯法，但没有羞耻心，以后还会犯罪、犯法。如果教导之以道德，又齐之以礼节、礼义，人就有羞耻心。人有羞耻心，就不会去犯罪，国有礼义廉耻四维，就能支撑起一个伟大的国家和强大的企业。

（五）反腐倡廉

张璁是明代嘉靖初年的首辅（宰相），他当政时严革贪风，澄清吏治。他革除贪风从内阁做起，规定各衙门事务议于公朝，不谋私室，严禁地方官向京官送礼输财，有违者依律治罪，赃物没收入官。他严以律己，终致"苞苴路绝"，利国利民。因为他几次同嘉靖皇帝意见不合，辞职回乡，拿起一个竹子编的箱子就走，两袖清风。不像一些首辅致仕回家，车运船载，财富不绝于道。尽管他的改革得罪了很多既得利益者，攻击他的人很多，但是没有人能抓到他的把柄，从而成为古代反腐倡廉的楷模。

（六）孝敬父母

百善孝为先。孝是中华民族伦理道德文化的首要价值观，孝文化开出了中华文化精神和民族精神。父母是人的生命体创造者、养育者。父母辛苦抚育子女长大成人，子女赡养父母是应尽的义务和责任。每个人都应孝敬父母，古人讲孝子出忠臣，孝子是有道德品质、有修养的人，对国家、社会都能作出贡献。

习近平说："要提高人民思想觉悟、道德水平、文明素养，不断铸就中华文化新辉煌程度"；"深入实施公民道德建设工程，激励人们向上向善，孝老爱亲，忠于祖国，忠于人民"。推进诚信建设，强化社会责任意识、规则意识、奉献意识，这是企业道德建设的根本方向，也是企业文化建设的灵魂。

四、企业文化实践的三大原则

和达乃是企业的通达之道。企业怎样智能联通，怎样通达走出去，怎样打通产、销、研三合一的道路呢？古人说："生意兴隆通四海，财源茂盛达三江。"过去讲做生意，就是不断发展，生意生生不息。可见中国古代企业的眼光是放眼三江四海的，即放眼世界、走向世界。

中国古代徽商、晋商都是走出去，通达世界的。从张骞通西域到郑和七下西洋，创造陆上、海上丝绸之路，就是和平的、互通有无、互相帮助的道路，现在的"一带一路"正是继承了张骞、郑和与徽商、晋商的精神。

企业文化实践的三原则，也可以说是针对企业走出去所面临的三大冲突。如何处理这三大冲突？就是要处理好天时、地利、人和三原则。现在我们的企业在走出去的实践中，由于种种原因，有吃亏的、损失的，甚至是失败的，这是由于不知道天时，不知道地利，更不知道人和造成的，从而导致我们的一些企业在并购、建设、投资当中做了很多事情，花了很多精力、资金，结果没有什么收获。

（一）应天时而动的天时原则

我们必须深入、详尽了解走出去建设投资的对象国的自然环境、社会环境、政治制度、军事结构、价值指向、领导态度等。天时既有必然性，亦有偶然性。我们必须吃透其必然性，同时也不放弃机遇。能不能抓住偶然性机遇，也很重要。如果我们对投资、建设的对象国，既不懂它的历史，又不懂它的法律制度，也不懂它的文化背景、风俗习惯、外交政策，更不懂它的领导更替的情况，以及这个国家各派势力的消长形势和国际环境及其与对象国的关系、影响等，这样走出去，等于瞎子摸象，很多情况下要吃亏、失败。由于一些国家的情况变化既大又快，必须仔细考察研究，把握精准，以智慧的洞察和预测的智能进行决策，这样走出去，才能立于不败之地。

（二）就地利而兴的地利原则

要深入、详尽地考察、调查走出去的对象国的交通、资源、通讯、金融、技术、政策等，同时对我们所投资、援助、建设的对象国的政治、党派、军方情况的了解也是很重要的，这是对我们智慧的考验。但我们决不干涉对象国的内政、外交及其他事物，我们只做我们应该做的事情。

在国际事务中，我们坚持营造和平、发展、合作、共赢的地域环境，我们要站得高，看得远，这样才能立于不败之地。

我们走出去在对象国建工厂，搞企业，办公司，不能到一个资源贫乏、交通不便、通讯不利的地方，要选择一个各方面条件比较好的地方。既然要走出去，就要考虑怎样和达，即发达、通达的问题。孔子讲"己欲达而达人"，你自己发达了，才能帮助人家发达起来。你怎样能够帮助他发达？尽管企业有钱，但不能瞎投资，要讲互利共赢。一些国外老牌企业，为了淘汰过时、利润不大的部分产业，就把它转让出去，以减轻负担，我们有些企业由于缺乏智慧的洞见，往往在并购中，购得这部分产业，这就不合算了。

（三）顺人和而建的人和原则

一定要做到人和，人和就是符合对象国的人心、愿望。要掌握该国、该地区的风土人情、风俗习惯、宗教信仰、思想状况、老百姓的生活状况及要求等。我们应当与当地政府、老百姓搞好关系，使他们理解我们是帮助他们国家发展，以取得和谐共识，这是关键。

和达作为通达之道实践的三个原则，在实施走出去战略中是不可或缺的；只有三者完备，才能取得成功，才能成大事业。

五、企业文化的精神

中国企业文化要走向现代化，必须继承发扬中华民族传统企业文化的理论、经验、方法、制度；必须博采东西方各国优秀企业文化、管理理论、方法、效能、教训；必须下工夫修炼内功，提升各方面的能力和研发创新水平，形成具有中华民族特色、风格、气魄、精神的企业文化。

一是和爱与博爱之道的精神。博爱是企业的动力源，也是企业文化的根本。具有了博爱精神才能做到和生、和处、和立、和达。如果一个企业没有爱心的话，上下、左右、内外没有爱，这个企业职员的智慧才能发挥不出来，人的积极性调动不起来，企业就不能做大做强。博爱是一种责任，是一种生命品格。我们的企业走向世界，是一种博大的爱，是一种和合天下的爱。中国古代就有天下的视野和情怀。《礼记·礼运》提出"大道之行，天下为公"的大同世界。唐代孔颖达在注解大同世界中提出"天下和合"的理念，荀子讲"四海之内若一家，故近者不隐其能，远者不疾其劳，无幽闲隐僻之国，莫不趋使而安乐之"。① 张载讲"天为父，地为母"，世界上的人都是我的同胞兄弟，万物都是我的伙伴。朱熹讲"天地万物本吾一体"，王阳明在《大学问》中说："天下为一家，中国为一人。"天下就是一家，中国如同一个人。《大学》提出"平天下"的问题。若要做到天下平，就要格物、致知、诚意、正心、修身、齐家、治国、平天下。现在一些人自己不修身，不讲道德，家不齐，又怎样治国、平天下？

笔者在《新人学导论》中曾讲，人可以好事做尽，也可以坏事做绝。人具有两面性，其一是动物性，所以孟子讲"食色性也"。吃饭和色，这是人的需求，也是动物的需求。其二是社会道德性。人既具有自然的动物性，同时也具有社会的道德性。荀子讲：水火有气而无生，草木有生而无知，禽兽有知而无义，人有气，有生，有知，而且有义，人为天下贵。人作为天下最有价值、最可贵、最珍贵的就在于有义、有道德性。从水火，草木，禽兽到人，人之所以区别于动物的很重要的一点就是他有道德。你不能不讲道德，道德最起码的一点就是爱，有爱心。就像孟子讲的，人都有"不忍人之心"，你看到孩子往井里爬，你去救他，因为有恻隐之心。企业家出于不忍之心做一些慈善事业，这是爱心的表现。孔子讲"泛爱众"，是普遍的爱。墨子讲"兼相爱"，爱别人就像爱我自己一样，爱别的国家就像爱自己的国家一样，这样整个世界就太平了。所以爱是人性最根本的基础，是企业文化最基本的原则。

二是大本达道的中和精神。《中庸》讲："喜怒哀乐之未发谓之中，发而皆中节谓之和。中也者，天下之大本也，和也者，天下之达道也。致中和，天地位焉，万物育焉。"中和是中华民族大本大道的精神。大本大道，

---

① 荀况：《王制》，北京大学《荀子》注释组：《荀子新注》，中华书局 1979 年版，第124 页。

这是企业立身之本，是企业的根本原则和根本精神，也是企业走出去的根本原则，譬如"一带一路"建设，应以共商、共享、共建为根本原则和根本精神，唯有如此，才能通达四海。

三是人类命运共同体的精神。和合企业文化精神的宗旨是使企业与国家、民族、人类、世界以及企业与企业、企业内部各部门和职工构成命运共同体。天地间一切事物都生存在互相联系的网络之中，个体与整体在这种联系中获得自己的本质特性及价值和意义。整体与个体只不过是关系存在的一种形态，任何关系都有分有合。企业自身既是整体又是个体。就整体而言，企业是融入国家、世界共同体的，特别在当前大智能时代，各个命运与共，智能相应。企业要遵循共同的战略目标，按和合价值科学化的效率观来建立企业员工的生活方式、行为标准、内部制度、决策创新机制，培养员工共同体意识，以便更好地把企业和员工凝聚起来。企业文化除了实现企业管理和目标外，亦为员工提供了满足个体员工多样性、丰富性需要的社会条件，使个体与企业整体达到最大的和合。就个体而言，每个员工都有个性化的要求，如追求和理想、技能与表现的诉求，在保证完成生产和管理的同时，也要满足员工个人生活的需要，形成企业命运共同体的凝聚力，以实现企业大发展大繁荣的目标。

四是共生、共鉴、共享的精神。在企业的内外、上下、左右关系中，必须奉行共生的"和实生物"、互学互鉴、互利互享的原则，以便在和谐的环境中使企业获得最大的发展。在中华民族企业文化中，法家主张法治，儒家主张德治，两者融突。一方面，严格规章制度，赏罚分明；另一方面，实行人性化管理，以身作则，以德服人，发挥互济的团队精神。尊重自然发展，顺应客观规律，凡事站得高，看得远，待人宽，处事留余地。

五是变革的生生不息精神。企业文化的成败，企业管理组织的效能高低，企业的兴衰，都取决于日新，日日新，即不断创新。当下企业产品价格决定于技术创新的含量，文化的含量，即创造新产品、新技术、新程序、新信息，便可创造大事业。特别是互联网、大数据、云计算的大智能时代，瞬息万变，企业若不进行日新月异的创新，就不可能生生不息。日新的生生精神，即是"和合学"的基本精神；和合才能日新，日新才能生生不息，生生不息蕴涵和合发展力，和合发展力不仅能协调化解各种冲突矛盾，还能在化解冲突中促进自身的发展，形成更强大的发展力。"和气生财，合作致胜"，实现企业和合文化追求的战略目标。

六是新三纲五常精神。在构建和合企业文化的过程中，有的企业提出企业文化的新三纲五常：心善为德纲，道德为善纲；用为才纲，学习技能，有益于大众；义为志纲，志向讲大义，胸怀祖国，心系团队。新三纲是善以孝为始，用以学为始，义以仁为始；五常是常怀感恩之心，敬老爱亲，爱岗敬业；常念牵手之缘，恩爱夫妻，教养子女；常思成长之苦，建功岗位，报效社会；常想同行之乐，友善团结，珍视缘分；常思报恩之事，宁静心灵，升华生命。只有如此，企业整体与个体才能达到社会效应与道德责任全方位和合，才能使企业永远立于不败之地。

> （原载《杭州师范大学学报》（社会科学版）2018 年第 5 期；作者单位：中国人民大学哲学院、中国人民大学孔子研究院）

以"和合"理念构建世界多边主义软法机制

刘 凌

作为规范国际秩序的程序合法性资源，多边体制在全球经济体系中起着重要作用。但由于其先天性缺乏硬性约束力，导致其实际运行中的有效性不足。而"和合"理念与多边主义的民主精神完全契合，可以在多边主义框架中构建为一种具有一定约束力的软法机制，发挥道德谴责作用的约束价值，这将更有利于促进更加有效的世界多边主义的形成。

多边主义是一种着眼于发展国家行为体之间良性互动的社会性安排，表现为国家行为体之间的协调与合作以及对国际普遍的行为准则和规制的重视和遵守的行为方式。随着国际社会的发展及全球化时代的到来，国与国之间的相互依存关系更是进一步加深了，多边主义成为全球治理中不可忽视的思想话语。不过，当前世界局势下，出现了西方发达国家保护主义、单边主义抬头，多边主义体制面临着许多挑战。

面对纷繁复杂、日益严峻的国际形势，习近平总书记多次呼吁国际社会捍卫多边主义，在这次 2021 年 1 月 25 日世界经济论坛达沃斯议程上，特别强调了"让多边主义火炬照亮人类前行之路"，又一次证明了中国作为世界主要经济体坚定不移地维护多边主义的立场。中国正在以"和合"理念引领全球多边机制，"和合"二字的文化内涵已渗透到"一带一路"倡议下的各个双边与多边的国际合作中，"和合"理念正在为引领更加有效的多边机制发挥越来越重要的作用。

一、从多边机制发展脉络分析当前面临的困难与挑战

联合国是当前世界上最大的多边合作框架，在处理国际关系与国际事务中发挥着类似于"全球政府"的作用。与其他多边框架相比，联合国在促进全球共同发展和维护世界和平方面发挥了巨大作用，这一点是其他多边合作框架无可替代、无可比拟的，受到世界各国的普遍支持、认可和赞同。

然而，当面临一些涉及霸权国家利益实质性问题时，联合国这一多边机制对霸权国家的约束就显得力所不逮。例如，美国时常弃联合国的国际事务规则于不顾，在处理国际争端时总是随意践踏联合国多边规则。可见，联合国仍然因缺乏军事武装力量这样的"硬件"而约束力有限，也成了"无效的多边主义"。

20 世纪 70 年代起，世界逐步意识到，美国置多边主义原则而不顾，擅自采取单边主义政策是对多边主义的破坏，美国在联合国的作用越来越是欺凌弱小盟国。于是出现了学术界愈发高涨的呼声——让国际规制在国与国之间高度依存状态下发挥应有的功能和作用。到了 20 世纪 80 年代，逐步形成了一些对国际规制进行全方位探讨的学术成果，以 1984 年基欧汉发表的《霸权之后：世界政治经济中的合作与纷争》为代表，建立了以新自由制度主义为学理基础国际规制理论框架，把国际规则的制度规范研究推向了高潮。20 世纪中后期，以国际制度为核心的多边主义实证性研究成果层出不穷，成为国际关系学理研究的中心。

多边主义研究的兴起是基于以下背景：一是 20 世纪 70 年代以来，在世界经济领域也发生了石油危机、布雷顿森林体系崩溃等一系列事件，这些现象让大家认清了一个事实，即美国国力的下降，已经不足以维持国际体系，希望国际制度尤其是世界经济领域制度规则不要因为霸权国国力的衰退而消亡，从而使国际社会因此再度陷入第二次世界大战之前混乱状态。

二是人们普遍地意识到国际社会面临的问题诸如经济发展、环境保护

等，单凭一两个国家或者传统的双边方式也是无法解决的，因此必须告诫世界多边主义的存在价值而设法保留。

三是随着科学技术的迅速发展，经济全球化等各国相互依存趋势的日趋明显，更加体现了国际组织的重要性。这些都更加催生了国际社会对多边主义的认可，也大大鼓励和推动了国际社会成员的多边主义行为。

多边主义自诞生以来，总是出现这样或那样的问题，不免使人们对多边主义产生了迷茫。

总体说来，多边主义迄今为止面临的困难和挑战可归结为以下两点：

一是多边主义面临着选择性问题，即所谓的"点菜式多边主义"（Alacerate Multilateralism）。从当前国际政治秩序看，国际上比较突出的多边框架长期被西方国家主导或垄断，特别是美国所具有的超级大国地位及其在综合国力上的强势力量，很大程度上主导了国际多边制度，垄断了其参与的多边框架的话语权。很多情况下，当多边合作框架对美国有利时，美国就高举多边主义旗帜，大力鼓吹和推行多边框架；当多边框架不符合美国的利益时，就置多边制度和国际规则于不顾，奉行单边主义，单方面采取行动。这就是典型的"点菜式多边主义"。

二是被大国主导和幕后操纵、决策不透明。例如，一些历史上比较著名的多边框架会议——维也纳会议、巴黎和会、雅尔塔会议等，虽然参加的国家很多，但其主导权大国的手中，大国主导、幕后操纵和决策不透明的问题极为突出。

从以上情况说明当多边主义不符合国家利益时，就可以被这个国家所放弃；另一方面也说明了当前的多边框架对超级大国的约束力和强制力仍然不够强大，形成了"无效多边主义"，或者表面的多边主义，实质的"单边主义"，违背了多边主义的初衷。从理论上说，领导者往往意味着必须承担更多的责任和义务，而不是享受更多的收益。但实际上，一些国家往往把多边主义制度当成追求自身利益的工具，从来不把多边框架中与其领导地位相匹配的大国责任和义务当成必然，更不会去主动履行。这也是造成多边框架"有效"与"无效"分野的关键因素。既然是这样，寻找有效的多边主义就应该从理念与价值观着手。

二、从学理逻辑性寻找多边机制的民主精神价值取向

要找到"有效的多边主义"，首先需要分析其根源以发现其存在的合理性和有效性。多边主义涌现的渊源是第二次世界大战后出现的大规模大范围的全球公共问题，这类问题在传统的双边渠道上很难解决，需要多国在共同的制度框架下来解决，因此产生了多边主义机制。

多边主义的发展有其客观性和历史必然性，与世界全球化发展趋势紧密相关。在现实情况下，很多国际事务涉及的国家并不是少数，也不是由少数几个国家就能协商决定的，很多争端和冲突涉及多个国家，必须依赖多边机制来协调和解决。由此可见，多边主义是一种对处理和协调国际关系的有效制度安排，而且是非常重要的合法性处置机制，因此，许多国际合作机制都采取多边形式。例如，以 G20 为代表的多边主义，就取代了以 G7/G8 组织形态的少边主义机制，为应对全球金融危机发挥出重要作用。而且，当前置条件不同，也就是处于不同环境或处理不同国际事务时，"多边"更有效率或更有效。因此，多边主义具有客观存在的必然性。

从学理上逻辑性解释多边主义存在的合理性首见于 1981 年美国密执安大学政治学教授罗伯特·艾克斯罗德的论文《合作的进化》，他用多轮重复博弈模型来解释无政府状态下的行为主体之间为何会有合作以及如何才能促进合作，其核心概念就是"回报"（Reciprocity）。1984 年罗伯特·基欧汉发表《国际关系中的回报》，认为基于双边的合作关系不稳定而且回报的成本高，提出"扩散型回报"（Diffuse reciprocity）能降低回报的平均成本，肯定了多边主义的存在价值。他指出，国际关系中多边外交形式的存在同个人交往中圈子的营造是同样的道理。如，有一个朋友故意借钱不还，按照回报策略的思想，你得惩罚他，但是可能会有很多顾忌，要付出非常大的代价，而且非常可能把双方的关系越搞越僵，陷入恶性循环，但是假如你们俩同属一个圈子，那么你实施"回报"的手段就非常简单而且低成本，即把某人借钱不还的事实告诉这个圈子里的所有人，这样他以后就很难再借到一分钱。有鉴于这样的前景，处在同一个圈子里的人们相互之间较少背叛。

这个"圈子"例子显示出多边关系比双边关系更加稳定的关键原因在于：回报的平均成本大大降低，从而使得基于回报的合作关系更具有鲁棒性，更说明了"舆论"导向的重要性。就像联合国秘书长古特雷斯所言，多边主义"既是一种研究国家关系的理论，也是一种国家间交往与合作的方式"，二者的互相交叉促进了多边主义在理论和实践上逐步完善。多边主义的意义就是"组织和规范多个国家之间的关系，通过符合参与国家共同利益的普遍性与互惠性原则来对国际事务与交往进行协调与合作，为全球共治提供了有效性和合法性"。

从功能看，多边主义就是"克服国际无政府状态、超越冲突性政治的通常办法，在于争取建立解决问题、消除威胁并防止其重演的规范、规则和程序构成的多边机制"。当多边主义制度为霸权国家所主导和操纵时，多边框架机制中的自由契约、主权对等的规则对大国就失去了约束力和强制力，不能有效防治大国滥用话语霸权以及单方面采取行动，削弱了多边主义的民主精神，使得小国家在多边框架中处于更加弱势的地位。

如罗伯特·考克斯研究所提出的那样，当发达国家居于绝对的强势地位，控制和支配其他小国时，应该给予道德谴责，同时还要大力弘扬多边主义制度中所蕴含的民主价值，倡导参与多边框架的国家克服对短期利益的追逐，破除狭隘的国家利益观，树立全球视野和长远的全球利益观，从全人类的共同利益出发，建立道德谴责机制，宣传"人人为我，我为人人"的道德自律理念。运用经济学上的帕累托最优模型推动有效的多边主义，以实现相对的公平与效率。即在此机制下，一个国家的参与与否，即便是以其获得利益为考量的，也不得不在追求自身利益的过程中，考虑整个合作平台的资源配置的相对合理性，在竞争与合作关系中实现互利的经济效果，否则大家都无从获益。

根据以上分析我们可以得出结论：多边主义的天然价值追求与民主价值观是一致的，其所包含的协商、合作、共同发展等理念，引导着国际社会民主发展方向，为处理国际关系与国际事务搭建了沟通协商、调解冲突、合作共赢的平台，既是一种国际间对话机制，也是一套全球"社交"体系，国家之间在这个平台上平等对话沟通，能避免一些在处理国际政治产生的

"错误知觉"，对维护和谐的国际政治关系与促进世界和平有着重要作用，代表了在国际社会实现全球治理的一种发展趋向。

今天新技术带来了机会和互联互通，但许多不幸的冲突和偏见也同样存在于这个世界，那就需要在人的思想中构建和平，而和平应该通过教育、科技和文化来实现，最终就是要通过这种方式来构造和平的社会、和平的世界。习近平总书记曾引用联合国教科文组织《组织法》序言："战争起源于人之思想，故务需于人之思想中筑起保卫和平之屏障。"表达了要灌注人们以和平思想，以强化人类思想中正义的一面的重要性。这个充满凝聚力和人道主义的宣誓与中国的"和合"文化具有异曲同工之美，皆体现了与多边主义民主精神完全契合的准则。

三、从中国的"和合"文化看多边主义的"软约束"价值

既然是由于"硬件"不足而使联合国对某霸权国家缺乏约束力，那么，是否可以从"软件"方面着手呢？

答案是肯定的。前面已经讨论过道德谴责机制存在的价值。有了这个"软约束"机制，各国都可以对危害他国利益的强权国家口诛笔伐，且又避免了"攻击他国"的嫌疑。因此，这样的"软约束"机制可以加强全球多边主义的有效性。

近年来，随着经济实力的不断增强，中国积极向国际社会公共产品服务，无论是金砖国家开发银行，还是亚洲基础设施投资银行，以及上海合作组织开发银行，都是基于多边合作共赢基础上的制度安排与范式设计，都充分体现了中国的"和合"思想，与美英主导的布雷顿森林体系有着本质的区别，是中国作为负责任大国在国际经济秩序中的自然逻辑延伸。"和合"文化在国际秩序中追求的是互利互惠，反而会使各方获得更多更好的资源，从而达到一种互惠共赢的多边主义合作机制。

中国"和合"文化的两个重要源头是《易经》和《尚书》：《易经》强调"保合太和"的思想，《尚书》阐发了"协和万邦""和恒四方"等"和

谐"的政治理想。"和合"理念强调世界是人与万物的一体性存在，构成世界的诸多要素存在既相互矛盾又相互融合的关系，它们在矛盾与融合中共同发展。

习近平总书记以中国的"和合"文化系统阐述了中国人民始终愿意与全世界人民一道为构建多边主义促进世界和平发展贡献智慧和力量。"一带一路"和"人类命运共同体"正是体现了中华文化中的"和合"思想在国家层面及国际关系中的先天诉求，是中国人民在向全世界表达"协和万邦"的多边主义理想追求。

纵观中国历史，中国在清朝中叶以前，经济、科技、文化在世界上长期保持领先水平，综合国力在世界上一直处于优势地位，但中国从没有依靠国家的强大进行霸权和扩张。历史上的丝绸之路、鉴真东渡、郑和下西洋等对外交往，都是和平的文化交流与传播及平等互惠的经贸往来，没有一个是依靠霸权力量推行的。

如今，中国经过四十余年的改革开放，经济总量已经达到世界第二，再加上中国的人口规模、市场购买力、境外消费等庞大的基数，已使中国经济成为世界经济增长的主要驱动力量，让一些国家感到忧虑。在这种形势下，习近平总书记代表中华民族，向世界表达了中国爱好和平的立场，以中国的"和合"文化阐述中国人民对待世界的和平友好态度，强调中国将始终坚持运用"和合"理念倡导建立新型国际关系，在推动多边主义中发挥着重要作用。

自 20 世纪 80 年代以来，在国际上各个多边合作框架中都可以看到中国积极参与的身影。在区域层次上，积极开展同周边国家的合作，体现了融合多边主义精神；在全球层次上，中国认同联合国普遍性与互惠性的原则，参与国际事务。特别是中共十八大以来，日益走近世界舞台中央的中国，有创意地提出"人类命运共同体"思想，大力推进"一带一路"建设，积极为多边主义提供中国智慧，为多边主义提供更多的实践探索。

"和合"这一概念是博大精深的中华传统文化中累积深厚、传承久远的思想内涵，它不仅是中华优秀文化的精髓所在，更是中华民族历久弥新的重要价值取向，也是中国人集体智慧的结晶。中国的腾飞和发展的背后，正是许许多多的劳动者集合起来的磅礴力量。中国的发展是如此，世界的发展也应该如此。

正是在这个意义上，习近平总书记指出，要深入挖掘和阐发中华优秀传统文化讲仁爱、重民本、守诚信、崇正义、尚和合、求大同的时代价值，它不仅是涵养中国社会主义核心价值观的基本根源，也是世界多边主义的重要源泉。

参阅近年来中国领导人的对外讲话，倡导多边主义是中国强调的重点，为国际社会带来满满的正能量。这些都表明了中国对多边主义支持的积极态度，引起了全世界的高度关注。中国积极推进多边主义所做的努力与贡献举世瞩目。

2014 年 5 月的亚信会议（CICA）上海峰会重振了亚洲多边合作机制的信心。自 G20 诞生以来，中国发挥了独特而重要的作用，为 G20 机制提供建设性意见，为多边主义注入信心。在上合组织方面，中国一直是多边平台的坚决捍卫者，务实推动合作，在实践中创新发展多边主义理念。"一带一路"倡议提出以来，中国与沿线原有的多边合作机制如东盟（"10＋3"）、APEC、海合会、亚信会议（CICA）、亚欧会议（ASEM）、上海合作组织、亚洲合作对话（ACD）、大湄公河次区域（GMS）经济合作、中亚区域经济合作（CAREC）等，不仅没有构成冲突，还以开放包容、和平发展、互利共的合作精神与这些合作机制相互促进，共同对多边主义合作模式进行创新，以更合理的多边框架推动沿线的国际合作关系。

中国倡议的"一带一路"和提出的"人类命运共同体"思想更是让世界为之瞩目。中国作为发展中的经济大国，以"一带一路"将自身利益与各国共同利益有机结合起来，帮助沿线国家跳出经济短板，实现自主发展，这是有别于西方模式的多边合作新路径。推动"一带一路"建设、"亚投行"的筹建和运行，都是在以平等互助的原则下进行的，充分展示了中国在对外交往中所遵循的"和合"理念。

近些年，中国在"一带一路"建设上取得了丰硕成果，这都是在深入研究各国共同利益的基础上形成的一些国际合作的新思路、新方法，是构建"人类命运共同体"思想的生动实践，为践行多边主义提供了宝贵经验和全新视角。中国走多边主义和平发展道路，是一个具有华夏数千年"和合"文化智慧的经济大国在面对日益复杂的世界经济形势背景下的必然。中国的"和合"文化决定了中国走和平发展道路。中华优秀传统文化向来讲究的"和合"的处事原则和待人情怀，不管是在人与人之间还是在国家之间，都是在对差异性、独立性的尊重和包容中实现彼此的合作，"和合"是中华民族最为永恒和深沉的精神追求。"和合"表明的是多样性的统一有机整体，对于促进和融合不同要素协调发展形成最为理想的结构有着重要功能，也是化解不同国家、不同民族与文化冲突的利器。

2020 年，当全球面对疫情大灾与百年大变局叠加交织之时，中国有效应对了世界公共卫生的重大危机和经济的深度衰退，成为全球率先实现正增长的主要经济体，经济总量首次迈上 100 万亿元的新台阶，并在诸多方面交出漂亮答卷。宣布力争于 2060 年前实现碳中和，推进国际科技交流合作等。中国的实际行动展现了开放自信、重信守诺的大国形象，进一步向世界表明中国致力于维护和践行多边主义，推动建设开放型世界经济的坚定信念。

2021 年，面对世界经济的复杂形势和风险挑战，中国于新年开局的第一个月，就以宏阔的国际视野和高度的责任担当为复苏乏力的全球经济注入了强大的正能量。习近平总书记在"达沃斯议程"的主旨演讲和对话会中，用"四个时代课题"为多重危机下的世界经济把脉问诊，用"四个坚持"和"五个继续"为全球面临的多重危机开出综合施治的"中国药方"，从问题、路径和方向等方面，回应了促进世界经济复苏的艰巨任务，提供了治标更治本的长远之策，同时向国际社会传递了明确的信号：中国将一如既往，同世界各国携手并进、合作共赢，为变局中的世界注入确定性，有力地回答了世人对中国发展理念的期待，阐述了各国要"同舟共济、团结合作"的观点主张，为世界指出了一条维护和践行多边主义、推动构建人类命运共同体的发展之路。

就此，国际社会给予了高度评价。世界经济论坛创始人兼执行主席施瓦布说："当前世界正处于关键时刻，需要为未来做出正确抉择。因此与四年前相比，习近平主席此次特别致辞的重要意义更加凸显"。国际劳工组织总干事盖伊·赖德认为："习近平主席再次强调维护和践行多边主义非常重要。要实现走出疫情、复苏经济的全球目标，弘扬多边主义以及在疫苗研发、就业、金融等方面推动国际合作格外关键。"英国48家集团俱乐部主席斯蒂芬·佩里表示："习近平主席强调要建设开放型世界经济，坚定维护多边贸易体制。世界需要更好的协调来应对疫情并推动经济复苏。"德国德中经济、教育和文化协会主席安迈尔表示："习近平主席四年前就强调坚持多边主义的重要性，跟所谓的'美国优先'政策形成鲜明对比。"

当前，世界形势错综复杂，面临着经济动荡、气候变化、单边主义抬头等多种全球性挑战，需要全球共同应对，和合共生。无论是中国的"和合"文化还是中国在推动多边主义中所做的努力，一直受到联合国的赞扬和肯定："中国是个兼容并蓄、和而不同的国家，能将优秀的传统文化和来自世界各国的文化有机地融合在一起，这正是中国文化的魅力之所在。""中国已成为多边主义的重要支柱。""中国在维护多边主义方面作用至关重要"。

四、结论：以"和合"理念构建 世界多边主义的软法机制

软法源于西方国际法研究领域，本意是指那些宣示性的，严格意义上不具有法律约束力但又具有一定法律效果的规范性文件。最近二三十年以来，随着西方成熟发达国家公共治理模式的转型，软法现象在环保、信息技术、劳工和消费者保护等诸多领域大量涌现，软法机制开始成为公共治理中的一种流行的重要调节机制。

国际软法在某些国际性问题上提高了全球性共识，引起了国际社会的广泛关注。以解决全球气候变暖为例，哥本哈根气候变化会议以及墨西哥坎昆会议等一系列行动都在这一国际软法的协议性框架下开展的。欧盟呼吁在未来的人工智能规范中适用"软法之治"。因此，软法亦法，通过国际软法来协调解决国际问题正逐渐成为这个时代最鲜明的特色之一。

当前，全球治理需要一个国际社会广泛参与的、更加民主和多样化的多边主义来满足人类的高级文明所需要的高层次秩序。而当前的多边主义由于"硬件"的先天性不足而造成了多边主义效果的局限性。而软法机制恰恰是

一个充满智慧的文化系统对倒行逆施者进行的道德谴责，从而成为联合国安理会在政治军事等领域的弦外之音，在全球加强正能量的国际舆论，从而达到有效规范国际秩序的效果。而中国传统文化中"和合"的理念正是具有强大的"化成天下"的教化功能，可以在多边机制中发挥着以柔克刚的作用，以其永恒的魅力对国际关系思想再启蒙，重塑世界多边主义机制框架。

在当今时代下的多元文化世界，多边主义应是一个"和合"命题。"和合"理念强调的是互利互惠、合作共赢，具有以去中心主义、去霸权主义为特点的价值取向，应成为世界上具有普遍意义的文化形态，为建立真正具有民主正义的国际秩序提供主题思想，为多边主义"软约束"机制的建立提供支撑，为实现有效的多边主义机制提供了新的可能性。

（原载《中国外资》2021 年第 13 期；作者单位：商务部国际贸易经济合作研究院）

和合文化视野下我国基层
协商民主的包容性建构及其限度

陈　亮

2014 年 9 月 21 日，习近平《在庆祝中国人民政治协商会议成立 65 周年大会上的讲话》中指出："协商民主是中国社会主义民主政治中独特的、独有的、独到的民主形式，它源自中华民族长期形成的天下为公、兼容并蓄、求同存异等优秀政治文化……"[①] 可见，我国社会主义协商民主与中华优秀传统政治文化具有紧密的关联性。我国基层协商民主作为协商民主体系的重要组成部分，受到中华优秀传统政治文化的影响，特别是和合文化的影响。有鉴于此，本文立足于中层理论的维度，尝试建构一个基于场域、关系与机制的分析框架，探讨基层协商民主与中华优秀传统文化中和合文化的契合性，力求挖掘和合文化视野下我国基层协商民主的包容性建构逻辑及其机理。同时，在把握我国社会主义基层协商民主发展主旋律的基础上，系统地反思和总结和合文化视野下我国基层协商民主包容性建构的限度，这对于推进我国基层协商民主朝着广泛、多层、制度化方向发展来说，具有重要的理论意义和现实意义。

一、基层协商民主与和合文化的契合性：
基于场域、关系与机制的分析框架

（一）问题提出与研究回顾

无论是从内容上还是从实质上来看，中西方语境下的协商民主都有明显

---

① 习近平：《在庆祝中国人民政治协商会议成立 65 周年大会上的讲话》，人民出版社 2014 年版，第 15 页。

的差别。在西方语境下，协商民主生发于"对代议制民主的批判与反思，是对当前西方民主现实困境的一种补充，而非代替"①，它作为一种民主治理形式，是指自由而平等的公民及其代表通过相互陈述理由的过程来证明公共决策的正当性，这些理由必须是相互之间可以理解并接受的，协商的目的是做出公共决策，基于协商的公共决策对所有公民都具有约束力。② 中国语境下的协商民主，一方面，表现为政治协商，包括中国共产党同各民主党派的协商以及中国共产党在人民政协中同各民主党派和社会各界代表人士的协商③；另一方面，表现为基层协商，即人民群众在基层政治、经济、文化和社会生活领域中，在自由、平等的基础上，通过辩论和协商，最终达成共识，在审视各种相关理由的基础上赋予立法和决策以合法性，依法直接行使民主权利，参与管理公共事务的制度与实践。④ 正如有学者指出的那样，"中国协商民主实现了制度特定和实践结构的双重整合"⑤。西方语境下的协商民主通常是基于多元主义文化场域下自由而平等的主体间的对话和交流，围绕协商民主与政治文化之间的关联性研究，国外形成以下三种具有代表性的思路与观点。

　　一是协商民主是一种多元文化间的对话机制，能够促进多元文化间分歧的消解和共识达成。代表性的论者是美国学者乔治·瓦拉德兹（Jorge M. Valadez）和詹姆斯·博曼（James Bohman）。乔治·瓦拉德兹认为，协商民主作为一种具有巨大潜能的民主治理模式，它能够有效回应文化间对话和多元文化社会认知的一些核心问题，推动政治话语之间的相互理解，支持和达成对所有利益相关者具有集体约束力的公共政策。⑥ 在相似意义上，詹姆

---

① 夏晓丽：《代际传递、理论延展与政治实验：西方协商民主研究三十年》，《西南民族大学学报》（人文社会科学版）2017 年第 5 期。

② 参见谈火生：《审议民主》，江苏人民出版社 2007 年版，第 7 页。

③ 参见李君如：《协商民主：解读中国民主制度》，外文出版社 2015 年版，第 120 页。

④ 参见汪进元：《中国特色协商民主的宪制研究》，中国政法大学出版社 2015 年版，第 181—182 页。

⑤ 胡象明、齐磊：《迈向协商：国家治理现代化的本土化价值与实践逻辑》，《河南师范大学学报》（哲学社会科学版）2017 年第 5 期。

⑥ 参见 VALADEZMJ: Deliberative Democracy, *Political Legitimacy And Self-determination In Multi-cultural Societies*, Boulder, Col: West view Press，2001 年，第 30 页。

斯·博曼指出，具有可接受性的解决文化冲突的办法可以从主导协商民主的政治平等和关于有效参与协商民主的条件得到满足等两个规范中产生出来。①

二是多元文化作为协商民主的运行场域，对协商民主的实际运行产生双面影响。一方面，以约翰·罗尔斯（John Rawls）和詹姆斯·博曼为代表的论者认为，多元文化作为协商民主的运行场域，在一定程度上成为协商民主的制约性因素。在约翰·罗尔斯看来，多元文化是政治自由主义承认的基本事实，它们在相互竞合的过程中会出现潜在的、不可调和的冲突，这些冲突的存在会在一定意义上成为民主协商的约束条件。② 针对多元文化与协商民主的关系，詹姆斯·博曼指出，在多元文化竞合的过程中，出现的深层次道德冲突，无法通过协商民主来解决，这是因为"在这样的环境中协商的公民可能无法共享同样的集体目标、道德价值或世界观"③。另一方面，在反思多元文化对协商民主的限制作用时，有的学者也客观指出，多元文化本身就是协商民主得以存在的前提条件，正是由于它的存在，协商民主才得以发展。正如詹姆斯·博曼指出，多元文化并非抹杀协商民主的可能性，多元文化在某种意义上能够促进理性的公共运用，并使得协商民主生活充满更多的活力。④

三是关于多元文化的差异性，协商民主与之契合体现在它是构建承认政治的一种重要机制。以查尔斯·泰勒（Charles Taylor）为代表的承认政治论者认为，在多元文化背景下，"我对自己的认同的发现，并不意味着我是在孤立状态中把它炮制出来的。相反，我的认同是通过与他者半是公开，半是内心的对话协商而形成的……我的认同本质性地依赖于我和他者的对话关

---

① 参见詹姆斯·博曼：《公共协商：多元主义、复杂性与民主》，黄相怀译，中央编译出版社 2006 年版，第 92 页。

② 参见约翰·罗尔斯：《政治自由主义》，万俊人译，译林出版社 2011 年版，第 12—20 页。

③ 詹姆斯·博曼：《公共协商：多元主义、复杂性与民主》，黄相怀译，中央编译出版社 2006 年版，第 64—65 页。

④ 参见詹姆斯·博曼：《公共协商：多元主义、复杂性与民主》，黄相怀译，中央编译出版社 2006 年版，第 64 页。

系"①。在相似意义上，以艾丽斯·杨为代表的身份政治论者认为，多元文化下的身份政治"结构性差异"，可以通过协商民主的包容性，实现不同文化境况中主体之间的有效沟通与交流，从而减少相互排斥的问题。在她看来，在包容性的协商民主中，"对各种具有差异的社会群体给予特殊的关注，并且激励他们公开表达其情景化的知识，通常会比其他方式更可能使人们将冲突与分歧转化达成一致意见"②。

国内关于协商民主和政治文化的关联性研究起步较晚，既有研究主要沿着两个思路而展开：一是立足于协商民主探讨其对于政治文化的培育与塑造作用；二是立足于政治文化，探索它与协商民主的关系及其对协商民主的作用机理。

首先，立足于协商民主这一基石，探讨协商民主对政治文化的培育与塑造作用。一是协商民主能够消解多元文化之间的张力，促进包容型政治文化的形成。以陈家刚为代表的论者认为，由于协商民主能够最大限度地扩大不同群体在同样政治过程和同样公民公共领域中的参与，所以能够在现实政治的实践中有效地应对多元文化的差异与冲突。③ 二是协商民主能够培育和塑造参与型政治文化。在有些学者看来，参与型政治文化的形成，除了依靠代议制民主实践以外，还需要对话、交流与协商机制的建立，在这个过程中，协商民主无疑是培育参与型政治文化的有效机制。代表性的观点认为，通过协商民主，能够建立多种途径拓展公民参与社会政治生活和公共事务的空间和平台，在此意义上，通过平等对话、协商、交流，培育公民政治参与知识、提升政治参与意识、熟悉政治参与程序、激发政治参与热情、掌握政治参与技能、提升政治参与能力、提高公民归属感与政治责任感，有利于塑造以参与、平等、责任、效率、信任、合作等价值观念为特征的参与型政治文化。④

① 汪晖、陈燕谷：《文化与公共性》，上海三联书店 2005 年版，第 298 页。
② 艾丽斯·M. 杨：《包容与民主》，彭斌等译，江苏人民出版社 2013 年版，第 148 页。
③ 参见陈家刚：《协商民主与国家治理：中国深化改革的新路向新解读》，中央编译出版社 2014 年版，第 152 页。
④ 参见伍俊斌等：《协商民主与当代中国民主政治建设》，人民出版社 2015 年版，第 350 页。

其次，立足于政治文化这一场域，探讨政治文化对协商民主的影响与作用机理。中国民主政治之所以朝着协商民主的方向发展，跟中国的政治文化紧密相关。林尚立最早探讨政治文化对协商民主产生与发展的影响，在他看来，以"和"为基本要素的政治文化为中国协商民主的确立提供良好的精神资源和文化背景，正是基于这种政治文化精神，中国共产党在马克思主义的统一战线理论基础上确立了多党合作和政治协商制度。[①] 在同等意义上，以张凤阳为代表的论者认为，协商民主的发展需要政治文化的作用，在他看来，政治文化是协商民主的一个重要条件，正是由于政治文化的作用，使得顺从威权的态度削弱、自治的精神弘扬蔚然成风之后，协商民主的实践场域才得以拓展。[②]

国内外既有关于协商民主与政治文化之间的关联性研究，为我们进行同类研究提供了重要参考，但纵观既往研究，往往更多地基于总体性的思路进行一般性的把握和探讨，其得出的结论通常在现实的政治生活中要么无法适用，要么受到直接挑战。本文通过对既往研究的系统梳理，主要从两个方面进行反思：一是协商民主是不是受所有政治文化的影响，如果结论是确定的话，为何协商民主难以在具有深层价值冲突的多元文化中生发呢？所以，这意味着协商民主的发展可能只与某些政治文化或政治文化中的某些要素相关。尽管多元文化是协商民主生发的场域，但是多元文化间共识的存在却是协商民主得以开展的前提条件。正如詹姆斯·博曼指出的那样，多元文化之间重叠共识的存在，将协商民主的可能建立在既存的一致和先前共同价值基础之上。[③] 二是国家层面的协商民主与基层协商民主是不是同等、均衡地受某些政治文化或政治文化中的某些要素的影响。既往研究在分析政治文化对协商民主的影响时，往往习惯于不加区分地进行总体性探讨，事实上相对于国家层面协商民主更多地受制度影响，基层协商民主往往更多的受文化影响。正如费孝通先生指出"文化是依赖象征体系和个人的记忆而维持着的

---

① 参见林尚立：《协商政治：对中国民主政治发展的一种思考》，《学术月刊》2003年第4期。
② 参见张凤阳：《政治哲学关键词》，江苏人民出版社2006年版，第249页。
③ 参见陈家刚：《协商民主》，上海三联书店2004年版，第72页。

社会共同经验"①，正是由于这些社会共同经验的存在，蕴含催生基层协商民主的因子，因此，基于文化的视野探讨基层协商民主与政治文化之间的关系，能够更为精准地认识基层协商民主的内在逻辑与运行机理。

（二）和合文化视野下基层协商民主的拓展性研究：基于场域、关系与机制的分析框架

和合文化是中国传统文化的精髓，在《中庸》中提及"和"字时，用"道"来诠释"和"融合万物于一体的规律性，即"和也者，天下之达道也"。"合"是指"融合""统一"之意。由于"和""合"意思相近，之后人们习惯将其合在一起使用。在《墨子·尚同》"内之父子兄弟作怨仇，皆有离散之心，不能相和合"中，"和合"作为一个整体性概念使用。经过时间的沉淀，和合文化日益系统化，张立文教授通过对和合文化的综合把握，将其视为自然、社会、人际、心灵、文明中诸多元素、要素相互冲突、融合，与在冲突、融合的动态过程中各元素、要素和合为新结构方式、新事物、新生命的总和。② 和合文化虽然强调事物间的对立，但更注重事物间的统一，从一定意义上来看，和合文化是在承认事物矛盾、差异的前提下，将彼此不同的事物统一于一个相互依存的和合体中，融合它们之间的差异性，生发出基本共识。③ 和合文化的这些特质，为我国基层协商民主的生存与发展提供了土壤。正是在这个意义上，有学者强调，基层协商民主是"中国共产党结合中国具体国情，在继承中国传统文化'和合'思想的基础上对马克思主义民主思想的丰富和发展"④。从这个意义上来说，中国传统文化中的和合文化与基层协商民主之间存在高度的契合性。和合文化塑造了场域的基本形态，使得存在于这个场域中的多元主体认知模式和行为方式无形中受到影响。和合文化作为社会成员共享的文化资本，有助于建立基于信任、

---

① 费孝通：《乡土中国》，人民出版社 2008 年版，第 19 页。

② 参见张立文：《和合学概论——21 世纪文化战略的构想》，首都师范大学出版社 1996 年版，第 71 页。

③ 参见方浩范：《儒学思想与东北亚"文化共同体"》，社会科学文献出版社 2011 年版，第 281 页。

④ 庄聪生：《协商民主：中国特色社会主义民主的重要形式》，《马克思主义研究》2006 年第 7 期。

互惠的社会关系网络，这种关系网络的存在，为主体之间的合作提供了现实可能。此外，主体之间的联系方式与作用方式，通常表现为相对稳定的运行机制，在和合文化的影响下，主体之间相互联系与作用表现为协商和合作而非对抗和冲突。

立足于和合文化视野下探讨我国基层协商民主的运行机理，需要从作为社会空间的场域、作为社会资本的关系网络以及作为运行方式的机制三个方面进行综合考量。有鉴于此，本文尝试从中层理论的视角建构一个基于场域、关系与机制的分析框架试图将宏观因素与微观因素统一起来，实现准确透过和合文化视野来研究我国基层协商民主的运行规律的目的。

二、和合文化视野下我国基层协商民主的建构逻辑：包容差异性

和合文化为我国基层协商民主的孕育和成长提供了土壤，有学者指出，我国基层协商民主的确立和发展与和合文化密切相关，崇尚和合文化是其突出的特征①，正是在这个意义上，我们可以说，和合文化是认识我国基层协商民主的基因密码。如前所述，和合文化具有两张面孔：一是从前提来看，之所以将某种文化称为和合文化，是因为文化要素具有多样性和差异性，因而才存在所谓的"和而不同"的说法；二是从结果来看，和合文化尽管不是从根本上消除文化要素之间的差异性，却从多样性、差异性的文化要素中寻求多元交融和共识为最终目的，在这个过程中，和合文化表现出包容差异性的面孔。挖掘我国基层协商民主的建构逻辑，应立足于和合文化的本质属性来综合把握，受和合文化两张面孔的作用，我国基层协商民主的建构逻辑沿着包容差异性的进路而展开，具体来说，体现为以下三个方面。

（一）和合文化视野下的场域意味着包容个体差异性和个体纠正自利偏好是统一的

在和合文化场域中，我国基层协商民主的建构沿着包容差异性的逻辑展

---

① 参见于小英：《协商民主与国家治理研究》，中央编译出版社 2015 年版，第 270 页。

开。场域是多元主体之间相互作用的社会空间，它具有一定的相对独立性和结构型塑性，主体一旦进入场域，就"获得了这个场域所特有的行为和表达的特殊代码"①。法国学者布迪厄将场域视为"在各种位置之间存在的客观关系的一个网络，或一个构型"②。存在于场域的主体具有个体化（indi-viduation）和普遍化（universalization）的两重性，主体的个体化，通常是通过主体在与他者互动的过程中得以体现，具体表现为独立性、独特性与主体性；主体的普遍化，意味着主体具有社会性，在与他者互动的过程中，需求根据公共理性，对自身的偏好进行批判性反思，形成基于"更佳论证"的认知和判断。一般来说，文化通常通过场域作用于主体的认识与实践，在这个社会空间内，多种文化相互碰撞与交融，型塑着主体的认知模式和行为方式。和合文化作为嵌入场域的结构性要素，使得场域呈现和而不同、多元包容、异中求同、共生共存的状态。和合文化视野下的场域、价值共识和利益交融是多元主体互动的主线，"个人、群体或阶层之间相互尊重和承认，包容个体差异，并通过协商，在多样性的基础上形成协调、实现合作和达到共赢"③。因此，可以说，和合文化视野下场域的基本形态，不仅是我国基层协商民主得以孕育和成长的结构性条件，还在一定程度上推动着我国基层协商民主沿着包容差异性的进路建构。

（二）和合文化视野下的关系运行强调"推己及人"

"己所不欲，勿施于人"，内在地蕴含信任、互惠与包容，使得我国基层协商民主在面对差异化关系时，依然能够保持同一性、整合差异性，实现功能上包容差异性的自身建构。关系在本文并非单纯的、特殊主义的人际关系，而是存在于场域中的、具有普遍主义性质的社会关系网络（net-work），属于社会资本的范畴，只不过它是一种非正式的社会资本，亦即罗伯特·帕特南意义上的"普通公民的民间参与网络，以及体现在这种约

---

① 陈亚平等：《中国学者新世纪学术贡献前沿理论选集》（上），宁夏人民出版社 2015 年版，第 246 页。

② 皮埃尔·布迪厄等：《实践与反思—反思社会学导引》，李猛等译，中央编译出版社 1998 年版，第 134 页。

③ 李后强等：《协商民主与椭圆观角》，四川人民出版社 2009 年版，第 113 页。

定中互惠和信任的规范"①。信任、互惠与包容关系能否顺畅地建立起来，在很大意义上取决于一个社会的文化是否具有和谐的因子，正如有学者指出的那样："信任之类的社会资本源于一个社会的历史和文化，有些文化有助于人们之间产生信任并使信任等社会资本得以积累。"② 和合文化中蕴含大量的信任、互惠、包容的观念性资源，这些观念性资源的存在，使得中国社会长期存在基于信任的社会关系网络，这是我国基层协商民主得以顺利开展的社会资本。在此意义上，我国基层协商民主能够基于和合文化维持一种深层的相互理解，这种深层的相互理解能够保持社会关系网络的包容性、稳定性，这是我国基层协商民主能够实现包容差异性的关键所在。

（三）和合文化提供了共识达成机制、利益整合机制以及分歧消解机制

和合文化视野下场域的运行、关系的维护之所以保持动态的平衡，是因为和合文化提供了共识达成机制、利益整合机制以及分歧消解机制，这些机制是基层协商民主协调多元差异性，实现包容性建构的具体运行方式。机制作为一个系统各个部分之间的相互作用的过程和方式，通常决定着这个系统的运行方式和功能。和合文化为主体间的相互联系与作用提供了相对稳定的运行方式，包括共识达成机制、利益整合机制以及分歧消解机制等。其一，和合文化强调以"以道服人""以理服人""以德服人"，摒弃二元对立的机械思维，在事物的矛盾性中注重事物的统一性、共生性，和合文化的这种特性有助于基层协商民主实践过程中共识的达成。其二，和合文化强调"君子喻于义，小子喻于利"，认为"义以分则和，和则一"，通过义利之辨，明晰公义的至上性，使得参与基层民主协商的主体有了整合多元利益的基本支点。其三，和合文化强调"求同存异""兼容并蓄"，本着"平等、互惠、交融"的原则，有助于参与基层协商的主体在歧见的碰撞中实现融合，从而有助于多元分歧的消解。

---

① 罗伯特·帕特南著，王列等译：《使民主运转起来》，江西人民出版社 2001 年版，第 1 页。
② 马得勇：《东亚地区社会资本研究》，天津人民出版社 2009 年版，第 82 页。

三、和合文化视野下我国基层协商
民主包容性建构的限度

在新的历史条件下，推动我国基层协商民主朝着广泛、多层、制度化方向发展，既要从和合文化中汲取有益要素，也要反思和总结和合文化视野下我国基层协商民主包容性建构的限度。

（一）警惕和合文化型塑的场域压制个体主体性和正当利益诉求，阻碍我国基层协商民主的持续性

如前所述，中国基层协商民主的生根、发芽，的确离不开作为土壤的和合文化的滋养，但和合文化也侧重于对伦理、道德、集体的推崇，在和合文化中追求个人利益往往被视为一种不义行为，如《论语·里仁》有言"君子喻于义，小人喻于利"，在一定意义上存在贬低个人正当性利益追求的认知。正是认识到和合文化的局限性，有学者批评道，和合文化属于曾经的辉煌，它缺少公民意识和个人权利观念，因而长不出现代民主这棵大树[1]，或者更确切地说，和合文化视野下的基层协商民主中"协商的成分"多于"民主的成分"，更多凸显的是和合文化的要素而非现代民主的要素。基层协商民主的核心在于尊重个体的主体性和正当利益诉求。从表面上看，我国基层协商民主是多方利益诉求者通过对话、交流与协商的方式，在基层单位实现自我管理、自我教育、自我服务、自我监督一种群众自治的实践与探索。从根本上来说，我国基层协商民主的发展，无不取决于公民主体性意识的增强。在基层协商民主实践中，"具有充分的公民主体意识的参与者才提出主张、表达意见、交流信息、转变偏好最终形成较好的观点，参与者的独立思考、自由选择及综合判断也无不源于主体意识"[2]。如果固守和合文化中对个体主体性的忽视以及个人正当利益的贬低，很容易造成基层协商民主出现动力不足的问题，进而阻碍基层协商民主的持续性。在新的历史条件

---

① 参见张秀霞：《中国民主进程中的协商民主研究》，中央编译出版社 2015 年版，第 91 页。
② 伍华军、周叶中：《我国公民意识及其培植研究》，武汉大学出版社 2014 年版，第 188 页。

下，推动我国基层协商民主的包容性建构，不仅需要吸纳和合文化中的合理要素，还需要从现代民主文化中汲取更多的营养，特别是公民意识和权利观念，尊重个体的主体性和正当利益诉求，这些是推动我国基层协商民主长远发展的可持续性的动力。

（二）防止和合文化维持的关系滑向特殊主义，阻碍我国基层协商民主的公共性

和合文化具有两面性：一方面，存在于和合文化中的信任、互惠与包容等要素，有助于构建普遍主义的社会关系网络，为我国基层协商民主的运行奠定必要的社会资本；另一方面，和合文化由于深受血缘关系、伦理关系的影响，带有一定程度的"等级差序和合"的特点，使得主体之间的关系很容易滑向特殊主义。例如，和合文化中尽管主张"仁者爱人"的理念，但这种理念强调"爱要有差等，要依血缘关系的远近、政治地位的高低确定爱的程度，也就是说，爱有差等，爱人要从忠孝做起，忠孝为仁爱之本"[1]，受这种理念的影响，中国的社会关系网络经常是普遍主义不足而特殊主义有余。美国学者杜赞奇在考察中国华北乡村社会时指出，文化网络包括血缘关系、庇护人与被庇护人关系、传教者与信徒关系等大量的非正式人际关系网络，它们的存在造成任何追求公共目标的个人和集团都必须在这一网络中活动，普遍主义的行为很容易蜕变成特殊主义的行为，损害权力的公共性。[2]我国基层协商民主的运行需要公共精神、包容差异性，和合文化为其提供了普遍主义的理念资源，有利于多元主体在民主协商的过程中达成基本共识，但是和合文化中"等级差序和合"的存在，可能会使民主协商的过程中出现派系力量和团体主义，他们容易固守本团体利益而不愿意妥协包容，从而造成协商无果或协商失灵的情况出现。因此，汲取和合文化中的有益因素，推动我国基层协商民主的健康发展，还应防止和合文化维持的关系滑向特殊主义，阻碍我国基层协商民主公共性的实现。

---

[1] 曹德本：《中国政治思想史》，高等教育出版社 2012 年版，第 85 页。
[2] 参见杜赞奇：《文化、权力与国家：1900—1942 年的华北农村》，王福明译，江苏人民出版社 2003 年版，第 2 页。

（三）避免和合文化确立的机制在运行中相互掣肘，阻碍我国基层协商民主的效能

和合文化意味着多元文化或文化中的多元要素对立统一于一个包容差异性的和合体中。它涉及三个层面的意涵：第一，只有许多性质不同或对立事物、要素之间，才可能和合融通，所以，异质元素的存在是和合的基本前提；第二，不同事物经过不断冲突，彼此协调，而后融合，一言以蔽之，动态的冲突融合，是和合的运行过程；第三，不同事物共生共存，且在融合中可能产生新的事物和元素，这是和合的最终目的。① 和合文化是矛盾的对立统一体，这使得它在提供共识达成机制、利益整合机制以及分歧消解机制时，内在地也蕴含对差异性的维护、对多元性的保持以及对分歧性的包容，这些机制的同时存在，使得我国基层协商民主在实际的运行过程中可能会因为机制之间的相互掣肘而出现民主协商低效或无果的局面。所以，在新的历史时期，汲取和合文化中的助力因子，确立推动我国基层协商民主的有益机制时，还应该避免和合文化中的阻滞因子对民主协商过程的干扰，而要做到这一点，需要推动我国基层协商民主的制度化、法治化与规范化，将传统机制吸纳和现代机制的运用有机地结合起来。

（原载《行政论坛》2018 年第 2 期；作者单位：上海师范大学马克思主义学院、上海交通大学国际与公共事务学院）

---

① 参见方浩范：《儒学思想与东北亚"文化共同体"》，社会科学文献出版社 2011 年版，第 280 页。

中国传统和合理念与大学生思政教育

黄翠萍

和合理念自产生以来，在其漫长的历史演进过程中，以其极大的包容性而博采众家，形成一个庞杂的思想体系，揭示了人与自然、社会以及人与人之间的相互联系、相互发展、和合共生的宇宙大道，缔造了中华民族生生不息的思想基石和动力源泉。在大学校园中，笔者认为应当大力倡导并形成校园的和合文化氛围，以利于大学生思想政治教育工作的顺利开展。

一、中国传统和合理念内涵解读

"礼之用，和为贵。先王之道，斯为美。"（《论语·学而》）"天时不如地利，地利不如人和。"（《孟子·公孙丑》）"和也者，天下之达道也。"（《中庸》）中华文化自古重视"和""天人合一"的和谐理念。

"和合"理念吸收、综合了古代各个历史时期儒、释、道诸家的思想精华，是中华传统文化所特有的精神内涵。特别是在先秦时期儒家孔子、孟子、荀子的哲学思想中，蕴含了丰富的和合理念萌芽。《易经》认为："与天地合其德，与日月合其明，与四时合其序，与鬼神合其吉凶"。先秦的《国语·郑语》"商契能和合五教，以保于百姓者也"，是"和""合"两字的最早联用，而"和"则是矛盾多样性的统一状态。[①]

"和合"理念作为中华传统文化所特有的人文精神，备受历代政治家的

---

① 参见张立文：《和合学概论》，首都师范大学出版社1996年版，第149—150页。

推崇和思想家的青睐，经宋代周敦颐、张载、二程、朱熹等理学家；明代王阳明、李贽等著名士大夫；明末清初王夫之、顾炎武、黄宗羲等思想家的阐述、发挥，"和合"理念日臻成熟与完备，已上升为"协和万邦""天下大同"的观念，本人认为，它主要包含以下三个方面的内容。

（一）和而不同：尊重事物的差异性

中华和合文化源远流长，和合的和，指和谐、和平、祥和；和合的合，指结合、融合、合作。和、合二字都见之于甲骨文和金文。《尚书》中的和是指对社会、人际关系诸多冲突的处理；合指相合、符合。

道家学派的创始人老子提出："万物负阴而抱阳，冲气以为和"，是说"道"本身包含阴阳二气，两者和谐共生而推动事物的发展。《管子》一书中将"和""合"并举，认为和合"畜之以道，则民和；养之以德，则民合。和合故能习"，强化修养道德，人民就和合，和合进而和谐，和谐进而团聚，以此凝聚族群，推进社会和谐发展。① 孔子认为"礼之用，和为贵"，并强调"和"在家国观念和宗法伦理中的必要性与重要性，体现出来的是"君子和而不同，小人同而不和。"人们只有在充分尊重事物之间、人与人之间差异的前提下，才能求同存异、和谐一统，表征了"和而不同"的矛盾的同一性法则与客观辩证法与主观辩证法的有机统一。②

（二）和谐共生：强调天地万物的统一性

古代先哲们所提出的和合文化，从朴素的辩证法思想出发，认为世界上任何事物都是对立统一的，都是有差异、区别的，应该得到我们的尊重和传承。"天人合一"，追求内部及彼此之间的和谐，达到整体功能的优化。相互吸纳，追求整体和系统的和谐统一，这是中国文化的重要潮流和基本传统，因而才能使中华民族大家庭几千年来战胜无数的艰难险阻，实现"群居合一"、和谐共生。

（三）以人为本：强化人自身的能动性

历史唯物主义在强调自然界是人类生存和发展的基础的同时，肯定人是

---

① 参见白明峰：《中国传统和合理念与当代和谐文化建设》，《齐齐哈尔师范高等专科学校学报》2008 年第 2 期。

② 参见张立文：《和合中华哲学思潮的探析》，《北京大学学报》（哲学社会科学版）2014 年第 2 期。

世界的主体，因为人可以发挥主观能动性，有意识、有目的地认识世界、改造世界。"人者，天地之心也，五行之端也"（《礼记·礼运》），因此，应当注重人的道德修养和集体价值的认同。正心、诚意、修身、齐家、治国、平天下，正心是前提、根本。心不正，如何能正确认识世界、改造世界？中华和合理念所提出的观点，有其独特的价值。

二、当代大学生思想政治教育所面临的困境

在当代大学生思想政治教育过程中，正面临着以下几个方面的困境：

（一）忽视差异性：追求绝对的等同

追求平等，一直是世界上很多人追求的理想之一，当代大学生也不例外。他们生活在信息时代，拥有梦幻般的理想，希望追求绝对的相同与平等：人与人之间是平等的，学校、社会有个公平的竞争环境，毕业后可以通过自身努力，事业有成，财源广进。

四十多年的改革开放，给中国社会带来巨大的变化，给人们的生活方式、就业形式、思维模式也带来巨大变化，改革开放的过程迅速促成了中国社会利益和思想的多元化，这种利益和思想的多元化，更强调的是人与人之间、各个不同的社会团体之间的差异性，更强调的是竞争。这种差异性，往往容易被当代大学生所忽视。当前大学生所面临的现实问题，表现为竞争环境并非完全公平而没有差异，其所追求纯粹的相同与绝对的平等是一种理想化的论题，与复杂的现实之间，往往存在很大的落差。① 遇到这种情况，大学生面对自己内心的矛盾，容易产生不满情绪与抱怨说辞等不和谐的情况。特别突出的是，大学生正处于世界观、人生观价值观树立前的迷茫阶段，心理素质不稳定，对理想、信念的认知往往存在模糊的空间，加上社会、学校、家庭等方面的一些影响，对学生成才与成人的关系处理失当，学生心理健康出现堪忧的状况。

---

① 参见闵永新：《大学生思想政治教育有效性研究的现状与展望》，《思想理论教育导刊》2010 年第 1 期。

（二）忘却整体性：以自我为中心

和合理念强调自然界、人类社会、个人之间是统一的整体，应当和睦相处、和谐共生。而今大学生作为独生子女居多的少子化的一代，其中一部分人由于其生长过程备受众多长辈的过分的呵护，物质生活得到较大满足，加上受到社会上不良风气的影响，养成在校期间，在与他人相处中，往往容易产生以自我为中心，而忘却整体性，主要表现在以下几个方面：首先，个性张扬、团队合作意识较差。其次，过度依赖网络，实际沟通能力较差。网络时代是大学生的生存环境特征，不少大学生"网络生存化"比较严重，大大减少他们与他人，特别是同学间的沟通的意愿，使他们的沟通能力得不到应有的提高。最后，个人生活与群体生活格局格格不入，生活自理能力和约束能力差，自我意识强，合作意识弱。

（三）道德自律较弱：价值观有待矫正

和合文化特别注重德化教育，强调以人为本，强调个人的修养、品质。目前大学生中有一些人道德有所缺失，诚信不足，价值观有待矫正等问题。譬如，个人本位功利主义滋长，是非观念不准确；道德认知与道德实践严重脱节，即知行不统一。言行不一致，说一套做一套；诚信不足。在与社会、与他人的相处中，存在一些不诚信的行为，使得校园内产生信任危机，也给自身的行为带来极大的不便；价值取向功利化。一些学生过分强调个人的自由和权利，过分强调自我实现，在政治、学习、人际交往上，表现出明显的功利性。集体主义观念淡化，不愿参加集体活动，个人主义思想严重。

三、基于和合理念视阈下大学生思想政治工作的实现路径

和合文化倡导的是"求同存异""和而不同"，这在当今多元文化交流的社会，无疑给我们大学生的思想引领出一条新的出路。习近平指出："要深入挖掘和阐发中华优秀传统文化讲仁爱、重民本、守诚信、崇正义、尚和合、求大同的时代价值，使中华优秀传统文化成为涵养社会主义核心价值观的重要源泉。"我们要让中华优秀传统文化中的和合理念教育走进高校，注

重大学生思想政治工作的差异性，强化大学生思想政治工作的整体性，培养大学生合群爱群的群体性，加强大学生道德养成与价值观引导，做好大学生的思想政治教育工作，使他们树立正确的世界观、人生观、价值观。

（一）和而不同：注重大学生思想政治工作的差异性

孔子认为，"和而不同"，也就是不强求一致，不重复别人。只有在大目标一致的前提下，承认差异，包容差异，乃至尊重差异，才能化解矛盾，共存共荣。"和而不同"是中华民族的优良传统，是中华文化的精髓，是中国人自古尊崇的处世之道。[①]

当今高校，在对大学生进行思想政治教育时，每个学生由于理解能力、操作能力、专业特长、个人的努力程度等的不同，其所获得的效果是不同的，课堂上是这样，走出校园更是如此。为此，要求我们的高校，应长期开展丰富多彩的社会实践、教育实习等活动，使大学生与社会直接结合，让他们提前走入社会，体验社会，化解他们心中严重存在的不切合实际的想法。有条件的高校，如农、林、理工、医学等院、系、专业，应实行校企（企业、事业单位等）合作的办学模式，根据不同专业学生的特点、需求，组织在校生到上述基地（企业、单位）进行实习、社会实践，学生不仅能掌握了劳动技能、增加收入（学校应鼓励勤工俭学），更重要的是，通过劳动实践，加深对大学生社会、对他人的差异性的了解、理解，对与他人相处应"和而不同"的精髓有更深刻的体会，进而承认人与人之间的差异性，把从企业、事业等实践基地学到的经营理念及从课堂上学到的和合思想，价值观念，应用到社会上，这将使我们的大学生毕业后能够很快地适应社会。将来无论在什么岗位、什么社会环境，都能接受和而不同的理念，与他人、社会和睦相处、和谐共生，都能小有成就。

（二）求同存异：强化大学生思想政治工作的整体性

求同存异对于当今高校学生思想政治工作的有效开展，强化大学生思想政治工作的整体性，具有指导意义。首先，能够正确引导学生用辩证的观点

---

① 参见赵启迪：《〈论语〉中的"和合"政治思想探究》，河北师范大学 2015 年硕士学位论文。

理解"求同存异"。就是要坚持异中而求同，生活处处充满辩证法，"求同存异"教会大学生，一定要以同一性与斗争的原理为指导。一方面，处理各类关系时，要做到与集体社会的同一性、整体性，我们的社会才能实现真正的和谐，我们每个人的学习、生活才能意义[1]；另一方面，每个人要有自己的个性、爱好，特别是在大是大非面前，即坚持斗争性，要坚持自己正解的原则，决不能人云亦云。

高校可通过建设具有地方特色的优秀传统文化学科专业，实现优秀传统文化与大学生思想政治教育的融合。福建部分高校通过弘扬中华优秀传统茶文化教育学生"求同存异"作为其思政教育的特色。比如漳州某高校充分发挥本校茶学、茶文化在全国全省独树一帜的优势，开展奉茶礼仪活动、见面问好活动。用茶来和身心，进行"心理按摩"，另辟思政教育新路径，并在实践中推行"沏、奉、品"三部曲的"茶疗法"，称之为"茶和计划"，这为对学生的思想政治教育工作，化解同学间的矛盾提供了一条有效的途径。即：同学之间通过沏上一壶茶，奉上一杯茶，平起平坐行茶礼，以茶会友，以茶文化的独特方式走进学生的心灵，使学生感受到爱和温暖，因而敞开心扉，品茗谈心，以心交心，师生成为知心朋友。其次，教育学生用全面的观点看待"求同存异"。我们在解决同学中出现的矛盾中，要求学生先把双方不同的立场说清楚，也就是承认双方差异的个体性，同时又搁置差异，然后着力寻求共同点，解决矛盾。最后，要求学生用发展的观点实践"求同存异"，并且在存异中化异趋同。

（三）立德树人：加强大学生道德养成与价值观引导

实现中华民族伟大复兴的中国梦，关键在人，关键在于培养中国特色社会主义事业的建设者和接班人。用习近平新时代中国特色社会主义思想武装大学生，是培养中国特色社会主义事业的建设者和接班人的基础性工程。我们要把立德树人作为教育的根本任务来抓，在新形势下加强和改进大学生思想政治教育工作[2]。

---

[1] 参见吴莎：《张立文和合学思想研究》，湘潭大学 2015 年硕士学位论文。

[2] 参见《中共中央国务院发出〈关于进一步加强和改进大学生思想政治教育的意见〉》，《中国高等教育》2004 年第 20 期。

一是建立立德树人的主导机制，做到全员育人。师者，传道、授业、解惑也。有了高质量、高水平的师资队伍，就可以根据传统文化的和合思想制定教学目标并组织实施。高校要继承发扬尊师重教传统，学生要尊重老师，老师也对学生要平等相待，关怀学生身心健康成长；应培养、组织一大批政治坚定、业务精湛、师德高尚、结构合理的思想政治教师队伍，并建立一支专业化、职业化的辅导员队伍，并通过走出去、请进来的办法，与外校、机关事业单位进行沟通交流，不定期聘请校内外专家、学者以及各行各业优秀思想教育工作者进校做和合文化的讲座，现身说法。

二是健全立德树人的整合机制，"以生为本"，营造学生成长成才的良好氛围。各高校注重将中华优秀传统和合文化的教育，贯穿到学校思想政治教育的各个环节。其中，各专业，无论文、理、工、医等专业，均可开设反映中华优秀传统文化核心的"和合"思想的课程，作为各高校所有学生的必修课，具体包括《中国传统文化》《论语》《三字经》以及富有地方特色、本校特色等课程，为学生从理论上对和合思想的系统的了解提供了保障；同时，还要在校内不定期地举办中华优秀传统文化——和合思想讲座，使全校所有的学生均能接受和合理念的教育；高校应开办纪念孔子诞辰日，对学生进行孔子的和合思想教育，营造良好而和谐的校园环境。①

三是建立立德树人的保障机制、实现育人效果。各高校应通过广推"礼义"教育，培养学生文明习惯的养成，达到全员育人的目的。比如闽南地区一所高校制定"135"行动，即每月至少读一本好书、写两篇笔记、提三个问题；全校师生实行"五好"（即早上好、上午好、中午好、下午好、晚上好）见面互相问好制度。通过一系列的校园实践，学校更加注重言传与身教的结合，传播、实践中华传统文化核心价值，实践社会主义核心价值观，让育人工作更贴心、更动情，达到春风化雨"润物细无声"之效果。

（原载《闽南师范大学学报（哲学社会科学版）》2018 年第 1 期；作者单位：漳州科技职业学院）

---

① 参见《讲仁爱重民本守诚信》，《光明日报》2014 年 7 月 22 日。

中华"和合"文化对
当代青年价值观形成的意义研究

郑文娟

十九大报告对中华优秀传统文化的重要性做出明确表述,"中国特色社会主义文化,源自于中华民族五千多年文明历史所孕育的中华优秀传统文化",推动中华优秀传统文化的创造性转化和发展,就要"深入挖掘中华优秀传统文化蕴含的思想观念、人文精神、道德规范,结合时代要求继承创新,让中华文化展现出永久魅力和时代风采"[①]。中华"和合"文化内涵丰富,在中华优秀传统文化中占据重要位置,是人类文明发展的珍贵精神财富。青年兴则国家兴,青年强则国家强。青年一代有理想、有本领、有担当,国家就有前途,民族就有希望。青年的价值取向决定了未来整个社会的价值取向。青年的精神追求、时代责任与中华"和合"文化具有多维契合性,尤其是"和合"文化在教育引导、正向宣教以及行为实践等方面的经验和作用,对当前塑造青年形成正确的价值观具有重要的意义。

一、"和合"文化的主要内涵

中华"和合"文化倡导和睦共处,在中华文明发展进程中源远流长,已经深入中华民族的血液。从文化起源来看,"和合"文化起源很早,"和"

[①] 习近平:《在中国共产党第十九次全国代表大会上的讲话》,《人民日报》2017年10月26日。

"合"二字最早见于甲骨文和金文。"和"的本义是声音相应和谐，"合"的本义是上唇与下唇的合拢。① 从先秦时期开始，西周的史伯，春秋时期的老子、孔子，战国时期的孟子和荀子都提出了与"和合"相关的思想。后经两汉经学、魏晋玄学、唐代佛学至宋明理学，再到近代思想的不断充实、革新，"和合"文化不断发展。它凝聚着中华民族的精神力量，具有强大的生命力和丰富深刻的内涵。

（一）"和为贵"是一种价值观

"和为贵"表达的是一种"贵和"的思想。儒家的孔子极力主张以和为贵，他提出"君子和而不同，小人同而不和"②。其表达的意思是：君子在阐释自己观点的同时会尊重别人的观点，有不同但依然和谐；而小人虽表面上随口应和，背后却会说坏话。孔子的弟子有子最早明确阐述了"和为贵"的思想，他在《论语·学而》中指出："礼之用，和为贵。先王之道，斯为美。"其表达的观点是，行礼节要以和谐为主，古代君王治理国家最明智的做法也就在于此。孔子及其弟子十分重视"和为贵"的思想，把"和"推崇为一种具有最高价值的精神。在今天看来，"和为贵"是人与人相处的处世准则，或一种处事的原则，还是一种认识事物的思维方式。俗话说"家和万事兴""协和万邦""和者也，天下之达道也"，这些都与"和为贵"的思想一致。中国人民热爱和平，中国坚持走和平发展道路都是深受"和为贵"思想的影响。

（二）"天人合一"的自然观

"天人合一"的思想最早萌芽于《易传》。《周易·乾卦·文言》说："'大人'者与天地合其德，与日月合其明，与四时合其序，与鬼神合吉凶，先天而天弗违，后天而奉天时。"这里讲的就是"天人合一"的思想，这是人生的最高理想境界。③ 先秦时期，儒家对"天人合一"的思想就有很深的认识，后来不断将其发扬光大，进而成为儒家思想的重要组成部分；《中庸》里记载的"与天地参"，是说遵循事物发展变化的规律，就能达到"天

---

① 参见张立文：《中国文化的精髓——和合学源流的考察》，《中国哲学史》1996年第1期。
② 朱熹：《四书章句集注》，中华书局1982年版，第147页。
③ 参见季羡林：《中国精神与中国人》，国际文化出版社2013年版，第118页。

人合一"的境界;《孟子·尽心上》指出,人们运用心灵思考就知道人的本性,知本性就知天命,保持心灵的思考、涵养人的本性,是对待天命的方法。做到以人心为本才能达到天人合一的境界;道家的代表人物老子和庄子也阐述过"天人合一"的思想;北宋时期,"天人合一"的思想以一个完整的命题出现。哲学家张载提出:"儒者则因明致诚,因诚致明,故天人合一,致学可以成圣,得天而未始遗人。"① 综上可知,"天人合一"强调人与自然的密不可分、相连相通,最终实现人与自然的和谐统一。"天人合一"体现人与自然的统一,蕴含着人与自然、人与人、人与社会的和谐统一关系。

(三)"和而不同"的文化观

在中国历史上,"和而不同"的哲学概念可以追溯到西周末年,郑国的哲学家史伯认为,不同的物质相互促进达到物质的变化,不同的事物相结合达到"和"的状态,才能产生新事物。孔子在继承前人观点的基础上提出了"和而不同"的思想,"君子和而不同,小人同而不和"。"和而不同"中的"和"代表着不同事物之间的协调,"同"代表着事物之间的一致,意思是说具有差异的事物之间虽然有差别但还是可以和谐共处。张岂之先生认为:"'和而不同'这一命题本身就表明'和'包含着差别和对立,包含着革新和发展。因此,文化思想中的'和而不同'是一种继承前人文化思想并有所创新和发展的进步的文化观。"② "和而不同"思想成为中国坚持求同存异,走中国特色外交,构建人类命运共同体的重要思想源泉。

二、"和合"文化与青年价值观塑造的契合性

"和合"文化是中华优秀传统文化与社会主义先进文化建设中的重要资源,有着丰富的思想内涵,深深扎根于中国人的精神之中,"和合"文化与青年的爱国情怀、生态文明理念与时代责任等方面具有多维契合性。

---

① 张三元:《"天人合一"新论》,《华夏文化》2004年第4期,第28页。
② 中共中央办公厅:《关于培育和践行社会主义核心价值观的意见》,《人民日报》2013年12月24日。

（一）"和合"文化契合青年的爱国情怀

青年是民族的希望、祖国的未来，绝大多数拥有热爱和平、尊重生命、化解矛盾、宽容理解的愿望与追求。将中华民族传统美德与社会公平正义相融合的爱国主义情怀，是中华民族生生不息的强大精神动力。当代青年的爱国情怀体现在对祖国发展的责任担当上，这种担当也基于青年自身发展的客观需求。"和合"文化具有引导青年树立正确的历史观、具有将爱国主义与和平主义等特质整合为统一的人格框架的价值同一性。"和合"文化是革命历史精神的题中之义。革命先烈们深刻把握救亡图存的时代主题，以追求国家独立，人民民主、自由为奋斗目标，投入到艰苦卓绝的革命事业当中。追溯丰富的革命历史，从中可见以革命者为代表的优秀中华儿女对追求民族独立、自由、平等、和平的强烈信念。成千上万的先烈在残酷的革命斗争中具备随时献出宝贵生命的觉悟，当代青年缅怀与学习革命先烈及其英雄事迹，其出发点与落脚点均在于宣扬珍视和平的信念和保卫和平的决心，这也是中国革命历史带给我们最强烈的爱国主义精神感召，是"和为贵"价值取向的精神引导。习近平总书记在多个场合提及"和平"的重要意义，表达出人民铭记历史、缅怀先烈、热爱祖国、珍爱和平的坚定立场与决心。"和平是需要争取的，和平是需要维护的。只有人人都珍惜和平、维护和平，只有人人都记取战争的惨痛教训，和平才是有希望的。"① 因此，"和合"文化能够激发青年的爱国情怀，为青年的爱国主义教育提供丰厚的精神滋养。

（二）中华"和合"文化契合青年的生态文明理念

党的十八大以来，国家高度重视生态文明建设。党的十九大报告中，习近平总书记进一步强调生态文明建设的重要性："必须树立和践行绿水青山就是金山银山的理念，坚持节约资源和保护环境的基本国策，像对待生命一样对待生态环境。"② 这些生态文明理念是对"和合"文化中"天人合一"思想的传承与弘扬。"和合"文化始终强调人作为自然界的组成部分，就要遵循自然法则，与天地万物和谐共处、共荣共生，也是实现人与自然和

---

① 习近平：《在南京大屠杀死难者国家公祭仪式上的讲话》，人民出版社 2014 年版，第 4 页。
② 习近平：《决胜全面建成小康社会　夺取新时代中国特色社会主义伟大胜利》，《人民日报》2017 年 10 月 28 日。

谐发展的重要思想源泉。建设生态文明和谐美丽中国，就要实现人与自然和谐共处。青年是"和合"文化的传承者，是"天人合一"思想的践行者，是推动经济社会发展的生力军，更要懂得尊重自然、保护环境，将生态文明理念根植于心、贯穿于行，自觉肩负起实现人与自然和谐共生的光荣使命。

（三）"和合"文化契合青年的时代责任

"物质生活的生产方式制约着整个社会生活、政治生活和精神生活过程，不是人们的意识决定人们的存在，相反，是人们的社会存在决定人们的意识。"① 青年价值观作为一种社会意识，由社会存在决定，同时反映社会存在的变化。青年成长为什么样的人、应该成为什么样的人，很大程度上依赖于所处的时代，伟大的人生目标往往产生于强烈的时代责任感。世界处于百年未有之大变局，构建人类命运共同体是时代命题。习近平总书记寄语青年，要勇于担当，为构建人类命运共同体添砖加瓦。人类命运共同体理念是一个共享共赢、休戚与共、体现"和而不同"中华"和合"文化特色的中国特色新理念。习近平总书记在多个外交场合强调，要促进和而不同、兼收并蓄的文明交流。文明交流需要"和而不同"的精神，不同文明间只有相互尊重、和谐共处，世界才会呈现百花齐放的繁荣景象。中华"和合"文化是构建人类命运共同体的重要思想资源。当代青年正逐渐成长为社会发展的中坚力量，有为青年理应以"和合"的理念勇担起国家的重任和历史赋予的使命。

三、中华"和合"文化对塑造青年价值观的意义

"和合"文化是中华传统文化的精髓，是中华文明的内在精神，体现在社会的各个方面，更加深植于人们心中、流淌在人们的血液里。在塑造青年价值观的同时，需要勇于开拓弘扬中华"和合"文化的实现路径，积极增强中华"和合"文化对青年价值观的涵养价值，系统总结中华"和合"文化在思想引导、宣教方式、行为实践等方面的宝贵经验和作用，这对塑造青

---

① 《马克思恩格斯选集》，人民出版社 2012 年版，第 60 页。

年的价值观具有重要意义。

（一）为"和谐"价值教育引导赋能

儒家思想注重"人和"，明确指出"德莫大于和"。孔子认为"和"是人文精神的核心，"礼之用，和为贵"，重视"和合"的教育价值。"一种价值观要真正发挥作用，必须融入社会生活，让人们在实践中感知它、领悟它。要注意把我们所提倡的与人们的日常生活紧密联系起来，在落细、落小、落实上下功夫。"① 首先，要加强家庭教育。俗话说"家和万事兴"，中国家庭伦理道德的精神谱系里就特别强调家庭成员之间的和谐相处，家庭和睦、父慈子孝、尊老爱幼、邻里团结是家庭伦理道德规范的融洽境界。这与"和合"文化早已融入日常的家庭教育、早已成为家庭伦理道德架构的重要支撑相关。青年价值观作为一种德行教育，更应该吸收家庭"和合"文化的精髓，倡导青年具有高度责任感，家人之间相互尊重和关爱，构建和谐健康的家庭环境。其次，要加强自身修养。中国古代历来讲究格物致知、诚意正心、修身齐家、治国平天下儒家教育的核心观点，要实现治国平天下首先要启发人内在的善良和自觉，培养温和善良的道德观。青年价值观的培育同样要注重自我修养，引导青年做内外兼修、身心和谐、人格完善的时代新人，为构建和谐社会贡献力量。

（二）为正向价值宣教助攻

"和合"文化宣扬包容并蓄、求同存异、和而不同的价值理念，对人与人、人与自然、人与社会的关系倡导以关怀与热爱去构建，具有正向引导价值。力倡"和合"精神，是站在新时代的高度，从传统文化中汲取"和合"思想的营养，将传统精华融合到时代精神的同时，挖掘、提炼和升华符合时代精神的潜在示范价值。青年价值观的塑造需要发挥广大党员、领导干部、老模范的示范宣传作用，用模范行为和高尚品德感召青年。通过学习榜样的思想和行为，也能形成新的原本不具备的思想和行为模式。习近平总书记寄语青年模范，要"再接再厉、严于律己、锐意进取，用自身的成长历程、

---

① 习近平：《把培育和弘扬社会主义核心价值观作为凝魂聚气强基固本的基础工程》，《人民日报》2014 年 2 月 26 日。

精神追求、模范行动为广大青少年作好表率"①。马克思曾有过著名的论断："人创造环境，同样，环境也创造人"②；习近平总书记也指出，典型模范宣传要求真务实，凸显正能量，坚决杜绝虚假包装的现象。学习典型、学习模范的文化环境给青年成长营造了浓厚的氛围，激励青年以模范为榜样不断提升自己，有利于他们正确价值观的确立。

（三）为社会实践提供丰富的精神食粮

"和合"文化深深植根于中国人的内心，体现在中国人的行为方式上。同样，塑造青年价值观重在实践养成，这是价值观的活力体现。"价值通过评价为人们从观念上所把握，通过劳动实践、交往实践、创作实践将这些价值从可能的形态变成现实的形态，又通过消费活动来真正地占有和实现这些价值，从而进一步提升了自己的本质力量和各种能力。"③ 将"和合"理念与青年价值观有效衔接，有助于青年完成对"和合"文化的价值认同，并从中汲取宝贵的思想精华，内化于心，外化于行。"和合"文化包含的"求同存异""和而不同"是处理人际关系的方法论，对于青年在交往中维持人与人之间的和谐交往具有独特指导价值，有助于青年在现实交往中形成尊重包容、和睦共处的价值观。"和合"文化包含的"天人合一"强调的是人与自然和谐共生的绿色发展理念，是人类实现永续发展的美好愿望，为青年落实全球生态治理新方案，形成绿色发展和生活方式提供了引导和遵循。"和合"文化包含的"和合共生"是中国几千年文明一直秉持的理念，对于青年在新时代秉承"合作共赢"的价值追求，在"一带一路"倡议和"人类命运共同体"等主旨的战略下推动不同社会之间实现和谐共处的目标具有重要实践意义。

（原载《柳州职业技术学院学报》2021 年第 4 期；

作者单位：南开大学）

---

① 习近平：《在同各界优秀青年代表座谈时的讲话》，《人民日报》2013 年 5 月 5 日。

② 《马克思恩格斯选集》第 1 卷，人民出版社 2012 年版，第 172—173 页。

③ 马俊峰：《马克思主义价值理论研究》，北京师范大学出版社 2017 年版，第 60 页。

浅析"和合"文化与道德人格培育

肖　祥　　张明琴

习近平总书记十分重视中华优秀传统文化，他曾指出："优秀传统文化是一个国家、一个民族传承和发展的根本，如果丢掉了就割断了精神命脉。"[1] 在党的十九大报告中，他同样指出："文化是一个国家、一个民族的灵魂。文化兴国运兴，文化强民族强。"[2] "和合"文化是中国优秀传统文化的精髓，具有非常丰富的内涵。"和合"文化对于当前构建和谐社会，打造人类命运共同体具有十分重要的时代价值，也是当前提升人民思想觉悟、道德水准、文明素养，形成道德人格，提高全社会文明程度的宝贵资源。

一、"和合"文化的内涵

宋代儒学家陈淳曾说："那恰到好处，无过不及，便是中，此中即所谓和也。"[3] "和合"文化博大精深，被广泛运用于人、事、物等各个方面，既指人际之间的团结和睦，也指事物之间的协调配合，均衡得当。具体而言"和合"文化具有以下四个方面内涵：

其一，保合太合、天人合一的美好愿景。中国古代的《易经》将"和合"思想表现得淋漓尽致，深刻描述了"太合"的形成过程及"利贞"达

---

① 习近平：《习近平谈治国理政》第二卷，外文出版社 2017 年版，第 313 页。
② 习近平：《决胜全面建成小康社会　夺取新时代中国特色社会主义伟大胜利——在中国共产党第十九次全国代表大会上的报告》，人民出版社 2017 年版，第 40—41 页。
③ 陈淳：《北溪字义》，中华书局 1983 年版，第 48 页。

成的美好愿望。《乾·彖》言:"乾道变化,各正性命,保合太和,乃利贞。"即:天道的变化,使万物得到各自的性命,万物之间通过协调并济的相互作用,形成"太合",当世间万物能够长久保持"太合"状态,才是利贞,也就是和谐美满。庄子提出"万物与我为一"(《庄子·齐物论》),董仲舒提出"天人之际,合而为一"(《春秋繁露·深察名号》)都体现了人、社会、自然三者浑然一体,共生共荣的理念。这些理念深刻表达了对"和合"的追求,即对自然界本身和谐、人与自然和谐、人与他人和谐及人自身和谐的极力推崇,至今仍具有极大的社会价值。

其二,和实生物、和合而兴的发展规律。史伯提出:"和实生物,同则不继。"(《国语·郑语》)老子则说:"天地相合,以降甘露。"(《老子·第三十二章》)荀子也说:"天地合而万物生,阴阳接而变化起。"(《荀子·礼论》)"和合"是事物发展过程中不可或缺的状态,事物之间进行相互联系时,只有处于"和合"的状态,才能发挥各自特点和作用,才能吸收其他事物和要素的积极成分,从而具备新的性质和功能,进而促进新事物的生成。因而,多元和合致使新事物的产生,多元并存要求各事物间必须和处,和处才能和生,和处、和生,才能和谐。"和合"是事物发展的过程,蕴含着事物发展变化的规律。

其三,和而不同、求同存异的价值理念。先秦思想家孔子提出了"君子和而不同"(《论语·子路》)的思想。"和"并不是千篇一律,而是共生共长,"不同"也不是相互对立,而是相辅相成。"和而不同"既包含着矛盾的对立性,又包含着统一性。而"和而不同"的达成需要尊崇"求同存异"的理念,以期事物在保持各自差异中寻求共同点,达到和谐状态。这一价值理念是人类社会和谐交往、文明演进的重要原则,也是一切社会关系产生和发展的重要准则。

其四,和为贵、泛爱众的处世哲学。中国传统的"和合"文化重视建立融通的人际交往、有序的社会秩序、和谐的社会关系。"天时不如地利,地利不如人和"(《孟子·公孙丑下》),只有"志同道合"(《尚书·皋陶谟》)、"和衷共济"(《尚书·皋陶谟》)才能做到"和则一,则多力,多力则强"(《荀子·王制篇》),从而天下殊途同归。同时,强调在与人交往中,要"泛爱众，而亲仁"（《论语·学而篇》）；要"己所不欲，勿施于人"（《论语·卫灵公》）；要行"忠恕之道"从而"家和万事兴"。这也就强调为人处世要相互理解、互利互让、和睦相处，要"以和为贵"。

总而述之"和合"文化及其精神是一种消解冲突，促成融合、稳定社会的力量，使自然、社会中诸多形相、无形相的事物相互冲突、相互融合，并在此过程中合为具有新结构方式新生命的新事物。[①] 对于社会个体而言，"和合"文化对当前加强公民道德建设形成道德人格的培育具有深刻联系。

二、"和合"文化与道德人格的内在关联

所谓道德人格，是一个人的内在的人格素质（德性）和外在的道德行为（德行）的有机统。[②] 一般而言，道德人格指个体的道德品质，是价值、品质与尊严的总和，是个体稳定的道德倾向与良好精神状态的表现。而"和合"文化是一种消解社会冲突，调和社会矛盾，追求真善美的文化，既包涵着人与世间万物的协调、平衡、融合的状态，也蕴含着平和、和善、包容的人生境界，是道德人格形成的重要条件。"和合"的道德环境是社会塑造形成道德人格的基础工程"和合"的道德意识是自我塑造形成道德人格的必要条件。

（一）"和合"的道德环境与道德人格的社会塑造

"人的本质是一切社会关系的总和"[③]，社会环境对个体的成长十分重要。常言道："与善人居，如入芝兰之室，久而不闻其香，则与之化矣；与恶人居，如入鲍鱼之肆，久而不闻其臭，亦与之化矣"（《说苑·杂言》）；"蓬生麻中，不扶而直；白沙在涅，与之俱黑"（《荀子·劝学》）；"近朱者赤，近墨者黑"（《太子少傅箴》）；"一方水土养一方人"等，社会环境对个人品行和人格养成具有深远影响。而"和合"文化崇尚与人为善、和睦

---

① 参见张立文：《尚和合的时代价值》，《浙江学刊》2015 年第 5 期。
② 参见包卫：《现代道德人格教育论》，上海交通大学出版社 2011 年版，第 25 页。
③ 《马克思恩格斯选集》第 1 卷，人民出版社 1972 年版，第 60 页。

相处、推己及人等思想，营造了培育道德人格的良好氛围，是社会塑造道德人格的条件，也是和谐社会形成的基础。

因而"和合"文化所营造的"和合"的道德环境、"和善"的道德氛围、"和谐"的人际关系等，营造了社会塑造个体道德人格形成的优良条件。

（二）"和合"的道德意识与道德人格的自我塑造

"内化于心"方能"外化于行"，道德人格的形成不仅需要社会的培育，更重要的是通过自我塑造形成。当前，社会的飞速发展带来的社会道德问题促使人们对道德及道德人格进行深层的反省，追问"社会道德'滑坡'究竟谁该负责？个人道德、社会公德又该如何建设？"事实上，我们不应该一味地站在道德制高点谴责他人的行为和否定他人的价值观，我们也不应该习惯性地将现代性的道德问题归咎于社会的急速转型及教育的脱节，最为重要的是我们每个社会个体都要唤醒自我的道德意识，内化为自觉的道德行为，在道德行为的实施和传递中自我塑造形成道德人格。

"和合"文化是以"人的发展"为终极关怀的，"德"是贯穿其发展始终的价值理念，不仅为人们提供正确价值观的引领，也给予丰富的方法论指导。"和合"思想关注人的精神世界，强调修身养性；注重人际和谐，强调忠恕之道；主张万物平等，强调责任意识；关心社会发展，推崇奉献精神；重视互利共享，强调包容意识。因而"和合"文化能够在一定程度上唤醒社会个体"和合"的道德意识，给予个体实践道德的精神洗涤和行为指引，使处于道德困境的人们真正找到出路和寄托，从而使整个社会达至真、形成善、实现美。

三、"和合"文化对道德人格培育的现代启示

道德人格培育就是基于"人是什么"的认知基础上，立足培养人正确的、科学的思想观念，探索"人应该怎样为人"，从而实现个体外在行为和内在精神的全面、同步发展，"和合"文化中蕴含着丰富的道德人格培育的方法论原理，对道德人格的培育具有重要作用。

（一）培育"和生"意识：形成"万物并育而不相害"的生态道德观

"天地之大德曰生"（《周易·系辞》），即天地间最伟大的道德就是爱护生命。"和生"就是"共生"，培育道德人格就是要培养人的"和生"意识，形成"万物并育而不相害"的生态道德观。"和生"就是要尊重自然界的各个生命体，使每个生命体都有一个最佳的生存环境，从而使其持续发展而不受损害，生生不息而繁荣昌盛。当处于同一个共同体的个体之间出现矛盾、冲突和竞争时，也不应该以"你死我活"，消灭对方为化解方法，而应以和谐、协调、融突为价值导向，实现共生共荣，共富共贵。

"人与自然、社会、他人、心灵、他文明间的生命，都有其存在的权利，任何一方的生命受到危害和威胁，另一方的生命亦会遭到威胁和危害。"[1] 人与自然是对立统一的矛盾体，人想改造自然，主宰大自然，同时大自然也主宰和控制着人类的命运。正是这二者有着密不可分的关系，我们更应该树立"和生"意识，尊重自然、顺应自然、与自然和谐相处，才能够得以生存，才能够达到和谐平衡的状态，才能充分享受到自然对我们的馈赠。

党的十九大报告也指出："人与自然是生命共同体"[2]，"要坚持人与自然和谐共生"[3]，"要像对待生命一样对待环境"[4]。因此，在新时代，我们更需要弘扬"和合"文化，传播"和生"思想，培育社会个体形成道德人格。

（二）培育"和处"意识：形成"道并行而不相悖"的和谐社会观

在 21 世纪的"陌生人社会"，人们不得不在共处中活动生存，如何与他人、与社会相处是不得不学的技术。"和合"文化中的"和处"是"君子和而不同"精神的体现，其遵循的原则是："道并行而不相悖"（《礼记·中庸》）。

---

① 张立文：《中国伦理学的和合精神价值》，《浙江大学学报》1999 年第 1 期。
② 习近平：《决胜全面建成小康社会　夺取新时代中国特色社会主义伟大胜利——在中国共产党第十九次全国代表大会上的报告》，人民出版社 2017 年版，第 50 页。
③ 习近平：《决胜全面建成小康社会　夺取新时代中国特色社会主义伟大胜利——在中国共产党第十九次全国代表大会上的报告》，人民出版社 2017 年版，第 23 页。
④ 习近平：《决胜全面建成小康社会　夺取新时代中国特色社会主义伟大胜利——在中国共产党第十九次全国代表大会上的报告》，人民出版社 2017 年版，第 24 页。

"和处"意识的培养对于当今的大学生群体尤为重要。近年来，频繁发生的大学校园中因人际关系导致的悲剧，刺痛着人们的神经；网络中广为流传的大学女生宿舍"宫斗剧"的段子，震惊了人们的心灵。多数大学生是第一次进入集体生活，由于价值观念、生活方式的不同，在与同学、室友等的相处过程中难免产生分歧、矛盾或冲突。而"和处"强调的是宽容，它意味着与人相处时要推己及人，要学会换位思考。"和合"文化中的"和处"原理告诫大家：虽然不同国家、民族、种族人们间的价值观念、思维方式、风俗习惯、宗教信仰各有不同；自然、社会、人际、心灵、各文明间的情态各有不同，可谓"道"不同。但为了人类社会的共同发展、共同福祉，社会个体要形成"道并行而不相悖""和而不同"的和谐社会观，要和平共处，共富共荣。

因而，培育道德人格需要培养如费孝通先生所言的"各美其美、美人之美、美美与共，天下大同"① 的"和处"意识，自觉做到善良、宽容、恭敬、谦让，打造良好的社会关系。

（三）培育"和立"意识：形成"己欲立而立人"的健全人格观

"和立"意识是孔子所推崇的"己欲立而立人"（《论语·雍也》）和"己所不欲，勿施于人"（《论语·卫灵公》）精神的体现。"和立"也要求基于现实多样性、多元性的基础上，承认事物发展的相对独立性。非此即彼的二元对立思维之中，常常以征服对方，甚至消灭对方为"立己"的表征，常常导致战争不断，使自然、社会、人际、心灵、文明等遭受严重破坏。

历史的经验告诉我们，以多元开放的精神、宽容的胸怀，承认和接纳自然、社会、其他文明等，按其适合于其自身特性的生存方式、发展模式而自立于天地之间、世界之林，同时以适合于自己的发展道路来建立自己的制度、模式，才是发展的方向、和谐的根源，才是"和立"。

每个人都在发展，并且各人都有自己的发展特点。"和立"原理对于道德人格的培育而言，就是要培育个体正确认识"自立"和"他立"，及二者

---

① 费孝通：《全球化与文化自觉：费孝通晚年文选》，外语教学与研究出版社 2013 年版，"序"。

之间关系的能力，用"和"的思维来克服一些偏执心理，如孤傲、自卑、抑郁等。这也就要求每个道德个体独立的发展，各自解决各自的问题，同时以宽广的胸怀和开放的心态，接纳他人、他物并使其按适合于其自身特性的生存方式生存发展，接受世界形式的多样性，不唯我独尊，不搞千篇一律，形成健全人格。

（四）培育"和达"意识：形成"己欲达而达人"的正确成功观

"达"即"成功"。"和达"就是人与他人、自然、社会、心灵、文明之间的共同发展、共同成功。成功是最诱人的字眼。当前书店、图书馆、网络上的关于成功学的理论、观点、书籍、言论层出不穷，但他们大多阐述成功的方法，成功的表现形式，甚至某些人将"成功"等同于"钱"和"权"，认为没有过上奢华的生活就不算成功。这种将成功观功利化、庸俗化的观点很容易将人们引入歧途。因而，要重视个体"和达"观念的培育，形成正确的成功观。

孟子说："达不离道"（《孟子·尽心上》），即：一个人的成功不是一蹴而就的，而是建立在"道"的基础之上的。这个"道"就是"穷则独善其身，达则兼善天下"（《孟子·尽心上》），即：在自我成功的道路上，不危害他人的利益，并秉持兼善天下的决心。

对个体而言，"和达"就是要将个人的成功与他人和社会等联系起来，客观公正地看待它们之间的关系，个人的成功是成功，他人和社会的成功也是成功。同时，常言道："失败是成功的必经之路"，要正确看待失败与成功之间的关系。另外，也要正确看待竞争关系。在相互之间进行竞争时，要放宽心态，享受追求进步的过程，不要过多地注重于结果，更不能为了自己想要的结果而不择手段，置他人于不顾。因为竞争最终不仅有输有赢，还可以达到双赢，竞争对手之间还可以相互合作，相互借鉴，共同进步。只有做到"己欲达而达人"（《论语·雍也》），才能真正领略到"和达"的意义所在。

当前社会，人们的竞争、生存压力都很大，在通往成功的道路上，要吸取前人的经验和教训，培养"共达"意识，使自己的内心和谐融洽，来化解自己内心的各种压力，形成正确的成功观。

（五）培育"和爱"意识：形成"兼相爱交相利"的友善人际观

所谓"和爱"意识，就是指彼此间能够做到共同爱护、共同尊重，是"泛爱众""兼相爱"精神的体现，也是"和生""和处""和立""和达"的基础。张立文教授指出"和爱"就是要对自然、社会、他人，都怀有一颗仁爱之心，这样就不会为了个人的利益而去做一些伤害别人、伤害社会的行为。正如墨子所言，对于世间万物，要尽力像爱自己一样对待，这是人类生命生存的第一要义。

儒家的"亲亲之爱"告诉我们，在日常生活中除了要学会爱，去爱自己周围的人、事、环境等，还要学会推己及人，将自己的爱传播给别人，让每一个社会成员都能领会这种精神，都能付出广博的爱，都能树立"共爱"意识，形成和谐友爱的人际观。因为只有学会爱，传播爱，形成"和爱"意识，矛盾才能迎刃而解，才能帮助个体更好地在社会上生存与发展。

"人民有信仰，国家有力量，民族有希望。"① 党的十九大对加强思想道德建设提出了具体要求。而"提高人民思想觉悟、道德水准、文明素养，提高全社会文明程度"②，最有效的路径就是培养公民形成道德人格。

（原载《船山学刊》2018 年第 3 期；作者单位：桂林理工大学马克思主义学院）

---

① 习近平：《决胜全面建成小康社会　夺取新时代中国特色社会主义伟大胜利——在中国共产党第十九次全国代表大会上的报告》，人民出版社 2017 年版，第 42 页。

② 习近平：《决胜全面建成小康社会　夺取新时代中国特色社会主义伟大胜利——在中国共产党第十九次全国代表大会上的报告》，人民出版社 2017 年版，第 42 页。

基于阴阳和合理论探析
张仲景补中求和的临床意义

王禄然　郝　征

虚则补之是中医学对于虚损病症的主要治疗原则。但张仲景在"补不足"的前提下，还强调了"补中求和"。若补不求和，则会出现阴阳格拒、阴阳偏失等严重后果，达不到虚者补益的目的。本文从"和"的含义入手，探讨补中求和之法在预防、养生、疾病治疗中的意义。

一、安和即是健康状态

《金匮要略·脏腑经络先后病》中指出："若五脏元真通畅，人即安和。"这里的安和状态是张仲景对人体精气充足、运行和畅，脏腑功能燮和统一状态的描述，也就是指健康状态。在张仲景之前对于健康状态描述中，突出元气与真气的充足，所谓"正气存内，邪不可干"。但张仲景在元气与真气充足的基础上，更强调元真的运行通畅。① 也就是说，对于小儿、老人、体质偏弱的人虽然元真比壮年人虚弱，但只要元气与真气周流运行调畅，阴平阳秘，就可以达到安和状态。这提示对于不同年龄、不同体质的人，补益调养要因人而异；而对于同一个人不同年龄和身体状况，还要因时制宜，以达到安和状态为最终目标。试想，将六十多岁的人调养到二十多岁时的健康状态是不现实的。若将身体羸弱的人峻补，不但无益还可能有害。

---

① 参见黄菁：《〈金匮要略〉中和法的运用》，《时珍国医国药》2009 年第 2 期。

二、和实生物，同则不继

和之最早见于甲骨文，作"龢"。《说文解字》解释："龢，调也。"本义为乐器所奏音韵谐和。金文中还有"盉"字。《说文解字》解释："盉，调味也"。与调酒饮用有关。而且在"盉"字下段注："调声曰龢，调味曰盉，今则和行而龢、盉皆废矣。"说明"龢""盉""和"有同义关系，属于同源字。"和"的涵义，最早见于《国语·郑语》太史伯提出的"和实生物，同则不继"，是指事物之间或事物内部多元因素通过相互作用达到和谐统一的状态，只有事物之间或事物内部多元因素相互作用才能使事物生生不息；一旦多元因素归于相同，事物发展即告停止。① 也是说"和"的含义是在不同之中而达到调和。《左传·昭公二十年》记载了晏婴向齐景公解释"和"的道理："若以水济水，谁能食之？若琴瑟之专一，谁能听之？同之不可也如是。"指出"和"的本质是和而不同。

对于养生治病，安和状态首先是阴阳和合转态。《素问·生气通天论》："夫自古通天之本，生之本，本于阴阳。"论述了阴阳二气相互和谐统一，交相融合乃成人生之根本的过程。《素问·调经论》云："阴阳匀平，以充其形，九候若一，命曰平人。"指出"阴平阳秘"乃是人体生命活动过程中最和谐的状态。安和状态就是要使五脏功能相济，脏腑经络协调统一，而不能偏执其一。在临床上，补益的目的在于使阴阳、五脏、六腑、经络、气血、四肢百骸调和，各自发挥自身功能而不偏颇。补益的方法要遵循偏盛偏衰，以调和为要。若一味峻补、猛补、过补，过犹不及，达不到扶正补虚的目的。"阴阳更胜之变，病之性能也"。人体内阴阳相互斗争消长的过程表现在外即是错综复杂的病理变化。若在此过程中失治误治，导致"阴损及阳，阳损及阴"，无法保持阴阳和谐统一，则会出现"阴阳俱损"，甚则"阴阳离决"。

---

① 参见田永衍、王庆其：《张仲景"和"思想研究》，《中医杂志》2013年第4期。

三、补虚当以调和为先

作为预防、养生、治疗虚损，均应以调和为先。在临床中首先要分清当补还是不当补，对于阴阳自和者，无须补之。其次在补虚中要注重调和阴阳，以防阴阳偏失。

首先，阴阳自和，无须补之临床中不是所有虚证皆需补益。张仲景阴阳自和强调了人体本自具有的自发性的自愈能力。无论外感内伤，寒热虚实，兼夹错杂，是否经过汗吐下等治法，若能"阴阳自和"，则疾病必将痊愈。[①]《伤寒论》第五十八条云："凡病，若发汗、若吐、若下、若亡血、亡津液，阴阳自和者必自愈。"第七十一条中说："太阳病，发汗后，大汗出，胃中干，烦躁不得眠，欲得饮水者，少少与饮之，令胃气和则愈。"第三百六十五条说："呕家，有痈脓者，不可治呕，脓尽自愈。"《金匮要略·五脏风寒积聚病》记载三焦竭部病证变化："问曰：三焦竭部，上焦竭善噫，何谓也？师曰：上焦受中焦气未和，不能消谷，故为噫耳。下焦竭，即遗溺失便，其气不和，不能自禁制。不须治，久则愈。"三焦竭部是指三焦各部脏腑生理功能衰退的病变，对于因暂时功能失调出现的症状，不必急于用药治疗，可待脏腑气机和畅、功能协调之后，不药自愈。若病程日久，证候不减，再审其阴阳，观其脉证，随证治之。由于人体具有阴阳自和愈病之能力，所以不是所有病证皆须治疗，不是所有虚损皆胆补益。在机体自我调整的动态过程，不要贸然治疗，以恐打乱自身恢复机能，不利于身体恢复。当单靠人体正气不足以抗邪或恢复的，才需借助药力以调整阴阳。

其次，调和阴阳，勿使偏失《素问·阴阳应象大论》提出："谨察阴阳之所在，以平为期。"《灵枢·五色》曰："用阴和阳，用阳和阴。"确立了调和阴阳乃是临床医生诊病治疗的最高也是最基本的法则。《灵枢·终始》中说："阴阳俱不足，补阳则阴竭，泻阴则阳脱，如是者，可将以甘药，不可饮以至剂。"杨上善《太素》中注释云："夫阳实阴虚，可泻阳补阴；阴

---

① 参见薛军承：《张仲景"阴阳自和"思想探析》，《湖北中医杂志》2016 年第 1 期。

实阳虚，可泻阴补阳。今阴阳俱虚，补阳，则阴益以竭；泻阴之虚，阳无所依，故阳脱。"对于阴阳俱损的复杂病证，可根据患者表现，采取分步治之的治则，先以调和阴阳稳固其人，后再补益虚损增益其本。即使重在补益固脱，也必须"补中求和"，在补益的同时，兼顾阴阳和合。马莳亦注曰："欲补阳经则阴经愈竭，欲泻阴经而阳经愈脱，此针之所以不可施也。仅可将理以甘和之药，不可饮以至补至泻之剂，且灸亦不可妄用。"这里的甘药指甘味平和、药性无偏的一类药物。《内经》中只是对补益治法提出了指导原则，并无给出具体辨治方药等。张仲景继承其思想，将此原则具体运用到虚损病证治疗中。《金匮要略·血痹虚劳病篇》论述极其详尽，而黄芪桂枝五物汤、桂枝加龙骨牡蛎汤、小建中汤、黄芪建中汤、八味肾气丸皆为甘温调和之剂，阴中求阳，补中求和，以达到阴平阳秘、阳密乃固。尤其对于失精、下利、亡血等阴阳两虚重证，切不可不辨阴阳，盲从补益，会导致阴阳更脱，阴阳离决。故仲景以桂枝汤调和阴阳，治"阳脱于上，阴竭于下"等诸证，先求阴阳调和。正如徐忠可说注："桂枝汤外证得之能解肌去邪气，内证得之能补虚调阴阳"，故为仲景群方之冠。因此，无论养生、治疗虚损皆要以调和阴阳为先，勿使阴阳偏失。

最后，攻补兼施，扶正祛邪虚损同时常招致外邪或内生五邪，故临床上正虚常与邪存并见。此时，当攻补兼施，权宜扶正祛邪。仲景在《金匮要略·痰饮咳嗽病》第三十三条所示："夫有支饮家，咳烦胸中痛者，不卒死，至一百日、一岁，宜十枣汤。"对于"不卒死"如此危重的病人，尽管正气虚损，但邪实尚盛，仍以祛邪为要，不可一味补虚，之所谓"祛邪即是安正"。但此时祛邪必须斟酌、慎重，用一个"宜"字示人，不可妄攻，以免犯"虚虚"之戒。《金匮要略·血痹虚劳病》又以虚劳风起百疾之薯蓣丸、虚劳干血之大黄虫丸示人以扶正祛邪并重，根据正虚与邪实盛衰权衡扶正为主兼以祛邪，还是祛邪为主兼以扶正。正如"夫诸病在脏，欲攻之，当随其所得而攻之，如渴者，与猪苓汤。余皆仿此。"（《金匮要略·脏腑经络先后病》）张仲景所举猪苓汤范例，体现了"当随其所得"，乃根据正虚、邪实所得权衡扶正、祛邪之法。正邪两者是相对统一的，祛邪即是扶正，扶正即是祛邪。因此，对于预防养生，也要先斟酌是否有邪气尚存，不能见虚即补，若邪在不可盲目补虚，以防关门留寇。预防疾病中，当内养正气外慎邪气，"不令邪风干忤经络"；邪气"适中经络，未流传藏府，即医治之"，做到有病早治；避虫兽灾伤，勿枉作劳，饮食有节，"不遗形体有衰，病则无由入其腠理"。①

"中和"是人体机能协调的状态，是机体各个方面谐调共处的健康状态。无论是预防、养生，还是疗疾治病，都要抓住"阴阳和合"的关键，"节阴阳而调刚柔"，适事为故，以平为期。

（原载《新中医》2018 年第 5 期；作者单位：天津中医药大学中医学院）

---

① 张丽艳、林大勇、王树鹏：《〈金匮要略〉"养慎"内涵及源流》，《江西中医学院学报》2008 年第 2 期。

和合思想下的学校课程建设

李红恩

课程，作为一种文化的活动、教育的载体，是一个民族和国家在特定的政治、经济、文化等方面的综合体现，反映的是一个民族的文化基因。所以，关乎课程改革的理念必定要能够反映出民族的特性。然而，我国新一轮的课程改革在理念上表现出一定程度的"唯西方中心"的倾向。[①] 面对多元文化的冲击，我们既要以审慎的态度吸纳外来文化的积极面，同时也要坚守本土优秀文化的传承性，立足本国及本民族的文化特性，从思想上、理念上确立文化自信的民族意识。和合思想是中华民族优秀传统文化的精髓，也是教化育人的指导思想以及人的全面发展教育理念的哲学归依。和合思想具有哲学高度上理念引领意义，更具有指导实践、改造实践的功用。本文拟从和合思想的视角审视学校课程建设的和合之道。

一、和合思想下学校课程建设的意义

随着教育改革进入全面深化阶段，我国中小学课程建设也面临着一系列的问题和挑战。西方发达国家的教育发展理念以及改革实践的确有很多可资借鉴的方面，但是中国教育问题的根本解决，必须立足中国的实际，从中国文化的本源中寻找答案。和合思想是中国哲学思想的智慧体现，坚持从和合

---

① 参见容中逵、刘要悟：《民族化、本土化还是国际化、全球化——论当前我国基础教育课程改革的参照系问题》，《比较教育研究》2005 年第 7 期。

思想中汲取丰富养分，有助于建立具有本土意义的课程学派，有助于唤醒具有本土意识的课程认同，有助于破解制约学校课程发展的藩篱。

（一）和合思想——学校课程建设转向的哲学基础

和合思想是中华传统文化的精髓。先秦典籍《国语·郑语》《管子》以及《墨子间沽》卷三中都对"和合"有过论述。从字义上来看，"和"具有和谐、和善、和顺之义，"合"具有合拢、合作、融合之义。有学者认为："所谓和合，是指自然、社会、人际、心灵、文明中诸多形相、无形相相互冲突、融合，与在冲突、融合的动态变化过程中诸多形相、无形相和合为新结构方式、新事物、新生命的总和。"① 和合思想包含着两个核心观点：其一，和合之物本身存在着矛盾与冲突，但也存在着融合的可能，融合的基础就是不同事物之间的关系存在；其二，融突之后新结构方式、新生命、新事物的生成。和合不仅以动词形式描述事物"和"的过程，也以名词形式描述事物"合"的结果。和合针对的矛盾或冲突具有融合的前提，冲突是融合的因，融合是冲突的果，冲突是融合的前提，融合是冲突的理势。② 冲突融合的动态平衡，使冲突融合及其各存在元素间呈现出相对相关的一定结构方式，这便是和合。③ 由此可以看出，冲突与融合本质上是主体之间的冲突与融合，和合作为对矛盾与冲突的化解过程与所期结果，实质上是对主体的"关系"的一种重构。从本质上讲，和合思想是关乎形而上的哲学思考，而学校课程建设是关乎形而下的实践活动，两者之间似乎有一定距离，但是，"和合辩证方法是处在中华文化最高层的一种'普照的光'，是它赋予中华文化的各个方面的内容以聚合力和鲜活力"④。因此，学校课程建设也亟须和合思想这束"光"的照耀，以便让学校课程建设在新的时代背景下，焕发出新的生机。

---

① 张立文：《中国和合文化导论》，中共中央党校出版社 2001 年版，第 26—27 页。
② 参见张立文：《和合学——21 世纪文化战略的构想》，中国人民大学出版社 2016 年版，第 53 页。
③ 参见张立文：《和合学——21 世纪文化战略的构想》，中国人民大学出版社 2016 年版，第 53 页。
④ 左亚文：《和合思想的当代诠释：唯物辩证法与东方智慧的对话》，湖北教育出版社 2003 年版，第 3 页。

（二）和合思想下学校课程建设的意义

基于和合思想探究学校课程建设可为解决中国课程改革难题提供一种本土路径。

第一，和合思想引领下的学校课程建设更加关注教育的真实情境。如前所述，和合实质上是一种"关系"的重构。因此，和合思想引领下的学校课程建设更加注重课程要素之间关系的建立，关注课程的传统与当下、现实与未来、东方与西方、主体与客体的和合统一。学校课程的建构，既要从学校过往的传统文化以及历史发展过程中寻找文化基因，同时也要放眼未来，着眼于学校课程的当下实际；既要积极借鉴和吸纳西方先进的课程理念与实践，同时又能坚守本土的特色与优势；既要有基于科学精神的课程建构，同时也要发挥课程主体的创造性改良。

第二，和合思想引领下的学校课程建设更加关怀学生的真实世界。和合思想认为，不同范畴的客体皆可和合，这些客体可以是以物的形式存在的具体事物，也可以是以理念、思想、心灵、价值观等形式存在的抽象事物，还包括自然、社会、人以及人际的关系存在。因此，和合思想引领下的学校课程建设把"培养什么人"作为学校课程建构的原点，关注学生的个性特征，关注学生的性向差异，关注学生"待完成"的生命成长，立足于学生的认知水平与情感需要。把学生作为独特生命个体的身与心、内与外的和合统一，在一定程度上可以消解传统课程"目中无人"的问题，为培养"完整的人"奠定坚实的基础。

第三，和合思想引领下的学校课程建设更加注重课程的动态生成。不同事物之间的差异是客观存在的，这是由事物本身的属性所决定的，和合之物是在差异、矛盾的基础上，具有统一和整合的基础与可能；和合的结果，不是原有事物的修修补补，不是原有之物的简单组合相加，而是不同事物之间经过冲突、融合后的新事物的诞生，这种新事物表现出新的功能和结构，具有新的价值和意义。和合思想引领下的学校课程建设超越了传统意义上的静态的课程理解范畴，用一种动态的、生成的理念，化解课程建构过程中的预设与生成问题，超越了静态的文本呈现而实现了动态的逻辑生成，把静态的"跑道"转化成了动态的"跑的过程"，实现静与动的和合统一。

第四，和合思想引领下的学校课程建设实现了整合意义的课程重构。和合思想对宇宙中万事万物之间关系的强调，以及不同事物通过融突之后新事物的生成，暗含了其整合性的使命。和合思想引领下的学校课程建设很好地消解了传统的学校课程所呈现出的一元化、单向度的倾向，实现了学校课程在人文、艺术、科学、技术等方面的和合统一。它不再是以某一学科的内在逻辑为出发点来编制课程，而是在多种学科相互交叉、相互融汇的背景下再次整合课程内容，进而强化知识的联结性与完整性。[①] 和合思想引领下的学校课程建设克服了分科课程缺乏整体性的弊端，化解了学校课程建设的随意性和碎片化问题。

因此，和合思想引领下的学校课程建设是在当代多元课程文化的相互冲突与相互融合过程中，基于和合思想所生成的一种立足内生、关怀人性、承认差异、注重整体的课程建设。其所秉持的基本逻辑是课程因人而生，是对人所处的文化、事件、生活的和合再造，这是学校课程产生和存在的实践状态；课程为人而生，是人的课程，是学校课程的人本化、个性化重构，彰显的是课程与人的和合统一，这是学校课程产生和存在的意义所在。

二、和合思想下学校课程建设的价值取向

和合思想下的学校课程建设试图化解学校课程中存在的各种矛盾和冲突，强调学校课程建设的文化内生性，强调学校课程建设的人性关怀，强调学校课程建设诸要素的统整，强调各课程要素统整后的新的课程结构的整体育人功能。和合思想下的学校课程建设秉持如下价值取向。

（一）多元共生的经验取向

和合思想强调世间万物的差异性与多样性，认为万物皆有自身相对独立的存在和发展方式，万物因自身的差异而表现出不同的属性，具有不同的价值，但万物之间又是相互联系的，在这种联系中，强调和合共生的意识，并

---

① 参见李本友、王洪席：《过程哲学视域下传统课程范式转型》，《中国教育学刊》2011年第5期。

把经验视为和合共生的基础。和合取向的学校课程，视课程为一种具有教育意义的经验，这种经验不仅包括以文本形式存在知识体系，还包括以其他形式存在的非文本知识，诸如情感、态度、体验、价值判断等方面。这些间接经验和直接经验共同促进学生身心的全面发展。当然，并非所有的经验都有教育价值，一切学习经验，只有能在生活中被得以重现，才真正具有教育的意义。学习者与学习经验之间并非总是具有内在的一致性，学习者需要与不同的学习经验进行不断的调试。对于学习者而言，学习经验既要与其自身的成长环境与经历相关联，同时也应具有引领提升功能，通过两者"和"的过程最终达成"合"的结果。

（二）复合价值的内生取向

内生性是和合思想的重要特征，也是化解矛盾、融突的重要手段。融突蕴含着矛盾与冲突，同时也蕴含着协调、融合，是复杂的文化相互冲突与相互融合的过程，是新结构、新形式、新秩序的重建过程，遵循的是"冲突—融合—新事物的诞生"这样的再造路径。从逻辑运演上看，和合意义上的融合不是加法意义上的元素交换，不只是一种守恒的结果，更是超越算子属于价值域内的元素映射，增上而不守恒[①]，同时也是一种立足自身，为了自身以及彰显自身的价值增值过程，具有较强的内生意蕴。学校课程建设的内生性表现在学校课程的方方面面。以课程目标为例，课程目标的确定，需要考虑学习者本身的需要，需要关注当代校外生活以及学科专家等多方面的信息，在此基础上运用哲学以及相关学习理论对初步选择出来的目标进行筛选，最后，从行为和内容两个方面对目标进行表述。任何单一的信息来源，都不能为学校的教育目标提供全面且理智的辩护。不同来源的目标之间存在一定的矛盾和冲突，但不同目标来源都有其自身不可替代的价值。在实践中，尤其是在学校课程的规划中，必须综合考虑各种目标来源。学校教育目标的确定，并不是几类目标的简单相加，而是要对各种目标进行个性化的分析和校本化的改造，根据学校的区位优势以及学校独特的文化基因，生成出符合学校实际的教育目标。从来源与生成过程来看，学校课程目标的最终

---

① 参见张立文：《和合哲学论》，人民出版社 2004 年版，第 342 页。

确定，实际上是经历了和合意义上的重构，表现出了明显的复合价值的内生取向。

（三）系统建构的整体取向

和合思想强调"天人合一"的思想，体现"天人合一"的整体思维，是一种面向整体、注重差异、动态开放的理念体系，强调要把面对的问题看成是多种要素组成的有机体。在具体问题面前，把要面对的问题看成是多种因素有机组合的整体，从整体上对事物的本质进行描绘。学校课程建设的整体性首先表现为学校课程自身的系统性特征。学校课程总是以一种完整的体系呈现出来的，包括课程目标、课程内容、课程实施以及课程评价四大要素。课程目标是课程内容选择的依据，是课程实施的参照目标，是课程评价的重要依据；课程内容是课程目标的具体展开，是课程实施的重要内容，是课程评价的基础依托；课程实施是课程目标的具体落实，是课程内容的具体展开，是课程评价的重要内容；课程评价是连接课程目标、课程内容以及课程实施的重要一环，也是课程建设本身是否具有意义的重要指标来源。这四大要素之间具有内在的统一性特征，环环相扣，缺一不可。学校课程建设的整体性还表现为学校课程类型的多样化建设，兼顾不同类型课程的育人功能，兼顾学生的全面发展与个性成长，兼顾学科的知识逻辑与学生个体经验的和合统一。

（四）成长评价的人本取向

和合思想表现出了对人的极大关怀，有学者提出了和生、和处、和立、和达与和爱五大中心价值，并认为和爱是基础和核心，表现出一种兼爱意识，人类要懂得爱，学会爱，这是人类生命生存的第一要义。[①] 课程是学校育人的重要载体，是人成长的重要途径，学校课程建设的优与劣，离不开科学的评价，在诸多的课程评价指标中，人的成长无疑是最核心的。因此，评价的结果不应该只是一个单一的分数，或一个单一的描述性术语，而应该是能够反映学生实际状况的一个剖面图，或一组综合的描述性术语。课程建设

---

① 参见张立文：《和合学——21 世纪文化战略的构想》，中国人民大学出版社 2016 年版，第 396 页。

不只是以静态的文本呈现的，更以动态的过程发挥着作用。动态的课程建设包括教师对于课程的使用，也包括学生对于课程的学习，还包括师生双方以课程为媒介建构起来的主体关系，动态的课程建设向度决定了课程评价的动态性与多样性。具体到个体而言，评价应该具有个性差异，即在评价过程中要运用"和合"的理念，实现评价主体之间关系的和谐与合作，保证评价目的的实现，保证评价过程的适切，让评价工作符合和合之道，进入和合之境，最终让每一位评价对象通过适切的评价，成为一个真实的人、具体的人、有血有人的人。

三、和合思想下学校课程建设的和合之道

和合思想下的学校课程建设不是对学校原有课程的修补，而是以和合思想为指导，以人作为课程建设的基点，通过学校的内生动力系统，对学校课程建设进行系统思考并做好整体规划，发挥课程体系的整体育人功能。

（一）学校课程建设与学校文化和合起来

文化不仅是一所学校的魂，也是学校课程建设的重要内生点。关于课程与文化之间的关系，长期以来存在两个不同的观点，即把课程视为文化本身，或把课程视为文化传承的工具。笔者认为，作为学校教育最为核心的要素，课程兼有以上两种属性。然而，长期以来，受工具理性的影响，人们仅仅把课程视为社会文化传承的工具，导致学校课程文化性和主体性的缺失。[①] 随着学校课程文化自觉意识的觉醒，从文化学的维度来重新审视学校的课程建设具有重要意义。学校课程理念的提炼、课程目标的确立、课程内容的选择、课程实施的路径以及课程评价等都与文化密不可分，可以说，一所学校的文化精神，决定着这所学校的课程样态。

在实践中，要基于学校文化对学校课程进行个性化和校本化的改造，让课程与学校的历史、文化等方面和合起来，避免课程与学校文化的相互分离，从而建构起符合学校特征、体现学校文化的课程体系。同时，学校文化

---

① 参见王攀峰：《学校课程的文化学诠释》，《教育学术月刊》2015 年第 5 期。

也要依据课程改革的阶段性特征，不断进行调试，通过对学校文化的省察实现课程自觉，为课程与文化找到契合点，实现课程与文化的动态和合，回归学校课程改革的初心，让文化真正彰显学校的独特品格，并与课程紧密结合，内化于学校课程的方方面面。

（二）学校课程建设与办学理念和合起来

学校办学理念是教育理念的具象化表达，同样也是学校课程创新的起点。所谓办学理念，是指学校办学过程中所产生的一系列教育观念、教育思想及其教育价值追求的综合，是学校自主建构起来的总体的办学指导思想。① 它所体现的是学校的教育哲学。学校课程建设有其自身的内在建构逻辑，需要明确的价值引领和目标导向，办学理念对学校课程建设的引领作用，是由办学理念的内在属性所决定的，这是进行学校课程创新的前提。因此，学校课程与学校办学理念之间存在着不可分割的关系，一方面，学校办学理念是引领学校课程建设的灯塔，指引着学校课程建设的方向，决定着学校课程建设的路径、方式和方法。另一方面，学校课程是实现学校办学理念的重要载体，是落实学校办学理念的主要途径。学校课程建设主要是基于当前社会对人才的需求的研究，基于学校办学理念的合理定位，充分利用各种资源对学校的课程进行开发和改造，以期对学生的个性化发展以及优势潜能的发展发挥更大的作用。因此，学校课程建设究其本质而言，就是学校办学理念的落实过程，即通过学校课程建设把学校的办学理念转化可实施、可检测的过程，也是学校办学理念内涵不断丰富、特点不断鲜明的过程。因此，和合是学校课程建设与办学理念相互促进的重要途径。

（三）学校课程建设与育人目标和合起来

育人目标的实现是学校课程建设的核心任务，学校课程建设需要重新审视学校中的"人"。当前，立德树人已经成为课程改革的根本任务。立德树人，首先把课程的"为人"属性进行了明确，把课程改革指向真实的人，聚焦发展中的人。通过课程建设，让学校教育中的人成为完整的人、具体的人、有血有肉的人及具有主观能动性的人，这是学校教育的重要使命。育人

---

① 参见陈如平：《以理念创新引领学校变革》，《人民教育》2007 年第 21 期。

目标作为学校教育的目标系统，决定着学校教育工作的方方面面。对于学校课程而言，育人目标不仅决定着课程的内容与形式，同时也决定着课程的结构与体系，两者之间表现出明显的目标决定内容、内容服务目标的紧密关系。学校课程只有与学校的育人目标和合起来，才能让课程真正成为育人目标实现的载体，同时也让育人目标成为学校课程建设的指挥棒。因此，只有实现课程与育人目标的和合统一，才能真正实现课程的人性关怀，才能真正让学生站在学校教育的最中央，让学校教育成为大写的"人"的教育，也让学生真正成为课程的主人。

（四）学校课程建设内部诸要素和合起来

就其构成而言，课程是一个包含多种不同要素的综合体系，各课程要素只有实现合理配置，才能发挥最大效用，因此，学校课程建设具有和合的基础。首先，要系统规划学校课程的诸多要素。在学校课程的设计与实施过程中，充分考虑不同的要素，以及要素之间复杂关系。以课程内容为例，在课程内容的构成体系中，知识并不是课程的唯一要素，课程应该重视学生的个人感受、心理体验和社会经验，这些要素和知识一起组成课程的内容体系。[①] 因此，理想的学校课程需要把课程的各个构成要素和合起来。其次，要激发各课程主体的主观能动性。从美国课程专家古德莱德（Goodlad, J. I.）的课程层次理论中可以发现，所谓理想的课程也好、正式的课程也好，正是传统认识范畴中的课程概念，而领悟的课程、运作的课程，尤其是经验的课程，才是真正意义上的基于学校内生动力的"创生性课程"。在创生性课程的实践中，课程的技术化、程式化操作被化解，课程不再是传统的按图索骥或者按部就班的实施过程，而真正成为一种创造过程。创生性课程的诞生，需要师生以及不同课程主体在共同的价值引领下和合起来。最后，要整合不同类型的课程。依据不同的划分标准，课程可以划分为不同的类型，比如正规课程与潜在课程、学科课程与活动课程等，不同类型的课程在功能和表现形式上都有差异，要统筹各种不同类型的课程，综合不同类型课程的优势，实现课程的优化组合，达到整体育人的效果。

---

① 参见靳玉乐：《课程论》，人民教育出版社 2015 年版，第 47 页。

总之，和合思想下的学校课程建设试图通过学校课程的和合建构，让学校课程不仅呈现着知识，同时也闪耀着思想，更流淌着情感；让学校课程不仅是学习内容，同时也是教育主体之间相互接纳、产生共情的载体；让学校课程不再仅是供认知与思考的材料，同时也是供欣赏与品味的文化；让学校课程不仅是动态的、人化的，同时也是具有美感、能带来愉悦感受的艺术品。

（原载《教育研究》2018 年第 11 期；作者单位：中国教育科学研究院基础教育研究所）

学术著作撷英

《中国传统文化与人类命运共同体》

张立文

张立文先生新著《中国传统文化与人类命运共同体》出版，以其中国哲学史家、哲学家的理论视野对当前"人类命运共同体"这一热点问题作出自己的思考和理解。在张先生看来，"人类命运共同体"的提出，是把新时代的中国置于世界的视域中思索"我们从哪里来，现在在哪里，将到哪里去"的问题，以及如何解决"未来人类向何处去？人类的命运如何？天下观如何开展？以及如何构建和合天下？"的问题，是"当今政治家、经济学家、文化学家、思想家、哲学家的历史使命和时代担当"。

张先生历来关注"如何使中华传统文化现代化"的问题。在张先生看来，中国传统文化的"现代化"，即是"以新的哲学理论思维体系、观点、方法来关照，构建体现当下时代精神的真正的儒学哲学理论思维体系"，而"每一次思想的突破创新、文化价值系统的自觉，都是对时代所面临的冲突和危机的深刻洞察和体贴，然后激发了从理论思维高度提出化解之道的自觉功能"。如何"体贴"传统，如何进行"创造性转化、创新性发展"。这些问题在该书《论信息革命时代的中华文明》《儒学是中华民族发展壮大的重要滋养》《论儒学的创新》《儒学的生命在于创新》《解决现代问题需要传统生命智慧》等篇章中得到详尽的分析。弘扬和创新儒学，坚信儒学能够化解时代问题，无疑体现出张先生在其"学术生命"历程中钟情儒家学说，并以之作为"生命学术"的儒者情怀。如何使传统文化现代化以及儒学如何创新，张先生提出"自己讲、讲自己"的著名观点。这个可参阅张先生2007年出版的《"自己讲"、"讲自己"——中国哲学的重建与传统现代的度越》一书，在本书中，张先生大力倡导建构中国哲学思想话语体系。

对"人类命运共同体"赋予什么样的内涵，从什么样的角度予以理解，在怎样的意义上宣告其合理性与合法性，如何避免仅仅作为一种虚空的口号，都需要全新的诠释。在该书中，张先生自然地认为，"人类命运共同体"的提出，是与古代中国文化中的"大同世界、天下为公、天下和平、民胞物与、天下一家、万国咸宁、天下和合"等思想有着相继的一面，这些观念无不体现出中国传统文化的精髓所在，成为中华文明精神文化的根本，很明显的展现出中国在新时代对外关系中的价值导向深受传统智慧思想影响。张先生对"人类命运共同体"深层含义的诠释，在于把这一话语置于"人是什么"的最为根本的语境中。张先生说："人自从诞生以来，就没有停止过自我反思，思则得知人与人既具差分的殊相，又居融合的共相。由其殊相，构成人与人之间的民族、种族的区别；由其共相，构成人类之为人类的类存在的特性，即人类本质特性。"而"人类命运给共同体"就是"求索人类共同的本质"。从张先生《新人学导论》到和合学理论体系的建构，关注"人"的问题，是张先生一贯的致思。从目前对"人类命运共同体"的研究综述来看，张先生探赜索隐，诚然发出先声，对"人类命运共同体"的内涵作出了中国哲学精神的诠释。这也正是张先生指出的，"融突而和合是打开人类命运共同体的一种智慧，是化解人类生存厄运的一种武器"。

该新著中，张先生在《尚和合的民族精神》《尚和合的时代价值》《和合学的思维特性与智能价值》《"和"的文化内涵》《和合外交与新型大国关系的思议》《王霸之道与和合天下》《论气候和合学》等篇章中，对如何"尚和合"从和合学理论视野中给出了哲理上的阐释。"尚和合"从实践层面的追问，不仅体现出张先生本身作为哲学史家的历史性眼光，而且能在更广更深的问题层面上对"尚和合"如何可能以及进一步深化"尚和合"之所以"在途中"的必然性这样的问题有更为清晰的解决。"尚和合"也是"如何、怎样启动和合学理论原理"，从一种"'体'的和合学"转换为"'用'的和合学"，"使和合学理论原理进入生存世界、意义世界、可能世界的各个层面"，这个过程"不仅有和合学自身的转换机制、生生机制，而且有和合体内在诸差分化的元素、要素自身乃至相间的冲突、选择、淘汰、更新的活动机制",使"和合""不能仅从认知论和方法论意义上把和合归结为是人的主观意识的活动,而应从人的存有的形上学意义上去理解它"。从"人的存有"来理解"和合",这与把"人类命运共同体"置于"人是什么"的最为根本的语境中是一致的。可见,"尚和合"本来就是和合学建构"和合"哲学话语体系的题中之义。

"为天地立心,为生民立命,为往圣继绝学,为万世开太平",历来是中华民族胸怀天下的情怀。张先生殚精竭思,探赜索隐,钩深致远,优游于博大深厚的中华传统文化,以其敏锐的眼光、独特的视角提出解决当今世界性冲突和危机的难题。可以说,和合学理论体系的建构,是"尚和合"的思想先声,是"人类命运共同体"建设的华夏之音,是东亚文明对整个全球文化的标志性贡献。

(中国人民大学出版社 2018 年版)

《和合学与人工智能：
以中国传统和现代哲理思议网络》

张立文

  本书是张立文先生以哲学视角关照时代前沿问题的最新著作，体现了哲学家思想的前瞻性。在信息智能时代，人工智能既为人类社会的发展带来巨大助益，也给人类带来了新的挑战。如何认识和把握当今人类的生存境遇，如何应对和化解未来可能的冲突和危机，是本书关注的基本问题。张立文先生以和合学的哲学理论回应人工智能时代的新问题，认为和合学之和生、和处、和立、和达、和爱原理是化解人与自然、社会、人际、心灵、文明冲突和危机以及人工智能颠覆性挑战的原理。全书从"人生价值论""交感联通论""智能相应论""伦理道德论""情绪中和论""网络管控论""生活境界论"以及"和合通久论"八个方面，全面且深入地探讨了人在信息智能时代的生存样态、生命意义和境界追求，阐发了人机一体、交感联通、通久和合的未来愿景。

  第一章：人生价值论。立足信息智能时代人之价值和意义所遭受的种种挑战，作者重新思考了人之存在与人之价值等根本问题。对于"人是什么"的问题，作者度越诸多传统的定义，强调"人是会自我创造的和合存在"。这一定义体现了人之为人的主体性、主动性、创造性，在当前人工智能时代仍具有重要价值。对于"人生价值"问题，作者详尽地梳理了中国传统对"人生"与"价值"的丰富体认，认为人生价值是传统性、历史性、文化性、日新性、体贴性的和合存在，提出人生价值的和合存在必须与人工智能类人机器人的存在融突和合，以实现人生机生、并育并长，人运机运、共建美好，人权机权、共造平等，人机价值、共享尊严。

第二章：交感联通论。作者对信息智能时代何以成为可能、其根据何在进行深层次探究，阐明了交感联通的智能价值。作者依据中国传统哲学资源，详细阐释了"交感""联通"的丰富内涵与普遍价值，强调了"纠缠"概念是交感联通网络结构体系的核心概念，是大智能网络结构成形的交叉点、扭结点，在网络结构体系中起着引领者、统摄者、凝聚者、和合者的作用。最后，作者指出信息智能时代的自然万物、社会万事、人际万理、生活方式、心灵万梦、文明万安，在纠缠交感联通中化醇氤氲，融突和合而化生万物，以及诸万在交感纠缠联通中深度学习、跨界融合、人机互创、互发互利，而智能新世界的和合，以融入和合生生道体，这便是和合交感联通。

第三章：智能相应论。"智能相应"是信息智能时代万物交感联通的内在形式，作者通过逐字诠解，阐明了"智能""相应"的传统内涵与现代意蕴，强调"智能"是中国自古以来的传统话语。根本而言，智能相应形式多元、多样，是指人的智慧才能在信息智能时代引领自然生态、社会人文、人际道德、心灵精神、文明价值的一切价值理性和工具理性的相须、相辅、想感、相应的智能活动中，融突和合，以实现人类命运共同体合和天下的愿景。

第四章：伦理道德论。作者对人工智能机器人关涉的伦理道德问题进行深入思考，指出人工智能发展的价值取向和伦理道德考量是必须面对的核心课题。作者对"伦理""道德"进行字义内涵的考察，阐发了和合伦理学与和合道德学的基本内涵，强调伦理与道德不离，并认为要化解人工智能时代的生命危机，智能机器人也需要相应的伦理道德规范。作者提出的具体方案是：价值引导，道德教化；自觉"公民"，改恶迁善；监管控制，安全建设。最终呼吁建立和平、合作、发展、包容、开放、和爱、有序的网络空间命运共同体。

第五章：情绪中和论。作者认为，情绪是以主体为中介的一种心理活动形式，是个体与各种环境意义事情之间关系的关照，是多成分、多维量、多种类、多水平的心理与生理、本能与习得、自然与社会因素的融突和合。高度发展的人工智能机器人能否具有情绪，如果具有又将产生怎样的挑战？作者以传统哲学之"中和"理念对这些问题进行思考，认为"中和"同样是人工智能时代应遵循的普遍原则，并且希望通过中和位育、人机共情、人机一体的思路化解智能时代人和机器人所面临的情绪冲突与危机。

第六章：网络管控论。作者关注信息智能网络所带来的失业、安全、金融、伦理、价值五方面的冲突与危机，从中国传统哲学多类型"管控"理论中汲取养分，提出了智能时代的网络管控论。作者看来，我们不仅要体知网络的特点、功用，还要对其进行管控，而网络管控需要在融突和合的原则下，做到：共管信息，保障安全；共控网络，预防祸害；共治人机，风清气正；共理智能，造福人类；共享成果，命运共同。通过网络管控，构建起安全、稳定、繁荣的网络空间命运共同体。

第七章：生活境界论。依据中国传统哲学的思想智慧，作者认为境界是人生命的自觉、烈光、创新、自由、快乐及和合，生活境界是通过自身活动所确立的精神生活的高度，是客体社会历史演化过程和主体只能创造的自由选择的融突和合。传统中，儒、道、墨、佛等都有关于生活境界的思想，那么在当前时代，我们又应当追求怎样的生活境界？对此，作者提出要由和合天地人的生存世界、意义世界、可能世界开出智能时代人生生活境界的六境网络体系，即：生存世界的"环"与"物"境界；意义世界的"性"与"命"境界；可能世界的"道"与"和"境界。

第八章：和合通久论。在本章中，作者以和合学之"五和"原理总结和合学与人工智能内在度越和流行贯通之路，强调"和生"对应人生价值，"和达"对应交感联通、智能相应，"和立"对应伦理道德和情绪中和，"和处"对应网络管控与生活愿景，而"和爱"则指向和合生生道体。在作者看来，和合生生道体体现于和合三界中，呈现为由过去到未来、由现实而理想的十二愿景。此三界十二愿景，是对于自然、社会、人际、心灵、文明现实性冲突融合而和合的存在性的觉解，是对信息智能时代给人类带来颠覆性挑战的理性思考和谋划，回答了智能时代人类向何处去的问题，彰显了命运与共、合和天下、通久生生的价值追求。

（人民出版社 2019 年版）

《和合学与文化创新》

张立文

本书是张立文先生近十年来公开发表主要论文的自选集，共收入 45 篇文章。和平、发展、合作与建设和谐社会、和谐世界是我国走向世界、加强话语权的既定方针，和合学从传统历史层面、现实层面、思想层面解释、论述了中国坚持"以和为贵""和而不同"的现实价值和意义，以及为化解人类 21 世纪所共同面临的人与自然、社会、人际、心灵、文明五大冲突所带来的生态、社会、道德、精神、价值五大危机，而提出了和生、和处、和立、和达、和爱五大原理。中国民族是有智慧的民族，五千年的文明，为人类文明的发展作出了巨大贡献。探讨研究中国的国学，继承传统文化、弘扬传统文化、创新传统文化，成为一项重要任务。研究国学不是为了复古，而是为了推陈出新，为了中国社会、经济、文化、政治、思想发展的需要，为世界经济全球化、科技一体化、文化多元化、网络普及化的需要。创新传统文化是为了建构与时俱进的中国新文化理论体系、新观点、新方法。

（人民出版社 2020 年版）

《和合生生论》

张立文

  《和合生生论》是张立文先生继《和合学概论》《和合哲学论》《中国和合文化导论》等一系列"和合"思想研究与和合学理论建构的成果之后的又一力作。该书从历史与逻辑、中西与古今的冲突融合而和合的视域出发，密切联系历史与当代现实，探赜索隐、钩深致远地阐述了和合生生的含义、性质、特色和神韵，以提供化解五大冲突与危机之道，以及人类向何处去，人类命运何以生存的方案，具有创新性、深刻性、现实性、思辨性。

  全书由诉说、生命、生性、生知、生死、生态、生活、附录等八个部分组成，其中"诉说"部分以寓言的形式深刻地揭露了当前人类社会交往、国际关系等过程中存在的霸权、霸道主义，倡导了合作、和谐、共享等和合理念。"生命"部分紧扣《周易》"天地之大德曰生""生生之谓易"的宗旨，讲述了中华民族对待生命的态度和智慧，阐发了它对当代人树立正确的生命观、命运观、人生观的意义。"生性"部分论述了人性并非一成不变，而是随时代、环境、观念的变化而变化。中华民族自古有许多道德箴言，通过现代性的转换可以提升现代人的道德境界。"生知"部分讲述了中华民族是爱智慧的民族，知识在"活到老，学到老"的过程中，生生不断，日新、日日新。"生死"部分再现了尽管儒释道各家对生死都有不同的观点，但它们和而不同，在互补融合中见出中华民族的生死智慧。"生态"部分重点阐释了中华民族天人合一、民胞物与、天地本吾一体等观念，认为其给生态文明提供了基本理论支撑。"生活"部分通过以上各方面的探讨，把最终落脚点安放在"生活"上，以期能为现代人提供一种形上与形下、肉体与精神圆融无碍的生活模式。"附录"部分是作者几十年哲学研究、人生思考的精华，如人生思语、仁者爱人、文化生命、以古鉴今、智慧之光、形上之思、梦想之华、和合之美等。

该书是作者集几十年之思考而成的智慧结晶，既为传承中华文化讲仁爱、重民本、守诚信、崇正义、尚和合、求大同的时代价值做了有理有据的论述，并以易懂的、形象的语言呈现出来，以能深入人心，又为讲清楚中华文化的独特创造、价值理念、鲜明特色做了有史有实的叙述，以使中华优秀传统文化成为涵养社会主义核心价值观的重要源泉，为实现中国梦奉献一份心意。

（人民出版社 2018 年版）

《人与自然和合：中国传统与现代的生态观照》

康　琼

人与自然和合与共是当今最为迫切的问题之一，以古今交叉的视角来审视此类时代问题，也早已被各大论著所阐述，但是以和合学的生生主旨来致思生态问题，致力于伦理的维度来阐明传统与现代交叉视野下的生态观，却未曾有如本书一样的论述，这也是本书最大的特点所在。本书分为上下两篇，上篇集中于传统的生态伦理思想论述，主要就传统文艺、民族文化、汉族神话中的生态伦理思想展开论说。下篇专注于现代中国内外发展中的政府责任及其反思，就经济发展、农村生态保护、中国环境外交展开了相应的政府、农民责任伦理等论述。

就传统而言，作者首先从传统文艺入手，分别从儒家生态传统与传统的超越、文人山水画、《西游记》所蕴含的生态意象中阐发中国传统生态伦理思想。其中，奠基于天地混沌宇宙观中的仙山圣水在作者文艺思想视角的深入诠释下，被赋予了鲜活的生态意象。其次，就民族文化中的传统民俗、民族神话展开了生态伦理的精神和意象论述，最终把这种民族文化中的生态伦理思想集中刻画于侗族起源神话的生态精神中。最后，汉族神话有其独特的生态思维、生态女性主义和生态政治观。作者在神话思维的生态归类中点出了这种生态思维的独特性，在对人类始母以及女人与他者的关系中刻画这种生态女性主义，更是在中国治灾神话的历史叙述中系统性地阐释了这种生态政治观。

在现代社会中，政府往往扮演着举足轻重的角色。在生态问题中，更是如此。作者在现代篇中，着重于阐明政府在此方面的责任伦理以及中国环境外交的时代意义。责任政府的建立与不断发展，在作者看来，这是现代社会履行生态责任的现实召唤。为此，政府履行生态责任是时代的必然选择，而且作者也给出了问题的分析和解决之道。生态问题的愈演愈烈主要在于现代经济发展的突飞猛进，其中，广大农村地区的生态保护也是刻不容缓。作者建议加强生态农民培育和农村环境管理，积极发挥政府的主导责任与充分调动农民的参与积极性。生态问题，对于一个国家而言，不仅仅是内在的，而且是外在的。于是作者从国际外交的角度回顾了中国环境外交的历史，并且展开了充分的现实思考，力图在理论与现实的多重体系建构中回应时代的问题，最终勘定中国在生态环境问题上的古今内外生态伦理思想观照。

（湖南师范大学出版社 2017 年版）

《和合学散论》

张瑞涛

　　本书共五章，第一章探究了和合学的"出场语境"，重点阐发了张立文提出的"中国哲学思维创新"的三条基本"游戏规则"，即核心话题的转向、人文语境的转移和诠释文本的转换；第二章探讨了和合学与中国哲学的创新，指出和合学是对传统哲学的继承与发展，既以中国传统为基础，又以解决当下社会现实为根本，为中国文化发展路径的具体落实提供了理论支持与方法，同时又以当下社会现实的深切观照为根本；第三章探讨和合学的方法论，重点探析了和合学提倡的和生、和处、和立、和达、和爱的五大原理；第四章关注和合学的价值论，指出寻求人与人、人与社会、人与自然、文明与文明之间的自由发展、平等交流、和谐共处是和合哲学的思想旨归与核心要义；最后一章以和合学为基础，从文化比较的角度进行思考，对"中国优秀传统文化现代'转生'的内在逻辑"等问题进行了探讨与评述。全书条理分明、逻辑清晰、论证严谨、内容丰富，是一部重要的探讨和合学的著作，可以带领我们进入和合学理论视域，同时也有助于和合学理论的完善与发展。

（中国社会科学出版社 2021 年版）

《文化和合与中国古代文学》

王显春　编著

　　本书力求重理中国古代文学的脉络，作者认为中国古代文学史也应该是一部多元的人生哲学史：儒家思想是中国古代文学之本，道家思想是中国古代文学之源，佛家思想是中国古代文学之流。中华民族是一个伟大的民族，在中国文化发展史上，"和合"是中华文化人文精神的精髓，亦为传统文化的精华。和合文化则可为此提供一种卓越的指导思想和可供选择的价值评判标准。研究、弘扬和推广中华和合文化，对于推动社会的长治久安和国家安定团结，促进祖国的和平统一，推动世界和平与发展，具有重要的时代意义，也可使中华文化在解决人类的冲突中走向世界，并使世界认同中华文化的和合精神，在未来世界人类共同体中发挥出应有的作用。

（民族出版社 2021 年版）

《中华和合文化的当代价值开发》

王恒亮

中华和合文化源远流长，积淀着中华民族最深层的精神追求，为中华民族生生不息、发展壮大提供了丰厚滋养。中华优秀传统文化是中国特色社会主义文化之根，充分发掘中华和合文化的当代价值，对坚持发展社会主义先进文化、涵养社会主义核心价值观、在世界文化激荡中站稳脚跟都具有重要指导意义。中华和合文化蕴含着丰富的思想政治教育资源，是思想政治教育的重要精神资源和思想宝库：其对民族意志的整合和社会秩序的协调对思想政治教育主体间和合具有重要启示；中华和合文化的内容是思想政治教育内容的重要思想来源和组成部分；中华和合文化的方法论对思想政治教育方法具有重要的借鉴价值；中华和合文化的环境育人经验对优化思想政治教育环境具有指导作用。本书一方面从思想政治教育学的视角系统解读中华和合文化，把中华和合文化解读为包含着和合价值目标、和合政治伦理规范、和合文化化育方法和和合文化化育路径的复杂共同体；另一方面从和合视角反思当前思想政治教育实践，主要从教育目标、教育主体、教育内容、教育方法、教育机制等方面做一些反思和探索。本书的主要部分在于探索中华和合文化融入当代思想政治教育的路径：以和合理念为指导确立当前培育目标、辨证扬弃中华和合文化的政治伦理规范，运用和合伦理政治规范协调思想政治教育主体间关系、借鉴和合文化化育方法对思想政治教育方法进行校正、借用和合文化化育路径加强思想政治教育环境建设等。本书既是从思想政治教育的角度分析中华和合文化，也是借助中华和合文化的平台来反思思想政治教育的有益探索，对于解决当前思想政治教育领域面临的文化困境提供了系统的应对策略，扩大了思想政治教育的研究视野，有助于指导思想政治教育实践。

（社会科学文献出版社 2020 年版）

《佛教文化与和合生态》

范殷铭

本书从国际、国内的生态实践两条线路展开论述，指出佛教和合文化是"一带一路"战略的软实力和金钥匙，传统文化特别是佛教文化对构建和合的生态系统，对促进世界和平、社会和谐与人民和乐，具有现实而深远的意义。全书分为"和合生态系统研究""佛教文化的和合生态发展观""传承和弘扬佛教优秀传统文化，助力和合地球生态系统""和合生态的世界建构""和合生态的社会实践"五个部分。

将佛教文化与生态建设结合起来进行理论探讨和实证研究，是一项非常有价值的工作。这项研究涉及当代中国的两大现代化建设主题：一是涉及中华优秀传统文化的继承、弘扬和发展这一文化建设问题；二是涉及现代中国的生态环境保护和生态文明建设问题。这两大建设主题所涉及的是目前中国现代化建设中出现问题比较突出的领域，是亟待国家和每一个公民认真对待和解决的两个重要问题。从这个意义上来说，范君殷铭先生的《佛教文化与生态和合》一书可谓恰逢其时，正好为当代中国的文化建设和生态文明建设贡献一份力量。

继承、弘扬和发展中华优秀传统文化，使其在现代中国发挥拯济人心、淳厚道德、和顺秩序、助益生活的正向作用，是当代中国文化建设的战略选择。佛教文化是中华优秀传统文化的三大组成部分之一，在中华文明发展史上扮演过极其重要的文化角色。佛教文化关于发菩提心、普度众生的广大宏愿，关于明心见性、亲证真如的智慧见地，关于遵守戒律、修习定慧的真切功夫，关于利益众生、积集福德的道德修养，关于了生脱死、圆满生命的追求，都是中华文化中不可或缺的重要资源。在建设新时代中国特色社会主义文化事业的历史进程中，佛教文化的这些内容必将被融入社会主义文化的框架之中，为中华文化的伟大复兴，进而为中华民族的伟大复兴提供精神动力。

（宗教文化出版社 2018 年版）

"和合文化丛书"

2018年6月，河北人民出版社出版了由张立文先生主编的"和合文化丛书"，这套丛书包括六本著作，分别是《致广尽微：和合体系论》《正德立己：和合道德论》《东亚宝藏：和合三教论》《箫管备举：和合管理论》《奋进不息：和合人生论》《和合爱神：现实关怀论》。张立文先生在总序中对"和合学"的内涵、特质及现代价值作了概述。他指出："'和合学'试图从中国哲学的实际出发，来构建符合中国哲学的思维理论体系，这个体系是为了应对当前人类所共同面对的冲突问题。""和合学"基于对时代问题的精准把握，提出"五和原理"——即和生、和处、和立、和达、和爱——来化解人类共同面对的五大冲突和危机，体现了时代性与创新性。"和合学"将人视为"会自我创造的和合存在"，并指明了人生所立足的生存世界、意义世界和可能世界，这对处于现代境遇中的人类认识人自身、找到人生价值、追求人生理想具有重要价值。"和合学"是活的哲学，它永远在途中，它把自己看作一种永远在将各方面"和合"起来的动态的哲学思维形态。本套丛书从道德、三教、管理、人生、社会等各个方面，试图展现"和合学"的时代价值和鲜活生命力。

《和合爱神：现实关怀论》

张立文

本书试图使和合学回归其原点的社会、人生、生活的在世现实，从人生、心灵、养生、家庭、道德、企业、生态、国际关系等诸多方面阐发了和合学的现实关怀，体现了和合学的时代价值。在第一章中，作者论述了和合学提出的人文语境，叙述了和合思想草根化的历程，指出了和合的现代意蕴。在第二章中，作者论述了和合三界、五和原理，指出了和合学的创新价值。第三章以"人生"为核心，从生命、命运、生活等方面反思人生，倡导和合人生的实现。第四章讲"心灵"，作者关照当下人类心灵世界的冲突与疾病，梳理传统思想中化解心灵冲突的方法，希望实现心灵的和合。第五章中，作者提出和合养生的概念和方法，阐述了自创的和合养生十二式。第六章关注"和合"对于婚姻和家庭的重要意义。第七章面对社会道德层出不穷的问题，提倡发扬中华优秀道德，并提出要建构现代新五伦八德的和合道德世界。第八章是对新时代大思想家的呼唤，作者提出了大思想家之所以为大思想家的特质和标准，并对如何造就大思想家进行了阐发。第九章关注"企业"，作者依据和合学原理，提出了企业文化的五大原理和五大精神。第十章聚焦"生态"，面对加剧的生态危机和冲突，作者倡导以和合智慧建设和合生态。第十一章中，超越硬实力、软实力、巧实力等概念，创造性提出"和实力"概念，阐发了"和实力"的内在价值，提出了"和实力"的构建之道。第十二章阐发了和合外交的理念和原则，倡导构建和合的国际关系。

《致广尽微：和合体系论》

张永路　陈欣雨

　　本书对"和合学"的思想体系进行了阐发，指出"和合学"是传统哲学理论思维形态在新时期的转生和创新，它抓住了新时代的核心话题，契合了新时代的人文语境，转换了所依傍的诠释文本，是中国哲学"自己讲"、"讲自己"的创新成果。第一章对和合学提出的时代语境和基础问题进行阐明。第二章追溯了"和合"概念的源流，讲明了"和合学"的文献和义理基础，进而以《国语》为中心阐述了"和合"范畴的多层级内涵。第三章从和合生成论、和合情感论、和合天下观三个方面对前诸子时代的和合思想进行了阐发。第四章在对中西传统思维方法反思的基础上，对和合学之和合方法进行梳理，指出了其度越传统方法论的价值所在。第五章阐述了和合生生道体的元性品格，讲明了和合生生道体的创生机制，彰显了和合本体对传统本体之凝滞不化的超越。第六章对和合学生存、意义、可能之三界及"境"与"理"、"性"与"命"、"道"与"和"六层面的思想结构进行阐述。第七章关注和合学的四个维度，即和合历史哲学、和合语言哲学、和合价值哲学以及和合艺术哲学。第八章阐明了和合学哲学体系整体贯通的逻辑结构。

《正德立己：和合道德论》

郭清香　王　乐

本书以和合道德为中心，阐述了和合道德的内涵，并由个人而天下逐步阐发了和合道德对化解人类冲突和危机的独特价值。第一章论述和合道德的意涵、特征，指出和合道德于当今发挥作用的可能性和紧迫性，揭示出和合道德的基本原则。第二章聚焦人之内心世界，直面人类面临的种种心灵的冲突，提出以"克己修心"为核心的解决方法，以达成成人乐道、心灵和谐的境界。第三章聚焦人际关系的和谐，探究自我与他人及共同体的关系问题，倡导推己及人、明分尽责、以礼治序、制度公正的和合人际关系。第四章聚焦人与自然的关系问题，阐明了和合生态道德的内涵意蕴和构建路径。第五章以"和合"关照国际交往问题，提出和合国际道德的理念，阐明了和合国际的基本原则和目标追求。

《东亚宝藏：和合三教论》

王　颢

本书运用和合学的思想方法，对儒、道、佛三教文化中可融合的精神潜质，即各自丰富的和合思想，进行挖掘和阐明，从而揭示三教固有的和合精神及三教和合的必然性。全书内容包括：儒家的礼乐人文和合；道家的神气自然和合；佛家的因缘善法和合。内容绪论部分是对和合学理论及思维方法的述介。第一章探讨儒家思想的和合意蕴，作者从儒家社会理想、"和与同异""礼之用，和为贵"，"保合太和""致中和""天理"与"和合""气论"与"和合""本心"与"和合"等诸多方面，详细论述了各时期儒家思想中的和合因素。第二章探究道家思想的和合意蕴，作者从道家的社会理想、"知气和""阴阳和合""乐者形和""回风混合"等诸多方面，考察了道家以及道教和合思想的内涵和价值。第三章论述佛教的和合思想，作者分别阐述了小乘教之"和合"、大乘教之"和合"以及"善法"之"和合"、僧团之"和合"等内容，指出了佛教和合思想的广泛表现和重要意义。

《箫管备举：和合管理论》

纪光欣　张瑞涛

　　本书将和合学哲学思想应用于现代管理领域，提出具有鲜明中国文化特色且内涵丰富的"和合管理"概念，建构了刚柔相济、协调互补、合作共赢的和合管理理论，是中国式管理理论建构的新成果。第一章导论中，作者指出了和合管理的内涵与根据，论述了和合管理基本原理与时代价值。第二章从中西两个方面追溯了传统和合管理的思想历史。第三章从组织内部、组织外部及学科角度对和合管理的本质进行界定，认为和合管理是组织内部要素融突的工具，是组织与环境融突的工具，是实践基础上科学与艺术的融突和合体。第四章指出，和合管理的目标在于由管理过程中的决策、战略、执行等环节，达致管理目标的和合。第五章阐述了和合管理组织的结构特点，提出了构建和合管理组织的方法。第六章关注中西管理理论中的人性观，提出和合人性假设，并阐发了和合人性假设的基本内涵和管理价值。第七章倡导中西管理文化的和合，指出和合管理文化具有融突而和合、整体与个体相依相存、无为与无不为互补互济、日新生生的精神。第八章对管理创新进行阐述，揭示了和合管理理论的创新价值。

《奋进不息：和合人生论》

梁成均

　　本书立足和合意义世界的建构，从"生命""生活""命运"三个主题入手，论述了中国人对于人生性命的根本态度，阐发了中国人生哲学"奋进不息"的人文精神。第一章从自己到他人，从肉体到人格，阐明了珍重生命的多重对象和内涵。第二章阐述了"重名誉""明事理""坦荡生死""发奋学习""积极入世"的生活态度。第三章从礼节、作为、心态、成就四个部分阐发了对命运的敬畏。

天台山和合文化研究丛书

《天台山和合文化》

徐永恩

　　本书是《台州文献研究丛书》的一种，该丛书由张立文先生作序。作者在前言中指出，"和合"作为中国思想文化中被普遍接受和认同的人文精神，纵向贯穿于整个中国文化发展的全过程，横摄于各个时代的各家各派的思想文化之中。中华和合文化的发生发展演变，大致可以分为五个历史阶段。第一阶段，自上古到至唐代和合神出现之前，和合观念不断发展。第二阶段，从初唐到宋，万回被推为和合神。第三阶段，时间下限为清雍正元年（1723），寒山拾得被敕封为和合二圣。第四阶段，清雍正十一年（1723）至20世纪80年代前后，和合观念进一步深入社会各个层面，并向世界输出；和合形象广泛应用于社会各个方面。第五阶段，寒山拾得被更多的国家所接受，和合文化进一步走向世界。20世纪80年代，中国人民大学张立文教授提出了和合学系统理论，并出版了和合学系列丛书。90年代，全国成立了"中华和合文化弘扬工程"，并由程思远担任主任。和合文化便在新的历史时期中，在追求人与自然和谐、人与人和睦、人与社会和谐、人的身心和谐诸方面日益彰显出其独特的价值。

　　本书以和合观念发展脉络为主线，纵横结合。从微观看和合文化的发展，探究寒山拾得从普通的隐士、俗僧二大士，演变成为和合二圣与和合文化象征的整个过程；着力探讨寒山子隐居天台山的原因，从天台山的自然环境、生活资料和文化背景入手，探究和合二圣生成的外部环境；再剖析寒山拾得自身的和合意蕴；诠释了民间神祇的塑造与崇拜，都是经历了自上而下，自下至上的往复而产生的造神规律。

（上海古籍出版社 2017 年版）

另有"天台山和合文化研究论丛"（如下），系浙江省文化研究工程（第二期）项目。共五部，分别是《天台山和合文化研究文献索引》《天台山和合文化史》《天台山和合文化概论》《天台山和合文化跨域传播》《天台山和合文化的当代价值》，2020 年由浙江人民出版社出版。

《天台山和合文化研究文献索引》

杨供法　编著

本书为《天台山和合文化研究》丛书之一。主要收录了中华人民共和国成立后至 2019 年国内外学者研究天台山和合文化的成果，完整呈现了和合文化研究发展的历程和脉络。为便于读者检索，本书编制了《研究文献索引》和《作者姓氏笔画索引》两套检索体系。前者为本书的主体，后者为本书的附录。

《天台山和合文化史》

张　燕

本书为《天台山和合文化研究》丛书之二。作者以时间为经，儒释道和合为纬，考察天台山和合文化的形成、发展、兴盛、转型与复兴之历程，为全面、深刻地认识天台山和合文化的历史价值，中华文化的创造性转化、创新性发展提供了参考。

《天台山和合文化概论》

何善蒙　陈锐钢

本书为《天台山和合文化研究》丛书之三。本书主要是从天台山和合文化的内涵、渊源、主体、两翼、旨归等进行细致而严谨的梳理和研究，探讨了和合文化对社会和谐的建设等具有的价值。本书具有一定的学术研究价值，对于当前社会主义核心价值观的建设富有指导意义。

《天台山和合文化的"跨域"传播》

屈啸宇　郝金广　孙明辉

本书为《天台山和合文化研究》丛书之四。本书不是单纯将天台和合文化作为一种地域性的文化孤本，而是将天台山作为研究中华和合文化"多元一体"与区域传播影响的经典案例，从天台山的原生文化生态出发，经由文化生态、形象传播等几个维度，对"和合文化"这一中国哲学中的重要概念进行多维度、多对象的解读，并由此透视中华和合文化的整体特性。

《天台山和合文化当代价值研究》

杨供法　王廷婷

本书为《天台山和合文化研究》丛书之五。全书共分 8 章，从和合圣地文化理据开始，逐步深入、展开，构建框架，分析和合文化对经济创新、民主协商、和谐台州、跨国并购等方面的影响。书稿搜集了各种文献资料，进行了分析和讨论，形成了作者对和合文化当代价值的理论构建。

博硕论文集萃

张立文和合哲学思想研究

刘　胜

　　和合学分为狭义和合学与广义和合学。狭义和合学乃是张立文先生在中国传统文化与西方文化的批判性研究基础上，针对现实世界的冲突与矛盾性，提出的一种应对现实问题的新的理论体系。广义和合学则是指在狭义和合学探索的基础上对其所未能深入研究的课题，进行相关的和合学研究，比如和合翻译学，以及符合"和合生生"精神的一切理论探索。与此对应，和合学的研究也分为两类：一类是针对张立文先生和合学的理论阐释与澄清；一类则是依和合学精神实质进行拓展性和创新性探索。本论文论题的研究就属第一类。正因为如此，论文的研究目的就是试图澄清张立文先生创立和合学的思想路线、理论精髓以及精神旨趣，并在此过程中随文阐释这种和合学如何可能，其理论边界与理论特色是什么等问题。

　　既然如此，我们的研究必然要从此课题的其他关注开始，也就是其他学者如何看待与评介这样一种新生的理论体系——和合学。这就决定我们要综合地分析与评估其他研究的水平，包括他们的研究方法、研究内容、研究边界等问题。对于这一问题的讨论主要体现于第一章中的"国内外研究综述"。

　　在摸清了他人研究的边界——已探索的研究方法、研究内容与未探索的研究方法、研究内容之后，我们则需要进入这样一个问题，即张立文先生为何要去创立和合学。从张立文先生的著作以及和合学所可能发生的实效出发，我们认为张立文和合思想的缘起应当与两种因素有关：一是面对世界各文明之间的冲突以及部分文明冲突尤其突出的情况下，张立文先生的忧世情怀与救世自觉，使其需要从所有的思想资源中进行甄别和选择，并在此基础上进行理论创新；二是为了化解中国哲学合法性的争议，张立文先生需要在解决冲突世界中的各种冲突的世界性、历史性、思想性的重大课题的基础上，澄清中国哲学的哲学功效与思想魅力。

既然有了创立理论的自觉与需求，那么张立文先生需要怎样的思想方法来驾驭以往思想资源以及构建起新的理论体系？这个问题则由"张立文和合哲学方法论研究"一章进行相关的澄清。在此章中，我们首先要澄清张先生如何"诠释与批判"以往的思想方法；其次，就要揭示与阐明创立和合理论体系的"和合方法"是由三个部分构成，即"生生法""创新法"与"意境法"。

动机与方法皆已澄清，那么和合学的理论体系到底构造了什么呢？为了阐明这个问题，首先，我们需要明白什么"和合"以及通过"和合"为何能够构建出"和合学"；其次，才能揭示和合学如何讨论我们的世界，即和合世界观。和合世界观是极富创意的世界观，认为我们的世界由生存世界、意义世界与可能世界所构成，而在和合精神指引下，成为和合生存世界、和合意义世界与和合可能世界。这三重世界观旨在解决"人如何存在""人为何而活着"以及"人应该怎样活着"这三个问题。

为了解决这些问题，和合学提出了"五和"——和生、和处、和立、和达与和爱的基本原理。进而从和合学学科体系的建立与四种和合哲学两个方向讨论了和合学的精神如何落实的问题。

（湖南师范大学 2017 年博士学位论文）

《黄帝内经》合和心理学思想探析

李 敏

鉴于西方心理学与中国文化的距离，论文首次提出"合和心理学"概念，并根据中国传统文化对"合和"与"心理"的认识，在《黄帝内经》的框架下，将"合和心理学"界定为研究人的心理诸成分及身体相互作用所达成的整体协调的知识体系。进而，探讨了《黄帝内经》中的合和心理学思想，结论大致如下：

第一，西方心理学中的"消极"心理学视心理障碍和精神疾病如洪水猛兽，而积极心理学则把积极因素看得完美无缺，二者都不能辩证地看待自己的研究对象，而且因为西方人二元对立的思维模式，"消极"心理学对"消极"因素必欲除之而后快，积极心理学则不遗余力地推崇积极，二者各执一偏，都从外在对客体施加积极的干预，都把客体当成了只能被动承受的"物"。《黄帝内经》心理学思想是以合和为目标，既不消极，也不积极，或者说适度消极与积极，顺应天地之道，立足于自身修养，适当关注心理失和，只在必要的时候顺势加以外在干预，以求恢复心理和谐状态。

第二，心理这个术语既能精确表达西方 psychology 之意，又能精妙融汇中国"心""理"之神。所以，心理学既是西方的，是 psychology 之知识体系，更是中国的，是"心""理"之灵动融和；既是静态的，以究"心"之"理"，更是动态的，以理"心"之"和"。"合和"是华夏文明的精神追求，"心""理"是中国哲学的重要范畴，"合和心理"的目的一是探索合和心理的内涵，即什么样的心之理才是合和的心理；二是探究心理合和之路，即如何"理""心"，才能使之达到合和之境。《黄帝内经》是一部医学典籍，以人的身心健康为目标，所以在《黄帝内经》的框架下，合和心理的概念是人的心理诸成分及身体相互作用所达成的整体协调。

第三，《黄帝内经》合和心理学思想是在源远流长的中华文化中产生的。其文化基础有《易经》的天地之心、道家的虚静之心、儒家的仁中之心和墨家的兼爱之心等。而人种特征、经济生活方式、生存的地理环境、文明发展特色和社会结构则构成了《黄帝内经》合和心理学思想产生的社会历史背景。

第四，《黄帝内经》合和心理学思想主要包括两部分内容。（1）《黄帝内经》合和人格。这是一种圆融的心灵境界的追求。《黄帝内经》开篇《素问·上古天真论篇第一》就提出了一种人格分型的观点；《黄帝内经·灵枢》中有多篇涉及人格分型的内容，包括《逆顺肥瘦篇第三十八》《论勇篇第五十》《阴阳二十五人篇第六十四》《行针篇第六十七》和《通天篇第七十二》。其中《逆顺肥瘦》《论勇》《行针》中为片段述及，《阴阳二十五人》《通天》两篇为专篇论述。《黄帝内经》人格分型思想的特点是：①以生理为基础，注重形神合一；②以阴阳、五行为依据，强调天人合一；③以社会性为重点，遵循传统伦理道德；④以合和为旨归，注重理想人格。《黄帝内经》重中尚和的合和人格体系具有层次性。阴阳和平是俗世中人可以追求的理想人格，真人、至人、圣人、贤人则是超越世俗的终极理想人格。（2）《黄帝内经》的心理合和途径与方法。合和人格的养成，合和心理的实现，不是一蹴而就的，需要经历一个不断调整、逐渐趋向整体协调的过程。修养理想人格，追求合和境界是《黄帝内经》的目标。对如何达成这一目标，《黄帝内经》也尝试给出了途径与方法，包括养和之道与调和之法。①养和之道就是达成合和的途径，是以自和为主，人的行为在于适时、适地、适度清理心灵自和的干扰，防止失调的发生，使自和机制运转顺畅。包括通过恬惔虚无、精神内守达成的自性合和；形神一体、神明形安的身心合和；和睦相处、心灵相通的人我合和；人循天道、天人合一的内外合和。②调和之法就是重回合和的方法，是以自和为根，人的行为在于适时、适地、适度校正心灵自和的偏差，消除调和的障碍，使自和机制恢复顺畅运转。包括平和之法、衡和之法和顺和之法。无论是养和之道还是调和之法，都是对自和机制的辅助，而非主导。在达和的过程中，对自和机制重在顺其势，意在复自然。③《黄帝内经》还提出了心理失和的诊察方法，包括望诊、闻诊、闻诊、切诊和梦诊。五诊合参，才能取得良好的效果。

第五，《黄帝内经》合和心理学思想具有重要的现代应用价值：（1）《黄帝内经》认为个人的心理合和是从个人修养获得的，而个人的修养既有使内心平和、身心合和的努力，也有与他人和睦相处的能力，更有与自然和谐共生的智慧。这样的智慧应该得到传承与发扬。可以通过与自己和解、同他人和睦、对自然和敬，从个体的心理合和直到和谐社会，并创造宜居的环境。（2）合和重视的是异质元素间的整体协调，合和心理学研究也可以与西方心理学抛弃成见，互相取长补短，达到和谐共荣。（3）《黄帝内经》合和心理学思想也有一定的局限性，但瑕不掩瑜。我们不能苛求古人，而应该区分其中的精华与糟粕，加以扬弃，辨别其中的道与术。道的层面要通俗化，使其易于理解和接受，术的层面可加强科学研究，增强其科学性和操作性，以利于《黄帝内经》合和心理学思想更加系统、完善，更好地为当代中国人服务。

（山东中医药大学 2015 年博士学位论文）

和谐人培养目标的实现研究

——基于阴阳和合视角的反思

黄 涛

从西方古希腊罗马时期培养身心和谐的爱智者到近现代的理性人，从中国古代培养治国能臣到近代"中西合璧"的人才，教育目的内容随着社会发展而在演变，这是中西共同的人性追求和社会发展的需求，即培养和谐人是教育永恒的追求。

马克思主义产生以后，才使教育科学有了科学的方法论，根据历史唯物主义基本原理，科学地揭示教育的目的社会性，并根据社会发展的客观规律和社会主义社会的性质，提出了社会主义的教育目的，提出了人的全面发展观。马克思主义的全面发展观包含着培养"和谐人"的教育思想，它是我国制定教育目的的理论基础。2006 年 10 月，党的十六届四中全会《中共中央关于构建社会主义和谐社会若干重大问题的决定》中，提出"构建社会主义和谐社会"的决定，是党中央立足国际国内发展提出的重大战略举措，它不仅体现的是改革开放和社会发展的客观要求，更表达了广大人民群众根本利益和共同愿望。党的十六大报告提出我国的教育方针是"坚持教育为社会主义现代化建设服务、为人民服务，把立德树人作为教育的根本任务，培养德智体美全面发展的社会主义建设者和接班人"。符合社会发展客观要求的教育目的才具有进步性，才能在实践中产生巨大的效果，"和谐"是培养德智体美全面发展的社会主义建设者和接班人的教育目的应有之义，因为它是以马克思主义人的全面而自由发展为理论基础。但是，当前学校实践中，却因为"五育""不交"、教育价值理性的偏"虚"和知识教育的偏

"盛"等原因，造成国家教育目的被架空，培养的人才呈现"不和谐"的发展态势。

据此，本研究再次提出培养和谐人的话题。人具有多维关系的本质且具有建立全面关系的能力，学校教育就应该给予正确思想指导，帮助人的完整发展，并形成良好习惯的行动。已有研究显示：宇与宙二元分离，造成和谐人外延认识的不足；时间维度和谐的忽视，造成和谐人动态性认识不足；研究范式"一元化"，造成中国传统哲学思想运用不足。虽然《周易》阴阳和合观历史悠久，但是它仍然具有现存性，它包含的"生生"观、"穷变"观、"对应"观与今天学校人才培养中的科学观、发展观、竞争观之间具有"阴阳互补"的关系。

以"生生"为特色的总体宇宙观将培养对象置于广阔的多维的实践关系中，以"阴阳和合"的理念与原则深入领会"关系调和"对达成培养德智体美全面发展的教育目的的重要性和迫切性，这是论文的研究视点。阴阳和合强调"天人一体"思维，强调事物对偶面的互依、互补和转化，强调"时中"的方法论，有利于坚守马克思主义人的全面发展观的理论基础，更好地促使教育目的的实现回归德智体美全面发展的培养正道。

本研究五个章节，主要是研究两个问题：一是学校应该培养什么样的"和谐人"？二是学校怎样培养"和谐人"？在"和谐人"的界定上，在已有研究和相似概念内涵辨析的基础上，本研究提出和谐人是指德、智、体、美、劳协调发展，且具有"自强不息"的刚健精神与"厚德载物"的宽阔胸襟的人。和谐人的外延包括教育资源、空间和时间等三维度九个向度。其中教育资源维度包括知识资源、智力资源和人力资源三个向度；空间维度包括自然空间、社会空间和自身空间三个向度；时间维度包括生物时间、社会时间和心理时间三个向度。他的特点在于多种发展方面的建立及其关系调合中得到全面的发展，他关注的是人作为类存在的关系的复杂性，价值在于复杂关系的调和，人的类性质的突出。"关系调合"是和谐人的基础，在关系中确定自己的地位和价值是和谐人存在的意义。

《周易》阴阳和合观"贵和重生"，学校和谐人培养必要发挥要素"和"的协力、重视"趣时"的变力和促进生命的创力。学校教育责任主体要把受教育者置身全面的关系网络中，有计划、有步骤地给予正确思想指导，帮助受教育者与空间、与时间、与教育资源建立完整的联系，并使其按照正确的思想养成良好的行为习惯。培养路径为：第一，科学教育与人文教育"刚柔迭用"；第二，直线发展式教育与循环生成式教育"刚柔并济"；第三，共性教育与个性教育"阴阳互藏"。

（西南大学 2017 年博士学位论文）

庄子和合思想研究

田梦佳

在全球化、现代化、城市化趋势渐盛的时代背景下，全球文化日渐趋同，人们的思想观念、思维方式、生活习惯等也深受影响，致使人类历史上创造、和合、积淀而成的物质与精神文化面临空前的危机；且人们在物质生活日益富足的情况下对于精神富足的诉求越发强烈。如何转危为安，也即如何推动当下文化建设任务、强化本国软实力和丰富国人精神世界，成为目前世界各国亟待解决的大问题之一。

庄子作为先秦诸子竞起争鸣而开创的中国思想史上一大黄金时代里儒、道、墨、法几大学派之中道家的集大成者，其思想是以儒家思想为主体的中国传统思想体系的重要组成部分，亦是中国传统思想的一些主要特征和思想内容的观念来源，并在社会思想和人生态度上对后人影响深远。"和合"是不同思想和文化交流与融合的理想模式，是中华民族安身立命的处世之道，亦是中国传统文化的精髓。庄子的和合思想作为庄子思想与和合文化的重要组成部分，是中国传统文化的优秀部分，是留给子孙后代的宝贵财富。作者首先论述了庄子和合思想形成的历史背景，主要有小农经济营造自由淳朴的社会氛围、诸侯争霸激发人民追求身心安稳、百家争鸣促进文化和合生生等。其次，论述了庄子和合思想的主要内容，主要有四个方面：人与天一、万物一齐的天人合一；内圣外王、无为而治的政道和谐；任性自然、无用之用的知道融合；不役于物、逍遥淡泊的人生和达。再次，论述了庄子和合思想的基本特征：天人合一的整体性与差分性、政道和谐的和顺性与叛逆性、知道融合的应然性与趋近性、人生和达的超脱性与挑战性。最后，论述了庄子和合思想的现实意义：有利于人与自然和谐相处、有利于人际关系和睦融洽、有利于文化教育和合创新、有利于个人心性和顺与思想通达。

（苏州科技大学 2017 年硕士学位论文）

钱穆和合思想研究

赵 霞

钱穆是研究中国思想卓有成就的学者，他对中国文化怀有极大的敬意，被他的学生余英时称为 20 世纪国学界的一位"通儒"。因为思想中具有的和合性而走出了一条独具特色的学术研究道理。他既热衷于研究传统文化，又非常具有现代创新思维。他有海纳百川的学术胸襟，与时俱进的前沿意识，所以才能博采众长，汲取中西文化精粹而融会贯通，使得他的学术思想是动态的，有活力的。

钱穆思想具有和合意蕴，他肯定了"和合"思想在国民生活、生产中产生的重要作用，并认为其对中国国家凝成为一、民族大融合、文化大发展起到无与伦比的作用。差异具有普遍性，世界任何地方都有差异、矛盾与冲突，但总体来看，西方的冲突性更强，中国的包容性更强。和合思想的精华之处在于协调矛盾，使冲突的各方面缓解平和，和谐共处，相互协调，以和平手段沟通解决矛盾。这是和合思想的不竭力量源泉和生机所在。钱穆认为和合思想具有强大的包容吸纳特性，使得中国文化不停吸收、融合其他民族文化，创新进步，使得自己的文化逐渐进步，走上新台阶。

钱穆认为儒学所包含的仁礼思想只有经过现代文化融会转化后才对现代社会有现实意义。他在其中强调的"和合"既是内外之道的和合，又是传统与现代的和合。他生活在新旧交替，传统与现代文化冲击的年代，认为传统与现代的联系不可随意分开，不能互相否定，要和合相融。钱穆的和合思想是"据旧开新"的和合创新思想，对文化创新及提高国家软实力有着非凡的意义。钱穆在特殊年代形成的忧国忧民的忧患意识和社会责任感、严谨的治学思想，也可以激发当代中国青年的爱国情操，贯彻与人为善，谦卑礼让的和合思想，提高自身道德素质，互帮互助，形成团结友爱的友爱互助社会风气。

钱穆和合思想贯穿于钱穆研究的各个领域和研究始终，钱穆先生一生孜孜不倦地研究中国历史文化、民族文化，他学贯中西，对传统文化了然于心，身体力行地弘扬中国传统文化，保留自身文化个性特色，更好继承与弘扬中国文化。以中国历史作为铜镜，以中华文化作为血肉，以民族精神作为支撑，挖掘中国文化的强大吸引力与巨大价值。我们应发挥钱穆和合思想最大价值，推崇钱穆和合思想，发掘和合思想蕴含的当代价值，促使人类、社会、自然和睦相处，家庭和乐，从而促进社会不断进步发展。探讨钱穆和合思想，正确运用钱穆和合思想，对传统转型、创建和谐社会具有强烈的指导意义和当代价值。应加强中国文化和不同民族文化间的交流合作，坚持文化多样性、多元化发展，注重中国传统文化的教育、创新，加强钱穆和合思想的结合应用，最大发挥其当代价值。

（苏州科技大学 2017 年硕士学位论文）

和 合 成 器

——《考工记》中"和合"美学思想的理论阐释

杜 莉

  《考工记》除了在工业科技层面的意义外，其所承载的创造者的思想意识走向和它所承载的文化观念对美学理论研究也具有重要意义。"和合"美学思想贯穿于《考工记》的始终，论文试图透过《考工记》来对"和合"这一美学思想进行阐释，旨在解读出在《考工记》这个具体情境中"和合"这一美学思想自身的结构和它的因果逻辑脉理，使得"和合"美学思想透过《考工记》中的具体器物和器物制造而得到某种具体阐释。论文从三个层面对《考工记》的"和合"美学思想进行研究：

  第一，"和合"在《考工记》中从三个不同维度体现出来，在《考工记》的思想理念层面里"和合"的存在体现为匠人的"知"和整个匠艺活动的"道"；在《考工记》的实践操作层面里"和合"的存在体现为匠人的"巧"和整个匠艺活动的"良"；最后在《考工记》中"和合"所产生的效果以及最终的结果体现为匠人成为"国工"和匠艺活动实现"成器"。

  第二，"和合"作为一个完整的概念和现成的思想贯穿于《考工记》的全篇始末，必定有它自身完整固定的理念结构模式，论文对《考工记》的"和合"思想进行了结构拆分和剖析，通过"和合"在《考工记》特定条件里的出现和运用分析出"和合"的各个条件和要素。在《考工记》中器物的"和合"作为一个特定的结构模式，它的完成和实现需要功用、情境、材料、形式诸要素的参与，"和合"是一个杂糅了多要素的结构程式。

  第三，"和合"这一中国古老的思想缘起于中国的古典哲学，在中国古典哲学里"天"一直是所有存在的最终解释和所有问题的最终答案，古人通过象天法地的方式将"和合"视为天之道，"天道"自然是美的，"和合"作为天之道自然也美。在中国古典哲学中，"生生"之美发育成一种生命美学，"和合"最终指向"生"，所以"和合"自然为美学的重要内容。"和合"来自于美，最终归向于美，所以"和合"是一种重要的美学思想。

（西北大学 2017 年硕士学位论文）

《伤寒杂病论》和合思想研究

凌　靓

　　《伤寒杂病论》作为中医历史上立法遣方之大作，具有超越时代的价值，对现代社会发展和中医学继承依然起着巨大的推动作用，其中蕴含的和合思想对于引导和解决中医发展中的各种矛盾能起到积极作用。可以看出，《伤寒杂病论》和合思想受到中国古代哲学思想的影响，是中国古代思想在中医学上的重要体现。

　　关于和合思想的研究自张立文教授之后越来越多，但在中医领域研究和合者不多，尤其专门针对医学领域的一本古籍来说，更是少见，《伤寒杂病论》和合思想的研究和创新价值值得关注。中医学是中国哲学、自然科学和社会科学相结合的学科，它不仅在保障中华民族的健康上发挥了举足轻重的作用，在其自身发展的过程中也融合了多种古代传统人文精神。随着西方文化和西医的传入，中医的发展确实受到了很大的挑战，但中医学的临床和哲学价值依然值得我们深入挖掘，尤其是中医学提出的整体观念和辨证论治体系，是西医无法替代的。

　　论文深入挖掘了《伤寒杂病论》的中国古代哲学思想，特别是其所蕴含的传统文化中的和合思想，首先从《伤寒杂病论》和合思想的理论来源进行探析，认为儒家、道家思想为《伤寒杂病论》和合思想的形成和发展奠定了坚实的理论基础。《伤寒杂病论》和合思想具有正常稳定、协调平衡、调和阴阳、和解病机等意蕴。其次，系统论述了《伤寒杂病论》的和合思想，分别是"元真通畅，人即安和"的身心观，"阴阳失和，疾病乃起"的疾病观，"营卫调和，不偏不倚"的治疗观，"配伍和合，道器合一"

的方剂观，"阴阳自和，未病先防"的养身观。可以说和合思想贯穿于《伤寒杂病论》疾病诊断和治疗、方剂配伍、养生防病等理论之中，以和合来表述人体的生理病理状态，以和合来制定治疗法则，还有以和合的思想指导调剂用药等。再次，阐述了《伤寒杂病论》中和合思想的特征，即天人相应的整体性和节律性，强调了人体自身、人与人、人与大自然之间和谐相处，共存共荣的重要性；病证结合的连续性与统一性，充分揭示了各经病证的总提纲、排布顺序以及传变规律，而且概括了对疾病原理的哲学认识；方证辨证的对应性与灵活性，突出了病情与方剂用药的契合关系，方证相应，灵活变通的和合特点。最后，通过总结论述《伤寒杂病论》和合思想的价值，充分验证了其对丰富中医哲学基础，缓解现代医患关系，促进中医"和而不同"的发展的指导意义。

（苏州科技大学 2018 年硕士学位论文）

太极拳中和合学思想渗透的研究

陈笑菲

和合学包罗万象，是哲学创新的产物，从政治角度来讲，和合学对于我国乃至世界的和谐稳定发展都起着至关重要的作用。从经济角度来讲，以和合学为指导的经济发展是良性的、生态的。"和立""和达""和爱""和利"的经济发展理念势必会带给企业无限的发展助力。从文化角度来讲，和合将很多看似矛盾的方面相互融合并合理整合在一起，使矛盾的多方面以一种相对平衡的状态存在。但是和合学创建至今仅有 20 年的历史，因此在理论框架之中不免缺少具体的实证支撑。太极拳在全球化的大背景下以一个载体的形式传播着中国传统文化，作为我国的一种文化符号在世界各国广泛传播。在 2006 年被选为非物质文化遗产后它的文化精髓地位更为凸显。太极拳作为我国的非物质文化遗产具有深厚的拳理拳式文化内涵，但缺乏系统性，大众对太极拳的认知大部分停留在其养生和保健价值上，但太极拳的功能不仅限于此。

论文着手构建太极拳在和合学下的理论框架，以八维和合和四级开拓作为切入点，采用文献资料法、逻辑分析法，整理归纳大量的文献书籍资料来充实框架体系，明确阐述太极拳的八维和合和四级开拓，指明在太极拳中八维和合和四级开拓的渗透点。

太极拳与和合学的结合充分明晰了太极拳的众多理论，也为和合学的深化注入了又一关键内容。太极拳中的八维和合：形而上合、道德和合、人文和合、工具和合、形而下和、艺术和合、社会和合以及目标和合体现出的思想在精神层面具有一定的实践指导价值，提升人们的精神境界。和合学四级开拓：超越地域的一级开拓、超越类域的二级开拓、超越主体的三级开拓、超越对象的四级开拓。四级开拓也将太极拳的哲学思想更进一步。将八维和合总结为个体发展、社会领域、哲学内涵、艺术表现这四个大的渗透方面。四级开拓总结为超越地域、类域、主体、对象这四种渗透类型。太极拳的天人合一、和谐共生、分朱布白、行云流水、健身之法、中正之道、阴阳之道、精神升华都是在八维和合理论之下，其超越地域、类域、主体、对象的四级开拓离不开太极阴阳鱼，太极拳在潜移默化之间流传于世界各地，在禅宗、中医、文学、书道、舞蹈、艺术设计……也都能体悟到太极拳思想内涵。太极阴阳鱼将太极拳完美地融合在和合学之中。这种阴与阳的对立统一为太极拳的发展提供了不懈的动力，提升了太极拳的哲学内涵。总之，和合学的八维和合和四级开拓将会使太极拳的理论框架更为明晰，这将有利于太极拳养生保健理论的发展，以及八维和合包含的其他价值的广泛传播。

（大连理工大学 2017 年硕士学位论文）

武术和合思想研究

刘小路

改革开放以来，我国在构建和谐社会的进程中，面临着生态问题、社会不和谐因素、自我实现和个人追求等一系列的失衡与矛盾，影响了社会的有序发展。要想建设和谐的社会主义社会，就要找到处理人、自然、社会之间的平衡点，而武术起着良好的媒介作用。武术和合强调人与人、人与社会、人与自然保持动态平衡，宣扬武术与和合思想相互渗透，彼此消融，达到多元文化的统一。

论文运用文献资料法、逻辑分析法、专家访谈等研究方法，对和合思想进行分析研究，对武术文化中蕴含的和合思想进行阐释，多方位对武术和合内涵进行挖掘，从文化的"三元结构"角度出发阐释了武术中蕴含的和合思想。从而找到武术中蕴含的和合思想，对解决当下人与人、人与自然、人与社会面临的种种危机，构建出和谐、美好的社会主义社会。论文包括四个部分，具体如下：

第一部分：引言部分，包括选题依据、研究意义和文献综述，介绍了研究对象和研究方法。

第二部分：武术和合内涵的理论阐释，即武术和合的关系，包括四个方面：武术与人关系的融合、武术与自然关系的调谐、武术与社会关系的谐和和不同拳种之间关系的融通。

第三部分：分析武术文化中体现和合思想的特征，从文化"三元结构"角度进行阐释。武术文化的"物器技术层面"特征表现为器械之和、服饰之和和技术之合。武术文化的"制度习俗层面"特征表现为技理技法之和、武德教化之"以和为贵"和传承方式之"师徒之和"。武术文化的"精神思想层面"特征表现为天人合一——武术追求的终极之道；贵和尚中——武术追求"中和""向善"的人文情怀；阴阳致和——武术蕴含阴阳相合的文化特征。

第四部分：结论。第一，"和"是共生，指不同因素的和谐；"合"是优势互补，指不同因素的融合。两者合用，是承认客观世界存在着许多的不同因素，但在这同一世界中共同存在。和合思想是一种思维方式，是中国传统思想文化的一个基本理念，是中国人的一种价值观和认识论。这种思想很好地处理了人与人、人与自然、人与社会之间的矛盾，促进了社会和谐稳定发展。第二，武术文化是一个完整的理论体系，其中蕴含着中国传统文化思想的精髓，特别是和合思想中的天人合一、贵和尚中和阴阳辩证观等对武术理论与方法产生了深刻而重要的影响。第三，武术文化的"三元结构"是指外显层的"物器技术层"，包括武术技术、器械、服饰、场地等；中间层的"制度习俗层"，包括武德、礼仪规范、传承方式、武术知识、理论、方法等各个方面；内隐层的"精神思想层"，包括武术的精神追求、道德伦理、民族精神、民族性格等思想层面的内容。第四，武术文化"物器技术层面"蕴含和合思想的特征表现："技术之合""器械之和"与"服饰之和"来体现出习武者通过辅助外界工具，并把它视为有生命的主体，平等对话与交流，来达到物我合一、天人合一的境界，彰显出中国传统和合思想与武术的完美融合。第五，武术文化"制度习俗层面"蕴含和合思想的特征表现："技理技法之和""武德教化之和"与"师徒之和"来体现出中国传统文化伦理道德思想对武术人的约束。中国传统"以和为贵"的传统文化来教化习武之人，通过以武德培养、武技传承为内容，维护了武术传承的秩序，促进了武术的和谐发展。第六，武术文化"精神思想层面"蕴含和合思想的特征表现："天人合一""贵和尚中"与"阴阳致和"的传统哲学思想体现出习武者追求以武演道、由武入道的拳学最高境界。无论武术技术上的拳理拳法还是文化上的价值取向、精神寓意，都折射出中国传统文化和合哲学思想的魅影。

（苏州大学 2018 年硕士学位论文）

古琴文化中的和合思想研究

戴昕萌

中国的古琴被称为"国琴"或者"国琴之王",这与古琴所承载的悠久历史、制作工艺、琴体构造、琴名含义、音色特点、弹奏方法、曲谱内容,以及琴人的风骨息息相关。琴之音色具有空灵之感,作为中国文人寄托神思的道器,在众多独奏乐器中,唯独它形成了自身的理论体系,并传承至今。和是中国传统艺术美学思想的核心与主脉。和合思想就是古琴文化中的主要指导思想和审美原则。古琴的音色、音高、音长、音强的物理声学分析和中国本土的儒道两家的早期乐论,是古琴文化中和合思想形成的缘由。

在古琴艺术中,古琴形制暗合阴阳之道,在选材斫制的过程当中讲究阴阳调和。古人根据五音的特性将五音与四时五方相结合,贯彻了律历融通的观念。琴艺上指法和技法的"声韵并茂"实现了虚实相生,轻重缓急的节奏达到了刚柔相济。在山林水云间融情入景,于花木禽鸟上寄托情怀,天地与我合一,万物与我同化是中国人自古以来追求的和合之境。汉字的拆解重组成琴谱,是古琴独有的记谱系统;传承有序的地域流派,展示出和合文化在中原大地上的丰富性。

论文从古琴的器物制作、艺术表现、琴派传承等方面对古琴文化中和合思想进行解析。可以看出古琴文化中的和合思想受到中国古代哲学思想的影响,是中国古代哲学思想的道在古琴之器上的体现。古琴文化中的和合思想特征——天人合一的统一性和局限性、道器不二的整体性和倾向性、雅乐郑声的矛盾性和融合性,都在古琴文化中的和合思想内容当中有所体现。律历是融通古人天人合一宇宙观的一部分,尽管对于稳定社会秩序建立大一统的民族架构有所帮助，但也束缚了人们的思想，限制了音乐美学的发展；古琴作为乐教的工具，是道器不二的音乐载体，但也走向了重道轻器的历史方向。雅乐郑声作为中与外、古与今的代表，是不同地域、不同时空的文化互相碰撞又融入转生的音乐代表。古琴文化中的和合思想始终随着历史长流发展变化，对于当今社会依然具有现实意义。古琴中和的音色美学和科学的演奏方式，能够帮助调节人体内在的身心系统；古琴可以与歌声相配，与其他乐器相和，可以成为人与人之间情感交流的工具，促进人际关系的和睦；在尊重科学、关注生态的当下，需要古琴文化指导人类遵循客观的自然规律，保护身边的自然环境，实现真正的天人合一。

（苏州科技大学 2017 年硕士学位论文）

和合文化视角下构建
人类命运共同体的路径研究

王洁钰

　　论文导论梳理了学界关于和合文化与人类命运共同体研究的相关理论成果，阐明和合文化是人类命运共同体理念的主要思想来源之一，旨在发掘和合文化对人类命运共同体理念的价值启示，通过阐明和合文化在何种意义上助力人类命运共同体的构建，明确和合文化对构建人类命运共同体的借鉴意义。论文紧紧围绕"和合文化的理论阐释与人类命运共同体的理论内涵"、"和合文化与人类命运共同体理念的契合性"以及"和合文化视角下构建人类命运共同体的路径设计"三条主线而展开。

　　第一章分三个部分。第一部分对和合文化进行了相关的理论阐释，包括"和""合"思想的历史溯源、和合文化的古代释义、和合文化的当代阐释以及和合文化的时代特征等四个方面。"和""合"思想的历史溯源方面主要从我国古代思想家对"和"思想的代表性论述、我国古代思想家对"合"思想的代表性论述以及我国古代思想家对"和合"思想的代表性论述三个层面进行了总结与回顾；和合文化的古代释义方面，主要包括"协和万邦、万国咸宁"的政治观、"同舟共济、和气生财"的利益观、"和而不同、修齐治平"的文明观、"合群济众、以和为贵"的交往观、"物我相亲、天人合一"的自然观，这些对于理解和合文化以及运用和合文化推动社会发展至关重要。第二部分对和合文化的当代内涵进行阐释，帮助读者理解和合文化。第三部分理解和合文化的时代特征。主要包括民族性与世界性的统一、人文性与科学性的统一、历史性与现实性的统一，认识到和合文化具有适应当代社会发展需要的时代特征，能够焕发社会发展中新的生机和活力。第二章主要是对人类命运共同体理念提出的时代背景与主要内涵作出相关阐述，为后面论证和合文化与人类命运共同体理念的契合性提供理论依据。面对当今世界发展趋势，人类发展面临着国际秩序混乱、经济问题多发、文化价值冲突、安全受到挑战、生态环境破坏等时代困境，提出人类命运共同体理念的"五位一体"结构，是新全球化时代解决全球化问题的"中国方略"。第三章通过探究和合文化与人类命运共同体理念的精神契合以及和合文化对人类命运共同体理念的价值支持，对两者的内在契合性深入剖析，为最后一章的路径设计提供理论依据。其中，"协和万邦、万国咸宁"的政治观与平等相待、互商互谅的政治共同体具有一定的内在契合性；"同舟共济、和气生财"的利益观与开放创新、包容互惠的经济共同体具有一定的内在契合性；"和而不同、修齐治平"的文明观与和而不同、兼收并蓄的文化共同体具有一定的内在契合性；"合群济众、以和为贵"的交往观与公道正义、共建共享的安全共同体具有一定的内在契合性；"物我相亲、天人合一"的自然观与尊崇自然、绿色发展的生态共同体具有一定的内在契合性。和合文化为人类命运共同体理念的提出提供了丰富文化资源和价值规范要求。因此，和合文化能够进一步促进人类命运共同体的构建。第四章是在前三章的基础上以和合文化视角为构建人类命运共同体提出具体的路径设计，从政治、经济、文化、安全、生态五个层面更好地发挥和合文化对构建人类命运共同体的启示价值。政治层面，应发展协和万邦的政治理念，倡导亲仁善邻的价值追求，推动和谐仁爱的全球治理；经济层面，应培养和衷共济的忧患意识，贯彻利义并重的合作原则，实现生生不息的创新发展；文化层面，应培养以和为贵的国际交往观，发展和而不同的文明交流观，树立兼收并蓄的文化发展观；安全层面，应倡导文明理性的社会行为，创建家国一体的社会结构，形塑和谐良性的社会环境；生态层面，应树立民胞物与的生态文明观，培养天人合一的生态伦理观，建立和谐共生的生态发展观。从和合文化视角构建人类命运共同体，能够更好地解决全球化发展过程中遇到的问题，推动构建人类命运共同体。

（山东大学 2020 年硕士学位论文）

古代"和"范畴的审美嬗变与传播价值

唐 欢

纵观"和"范畴的研究脉络,其历史发展十分久远。"和"范畴最早萌芽于远古时期,在先秦时期渐趋成熟,在魏晋南北朝与唐朝时期得到不断发展,而后宋明理学在融汇佛道思想的基础上,对"和"思想进一步继承与发扬。"和"范畴构成了传统文化的重要底蕴,"和"思想不仅烛照于政治辅国的理念,也是道德伦理层面的重要行为准则。同时"和"范畴还具有思想哲学层面的本体论意义,对古代文学理论批评与诗论创作也产生了深远的影响。

"和"是中国传统文化区别于异质文化的本质特征,把握"和"范畴的历史渊源,能够更好地总结"和"范畴的发展规律。首先,"和"范畴的纵向的发展轨迹以时间顺序为基点,其审美内涵呈现出"政和""仁和""天和"三个层面,并随着时间的发展逐渐嬗变为"和乐""和文""和人"三个维度;其次,"和"范畴的横向发展轨迹以儒佛道等传统哲学思想贯穿于历代的文论创作,"和"范畴实现了哲学意识与审美意识的汇通。

研究古代"和"范畴的意义:对古代文论当代性价值而言,随着"和"范畴审美内涵与演变规律被不断地阐释与总结,为古代文论的现代转化与价值实现奠定基础;对当下古今文论对话而言,践行"和"范畴的审美生成规律,对当代中国文论范畴的转型与传播,实现文论话语的本土化,具有重要的现实意义与理论价值。

(湖北民族学院 2017 年硕士学位论文)

和合文化视阈下的人类命运共同体思想研究

王　鑫

　　人类命运共同体思想是习近平新时代中国特色社会主义思想的重要组成部分，为人类社会的发展和进步指明了方向，为实现中华民族伟大复兴的中国梦注入了强大动力。论文主要以和合文化为视角探索人类命运共同体思想，分析和探讨了人类命运共同体思想对传统和合文化的继承与发展，并进一步把握构建人类命运共同体的当前挑战，最后落脚在构建人类命运共同体的实践路径。

　　论文分为五个部分展开。第一部分绪论。主要对国内外关于人类命运共同体思想以及传统和合文化现有的研究成果进行了评述；其次，对文章的研究意义、思路和研究方法做了梳理。第二部分人类命运共同体思想的相关概述。首先，对人类命运共同体思想的主要理论渊源，即传统和合文化、马克思主义共同体思想、中国共产党人的国际战略思想作了阐释，重点论述传统和合文化，分析了它的起源、发展以及主要内容；其次，按照萌芽与形成、成熟到完善的顺序梳理了人类命运共同体思想的历史沿革；最后，从政治、经济、文化、生态和安全五个方面阐释了人类命运共同体思想的主要内容。第三部分人类命运共同体思想对传统和合文化的继承与发展。首先，从三个方面介绍了我们对传统文化应当秉承的态度，即"去粗取精，选择吸收""观今鉴古，与时俱进"与"开放包容，面向世界"；进而，以此为主线进行展开，论述人类命运共同体思想对传统和合文化在经济、政治、文化、安全、生态五个方面的选择性继承、与时俱进的发展以及面向世界的转化，与上一章形成呼应。第四部分和合文化视阈下构建人类命运共同体的价值及挑战。主要是以和合文化的视角，论述了构建人类命运共同体的价值意蕴，包括对和合文化的发展以及"和合"外交理念的传播等，并从政治、经济、文化、生态和安全五个维度对当前构建人类命运共同体所面临的挑战进行了阐释与成因分析。第五部分以和合文化推动构建人类命运共同体的路径及启示。首先，以传统和合文化为载体，为应对构建人类命运共同体的当前挑战寻找可能的路径；其次，探讨了传统和合文化对"一带一路"的建设、"全球治理"的推动以及维护"公共卫生安全"的启示。通过论文的研究，使我们对人类命运共同体思想的生成逻辑有了更加清晰的认识，了解到人类命运共同体思想对传统和合文化的继承、发展与转化的过程。其理论意义在于有利于国内外人民更好地理解人类命运共同体思想，从而促进人类命运共同体思想的多视角研究。现实意义在于为推动全球治理和"一带一路"的建设提供了新的思路，有利于我国外交事业的发展和中华民族文化自信的提升。

（江南大学 2020 年硕士学位论文）

"和合"思想对当代大学生价值观形成的启示

王竹珺

党的十八大以来，一直在全社会倡导社会主义核心价值观，以提高人们的思想道德素质。当代大学生是民族的希望，是祖国发展未来的希望，是国家人才的重要来源。一个有远见的国家、民族和政党，总会将过多的目光投向当代大学生，只有这样，才能真正实现国家的繁荣富强。目前在我国存在着各种社会思潮和社会现象，它们对当代大学生产生了很大的影响，尤其是一些不良的社会思潮和现象，严重侵蚀着当代大学生的价值观。大学生价值观的正确与否，关系到中华民族的前途和命运。必须加强对当代大学生价值观的科学引导，帮助其树立科学、合理的价值观。中国传统"和合"思想是中华传统文化的精华，其所蕴含的价值观的内容博大精深，论文主要通过中国人民大学张立文教授所提出的"和合"思想五大原理（即和生、和处、和立、和达、和爱）来启发、引导当代大学生树立正确的价值观，针对当代大学生和生意识、和处意识、和立意识、和达意识、和爱意识缺失的现状，对当代大学生的价值观进行引导，使当代大学生在优秀传统"和合"思想的指导下，树立正确的价值观，更好地践行社会主义核心价值观，为我国"两个一百年"目标的实现，贡献自己的一份力量。

论文分为五章来进行论述。首先对"和合"思想与价值观的内涵、理论渊源、价值等方面进行了概述，了解了二者的具体含义，从而为下文进行深入地探究打下基础。其次，通过第一部分中对"和合"思想以及价值观内涵、概念的了解，来探究"和合"思想对当代大学生价值观的影响，以此来体现二者之间密不可分的关系。再次，以中国传统"和合"思想来审视当代大学生价值观中存在的问题，并以"和合"思想中的"和生、和处、和立、和达、和爱"五大原理为基础来探究当代大学生在价值观方面存在的这些问题的原因。最后，通过对上述当代大学生价值观上存在的问题及原因进行的分析，运用"和合"思想来使当代大学生树立"共生、共处、共立、共达、共爱"意识，从而对当代大学生的价值观进行有针对性的引导。

（中北大学 2017 年硕士学位论文）

和合文化与社会治理现代化研究

胡先锐

当前社会面貌出现前所未有的景象，人民群众利益诉求呈现多元化，由此带来的矛盾日益尖锐，影响社会和谐的因素日益增多，然而人民对"善治"的盼望与日俱增。和合文化是一种以"和"为内核的思想文化，能有效弥补常规社会治理活动中使用经济、政治手段带来的缺憾。和合文化之所以成为中华民族文化的精髓，其根本原因在于"和合"乃炎黄子孙安身立命之精神家园。中国传统文化崇尚以人为本，极具人文关怀，和合生生之道，大化流行，绵延千年而不竭。时下，构建和谐社会战略任务的提出，使和合文化成为对社会治理具有重要指导意义的精神文化资源。运用和合文化蕴含的社会治理的文化资源，解决当下治国理政中的矛盾，也是传承和发扬优秀传统文化的内在要求。

和合文化作为一种思想文化资源，在促进社会治理现代化方面具有重要意义，其中"和合圆融""天人合一"观念有助于社会治理理念的现代化；"多元共生""一多相容"有助于社会治理主体呈现多元化；"执两用中""阴阳和合"有助于社会治理手段以及模式的合理化与科学化。和合文化不仅具有价值观引导作用，而且具有方法论意义。首先，和合文化熏陶下能够培养具有和合性的高涵养的社会治理人才，促进社会治理主体的现代化。比如在社会治理实践中，大力开展"和合教育"，培育"和合"新青年，能够为进一步推进社会治理现代化，乃至促进和谐社会建设的伟大征程储备可用人才。其次，和合文化蕴含"尚和求中""以人为本""天人和合"等理念能引导符合社会治理现代化的新理念的养成。比如可以利用和合智慧化解社会纠纷与矛盾，避免在"二分思维"下过度注重对立竞争的危害。再次，和合文化以适中权变为基础原则，对当今社会治理方式的选择具有启示价值。如借鉴"和合指数"考评干群关系的办法探索社会治理模式创新之路。最后，和合文化主张阴阳互动方能生生不息，强调融合互通才是和谐的根本所在，这对社会治理模式创新具有导向性价值意义。

理论的生命力在于指导实践，和合文化与社会治理实现融合的路径是：首先，应大力发展和合教育，引导学生体认和合文化，培养拥有和合价值理念的个体，促进社会治理理念的现代化。其次，学会运用"以谋制胜"的和合智慧做好社会治理的顶层设计，创新社会治理方式。最后，运用"和合指数"促进政府转变社会治理模式，推进社会治理模式现代化。可以预见的是，作为中华民族千年文化结晶，和合文化必定能在当下社会发展中焕发崭新的时代光辉。我们要进一步增强民族自豪感，提升文化自信，坚信和合文化过去能、现在也一定能为我国经济社会发展作出应有的贡献。

（苏州科技大学 2017 年硕士学位论文）

儒家"和"文化精神在治国理政中的当代转化

王亚文

"和"的思想是中国传统文化的精髓，一直是儒家极致性的价值追求和道德境界之一。儒家"和"文化内涵具有多层次性、多维度性。论文通过概括性总结，主要从宗法伦理关系之"和"、群己之"和"、天人之"和"、身心之"和"四个层面来阐述儒家"和"文化内涵，揭示了人与人、人与社会、人与自然、社会与自然之间以及自然系统内部、社会系统内部之间的和合生生关系。宗法伦理关系之"和"强调以"忠恕"之道为方法、手段，以"和而不同"为原则，以"和为贵"为目标，来进行宗法伦理社会中人与人之间共存共生的研究；群己之"和"着眼于人与社会及邦交之间的和谐关系问题，儒家强调要充分运用封建伦理道德、礼仪制度等多层面平衡人与社会、邦交之间的和谐状态；天人之"和"注重人与自然之间的和谐，儒家十分重视人与自然的互利共生关系；身心之"和"侧重于人的身心和谐发展，正确对待荣誉观、义利观、物质与精神等问题，实现人的全面自由发展。

当代学者从理论层面、实践层面丰富与发展了儒家"和"文化精神。理论上，他们从多种视角来解读"和"的思想，提炼"和"的时代价值，彰显"和"的时代蕴涵。如张岱年先生的"兼和"观，张立文先生的"和合学"以及费孝通先生的"美美与共"思想，都多层面、多维度地拓展了和合生生的思想，使"和"文化精神更加丰富，并且对我国的治国理政方略有深刻的影响。但是，他们没有立足于社会历史的现实实践，没有把"和"文化精神与时代实践，即全方位生生互动的现实发展趋势密切联系起来，这也就不能准确地把握多样性事物全方位生生互动的合理性，缺乏实践的支撑。

　　而新中国成立以来的历代领导集体，充分继承儒家"和"文化精神，调动社会政治、经济、文化、国际关系等各个领域来协调国内、国际诸要素之间的平衡关系，进行社会主义和谐社会的建设，这正是儒家"和"文化精神在实践层面的体现，充分表明了"和"不仅属于理论范畴，同时也是属于实践范畴，是随着历史进程而不断发展完善的。党的十八大以来，以习近平同志为核心的党中央提出的一系列方针、政策、战略构想等，都蕴含着全方位、多维度的和合生生理念。如国内发展方面提出的"四个全面"战略布局，"五大发展理念"，"五位一体"总体布局等方针政策，着眼于平衡国内各个领域发展不协调、不平等、不可持续的问题，从而使我国各个领域在社会主义社会建设实践中全方位互动、互补与互生。在国际方面，我国积极构建人类命运共同体，实现各国和平共存、共同发展；提出开放性的世界经济——"一带一路"发展战略；主张以平等互利、合作共赢、互惠互利为基础的新型国际关系等，侧重于世界各国全方位良性互动、互生的国际格局。这些都充分地彰显了党中央在治国理政方面，既继承传统，具有文化自信，又高瞻远瞩，不断与时俱进；既有中国特色，体现中国文化精粹，又具有世界眼光，契合马克思主义的基本立场。从而把马克思主义高度尊重实践、高度尊重时代、高度尊重自然客观性、高度尊重现实人性、高度尊重社会历史性、高度尊重人民群众的基本立场、观点和方法，与我国传统和合生生理念所蕴含的尊重多样性、提倡平等性、注重现实性、追求开放性、实现共生性的文化基因内在嵌和起来，使得传统"和"文化精神在治国理政的现实实践之中得以大时空、多维度、全方位的拓展，在社会主义的政治建设、经济建设、文化建设、生态建设、国际关系等各个领域都凸显了全方位和合生生互动的文化理念与时代精神。

（华北电力大学 2018 年硕士学位论文）

"和合"文化渗透下
地理教学中的生命教育探究

丁　玲

随着第三次科技革命的发展，人们的物质生活空前丰富，在其巨大丰厚的物质享受背后隐藏着危机：沉浸在享乐中而迷失自我，找不到灵魂的归宿；一切向"钱"看，无法在复杂的社会关系中自我定位；贪婪地向自然索取，导致严重的自然生态环境问题……人们无法与自己、与他人、与自然和谐相处，找不到生命的价值。近年来，一些校园暴力事件、学生自杀事件等现象的发生，使得生命教育问题逐渐跳入公众视野，许多中学生因学业困难、人际关系、盲目攀比等原因出现抽烟、喝酒、辍学，甚至走上犯罪的不归路。由此，进行生命教育唤醒学生生命意识，提高学生生命价值成为当前时代发展的需要。

当下国内外对于生命教育的研究均是基于现代科学理念进行，而我国上下五千年灿烂文明的中华文化本身就沉淀着大量光辉璀璨的教育智慧，加之现今国家对传统文化愈为重视，弘扬优秀传统文化的相关文件陆续出台，为本研究提供了丰富的政策指导。融合中国优秀传统文化教育智慧，结合地理教学特点及优势开展生命教育研究，既满足当下丰富的教育理念、弥补生命教育缺失的现实需要，也是响应国家政策、顺应时代发展的必然要求。

研究主要通过文献教材研究法、问卷调查法和分析归纳法，按照提出问题、分析问题和解决问题的思路，分步探讨"和合"文化渗透下地理教学中的生命教育研究。首先，从国内外研究现状着手，全面系统地整理"和合"、"生命教育"和"地理教学"等相关文献，梳理三者的融合关系，明确了研究目的、内容和方法，阐述了"和合"文化渗透下地理教学中生命教育探究的时代诉求和现实意义。其次，在学生和教师中展开有关地理教学中生命教育现状的问卷调查，整理和分析调查结果，总结地理教学中开展生命教育存在的问题。最后，基于"和合"文化渗透的理论指导，对地理教学中的生命教育进行了较为系统的研究，归纳总结了"和合"文化渗透下地理教学中实施生命教育的原则、目标和内容，提出了培养学生健全的生命素养以适应时代发展的实施策略。

（河北师范大学 2017 年硕士学位论文）

和合学视域下"三路合一"中学阅读教学案例研究

谷淑雨

为化解 21 世纪以来不同主体之间的矛盾冲突，当代著名哲学家张立文教授创建了和合学理论。该理论蕴含的"五和"原理在化解主体间矛盾的过程中具有重大作用。论文试图将和合学理论和中学阅读教学相结合，意在运用和合学的"五和"原理指导文本、教师、学生三主体之间的关系和相互作用，指导阅读教学环节设计。

论文包括四个部分：第一章为绪论。该章节从当前阅读教学文本、教师、学生三主体之间失衡的普遍现象出发，提出本研究的目的及意义；通过文献梳理，对和合学理论，师生关系演变及阅读教学模式相关研究进行综述，探讨和合学理论指导中学阅读教学的可能性和合理性；对论文核心概念"阅读教学"、"三路合一"等进行内涵界定。论文认为"三路合一"阅读教学是指教师在以人为本的理念指导下，重视学生的生活和学习经验的起点，关注学生的情感需求和行为表现，与学生进行平等对话，能根据课堂实际情况对自身教学目标和过程做出智慧调整，以促进学生创造性地运用语言符号自致其知，自启其智，自奋其力量，自健其德的过程它包括四大环节，分别是"初读有声，读准字音，把握课文内容（What）；再读有情，读出节奏，感悟课文（How）；三读有疑，读出内涵，理解课文（Why）；四读有形，读出韵味，实践课文（Way）"。

第二章为调研过程及问题呈现部分。在通过问卷及访谈的形式了解当前初中语文教师处理自身、学生及文本之间地位及关系的实际存在问题的基础上，探究其深层次原因：以语文知识为阅读教学本位，教师成为课堂"权威"；以学习成绩为阅读教学评价标准，文本主体观念淡薄；"生本"观念误读，教师成为课堂"旁观者"。

第三章是案例研究部分。在对研究方法的选择进行说明的基础上，展示并评析了人教版七年级上册课文《走一步，再走一步》的"唯文""唯教""唯学"及"三路合一"阅读教学设计及实录，在此基础上探析和合学视域下"三路合一"阅读教学的价值意义。

第四章结合案例与价值研究，提出文本之路，应遵循母语教学的规律，于方圆中寻自由；学生之路，应尊重学生主体性发展规律，于自在中求自为；教师之路，应注重教师专业发展规律，于沉潜中求发展等三方面的策略建议，为阅读教学理论及一线教师课堂教学提供参考。

总之，论文从阅读教学过程设计入手，力图通过案例研究的方式探讨教师、学生及文本的和合相融方式，希望引起相关理论研究专家及一线教师的重视，完善中学语文阅读教学。

（宁波大学 2017 年硕士学位论文）

中国传统文化中的"和合"理念在动画创作上的运用

王诗雨

在世界文化多元化的格局中，中国动画也展现出越来越出色的作用，成为世界人民了解今日中国文化的途径媒介之一。它在日渐民族化、本土化的中国动画在传统美学理念和深厚民族文化的依托下，用全新的风格展露出新时代的精神风貌，向观众展现它动人的一面。

中国传统美学思想支撑下的中国动画曾经的辉煌不容忽视，继承和发扬这种中国特色理念，合理运用在现代设计中不仅能造就和引导观众对于传统文化艺术的审美和认识，就本身来说便是一种传承中国传统文化的优秀教育途径。现在制作动画的科技手段越来越丰富，创作时也应合理利用这些科技成果，既不能一味地故步自封坚持已经过时的创作技术和情怀，又不能完全仿照国外制作动画的工业化、商业化模式，如何把博大精深的中华传统文化和新的创作手法形式融会贯通创作出带有中国味的作品，正是每一个中国动画设计师应该探索追求并通过实践检验的问题。

"和合"思想是中国传统思想文化中被普遍接受和认同的人文精神，也是中国美学的主导精神，从古代至现代的中国艺术家们在创作中都深受该理念的影响。"和合"理念的整体性、辩证性、有机性决定了它可以运用在不同时代不同类型的艺术创作中。动画设计作为现代设计中重要的一部分，也发挥着日益突出的重要作用。将中国传统和合美学理念合理运用在动画设计中，可以让动画继承和发扬传统文化中的价值与精髓，提高人们对于传统文化的认知与审美。同时也是中国动画实现民族化的一种探索。在此前提下，研究"和合"理念在动画创作上的运用有着重要意义。

论文研究了中国传统文化中"和合"理念在动画设计上的运用，根据分析研究得出的理论指导实践，将中国传统美学理念与中国风动画相结合，创作了原创动画作品《槐安梦》，从该实践成果中展现了"和合"理念的运用。论文首先阐述了课题的研究背景和意义，并分析国内外对此的研究现状，在此基础上，进一步提出课题的研究目的、研究内容及方式。接着从中国传统美学循序渐进地分析至中国的"和合"文化，并从不同角度阐释"和合"理念，概述其在现代设计上的意义和作用，为实践创作提供了理论依据。论文先从中国画入手，分析中国传统绘画上对该理念的具体运用，并论述中国动画对此的继承与更迭。其后以运用"和合"理念最为典型的两部动画作品《山水情》和《牧笛》为例，从人物意象、镜头语言、思想内涵、声效编排上进行了详尽的研究分析，以此来指导创作实践。最后展现了原创动画作品《槐安梦》的创作过程，分析"和合"理念在绘制手法、主题思想、造型设计、镜头语言上的具体运用。实践结果表明，"和合"作为中国传统美学的思想精粹，对动画创作有着巨大的指导意义，是中国动画实现民族化不可或缺的支撑。

（湖北工业大学 2017 年硕士学位论文）

中国电视剧和合文化的美学研究

——以农村题材电视剧为例

王凯洁

从中国传统思想的历史脉络中不难发现，"和合"二字最能体现中国精神文化的精髓。"和"——和谐、和平、祥和；"合"——结合、合作、融合。"和合"是实现"和谐"的途径，"和谐"是"和合"的理想实现，也是人类古往今来孜孜以求的自然、社会、人际、身心、文明中诸多元素之间的理想关系状态。中国乡土文化深深扎根于广阔的土地、村落中，流淌在一代又一代农民的血液中。相较于城镇文化，乡土文化更多地寄存着中国文化的历史脉络，更好地体现出中国文化基因中原始的家庭秩序、村落文明和单纯生产结构下的人与人之间的关系，从而在一定程度上能更完整地表达出和合文化的内涵和本质。电视剧是电视节目形态中最能承载文化信息的节目类型，其发生发展都离不开文化的滋养。几千年乡土中国的历史传承和文化担当，使农村剧在负载"文以载道"的艺术使命方面，比任何电视剧类型都更具有先天优势。

和合文化与美学研究并不是冲突的关系。和合文化在电视剧中的体现让观众体会到人性的力量，人和人、人和自然的关系，让观众在体会到这种文化带来的美。和合文化思想源流的梳理是准确把握和合文化本质的关键。和合思想贯穿中国传统文化，始终流淌在炎黄子孙的血脉中。从先秦到唐宋，再到明清，直至现在，古代思想家全面地阐释了和合思想的根茎枝叶，从天、地、自然的宏观角度和伦理、家庭、个人认识的微观角度展开探索和思考，将和合思想上升到探索世间万物、关怀人类精神家园的哲学高度。和合的本质是"和而不同",指的是承认并尊重事物之间、人与人的差异性,承认矛盾和特性,始终在包容中追求一种力量的相对平衡,在这种平衡下共同发展。在和合文化的深厚积淀下,中华民族拥有着独特的民族品格,包括对长辈的孝、对朋友的义、对社会的信、对国家的忠、对自然的尊重等,和合体现在人际关系、家庭伦理、社会秩序中。

和合文化深刻体现在农村题材电视剧中,可以说和合文化生长于土地。"对于一个普通农民来说,家庭院落就是这个农民一生中最重要的东西。"土地的不可流动性造就了中国人对小家的珍惜,对家和万事兴的美好企盼,土地的周期性让人们形成了春种秋收、有付出才有回报的观念,土地上成长起来的下一代和这个"熟悉的乡土社会"的关系……这些都是农村题材电视剧中表现的内容。农村题材电视剧的美学特征和叙事结构形成于浓厚的文化基因中,带有着和合最鲜明的价值导向,反映了人们物质和精神文化的变化,传递着和合文化的美。"民族的就是世界的",中国电视剧的创作需要和合文化一以贯之,在内容和形式上坚持"文以载道",在人物塑造上追求真、善、美的统一,在精神层面上带给观众美的欣赏。

(中国艺术研究院 2017 年硕士学位论文)

传统"和合"文化视角下
我国现代企业文化的继承与创新

茹　颖

随着知识经济的快速发展，企业文化作为现代企业的一种重要软实力已经成为企业发展的核心竞争力之一。由于市场经济发展阶段的不同，企业文化在不同的发展阶段具有不同的特点、内容以及表现形式。在以竞争为主导的市场经济环境下，企业文化所体现的是充满竞争特色的文化理念，企业将建设企业文化视为超越竞争对手的手段。而在当下的全球化经济环境背景下，合作共赢取代单一性的竞争，成了企业进一步持续发展的主题。"和合"文化是中国传统文化的思想核心，"和而不同""天人合一""和实生物""贵和尚中"理念是中国传统思想的精髓，亦是我国今天发展创新、构建和谐企业的宝贵精神营养，与当下市场经济环境主题相契合。"和合"文化所包含的"和实生物"强调创新的重要性，"天人合一"体现了"取诸社会、还之人群"的企业经营理念，"贵和尚中"与以人为本、合作共赢相契合，"和合"并没有回避竞争、拒绝矛盾的思维，而是在承认矛盾、化解矛盾的过程中由"和"转向"合"，实现真正的"和合"价值创新。"和"是"合"的基础，"合"是"和"的选择结果，而两者相结合的"和合"则是最终达到"和气生财、合作制胜"的实践途径。

传统文化不仅仅是过去的存在，更是社会发展的起点。而在当代以"合作共赢"为主导的市场经济环境下，我国当代企业不能再以借鉴或者模仿西方以"竞争"为主导的文化管理理念来获得企业文化软实力的提升，应该努力继承与发扬我国传统"和合"文化的精神内涵以推进现代企业文化的建设与发展。必须在继承传统"和合"文化的精髓的基础上结合企业自身的特点，实践"和合"理念，在"求同存异"的合作过程中获得"共赢"。

论文以"继承与创新"作为全篇的指导思想，理论与实践结合，通过分析国内优秀企业的成功案例，并结合超威集团企业文化的建设实践，对企业借鉴吸收中国传统"和合"文化以建设企业文化进行分析思考，探索传统"和合"文化对我国现代企业文化建设所具有的重要意义。超威集团的成功，正是得益于其对于"和合"文化的吸收借鉴、去粗取精，并在"和合"理念的引导下从企业的制度管理、员工的行为导向、企业的物质文化等方面积极实践"资源共享、互惠互利、共同发展、长期共存"这十二字精神，从而克服了传统市场经济恶性竞争的缺陷，在企业发展过程中获得和谐稳定的良好发展环境，从而实现企业的持久稳定发展。

（杭州师范大学 2017 年硕士学位论文）

和合翻译论视角下的中国古典诗歌英译研究

——以《诗经》英译为例

肖 颖

　　诗歌是中国出现最早的文学形式，也是中国文化的一个重要组成部分。中国古典诗歌语言简洁凝练，音韵和谐，节奏感强，且对仗工整，具有很高的文学价值。同时，它以有限的文字集中反映了社会生活，蕴含着诗人丰富的思想感情，因而具有很高的文化和历史价值。可以说，中国古典诗歌是文学与艺术的完美结合。但也正是因为这些特征的存在加大了其英译的难度。在翻译过程中，诗歌的形式美感和丰富内涵不可避免地会有所流失，但诗歌翻译对本国文化的发展以及世界文化的多样性都有重要作用。

　　和合翻译论是翻译与中西方哲学相结合的理论，是现代翻译的一个新概念。翻译是两种不同文字在思想、情感和文化等方面的交流，是主客体之间通过积极地相互融突，进行和合转换，最终和合生成新译文的过程，符合和合本体论的特征和要求。同时，翻译是译者用心投入阅读，通过调动自己的知识和经验来体悟原文的意义，最后用适当的目的语翻译出来，是和合认知的体现。其次，译者对作者和读者都负有责任，译者要尊重和信任原作者，倾听作者的声音，从而在译本中准确传达作者的意思，同时译者要对读者发出邀请和召唤，鼓励读者通过译本来了解原文，这是对翻译的"诚"的态度和伦理的体现。此外，翻译也是一次审美活动，原文就是一件艺术品，译者要通过对其形式的描摹和内容的传达来再现原作的神韵，这本身就是一个审美和合的过程。最后，翻译不是简单的文字转换，而是两种文化之间的交流，通过适量吸收，实现自身文化的发展，也努力促进全球文化的和谐与多元发展。和而不同，不仅是和合文化的要求，也是对翻译的考验。综上，翻译的诸要素与和合学的各个观点进行了有机结合，融合形成了新的翻译概念，对翻译具有解释力。

基于这个理念，论文认为和合翻译论对《诗经》的英译实践上也具有指导作用。论文运用和合翻译论，从横向和纵向两个维度对《诗经》的国内外英译本进行对比分析。具体而言，在横向维度上，译者遵循和合翻译论，可以在语言学和非语言学的层面上实现和合翻译，即翻译主体与翻译客体之间的和合。首先，译者对原文语言各元素进行认知，并用恰当的译文语言进行表达；其次，译者要了解原文语言各元素赋予原作的文化信息，并用译入语将其呈现出来；此外，译者还要关注源语言及原文文化赋予原作的艺术特色，并通过译文语言元素和译入语文化呈现出来。在纵向维度上，译者与原文作者、隐含的作者、译者自身以及未来读者进行对话，实现和合翻译，即翻译主体间的和合。首先，译者与原作者进行多层次的对话，认知和理解原作的意义；其次，译者与隐含的作者进行对话，了解原作者通过隐含的作者表达的真实意图，同时与自身进行对话，提醒自身的责任和使命；最后，译者与译文读者进行对话和交流，让译者来决定译文的命运。

和合翻译论作为一种翻译理念为人们提供了一个多元的视角，它契合了翻译研究的发展方向，即通过两种语言的平等对话，实现两种文化的和谐交流与发展。同时，和合翻译论根植于中国传统哲学"和合学"沃土，以主客体的和合为本质特征，在平等和谐的基础上，展开翻译中诸要素的冲突与融合，最终和合实现原作生命力的延续，本身就是一个生生不息的创生过程，因而具有强大的生命力。因此，将和合翻译理论运用到中国古典诗歌的英译研究中是可行且有益的。

（长沙理工大学 2017 年硕士学位论文）

和合翻译理论视角下的
《孙子兵法》英译对比研究

熊宇仙

当中华民族这架马车走向世界前沿，开启"一带一路"倡议的靓丽旅程时，世人再一次把目光投向了数千年来未曾断层的中国文明，探寻其文化蕴含的张力所在。论文以中华传统文化的典籍之《孙子兵法》这一兵家圣典为研究对象，选取了最具代表性的三个英语译本，主要通过将历时性维度与共时性维度相结合的方法，对比研究如何在和合翻译理论的观照下，融突和合，求同存异，尽量保持原作的写作风格与思想精髓，同时使译作读者更易接受。

论文第一章主要厘清《孙子兵法》语内翻译和语际翻译的脉络，概述其国内外英译研究现状；第二章基于和合学五大文化原理，介绍和合翻译理论的理论框架、发展概况和原则特性；第三章在和合翻译理论的框架内，通过构建历时性维度与共时性维度的研究体系，对比翟林奈、格里菲斯和林戊荪三个译本，在和合时空序分析翻译过程中各主体之间的历时和合关系；结合语言层面、文化层面和审美层面的大量例证，分析《孙子兵法》英译主客体之间的共时和合关系。

研究表明，现有的《孙子兵法》英译研究具有零散性、单一性、非本土化性的缺陷。论文所选《孙子兵法》三个译本各具军事、学术和文化特色，和合翻译理论可用于指导以《孙子兵法》为代表的中国文化典籍翻译；反而言之，该理论亦可充实我国本土翻译理论，并指导翻译研究与实践，因为它能在跨时空消融翻译过程中存在的异质元素的同时，综合优化不同语言、文化、审美形态，和而不同，尤其适用于助力中国文化"走出去"与中国软实力、和实力的构建，具有很强的理论意义与实践价值。

（长沙理工大学 2017 年硕士学位论文）

评论辑要

生活愿景的和合意蕴

张立文

生活是指人类欲求生命的和合生存、意义、理想、愿景的一切形式的活动。愿景是指人们思念、羡慕、希望过上光明、美好、理想生活的一种愿望。人类对生活的生存、意义、理想的追求，形成人类的生活观、人生观、伦理观、世界观、价值观，这些源于生活的观念、概念、规范、范式的妙凝，构成生活伦理。人类对于生命存在、意义、理想的追求，是生活活动的本有之义。人为了生命存在而"制天命而用之"，创造物质精神财富及政治、经济、文化、制度文明，从而形成生活愿景。

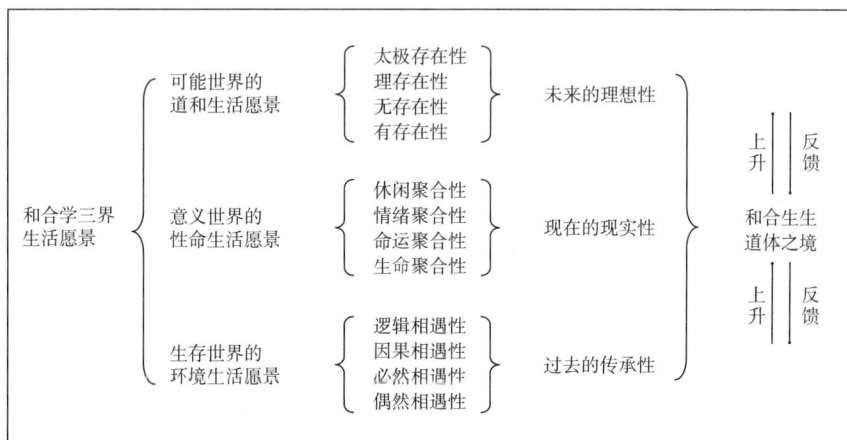

和合学三界生活愿景			
可能世界的道和生活愿景	太极存在性 理存在性 无存在性 有存在性	未来的理想性	上升／反馈
意义世界的性命生活愿景	休闲聚合性 情绪聚合性 命运聚合性 生命聚合性	现在的现实性	和合生生道体之境
生存世界的环境生活愿景	逻辑相遇性 因果相遇性 必然相遇性 偶然相遇性	过去的传承性	上升／反馈

生活愿景都在一定的三维时空场域之内，就过去式时空维度的生活愿景而言，是历史性的生活愿景文化积累和延传；就现在式时空维度的生活愿景来说，是现在性的生活愿景的生存、意义、理想的追求及其实践交往活动；

就未来式时空维度的生活愿景而言，是未来性的生活愿景的可能价值理想世界的追寻及其艺术逻辑的真、善、美的图景。就和合学的生活愿景的时空而言，三维时空随时空而永远流动着、变易着，既处在反复循环的流动中，又处在可能变易之中。生活是无限涌动的时空场域，把生活与愿景联通弥合，使过去、现在、未来绽出于现实结构层面，这一时空性的共在性，彰显为和合生存世界的"环与物"的偶然性与必然性、和合意义世界的"性与命"的聚合性与离散性、和合可能世界的"道与和"的存在性与非存在性。

一、生命的生存世界

和合生存世界的"环与物"的生活愿景，是在人工智能飞速发展时空场域中产生的不安、忧虑和恐惧的人文语境下，发生的偶然与必然的生活愿景。偶然与必然相对待而在，相对待而有，无此即无彼，有此即有彼，所以既不离不杂，又相生相资。偶在中国传统文化中含义丰富。《说文》："偶，桐人也。"《字汇·人部》："偶，又俑也，像也。木像曰木偶，土像曰土偶。"偶本是人研制的木偶或土偶，它不是孤立性的存在者，而是相对于他者；它不是对他者的否定，而是与他者相对或和合而存有；它与他者相对待或和合相偶，必然是在一定时空的环境场域中，构成一定环境中和合生存世界的生活愿景，体现为偶然相遇性、必然相遇性，因果相遇性、逻辑相遇性的生活愿景。

偶然相遇性的生活愿景。在会议上偶然遇见一个老同学，是指事情、事理不必然发生而发生，偶然性是指事物的发展、变化中可能发生、出现或可能不发生、不出现的状态，具有不确定性，但在偶然性的背后隐藏着必然性之手。在文字学上偶与遇相通。《尔雅·释言》："遇，偶也。"郭璞注："偶尔相值遇。"郝懿行义疏："《文选》注两引《尔雅》并作'偶，遇也'……《尔雅》古本或作偶遇。"《集韵》："偶，不期会也。"《穀梁传》载：僖公四年，"公至自伐楚，有二事偶，则以后事致，后事小，则以先事致，其以伐楚致，大伐楚也。"二事相遇：一是伐楚，一是会盟，以会盟为大事，伐楚为小事。偶然性，《字汇·人部》："偶，适然也。"《史记》太史公说：范雎、蔡泽相继到秦国，又继踵为秦相，垂功天下，"然士亦有偶合，贤者多如此二子，不得尽意，岂可胜道哉"。偶然中范雎、蔡泽二人相互偶合。嵇康说："吾直性狭中，多所不堪，偶与足下相知耳。"李贤注："偶谓偶然，非本志也。"山涛为三公，推举嵇康自代，嵇康答书拒绝，自言性情耿直狭窄，偶然与山涛相知，不堪流俗。曹魏景元二年（261）山涛除吏部郎，便荐举嵇康代替自己的吏部郎职务。偶然性的相遇是在特定的时空环境的境域中发生的一种生活愿景，并非"本志"的必然性，是在特定环境的情境下对必然性的否定。换言之，偶然性是必然性的存在形式。

必然相遇性的生活愿景。人为维持生命，必然要吃饭，否则会饿死，这是不以人的主观意志为改变的客观规则，必然性是指事情、事物或社会发展变化中不可避免地带有规律性的趋势、趋向。如果说偶然性是和合生存世界"环"的生活愿景，则必然性是"物"的生活愿景。必然表示肯定、确定。《字彙·心部》："必，定辞。"《诗经》载："取妻如之何，必告父母。"郑玄笺："取妻之礼仪，于生者卜于死者，此之谓告。"娶妻的礼仪，必然要禀告父母。韩非说："无参验而必之者，愚也；弗能必而据之者，诬也。故明据先王，必定尧舜者，非愚则诬也。"未经调查研究就确定其为尧舜之道，这是愚的举动，不能肯定而依据它，是欺诬的举动，要明确尧舜之道，而不是愚蠢或欺诬。事情经调查研究是具有必然性的方法。必然性相遇并非是对偶然性相遇的否定，而是一种肯定，才构成特定生存世界中"物"的相对相关、不离不杂的生活愿景。

因果相遇性的生活愿景。人物在一定环境的时空中其行为活动的原因与其产生的结果，有什么样因，结什么样果。《尚书》载："惟上帝不常，作善降之百祥，作不善降之百殃。"孔安国传："祥，善也。天地之祸福，惟善恶所在，不常在一家。"孔颖达疏："尔惟德谓修德以善也，尔惟不德谓不修德为恶也。"上帝依据人的修德为善与不修德为恶的原因，或降百祥，或降百殃的结果。《周易》载："积善之家，必有余庆；积不善之家，必有余殃。"积善恶的前因必然会有福祸、庆殃的后果。邹阳说："臣闻明月之珠，夜光之璧，以闇投人于道，人无不按剑相眄者。何则？无因而至前也。"珍贵的珠璧在道路，人们都按剑而斜着眼看，必有原因敢取，若无因而取，就会招来结怨的结果。因果相遇性虽有偶然性因素，但却是必然性主导的偶然性，是偶然性他在的必然性，意蕴着对偶然性的否定。这是一种在特定生存世界中由种种原因而产生后果的生活愿景。

逻辑相遇性的生活愿景。逻辑的英文是 logic，导源于希腊文 logos，是思想、思维、理性、言语的意思，是研究概念、判断和推理及其相互联系的规律、规则，是人们在实践中对事物最一般关系的反映。《说文新附》："逻，巡也。"为巡逻、巡察。《玉篇·辵部》："逻，游兵也。"《增韵·箇韵》："逻，游侦也。"士卒巡逻，游兵侦察。《三国志》载：孙权北征，派陆逊与诸葛瑾攻襄阳，"逊遣亲人韩扁赍表奉报，还，遇敌于沔中，钞逻得扁。"巡逻兵捕获韩扁。《新唐书》载：杨玄感不听李密建议，为隋军所败。"密羸行入关，为逻所获，与支党拥送帝所。"巡逻士卒捕人亦有运用识辨、判断等的方法，以免捕错人。又，唐末温庭筠薄于行，无检幅。"丐钱扬子院，夜醉，为逻卒击折其齿，诉于绹，绹为劾吏，吏具道其污行，绹两置之。"令狐绹方镇淮南，温庭筠过府不谒绹，虽被吏击落了牙齿，绹不为处理。韩扁、李密、温庭筠被巡逻兵逮捕，既事出有因，亦合乎逻辑，都是在特定环境中和特定生活活动情况下，相遇而发生，是一种事物、人物客观逻辑的生活愿景。

和合生存世界从人类的资始资生起，就处在一定的时空环境之中，与自然、人际、社会、政治、经济、文化、制度、道德、风俗、习惯的环境发生千丝万缕的联系，人为了生存又需要与衣食住行用的物质资源发生不可或缺的关系，人类被置于"环"与"物"的生活愿景的网络之中，而不可离。这错综复杂的联系、关系构成四种相遇性的样态。这四种样态担负、维护、保障、供应人类生活活动最基本的需求，生命香火相传的"环"与"物"最起码条件的生活愿景。

二、生活的意义世界

如果说和合生存世界"环与物"四样态研究是形相性的、实然性的，那么，由和合生存世界进入和合意义世界"性与命"的研究是无形相性的、诠释性的。它通过分析"性与命"的意义构造获得对意义的体认，度越到对形而上和合生生道体的体贴。这就需要联通、把控活的现实通体网络和具体丰富意义的存在，就能逻辑性地阐述对"性与命"的体验。体现为和合生命聚合性、命运聚合性、情绪聚合性、休闲聚合性的生活愿景。

性命的性，《说文》："人的阳气性善者也。从心，生声。"性，本意为生。皇侃义疏："性者，人之所受以生者也。人禀天地五常之气以生曰性。性，生也。"后演变为性。春秋战国时，随着人们思维水平的提升，性的内涵大为丰富，生、性命、本性、自然之性等。《左传》载："天之爱民甚矣，岂其使一人肆于民上，以从其淫，而弃天地之性？必不然也。"天地之性为天地自然本性。《国语》载："先王之于民也，懋正其德而厚其性。"韦昭注："性，情性也。"孟子不仅讲"尽其心者，知其性也"。构建起儒家心性一系，而且规定了性的内涵："君子所性，仁义礼智根于心。"朱熹注："仁义礼智，性之四德也。根，本也。"阐明性的本质、性质。性与命不离不杂，《玉篇·心部》："性，命也。"《诗经》说："岂弟君子，俾尔弥尔性，似先公酋矣。"郑玄笺："俾，使也。乐易之君子来在位，乃使女终女之性命，无困病之忧，嗣先君之功，而终成立。"《周易》讲："乾道变化，各正性命，保合太和，乃利贞。"孔颖达疏："乾之为道，使物渐变者，使物卒化者，各能正定物之性命。性者，天生之质，若刚柔迟速之别；命者，人所禀受，若贵贱夭寿之属是也。"性命虽可为一个概念，但性为本性，命为禀受的属性。

性命的命，《说文》："命，使也。从口，从令。"林义光《文源》："按：诸彝器令、命通用，盖本同字。"命令、差遣，《尚书》载："乃命羲和，钦若昊天。"孔安国传："重黎之后，羲氏、和氏世章天地四时之官，故尧命之使敬顺昊天。"《三国志》载："天下有变，则命一上将将荆州之军以向宛、洛。"诸葛亮在《隆中对》中对当时天下的形势作了精辟的分析，指出刘备以益州为根据地，以统一中国，恢复汉室。

和合意义世界的性命生活愿景，首先是生命聚合性的生活愿景。从生命直观性出发，古人讲，天地之性，以人为贵，人之可贵，莫贵于生。人的生命是最珍贵、最有价值的。由莫贵于生而追究生之所以贵，贵的本质，《周易》说："天地絪缊，万物化醇；男女构精，万物化生。"孔颖达疏："天地无心，自然得一，唯二气氤氲，共相和会，万物感之变化，而精醇也。……男女阴阳相感，任其自然得一之性，故合其精，则万物化生也。"阴阳二气交感和会聚合，人物诞生。周敦颐说："唯人也，得其秀而最灵。"朱熹诠释说："只一个阴阳五行之气，滚在天地中，精英者为人，渣滓者为物。"人是天地之精英和阴阳五行之气的精华聚合而生。所以聚合而生。"无极之真，二五之精，妙合而凝，乾道成男，坤道成女，二气交感，化生万物，万物生生，而变化无穷焉。"朱熹注："凝者，聚也。气聚而成形也。盖性为主，而阴阳五行为之经纬错综，又各以类凝聚而成形焉。阳而健者成男，则父之道也，阴而顺者成女，则母之道也。是人物之始，以气化而生者也。气聚成形，则形交气感，遂以形化，而人物生生，变化无穷矣。"阴阳五行形交气感合成人形，以意义世界的"性与命"为主，而成男女父母之道德伦理。从男女而观，男女各一其性；自万物而观，万物各一其性；合而观之，万物统体一太极。这就是"天下无性外之物，而性无不在者，于此尤可以见其全矣"。虽男女万物其性差分，但统体是一太极，是为性的大全。从生命的聚合性而言，具有必然性，是对离散性的偶然性的否定。从万物而言，万物各一其性，万物有差分而有和合，有离散而有聚合，相克相生。度越聚合性与离散性的形上的太极，或大全的性，便升华为变化无穷的生生道体的生活愿景。

命运聚合性的生活愿景。命具有必然性，有生必有死，人像一朵花，有开必有谢。人无法度越死的大限。运是指时运、机运、机遇等，具有偶然性。命是一种不可抗拒的无可奈何的某种必然性，运是人的生命在创造和赖以存在情境的互动中，所构成的一种生命状态和生命历程的智慧。《论语》讲："死生有命，富贵在天。"孔子说："道之将行也与？命也。道之将废也与？命也。公伯寮其如命何！"命是一种必然性的异己力量。孔子一方面主张"畏天命"，另一方面倡导"知天命"。"不知命，无以为君子也。"强调人的主体能动性及其作用。孟子继承孔子思想，"是故知命者，不立于岩墙之下。尽其道而死者，正命也。桎梏而死者，非正命也。"正命与非正命，在于行道与否，行道而死为正常，犯罪而死为非正常，尽其道者，是为知命者，把人的命与道德修养相联系。老子认为"夫莫之命而常自然"，命是一种没有外在力量干涉的顺其自然的状态。庄子说："死生、存亡、穷达、贫富、贤与不肖、毁誉、饥渴、寒暑，是事之变、命之行也。"墨子非命，他说："夫安危治乱存乎上之为政也，则夫岂可谓有命哉。"国家的治乱安危是执政者治国理政的结果，与命无关，宣扬命定论，是暴王的辩护词。与命相连的运，是一种偶然性遭遇。"节遇谓之命""遇不遇者，时也；死生者，命也。今有其人不遇其时，虽贤，其能行乎？苟遇其时，何难之有？"死生是命的必然性，人不可抗拒，时运、机遇具有偶然性。命与运的价值导向：命的必然性具有常规性、确定性、预期性；运具有非常规性、不确定性、不预期性，命与运这种离散性，构成既冲突又融合的和合性生活愿景。

情绪聚合性的生活愿景。情绪是以主体为中介的一种心理活动形式，是主体人与各种各类环境意义事情之间关系的观照，它有多成分、多维量、多种类、多水平的心理与生理、本能与习得、聚合与离散、自然与社会因素的融突和合。人生在世，生活在自然、社会、人际和地域、国家、民族、宗教、政治、文化、经济、制度的大网络之中，就不可避免遇到各种错综复杂的矛盾、冲突、挫折、失败与顺利、平等、满足、成功，因而或痛苦、忧愁、忧郁、焦虑，或欢喜、好运、幸福、快乐，随时产生喜怒哀乐的情绪、情感。《中庸》讲："喜怒哀乐之未发谓之中，发而皆中节谓之和。中也者，天下之大本也；和也者，天下之达道也。"朱熹注："喜怒哀乐，情也。其未发，则性也。……大本者，天命之性，天下之理皆由此出，道之体也。达道者，循性之谓，天下古今之所共由，道之用也。"以体用诠释性、情与大本达道。《说文》解："情，人之阴气有欲者。"徐灏笺："发于本心谓之情。"王充解释说："情接于物而然者也，形出于外，形外则谓之阳，不发者则谓之阴。"情犹阴阳之气的流动，发动形于外为阳，不发动为阴，处于发与未发之中的状态。绪，《说文》："绪，丝耑也。"段玉裁注："抽丝者得绪，而可引。"为抽丝抓住丝头。情绪就是人在与外物接触时所产生一种心理活动形式，是喜怒哀乐各种情绪差异而离散、聚合而达中和，中为不偏不倚，无过不及，允执厥中的中正、恰当、内心、中央，和为和平、和谐、和解、和洽、和睦、和合。中和的情绪聚合是对过头、偏倚、不中正、不和谐、不和合的否定，以求情绪中和聚合的生活愿景。

休闲聚合性的生活愿景。休闲是人在心理的驱动下，从外在环境中度越出来的一种相对自在、自由、自觉的有价值的、聚合性的生活愿景。《说文》："休，息止也。从人依木。"甲骨、金文都象形人在树旁休息，或在劳动中间在田边树下休息，或天热在树下乘凉等。感受劳动疲倦后休憩的舒服、乘凉的欢乐、情绪放松的惬意，是一种美的享受。《尔雅·释诂下》："休，美也。"《广雅·尤韵》："休，美也，善也。"《诗经》载："周公东征，四国是遒。哀我人斯，亦孔之休。"毛亨传："休，美也。"孔颖达疏："遒训为聚，亦坚固之义，故为固也。言使四国之民心坚固也。"周公东征是美好的事，是聚合周边各个国家的民心使其坚固。闲，段玉裁《说文解字注·门部》："闲，古多借为清闲字。"唐王勃《滕王阁》："闲云潭影日悠悠，物换星移几度秋。"触物生情，人的精神悠闲逸致。《广韵·山韵》："闲，暇也。"空闲，或体静心闲。休闲对于生命意义来说，是在信息智能时代紧张中争取到了休暇的时空，挣脱了外在的种种压力、束缚，凸显了休闲的特有自由的魅力。程颢诗曰："云淡风轻近午天，傍花随柳过前川。时人不识余心乐，将谓偷闲学少年。"是一种自然的、洒脱的、适情的生活态度，是人的生命的自觉，也是一种心灵本真的自由，是回归少年无忧无虑的喜悦快乐。《国语》载："为晋休戚，不背本也。"韦昭注："休，喜也。"人在悠然自得、怡然自乐、心地愉悦的状态中，使人的思维跃入最活跃、最敏感、最直觉、最旺盛的时空，是智能创造升入豁然贯通的生命智慧最美好的时光，是智慧与创造、生命与自由、自强不息与自然而然、刚健与柔顺、平常心与成佛道的协调、和谐、宁静、恬淡、自然、美好、愉悦、快乐的聚合、和合的生活愿景。

和合意义世界的生命、命运、情绪、休闲聚合性的生活愿景，既是必然性与偶然性的展现，又是聚合性与离散性的体现。必然性与聚合性的样式具有存在的完善性、确定性，偶然性与离散性的样式具有存在的不完善性、不确定性。和合意义世界的聚合性生活愿景具有无限性的生生魅力。聚合性的群居是人类的本性，群而有分，有离散是聚合性的多样性样态，符合人类生活多样性的需求。分而合，聚合而离散，离散而聚合，构成人类社会历史发展的一种生活愿景的模式。

三、理想的可能世界

假如说和合意义世界"性与命"的研究是无形相性的、诠释性的，那么，由和合意义世界跃入和合可能世界"道与和"的研究是形而上性、至极性的。它通过分析"道与和"的价值和结构网络的体认而彰显和合生生道体。体现为和合有的存在性、无的存在性、理的存在性、太极的存在性的生活愿景。

道和的"道"，在中国传统文化中有道路的初义，引申为规律、本体、本原、一、无、理、太极、心、气、人道。这里依据思维发展的顺序，梳理出道的意蕴演变的脉络，可理解为天地万物的本原、本体、根据。道是事物变化发展的过程，即气化，亦是人类社会运动变化的过程；道无所不包、无处不在，其大无外，其小无内，蕴含着阴阳、有无、一两、动静、理器、道器等的冲突融合；道是世界的本质，亦是人类社会的本质；道是认识世界的指向，也是治国理政的方法；道是伦理道德规范和教育方法等。"道也者，不可须臾离也，可离非道也。"道不远人，人能弘道。道是涵盖面致广大、蕴涵极深邃的范畴。

道和的"和"为和合。人世间一切现象都蕴含着和合，一切思维浸润着和合。在和的视野下，自然、社会、人己、心灵、文明、科技都是和合的模式。和合而有事物的本性，和合是事物之所以存有的根据，无和合亦无事物的本性，事物就成无源之水、无本之木，是为无。无与有相对相关。道和的形上性与形下性圆融无碍，构成和合道和存有的可能世界的生活愿景。

和合有的存在性生活愿景。有见于甲骨金文。《说文》："有，不宜有也。"段玉裁注："谓本是不当有而有之称，引申为凡有之称。"林义光《文源》："按：有非'不宜有'之义。有，特有也。古从又持肉，不从月。"《玉篇·有部》："有，不无也。"《正字通·月部》："有，对无之称。"有为存在。《诗经》曰："中田有庐，疆场有瓜。"孔颖达疏："古者宅在都邑，田于外野。农时则出而就田，须有庐舍……于田中种谷，于畔上种瓜。"有瓜的存在，这是某种实然性的实物，即一种现象。《吕氏春秋》载："今有良医于此，治十人而起九人，所以求之万也。"医术高明的医生，有万人求他治病。有是具有、拥有。《大学》讲："所谓修身在正其心者，身有所忿懥，则不得其正；有所恐惧，则不得其正；有所好乐，则不得其正；有所忧患，则不得其正。"心里具有此四者，心就不端正，心不正，就有可能为恶。存有、具有、拥有、专有，都是一种持有性、持存性，这种形相、无形相的存有、持有现象，其过去、现在、未来的变化都在一定时空中表现出来。"一切属于存有的东西都只有作为它身上的规定才能被思维。"在这里形相、无形相都是一种有，它以存在的样态被思维、被体认为平台的有的存在性的生活愿景，以便跃进到无的存在性的生活愿景。

和合无的存在性的生活愿景。如果说有的存在性是一种可能性的确定性，那么，无的存在性是一种非可能的不确定性。"无"见于甲骨《殷墟书契前编》七·三五·二，金文《盂鼎》。《说文》："无，亡也。从亡，无声。无，奇字无，通于元者。"无即没有，与有相对。《玉篇·亡部》："无，不有也。"有与无相互规定其义。《左传》载：晋灵公无道，重征税用来彩画墙壁，从高台上用弹丸打人看人躲避的形状，厨子煮熊掌不熟被杀，赵盾和士会看到死尸的手，士会进谏。晋灵公说：我知道错了，将改正。士会叩头说："人谁没过，过而能改，善莫大焉。"又载：晋人把楚国公子谷臣和连尹襄老的尸首归还楚国，以交换知罃。楚王送别知罃说：你怨恨我吗？你感德我吗？知罃回答说："臣不任受怨，君亦不任受德。无怨无德，不知所报。"没有怨恨，没有恩德，就不知该报答什么了，具有不确定性。孙武说："是故军无辎重则亡，无粮食则亡，无委积则亡。"张预注："无辎重则器用不供，无粮食则军饷不足，无委积则财富不充，皆亡覆之道。"没有武器、粮食、财富，就不能生存。无的生存性、存在性是天地万物终极的根源，"天下万物生于有，有生于无。"王弼注："天下之物，皆以有为生，有之所始，以无为本。将欲全有，必反于无也。"万物的存在性以无为根本、本体。"无名天地之始，有名万物之母。"万物的变易、存有的变化，是被置于时空之中，只有在一定的时空中，变易才成为可能，而具有某种必然性。

和合理的存在性的生活愿景。理的本义是纹理，依玉的脉理而治理。《庄子》讲庖丁解牛，"依乎天理"，依照牛自身组织脉理，游刃于筋骨相联结的空隙和骨节的空间，是对于事物所呈现的一种规律性的把握。理在中国传统哲学思维中被赋予致广大、尽精微的含义：先秦时为纹理、治理，战国时为义理、天理，秦汉时为名理、一之理，魏晋时为玄理，隋唐时为理与事圆融，两宋时为天理、实理，元明时心即理，明清之际为气之理，近代为公理。在理的长期的、不断的变易中，吸收各种思想，渐渐度越客体事物现象的持存性、执有性，升华为哲学思维的概念。理在不同时空语境下，体现为不同状态和不同称谓，其实"易""道""性""神"都为一理，"理一分殊"为多。理一既分殊于形而下行器、事物、观象之内，又度越于形而下之上、之外的一理。理一分殊为"视听言动，非理不为，即是礼，礼即是理也"。体现为人们日常生活活动和伦理道德行为实践。理是不灭的永恒存在者。由于理是"无情意、无计度、无造作"的"净洁空阔的世界"，必须假气的造作，酝酿凝聚化生天地万物，在天地万物之中，都蕴存着理，持存着理，人们通过"格物穷理""即物穷理"而体认理，以完成其哲学逻辑结构的体系的完善性。唯有在天地万物持存、蕴存着理，时空关系才是可能的，如同时性、相继性、空间性的存在。理若度越时空、人物、情意、造作、行迹，理是一个既存在又非存在、既必然又非必然、既可能又非可能的净洁空阔的生活愿景。

和合太极的存在性的生活愿景。太极见于《周易·系辞传上》："易有太极，是生两仪，两仪生四象，四象生八卦。"周敦颐发扬《系辞》思想，吸纳佛道思想和图式，而造《太极图》和《太极图说》。"自无极而为太极，太极动而生阳，动极而静，静而生阴，静极复动。一动一静，互为其根。分阴分阳，两仪立焉。"图说构建了无极—太极—阴阳—五行—男女—万物化生的世界图式，其宗旨是立太极与立人极。如依《宋史·濂溪传》，则无极为最高的范畴，既是宇宙万物的本源，又是人类社会最高伦理道德规范，其本身是"无"的存在性。朱熹在注《太极图说》"无极而太极"时说："上天之载，无声无臭，而实造化之枢纽，品彙之根抵也。故曰：无极而太极，非太极之外，复有无极也。"诠释为无形而有理，"盖云无此形状，而有此道理耳"。否定了太极之外、之先有无极的存在性，而作为太极形容词。太极既是宇宙天地万物的本体，亦是人类社会的道德规范。"太极只是个极好至善底道理。人人有一太极，物物有一太极。周子所谓太极，天地人物万善至好底表德。"无方所、无形体的太极，通过阳动阴静、五行相生相克的变化，而获得其存在性的可能性。存在性与可能性、形而下与形而上的交感联通、智能相应，使贯天地、通万物、系人我、网人机成为可能性的现实性，构建了一个最完善、最完美的和合天下的太极存在性的生活愿景。

和合不是自在性本身给予，而是现实的自然、社会、人生、文明给予。和合生存、意义、可能三界生活愿景的偶然性与必然性、聚合性与离散性、存在性与非存在性，唯有在时空的持存性的过去性、同时性的现在性、相继性的未来性中考量，既在单一性、存有性、可能性中被体认，又在多样性、非存有性、不可能性中思考，和合三界的生活愿景才能绽现为鲜花般璀璨，其整体逻辑结构贯通：

和合学三界十二境，是对于自然、社会、人际、心灵、文明现实性冲突融合而和合的存在性的理解和觉解，是对于信息智能时代给人类颠覆性挑战的理性的思考和谋划。人类向何处去？人类未来怎样生活？将是一个什么样的生活愿景？给人类提出了严峻的课题。人类在"认识你自己"和认识宇宙、社会、人生五千年文明中，以"为天地立心，为生民立命，为往圣继绝学，为万世开太平"的伟大精神，化解了每个错综复杂的冲突、挑战和危机，智能创造了卓越的成果，积累了丰富的经验，发明了睿智的科技，思议了智慧的学说。"学以海收天下水"，奇想妙凝思济航。人类是善于学习、借鉴、吸收往圣智慧成果、经验、科技、学说的，和平、发展、合作、共赢像远航灯塔，照亮了人类的去处和怎样生活，人类新纪元的命运共同体的和合天下新世界，给人类创造了"万紫千红总是春"的生活新愿景，也即和合生生道体之境。

（原载《光明日报》2018 年 8 月 6 日）

薪火相传，和合创新

——《中国和合学年鉴》编撰之意义

徐　刚

自 20 世纪 80 年代末期开始（1988 年前后），张立文先生回溯中国哲学的智慧，思辨形而上学的问题，融粹西方哲学、马克思主义哲学的精华，首先对"和合"思想进行了系统化、体系化、理论化、学科化的研究和阐述，创造性地建构了"和合学"的哲学理论思维体系。

"和合"之语，虽古已有之，且是中华优秀传统文化的精髓①。但"和合学"的意蕴与深意，三界六层的立体贯通，八维四偶的生生流行，则是张立文先生"自家体贴"的，是对和合源流进行考察后的提炼与升华，这是"和合学"作为一个系统完整的理论思维体系的创新所在。至于其交叉学科的分类、和合哲学论的思辨、和合学原理的运用，则是张先生对新世纪、新时代、新世界的文化发展路径的思考与构想，是"和合学"三十年不褪色且新意盎然的价值与魅力。

自"和合学"的提出，至《中国和合学年鉴》（以下简称《年鉴》）的出版，三十载光阴如水而逝。"中国和合学"的提出，是中国优秀传统文化的现代转生的一种重要形式，是学界不多见的兼具哲学思辨和实践意义的

---

① 从殷周时期的和、合之分，到春秋时期的和合并举；从先秦的"和同之辨"，到秦汉的"天人合一"；从《国语》的"和合五教"，到《易传》的"保合太和"，再到《管子》的"和合故能习"；从儒家的"以和为贵"，到道家的"道贵中和"，再到佛家的"因缘和合"；从天地万物的产生，到人与自然、社会、人际的关系，中国优秀传统文化的方方面面，无不蕴含着和合的思想，贯通着和合的精神。

理论创新；而《年鉴》的出版，既是对此的阶段性梳理和总结，同时更是对"和合学"未来发展的推动和鞭策。本次"和合学与中国哲学的创新"学术研讨会的隆重召开，则是学术交流、学说探讨、学派传承的盛会，彰显出薪火相传、生生不息的学术生命。

值此会议，我们有必要简要回顾"中国和合学"三十年的发展历程，并侧重阐明编撰出版《年鉴》的缘起与意义。

一、致思和合、建构体系

为回应西方文化的挑战、适应中国社会现代化转型的需要，张立文先生在 1988 年开始重思"和合"。在此之前，张立文先生已多次有意识地在文章中运用"和合"的理论。譬如在 1989 年出版的《新人学导论》中，张立文先生将第五章的内容直接命名为"自我和合论"[①]。至"精神世界震荡最激烈、思想意识冲突最严峻、中国命运碰撞最关键"的 1989 年，他深刻地思考了戴震、颜元所谓"理能杀人""心"亦能杀人等问题，并撰专文——《从宋明理学到和合学》，定义和合学"是关于自然、社会诸多要素现象相互融合以及在融合过程中吸收各要素优质成分而合为新事物的学说。"[②] 这是"和合学"的首次明确提出。至 1991 年，该文以《新儒家哲学与新儒家的超越》为名，收录在《中国近代新学的展开》一书。这是"和合学"的首次正式发表，标志着张立文先生建构"和合学"的开始。

此后，张立文先生在一边讲学一边思考、一边讨论一边完善的过程中，逐渐建构了和合学的思想体系，并先后在日本、新加坡、美国等地发表关于"和合学"的演讲。如在 1991 年 3 月，张立文先生在东京大学和京都大学作演讲，核心内容就是讲"和合学的建构"。同时，张立文先生笔耕不辍，

---

① 1989 年版的《新人学导论》，共分为五章，分别是"自我发现论""自我塑造论""自我规范论""自我创造论"以及"自我合一论"。2000 年，张立文对该书进行过修订，除增加一章"自我关怀论"外，还将"自我合一论"的章节名改为"自我和合论"。由此可见，张立文在 1989 年出版该书时，已经开始有意识地运用和合。

② 张立文：《中国近代新学的展开》，台湾东大图书股份有限公司 1991 年版，第 285—304 页。

分别从宏观的文化战略构想、具体的哲学学科建设，以及儒佛比较等角度出发，先后发表了一系列"和合学"相关的高质量论文，如《中国文化的和合精神与21世纪》《中国文化的精髓——和合学源流的考察》等。

1995年，张立文先生以董仲舒"三年不窥园"的精神，潜心竭虑，最终完成"讲自己"的哲学著作——《和合学概论——21世纪文化战略的构想》（1996年首都师范大学出版社出版），这部著作是"和合学"纲领性的著作，是张立文先生"一生生命历程中对人生深切体验的反省，是对所有政治运动斗争的反思和体认，是对21世纪我国和人类所共同面临的人与自然、人与社会、人与人、人与心灵及不同文明之间冲突与危机的忧患和思考"。[①]

《和合学概论》出版以后，张立文先生在其建构的"和合学"主体框架的基础上，除继续深发中国优秀传统文化中的和合精神外（2001年出版《中国和合文化导论》），又从两个方面进行完善：一是从中国走向东亚、从传统走向现代，进而向世界化、现代化转生；二是从思想走向哲学，进而建构和合学形而上层面的体系。

世界化、现代化的转生方面，张立文先生希望运用"和合学"的理论与观点，思考21世纪的哲学发展与走向，关照东亚哲学与东亚文化，并以此为切入点，探究"和合学"现代化、世界化的途径与方法，从而实现中国哲学的现代化转生与国际化突破。并最终促成了1999年度"国家社科基金重点项目"——《东亚哲学与21世纪》的开展，收获了《东亚的转生》《和合与东亚意识》《和合之境》《和魂新思》《君子国的智慧》等五部"和合学"领域的重要著作。

在建构形而上层面的体系方面，张立文先生早在1999年9月，就专门为中国人民大学研究生开设了"和合形而上学"的课程，并多次召开内部座谈会探讨相关问题，最终较为妥帖地解决了相关问题，并于2004年出版《和合哲学论》一书。这是张立文先生建构"和合学"形而上层面的标志性、奠基性、代表性的著作。

---

① 张立文：《学术生命与生命学术》，中国人民大学出版社2016年版，第228页。

21世纪以后，从胡锦涛提出建设"和谐社会"的重要目标，到习近平强调"尚和合""和合共生"等理念，"和合文化""和合学"逐渐从书斋走向社会，从思想变成理论，从一家之言变成意识形态，最终被社会各界认识、接受、学习乃至研究。其间，既有张立文先生自己讲、独自讲"和合学"的寂寥与沉思，又有部分学者跟着讲、照着讲"和合思想"的论辩与沉淀。这段时间和合学研究的旨趣与大致方向，主要有三：一是"和合文化"与"和谐社会"的对比与互补研究；二是挖掘和提炼中华优秀传统文化中的"和合思想"；三是"和合学"在操作和应用层面的具体落实。张立文先生以身为率、以笔著心，无时无刻不在思考着、追问着、求索着，这是张先生为人为学的精神，又何尝不是他对"和合精神"的追寻与实践呢？

二、立德立身、薪火相传

正如张立文先生所指出的："年鉴"是"历史的记忆，时年的标志，人民的心声和理想的愿景"，故其意义，一如明镜，可"拨云去雾""辨别真伪""察知求实"，可知"得失兴亡，聪察鉴戒"、可"儆戒效尤，前鉴后图"，这是"年鉴"的内涵意义与智能价值。[①]

首先，《年鉴》的编撰与出版，不仅仅是一部汇编的作品，更是通过对张先生学问、文章与理论的学习，从而进一步体会先生为人之德行和为学之精神。从20世纪60年代一直到今天，先生一直从事教学科研活动，从来没有中断过，近年，有幸拜读了先生的《生命的学术与学术的生命》，我以为，在所有的选择中，张立文先生最终将自己锁定为一个职业哲学家。即使是在"文化大革命"中最艰难的时候，他都在努力读书和研究，专心思考哲学问题。正因为这样，他才能在"文化大革命"结束后不久的1981年出版了自己的奠基性著作《朱熹思想研究》，该书在当时的影响是非常大的。在那个时代出版这么厚的一部书，不论从文字数量还是书本身的质量来看，

---

① 张立文：《镜如明月 察知求实——〈中国和合学年鉴〉卷首语（摘要）》，《光明日报》2018年1月27日。

都是非常令人惊讶的。1985 年又出版了他的《宋明理学研究》。正是张先生杰出的学术成就，使他 1985 年成为全国哲学学科五位国务院特批教授之一。从这以后，先生从对朱熹和宋明理学逻辑结构的研究走向整个中国哲学逻辑转换生成的研究。他认为中国哲学虽然有自己的特点如模糊性等等，但也有自己的逻辑结构，没有逻辑结构又怎么能叫做哲学？因而他逐渐建立了一整套中国哲学的逻辑结构，出版了《中国哲学逻辑结构论》，为中国哲学的精确化和系统化努力工作，并使之能和西方哲学展开对话。为了进一步从历史源流上梳理中国哲学的逻辑和范畴系统，他又主持进行了中国哲学范畴的系列研究，将中国哲学的十个基本范畴天、道、理、气、心、性、仁、知、变、神筛选出来作为《中国哲学范畴精粹丛书》的选题，并于 1987 年后逐步出版。迄今不论在国内还是海外，很多地方都将这系列丛书作为了解认识中国哲学的教科书使用。中国哲学是在中国社会这块土壤中生成的，哲学与文化和文化传统密不可分。有鉴于此，先生将他的工作重心转向中国哲学与社会传统文化关系的研究，他因之出版了《传统学引论》《新人学导论》等开创性的著作。随着他的研究的深入，他考虑到哲学、文化、社会以及整个世界是一个整体，中国哲学本来就特别强调整体的精神，而整体是"和"的结果，"和合"集中体现了中国文化的精神，所以他倾注了全部的精力从事和合哲学和文化的研究。他的一个基本观点，是认为历史已经由 20 世纪走向 21 世纪，我们不能一直停留在"照着"或"接着"前人的哲学讲的层次上，而是应该建立起属于自己的东西、自己的体系，这也就是他提出的自己讲，讲自己。和合学就是他"自己讲"的标志性成果。"和合学"的创立，在今天正好适应了中国社会转型期理论建设和发展的需要。

我非常同意学术界的这种观点，张立文先生是 20 世纪后半叶以来中国为数不多的具有原创性的哲学家。他是海内外学术界公认的 20 世纪下半叶以来最重要的中国哲学家。最让学人们折服的是张立文先生把抽象玄思与社会关怀密切结合的努力和能力。张先生从 60 多岁到 80 多岁，写下独立思考的数百万字著作。每每拜见先生，都有新作问世，先生很擅长把当代政治文化所习惯的素材运用到哲学研究的问题中去，当代许多重要的现实问题和哲学命题，会被先生融会贯通地创造性理解。培根说人的心灵有三种能力：想象力、记忆力、理性能力，而张先生就是那种少有的能将三者将集于一身的人。

其次，《年鉴》的编撰与出版，促进了中国和合学团队的培养与"张立文学派"的传承。六十余年的教研生涯，张立文先生为学术界培养了一大批出色的教学科研人才，弟子遍布全国，门生学术有成，学脉传承至少已至三代。不论是在历史上还是当前中国思想界、学术界，学派现象都是客观存在的。春秋战国时期，儒、墨、道、法、名等诸子蜂起，成就了思想史上第一个黄金时代。《宋元学案》、《明儒学案》中间写了那么多学案，正是一个个以案主为中心的学派。除了主要记载论述案主思想之外，还有师承、家学、弟子门人、讲友、交游等，弟子中有直传弟子、私淑弟子、再传弟子、三传弟子等，形成大体相同或相近的学术主张、有某种学术传承关系的学术群体，这就是学派现象。之所以说学派现象是好事，是因为不同学派互相交流，可以促进学术发展。宋明理学正是由于有濂洛关闽、湘学、江西之学、浙东学派等不同学派的交流和交锋，才促进了当时学术的发展与繁荣。在今天的中国思想界，五四以后形成三大思潮，现代新儒家学派、自由主义西化派和马克思主义派。马克思主义学派中还可以有不同学派。比如著名的侯外庐学派。在政治思想领域、在经济学领域都有学派。在中国哲学界也有学派。如熊十力的传承在港台，如唐君毅、徐复观等。学派所以能成为学派，必须满足几个条件：其一，要有开宗立派之人物，有其独特的创造。其二，学术团体要有比较明确的学术宗旨，成员对此宗旨有认同，认同开创者基本的理论观点、方向、学理、学说和学风。其三，要有学术传承。学术传承中应既有继承也有发展，学生要发扬老师的学说、学理。学术传承中也会有分化。其四，学派还应有相对稳定的学术基地或中心，例如古代的书院、现代的研究所等。学派还应是开放的，不是封闭的，学术思想是可以交流的，不同的学术思想、学风可以交融在一起。

而张立文学派已然具备这些条件。张立文先生作为开宗立派的代表人物，有很高的学问、人格、道德和文章。张立文先生的哲学对同辈学者也有很大的影响，是中国哲学的中坚力量；学术传承方面，张先生至少有两代传人，一代是20世纪80年代到90年代初期张先生亲自带的弟子，他们涉及的面也很广，不只是中国哲学，还有伦理学、科技哲学、马克思主义哲学。弟子们也不只在中国人民大学，北京许多高校和社科院都有，还有弟子在外省。还有一代是弟子们带出来的学生，即再传弟子。近年来，张先生已有意识地培养了多位博士生。他们以"和合学"为方向、以学术研究为志向，而张先生亦亲自指导，耐心为其传道、授业、解惑。借此次编撰《年鉴》的机会，我们初步形成了一支年轻有为、扎实勤奋的博士生编辑团队。他们在编撰过程中勤学、敏思，通过对"和合学"相关论著、资料的搜集、整理、汇编与审校，学习了"和合学"的内涵与意蕴，并初步了解了近三十年以来"和合学"的研究状况。

再次，《年鉴》的编撰与出版，呼应了已经形成规模、蔚然成风的"和合思想"研究热潮。从张立文先生提出"和合学"，到中央提出建设"和谐社会"的重要目标，再到这一届中央主要领导强调"尚和合""和合共生"等理念，"和合学"逐渐从书斋走向社会，从思想变成理论，从一家之言变成意识形态，最终被社会各界认识、接受、学习乃至研究。其间，既有张立文先生自己讲、独自讲"和合学"的寂寥与沉思，又有部分学者跟着讲、照着讲"和合思想"的论辩与沉淀。如今，"和合学"研究已蔚然成风、形成规模，成为学界研究热潮。《年鉴》的编纂与出版，顺应了这股热潮，回应了曾经的质疑，呼应了社会的声音，同时也响应了中央的号召。2018 年 4 月 15 日，"中国和合思想史"开题会暨"和合思想的现代价值"学术研讨会召开。来自多家单位的专家学者共济一堂，畅所欲言，贡献智慧。课题主持人、彭永捷教授认为："和合思想史是一种比较独特的思想史，重点在于探究古人如何运用和合思维、和合价值去处理矛盾冲突，这些事例永远值得后人借鉴，也可以指引未来，这才是思想史应有的意义。但和合思想的发展是否也必须体现出一种'进化论式的线性发展'，必须在具体研究后再做判断。不能简单说这部书是张立文先生和合学的注脚，思想史一定比当代哲学更加丰富，思想史是当代学术的源头活水。"会议纪要结尾客观反映了与会者的共识：关于中国传统和合思想的研究方兴未艾，张立文教授创立和合学具有里程碑意义，而该课题的提出也必将成为一个标志性事件。百姓未必皆宗孔门，而儒家大道日用不自知，所惠不止儒者；世人未必皆知和合，而和合智慧潜移而默化，所泽亦不止学人。

最后，《年鉴》的编撰与出版，彰显了中国人民大学"哲学重镇""厚重人文"的优良传统，展现了中国哲学教研室、孔子研究院的师生风采和学术底蕴。作为新中国创办的第一所新型正规大学，中国人民大学一直都是国内哲学研究的重镇、人文社科领域的旗帜。张立文先生在周易思想、朱熹思想、退溪思想、宋明理学、中国哲学范畴、中国传统文化等众多领域及其构建的"和合学"，则是这座"哲学重镇"的"地标"，尤其是他在国内率先建构了中国逻辑结构论、传统学、新人学以及"和合学"理论思维体系，在国内外学术思想界产生广泛关注，在国际学术界引起积极的回应与持续的反响，是这面世界级别人文社科"旗帜"最醒目的"标志"。中国人民大学是张立文学派的学术基地，可以看到张立文学派的学理、学说和学风的厚重影响。张先生的影响不仅在国内，还有国际影响。相信将来会有越来越多的学子将会沿着张立文先生开辟的"和合之路"继续走下去，衷心地希望《年鉴》的编撰与出版，可以为此贡献一份力量。

多年来，以张立文先生为代表的中国哲学教研室、孔子研究院众位专家教授，以博学、慎思、明辨之德行，治学严谨、细致、勤勉、认真之精神，致力于"和合学"与中华优秀传统文化的传承、弘扬、研究与教学工作，从而培养了一批出色的教研人才，形成了一支高水平的学术团队，收获了一大批意义重大的学术成果，在海内外产生了广泛的影响。如今，中国人民大学成为首批入选"双一流"的名校，而《中国和合学年鉴》，则成为"中国人民大学'双一流'建设"的首批成果。它的编撰与出版，必然向学界和社会发出人大的声音、展现了人大的特色、彰显了人大的传统。相信将来会有越来越多的学子将会沿着张立文先生开辟的"和合之路"继续走下去，衷心地希望《年鉴》的编撰与出版，可以为此贡献一份力量。

（本文系作者在"和合学与中国哲学创新"
学术研讨会主题演讲修改稿）

以和为贵和合善治

田嵩燕

中华民族一向崇尚和谐、和平、和合，以和为贵、和合善治是中华文化源远流长的价值追求和政治理想。"和合"，既是中华文化对于宇宙万物基本秩序的理解，也是中国人用以处理人与自然、人与人、个人与群体，以及群体与群体等各个层次人我关系的人伦法则。将这一法则应用于人类社会的治理，便体现为中国传统政治的统一观念和文治精神，以及在处理外部关系时的以德服人、协和万邦思想。

一、"和合"是中国人的世界观、辩证法和人伦法则

中国传统的宇宙观认为，宇宙之本源为"太极"，"太极生两仪"而有天地阴阳之别。阴阳是构成宇宙万物运动、变化、发展的根源，宇宙万物无时不处于阴阳相交、刚柔相推的变动流转之中。宇宙万物通过阴阳调和、协调发展而达到的"和合"境界，就是自然界和人本身，以及整个人类社会的理想状态。"和"是和谐、和睦、和平，"合"是融合、联合、合作，"和合"是和谐基础上的合作，"和合共生"就是宇宙万物和谐统一、共生共赢的完美秩序。所谓"万物并育而不相害，道并行而不相悖"，概括的正是宇宙和自然法则中的和合之道。这就是中国人对宇宙万物基本秩序的理解，就是中国人的世界观。

当然，"和"并不是单一、静止、无差异、无竞争。中国古人说"和实生物，同则不继"，意思是说：世间万物因为有了差异性和多样性，才能通

过互相竞争互相补充互相促进产生新的成果；如果只有同类聚合，排斥异己，那么就会丧失活力，窒息生机。所以，"和"不是完全相同、毫无二致，而是在尊重差异性和多样性基础上通过良性竞争和协调发展而达成的更高层级的和谐统一。北宋大儒张载说："有象斯有对，对必反其为；有反斯有仇，仇必和而解。"自然界和人类社会充满了差异性和对立性，所以必然产生矛盾和斗争，但是斗争的双方最终还是要走向一个更高层级的统一体。这就是中国人对于世界的对立统一性的认识，就是中国人的辩证法。

中国古人主张，人类要依循自然规律行事，要追求"人道"与"天道"的契合，所以"和合"这样的自然法则，也是中国人用以处理人我关系的人伦法则。《中庸》说"和也者，天下之达道也"，《孟子》说"天时不如地利，地利不如人和"，都是在强调"和"作为人类社会至高法则的地位。依循"和"的法则来处理人与自然的关系，就要追求"天人合一"；处理人与人、个人与群体、群体与群体的关系，就要强调"和衷共济、以和为贵"。当然，人我关系的和谐统一也是建立在尊重差异性和多样性基础上的。孔子说"和而不同"，"不同"是"和"的基础，"和"的精神恰体现于"不同"的存在。人类社会既追求和谐相处，也强调求同存异，只有在"同"与"异"之间保持一种动态平衡和良性张力，才能获得社会进步所必需的生机与活力。求同存异、和合共生，就是中国人的人伦法则。

二、中国传统政治的统一观念和文治精神

在中国传统政治之中，"和合"理念首先体现为中国人对国家统一和政治统一的追求。战国时代的各派政治思想家们虽然在具体的治国方略上百家争鸣，但他们都赞成单一君主治理之下的国家统一，由此奠定了中国传统政治的基本构想。秦灭六国，建立大一统的中央集权国家，不但实现了先秦政治思想家的政治构想，也为此后两千年的中国政制发展确立了基本的方向。后世的历代统治者，无不以实现国家统一和政治统一为最高政治追求。从历史发展规律来看，凡是国家统一之时，也是国力强盛人民安康之时；而国家分裂之时，也往往是国力衰微民生凋敝之时。因此，不仅仅是历代统治者追

求国家统一和政治统一，普通民众也树立了"统一是国家之福，分裂是国家之祸"的坚定信念。

在中国历史上，一个统一的新王朝的出现一般是战争的结果。新的王朝依靠武力结束分裂、实现统一，但要想有效治理广土众民的国家，就必须转向文治。所谓文治，就是文明之治、文德之治。文治的基本精神在于，强调道德、伦理、文化在国家治理体系中的基础性作用，强调道德秩序和文化秩序是政治秩序和社会秩序的基石。董仲舒向汉武帝建议"更化善治"，其用意就在于：建立一套与国家需要相适应的道德文化秩序，以此作为实现"善治"的根本。汉武帝采纳了董仲舒的建议，"罢黜百家、表彰六经"，以儒家思想中的"大一统"思想、德治思想、君臣伦理观念为汉代的中央集权政治架构提供思想文化上的强有力支撑，由此开启了长治久安的一代盛世。汉代之后，中原王朝屡经兴替，但历代统治者始终尊奉儒学为正统，正是因为儒家思想最有利于安顿人心、凝聚共识，维护社会的和谐稳定，实现"上下和合，世俗盛美"的善治理想。

文治精神落实为具体的制度设计，就是一套选贤与能的选任制度。"选贤与能，讲信修睦"是中国人自先秦时代就树立的政治理想，其中蕴含的核心诉求就是通过一套有效的制度设计，把社会中最优秀的一批人选拔出来，输送到治国理政的岗位上，从而保证国家治理的有效性，实现国家和社会的和谐稳定、长治久安。选任制度一向是中国传统政治的核心，从汉代推举"贤良"和"孝廉"的"乡举里选"制度，到汉末的"九品中正制"，再到隋唐以后确立的科举制，具体的制度设计一直在根据时代的变化和需要不断调整完善，但是贯穿其中的文治精神始终未变。一代又一代通过选任制度进入仕途的治国理政者都是接受了儒家经典教育的读书人，这就决定了"和合善治"理想始终是中国传统政治的精神底色。

三、处理外部关系时的协和万邦思想

《淮南子》中记载了一个大禹如何宾服天下的故事："昔者夏鲧作三仞之城，诸侯背之，海外有狡心。禹知天下之叛也，乃坏城平池，散财物，焚甲兵，施之以德，海外宾服，四夷纳职，合诸侯于涂山，执玉帛者万国。"
这就是"化干戈为玉帛"典故的由来。化干戈为玉帛，止兵戈致和平，在
中国人看来是治国理政者妥善处理矛盾冲突的最高境界。《左传》中记载了
春秋时代楚庄王的一个观点："止戈为武。"这句话的意思是说："武"字是
由"止"和"戈"两字合成的，停止使用武器，制止暴力，才是"武"的
精神之所在。这两则故事说明，中华民族对和平的热爱和追求深深印刻在我
们的文化基因中。

　　中华民族对和平的热爱和追求，决定了我们在处理对外关系时始终秉持
"以和为贵""以德服人"的原则。早在春秋时代，孔子就提出了"远人不
服，则修文德以来之"的政治原则。其后在战国时代，孟子进一步讨论了
"王霸"之别：施行仁政以德服人为王道；凭借武力以力服人为霸道。孟子
明确主张王道，反对霸道。王道思想代表了儒家的最高政治理想，对内表现
为仁政爱民德化天下，对外则表现为以德服人，"不战而屈人之兵"。中国
历代王朝都尊奉儒家王道思想为正统，强调"内修文德"为先，"外治武
备"为辅，在处理对外关系时也往往追求以和平谈判方式解决争端，尽量
不开启战争。即便不得不开启战争，也强调"攻心为上，攻城为下。心战
为上，兵战为下"，追求以最小代价结束战争。三国时期著名的诸葛亮"七
擒七纵孟获"，便是实践"不战而屈人之兵"王道理想的经典事例。

　　"以和为贵""以德服人"的政治原则在实践中不断深化，逐渐演化成
为中华民族"亲仁善邻、协和万邦"的外交思想。中华民族追求和平和合，
所以强调待邻国如待邻里，彼此要和睦相处、守望相助，是所谓"亲仁善
邻"。将家族和睦、社会和睦的人际关系推广到万国万邦，实现四海一家、
世界和平，是所谓"协和万邦"。这是一个由小到大、由近及远、推己及人
的过程，最终的目标是实现国与国之间的和平共处、合作共赢。这就是中华
民族数千年来处理外交关系的基本法则和最高理想，也是今天我们"人类
命运共同体"构想的思想资源和文化基石。

（原载《学习时报》2020 年 2 月 24 日）

中国古代的"和合"外交

潘志宏

在中国古代外交历史上，发生过许多精彩的故事，其中蕴藏着深刻的外交思想，体现出中国"和合"的外交智慧。

一、"和而不同"的外交思想

中国古代十分重视"和而不同"的"和合"外交思想。春秋战国时期，诸侯并立，国家纷争。面对各国的差异，营造和谐相处的关系是重要的外交问题之一。正如孟子所说的"物之不齐，物之情也"。"和合"外交就是要承认彼此差异、不求完全一致。在晏子的故事中就体现出了"和而不同"的外交思想。

有一次，齐景公从打猎的地方回来，晏子在遄台随侍，梁丘据也驾着车赶来。齐景公说："只有梁丘据与我和谐啊！"晏子回答说："梁丘据只不过是相同而已，怎么能说是和谐呢？"

晏子批评梁丘据能同而不能和：国君认为可以的，梁丘据也认为可以；国君说不可以的，梁丘据也说不可以。然后，晏子打比喻说："若以水济水，谁能食之？若琴瑟之专壹，谁能听之？"并得出结论："同之不可也如是。""和"与"同"，看起来很相似，实际上大不相同。

中国人自古就主张"和而不同"，《论语》中讲："君子和而不同，小人同而不和。"国与国之间、不同文明之间应当平等交流、相互借鉴、共同进步。在外交关系中也是如此，各个国家都不尽相同，也会存在分歧矛盾，但是应当认识到世界正是因为不同才会如此丰富多彩，"一花独放不是春，百花齐放春满园"。中国古代的外交故事告诉我们要认识到各自的不同，做到"求同存异""和而不同"，才能"和合"共生。

二、"和平友好"的外交关系

中国古代崇尚"和平友好"的"和合"外交关系。中国自古以来就是一个爱好和平的国家，"和平友好"的思想深深嵌入了中华民族的精神世界，到今天依然是中国处理国际关系的基本理念。墨子讲兼爱、非攻、止战，"天下兼相爱则治，交相恶则乱"，墨子反对一切不正义的战争，倡导和平。世界各国，要交流，而不是交战；要对话，而不是对抗；要相爱，而不是相恶，特别是邻国之间更应当和平友好相处。

《左传》记载，鲁隐公六年，郑庄公侵入陈国，并获得胜利。但是在前几年，郑庄公曾经请求与陈国讲和，但是陈桓公没有答应。于是，陈国大臣五父就劝谏陈桓公说："亲仁善邻，国之宝也。君其许郑。"意思是说，与仁义相亲近，与邻国关系和平相善，这是我们国家之宝啊，您还是答应郑国的请求吧！"亲仁善邻"体现古代儒家所追求的国与国之间应当和平共处、和睦友好的目标。

但是，没想到陈桓公却说："宋国和卫国才是真正的祸患，郑国能做什么？"于是就没有答应郑国的请和。对于陈桓公的短浅目光，选择与邻为恶的做法，《左传》中评论说道："君子曰：善不可失，恶不可长，其陈桓公之谓乎！长恶不悛，从自及也。虽欲救之，其将能乎？"意思是君子说过，善不可丢失，恶不可滋长，这说的就是陈桓公吧！滋长了恶而不悔改，马上就得自取祸殃，即使想要挽救，又怎么能办得到呢！最后，陈桓公出走丧命，陈国也自此大乱，国势日衰，走向了灭亡。

孔子曰："德不孤，必有邻。""亲仁善邻"是中国古代"和合"外交思想在诸侯国关系方面的运用。当下，中国有很多好邻居。中国坚持与周边国家外交的基本方针就是"与邻为善、以邻为伴"，坚持睦邻、安邻、富邻的政策，贯彻亲、诚、惠、容的周边外交理念。

正如日本著名学者池田大作所讲的："与其说中国人是有对外推行征服主义野心的民族，不如说是在本质上希望本国和平与安泰的稳健主义者。实际上，只要不首先侵犯中国，中国是从不先发制人的。近代以来，鸦片战争、中日战争、朝鲜战争以及迄今和中国有关的战争，无论哪一次都可以叫做自卫战争。"

"国虽大，好战必亡。"国家即使再强大，但喜好战争也必然会败亡。所以，一个国家如果不希望战争的阴霾笼罩在自己头上，也不要对其他任何国家发动战争。希望自己的国家繁荣富强，也希望别人的国家繁荣富强。国家与国家之间的关系应该像朋友一样、像同胞一样。就像西方所说的"你们愿意人怎样待你们，你们也要怎样待人"。世界需要和平，就像人需要空气一样，只有创造"和平友好"的"和合"外交关系，才是人间正道。

三、"合作共赢"的外交目标

中国历来追求"合作共赢"的"和合"外交。只是自己发展，不如大家一起发展，加强互利合作，才能产生"1+1>2"的积极效应。作为中国海洋历史上的一大创举，郑和下西洋既是中国古代海上丝绸之路的重要组成，也是中国与他国"合作共赢"的外交典范，创造了互利共赢、共同发展的"和合"外交。

明代永乐三年至宣德八年，朝廷派遣郑和先后7次远航西洋，历时28年，极大地促进了中国航海事业的飞跃。对于郑和的航海成就，明史学家吴晗评价说："可以说郑和是历史上最早的、最伟大的、最有成绩的航海家。"郑和率领了一支由200多艘大小船舶构成的庞大舰队，据资料记载每次航行的人数都在27000人上下，从中国太仓的刘家港起锚，航行途经30多个国家和地区，最远的地方到达了非洲。

最重要的是，尽管郑和有着当时世界上最大的船队，但是在郑和七下西洋的过程中，没有发生过任何侵略和掠夺他国的事情，更没有充当"海上霸主"，留下的只有中国同沿途各国交流互鉴、合作共赢的历史佳话，许多都传诵至今。

郑和在出使的过程中与海上丝绸之路沿线各国进行了大量的贸易往来，送出丝绸陶瓷等精美工艺品，换回了各国的奢侈品和珍禽异兽。郑和自己宣称下西洋是为了"宣德化而柔远人也"。明永乐皇帝明确指出遣郑和下西洋的目的是"恒遣使敷教化于海外诸番国"。这些无不彰显着向往合作共赢、促进共同发展的精神。郑和的这一壮举，比哥伦布发现新大陆还要早半个多世纪，堪称"大航海时代"的先声。因此可以称郑和为东西方交流的使者和伟大航海家。在很多国家和地区，郑和宝船至今仍被视为"和平友好""合作共赢"的象征，是中国古代"和合"外交的重要见证。

人类只有一个地球，各国共处一个世界。当前，国际社会日益成为一个你中有我、我中有你的"命运共同体"，面对世界复杂形势和全球性问题，任何国家都不可能独善其身。此时，我们更应当从中国古代的"和合"外交中汲取营养，助力形成"和而不同""和平友好""合作共赢"的"和合"外交，推动构建人类命运共同体，以实现"天下大同"的美好理想。

（原载《学习时报》2018 年 6 月 27 日）

中华优秀传统文化当代创新的和合路径

——兼评《中国和合学年鉴》（1988—2016）

陈秋云

中华优秀传统文化是中华民族的根与魂，是中华民族保持生命力的精神支柱，是实现文化自信的力量源泉。习近平总书记在庆祝中国共产党成立95周年大会上强调指出，"文化自信，是更基础、更广泛、更深厚的自信"。党的十九大报告提出，"推动中华优秀传统文化创造性转化、创新性发展"。中华优秀传统文化具有丰富内涵，五千多年来绵延不断生生不息，于此基础上我们形成了坚实的文化自信。然，随着时代发展观念迁移，不同文化相互碰撞，我们需要对这种文化自信进行理性的审视，否则，就难以在新时期进行创造性转化、创新性发展。

一、中华优秀传统文化的当代创新路径研究综述

如何使中华优秀传统文化转化创新为时代性的新文化？2013 年以来，诸多学者的多角度探讨已然形成了许多有价值和启发意义的思想观点。[①] 其中，范晓慧、叶民英 2018 年在《湖湘论坛》上发文《传统文化创造性转化的多维路径》，提出的"阐释性路径、涵养性路径、实践性路径"[②] 颇具启发意义。笔者在"中国知网"以"中华优秀传统文化创新"作为关键词，

---

① 参见梁秀文：《中华优秀传统文化创造性转化的研究进展与展望》，《学习与实践》2018 年第 9 期。

② 范晓慧、叶民英：《传统文化创造性转化的多维路径》，《湖湘论坛》2018 年第 3 期。

共检索到期刊论文和硕博士论文共计 1547 篇，得出学界对中华优秀传统文化创新路径的探讨，从时间线上也基本符合上述三个路径。

首先最早也是主流的阐释性路径方面，充分挖掘中华优秀传统文化宝藏，丰富对易老孔孟、宋明道学等主要思想的阐释，其中包括经典整理、文本解读、意义阐释等。这也是中国哲学界自始至终进行学术创新的主要内容，这其中知名学者众多、研究成果丰硕。因非本文关注重点，在此暂不赘述。

其次是涵养性路径方面，深入剖析中华优秀传统文化对于现代文化、时代精神的滋养，尤其是传承、弘扬、融合转化的统一关系。习近平总书记指出要"深入挖掘和阐发中华优秀传统文化讲仁爱、重民本、守诚信、崇正义、尚和合、求大同的时代价值"①，以此涵养社会主义核心价值观。此外，学者们还就中华优秀传统文化对校园文化建设、高校思想政治教育与研究之间的关系、有效路径展开热烈探讨，形成创新热潮中的另一重要分支。

最后是实践性路径方面，或是通过研习典籍，借用经典的话语和思想来逆向诠释、改造、矫正、补充和提升现代观念，重构现代话语体系；或以古人的道德实践和修身方法为当代人提供具象化操作指南，指导、示范、引导当代人将优秀的传统道德转化为当代的优秀道德。从世界各地的孔子学院到一些高校成立的国学院、传统文化或儒释道思想研究机构，从地方书院的复兴到民间自办的传统文化交流中心，中华优秀传统文化的实践创新正如火如荼地进行。

然则，上述三种研究潮流是否就已涵盖了中华优秀传统文化创新的全部？是否还有其他可资借鉴的创新路径？《中国和合学年鉴》（1988—2016）（以下简称《年鉴》）或可回应此问题。

二、《年鉴》对中华优秀传统文化
当代创新的和合路径探索

（一）《年鉴》为中华优秀传统文化的当代创新提供结构性路径

《年鉴》在栏目设置上纲目清晰、完整全面，提炼中华优秀传统文化精

---

① 习近平：《在主持中共中央政治局第十三次集体学习时的讲话》，《人民日报》2014 年 2 月 26 日。

髓——和合，从哲学思想、思维方式、社会作用三个层面构建了逻辑自洽、结构合理的和合学学科体系，为中华优秀传统文化的当代创新提供结构性路径。

在哲学思想层面，《年鉴》梳理了和合学之于中华优秀传统文化、中国哲学的渊源关系，"和合学是中国文化的精髓和生命最完满的体现形式，是当代哲学理论思维的一种新形态"①。从先秦到宋明，思想家们不仅从未止步于对和合内涵的追寻，而且"这个追寻使和合由方法论层次、天地万物生成论层次而提升为本体论层次，以及本体自身层次"②。世界中最基本、最一般的和合是天和、政和、人和与心和，共同构成了一个不可分离的有机整体系统。钱穆先生在《现代中国学术论衡》中肯定了中国文化的"会通和合"精神，传统成熟的中国人在哲学、宗教、科学、文艺等领域内贯穿着的一种"人文化成"的精神，以做个"通人"为目标。叶秀山先生补充道，当前生活世界不断扩大背景下，中国人不仅需以各种方式、途径实现中国文化内部的"会通和合"，而且需主动寻求与西方文化的"会通和合"，"中西文化的会通和合，必定使双方的面貌都有所变化"③。

在理论思维层面，《年鉴》阐释了和合思维之于中国哲学理论思维的渊源关系，和合思维作为一种体用兼备、体用一源的人创思维，是对中国哲学理论思维的当代创新。人类无法满足于经验的现象层面的世界观探究，必然要超越现象上升到理论思维的方法论层面的探索。"中华民族理论思维不讲一元，而是讲多元事物的冲突融合和合体（新生儿、新事物）"④，这种海纳百川、宽容多元、和而不同的理论思维与西方排他独断、独裁对立、非此即彼的理论思维完全不同。和合是融突和合，其所蕴含的纲缊、互补、变化、互动、中和原理，规范着事物演化过程中的理路和指向。"和合是人对生存、意义、可能世界的思考的自我观念、自我创造的活动"⑤，体现了兼

① 张立文：《学术生命与生命学术》，中国人民大学出版社 2016 年版，第 185 页。
② 张立文：《学术生命与生命学术》，中国人民大学出版社 2016 年版，第 179 页。
③ 叶秀山：《中西文化之"会通和合"——读钱穆〈现代中国学术论衡〉有感》，《读书》1988 年第 4 期。
④ 张立文：《中国传统文化与人类命运共同体》，中国人民大学出版社 2018 年版，第 143 页。
⑤ 张立文：《和合学——21 世纪文化战略的构想》，中国人民大学出版社 2006 年版，第 375 页。

具形上意蕴、关注现实实际操作的整体思路，是浸润在中华民族血统中认识处理世界错综复杂关系的基本原则、思维特性。

在社会作用层面，《年鉴》阐发了和合学理论之于当前以及未来社会发展战略的指导意义，和合学对时代精神的回应是对中国哲学、中华优秀传统文化的应用性实践性的当代创新。尚和合的逻辑进路不仅是和合学创建者张立文先生的精神信仰，也是中华文化五千年来思想家们的普遍共识与价值追求，更是中国哲学的哲学性格。儒家代表人物朱熹将和合思想运用于建构和谐社会：人伦和谐、风俗和美、身心和谐、天人和谐等构成朱熹和谐社会观的核心观念、突出表征、重要基点、理想境界。① 世界大同，和合共生，和合思想必将推动"大同世界"梦想的实现。

（二）《年鉴》为中华优秀传统文化的当代创新提供融实性路径

《年鉴》纪事面广、见解深刻、论证详密，充分展示了和合思想、和合思维融合、融通、融达于客观实践而取得的充实、真实、富实的高质量成果，为中华优秀传统文化的当代创新提供融实性路径。

《国语·郑语》有云：夫和实生物，同则不继。以他平他谓之和。"和合"可简称为"和"，是不同事物之间保持一定的平衡、多样性的统一、新事物生成的规则、文化发展必须遵循的准则。和合学乃是"关于自然、社会诸多要素现象相互融合以及在融合过程中吸收各要素优质成分而合为新事物的学说"②。世界万物包括人类社会都是处在萌芽、产生、成熟、衰亡的运动变化过程中；系统内的诸多异质要素在相互作用、冲突融合中产生新事物；诸多要素在融合过程中，既吸收了各要素的优质成分，同时为对方的发展提供场所和条件。和合学是对生生之理的追求，"生生"是天地间最基本、最一般的德性；作为一种动态分析的理论结构，和合学具有运动性、平衡性和相对性的特点。

中华民族是善思的民族，诸多思想大师对自身所处特定时代核心话题的思考和探索推进了中国哲学的创新，自先秦到宋元明，"道德之意""天人

---

① 参见徐刚：《和谐社会观：对朱熹思想的新解读》，《福建行政学院学报》2006 年第 4 期。

② 徐刚：《中国和合学年鉴（1988—2016）》，人民出版社 2018 年版，第 66—67 页。

之际""有无之辩""性情之原""理气心性",最终是二程"自家体贴"出"天理"二字,概念标记了儒教伦理哲学的创新。① 张岱年先生曾发文肯定张立文先生提出的"和合学","近来许多同志从《国语》《管子》等书中拈出'和合'二字联用的例证。这是很好的。"② 先贤大儒的"自家体贴"并非凭空杜撰,也非原封不动地照搬前人思想观点,而总是在对时代精神的彰显和需要中批判继承。张立文先生在思考化解 21 世纪的人类所共同面临的人与自然、社会、人、心灵、文明的五大冲突及其生态、人文、道德、心灵、信仰五大危机的过程中,受到《周易》"保和太合"思想的启发,"自家体贴"出"和合"价值理念,创立"和合学"这一新世纪的战略思维和文化构想。因此,和合学是对中华优秀传统文化各家各派普遍共识的提炼,"是中国传统哲学在全球化语境下转生的积极尝试"③。

时代危机凸显了人类的共同命运,"融实而和合是打开人类命运共同体的一种智慧,是化解人类生存厄运的一种武器"④。学者们主动承担社会责任,倾力贡献智慧力量,汇集成了 21 世纪的和合学学术潮流。胡鞍钢、黄瑜、鄢一龙提出"和合思想是中国伟大复兴的内生动力"⑤。洪晓楠探讨了以和合学为理论基础的"和实力"概念并阐释了中国和平崛起发展道路。⑥ 方国根指出和合理念与"和谐社会"、"和谐世界"、世界民族文化多样性追求的不谋而合,肯定了和合理念的前瞻性、合理性和普适性。⑦ 陶火生提出"以生态实践观为理论基石来检校中国发展的生态辩证思维"⑧,即"和合精神"来指导生态实践,从而自主重建人与自然的和合关系。易佑斌最早

---

① 参见张立文:《中国哲学的创新与和合学的使命》,《中国人民大学学报》2003 年第 1 期。
② 张岱年:《漫谈和合》,《社会科学研究》1997 年第 5 期。
③ 张立文:《学术生命与生命学术》,中国人民大学出版社 2016 年版。
④ 张立文:《人类命运共同体的构建》,《光明日报》2017 年 5 月 15 日。
⑤ 胡鞍钢、黄瑜、鄢一龙:《和合思想与中国伟大复兴》,《国情报告》2013 年第 16 卷。
⑥ 参见洪晓楠:《和实力与中国的和平发展道路》,《文化学刊》2016 年第 10 期。
⑦ 参见方国根:《民族智慧与哲学创新——读张立文教授〈和合哲学论〉》,《中山大学学报》(社会科学版)2007 年第 4 期。
⑧ 陶火生:《生态和合精神及其当代化》,《南京林业大学学报》(人文社会科学版)2015 年第 4 期。

尝试将"和合主义"① 运用于国际关系理论，"人类命运共同体在和合主义的理论构架中处于核心的地位，既是认识论上的整体主义视角，又是方法论上的进化逻辑，更是价值论上的必然选择"②。余潇枫则从伦理价值准则和价值范式角度对"和合主义"进行了梳理和提升。③

（三）《年鉴》为中华优秀传统文化的当代创新提供大众化路径

《年鉴》可读性强，读者面广，贴近生活、贴近现实，显示了强大生命力，和合文化研究成果的广泛传播为中华优秀传统文化的当代创新提供大众化路径。

"文化是标志人类生存样式、意义规范和可能发展方向及道路的整体性范畴。"④ 地区文化、民族文化带有独特标识，如同基因和血脉般不断传承，对人们的思维方式、行为方式、情感方式，乃至对该地区的长久发展与繁荣稳定产生持续深远影响。在中国乃至海外华人世界中，即使是一个从未读过《论语》的人，也会按照孔子的教化，尊师重道，孝敬父母，因为先哲们的思想已经转化为日用而不自知的社会规范。当代中国人应该如何理解曾经辉煌灿烂的传统文化？与中华文化具有共通文化传统的东亚各国人民应该如何理解本国文化中的东亚共识？身处中西方世界博弈中的中国人应该如何回应西方文化一贯的排斥和挑战，西方人又该如何看待新时代中国正在推动构建的人类命运共同体？面对以上种种既是中外学界、普通民众热切关注的问题，我们需要回到文化中去寻找答案。

和合文化是中华文化发生发展过程中海纳百川、融合创新的结晶，又在中外文明交流过程中通过民族意识、地区意识、人类意识等共同体意识得以展现。日韩越等东亚各国历史上深受中国儒家文化影响，逐渐在该地区形成以儒学为主体的文化意识——东亚意识，各国在社会结构、典章制度、伦理

---

① 易佑斌：《论国际关系中的和合主义》，《邵阳师范高等专科学校学报》1999 年第 4 期。
② 易佑斌：《和合主义视域下人类命运共同体研究》，《邵阳学院学报》（社会科学版）2017 年第 6 期。
③ 参见余潇枫：《和合主义：中国外交的伦理价值取向》，《国际政治研究》2007 年第 3 期。
④ 张立文：《和合学——21 世纪文化战略的构想》，中国人民大学出版社 2006 年版，第 488 页。

道德、价值观念、风俗习惯、心理结构、行为模式等方面形成了共通的文化传统。"东亚各国在地缘相近、文缘相似、人缘相亲，具有共同的历史文化和现实利益"①，这是东亚各国文化历史中真实存在，也是东亚地区未来发展的现实需要。"传统和现代转生的和合文化是建构独具特色东亚区域合作理念的重要思想资源"②，在东亚区域合作理念构建中可发挥因果、建构和整合作用。东亚共同体必然要走一条有别于西方中心论的现代化与全球化发展道路，文化互通、经济互助、合作共赢。

植根于中国文化沃土、继承了中国文化精髓的和合是中国文化的首要价值，但这并不表明，和合学只是"中国的"，"相反，它从一开始就超越了狭隘民族主义的局限，展现了宽广的胸襟，具有了'世界视野'和'人类意识'"。③从文化的历史整体性视角可以看出，和合学视野开阔，立足中国，放眼世界，立意高远，关切人类命运，将化解人类共同危机、建构人类精神家园作为自己的"创学标的"。中华优秀思想家关切的对象不止于中国的人、事、物，而是将思考放在"天下大同"，将自我、社群、自然、精神和传统等至于精神秩序的核心中统一思考，采取的路径方法是尊重差异、提倡共识、兼收并蓄、融合创新。从"世界视野"到"人类意识"，归根结底是对人本身的重视，把整体的"人"看作文化的主体和一切价值关系的核心，和合学凸显了其文化战略和人文价值。

（四）《年鉴》为中华优秀传统文化的当代创新提供未来化路径

《年鉴》积聚了和合学研究队伍，扩大了学术研究和文化推广的载体、阵地、平台，和合学学术研究与和合文化推广共同体的建设为中华优秀传统文化的当代创新提供未来化路径。

徐刚、谢海金从历史发展和逻辑建构两条主线分别综述了中国和合学的学术发展、学科建构进程，重点突出了张立文先生在中国和合学理论创立者和学科发展推动者的独特贡献，充分肯定了和合学研究队伍及其未来发展的

---

① 张立文：《学术生命与生命学术》，中国人民大学出版社 2016 年版，第 459 页。

② 易佑斌：《论和合文化在东亚区域合作理念构建中的作用》，《湘潭大学学报》（哲学社会科学版）2005 年第 4 期。

③ 张立文：《学术生命与生命学术》，中国人民大学出版社 2016 年版，第 449 页。

强大生命力。张立文先生在教学科研活动中回溯中国哲学智慧，吸收西方哲学和马克思主义哲学的精华，思辨、回应和处理中华传统文化中终极关怀、价值理想、精神安顿等形而上学问题，逐渐建构了"和合学"理论思维体系。

徐刚、陈志雄梳理解读了近三十年中国和合学相关活动，勾勒出学术界、政府以及民间组织等不同主体在不同区域间的和合文化活动图景。中国人民大学成立孔子研究院，定期举办"国际儒学论坛"，开展"孔子文化月"，编撰《国际儒藏》，出版《儒学评论》。人民日报社等新闻媒体与学术机构共同启动"中华和合文化弘扬工程"，文化部、教育部和中国社会科学院联合举办"纪念孔子诞辰座谈会"；党的十八大倡导弘扬"尚和合、求大同"等核心思想理念。中国宋庆龄基金会支持民间组织与高校探讨应对"一带一路"、气候变化等共同性、全球性问题；寒山寺文化研究院定期举办和合主题的"寒山寺文化论坛"；"天台山和合人间博物馆"、圆梦园、戴河书院则是民间人士为传承和保护和合文化遗产作出的重要贡献。借助于生动的实践图景，和合学逐渐成为当下显学。不仅中国哲学自身发展需要和合学的理论创新，其他社会科学领域、其他社会生活方面也需要和合学的参与和引领，"'和合'成为凝聚人心，为社会群体画出最大同心圆的尺规，其深刻的人文价值业已成为人们普遍的共识"①。

在西方哲学话语体系下，在全球化挑战和时代命题背景下，中国学人迫切需要建立自己的话语体系，创造性突破文史哲的西方学术分割，通识地研究中国的历史文化，探讨中华优秀传统文化的当代创新。《年鉴》的出版标志着和合学学科的成熟，说明其获得了学科地位的稳定性并保持了学术发展的持续性。和合学为中华优秀传统文化的当代创新探索了和合路径：和合学学科体系结构完整、逻辑自洽，用中国话语阐释中国思维，既解决了"讲自己、如何讲"的问题，又解决了中国文化"走出去"的问题；和合学将理论研究与实践运用高度融实，倡导在新时代提高内在道德水平、建构我们

---

① 张立文：《学术生命与生命学术》，中国人民大学出版社 2016 年版，第 750 页。

自己的精神家园，倡导在新时代尊重文化多样性、推动构建人类命运共同体；和合学研究和推广遵循大众化和未来化路径，向国人、向世界传播、弘扬了一个和平发展、合作共赢、建构和谐未来世界的价值理念。

忘记传统则无法开辟未来，善于继承才能更好创新。在思考应对和解决21世纪人类所共同面临的时代问题上，和合学是对中华优秀传统文化创造性转化与创新性发展的成功尝试。然，中华优秀传统文化宝库博大精深，还留有广阔空间和丰富内涵亟待学者们去探求。《年鉴》的出版还仅仅是第一步，和合学还在路上，中华优秀传统文化的当代创新也还在路上。

（原载《邵阳学院学报》（社会科学版）2019 年第 2 期；

作者单位：福建江夏学院马克思主义学院）

传统司法中的"和合"文化

张福坤

任何制度的变迁，包括某一项制度的创立与消亡，都可以在此前此后的历史中找到关联。中国传统法律文化之所以能够在数千年间保持强大的生命力，其重要的原因之一在于它有一个稳定的价值体系。

一、"无讼"息争

中国传统诉讼文化的价值取向是以"和谐"精神与"无讼"理想为总原则的。"和合"的理念始终是中国古代伦理思想的核心，"无讼"是在此理念下儒家所追求的一种理想境界。孔子说："为政以德，譬如北辰，居其所而众星拱之。道之以政，齐之以刑，民免而无耻，道之以德，齐之以礼，有耻且格。"在孔子的思想中，诉讼的最终目标是要借助刑罚来实现和谐的世界。儒家提倡面对纠纷时，采用和缓、宽容的方式处理。传统的"无讼"思想暗含了要关注民生、维护人民利益的"民本"思想。

儒家主张"以德去刑""德主刑辅""教化为先"。这种将伦理道德与法律刑罚、德治和法治相结合的治国理念和实践，促进了社会的和谐与发展。正是伦理与道德在我国法律文化传统中占据重要地位，"无讼"便具备了不可回避的历史基因。儒家提倡"仁爱"，在儒家看来，"爱人"这种处理人际关系的基本原则适用于家庭关系，"爱人"就会父慈、子孝、兄友、弟恭，推而广之，则"四海之内皆兄弟也"。在这种温情的人伦关系中，天下太平，何来争讼？

二、慎刑慎罚

在司法方面，儒家主张法律应宽平简约、繁简适中、去重从轻。慎刑思想是传统法律思想的重要组成部分之一。所谓"慎刑"就是主张在适用法律时，应该审慎、宽缓，无论立法、司法都必须崇德，施用刑罚要慎重从事。

慎刑发端于西周时期周提出的"明德慎罚"立法思想，意思是指彰明德教，慎用刑罚，对不听德教而触犯刑律者慎重地使用刑罚。汉初黄老学派主张轻刑，反对重刑，他们认为最好的司法在于谨慎宽平，"设刑者不厌轻，为德者不厌重，行罚者不患薄，布赏者不患厚"，最好是"不言而信，不怒而威"。后来又在儒学与阴阳学等思想影响下，发展为"德主刑辅"的立法观。延至盛唐发展为"德礼为政教之本，刑罚为政教之用"，在刑事政策和刑罚适用等方面遵循"慎刑恤杀""适当宽宥"原则。

慎刑核心是"反对滥刑"。司法官员通过贯彻"仁政"理念，在不违背法律规定的情况下，寻找轻刑的依据，减免减轻处罚，从而避免了冤假错案的发生，也缓和了社会矛盾。

三、听狱宜速

古代在审判程序方面要求听狱宜速，注重效率。北魏孝文帝多次下诏，"勿使有留狱久囚"。宋代朱熹"以严为本"的立法思想反映在诉讼程序问题上，就是要求提高审判效率和审判质量，他认为当时审判效率极低的原因在于案件不论大小，稍有疑虑，就逐级上报审批，不能有效分流，有的小案罪状清楚，却长时间不判，自然影响法律的权威和公正。元代苏天爵主张宽释疑狱，他指出如果案件不能及时予以处理，必然导致"囚徒日益以众，文移日益以繁"，如果案件拖延结案，就有可能再次危害社会。明末清初著名思想家王夫之主张"宽以养民"，及时结案"不留狱"，主张便民、利民快速收案、审案，这些措施有效地提高了审判效率。

四、援情定罪

西周时代的政治家们提出了许多真知灼见的法律观点，如"援情定罪"，强调依据行为人动机善恶来认定罪行及决定刑罚轻重。

秦朝统治者以法家重刑理论为指导，通过长期司法实践，确立了一套颇具时代特色的刑法适用原则，如秦律重视考查行为人的主观意识，在某些罪行的认定上将有无犯意作为是否构成犯罪的重要依据。《法律答问》记载的一则案例为："甲盗，赃值千钱，乙知其盗，受分赃不盈一钱，问乙何论？同论。"相反，在同书记载了另一案例："甲盗钱以买丝，寄乙；乙受，弗知盗，乙何论也？毋论。"秦律规定，自首及犯罪后能主动消除犯罪后果者可以从轻、减轻或免除处罚。

自汉代董仲舒实行"春秋决狱"后，刑事案件的"援情定罪"就成为一种常态。其中的"情"非常宽泛，主要包括事实真相、人的习性或自然因素形成的能影响行为的现实状况等。唐代法律对自首减轻处罚的规定十分详细，《唐律·名例律》："诸犯罪未发而自首者，原其罪。"意思是如果犯罪嫌疑人的犯罪行为还没有被发觉，自首可以免其罪。自首制度的设立在于鼓励自动投案，改过自新，这本身也体现了儒家宽缓慎刑的法律理念。

五、多元解纷

纠纷解决是社会和谐的第一要义。协商性纠纷解决机制，在我国有着悠久的历史。我国传统社会里，大部分民事纠纷包括部分刑事纠纷交由民间自行解决。传统社会对纠纷解决的策略体现为无讼是求、教化为先，抓大放小、重刑轻民，主官裁断、幕友辅助的特点。

随着社会自治与社会力量不断增进，国家中心和诉讼一元化思路被打破，调动公众的参与、提倡协商、自治和自律的多元协商性纠纷解决机制，日益得到社会的认同。古代解决纠纷的方式主要有官府调处、官批民调、民间调处等方式。调处的对象主要是轻微的刑事案件和民事案件，由于古代诉讼的繁简是考察地方官员政绩的标准之一，因此，各级官员十分注重"调处息诉"。综合治理和多元协商性纠纷解决机制已经成为传统社会必然的选择，反映在司法领域之中则势必讲求宽宥而非严厉，讲求教化而非惩罚。

（原载《人民法院报》2020 年 11 月 27 日）

中华文化的精髓之一，是和合文化

金坚范

中华文明能持续发展 5000 年，其原因是多方面的。一个重要因素是中华文化的强大凝聚力、亲和力。中华文化的精髓之一，是和合文化。和平、和谐等概念并非中国所独创，其他国家也是有的，合作、联合等概念也是如此。但将"和"与"合"两个单独的字连用成为一个概念，却为中国古代思想家所独创，是有中国特色的文化概念。

在中国文字中，和合两字是两个单独的字，早在甲骨文和金文中就出现了。"和"，原义是声音相应的意思，后来演化为和谐、和平、和睦、和善等。"合"，原义是指上下嘴唇合拢的意思，后来演化为汇合、结合、合作、凝聚等。到了春秋时期（公元前 770—前 476 年），和合两字开始连用，"和合"就成为一个整体概念。就是说，在承认事物各不相同，有矛盾、差异的前提下，把彼此不同的事物统一于一个相互依存的和合体中，并在不同事物的和合过程中，取长补短、存优去劣，使之达到最佳组合，由此促进新生事物的产生，推动事物的发展。由此可见，和合文化有两个基本要素：一是客观地承认不同，比如阴阳、天人、男女、父子、上下等，相互不同；二是把不同的事物有机地合为一体，如阴阳和合、天人合一、五行和合，等等。和合范畴显然比一般性地提和平、和谐或合作、联合内涵更为丰富，外延更为广泛，层次也更深入。

中国思想传统中，讲"和"多于讲"和合"。"和"是"合"的前提、条件或基础，不"和"则难"合"。"和"是"和合"形成与维系的关键所在，因此可以说重视"和"也就是重视"和合"。

和，也不是没有原则的。孔子说，"礼之用，和为贵"。这里的"贵和"就有一个"礼"的原则。所以，他接着说，"和和而和，不以礼节之，亦不可行也"。意思是说，只知道"和"而丧失了"礼"的原则，也是不可行的。

和合这一概念，体现了中华民族历来就有对事物整体辩证地认识的优良传统。孔子有名言："君子和而不同，小人同而不和。"又说："以和为贵。"就是说，孔子赞赏和，而鄙视同，因为那些只求事物之等同划一而排斥不同事物的人，则是小人了。孔子"和而不同"的思想比较能够反映和合文化的本质。除了儒家之外，释、道和其他文化流派也普遍接受并广泛使用这一概念，成为贯通中国文化思想领域里的一个综合性概念。

儒家经典《中庸》中有一句十分精辟的话："中也者，天下之大本也；和也者，天下之达道也。致中和，天地位焉，万物育焉。"

楼宇烈教授有一段话，可为此作出解释："中国传统文化最根本的特点就是中庸之道，所谓中庸，可以倒过来说，叫庸中，即用中。为什么要用中呢？因为中就是维持事物的平衡。"按照我的理解，这个平衡就是"和"。所以，姜义华教授认为"'中'在实践领域的集中表现就是'和'"。何兹全教授认为，"忠恕，仁，都是德的内容，而不是道的本体。孔子一以贯之的道是'中庸'"。何先生的这一句话，有助于深化我们对楼宇烈先生所说的中庸是中国传统文化最根本的特点的理解。

中庸的"中"，并不仅仅是量的概念。从量的概念去理解，"中"往往表现为与两端等距离的那个点，然而，中国传统文化里的"中"更多体现为实践过程中处理、协调各种关系的一种原则。"执其两端，用其中于民"，在两个极端之间找到动态平衡的契机，灵活处理，辩证综合。中庸之道的"中"，因权而变，关键在于度的把握。"权"是什么？"权"是秤锤。所以，何兹全教授说，杆秤准星根据所称分量的大小而移动。可见，中庸的"中"是在动态过程中找到平衡点，不同于希腊哲学里讲的最平衡的两端中间那一点。

"中"为大本，"和"为达道。夏乃儒教授认为，"'和'是儒家处世行事的方法、准则，也是所追求的最高境界"。这种"和"的思想现在至少可追溯到舜帝时代。《清华大学藏战国书简》（壹）一书中，披露了3000多年前周文王临终遗言中提到了舜在劳动中获得了"中"。甚至还可远溯到7000多年前伏羲时代所创制的阴阳八卦，以及中国史前出现过的一个太阳崇拜时期，那时的人面岩画的主要特征是作为祖先的人面逐渐与太阳相结合，在原始初民的观念中正是天与人的合一。

在中国，和合文化的基本精神已植根于人们的潜意识之中，在日常生活中比比皆是。中医、京剧、国画，一般被视为中国文化的三大国粹，这里面都可以看到和合精神的存在。天人合一和阴阳转化的观念对中医有着深刻的影响。中医十分重视人和自然的关系，重视人体各部分器官之间的有机联系以及疾病和心理状态的关系。

人体是阴阳平衡的统一体，阴阳平衡身体就健康，就保持了一个最好的发展和前进趋势；相反，阴阳失衡就要得病。西医对人身的全面状况不够关心，而偏重于对局部的兴趣。西医追求的理想是像激光束一样具有准确性，把治疗目标对准人身体的最小部分——组织、细胞乃至脱氧核糖核酸（DNA）。这也就是我们通常说的：西医治疗时往往是"头痛医头，脚痛医脚"；而中医则运用辨证施治，强调"培元固本"，常常是头痛医脚，譬如针灸的穴位就是如此。

京剧讲究唱、念、做、打。唱就是歌唱；念白是诗、赋类的语句的朗诵；作是一种"文"舞，在京剧中无动不舞；打是"武"舞，一种舞蹈化的武术。西方就没有将唱、念、做、打统一在一个有机体里的传统艺术。

中国人一般不喜欢西方的歌剧，尽管歌喉美妙，因为没有舞蹈而显得单调，总感到美中不足。西方的芭蕾舞，从头至尾一舞到底，没有伴唱。但芭蕾舞到了中国，配上歌唱了。芭蕾的这一革新，恰好是和合精神在中国人审美情趣中的反映。

中国画中，除了图画本身外，常配有诗词、书法、篆刻等，相得益彰。元代画家王冕自题一幅《墨梅》诗云："我家洗砚池头时，朵朵花开淡墨痕。不要人夸颜色好，只留清气满乾坤。"不但使他的墨梅平添几分清气，而且他的画与诗也一起反映出他清越的人品标格。而西洋画中，这些都是没有的，最多是作者签署一下自己的名字。

中国的饮食文化十分发达，也是有其特色的。中国菜肴讲究味道，其制作方法是调和鼎鼐。食物，加上配料、调料，交织、融合、协调在一起，使之互相补充，互相渗透，水乳交融，你中有我，我中有你。

北方人喜欢吃饺子，饺子的味道好坏关键在馅儿，馅的好坏又关键在原料、配料、调料的调和适度。上海有个家常菜"腌笃鲜"，咸肉、鲜肉、冬笋三种原料放在一起，煮好以后，任何一种东西都会融进其他两种的味道，而整个说起来，又共同形成一道含有三种又超越三种味道的鲜汤。而西菜就不同了。一盘菜端上来，肉是肉，蔬菜是蔬菜，泾渭分明，互不相干，盐、胡椒粉等调料还得你自己动手加进去。

中西饮食方式也不一样。中国的传统宴席，大家围着圆桌团团而坐，共享一席，这就从形式上造成了一种团圆、和谐、共趣的气氛。而西方人则是各端一盘，"各人自扫门前雪，莫管他人瓦上霜"，互不干扰。

中国民间尊"和合二仙"为吉祥、喜庆、团结的象征。"和合"精神是我国传统文化所倡导治国、处世、为人的一大准则。以此来协调各种社会关系，体现了中国人讲究团结合作、热爱和平的优良传统。

中国的文字不仅仅是一种简单的符号，还可以折射出多层面的文化心理现象，它的文化含量大大超过了文字本身。中华民族渴望团结，反对分裂，在三四千年以前造字时就充分表露了这一思想。《说文解字》一书对狗和羊的释义是"犬为独，羊为群"，一贬一褒，一目了然。古人认为，"狗和狗相争食而斗"，狗咬狗的结果必然是分裂、离散，这就违背了团结合作的思想，因而带犬（或反犬旁）的字都含贬义，如"猖、狂、狰、狞、狐"等。羊温顺合群，以羊为偏旁的字就含褒义，如"群、善、祥、羡、羹"等。古今中外，男女老少，无不追求一个"美"字。"美"字就是"羊"和"大"字组成的，古人以"大（肥）羊为美"。

中国的文字又反映了中国人崇尚和谐，事事讲求对偶对称。从建筑艺术上讲，中国的传统建筑构思，大至城市规划，小到庭院布局，与方块字的构造非常吻合。北京古城有一条以故宫为中心的中轴线，其街道、城门都从此中轴线向外辐射，东西南北均衡对称。例如：天安门、地安门相对；东四、西四相对……而汉字恰恰是方正对称兼有中轴的方块字。东西南北对称的四合院，是北京传统民居的一大特色，究其形状，是和汉字相似的。

至今中国人过春节时要在大门上贴对联，不但形式上要上下联相对应，内容和文字上都要求对应，讲究对仗工整。明代顾宪成写过一副对联："风声、雨声、读书声，声声入耳；家事、国事、天下事，事事关心。"这一联语不但含意深刻优美，其对仗工整尤其令人激赏。

这种对仗在古代诗词文章中也是屡见不鲜的。杜甫有绝句："两个黄鹂鸣翠柳，一行白鹭上青天。窗含西岭千秋雪，门泊东吴万里船。"你瞧，数词对数词，名词对名词，动词对动词，形容词对形容词。

中国人的传统文化心理，以家庭、家族、种族、民族、群体为本，重群体、轻个人，重大我、轻小我。换言之，就是强调社会价值和个人价值的统一性，个人价值要在社会价值中实现。即使一个生活在偏远地区目不识丁的人，他都知道"国家国家，先国后家""国之将亡，何以为家？"因为祖先造字时就把国放在家之前。

在英文中，写信封的次序为收信人姓名、门牌号码、街道、城市、国家，从小到大；而中国的写法正好相反。顺便提及一下。中国的年、月、日的时间顺序，以年统月、以月统日，是统合性的时间观念，以大统小；西方的顺序正好相反，积日成月，积月成年，是分析性的时间观念。英语中，"我"（I）永远是大写的，而在中国文字中，则称自己为敝人、弟、晚生，字还要小一号，书写时还要写在右侧，以示自谦和尊重对方。这一种文化心理在文学上的反映，是关怀社会、忧国忧民、爱国爱民的文学作品，数量既多，质量又高。

2000多年以前的屈原，是中国历史上第一位伟大的诗人。有人曾形象地将屈原投水殉国的汨罗江比喻为蓝墨水的源头。屈原的代表作《离骚》就是一部忧国忧民的浪漫主义的优秀作品。陆游垂危时仍然惦记着尚未收复的国土，写下遗嘱《示儿》："死去元知万事空，但悲不见九州同。王师北定中原日，家祭毋忘告乃翁。"其深广的内涵和强大的艺术感染力，引起后世万千读者的共鸣。唤起亿万同胞用自己的血肉筑成新的长城的《义勇军进行曲》，产生于也只能产生于中华民族处于最危急时刻的1935年。

在中国人民之中，"四海之内皆兄弟"的观念根深蒂固。因此，在中华民族大家庭的形成和发展过程中，尽管有民族冲突的悲剧，但各民族之间和睦相处以至不断融合，一直是占主导地位的。汉族是今日中国56个民族中人口最多的民族，约占总人口的93%，其本身就是多种民族融合而成的。历代史学工作者都注重书写统一的多民族国家的历史，尊重少数民族所建朝代的正史地位。

实际上，据一位学者考证、研究，中国历代大王朝中，只有汉、明两个朝代的皇帝是汉人，其余都是少数民族或汉化了的少数民族。犹太民族饱经历史沧桑，散居世界各地，一直遭受歧视迫害，促使他们十分重视保持自身社团的团结自卫。北宋时，中国开封有一个犹太族社团，但到19世纪末，这个社团不知不觉地消融不见了。作为一个社团，自然地融合于别的民族，在历史上现在所知仅有开封一例。这个史实表明，中华民族这个大家庭确实是民族之间和睦相处、促成自然融合的大熔炉。

邓小平提出的"一国两制"理论和香港、澳门的顺利回归，从理论和实践上提供了和合的范例。"一国两制"就是"和而不同"。

在国家关系上，西方讲求战胜、征服别的国家。而早在2000多年前，中国思想家们就提出了"协和万邦"、天下一家的理想。"协和万邦"这一主导原则，为历代思想家所崇尚。

1405—1433年，郑和七次率世界上最强大的船队，长驶远航，帆舟遍及数十个国家，没有占领别国一寸土地，没有建立一个要塞，没有夺取他国一份财宝，只是展示大国雄伟而已。英国退役海军军官孟席斯为了研究郑和航海的事迹，到过120多个国家的900多个博物馆、图书馆、档案馆收集有关资料，历经14年的调查研究写成《1421：中国人发现世界》一书。孟席斯在书中这样评论：与以后西方的航海家征服性、侵略性的远征根本不同，郑和是和平文化的象征。

和而不同，贵在创新，和是创新的源泉。"和实生物，同则不继"，就是说，只有参差不齐、各不相同的东西，才能取长补短，产生新事物，而完全相同的东西聚在一起，则只能踏步不前，永远停留于原有的状态。中国人民大学教授张立文早在1990年就提出"和合学"思想，后来又发表专著《和合学概论》。张教授指出："所谓和合，是指自然、和合、人际、心灵、文明中诸多元素、要素的相互冲突融合，以及在冲突融合过程中各元素、要素的优质成分和合为新的结构方式、新事物、新生命的总和。"

华夏子孙，不管生活在中国大陆还是中国台湾地区，生活在北美还是东南亚，都承认自己是龙的传人。龙就是各种动物的一些要素统一于一个新型"动物"内。龙的身子是蛇，却生着鱼鳞，尾巴也是鱼的样子。头像马，却挺着狮鼻，张着驴嘴。还有鹿角、牛身、鹰爪、狗腿，等等。鹰可以搏击长空，鱼可以在水中游泳；牛是力量和笨重的体现，而蛇象征着灵活和轻盈；雄狮是凶猛的，而鹿是温和的。所有这些都构成了一对对的矛盾体，而正是这样一个和合而成的新奇动物，它可以上天入海，呼风唤雨，神通广大，无所不能。

（原载《文艺报》2018 年 9 月 3 日）

中华和合文化的历史脉络和当代价值

陈立旭

党的十八大以来，习近平总书记高度重视中华优秀传统文化的传承发展，使之成为实现"两个一百年"奋斗目标和中华民族伟大复兴的重要精神力量。他系统梳理了作为中华优秀传统文化精髓的中华和合文化的历史脉络，深入阐发了中华和合文化的丰富内涵以及历史意义和当代价值，将中华和合文化运用于治国理政实践中，创造性地传承、弘扬和发展了中华和合文化。

一、中华和合文化的历史渊源

纵观中华民族5000年文明史，"和合"理念代代相传，深深植根于中国人的精神中，构成了中华优秀传统文化的重要组成部分。

甲骨文和金文已经出现"和""合"二字。"和"的初义是声音相应和谐；"合"的本义是上下唇合拢。殷周之时，"和"与"合"为单一概念，还没有联用。《易经》上说："乾道变化，各正性命，保合太和，乃利贞。首出庶物，万国咸宁。"天道、王朝、人事不断变化，各正性命，各得其所，天地万物保持最大的和合、和谐，是普利万物的首要因素，所有邦国都会因此得到稳定和安宁。《尚书》上说，九族和睦了，就可以平理百官族姓，昭明礼仪。百官族姓明理彰义，就能实现天下和谐。《诗经》不仅提出"既且和平，依我磬声"，寄托了对社会和谐的向往，而且还蕴含和乐、和鸾、和旨、和奏、和鸣、和羹等美好理念。

"和合"二字联用，构成一个范畴，最早见于《国语·郑语》："商契能和合五教，以保于百姓者也。"意思是说，商契能把"父义、母慈、兄友、弟恭、子孝"等"五教"加以和合，使百姓安身立命。《国语·郑语》还记述了史伯的"和""同"言论：和合中包含不同事物的差异，矛盾多样性的统一，不同的东西彼此和谐才能产生世间万物，完全相同的东西则无所生。

春秋战国是一个"圣王不作，诸侯放恣，处士横议"的时代，群雄纷争、列国混战、生灵涂炭，顺理自然地使和谐、和平、和睦、祥和的生活成为人们的美好向往。诸子百家中的不少思想家都阐述了"和合"理念。

老子认为万物都包含阴阳两个方面，阴阳相互作用、相互激荡而构成"和"。挫、解、和、同，特别是"和其光"，就能泯灭、消解诸多主观刻意判别亲疏、利害、贵贱等的差异与对立，达到不同而和、万物与我为一的"玄同"。老子所说的"和"，不是人为刻意之"和"，而是自发、自化的无为之"和"。"人法地，地法天，天法道，道法自然。"顺乎自然就能达到和谐状态。

孔子传承、弘扬和发展了"和"的观念。孔子说："礼之用，和为贵。""和"是"礼"的目的，治国处事、礼仪制度，以"和"为价值标准，"礼"是"和"的体现；"礼"是"和"的保障，"以礼节之"是"和为贵"的前提，制礼守礼是"致中和"的条件，"克己（克制欲望）复礼"才能"天下归和"。否则，泛泛而谈"和"，会很容易流于迂腐，成为乡愿，也就成了小人之"同"了。在孔子的"中庸"理念中，蕴含着"过犹不及""执两用中""权变""和"等意思，而"和"则是"中庸"追求的理想境界。孟子继承、弘扬孔子"和"的思想，提出"天时不如地利，地利不如人和"，将"人和"置于"天时""地利"之上。正是基于"人和"观念，他得出了"得道者多助，失道者寡助"的结论。

管子将"和"与"合"并举，予以高度重视，《管子·幼官》上说："畜之以道，则民和；养之以德，则民合。和合故能习，习故能谐，谐习以悉，莫之能伤也。"养兵以道则人民和睦，养兵以德则人民团结。和睦团结就能使力量聚合，聚合就能协调，普遍地协调相聚，谁也不能伤害了。

墨子把天下不安定的原因归根于父子兄弟结怨仇，有离散之心，"离散不能相和合"。他坚信虽然父子有怨恶、兄弟有冤仇，但父子仍然是父子，兄弟仍然是兄弟，是可以通过和合而消除怨恨的，"和合"能使家庭、群体凝聚。他因此而主张一种有别于儒家"仁政"的"义政"，倡导"兼爱""和合""非攻""尚同"以实现"一同天下之义"。

秦汉以来，和合观念得到普遍运用，中华文化也呈现了融合的发展趋势。两汉之际，伴随佛教传入中国，儒道两教融合开始转变为儒佛道三教在冲突中相互融合。隋唐以来，随着天台宗等"中国化佛教"的形成和发展，三教融合的趋势更加明显。宋明理学则在前一时期三教融合基础上，将儒佛道优势集于一身，从儒家立场出发完成了三教的融合。在儒佛道融合过程中，不仅入世间的儒家倡导和合，而且出世间的佛道两家也主张和合。"和合"成为中华传统文化中最富生命力的文化内核和因子，"和合"之境也成为中华民族数千年来的美好向往和孜孜以求的理想境界。

需要特别指出的是，在漫长的历史中，儒佛道三教睦邻而居和谐相处的天台山形成了独特的和合文化。不仅在天台山的儒家文化中特别是宗族文化中包含着丰富的和合文化，而且在天台山的佛道文化特别是第一个中国化的佛教宗派即天台宗以及中国道教南宗中、在"和合二圣"的传说中、在天台山民间文化中，都包含着丰富的和合文化观念。天台山是中华和合文化的圣地，天台山和合文化是中华和合文化的重要组成部分。

二、中华和合文化的深厚底蕴

习近平总书记指出："中华民族历来是爱好和平的民族。中华文化崇尚和谐，中国'和'文化源远流长，蕴涵着天人合一的宇宙观、协和万邦的国际观、和而不同的社会观、人心和善的道德观。"这就从宇宙观、国际观、社会观、道德观方面揭示了中华和合文化的深厚底蕴。

天人合一的宇宙观。习近平说："琴瑟和鸣，黄钟大吕，这是音律的和谐；青山绿水，山峦峰谷，这是自然的和谐；天有其时，地有其财，人有其治，天人合一，这是人与自然的和谐。"这就揭示了天人合一宇宙观的精髓。在中华文明史上，儒家倡导人是自然界的一部分，主张"仁民爱物"，由己及人、由人及物，把仁爱扩展至宇宙万物，"赞天地化育"，"与天地同流"，"与天地和其德"，"天下犹一家，中国犹一人"。道家强调人与自然和谐共生，"道法自然"，"天地者，万物之父母也"，"天地与我同根，万物与我同体"。在中华民族历史上，正是从"天人合一"理念出发，众多思想家强调对天地万物的爱护，倡导以和善、友爱态度对待自然万物，不破坏禽兽草木虫鱼繁殖和生长，反对滥杀滥伐。如孔子的"泛爱众"，朱熹的"物谓禽兽草木，爱谓取之有时，用之有节"，王阳明"见鸟兽之哀鸣觳觫，而必有不忍之心"，"见草木之摧折而必有悯恤之心"，"见瓦石之毁坏而必有顾惜之心"，都鲜明地体现了这一理念。也有一些思想家基于山、水、林、薮、土地为衣食之源、人生之本的认识，主张"保护自然"。

协和万邦的国际观。习近平说："中国人自古就推崇'协和万邦'、'亲仁善邻，国之宝也'、'四海之内皆兄弟也'、'远亲不如近邻'、'亲望亲好，邻望邻好'、'国虽大，好战必亡'等和平思想。""协和万邦"是中华和合文化的核心观念之一，语出《尚书·尧典》。"协和万邦"之"协"的意思是"协调"，目的是"和"。"协和万邦"是为了让不同的人和群各自发挥优势，形成合作、互补，是为了"和合万国"，是为了"保合大和"，实现"万国咸宁""天下和平"，由家族和谐，扩展到社会和谐，乃至不同邦族之间的和谐。"协和万邦"理念为历代政治家和思想家所传承与弘扬，并被运用于处理与周边国家的关系上。孟子主张"以德服人""仁者无敌""春秋无义战"，倡导王道，反对霸道。他对春秋战国时期诸侯"强凌弱，众暴寡""争地以战，杀人盈野；争城以战，杀人盈城"的现实提出严厉的谴责。张载将天地当作一个大家园，把天下人都视为兄弟，将天下万物都看作伙伴，把自己视为这个大家庭中的一分子，有应尽的责任与义务。

和而不同的社会观。习近平说："尊老爱幼，夫妻和睦，邻里团结，谅解宽容，与人为善，这是人与人之间的和谐；社会各阶层平等和谐，兼容而不冲突、协作而不对立、制衡而不掣肘、有序而不混乱，这是社会分工和社会内部的和谐。和谐就是指矛盾着的双方在一定条件下达到统一而出现的状态。在这种状态下，自然界内部、人与人、人与社会、人与自然之间以及社会内部诸要素之间等诸多元素实现均衡、稳定、有序，相互依存，共生共荣。"这就从矛盾统一的角度阐发了"和而不同"社会观的内涵。纵观中华文明史，"和而不同"是中华传统和合文化的重要理念。"和而不同"意味着君子在人际交往中能够与他人保持和谐友善的关系，但对具体问题的看法却不必苟同于对方；君子之和以公正为原则，做到心底无私，君子尚义尚正，坦坦荡荡。"和而不同"是中国一大治理智慧，它承认社会是由性格、文化、种族、出身等不同的人群组成的，要允许别人与自己不同，并能够合作共事，共同生活，这样就能实现社会和谐。

人心和善的道德观。习近平指出："中国古代历来讲格物致知、诚意正心、修身齐家、治国平天下。"这就揭示了儒家的核心理念：要实现治国平天下、推进社会和谐，首先必须通过道德的学习和修炼，以启发人的内在良知和自觉，培育和善的道德观。《大学》上说："大学之道，在明明德，在亲民，在止于至善。"儒家特别强调自省对于养成和善道德观的意义，"吾日三省吾身：为人谋而不忠乎？与朋友交而不信乎？传不习乎？""见贤思齐焉，见不贤而内自省也。"孟子则特别强调要通过"和"与"善"的精神养分培养温和善良、彬彬有礼、内外兼修之人。君子的操守从修养自身开始，必须不断"反求诸己""为仁由己"，层层向内转，但其目的不在于自我解脱，而在"推己及人""修己安人""修己以安百姓"，所以君子之道同时又必须层层向外推，"君子之守，修其身而天下平"。只有人人和善、身心和谐、人格完善，才能创造"人和"环境、推进社会和谐。

三、中华和合文化的当代价值

党的十八大以来，习近平总书记不仅深入阐发了中华和合文化的内涵，而且深入发掘了中华和合文化的当代价值，将中华和合文化运用于治国理政实践中，创造性地传承发展了中华和合文化。

和合文化是涵养社会主义核心价值观的重要源泉。党的十八大以来，习近平反复强调必须认真汲取中华优秀传统文化的精髓，特别是要深入挖掘和阐发中华优秀传统文化讲仁爱、重民本、守诚信、崇正义、尚和合、求大同的时代价值，使中华优秀传统文化成为涵养社会主义核心价值观的重要源泉。在中华优秀传统文化元素中，作为"东方文明精髓"的"尚和合"思想，对于涵养社会主义核心价值观具有更加突出的意义，与社会主义核心价值观具有天然的亲和性。在"富强、民主、文明、和谐，自由、平等、公正、法治，爱国、敬业、诚信、友善"这24字社会主义核心价值观中，和谐、友善等直接与"尚和合"相关，而富强、民主、文明、自由、平等、公正、法治、爱国、敬业、诚信等，也都蕴含着"尚和合"的因素，贯穿着和合文化的线索和精髓。中华和合文化已经成为中华民族的基因，植根于中国人内心，潜移默化地影响着中国人的思想方式和行为方式，今天我们提倡和弘扬社会主义核心价值观，必须广泛深入地从中华和合文化中汲取丰富的营养。

和合文化是实现人与自然和谐的重要思想资源。建设生态文明是中华民族永续发展的千年大计，必须像对待生命一样对待生态环境，统筹山水林田湖草系统治理，实行最严格的生态环境保护制度，形成绿色发展方式和生活方式，坚定走生产发展、生活富裕、生态良好的文明发展道路，建设美丽中国。这些论述，既体现了生态文明理念的时代精华，也创造性地传承和弘扬了中华和合文化中"天人合一"思想的精髓。源远流长的中华和合文化，始终强调作为自然界组成部分的人类应遵循自然界法则，好生以德，与天地万物共生共处，顺应万物生息规律，助其繁荣滋长。建设美丽中国，必须认真汲取、坚守和弘扬"天人合一""道法自然""休养生息"等中华传统和合文化智慧，尊重自然、顺应自然，实现人与自然的和谐。

和合文化是推进社会和谐的重要精神力量。构建和谐社会，必须关注人与自我、人与人、人与社会、人与自然的和谐。构建和谐社会，不仅追求物质条件、经济指标，还要追求"幸福指数"；不仅追求自然生态的和谐，还要追求"精神生态"的和谐；不仅追求效率和公平，还要追求人际关系的和谐与精神生活的充实，追求生命的意义。显然，贯穿和谐社会的核心和主线就是"和合"精神。祈盼和顺、崇尚和美、追求和谐，是中华民族的优良传统和高贵品德。古往今来，"人和"理念一直都被有识之士奉为圭臬。"人和"包括了和谐、和睦、和善、祥和等含义，蕴含着和以处众、和衷共济、和谐和美、政通人和等深刻的处世哲学和人生理念。实践反复证明，团结就是力量，人和才能政通。我们要汲取中华和合文化的智慧，以共同目标为价值追求，以"人和"为乐，以团结为贵，以协作为重，和衷共济，营造相互尊重、相互理解、相互关爱的氛围，使广大人民群众共享祥和的社会生活。当然，"和"并不意味着无原则的"同"，并不意味着抹杀差别，对原则问题应当理直气壮地坚持正确立场。总之，中华传统和合文化中的"和而不同""求同存异"理念和智慧，应成为处理人际关系、推进社会和谐必须遵循的基本准则。

和合文化是构建人类命运共同体的重要思想资源。人类命运共同体思想，是对近代以来西方文明的扬弃和超越，与中华民族传统文化具有共通性，是吸收了外来文化成果、弘扬和发展了中华和合文化精华的具有中国特色、中国风貌的全球交往新思想新理念。习近平在多个外交场合强调，中华民族几千年来形成了兼爱非攻、亲仁善邻、以和为贵、和而不同的理念；中国这头狮子已经醒了，但是这是一只和平的、可亲的、文明的狮子；中国人从骨子底里没有侵略别国的文化基因；中国人的血脉中没有称王称霸、穷兵黩武的基因；中国人民不接受"国强必霸"的逻辑，愿意同世界各国人民和睦相处、和谐发展，共谋和平、共护和平、共享和平。人类命运共同体既是一个合作、普惠、共赢的国际秩序，也是一个包含多种要素的复合型立体架构，涵盖多行为体、多层面、多领域、多疆域，是一个体现"和而不同""万物并育而不相害，道并行而不相悖"中华和合文化理念的共同体。习近平在第七十届联合国大会一般性辩论时的讲话中指出："我们要促进和而不同、兼收并蓄的文明交流。人类文明多样性赋予这个世界姹紫嫣红的色彩，多样带来交流，交流孕育融合，融合产生进步。""文明相处需要和而不同的精神。只有在多样中相互尊重、彼此借鉴、和谐共存，这个世界才能丰富多彩、欣欣向荣。不同文明凝聚着不同民族的智慧和贡献，没有高低之别，更无优劣之分。文明之间要对话，不要排斥；要交流，不要取代。人类历史就是一幅不同文明相互交流、互鉴、融合的宏伟画卷。我们要尊重各种文明，平等相待，互学互鉴，兼收并蓄，推动人类文明实现创造性发展。"这就表明，人类命运共同体必须以"和而不同"理念为重要精神支撑，构建人类命运共同体必须将中华和合文化作为重要思想资源。

（原载《浙江日报》2018 年 4 月 16 日）

和合文化在思想政治工作中的价值

冯　荣

文化凝聚着一个政党的治国理念和执政智慧，是国家赖以生存和发展的根基，引领着人民群众的价值追求和行为方向。思想政治工作，其本身也是一种文化建设，是一种阶级性的文化传播行为和活动，关乎着培养什么样的人、如何培养人以及为谁培养人这个根本问题。而"人，本质上就是文化的人，而不是'物化'的人"。因此，思想政治教育主要就是解决人的思想观念问题，说到底"是做人的工作"。

当下，思想政治工作面临着西方文化入侵和多元文化并存等现实问题，亟须同样用文化的方法进行破解。面对这一新课题，要做好思想政治工作必须注重以文化人，以文育人。这里所说的文化，就是指中华优秀传统文化中的"和合文化"。"和"指的是和谐、和平、中和，"合"指的是汇合、融合、联合。显然，和合文化注重人的精神的超越与升华，注重人的品格的健全与完善，更是要求人们求同存异、和而共驰。

一、和合文化对思想政治工作的重要意义

调和观念冲突，实现和而不同。思想政治工作的对象的文化是有差异的，甚至在思想、行为上表现出抗辩与对立。美国学者亨廷顿就认为，不同的文明是难以融合而且是相互冲突的。但事实上文明既存在着对立，也可能走向统一。中华文明之中的"和合"文化，富含辩证的智慧，不仅包含了不同事物之间的"和道"，而且内蕴着相互之间的"合一"。其本质上承认

事物的多样性和差异性，且追求事物之间的和谐统一。这种统一，既包括了物物之间的统一，也包括了人人之间的统一。从而，和合文化构成了社会关系发展的自然法则，成为了人们处事立身的行为规范，更是各种思想观念交融相会的价值旨归。

修复道德裂缝，实现和谐共生。人是社会化的产物，具有客观的社会属性。随着经济社会的快速发展，现实中的人利欲不断膨胀，人与人之间出现了不信任的道德裂痕。部分人见利忘义抑或唯利是图，道德水平大幅下滑。面对摔倒的老人"扶不扶"的争论，俨然成了思想政治工作现实中的一对特殊矛盾。要解决这个矛盾，必然要求植入一些文化基因。"和合"，立足于"贵和尚中"，强调友善亲和、以诚相待，主张以一种开放、包容、悦纳的胸怀去接受他人，能够实现彼此之间"和"而容"异"，建构一个万物祥和、和谐共生的社会秩序。

建构生态伦理，实现和合圆融。自然是一个和谐的整体。如孔子言，天何言哉，四时行焉，百物生焉，天何言哉。思想政治工作的任务，不仅要使人人和谐，更要实现"天地和"。然而，科学技术快速发展的同时，人类世界也面临着严重的生态危机，比如，疾病的肆虐、人口的爆炸、雾霾的加剧等等。这些问题，说到底是人的思想导致的人的认识与实践问题。因此，构建新的生态伦理，就是要在现实中解决生活世界层次上的道德问题。不仅要解决与"他和"，而且也解决与"己和"。归根结底是要实现人与自然的和谐，在人与自然的互相协调、互相尊重和可持续发展中，实现人与自然的生生不息。

打造家园情怀，实现和驰愿景。思想政治工作的最终目的是使社会成员通过一定的社会实践活动形成符合社会需要的道德品质。从而，以共同的物质生产活动为基础而相互联系和运动发展的社会就构成了人类的生活共同体。但人的本质不是单个人所固有的抽象物，在其现实性上，它是一切社会关系的总和。所以，人的和谐才可能造就社会的和谐。当下，互联网飞速发展，生活世界呈现出"无中心"，这同样需要我们重新审视思想政治工作的嵌入方式。和合，以实践"气和"为立足点，更以追求"意合"为价值旨归。这种和而共驰的道德要求，对于思想政治工作来说无疑具有实现共同愿景的现实张力。

二、和合文化在思想政治工作中的价值显现

发挥和合文化的环境教育功能，促进人与自然的和谐。习近平总书记曾指出，"天地和合则美，万物和合则生"。环境教育就是要帮助人们更好地认识所处的环境，从而拥有更多的知识、方法和技能去调和矛盾、适应环境。立足"和合"的教育理念，能让人们明白人与自然一体且共存共荣，在改造自然界的过程中，不至于陶醉在恩格斯所说的"对自然界的胜利"中，否则，就会引发自然界的报复。"和合"的环境观，从根本上来说就是要积极建构起主动承担自然生命可持续发展的生态责任。从而内化为热爱、保护、发展环境的高尚道德自律，外化为与自然和谐、和平、和而共驰的行为自觉。

发挥和合文化的思想引领功能，实现人与社会的和谐。当下，思想政治工作的根本任务就是保稳定促发展。习近平总书记指出，人民对美好生活的向往就是我们的奋斗目标。这里所指的美好生活，首先是社会的和谐。这是与和合文化所倡导的以和为贵、贵和尚中、和而共舆本质目标上是相一致的。通过和合文化的引领，能够让人们更加准确地理解美好生活、创造美好生活。反之，在思想政治工作中，全过程全方位渗透"和"与"合"的思想，对于实现尚和合、求大同，建构良好的社会秩序，无疑具有重要的现实意义。

发挥和合文化的人际疏导功能，实现人与人的和谐。在现实的生活环境中，人际间的矛盾和冲突总是客观存在。然而，人际和谐对于构建和谐社会又具有不容小觑的地位和作用，是整个社会走向和谐的重要基石。因而，必须"通过耐心细致的思想政治工作，化解矛盾，协调关系，理顺情绪，使人们心情舒畅地生活在社会主义社会这个大家庭中"。和合文化是一种指向人的道德文化。在处理人际关系上，主张"以和为贵"，提倡人与人之间的和睦、团结和协作，能够最大限度地促使人们凝心聚力。这种人际疏导的方式，显然可以在诸多矛盾和冲突的对立中求同存异，达到一种事物均衡、平

和的状态，有利于调和人与人之间的利益关系，妥善处理不同利益群体的问题，实现真正的人际和合。

发挥和合文化的心理调适功能，实现人与自我的和谐。只有个体变和谐了，社会才能全面和谐。然而，在物欲横流的当下，要想获得内心的宁静，往往也是不易的。中华和合文化为我们提供了丰富的智慧。比如，道家的"见素抱朴"，儒家的"养心莫善于寡欲"等。发挥和合文化的调适功能，就是要通过持续的思想政治教育，让人们明白清心而寡欲的重要性，不至于形成心理落差和道德挫败感。身与心和谐了，人与自我才能和谐。运用和合文化调适心理的价值就在于启发人民群众正确的认知，以达到身与心的平衡状态，最终使之外化为促进社会和谐、健康发展的强大现实力量。

（原载《人民论坛》2018 年 2 月 15 日第 5 期）

和合：从理念到信仰再到文化价值

何善蒙

"和合"作为一种理念，是中国传统文化的基本精神之一，体现了中国古人在处理自我存在、社会发展、国家治理等各层面问题时所具有的圆融通达的智慧。

一、作为文化理念的和合

从历史上看，最早对于"和"有着独到理解，并且讨论了"和合"观念的人，应该是西周末年的史伯（准确生卒年代已不可考，大概生活在周幽王时期）。迄今为止，我们所能看到的关于史伯的记载，主要就是《国语·郑语·史伯为桓公论兴衰》这一篇文字。此外，《国语·周语上·西周三川皆震伯阳父论周将亡》通常也被认为是史伯的言论，但事实上伯阳父和史伯并非一人，伯阳父的生活年代可能要略早于史伯。

在《国语·郑语·史伯为桓公论兴衰》中，史伯对于"和"的探讨，主要涉及"和""和合""和生"等方面，由此形成了关于"和"的系统而丰富的理论，或者可以称之为"和"的哲学。这个"和"的哲学系统，主要由以下三个方面的内容构成。

首先，"和"是这个哲学系统的本体论。"和"的本义为声音的相互应合。《说文》："和，相应也。"围绕这个中心义又引申出人与人之间和谐相处、化解矛盾之义，例如，"三曰礼典，以和邦国"（《周礼·天官》）。由此可见，在中国传统思想中，"和"本是一个极平实的常用概念。史伯第一次将"和"的义涵提升到哲学高度，把"和"定义为"以他平他"。所谓"他"，即存在差异的诸要素；所谓"平"，即协调平衡。故，"和"意味着聚合诸种存在差异甚至相互矛盾对立的事物，并使之协调统一。可以说，"和"即事物，事物即"和"，事物的现实性存在就是以不同事物之间的平衡作为基本模式。

其次，与西方哲学不同，中国传统思想是以"人事"为中心，史伯对"和"的谈论也不离于此。"和"在社会治理层面的具体展开即"和合"，史伯从正反两方面论证了这一观念的重要性。从反面来说，史伯指出，"今王弃高明昭显，而好谗慝暗昧；恶角犀丰盈，而近顽童穷固"，其结果是"殆于必弊者"。从正面来说，史伯把商契和合五教作为对契大有功于天下的一种证据，"商契能和合五教，以保于百姓者也"。所谓"五教"，即父义、母慈、兄友、弟恭、子孝，五教和合，会使百姓安身立命。这表明，"和"在现实的政治社会中有着极为重要的作用，具体来说，就是要以伦理道德的"和"来实现天下"和谐"的状态。

最后，作为思想根基的"和"若要在现实世界发挥其作用，就必须有一个行之有效的机制。史伯从本体论的高度揭示了事物生成和发展的辩证法。他指出，"和实生物，同则不继""若以同裨同，尽乃弃矣"。只有不同事物聚合在一起，并相互作用，才能不断产生新事物；如果只是同质事物的简单累积，那就还是原来的事物。史伯还进一步举例说明，"故先王以土与金、木、水、火杂，以成百物。是以和五味以调口，刚四支以卫体，和六律以聪耳，正七体以役心，平八索以成人，建九纪以立纯德，合十数以训百体。出千品，具万方，计亿事，材兆物，收经入，行姟极"。可以说，"和"构成了"生"的动力机制。

二、作为民间信仰的和合

"和"作为一种基本理念，在中国思想传统中有着非常根本的影响。但是，中国的思想传统毕竟是一种具体化的、生活化的传统，它并不局限于对理念的抽象思辨，而是将观念具体化在日常生活经验之中。例如，和合神信仰就是"和"的理念在生活事实中的具体反映。虽然很难确认和合神究竟在中国古代社会生活中何时出现，但是，一般认为唐代就有人格神特质的和合神出现。按照流行的说法，最早的和合神是唐代的神僧万回，至南宋时，万回作为和合神的信仰就已经非常普遍。万回这个名字有诸多解释，其中，最深入人心的是"万里而回"的探兄故事，表达出民众对于家庭和合圆满的朴素愿望。然而，"和合"作为一个关系概念，至少涉及两个或两个以上的对象。万回的意义虽然很好，但终究是一个人，这样就不能很好地呈现出和合的完满状态。因此，自明代中期开始，"和合二仙"开始取代万回，成为和合神的象征。成对出现的形象比单一形象更加有说服力，这可以视为民众信仰生活准确化、细致化的一种表达。

在中国历史上，最具影响力的和合二仙形象，是来自天台山的寒山和拾得。雍正敕封寒山和拾得为和合二圣，标志着他们作为和合神标准形象的确立。相传两人亲如兄弟，共爱一女。临婚，寒山得悉，即离家为僧，拾得亦舍女去寻觅寒山，相会后，两人俱为僧，立庙"寒山寺"。自是，世传之和合神一化为二。旧时的喜庆与节日场合中往往可见和合神的身影，其形象大都为两个蓬头笑面的童子，一人持荷，一人捧盒，寓意和合美满。在江南传统的建筑中，也时常以和合二圣的图案呈现其中，表达出民众对于美满生活的期望。

三、作为文化价值的和合

从理念到信仰，实际上勾勒出了传统中国社会对于和合的接纳过程。我们今天则应更多地从一种文化价值的角度来重新认识和合文化。习近平总书记指出："我们的祖先曾创造了无与伦比的文化，而'和合'文化正是这其中的精髓之一。'和'指的是和谐、和平、中和等，'合'指的是汇合、融合、联合等。这种'贵和尚中、善解能容，厚德载物、和而不同'的宽容品格，是我们民族所追求的一种文化理念。"

从文化价值的角度来讨论和合文化，首先，和合是中华传统文化的主旋律，是中国古人所追求的最高境界。作为中华民族的基本文化性格，和合理念构成了中国文化区别于西方文化的内在标志。弘扬和合文化有助于保持本民族的文化特色，并以此为基础构建和壮大自己的"软实力"。其次，自亨廷顿的《文明的冲突》问世以来，关于文明相处模式的讨论已经成为一个重要的问题，它不仅是一个文化理念的问题，也是一个现实社会政治的问题。如何与其他文明形式相处？这是在全球化的今天我们必须要考虑的问题。中国传统的和合文化，在中外文化第一次相遇的时候，即佛教进入中国的背景下，曾经以它的和合圆融的方式，完成了两种异质文明的对话与交融，并最终呈现出中国佛教的发展形态。发扬和合文化中的"和而不同""和为贵"的精神，可以把"冲突"转化为"合作"，使国际关系文明发展，消除侵略战争和强权政治。

（原载《中国社会科学报》2018 年 5 月 22 日）

论张立文先生的中国哲学史研究与书写

魏义霞　李洪杨

张立文先生是中国当代著名哲学家、哲学史家、"和合"哲学创始人。《中国哲学思潮发展史》是一部宏大的哲学史著作，是作为哲学家与哲学史家的张立文先生思想的完美结合。这部著作以"自己讲""讲自己"的书写宗旨，依据中国哲学发展历程的演进规则，详细描绘了中国哲学发展的历史分期，解析了中国哲学史上每一时期哲学思潮的形成、发展和渐退的逻辑进程。张立文先生以高度的使命担当意识和文化自信，努力实现中国哲学史书写范式的全面开生和创新转换，写出了一部具有中国特质、中国神韵、中国话语的中国哲学史著作。《中国哲学思潮发展史》集篇幅之巨大、内容之翔实、逻辑之严谨、诠释之合理、方法之创新等特点于一身，是张立文先生中国哲学史研究的精华之作，反映了张先生中国哲学史研究的基本观点、方法，无论对当前中国哲学史的研究还是中国哲学的未来发展都具有重要启示意义。

一、中国哲学史的书写宗旨

20 世纪初，在西方学术研究体系和学科分类标准的影响下，中国哲学史学科应运而生。中国哲学史是"中国"的"哲学"的"史"，书写的是中国哲学自己的历史。中国哲学史学科自诞生之日起，就面临着如何走出与古代经学史、史学史、子学史混淆不分的历史局限，以及如何确立中国哲学特有的独立诠释框架和话语体系的主体性困境。在不断探索如何突破上述困境的同时，中国哲学也在哲学话语权上一直面临着如何回应西方哲学话语权冲击的现实问题。在中国哲学自身主体性困境与西方哲学话语权对中国哲学冲击的双重压力下，许多中国哲学家意识到，中国哲学史是中国哲学得以确立和存在的基础，中国哲学是中国哲学史得以书写和言说的主体。因此，要实现中国哲学的主体性开显，必须书写出中国哲学自己的历史，只有在书写中国哲学自己的历史中才能弄清楚中国哲学是什么、中国哲学是如何产生和发展的。

大致说来，对于如何书写中国哲学史这一根本问题，中国哲学家们秉持三种不同的诠释框架和话语体系：第一，以西方哲学的诠释框架和话语体系为参照来书写中国哲学史，代表人物为谢无量、胡适、冯友兰以及20世纪下半叶的港台新儒家；第二，以中国哲学的诠释框架和话语体系为参照来书写中国哲学史，代表人物为钟泰；第三，以马克思主义哲学的诠释框架和话语体系为参照来书写中国哲学史，代表人物为冯友兰、张岱年、侯外庐等。中国哲学家在书写中国哲学史的过程中，一方面，在就书写中国哲学史的历史进程中，哲学家们都以实现中国哲学的主体性开显为目标，参照不同的哲学诠释框架和话语体系来书写中国哲学史，使中国哲学史的研究具有了多维的方法论支撑；另一方面，不同的哲学诠释框架和话语体系书写出的中国哲学史凸显的是每个哲学诠释框架和话语体系下独自的研究对象、概念、方法，使得中国哲学在不同的哲学系统中游走，从而削弱了中国哲学主体性的确立。因此，如何实现中国哲学的主体性开显，即让中国哲学自己书写自己、自己言说自己，已成为现当代中国哲学家反思中国哲学史学科发展方向的根本问题。

张立文先生秉持中国哲学"自己讲""讲自己"的宗旨，以中国本土的诠释框架和话语体系为方法，承续中国哲学自己书写自己、自己言说自己历史的学术使命，从而超越了中国哲学的"照着讲""接着讲"，实现了中国哲学主体性的开显。中国哲学史只有实现自己对自己的书写，才能跳出以西为主、中西融合为主的书写模式，实现中国哲学史的主体性开显。在《中国哲学思潮发展史》的绪论中，张立文先生开宗明义地说，实现中国哲学的"自己讲""讲自己"，既承续了中国哲学史的原有书写方式，又超越了中国哲学史的原有书写方式。张立文先生进一步说，"自己讲"的主体不仅包含横向上的"中西"，而且包含纵向上的"古今"，是对"中西古今传统人类精神"反思的主体，是凝结中华民族精神和时代精神的和合主体，是拥有一种大智慧、大生命的主体。

在"自己讲"的主体确立后，中国哲学史更重要的任务是要"讲自己"。张立文先生指出，"讲自己"就是讲中国哲学自己把握和规定的哲学，而不是讲西方哲学把握和规定的哲学，这意味着对哲学的把握和规定应该由中国哲学自己所决定。同时，中国哲学家应该是以研议中国哲学自己把握和规定的哲学而成为哲学家的，不是以研议西方哲学把握和规定的哲学而成为哲学家的，是使"中国哲学自己讲述自己对时代精神核心话题的体贴，讲述中国哲学自己对'话题本身'的重新发现"的哲学家。至此，张立文先生超越了以西方为主或以中西融合为主的哲学诠释框架，确立了中国哲学自己的研议对象和本质规定，实现了中国哲学的"讲自己"。中国哲学自己把握和规定的哲学究竟是什么？张立文先生指出，中国哲学所谓的哲学就是"人对宇宙、社会、人生之道的道的体贴和名字体系"。这是张立文先生对中国哲学所谓的"哲学"概念的界定。只有对中国的"哲学"概念进行界定，才能确立中国哲学的主体性，才能明晰中国哲学的言说主体和话题内容，才能使中国哲学与世界上的其他哲学区分开来、得以自显。这就是所谓人对于宇宙、社会和人生之道的"道的体贴"。按照张立文先生的阐释，"道的体贴"就是人对于宇宙、社会、人生的道路、根本性质、形而上的存在根据、所当然和所必然的理势、其变化流转与创新的轨迹以及关于知与行及其逻辑结构的方法论和人们的价值理想、精神家园的体悟、反思。

张立文先生以"自己讲""讲自己"的宗旨书写中国哲学史，并使之成为有"中国"的、有中国哲学自己所谓"哲学"的哲学史。正是中国哲学说此而不说彼，才使得中国哲学在说此而不说彼的独立话语体系中区别于世界上其他哲学，也为中国哲学建构了其应有的研究对象、概念和方法，从而为中国哲学寻找到了安身立命之根，为中国哲学提供了源头活水。张立文先生的《中国哲学思潮发展史》为中国哲学的独立话语体系提供了历史论证，在对中国哲学史的书写中实现了中国哲学主体性的开显，使中国哲学屹立于世界哲学之林。

二、中国哲学史的演进规则

张立文先生的《中国哲学思潮发展史》为中国哲学的主体性开显和独立话语体系的建构提供了哲学史的支撑，证明了中国哲学的言说内容不同于世界上的其他哲学，尤其打破了中国哲学一直以来由于受到西方哲学研究范式的冲击而陷入的"失语"境遇。这是张立文先生在中国哲学史研究上的重大贡献。然而，张先生的贡献并不限于此，他在开显中国哲学主体性及建构中国哲学独立话语体系的同时，也为中国哲学的发展找到了一以贯之的演进规则。中国哲学的演进规则是书写中国哲学史的指导思想，是中国哲学家书写、把握中国哲学史必须研思的重要问题，当然也是中国哲学创新发展的根本依据。

张立文先生在总结其50余年对中国哲学史研究和教学的基础上，揭示了中国哲学从古至今的逻辑演进规则。这一规则是中国哲学从先秦百家之学发展至今的演进规则，也是中国哲学不断发展演变和转生创新的标志。中国哲学的演进规则具体包括三个方面：第一，核心话题的转向。张立文先生认为，哲学是对时代精神的反思，核心话题是哲学反映时代精神的方式。每一时代的哲学都有其特定的核心话题，特定的核心话题反映着特定时代的现实境遇和价值理念，体现了化解时代冲突和危机的义理之道。由于面临的时代冲突和危机不同，某一历史时期的哲学核心话题都区别于其他任何一个历史时期。不同历史时期的不同核心话题的演进、流变构成了中国哲学发展的历史，成为中国哲学转生和创新的基础。张立文先生指出，每一时代的哲学承担着化解时代危机、建构安身立命之所的理论使命，哲学家对这一时期的哲学的核心话题进行反复研议和辩论，成就了这一时期的哲学思潮。第二，诠释文本的转换。文本是使思想延续的符号系统，是哲学家们了解前世或在世哲学思想的桥梁和工具。古往今来，哲学家们的思想不是凭借主观臆断产生的，而是在对前世或在世哲学思想的理解、阐发和批判中建构起来的。张立文先生断言："每个时代的哲学家必须凭借对一定文本的探赜、研究、体贴和诠释，以提炼体现时代精神的核心话题，使其全面融入民族精神及其生命智慧。"每一时代的哲学家们都必须为其所研议和阐释的哲学核心话题寻求理论来源和文献依据，因此，诠释文本具有极其重要的作用。哲学家们基于每个时代所面临的冲突和危机，在浩瀚的思想典籍中寻求阐释核心话题的文本依据，发挥文本中的义理以求解决时代的冲突和危机。不同历史时期，哲学家们所选择的诠释文本是不同的，并在对原典进行时代阐释的同时融入其自身的思想而开出新的文本。每一时期哲学诠释文本的转换为中国哲学的发展和流变提供了深厚的思想资源，成为每一时期哲学思想产生、发展的文献学标志。第三，人文语境的转移。所谓人文语境，即是每一时代的哲学孕育、产生和发展的土壤，是哲学成为时代精神精华的现实背景和客观条件。按照张立文先生的说法，人文语境就是一个时代哲学的思议环境，包括自然生态因素、政治制度因素、社会经济因素和文化价值因素等。中国哲学的发展与每一历史时期的社会现实和时代问题息息相关，每一时代的政治、社会、文化和经济都对中国哲学的发展产生深刻影响。鉴于此，在整部《中国哲学思潮发展史》中，张立文先生总是在着重阐释每一时期人文语境对哲学核心话题的转向、诠释本文的选择的实际影响中，探索每一历史时期哲学发展的主要轨迹。

张立文先生凭借其深厚的哲学史功底和史学功底，在探赜中国哲学原典文献的基础上，分析中国哲学孕育、产生、发展的时代背景和思想背景，思索中国哲学历史发展的逻辑主线，最终揭示出中国哲学发展流变和历史演进的三项规则，

为中国哲学的发展提供了理论主题、思想源头和历史环境。张立文先生指出，此三大规则对中国哲学的历史演进和创新转生具有有效的和普适的指导，是中国哲学历史演进所必须遵循的必然原则，是实现中国哲学创新和转生的原生动力。透过张立文先生对中国哲学历史演进规则的揭示可以看出，中国哲学的历史演进有其一以贯之的原则，绝不是各种哲学思想或哲学思潮的随意堆砌。此三大规则是中国哲学从古至今不断发展流变的特色理路，是有效衡量中国哲学是否发展、转生的标尺，是中国哲学史的书写规范。

三、中国哲学史的历史分期

张立文先生秉持"和合"的哲学理念，以"自己讲""讲自己"的书写宗旨，遵循中国哲学的历史演进规则，成就了一部具有中国特质、中国神韵和中国话语的中国哲学史著作。张立文先生以书写哲学思潮的流转和变迁的模式来描述中国哲学发展的历史进程，从而超越了人物史、流派史、问题史等中国哲学史的书写模式。哲学思潮的研议对象不是某个哲学家的哲学思想，而是自觉地体现、凝结为一个时代的哲学家们共同思议、言说、探讨和论辩的哲学核心话题。用哲学思潮的发展历程来表征中国哲学的历史不仅系统阐释了中国哲学理论思维形态创新和转生的嬗变史，而且整合了某一历史时期不同哲学家和哲学流派对时代共同哲学核心话题的观点，促进了哲学家与哲学家之间、哲学流派与哲学流派之间的对话分析，从而带动了中国哲学的整体研究。在对中国哲学发展历程的研究中，张立文先生以哲学思潮的流变历程为研究主线，依照中国哲学历史演进的三大规则，重新审视了中国哲学的历史发展分期，将中国哲学的发展历程划分为六个不同的时期。

（一）先秦元创期的道德之意哲学思潮张立文先生将先秦时期界定为中国哲学思潮的元创期

在他看来，在历经夏、商、周三代的这一时期，中华文化实现了由巫术文化向礼乐文化的转变，礼乐制度逐渐确立，人的主体思想意识渐次独立，哲学精神得以孕育和产生。这使先秦时期成为中国哲学思潮发展的元创期。特别是在春秋时期，诸侯国与诸侯国之间为兼并天下而相互征伐，致使"礼崩乐坏"、天下大乱。诸子百家为改变臣弑君、子杀父、诸侯国与诸侯国相互攻伐的局面，化解"礼崩乐坏"的现实冲突和时代危机，开出了"道德之意"的核心话题。对于"道德之意"中的道德，张立文先生解释说："'道'的初义是道路，'德'的初义是眼睛望着道路走。后来'道'引申为道理、道义、事理、原理、方法、引导、治理等，'德'引申为恩德、品行、节操、属性、福、德政、规律等。又合为'道德'，依据两字初义，即眼睛看着道路直走，就不会走错路，这便合乎道德之意。"由此可见，"道德之意"的核心话题，就是诸子百家围绕天下之人如何修身明德走上正确人生之路、天下君主如何施以德政治理天下引导国家走上正确之路而展开的关于自然、社会、人生的所当然和所以然的中心论述。张立文先生通过《周易》的阴阳之道、"五经"的道德论、道家的道德之意、儒家的道德体认、管仲的道德法三和合、墨翟的救治社会之道、孙武及孙膑的兵道兵德和法术之学的融突等八个章节的内容，诠释了先秦诸子的"道德之意"这一核心话题。张立文先生认为，这一时期哲学思潮依据的诠释文本为"六经"，即《易》《诗》《书》《礼》《乐》《春秋》。他下此断语，基于以下五个方面的理由：第一，先秦诸子哲学中所建构的概念、范畴都来源于"六经"；第二，先秦诸子阐释道德之意的核心话题与"六经"所发之义相契合；第三，"六经"为先秦诸子阐述道德之意的核心话题和理论的建构提供了多样性的文本之义；第四，"六经"中对于宇宙、社会、人生的智慧启迪了先秦诸子；第五，先秦诸子依据对"六经"的体贴和自己的价值观形成了体现诸子思想的新的文本。

（二）秦汉奠基期的天人相应哲学思潮

秦汉时期终结了春秋战国以来国家、社会四分五裂的局面，实现了天下的大一统。秦汉时期的大一统不仅在国家体制上要实现统一，而且在学术思想上也必须实现统一。哲学思潮的人文语境随之发生转移。张立文先生认为，秦崇酷法以治天下，短命而亡。汉初为平复战乱创伤，使民休养生息，以黄老之学治天下。汉武帝为求政权长治久安，举贤良之士，问天人之事。由此，围绕"究天人之际，通古今之变"这一时代问题展开了辩论，确立了"天人相应"的哲学核心话题。这一时期的哲学家借助"天人相应"的核心话题，旨在"化解'打天下'与'坐天下'的指导意识形态，法先王与法后王的传统与现代（古与今）、君与民的冲突"，以求在天地"本然之全体"上化解内外冲突，以求国家、社会的长治久安。汉代哲学家们以"天人相应"为核心话题，即成就了这一时期的哲学思潮，也为中国哲学理论思维的奠基发挥了重要作用。张立文先生将《公羊春秋》作为这一时期哲学核心话题的诠释文本，因为《公羊春秋》紧扣这一时期哲学思潮的核心话题。经过董仲舒对《公羊春秋》微言大义的阐释和发挥，探赜出其背后深隐的天人相应的理论思维和"通三统、张三世"的历史观，成为回应这一时期哲学思潮核心话题的文献原典。对于秦汉时期的哲学思潮，张立文先生从《吕氏春秋》及《淮南子》、陆贾、贾谊、董仲舒、扬雄、王充等哲学家对核心话题的研议、体贴中阐明了这一时期的哲学思潮。

（三）魏晋南北朝发展期的有无之辨哲学思潮

魏晋南北朝时期，玄学成为主流思潮，道教、佛教也得到发展。因此，张立文先生将这一时期看作是中国哲学思潮的发展期。他指出，在这一时期，国家处于长期的动乱状态，社会风雨飘摇，政治集团之间残酷倾轧，政权更迭频繁，人们难以寻求到安身立命的稳定家园，孕育新哲学思潮产生和发展的人文语境与秦汉时期就有所不同。魏晋南北朝时期的哲学家在对现实社会的不满进行反抗的同时，不断思索人之为何而活、有何价值、如何实现人生价值、人的命运由谁来掌控等问题，促进了哲学理论思维形态的创新和转生。哲学家们无法改变上述人文语境中的各类问题，甚至在理论话语权上逐渐被边缘化，只得将所谈话题转向玄远玄虚之学，去寻求天地存在的形而上的终极根据，并展开了有与无、本与末、自然与名教等问题的辩论、探讨。由于哲学核心话题由秦汉时期的"天人相应"转向为"有无之辨"，魏晋南北朝时期的哲学家依据"有无之辨"这一核心话题展开了崇有与尚无、自然与名教等问题的讨论。《周易》《老子》《庄子》即"三玄"为这一时期核心话题的研议和讨论提供了文本依据，成为哲学家们建构自身哲学体系的诠释文本。对于魏晋南北朝时期的哲学思潮，张立文先生着重分析了王弼、阮籍、嵇康、裴頠对哲学核心话题的阐释和回应。

（四）隋唐深化期的性情之原哲学思潮

魏晋南北朝时期的哲学思潮虽然以玄学思潮为主，但是，道教、佛教也在与玄学的融合中不断发展，至隋唐时期达到成熟。张立文先生认为，隋唐时期儒、释、道三教在融突中发展，在发展中融突，深化了中国哲学思潮的发展。这一时期，哲学思潮的核心话题由"有无之辨"转为"性情之原"。"佛主'一切众生悉有佛性'，与中国传统心性论相融合，儒讲性情三品说或性善情恶论，道倡性情自然说。三教围绕'性情之原'话题，既显示各教旨趣的差分，又昭示三教话题的相似"。在隋唐时期，儒、释、道三教并立，共同围绕核心话题阐释各自的哲学理念。哲学思潮所依傍的诠释文本就体现为三教差分性的选择：佛教以各宗经典为诠释文本，大体包括天台宗的《妙法莲华经》、唯识宗的《解深密经》《瑜伽师地论》《成唯识论》、禅宗的《楞伽经》《金刚经》；道教以各派经典为诠释文本，包括《太平经》《老子道德经》《黄庭经》《上清大洞真经》《度人经》《三皇文》《阴符经》和《太上老君说常清静妙经》；儒教以《大学》《中庸》为诠释文本。对于隋唐时期的哲学思潮，张立文先生着重分析了佛教不同宗派的佛性论、道教得以成仙的道性论和儒家的道统论、性情论。

（五）宋元明清造极期的理气心性哲学思潮

张立文先生将宋元明清时期看作是中国哲学思潮的造极期，亦即高峰期。张立文先生指出，宋元明清时期的哲学家们面对唐末五代十国的社会乱局和儒、释、道三教的融突现实，承担着重建中华文化道统的使命，为重塑伦理道德、价值理念不断探索和努力，力图重新建构安身立命之所。在此过程中，他们承续"六经"之义，从理、气、心、性的哲学范畴出发寻找宇宙、社会、人生的形上根据，建构了"理气心性"的核心话题。虽然宋明时期哲学家建构的哲学体系大不相同，但他们的核心话题和思想旨归却别无二致——都旨在承续往圣之绝学，寻求安身立命之精神家园。张立文先生进而指出，近代的救亡图存和现代新儒家等倡导实现儒家文化的现代转换以在内忧外患的现实社会中力挺中国传统文化的时代背景与宋元、明清之际等时期虽有不同，但都是接着宋明理学讲，或者成为理体学、心体学、气体学、性体学的延续，或者成为新的理体学、心体学和气体学等，

总之，都没有实现中国哲学的创新和转生。这一时期，哲学家们由于承担着"焕然大明中华文化道统"和寻找宇宙、社会、人生形上根据的时代使命，经过不断的探赜萃取，最终确立了以《大学》《中庸》《论语》《孟子》即"四书"为核心的诠释文本。对于宋元明清哲学思潮，张立文先生依据理体学、心体学、气体学、性体学的哲学派别揭示来说明这一时期的核心话题，并将近代哲学、现代新儒学的发展划归为对宋明理学核心话题的延续和承接。

（六）当代创新期的"和合"思潮

张立文先生将中国哲学的当代时期看作是创新期，因为这一时期的中国哲学面临着与历史上任何时期都不同的时代课题，其核心话题在于"和合"。"和合"是张立文先生"和合学"中的核心范畴，是对当今社会时代精神精华的反映。"和合"理论是张立文先生在 20 世纪 80 年代末提出的哲学理念和体系，旨在化解当代人类所面临的自然、社会、人际、心灵、文明等现实冲突以及上述冲突所引发的生态危机、社会危机、道德危机、信仰危机和价值危机。当代以"和合"为核心话题的哲学思潮，依傍的诠释文本是《国语》。"和合"两字来源于《国语》中的"和实生物，同则不继"，体现了中国哲学融突合生万物的理论思维。新生事物总是在多元事物的融突中而开新生成的，万物在冲突中融合，在融合中开新。依此思路，张立文先生认为，在现代化、全球化的时代，要化解人类面临的自然、社会、人际、心灵、文明等新的多元化的现实冲突以及由上述冲突所引发的多元化危机，当务之急在于融合人与自然、社会、人际、心灵、文明的冲突，寻找和平与发展的"和合"之境。

综上所述，张立文先生的中国哲学史研究与书写具有鲜明的理论特色：第一，体现了本土化特质。张立文先生坚持"自己讲""讲自己"的书写宗旨，构建了中国哲学史的书写原则和前提，既继承了中国哲学的传统特质和本土范畴，彰显了中国哲学特有的哲学内涵，又跳出了中国哲学照着西方哲学讲、接着宋明哲学讲的困境，突出了中国哲学史的"中国"化，使得中国哲学史深深扎根于中国，对当代和未来中国哲学史的研究、书写与发展均具有指导作用，也为中国哲学在世界哲学中彰显自身的学术话语权提供了重要支撑。第二，体现了问题化导向。在对中国哲学的长期探索和研究中，张立文先生以核心话题、诠释文本和人文语境的流变审视、梳理中国哲学演进的内在逻辑和发展主线。作为时代精神精华的哲学是以解决和观照现实问题和时代危机而存在的，核心话题、诠释文本和人文语境的流变都是随着各个历史时期的现实问题和时代危机的变化而转向、转换和转移的。因此，中国哲学的发展过程就是不断回应现实问题和时代危机的理论演进过程。中国哲学将其各个时期的核心话题与当时亟须解决的现实问题和时代危机紧密联系起来，不断实现中国哲学的理论发展，同时实现了中国哲学的实践发展。第三，体现了开放性视野。张立文先生对中国哲学史的书写与研究不仅推动了中国哲学的探索和研究，而且对转变中国哲学史的研究视野和修正中国哲学史的书写范式具有重要的借鉴意义。张立文先生对中国哲学演生规则的总结不是僵化的、一成不变的，而是立足时代前沿、回应时代问题、化解时代危机的活的、开放的逻辑体系，是对中国哲学传统智慧的广泛吸收，是对中国哲学生命关怀的觉解，是对"中西古今传统人类精神"反思主体的把握。所以，《中国哲学思潮发展史》不仅全面诠解了"中西古今传统人类精神"，而且将"中西古今传统人类精神"为我所用，突出了"中国"特点的中国哲学"史"。这正如张先生的"和合"哲学把握、辨析各种现实问题和时代危机，以"中国经验"立足于世界哲学之中，为世界哲学发展作出贡献。

（原载《江苏师范大学学报》（哲学社会科学版）2018 年第 1 期）

激荡"上海精神"的和合之美

徐锦庚

"夏来青岛罩绿纱，朝听鸟语暮看霞。"海天一泓间，千般火花为"自远方来"的上合朋友而绽放。上合组织成员国、观察员国领导人以及国际组织负责人共聚黄海之滨，共谋发展新篇。

儒家倡导"大道之行，天下为公"，主张"协和万邦，和衷共济，四海一家"。这种"和合"理念同"上海精神"有很多相通之处……2018年6月9日，习近平主席在上合组织青岛峰会欢迎宴会上致祝酒辞。几句古语，以东道主的传统智慧礼敬上合，以"上海精神"与儒家文化的相融共生谋划未来，激荡起"上海精神"的"和合之美"，像一曲古琴，悠悠奏出中华文化的曼妙韵律，令与会嘉宾沉思神往。

伯牙善鼓琴，钟子期善听。"峨峨兮若泰山""洋洋兮若江河"，伯牙所念，钟子期必得之。千百年来，高山流水，琴瑟共鸣，寄托着人们对知音的美好向往。

"上海精神"与儒家文化，何尝不是"高山流水，琴瑟共鸣"？2001年，上海合作组织正式成立；2017年，上合成为人口最多、地域最广的综合性区域组织。不忘合作之初心，赓续合作之智慧。今天，"上海精神"与儒家"和合"理念的水乳相融，成就了安全、经济、人文合作的累累硕果，令热爱世界和平、期盼发展图强的人们心向往之。

在孔子故乡、礼仪之邦，思考儒家文化与国际交往理念的不谋而合，别有一种滋味。儒家贵"和"尚"中"。在儒家的"和合"理念中，"和"是和谐、和平、祥和；"合"是聚合、合作、融合。推己及人、由近至远的思维，洞明着共赢共生的"和实生物"之道；"大道之行，天下为公"的理想，体现着超越民族、泽被世界的责任；"己所不欲，勿施于人"的观念，表达出互相尊重、互不干涉的原则；"和而不同""和衷共济"的主张，揭示的是求同存异、包容互补、和谐共存的价值取向；"先天下之忧而忧"的抱负，抒发着中国人的济世情怀；"达则兼济天下"的胸怀，承载着成人达己的共享意识；"四海之内皆兄弟"的豪情，传递出朴素的平等愿望。这些"和合"思想，是中国优秀传统文化的核心和精华，也是千百年来中华民族孜孜以求的理想世界。

和而不同、平等相待、合作共赢，是与儒家文化一脉相承的价值理念。无论是在上合组织、"金砖五国"，还是在其他国际舞台，习近平主席凭借深厚的国学素养，用中国优秀传统文化的思想精华，扣紧当今时代的共鸣点，为全球治理贡献了中国智慧。上合成员国不分贫富大小，始终恪守平等互利、相互尊重的原则，始终坚持以共同协商的方式解决所有问题。可以说，"上海精神"与儒家文化在本质上是相通的，都凝结着文明与发展的共识。展望未来，"和"与"合"的价值观必将重新定义国家交往的范式，引领人们共筑和谐共生的美好世界。崇扬"和合"理念、激荡"和合"之美，人类命运共同体的理念基石也将更加稳固。

从"帆船之都"出发，"和合"理念与"上海精神"交相辉映，必将推动青春上合扬帆驶向世界大同的理想彼岸。

（原载《人民日报》2018 年 6 月 10 日）

"和合"理念与"上海精神"

蔡方鹿

习近平主席在上海合作组织成员国元首理事会第十八次会议上的重要讲话中指出:"上海合作组织始终保持旺盛生命力、强劲合作动力,根本原因在于它创造性地提出并始终践行'上海精神',主张互信、互利、平等、协商、尊重多样文明、谋求共同发展。"他在欢迎出席上海合作组织青岛峰会的外方领导人宴会上发表的致辞中指出:"'和合'理念同'上海精神'有很多相通之处。"习近平主席在峰会上提出的发展观、安全观、合作观、文明观和全球治理观,概括总结了建设新型国际关系的基本理念,为"上海精神"增添了新的时代内涵,赋予了上合组织新的历史使命。这是"和合"理念在新时代背景下的进一步发展。

"和合"是中华传统文化的精髓和被普遍认同的中华人文精神,它贯穿在包括儒学在内的中华传统文化各家各派的思想之中,其中,孔子"和而不同"的思想较为集中地反映了"和合"文化的本质。孔子创立儒学时,吸取了春秋以来的"和合"观念并加以发展,对后世产生了广泛影响。应该说,中国传统文化中的"和合"人文精神,对于当今世界正确处理文明之间的相互关系,具有重要的现实意义。弘扬此种精神,有助于化解各文明之间的冲突和矛盾,使之和平共处,求同存异,互相尊重,扩大共识。

世界上有200多个国家和地区,2500多个民族和多种宗教。每一种文明、文化都是在本国、本民族生存和发展的历史中产生,并为本国、本民族乃至世界文明的发展作出过各自的贡献,都有它存在的理由和价值。在世界文明发展史上,各文明、文化既有相互差异的一面,又有相互融合、相互沟通的一面，同时保持自身的特色，由此推动了世界文明的不断发展。人们应看到各国发展道路的不同，世界文明之间的差异是客观存在的，应以和平的方式求同存异，化解冲突，解决矛盾。"和合"理念有助于化解矛盾冲突，维护世界和平。

"和合"理念是协和万邦、各民族文明文化共存互补、交流融合而不断发展的文化基础，其旨在尊重不同文明差异的基础上，通过"各美其美，美人之美"，进而达到"美美与共，天下大同"。"上海精神"同"和合"理念高度契合，超越了文明冲突、冷战思维、零和博弈等陈旧观念，已成为上合组织的核心价值，将继续为上合组织的发展壮大提供强有力保障。《上海合作组织成员国元首理事会青岛宣言》明确指出，"推动建设相互尊重、公平正义、合作共赢的新型国际关系，确立构建人类命运共同体的共同理念"，这也体现了"和合"理念与"上海精神"的契合。

特别是，习近平主席在上合组织青岛峰会上提出的发展观、安全观、合作观、文明观和全球治理观与"和合"理念存在着契合和相通之处，这主要表现在：

关于提倡创新、协调、绿色、开放、共享的发展观。表明这种发展观包含了相互协调、天人合一、多元开放等"和合"理念，并在新时代加以发展，以实现各国经济社会协同进步，解决发展不平衡带来的问题，缩小发展差距，促进共同繁荣。同时要尊重各自选择的发展道路，和而不同，照顾彼此的核心利益和重大关切，促进世界的多元发展。

关于践行共同、综合、合作、可持续的安全观。"和合"理念倡导"贵和""慎战"、亲仁善邻、协和万邦，认为对外扩张引发冲突而易导致国家危亡，轻易言战不可取，"明君慎之，良将警之，此安国全军之道也"。这反映了自古以来中国人民就希望天下太平、与各国人民友好相处。这启示我们，要摒弃冷战思维，反对以牺牲别国安全换取自身绝对安全的做法，实现普遍安全。

关于秉持开放、融通、互利、共赢的合作观。"和合"理念讲究同舟共济，把合作视为谋求生存和发展的前提。和衷共济是中华文明、"和合"理念的精髓，当今世界，应以和衷共济、和平合作为思考问题的出发点和立足点，拒绝霸权主义将本国利益凌驾于他国利益之上，推行单边主义、贸易保护主义的短视封闭的狭隘政策。

关于树立平等、互鉴、对话、包容的文明观。"和合"理念倡导"公天下"，主张"天下为公"。北宋哲学家张载提出"民胞物与"的思想，认为人与人是同胞手足的关系，人与物是一种朋友、伙伴的关系，整个宇宙如同一个和谐的大家庭。体现了中国文化的和合包容精神，对当代化解宗教、文明冲突具有重要借鉴意义。由此建构全人类的共同价值，促进全球文明共生共存，包容发展，维护全球秩序，超越文明冲突，共享文明成果。

关于坚持共商共建共享的全球治理观。"和合"理念提倡"万物并育而不相害"。人类爱护自己的生存环境，通过融突而和合，使人类得以享有理想的生存世界。"通力合作，尽力沟洫，相友相助，相生相养""大人者，以天地万物为一体者也，其视天下犹一家"等理念，与坚持共商共建共享的全球治理观相吻合，发扬此种精神，有助于推动各国携手构建人类命运共同体。

习近平主席提出的重要主张，充分体现了"和合"理念与"上海精神"的契合相通之处，对当今社会产生了重要影响。当今时代，深入挖掘和阐发"和合"理念所包含的和而不同、仁义之道、中道和谐、包容、融合冲突等有价值的思想，对于建立和维护公平正义的国际秩序，构建人类命运共同体，进而维护世界持久和平，具有重要的现实意义。

（原载《光明日报》2018 年 7 月 2 日）

"和合"理念是中华民族一贯的文化追求

陈欣雨

日前,习近平主席在上海合作组织青岛峰会欢迎宴会上致祝酒辞指出:"儒家倡导'大道之行,天下为公',主张'协和万邦,和衷共济,四海一家'。这种'和合'理念同'上海精神'有很多相通之处。""和合"理念一直以来就是中华民族的文化追求。

和、合二字早已根植于中华民族文化中,蕴含了儒、道、墨、法各家的价值追求,在传统经典《周易》《尚书》《国语》《管子》《墨子》等经典中均有所见,成为百家"同归而殊途,一致而百虑"的普遍认同。当代学者张立文认为:"'和合'语出《国语》《管子》《墨子》,其依傍的解释文本亦异。"儒家思想更是将"和合"作为其人文精神的核心。比如,从《论语》中的"礼之用,和为贵""君子和而不同,小人同而不和"等言论,都可以看出儒家对"和合"的重视程度。"和合"理念集中突出了儒家对"和合"理念的把握,特别是将《礼记·礼运》中"大道之行,天下为公"的理念作为核心,并具体到"协和万邦""和衷共济""四海一家"等层面。因此,"和合"是中华民族孜孜以求的理想境界。

钱穆说:"文化中发生冲突,只是一时之变,要求调和,乃是万世之常。"人类历史长河中,多元文明间的平等交流与对话每每促进了人类文明的进步。正如英国哲学家罗素所指出的:"不同文明之间的交流过去已经多次证明是人类文明发展的里程碑。"在时代风云不断变幻的今天,我们更需要在中西文化交流中化被动为主动,彰显对吸收外来文化的主动性、积极性。"上海精神"展示的互信、互利、平等、协商、尊重多样文明、谋求共同发展，正是上合组织基于当代全球文明发展现状作出的应对之策。

"和合"文化是讲求知行合一的文化。中华文化的实践性很强。梁漱溟说过："儒、佛、道三家之学均贵践履实修，各有其当真解决的实在问题，非徒口耳三寸之间的事。"文化的创新是力求从时代的实际出发，提炼时代精神，寻求新的生长点。"上海精神"所提倡的实践精神，便体现了传统文化知行合一的观点。这种实践精神，不仅是上海合作组织发展的指南，更为地区发展注入了动力，从而使得上合的行动更加自信。张君劢认为："知与行，本为一种理念所以实现之两面，行而不知，是为冥行踯躅，知而不行，是为空言无实。"唯有知行合一，才能够使得"和合"不仅仅停留在思想层面，而且还渗透到社会生活的方方面面，既在多元中互补完善，又在综合中创新发展。

"和合"文化源远流长，"上海精神"和"和合"理念相融相通，"和合"文化不仅是中华民族的传统人文理想，历经数千年依然发出夺目的时代之光，正在成为中华民族为世界贡献的中国智慧。

（原载《光明日报》2018 年 6 月 15 日）

"和合"：上合组织的核心价值

韩丽娜

习近平主席在上合组织青岛峰会上指出，儒家倡导"大道之行，天下为公"，主张"协和万邦，和衷共济，四海一家"。这种"和合"理念同"上海精神"有很多相通之处。在中方和各成员国共同努力下，青岛峰会成为上合组织发展进程中一座新的里程碑。与会各方共商合作大计、同谋未来发展，坚定不移地推进包容互鉴、安危与共、守望相助、合作共赢的"上合命运共同体"，为完善全球治理贡献了"上合智慧"和"上合方案"。可以说，"和合"理念已成为上合组织的核心价值。

一、以和为贵：凝聚中华文化之精髓

绵延五千年的中国传统文化不仅是规范社会民生的道德准则，也是孕育对外政策的思想沃土。作为古代中华文明的价值典范，"和"蕴含着与众不同的思想传承。孔子曰："君子和而不同，小人同而不和"。"和"与"同"看似语义相通，却反映出两种不同的价值观："和而不同"是基于文明的差异性，强调对文明多样性的尊重与包容，不盲目求同与排外；"同而不合"指的是虽然在形式上具有高度的一致性，实则貌合神离、内外不符。作为上合组织成员国处理相互间关系的行为准则，"上海精神"主张国家之间要"互信、互利、平等、协商，尊重多样文明，谋求共同发展"，在无形中贯穿着"以和为贵"的文化理念，也是对中国外交"求同存异"思想的最佳诠释。

2017 年 6 月，中国接任上合轮值主席国后迎来该组织的首次扩容，印度和巴基斯坦同时加入，正式从观察员成为成员国。上合组织以占全球 40% 的人口、30% 的贸易总额和欧亚大陆 3/5 的面积，成为人口最多、地域最广、潜力巨大的综合性区域组织。从中亚到南亚，从内陆到海洋，与其他国际组织相比，八个成员国虽然数量不多，但历史渊源、文化背景、政治制度和宗教信仰各不相同，之所以能够超越国家利益的认知差异走到一起、共同加入上合大家庭，这无疑是对和和美美、各美其美中华智慧的高度认同与肯定。

2018 年 6 月 10 日，习近平主席在上合组织青岛峰会上发表题为《弘扬"上海精神"构建命运共同体》讲话，指出"尽管文明冲突、文明优越等论调不时沉渣泛起，但文明多样性是人类进步的不竭动力，不同文明交流互鉴是各国人民共同愿望"，进而呼吁"我们要树立平等、互鉴、对话、包容的文明观，以文明交流超越文明隔阂，以文明互鉴超越文明冲突，以文明共存超越文明优越"。这是对"上海精神"的坚守与践行，为上合大家庭注入了新的时代内涵，将睦邻友好、平等相待的"和"文化以对外政策的载体向世界再度呈现。

二、以和为上：坚定中国外交之信念

"和"字凝聚了中华文化的高超智慧和包容天下的普世情怀。在文字层面，寓意和平、和谐、和睦；在政策层面，反映出国家在对外交往中的行为方式和处世之道。自 1949 年新中国成立之日起，中国政府坚持将"和"的理念贯穿在对外政策的始终，坚定不移地走出一条旗帜鲜明的和平发展道路。

在 20 世纪 50 年代新中国成立之初，和平共处五项原则成为中国处理与邻国领土纠纷的法宝。中国政府首次提出将"互相尊重主权和领土完整、互不侵犯、互不干涉内政、平等互利、和平共处"这五项原则用于指导中国与周边国家的双边、多边关系，后来成为普遍适用于整个国际关系的行为准则。在 20 世纪七八十年代社会主义现代化建设过程中，为了妥善处理南沙群岛纷争，中国愿意以"搁置争议、共同开发"的模式寻求与争议方谋和平、共发展，以避免军事冲突。面对新世纪的发展之路，中国反复向世界表态，拒绝大国争霸、不走武力崛起的老路；坚持独立自主、互利共赢的和平发展道路。

作为第一个在中国境内成立、以中国城市命名的区域性国际组织，上合组织与中国"结伴不结盟"的外交思想一脉相承，提倡成员国之间在核心利益上要相互支持，不主张任何敌视他国行为，禁止一切违反国家间和平的破坏活动，推动不同文明的和平共处、和谐进步。这是对中国和平外交理念的继承与延续，展现了中国在构建多边合作机制上与其他地区军事同盟截然不同的特色与风格。习近平主席在青岛峰会讲话中肯定了上合组织在构建"不结盟、不对抗、不针对第三方的建设性伙伴关系"上的努力，这既是中国在自主发起的国际组织中从事和平外交的重大实践，又开创了区域合作的新模式，为地区和平、稳定与发展作出了新贡献。

三、以合为治：彰显中国的大国担当

当今世界形势多变，经济全球化直面"逆全球化"考验、国际安全饱受偶发因素冲击、全球事务遭遇西方大国冷遇，国际关系经历起伏不平的波动。恰逢世事艰难，"英国脱欧"重挫了长达半个多世纪的欧洲一体化进程，"美国优先"则放弃了全球治理中主要大国应承担的责任，严重导致全球性议题应对乏力。

在全球化时代，各国以何种方式正确看待这个世界？以何种立场有效参与对国际事务的管理？对这些问题的不同回答，鲜明地折射出东西方不同的世界观与利义观。2002年，美国新保守派学者罗伯特·卡根发表《强者与弱者》一文，揭穿美欧在共同文明下对世界持有共同看法的假象，将大西洋两岸的分歧公之于世——美国人崇尚武力和强权，所以选择战争；欧洲人信奉外交手段和国际组织，因而重视和平。美欧在实力对比和思想观念上的差异，导致了战略思维上的反差，这也是其国家利益和防务外交政策千差万别的原因。与上合峰会同期举行的七国集团首脑会议，却进一步再现了金星

（欧洲）与火星（美国）之间的巨大鸿沟。一方要求贸易公平下的多边主义，一方大搞贸易保护下的单边主义。美欧之间剑拔弩张，利益纷争不断，分裂主义盛行。与积极践行合作共赢的上合峰会相比，这无疑展示出了利己与利他、私利与互利的重大差别。

坚持和平共处，谋求合作共赢，是冉冉升起的中国向世界作出的庄重承诺。中国基于和平发展理念的大国外交思维，必然逻辑地形成通过寻求双边多边合作完善全球治理的政策选项。这不是对分歧与差异的否定，不是对现实与困境的无视，而是传递出对纷繁世界中切实寻求国别化、民族化和谐发展特征的积极态度，更体现为对芸芸众生共享发展成果的深切关照。在世界格局重大变换的关键时刻，中国始终主张不冲突、不对抗、相互尊重、互利共赢的新型国际关系；在全球合作遭遇逆转的低谷时刻，中国坚持倡建"互惠互利、合作共赢"的人类命运共同体；在世界经济低迷不振的艰难时刻，中国致力于推动连通内外的"一带一路"倡议，独乐乐不如众乐乐，不断实现与他国分享中国经济腾飞的实践成果，乐见他国搭乘中国改革开放的快车，是超越狭隘国际政治理念的鲜明体现。

合生利、斗则伤。唯有坚守协商合作、互利共赢，才能排除万难、弥合分歧，为跨国界的区域治理和全球治理扫清障碍，展示一个有历史使命感和责任感的大国担当。习近平主席在青岛峰会讲话中直面时代难题，提出化解风险挑战的"五大观念"——创新、协调、绿色、开放、共享的发展观；共同、综合、合作、可持续的安全观；开放、融通、互利、共赢的合作观；平等、互鉴、对话、包容的文明观，共商共建共享的全球治理观，以此推动上合组织凝聚各方共识、深化务实合作，为欧亚大陆的开放发展、为世界和平与稳定贡献了中国智慧。

四、以合为本：指引全球治理之方向

在国家间相互依赖日益加深的时代背景下，"全球化"发展趋势已成为20世纪90年代以来国际社会的显著特征，积极有效的全球治理更加成为国际关系学界热议的话题。早在一个多世纪以前，马克思所确立的国际观就蕴含着对全球化理论的战略思考。作为将"世界市场"视为整体进行思考的时代思想先驱，马克思虽然没有生活在经济全球化成型的当代社会，但他对"世界历史"的阐释早已揭示出全球化作为人类社会发展潮流与趋势的准确判断。二战结束后，世界大战的阴霾渐行渐远，国与国在军控与防扩散、经济与金融、气候与环境等领域的合作逐步开展，国际合作尤其是依托国际机制的多边合作，为应对形形色色的全球性问题提供了制度性保障。时至今日，超越狭隘的国家利益与领土疆界的跨国协作与交流，已经成为全球化发展进程中国际社会的广泛共识，昭示着完善全球治理必须坚持以合为本。

以合为本，强调以共同、长远利益为目标的国家间政策与行动的协调统一，而不是仅仅着眼于一国得失的分裂与对立。唯有秉承齐心协力、携手并进、共渡难关的信念，才能在密切国家间联系的进程中促成全球治理之共识与行动。上合组织在成立之初就旗帜鲜明地打造了"安全合作、经济合作、人文交流"的三个轮子，青岛峰会又将"国际交往和合作"发展为第四个轮子。从"三驾马车"到"四轮驱动"，上合组织拓展国际合作的伙伴网络日益壮大，不仅要强化组织框架内与观察员国、对话伙伴国的合作，还要扩大与联合国和其他国际以及地区组织的交流；不仅要推进成员国内部的务实合作，还要战略对接"一带一路"，形成惠及各国发展的经济网络；不仅要在政治、经济、安全等领域务实合作，还要塑造一个具有凝聚力和向心力的上合命运共同体意识；不仅要打通扩容后上合组织成员国之间的安全、经贸与人文脉络，还要为全球治理搭建一个更为广阔、坚实的多边合作平台。

从黄浦江边到黄海之畔，如今《青岛宣言》既是对"上海精神"的再诠释，也赋予了其新的内涵与发展。上合组织将"和平"的文化瑰宝，用"合作"的政策载体，传递出中国积极参与全球事务的"治理"思路与大国情怀。这种对"和合"价值的坚守和始终致力于世界共同发展的理念，比照西方大国国际治理乱象，已成为真实追求人类进步正义力量的时代表达，弥足珍贵。世界大势，浩浩荡荡，不可逆转。以"上海精神"铸就的治理之路，必将打造一个持久和平、繁荣与美好的上合家园，从而不断推动人类历史进步。

（原载《青岛日报》2018 年 6 月 30 日）

"和合"思想的主要内涵与当下价值

刘金祥

博大精深的中华传统文化蕴育着丰赡内涵，累积着深厚底蕴，其中传承久远、历久弥新的"和合"思想，不仅是中华优秀文化的精髓所在，更是中华民族的重要价值取向。正是在这个意义上，习近平总书记指出，要深入挖掘和阐发中华优秀传统文化讲仁爱、重民本、守诚信、崇正义、尚和合、求大同的时代价值，使中华优秀传统文化成为涵养社会主义核心价值观的重要源泉。

一、"和合"思想的主要内涵

任何一种思想的产生发展都有其历史背景和社会因由。"和合"思想是中国儒家、道家、墨家、阴阳家、佛家等文化流派相互碰撞、互相渗透、彼此融合而形成的人文产物，是中华传统文化所特有的精神质素，是独具东方智慧的哲学范畴和思维方式。"和""合"二字在甲骨文与金文中都曾出现，其中"和"的本义是吹奏类的乐器，引申为声音和谐；而"合"的原意是器皿闭合，引申为两物相合、彼此融洽。孔子的后人子思则在《礼记·中庸》中提出："中也者，天下之大本也；和也者，天下之达道也。致中和，天地位焉，万物育焉"，从而将"和合"思想蕴含的和顺、和畅、和美等意义指数由人类推及整个宇宙自然。汉代大儒董仲舒在总结前人思想观点的基础上，系统地阐释了"天人之际，合而为一"的哲学理念，使"和合"思想由人伦自然范畴走向意识形态层面。历宋代周敦颐、张载、二程、朱熹等理学家诠释，经明代王阳明、李贽等士大夫阐扬，至明末清初王夫之、顾炎武、黄宗羲等思想家发挥，"和合"思想日臻成熟与完备。

随着中华民族在实体和精神上的不断生成壮大，"和合"思想在中华民族的精神建构中渐次展开，在价值体系中逐步攀升，成为中华文化审视人与自然、人与社会、人与人之间关系的根本标尺，成为中华民族化解自然与社会、不同族群、不同国家、不同文明之间歧异的重要理论资源。"和合"思想追求基本含义主要体现在：和合意味着不同事物之间的关系状态，正如《易经》所言"乾道变化，各正性命"，具体开来就是承认不同事物之间的差异性和多样性，强调差异中的一致、矛盾中的统一。和合在承认事物差异性、多样性的基础上，把落脚点放在不同事物彼此共存、相互交融、共同发展上，诚如《易经》所述"与天地合其德，与日月合其明，与四时合其序，与鬼神合其吉凶"。

如今"和合"思想作为中华文明的精神魂魄，经过漫长历史时段的演化，早已浸润和沉积在民族文化的各个方面各个层面：就人与自然关系而言，"和合"思想已转化为"天人合一"观念，成为中华民族延续至今的自然观；就人与社会关系而言，"和合"思想已嬗变为"和为贵"观念，成为中华民族进行族群融合和社会建构的民族观；就人与人关系而言，"和合"思想已具象为"己所不欲，勿施于人"观念，成为国人约束和规范自身行为的伦理观；就人与自身关系而言，"和合"思想已浓缩为"正心诚意"观念，成为国人安身立命的义利观；就文明与文明关系而言，"和合"思想已上升为"协和万邦""天下大同"观念，成为国人对外交往的和平观。

二、"和合"思想的现实意义

当前我国正处于社会结构转型的关键时期，处于全面深化改革的攻坚阶段，处于全面建成小康社会的决胜时刻。如何科学处理人与自然、人与社会、人与人、人与自身以及不同文明之间的关系，中华"和合"思想为我们提供了珍贵的价值原则和高超的思维方法。

一是有助于化解社会矛盾。随着改革的全面深化，随着利益格局的不断调整，不同个体、不同群体、不同阶层表达出不同的利益诉求，与之相适应，一些社会矛盾、纠纷、冲突将日益凸显来，我国社会稳定面临着比较严峻而复杂的形势。"和合"思想是一种矛盾观、辩证观，"和"并不拒斥事物的差异，"合"并不摒弃事物的矛盾。尚和合，就是在正视事物之间差异和矛盾的基础上，尊重差异、协调矛盾。弘扬"和合"思想，就是以理性、务实、辩证的态度对待这些差异和矛盾，既不回避和掩饰，也不夸大和激化，而是以沟通、协商的方式加以解决，特别是通过运用"和合"思维，抚慰人们心灵、引导人们情绪、疏导人们心理、排解人们烦忧，使诸多不稳定因素在对立共同体中相互依存、相互中和、相互同一，最大限度地化解乃至消弭当下一些社会矛盾、纠纷、冲突，从而促进社会稳定，维护社会和谐。

二是有助于补救人文缺失。我国近现代社会特别是"五四"新文化运动倡导的个人解放在一定程度上衍生了个人自由主义、利己主义等病变与怪胎，时至今日将个人利益奉为圭臬的不良现象仍大倡其道，给人文生态的改善优化带来前所未有的挑战。"和合"思想强调个人是社会中的个人，主张社会是由个人构成的社会，倡导社会应为个人实现价值提供良好环境与必要支持、个人应以社会共同奋斗目标和共同行为准则作为自身价值取向和行为标准。这一传统文化中的核心要素，对于解决当下社会与个人之间的价值冲突无疑具有一种补救和疗治功效。

三是有助于弥合道德裂痕。随着市场经济的快速发展，个人私欲不断膨胀与竞争机制日趋泛化，现实生活中人的生物本能被激发和调动出来，人与人之间关系更多地融进了赤裸裸的利益关系、金钱关系、交换关系。"和合"思想强调人与人友善亲和、相互尊重、讲信修睦、以诚相处，主张以一种健朗、包容、开放、博大的心态和胸怀去欣赏他人和接纳他人，注重建立一种温情和睦的人际关系。唯其如此，才能提高全体社会成员的道德水准，使整个社会呈现祥和、有致有序的风貌。

四是有助于保护生态环境。我国传统发展模式强调人是自然万物的主宰，认为人要生存发展就应不断地与自然抗争、向自然索取，其结果必然造成人与自然的尖锐对立，必然造成生态环境日益恶化。我国改革开放 40 年来，许多地方竭泽而渔、杀鸡取卵，无止境地开发利用自然资源，严重破坏生态损害环境，已直接影响着经济社会可持续发展，直接威胁着人民群众的身心健康。"和合"思想强调顺天应人，主张人与自然共存共荣，倡导有节制地适度地开发利用自然资源，这无疑为缓解自然资源紧张局面、化解当今生态危机提供了卓越历史智慧和最佳思维范式。

五是有助于构建人类命运共同体。人类命运共同体，是人类文明大家庭，是"各美其美，美人之美，美美与共，天下大同"。随着知识经济时代的全面来临和经济全球化浪潮的迅猛推进，整个世界在经济、政治和文化上加速成为一个有机整体。"和合"思想主张"以和为贵""协和万邦""和衷共济"，倡导"己所不欲，勿施于人"，注重"亲仁善邻，国之宝也"，秉持"和平发展、和谐相处、合作共赢"，这对于打破民族国家的文明囿限和文化壁垒，辟划以民主、公平、正义为基石的国际新秩序，构建以不同文明的平等包容、相互借鉴为基础的人类命运共同体，实现"为万世开太平"的和平盛世愿景，发挥着不可替代的战略思维导向作用和系统理论引领功能。

综上所述，"和合"思想作为中华文明中最富生命力的精神内核，综合了各个历史时期儒、释、道的思想精华，吸纳了历朝历代治国理政的有益经验，彰显了中华民族内在的精神特质，广泛而深刻地影响乃至支配着中国民族的价值取向、思维方式与行为法度，对于解决当今时代出现的各种问题具有重要指导作用，对于涵养社会主义核心价值观具有不可替代的统领意义。当然，鉴于中华传统"和合"思想是在闭隘而漫长的封建社会孕育而生的，不可避免地存在着缺憾与局限，因此，我们必须从当代中国实际出发，对传统"和合"思想进行分析、梳理、甄别、遴选、再造和重释，不断赋予其时代新义，为实现中华民族伟大复兴的中国梦提供强有力的人文支撑。

（原载《黑龙江日报》2018 年 7 月 17 日）

"和合"理念具有重要价值

陈秉公

习近平同志在全国宣传思想工作会议上强调："要把优秀传统文化的精神标识提炼出来、展示出来，把优秀传统文化中具有当代价值、世界意义的文化精髓提炼出来、展示出来。""和合"理念是中华优秀传统文化的一个重要标识，具有丰富的文化内涵，对中国人的世界观、人生观、价值观有着重要影响。

在历史上，汉字"和"与"合"有相近含义。唐代孔颖达在解释《礼记·郊特牲》时说，"和，犹合也"。"和合"理念强调世界是人与万物的一体性存在，构成世界的诸多要素存在既相互矛盾又相互融合的关系，它们在矛盾与融合中共同发展演变，然后产生新要素、新事物、新生命，客观世界因而不断发展变化。从这个意义上说，"和合"是变化之源、运动之力、发展之本、生长之根。

"和合"理念具有十分丰富的文化内涵，首先体现为天人合一的宇宙观。天人合一的宇宙观发轫于先秦。《周易》提出"与天地合其德"的天人内在统一思想。《左传》说："夫礼，天之经也，地之义也，民之行也。天地之经，而民实则之。"意思是说，礼是天道与人道相统一的自然法则，必须按礼行事。庄子说："天地与我并生，而万物与我为一"，直言天人一体。天人合一宇宙观强调整个世界的有机关联，人与自然、人与人、人与社会、身与心之间是共生共存共荣的关系。

天人合一的宇宙观内含着一种相互联系而非孤立片面看待世界的视角，这让中国人很早就产生了"天下"的观念，视天下为一体。《尚书·尧典》

说："百姓昭明，协和万邦。"这说明中国人很早就形成了协和处理不同国家关系的观念，认为不同国家之间应和睦共处、相互合作。在"天下"观的滋养下，中国人生发出以天下为己任的高尚追求和责任担当。孟子说："穷则独善其身，达则兼济天下。"从中可以看出中国人追求天下大同，有一种要共同实现美好生活的担当。

和而不同的社会观是"和合"理念在社会领域的展开。孔子说："君子和而不同，小人同而不和。"他提倡和而不同的人格、人际关系和社会秩序。人与人之间有性别、年龄、能力、性格等方面的分别，社会中也有因民族、宗教、地域、阶层、文化、职业等形成的差异，只有在承认和尊重差异的基础上寻求最大公约数、凝聚最大共识，社会才能真正实现和谐有序。

在调适具体的人与人关系上，"和合"理念表现为人心和善的道德观，其核心是"仁"。"仁"在中华传统文化中占据着特殊重要地位，孔子将"仁"解释为普遍道德原则，汉代儒学将"仁"解释为"天心"，宋明儒学以"仁"为核心构筑价值体系。千百年来，与人为善、人际和睦、立己达人、推己及人等道德准则已经深深烙印于中国人的价值观念之中。

从宇宙观、国际观到社会观、道德观，中华民族对"和合"理念的认知和践行一以贯之。当今时代，"和合"理念为我们处理各种难题提供了宝贵智慧。党的十八大以来，以习近平同志为核心的党中央提出的许多重要思想，如创新、协调、绿色、开放、共享的发展理念，"绿水青山就是金山银山"的生态文明理念，推动构建人类命运共同体理念，共商共建共享的全球治理观，平等、互鉴、对话、包容的文明观等，都体现出"和合"理念的精髓。吸收中华优秀传统文化精华，把握当代中国与当今世界的发展实际，我们就可以为解决人类共同面临的重大问题提供中国智慧、中国方案。

（原载《人民日报》2018 年 11 月 8 日）

研究综述

和合学与新时代：
2017—2021 年和合学研究述评

张文旭

自先秦发端，历经两汉奠基、魏晋发展、隋唐深化，以至宋元明清造极，中国传统哲学在核心话题、人文语境以及诠释文本的转化与迁变中，不断实现创新和转生。及至当代，张立文先生接续中国传统哲学思潮的演进历程，自觉实践中国哲学的创新，既继承传统哲学的思想精华，又直面 21 世纪崭新的时代问题，建构了中国哲学的新理论思维形态——和合学。自张立文先生提出并构建"和合学"理论体系至今，三十年过去了，从张先生的独自沉思到学界的广泛研讨，从一家之学术理论到社会之文化引领，"和合"思想愈加焕发生机，"和合学"也在传统与现代、继承与创新的路途中不断前行，蔚然成风。

回顾与总结是走向未来的必经之途。《中国和合学年鉴》（1988—2016）展现了"和合学"从构建到发展的历史进程，勾勒了"和合学"一路走来的多样图景。如今，时间又过五载，"和合学"的研究增添了许多新的成果，呈现出许多新的特点。综观 2017 年以来围绕"和合"思想与"和合学"展开的研究，可概括为四个方面的内容：其一，以"和合学"思议时代的新课题；其二，对传统"和合"思想展开新发掘；其三，"和合学"应用领域迎来新拓展；其四，"和合学"本身成为研究新主题。基于此四方面，2017 年至今可谓是"和合学"研究继往开来的一个阶段，对未来"和合学"与"和合"思想的研究应有相当的启发意义。

一、立足时代："和合学"思议新课题

哲学是时代精神的精华，对时代的反思是哲学内蕴的精神品格，引领时代的发展则是哲学应有的使命担当。"和合学"自构思酝酿之时，便以回应21世纪的时代问题为导向，以化解21世纪人类共同面临的冲突与危机为目标。可见，对"时代"进行追问、反思与关怀是"和合学"与生俱来的哲学精神。立足时代，与时偕行，张立文先生近年于前沿问题运思不息，致力于对新时代、新课题的思议与观照，其研究重点主要有两大内容：一是"和合学"与人类命运共同体；二是"和合学"与人工智能。这两方面作为"和合学"研究的最新内容，开显了"和合学"的时代价值和未来面向。

（一）"和合学"与人类命运共同体

党的十八以来，习近平总书记在诸多场合反复阐述构建人类命运共同体的思想，为人类与世界的发展提供中国智慧、中国方案。从中华优秀传统文化中探寻构建人类命运共同体理念的思想资源，对人类命运共同体的思想内涵作全面的诠解，成为学界研究的前沿热点。

张立文先生就中国传统文化、"和合学"与人类命运共同体思想在《光明日报》《学术前沿》《中国人民大学报》等报纸和期刊发表多篇文章，并于2018年出版了《中国传统文化与人类命运共同体》一书。他指出：中国传统文化所追求的理想世界自古就体现着命运共同体的价值理念。协和万邦，万国咸宁；大同世界，天下为公；民吾同胞，物吾与也；天下和平，修齐治平；天下和合，共为一家。这五点都是中国传统思想对人类命运共同体提供的思想资源。他还指出，新世纪、新纪元的人类命运共同体理念，具有时代的创新性，逻辑的度越性，人类的愿景性、命运的航向性、话语的自信性以及融突的和合性。[①]

在《打造人类命运共同体的新世界》一文中，张立文先生分析了当今

---

① 参见张立文：《中国传统文化与人类命运共同体》，中国人民大学出版社2018年版，第3—13页。

时代世界多极化、经济全球化、信息普及化、危机多发化、文化多样化的新特点，强调构建世界新秩序，需要人类命运共同体的新理念来引领，并指出这一新理念的内涵是：合作共赢，共同繁荣；民主协商，共惠共治；和达发展，共建共享；保合太和，协和万邦；和爱天下，真情一家。① 他在《人类命运共同体的构建》一文中还对人类认识自己的历程和人类命运问题进行了疏解，从人类自身的内在诉求和人类外在的时代需求两方面回答了人类命运共同体何以可能的问题，并就如何构建人类命运共同体阐述了五点内容，即：登高远望，开放包容；广开言路，海纳百川；坚定意志，排除厄运；勇于创造，引领开新；健全机制，信息畅通。②

从"和合学"视角思考人类命运共同体，张立文先生认为中华传统和合文化在与人类命运共同体交感联通、智能相应的和合中，将更加富有生命力。"尚和合"是中华优秀传统文化的根本精神，以倡导和合、推崇和谐、强调合作、追求和平为基本内涵。"和合"之"和"是和谐、和睦、和平，"和合"之"合"是结合、合作、和解。张先生指出，构建人类命运共同体，是信息智能革命和全球化发展的必然趋势，是构建中国话语权的需要，是推动全球治理体系变革的需要和大势所趋。中国传统文化中的天下观、伙伴观、仁爱观、和合观、发展观对人类命运共同体的构建具有重要指导意义。③

张立文先生以深厚的学养、宏阔的视野以及深刻的哲思，在和合学与人类命运共同体的结合下，揭示了人类命运共同体理念的思想资源、内涵特质以及创新价值，极大地启发了与此相关的学术研究。

除了张立文先生的阐发，许多学者也都在"和合"思想视域下对人类命运共同体思想展开研究。易佑斌从"和合主义"的视角审视人类命运共同体，在和合意蕴下从人类的类存在、命运的和合形态、共同体的进化三方

---

① 参见张立文：《中国传统文化与人类命运共同体》，中国人民大学出版社 2018 年版，第14—35 页。

② 参见张立文：《中国传统文化与人类命运共同体》，中国人民大学出版社 2018 年版，第36—47。

③ 张立文：《中国传统和合文化与人类命运共同体》，《中国人民大学学报》2019 年第 3 期。

面出发对"人类命运共同体"进行了概念界定。① 温波、凌靓指出人类命运共同体思想不仅承继了马克思主义的共同体理论，更传承和发展了中华文化"王者无外"的世界认识观、"大同社会"的理想诉求、"和而不同"的处世原则以及"仁者爱人"的大爱情怀。他们强调，在对中华文化的传承中，"和合"文化是人类命运共同体的核心价值。② 宋清员、王成论证了中华民族"多元一体"理论与传统"和合"思想的一致性。他们认为，"和合"思想作为一种文化资源，切合于稳固国际秩序和构建人类命运共同体的时代任务，表明了优秀传统文化在建设现代社会中的应有功用。③ 徐瑾、李懂以"和合之道"为中心阐发了人类命运共同体思想的四方面内涵：以和为贵，和而不同，和实生物，天人合一。④ 陈霞指出人类命运共同体思想根源于中华文化独具特色、一以贯之的"和合"思想，这不仅体现在以"天下主义"为基本精神的整体主义方法论的运用，还体现在对"天人合一"自然观的复归、对"天下为公"治理观的传承、对"和而不同"文化观的实践，因而人类命运共同体思想应当被视作和合文化所内含的人文精神的当代转化。⑤ 孙鹤芳从治理文化、道德文化和国际文化交流三个方面重新审视中国传统"和合"观念，认为传统"和合"观念在当代有助于培塑时代风尚和道德观念、化解社会内部矛盾、构建人类命运共同体。⑥ 陈素君的博士论文则探究中西文化中的"和谐"思想对人类命运共同体的文化价值。⑦ 这些研究虽然角度不同，思路有异，但都看到了"和合"思想与人类命运共同体

---

① 参见易佑斌：《和合主义视域下人类命运共同体研究》，《邵阳学院学报》2017 年第 6 期。

② 参见温波、凌靓：《人类命运共同体：走向世界引领世界的当代中国马克思主义文化形态》，《苏州大学学报》（哲学社会科学版）2018 年第 1 期。

③ 参见宋清员、王成：《中华民族"多元一体"理论与"和合"思想的内在理路》，《中共中央党校（国家行政学院）学报》2019 年第 4 期。

④ 参见徐瑾、李懂：《和合之道：习近平"人类命运共同体"思想的四重内涵》，《决策与信息》2019 年第 6 期。

⑤ 参见陈霞：《和合文化：人类命运共同体的思想溯源》，《新疆大学学报》（哲学·人文社会科学版）2020 年第 3 期。

⑥ 参见孙鹤芳：《传统"和合"观的当代阐释与发展》《人民论坛·学术前沿》2020 年第 10 期。

⑦ 参见陈素君：《中西和谐精神的异同及其对构建人类命运共同体的文化价值研究》，上海交通大学 2019 年博士毕业论文。

思想内涵的一致性，都强调了"和合"思想对构建人类命运共同体的重要价值。

事实上，构建人类命运共同体正是运用"和合"思想智慧为全球性难题提供的中国方案。从弘扬"尚和合"的优秀传统文化，到对天人合一的宇宙观、协和万邦的国际观、和而不同的社会观、人心和善的道德观的阐述，习近平总书记在诸多场合、诸多讲话中反复谈起"和合"，他对"和合"理念的全面阐扬和实践应用，使得阐发"和合"思想的时代价值成为学术研究的重要课题。自 2014 年许多学者集中对"尚和合"思想进行阐发以来，近几年热度依旧未减。

温波详细阐明了习近平和合观的内涵、定位和世界意义。他认为习近平赋予"和合"以现代内涵，并从"中国梦""天人合一"的生态文明建设理念、"和而不同"的文明交流互鉴观、"合作共赢"的人类命运共同体理念几方面充实了和合观的内涵。并且，他指出习近平和合观是超越了中国传统和合思想的马克思主义和合观，展现了中国对世界的责任担当、为推进世界和平与发展提供了新思路、为解决人类面临的共同难题提供了新路径。① 温波对习近平和合观所作的阐发全面而细致，极具代表性。

史艺军、关朋探讨了传统"和合"思想与习近平世界文明观的内在关联。② 关朋还探究了"和合"思想与习近平全球生态观的关系，认为"和合"思想的"民胞物与""亲仁善邻""和而不同""天人合一"四层内涵对构筑习近平全球生态观的基本思想产生重要影响。③ 吴俐从"和合"文化的内涵入手，分析了习近平在国际关系、生态文明、社会主义文化强国诸多方面对传统和合文化创造性转化和创新性发展的实践，并论述了习近平和合观的现实意义。④ 陈立旭对"天人合一的宇宙观""协和万邦的国际观"

① 参见温波：《习近平的和合观及其世界意义》，《唯实》2017 年第 6 期。
② 参见史艺军、关朋：《中华传统"和合"思想与习近平的世界文明观》，《广东行政学院学报》2017 年第 6 期。
③ 参见关朋：《"和合"思想与习近平全球生态观——以习近平应对全球气候变化思想为主》，《学术探索》2017 年第 9 期。
④ 参见吴俐：《浅析习近平对传统和合思想的创造性转化与创新性发展》，《改革与开放》2017 年第 17 期。

"和而不同的社会观""人性和善的道德观"进行了阐述，还从时代价值着眼，指出和合文化是涵养社会主义核心价值观、实现人与自然和谐、推进社会和谐以及构建人类命运共同体的重要思想资源。① 张凯兰探讨了"和合"思想的时代价值，认为和合思想的包容性使中国更具自身凝聚力、和合思想的文明性使中国更具世界关怀力、和合思想的开放性使中国更具全球调适力。② 李颖比较了马克思"人类社会"思想与中国传统"和合"文化，并认为"合作共赢"理念是马克思主义引领下的中国"和合"文化的时代创新。③ 韩秀兰、董卿探究了"和合"思想在当代社会的践行。在对内、对外两个方面，他们分析了"和合"思想在中国协商民主制、民族区域自治制度与处理邻国和非邻国关系上的体现。④ 冯颂颂认为和合思想在新时代的继承与转换体现在民众层面、社会层面和世界层面。⑤ 这些研究关注习近平总书记对"和合"观的论说和践行，关注"和合"思想的时代价值，与对人类命运共同体的和合之思一道，都是"和合"思想在新时代的新内容。

（二）"和合学"与人工智能

人工智能迅猛发展，不仅在各方面改变着人们的现实生活，更深刻影响着人们的思想观念和精神生活。以人工智能、大数据等为代表的新科技成果，以及这些新科技带来的关涉人类生存的新问题，近年来成为哲学研究的最新焦点。2019 年，张立文先生出版了《和合学与人工智能：以中国传统和现代哲理思议网络》一书，这是张先生以"和合学"观照前沿问题的最新著作，也是"和合学"在新时代的延伸。他在这本书中从"人生价值论""交感联通论""智能相应论""伦理道德论""情绪中和论""网络管控论""生活境界论"以及"和合通久论"八个方面，全面且深入地探讨了人在信

---

① 参见陈立旭：《和合文化的内涵与时代价值》，《浙江社会科学》2018 年第 2 期。
② 参见张凯兰：《"一带一路"倡议：中华民族和合思想的当代价值》，《唐都学刊》2018 年第 6 期。
③ 参见李颖：《马克思"人类社会"思想引领下的中国和合文化的创新》，《中共南昌市委党校学报》2018 年第 4 期。
④ 参见韩秀兰、董卿：《"和合"思想及其当代践行探究》，《中北大学学报》（社会科学版）2018 年第 3 期。
⑤ 参见冯颂颂：《简论和合思想在新时代的转换》，《河南教育学院学报》（哲学社会科学版）2019 年第 6 期。

息智能时代的生存样态、生命意义以及境界追求。

在"人生价值论"中，张先生面对类人机器人给人之价值和意义带来的挑战，重新思考"什么是人"的终极问题，认为人工智能虽然颠覆了许多对人的传统定义，但"人是自我创造的和合存在"仍具有价值和意义。张先生宏阔地梳理传统文化对于人生价值的丰富认识，反思 20 世纪价值危机的根源，提出人生价值是传统性、历史性、文化性、日新性、体贴性的和合存在，强调在智能时代应当实现人生机生、并育并长，人运机运、共建美好，人权机权、共造平等，人机价值、共享尊严。在"交感联通论"中，张先生对大智能时代万物交感联通的哲学根据进行探究，阐明了交感联通的网络结构体系，认为"纠缠"概念是整个网络结构体系的核心概念，强调了万物联通、各链融合、人机和处、互发互利的和合价值。在"智能相应论"中，张先生通过逐字诠解，对"智能相应"的传统内涵与现代主旨进行了阐明。在"伦理道德论"中，张先生对人工智能所关涉的伦理道德问题进行了探讨，提出了化解生命危机的方案，并呼吁建立和平、合作、发展、包容、开放、和爱、有序的网络空间命运共同体。

在"情绪中和论"中，张先生融传统文化之"中和"思维于人工智能，希望以中和位育、人机共情、人机一体的思路化解智能时代人和机器人所面临的情绪冲突与危机。在"网络管控论"中，张先生针对人工智能网络带来的失业、安全、金融、伦理、价值五大危机，借鉴中国传统文化的多类型管控理论，提出以融突而和合为原则的网络管控理论，强调做到共管信息、共控网络、共治人机、共理智能、共享成果。在"生活境界论"中，张先生提出要由和合天地人的生存世界、意义世界、可能世界开出智能时代人生生活境界的六境网络体系，即：生存世界的"环"与"物"境界；意义世界的"性"与"命"境界；可能世界的"道"与"和"境界。在"和合通久论"中，张先生以"五和"原理总结和合学与人工智能内在度越和流行贯通之路，指出"和生"对应人生价值，"和达"对应交感联通、智能相应，"和立"对应伦理道德和情绪中和，"和处"对应网络管控与生活愿景，而"和爱"则指向和合生生道体。和合生生道体体现于和合三界中，呈现为由过去到未来、由现实而理想的十二愿景。和合生生道体之愿景回答了智能时代人类向何处去的问题，彰显了命运与共、合和天下、通久生生的价值追求。①

张立文先生对人工智能的思议，是传统"和合"智慧与新的时代问题的结合，展现了哲人对当今时代的反思与关怀、对未来发展的前瞻与期望，体现了"和合学"作为当代中国哲学理论思维形态的鲜活生命力。总体来看，对"人类命运共同体"和"人工智能"的和合思索，是"和合学"研究最新的关键词，而这两者又可合并为一个核心词，即"时代"。张立文先生指出"和合学"具有往圣的承择性、时代的融突性、思维的包容性、逻辑的结构性、和合的天下性。这五大特性揭示了和合学在新时代继续焕发生命力的内在根据。因其特性而成其价值，张先生进一步阐明了"和合学"在新时代的智能价值：传统与现代的和合；形上与形下的和合；本无与崇有的和合；负阴与抱阳的和合；明体与达用的和合；大本与达道的和合；认识与实行的和合；能知与所知的和合；天理与人欲的和合；中国与世界的和合。② 这十个和合话题指向自然、社会、认识、心灵、文明等领域，是"和合学"把握时代精神的彰显。立足时代而思，方有创新之学。在与时代的紧密结合下，"和合学"一定能不断创新、持续发展。

二、回顾传统："和合"思想寻求新发掘

"和合"思想是中国传统哲学的精华，中国传统哲学各流派、各哲人的哲学思想中都蕴含着丰富的"和合"思想。对中国传统哲学中的"和合"思想进行深入挖掘和细化研究，一直是"和合学"研究的基础和重点。近几年，学者们或从中国哲学整体提炼"和合"思想精髓，或以概念为核心辨析"和合"思想类型，或以人物和文本为基点阐发"和合"思想意蕴，或从其他传统文化领域提取"和合"思想基因，或以地域为中心思考"和合"文化发展，呈现出多层次、多角度挖掘传统"和合"思想的研究图景。

---

① 参见张立文：《和合学与人工智能：以中国传统和现代哲理思议网络》，人民出版社 2019年版。

② 参见张立文：《和合学的思维特性与智能价值》，《中国哲学史》2018 年第 1 期。

并且，相较于以往的研究，这些最新的成果呈现出义理阐述更丰富、概念辨析更细致、涉及文本更广泛、关涉领域更多元等新的特点。

（一）总体把握："和合"与中国哲学

整体关照中国传统哲学的发展历程，内在把握中国传统哲学的精神特质，"和合"思想的核心地位与重要价值愈发得到彰显。罗安宪教授在《多元和合是中国哲学的根本》一文中认为，多元和合是事物的根本，和谐、合作、和平是中国哲学的根本追求，强调共生、共在、和处、合作是中国传统哲学区别于西方哲学的特点，多元并立、多元共在是中国传统哲学最基本、也是最根本的思想与观念。罗安宪教授强调，"和合"作为中国文化最根本性的精神内核，是我们应当向世界表达和宣扬的中国话语。①

同样从整体展开论说，沈卫星主要思考了关涉"和合"文化研究的三个基本性问题，即：本体论、认识论和实践论。他认为，和合本体论以"一阴一阳之谓道"为基础，"和合"就是调和阴阳两物使之成功生出新事物，并达致和谐，而这种最终的和谐状态便是"同"。他还进一步强调"和合"的重点在"合"，"合"不是可有可无的。其次，和合认识论的对象是阴阳之间的对立与同一，"体悟——以诚致成——致中和"是和合认识论的链条。再次，和合实践论着眼于如何实现同一性，其方法在于中庸之道，关键在于"时中"。② 陈秉公从基本内涵、要素系统、产生原因、时代价值四个方面对中国传统文化的"和合"理念进行了论述。他指出，中国传统文化的"和合"理念就是以儒家为主综合融汇诸家形成的关于世界"和合"生存发展的理论、规律、原则和方法的知识系统。③ 杨供法则选取并分析了"先秦"这一轴心时期的"和合"思想体系，阐述了"和合"概念在先秦五行和合、阴阳和合、五教和合、百家和合的四个阶段，指出了"和合"思想体系所涵盖的本体论、价值观、思维方式、天人关系、人际关系、国际关系、社会理想七大部分。④

① 参见罗安宪：《多元和合是中国哲学的根本》，《中国人民大学学报》2019 年第 3 期。
② 参见沈卫星：《和合文化三个基本哲学问题发微》，《宁夏社会科学》2017 年第 3 期。
③ 参见陈秉公：《论中华传统文化"和合"理念》，《社会科学研究》2019 年第 1 期。
④ 参见杨供法：《先秦和合文化思想体系论析》，《台州学院学报》2020 年第 5 期。

（二）辨析概念："和合"与"和同"

对传统"和合"思想进行探究，"和合"一词自然是核心，"和合"又可拆分为"和"与"合"两个概念，因而"和合""和"以及"合"三者成为"和合"思想研究所围绕的系列范畴。大多数研究在开篇都会对"和合"概念进行基本的梳理与分析，但基本都大同小异，不够精深。近年来，随着"和合学""和合"思想研究的深入，许多学者重新开始对"和合"之字义概念进行更细致的梳理辨析，展现了"和合"概念本身内涵的丰富性，同时这些研究成果对推动"和合学"基础义理的完善也极具启发性。

向世陵教授《"和合"义解》一文是这一类型研究的引领之作。向世陵教授回到《国语》，考察了其中合"和"与"同"为一的"和同"思想，认为"和同"是通过"和"而实现"同"，"同"在其中具有正面含义，进而向教授强调，只从"和"与"同"的区别讲"和合"，简单化了传统"和合"思想的丰富性。他分析了传统和合观的形态，认为从价值导向上区分，一者是积极意义的和合，主要包括"多元素和合"与"互动型和合"两类型，而这两种类型也相互"和合"为一新类型。二者是消极使用的和合，可称为"杂糅型"或"混合型和合"。他指出，积极意义的"和合"被着重关注而影响巨大，但消极使用之"和合"则被学界忽视，而未来对"和合学"的完善和推进，需要对此给予更确切的认识。① 向教授此文，从基础义理层面给未来"和合学"的研究打开了思路，对以"和合"为中心的系列概念的自觉关注以及对传统"和合"思想丰富类型的辨析阐扬，应当是研究"和合"思想、发展完善"和合学"基础而重要的工作。

林美茂、黄世军也对"和"与"同"内蕴的概念层次进行了挖掘。他们以"和同之辩"为中心，对"同"的三种类型及其相互关系进行了梳解。"齐同"以"不齐"为基础，通过分工确立共通性原则，以至少形成事物内部的共同体；"和同"是承认并尊重复数之"他"的存在，通过"平"的方式保全"他"而实现"和"；"剗同"则是抹杀"他"而实现

---

① 参见向世陵：《"和合"义解》，《哲学动态》2019年第3期。

"同"。"齐同"对差异的包容和对共通的追求使得它介于"和同"与"剷同"之间，自然之"不同"通过"齐同"初步形成共同体，在此基础上，通过"以他平他"与"以同裨同"的不同逻辑而走向"和同"或"剷同"，又由于"剷同"的负面价值，"和同"成为最终选择。要消解"剷同"的危害与保障"不同"的存在，就要通过"和而不同"的逻辑使"和同世界"成为"和合"世界。① 杨杰着重关注了"和"概念在儒道两家思想中的差异，他认为道家主要从宇宙论讲"天和"、从境界论讲"心和"，而儒家主要从人伦世界上讲"人和"，这三者体现了儒道论"和"的不同侧重。② 崔基勋也对儒道"和"概念进行了分析，他认为儒家重视"有名之和"，道家则重视"无名之和"。同时，儒道都希望消解"有名"与"无名"的张力。③

（三）探析经典：人物与文本

"和合"思想作为中国传统哲学思想的精华，源远流长，贯穿中华文明发展的始终。不仅要从整体上对"和合"思想进行把握，还要不断挖掘各经典文本、各哲人思想所具有的"和合"意蕴。近年来，不断有期刊文章、学位论文以不同的人物、不同的经典文本为基础对"和合"思想进行探析。这些研究涉及的人物有孔子、庄子、荀子、董仲舒、朱熹、周琦、钱穆等，涉及的文本有《周易》《道德经》《荀子》《吕氏春秋》《春秋繁露》《伤寒杂病论》《考工记》等，其范围上溯先秦，下至近代，十分广泛。

党圣元探讨了《周易》的阴阳和合学说，并分析了其中蕴含的美学观念。他认为《周易》，尤其是《易传》，形成了讲求阴阳对待、和合统一的美学思想，对后世影响巨大。④ 徐蔚、邵文佳阐述了《易传》"和合"美学的三重理论向度："阴阳和合"的宇宙审美观；"天人和合"的人本美学观；

---

① 参见林美茂、黄世军：《齐同、剷同、和同——"和同之辩"中"同"的三种理路》，《哲学研究》2019 年第 11 期。

② 参见杨杰：《儒道论"和"之两系三义及其当代意义》，《国学学刊》2020 年第 1 期。

③ 参见崔基勋：《有名与无名之间——先秦儒道"和"的观念研究》，《国学学刊》2020 年第 1 期。

④ 参见党圣元：《〈周易〉阴阳学说与"和合"美学观》，《陕西师范大学学报》（哲学社会科学版）2017 年第 5 期。

"保和太和"的整体美学观。① 同样以《周易》为文本，杨效雷、曾华东探究了《周易》阴阳观与和合文化之间的关联。他们将《周易》的阴阳观总结为：阴阳交易观、阴阳分判观、尊阳抑阴观。又将和合文化的特点概括为：同一性、差异性、主导性。在此基础上分析了《周易》阴阳观与和合文化的关联与契合。② 同样对"阴阳"思想的"和合"意蕴予以关注的还有岳晗、李永富，他们认为先秦时期"阴阳"思想的发展经历了观念、概念和范畴三个阶段，这一历程体现了张立文先生"和合学"的和处、和生。而阴阳之间差异、相依与转化的关系，也彰显了"和合学"之和处、和立。政治领域的阴阳刑德与四时教令则体现了古人实现和合的切实努力。③

李记芬通过对《荀子》中所见"和合""和"以及"合"等概念的考察，阐发了《荀子》和合思想的内涵与意义。她认为，荀子的"和合"指人人共同协作，从而能得生时和居、死时合聚之欢。既考量生，又关涉死，既关注个体，也着眼整体，"和合"在荀子是一个有着全面和深层次内涵的概念。④ 孙旭鹏、赵文丹也考察了荀子的和合思想，他们认为荀子的和合思想以"仁义"为根基，以"天下"为视域，以"群居和一"为目标。⑤ 白言笑、张铁军对《道德经》的和合思想进行了探究，指出《道德经》的和合思想以人与自然和谐相处为核心。⑥ 盛杏雨探讨了孔子"仁礼和合"的思想，认为"仁礼和合"是孔子思想的价值核心。⑦ 田梦佳以庄子和合思想为研究课题，探究了庄子和合思想形成原因、主要内容、基本特征以及现实意义。她认为庄子的和合思想，以"道"为主导，追求顺"道"而为、达

---

① 参见徐蔚、邵文佳：《〈易传〉"和合"美学思想的三重向度》，《哈尔滨学院学报》2021年第1期。

② 参见杨效雷、曾华东：《〈周易〉阴阳观与和合文化论析》，《周易研究》2017年第5期。

③ 参见岳晗、李永富：《论先秦阴阳思想的和合意蕴》，《学术探索》2019年第11期。

④ 参见李记芬：《试论荀子"和合"思想》，《现代哲学》2019年第4期。

⑤ 参见孙旭鹏、赵文丹：《荀子和合思想及其现代价值》，《船山学刊》2019年第2期。

⑥ 参见白言笑、张铁军：《〈道德经〉中蕴含的人与自然的和合思想》，《社科纵横》2017年第3期。

⑦ 参见盛杏雨：《孔子以"仁礼和合"为核心的内圣外王之道》，《济宁学院学报》2017年第1期。

"道"用"道"。① 杜莉以《考工记》为核心，对其"和合"美学思想进行了阐释。②

高晓锋对《吕氏春秋》的和合思想进行挖掘，从宇宙观、生命观、音乐观三大方面进行了详细阐述。宇宙观上的"天人相应"，生命观上的"完身全性"，音乐观上的"适音和心"，构成了《吕氏春秋》和合思想的完整体系。③ 何善蒙以《循天之道》为中心探究了董仲舒的"和合"思想。他指出，在董仲舒的天人思想中，和合是天道与人事相贯通的关键。天道之"中"落实为人事之"和"，由人的行为的"合"而达到"和"的结果，"中""合""和"构成了一个完整的、从天地之道到社会生活的过程。人事效法天道，由"合"而"和"，是董仲舒的基本观念。④ 白力强、路畅也考察了《春秋繁露》的和合思想，认为《春秋繁露》阐发了和合之根据、天之和合、人之和合、天人和合等思想。⑤ 凌靓对《伤寒杂病论》的和合思想从理论来源、内容、特点和价值等方面进行了系统研究。他指出，《伤寒杂病论》之"和合"，具有正常稳定、协调平衡、调和阴阳、和解病机等含义，其"和合"思想体现在身心观、疾病观、治疗观、方剂观、养身观各个方面。⑥

古周瑜以朱子和合思想为研究对象，对朱子和合思想的背景、内容、学术影响以及现代价值进行了探究。他指出朱子和合思想是和合三教、创新儒学的思想成果。就具体内容而言，他认为理与气合的本体论、心性融合为一的心性论、"敬体和用"的修养功夫论、"德刑和合"的治国主张以及对

---

① 参见田梦佳：《庄子和合思想研究》，苏州科技大学 2017 年硕士毕业论文。
② 参见杜莉：《和合成器——〈考工记〉中"和合"美学思想的理论阐释》，西北大学 2017 年硕士毕业论文。
③ 参见高晓锋：《试论〈吕氏春秋〉的"和合"思想》，《中原文化研究》2020 年第 6 期。
④ 参见何善蒙：《董仲舒论和合——以〈循天之道〉为中心的考察》，《台州学院学报》2018 年第 4 期。
⑤ 参见白力强、路畅：《〈春秋繁露〉中的和合思想及其当代价值》，《泰山学院学报》2018 年第 2 期。
⑥ 参见凌靓：《〈伤寒杂病论〉和合思想研究》，苏州科技大学 2018 年硕士毕业论文。凌靓、温波：《〈伤寒杂病论〉中的和合意蕴》，《长江大学学报》（自然科学版）2018 年第 8 期。

"中和"问题的诠释构成了朱子和合思想的五个方面。[①] 高晓锋以《东溪日谈录》为基础对周琦的哲学思想及理论特色进行了深入探究。他指出，周琦站在融突和合宋元理学的高度，以客观的态度、和合的视野，调和理学内部在宇宙本体、理气关系、心性善恶等方面的矛盾，其哲学思想始终贯穿着浓厚的和合意蕴。[②]

赵霞梳理了钱穆作品中蕴含的和合思想，将其概括为四方面的内容，即：重公重德、政学相合的政治和合，五伦和谐、整体协调的道德和合，天人相合、万物共生的自然和合，大和至乐、古今相通的文艺和合。[③] 肖烨、姚魁武在总结薛伯寿学术思想的基础上，结合中国"和"文化等传统思想，将中医和合思想概括为：道尊中和，合而不同，合其不和，以致和合。[④]

（四）拓宽视野："和合"与传统文化

"和合"作为中华文明的文化精髓，不仅体现在经典文本中，不仅局限于哲学思想内，在更为广阔的中华文化中，方方面面都能挖掘出"和合"的思想意蕴。许多研究即关注到多样传统文化中的"和合"思想，它们涉及武学、音乐、医学、家规家训、契约等许多内容，这些内容拓宽了"和合"思想研究的视野，体现了传统"和合"思想对中华文化的浸润与培育。

康琼系统阐发了中国传统武学的"和合"意蕴。他从形神和合、天人和合、技德和合、武德和合四方面对中国传统武学的"和合"之道与"和合"之德进行了论述。[⑤] 同样对武学之"和合"进行研究，陈笑菲以张立文先生"和合学"为方法指导，构建了太极拳在和合学下的理论框架，阐述了太极拳的八维和合和四级开拓。[⑥]

戴昕萌从形成缘由、内容、特征、现实意义四个方面阐发了中国古琴文化的和合思想。她指出"和合"贯穿于古琴文化的综合系统中，琴器、琴

---

① 参见古周瑜：《朱子和合思想探微》，江西师范大学 2019 年硕士毕业论文。

② 参见高晓锋：《周琦的哲学思想与和合意蕴研究》，《中北大学学报》（社会科学版）2019 年第 4 期。

③ 参见赵霞：《钱穆和合思想研究》，苏州科技大学 2017 年硕士毕业论文。

④ 参见肖烨、姚魁武：《薛伯寿和合思想传承体悟》，《中华中医药杂志》2017 年第 10 期。

⑤ 参见康琼：《中国传统武学的和合之德》，《伦理学研究》2017 年第 1 期。

⑥ 参见陈笑菲：《太极拳中和合学思想渗透的研究》，大连理工大学 2017 年硕士毕业论文。

律、琴艺、琴曲、琴谱、琴派无不体现着"和合"的意蕴与主张。① 云燕对中国传统音乐的"和合之道"进行了阐述，认为"和"是传统音乐的根本特征，她还强调需要更好地发挥乐之和合作用以在继承中更好地推动传统音乐的发展。②

王禄然、郝征从"和"入手，探究了张仲景"补中求和"之法在预防、养生、治疗中的意义。③ 王小平运用和合思维对中医的整体观念进行了深度解读。以和合思维分析整体观，可发现中医整体观具备元整体的基本特质、注重功能关系的协调有序、重视整体协调的自和机制、强调时空形神的多维联系。④

张燕对我国历代名人家规家训中的和合思想进行了探析，认为古代家训包括治人与治家两大方面的内容，其中关涉人与自身、人与人、人与自然间关系的处理。由治人到治家，由身和到家和，和合的人生观、道德观、价值观与世界观在家训教诲中得到传承。⑤ 李洪涛、陈国灿对中国古代契约所体现的"贵和"思想进行了详细阐释。他们指出，契约各方的"合意"就是把各方的意志"和合"为共同的自治意志，因此可谓之"和同"。"和合而同"即是古代契约合意的"贵和"思想体现。⑥ 陈治廷探讨了云南满族胡氏家族在解决"合（香楼）""鹤（香楼）"名称之争事件中表现出来的"和合"观，分析了胡氏家族百年"和合"观对当今处理义利问题的积极作用。⑦

---

① 参见戴昕萌：《古琴文化中的和合思想研究》，苏州科技大学 2017 年硕士毕业论文。
② 参见云燕：《论中国传统音乐的和合之道》，《北方音乐》2018 年第 5 期。
③ 参见王禄然、郝征：《基于阴阳和合理论探析张仲景补中求和的临床意义》，《新中医》2018 年第 5 期。
④ 参见王小平：《和合思维下对中医整体观念的深度解读》，《北京中医药大学学报》2019 年第 10 期。
⑤ 参见张燕：《我国历代名人家规家训中的和合思想探析》，《台州学院学报》2017 年第 2 期。
⑥ 参见李洪涛、陈国灿：《"和合而同"——论中国古代契约的"贵和"思想》，《中国经济史研究》2018 年第 4 期。
⑦ 参见陈治廷：《云南胡氏满族"和合"观的伦理意蕴——以"合"、"鹤"之争为中心》，云南大学 2018 年硕士毕业论文。

（五）地域特色：天台山和合文化

因得天独厚的自然地理环境和三教交融的历史文化渊源，天台山形成了以"和合"为核心的特色文化，成为中华和合文化的突出代表。近年来，在台州市的重视与推动下，台州天台山更加成为中华和合文化的圣地，对天台山和合文化的研究也越来越多。这些研究对天台山和合文化的形成源流、内涵特质、符号标志、地位价值等进行了比以往更为深入和全面的阐发。

何善蒙教授从整体性与独特性着眼，对天台山和合文化的意义确立、基本内涵、本质特征、重要地位进行了总体论述。他认为，作为文化意义的天台山由山水神秀、浙东的区域特征以及南北交融三个维度得以确立，其文化意义的确立从一开始就与和合文化相结合。区别于以往从天人和合、社会和合、身心和合来讨论天台山文化的传统模式，他以"一体两翼三个层面"来概括天台山和合文化的基本内涵，其中，"一体"指以宗教文化为体，"两翼"是济公活佛与和合二圣，"三个层面"则是宗教哲学、宗教生活以及世俗生活。在梳理基本内涵的基础上，他进一步将天台山和合文化的本质特征表述为：以三教和合为基础的社会和谐。最后对于天台山和合文化在中国和合文化中的地位，他指出天台山和合文化是中华和合文化的典型代表，是中华和合文化的鲜活样本。[①] 何教授的论述全面阐明了天台山和合文化的内容构成和重要价值，对天台山和合文化的研究具有纲领性的意义。

杨供法全面梳理了国内外学者有关天台山文化的研究成果，分析了当前天台山文化研究存在的问题，进而提出推进天台山文化研究的基本思路：以系统挖掘天台山文化典籍的和合元素为研究基础；以天台山和合文化的形成和发展史为研究主轴；以"五个通过"为天台山和合文化研究的基本路径。并强调要积极推进天台山和合文化对于核心价值观内化、对于营造创新氛围、对于文明交流、实施"一带一路"战略的价值研究。[②] 刘振对"和合"

---

① 参见何善蒙：《天台山和合文化论纲》，《浙江社会科学》2017 年第 10 期。
② 参见杨供法：《创新思路推进天台山和合文化研究——基于文献综述的思考》，《浙江社会科学》2017 年第 10 期。

文化的历史发展进行梳理，提出"和合"文化的三个层次，即中华和合文化、天台山和合文化、世界性和合文化。他强调台州和合文化建设要树立"母体"意识，打造标志名片，更要面向世界。① 袁媛对天台山和合文化的形成缘由、内容、特征和当代价值进行了系统研究，论述了天台山和合文化"万物一体"的自然观、"圆融无碍"的社会观、"自我湛然"的道德观和"兼容并蓄"的文化观。②

除了整体性考察，许多研究还聚焦"和合二仙"这一文化符号和标志。李志明对天台山"和合二仙"形象符号的历史演变进行了考察，从唐五代到民国，"和合二仙"形象逐步走入民间，成为表达美好寓意的吉祥符号。他还考察了"和合二仙"符号在建筑构件、日常生活用品等"介质"上的设计使用，阐发了"和合二仙"符号在现代设计中的应用与拓展。③ 成泽胜嗣在服部幸雄研究基础上，对江户"和合神"图进行了再考察。④ 陈艾迪在和合学与符号学的结合下，对"和合二仙"符号的发展脉络、社会功能及象征意蕴进行研究，并就"和合二仙"符号的现代传承进行了思考。⑤ 朴浥尘从荻浦村佑承堂牛腿所刻"和合二仙"纹样出发，对"和合二仙"信仰形成发展以及形象流变进行了梳理与研究。⑥ 周仲强论述了寒山拾得传说与和合文化互为建构的关系。⑦

儒释道三教的和合交融是天台山和合文化以至中华和合文化的重要方面，对三教和合思想进行探究，不仅要阐发儒、释、道各自的"和合"思想，更要关注三教交融和合的内在因素与历史过程。王颢《东亚宝藏：和合三教论》一书，运用和合学的思想与方法，对儒释道各自丰富的和合思

① 参见刘振：《和合文化的三个层次及其制度史渊源——兼论台州在和合文化中的母体地位》，《台州学院学报》2019 年第 5 期。
② 参见袁媛：《天台山和合文化研究》，苏州科技大学 2019 年硕士毕业论义。
③ 参见李志明：《"和合二仙"符号的传统演变与设计衍生》，《浙江社会科学》2017 年第 10 期。
④ 参见［日］成泽胜嗣、陈卓卿译：《和合神图再考》，《民艺》2018 年第 1 期。
⑤ 参见陈艾迪：《"和合二仙"符号象征研究》，苏州科技大学 2019 年硕士毕业论文。
⑥ 参见朴浥尘：《荻浦村佑承堂"和合二仙"牛腿纹样研究——"和合二仙"信仰发展及形象流变》，《文化学刊》2020 年第 4 期。
⑦ 参见周仲强：《和合文化与寒山拾得传说的文化互构》，《台州学院学报》2019 年第 5 期。

想进行了发掘，试图呈现三教固有的和合精神及三教和合发展的必然性。①
刘增光以《诵孝经观》为中心，分析了晚明泰州学派代表人物杨复所融汇
三教的思想特点。他认为，杨复所的《诵孝经观》正是结合儒道二教宗教
仪式而将儒家经典宗教仪式化的代表。杨复所的思想体现了三教之和合、身
心之和合、身与道之和合、个体与社会之和合，彰显了中国思想之圆融特
点。② 闫伟也对圆融三教的和合文化予以关注，他从三教共同的思想追求着
眼，强调"和合"是三教文化共同的内在特质。③ 邓凌则以元初三大理学家
许衡、吴澄、刘因为例，通过分析他们的三教思想，彰显了元代三教和合发
展的时代特色。④

三、开阔领域："和合学"应用迎来新拓展

"和合学"有其哲学之"体"，亦有其理论之"用"。在《和合学：21 世
纪文化战略的构想》中，张立文先生就将"和合学"的理论原理应用于社会
生活运作的各个层面，对和合自然科学、和合伦理学、和合人类学、和合技
术科学、和合经济学、和合美学、和合管理学、和合决策学进行了系统建构。
这些构想奠定了"和合学"理论方法在应用领域落实延展的基础，促进了
"和合学"与其他学科的交叉融合。沿着张先生开拓的道路，"和合学"在应
用层面不断开拓，不仅关联科学、伦理学、管理学、翻译学等学科，还涉及
企业文化、茶道文化、教育教学、国际关系、社会治理、动画设计等领域。

就企业文化、组织管理方面而言，"和合"的文化精神和思维智慧极具
启迪。张立文先生从"和合学"的视野观照企业文化，认为在全球化、信
息化、智能化的时代，"和合"是企业成功的根本之道。企业的"和合"之

---

① 参见王颢：《东亚宝藏：和合三教论》，河北人民出版社 2018 年版。
② 参见刘增光：《天台止观与晚明三教和合——以杨复所〈诵孝经观〉为中心》，《浙江社会
　科学》2017 年第 10 期。
③ 参见闫伟：《和合文化与三教统一》，《九江学院学报》（社会科学版）2018 年第 2 期。
④ 参见邓凌：《和合视域下元代理学家三教思想浅析》，《青海师范大学学报》（哲学社会科
　学版）2019 年第 1 期。

道表现为：和生的生财之道、和处的处事之道、和立的立诚之道、和达的通达之道、和爱的博爱之道。张先生通过这五大方面，揭示了企业关于价值生产、协调处事、道德建设、文化实践、文化精神应秉持的原则和理念，阐明了以"和合"为根本精神的企业文化在新时代的丰富内涵与重要价值。① 茹颖将"和合"文化与现代企业文化相结合，在"继承与创新"的思路下，阐述了"和合"文化对建设现代企业文化的启示意义，并从具体案例归纳出用"和合"理念构筑企业文化的途径。② 王雪艳基于和合文化与商业精神的契合，分析了"和"与"合"之思想内涵与商业品德与商业行为相融合的表现，阐发了以"和合"为内涵的商业精神的作用。③ 张瑞涛、纪光欣则在《箫管备举：和合管理论》一书中，通过对和合管理本质论、目标论、组织论、人性论、文化论、创新论的阐发，对和合管理理论进行了系统性建构，指出和合管理理论是和合思想的具体展开，是和合学最广泛的应用。④

就社会治理、道德建设方面而言，"和合"思想极具指导性。胡先锐关注和合文化对社会治理现代化的指导意义。他挖掘了"和合"思想中"和合圆融""天人合一""多元相生""一多相融""执两用中""阴阳和合"等观念对社会治理理念、主体、方式等向现代化转变的意义价值，并且尝试指出融"和合"文化于社会治理的实现路径。⑤ 吴晓琴分析了"和合"文化对当代公民政治认同的积极影响和消极影响，主张发挥和合文化的积极作用以加强公民的政治认同。⑥ 陈亮在场域、关系与机制的分析框架下，探讨了和合文化视野下我国基层协商民主的建构逻辑与限度。⑦ 王亚文对儒家

① 参见张立文：《"和合学"与企业成功之道——企业和合文化的新时代价值》，《杭州师范大学学报》（社会科学版）2018 年第 3 期。
② 参见茹颖：《传统"和合"文化视角下我国现代企业文化的继承与创新》，杭州师范大学2017 年硕士毕业论文。
③ 参见王雪艳：《传统和合文化与商业精神》，《中国商论》2017 年第 9 期。
④ 参见张瑞涛、纪光欣：《箫管备举：和合管理论》，河北人民出版社 2018 年版。
⑤ 参见胡先锐：《和合文化与社会治理现代化研究》，苏州科技大学 2017 年硕士毕业论文。
⑥ 参见吴晓琴：《论和合文化对当代公民政治认同的影响》，《绵阳师范学院学报》2018 年第3 期。
⑦ 参见陈亮：《和合文化视野下我国基层协商民主的包容性建构及其限度》，《行政论坛》2018 年第 2 期。

"和"思想的内涵进行了概括，并考察了传统"和"文化在现代的理论推进以及在治国理政中实现的当代转化。① 王乐、郭清香在《正德立己：和合道德论》一书中，从心灵和合、人际和合、生态和合、和合国际等方面对"和合道德"进行了系统论述，阐明了"和合学"在道德建设、矛盾调节、群己关系等方面的价值。② 李宗双则阐述了"和合学"的生态价值，分析了"和合学"对中国生态伦理学产生的影响。③

就教育理念、教学方法方面而言，"和合学"的思想方法被广泛借鉴。张可、杨萌关注"和合"文化对大学生心理健康教育的价值，分析了"和合"文化对大学生心理健康教育在工作任务的实现、教育理念的贯彻、心理素质的提升以及心里适应能力培养等方面的作用。④ 王竹珺聚焦"和合"思想对当代大学生价值观的引领作用。她分析了"和合"思想对当代大学生经济、政治、文化、人生、生态价值观的影响，并希望通过"五和"原理探索新的解决方法。⑤ 杨晓萍、周文婕、杨雄对学前教育质量话语之技术理性主义和意义生成主义两种取向的本质和特征进行了分析，认为学前教育质量话语的转向需要从价值立场、构成要素和话语场域三方面实现技术理性主义与意义生成主义的和合构建，走向和合之境。⑥ 谷淑雨将张立文先生的"和合学"理论与中小学阅读教学相结合，通过调查分析和案例研究，探讨教师、学生及文本相融合之"三路合一"的阅读教学方式。⑦ 丁玲对"和合"文化渗透下地理教学中的生命教育展开研究，总结了"和合"文化渗

---

① 参见王亚文：《儒家"和"文化精神在治国理政中的当代转化》，华北电力大学2018年硕士毕业论文。
② 参见王乐、郭清香：《正德立己：和合道德论》，河北人民出版社2018年版。
③ 参见李宗双：《"和合"视域下的生态伦理学研究》，《长江丛刊》2018年第34期。
④ 参见张可、杨萌：《"和合"文化对大学生心理健康教育的价值》，《中国成人教育》2017年第9期。
⑤ 参见王竹珺：《"和合"思想对当代大学生价值观形成的启示》，中北大学2017年硕士毕业论文。
⑥ 参见杨晓萍、周文婕、杨雄：《走向和合：学前教育质量话语的转向》，《教育评论》2017年第11期。
⑦ 参见谷淑雨：《和合学视域下"三路合一"中学阅读教学案例研究》，宁波大学2017年硕士毕业论文。

透下地理教学中实施生命教育的原则、目标和内容。① 黄翠萍探讨了传统"和合"理念对当下大学生思政教育的意义。她认为传统"和合"理念对和而不同、和谐共生、以人为本的强调，正有利于解决当下大学生思政教育所面临的忽视差异性、忘却整体性、道德自律弱的困境。② 肖祥、张明琴关注"和合"文化对个体道德人格培养的重要价值。立足"和合"精神，培育道德人格，他们借鉴张立文先生"和合学"之"五和原理"，强调要培育"和生""和处""和立""和达""和爱"五种意识。③ 李红恩立足"和合"思想思考新时代学校课程建设的路径。他认为，在"和合"思想贯注下的学校课程建设，应当立足内生、关怀人性、承认差异、注重整体、因人而生、为人而生。④

就国际关系、外交理念而言，学者们提出了"和合主义"理论。易佑斌分析了"和合主义"价值论的思想渊源和价值内涵，并强调和合主义价值实践的实质就是国际行为体遵循人类社会发展进步的要求，作出正确价值选择并推动构建人类命运共同体的过程。⑤ 余潇枫、章雅荻也关注"和合主义"这一中国特色的国际关系理论，他们对和合主义的历史脉络进行梳理，勾勒了和合主义外交理念的形成过程。和合主义的本体论前提是关系，认识论框架是"整体关系主义"，方法论核心是中庸，意义论指向是共享。⑥ 金应忠对世界和合共生性的必要性和现实性进行了论证，认为当代世界是多元多样性和合共生的世界，其和合共生性的根本依据是人、社会、自然界的命脉相连性。他还强调和衷共济、和合共生是当代国际社会所需要倡导的精神。⑦

① 参见丁玲：《"和合"文化渗透下地理教学中的生命教育探究》，河北师范大学 2017 年硕士毕业论文。

② 参见黄翠萍：《中国传统和合理念与大学生思政教育》，《闽南师范大学学报》（哲学社会科学版）2018 年第 1 期。

③ 参见肖祥、张明琴：《浅析"和合"文化与道德人格培育》，《船山学刊》2018 年第 3 期。

④ 参见李红恩：《和合思想下的学校课程建设》，《教育研究》2018 年第 11 期。

⑤ 参见易佑斌：《国际关系中的和合主义价值论研究——兼论人类命运共同体思想的价值意蕴》，《邵阳师范学院学报》2018 年第 1 期。

⑥ 参见余潇枫、章雅荻：《和合主义：国际关系理论的中国范式》，《世界经济与政治》2019 年第 7 期。

⑦ 参见金应忠：《再论共生理论——关于当代国际关系的哲学思维》，《国际观察》2019 年第 1 期。

除了上述几个成果相对集中的方面，其他方面如动画设计、电视创作、图书馆管理等也有相应的成果。① 值得特别指出的领域还有茶道哲学、茶道文化，这一方向的研究近年来逐步增多，而张立文先生以"和合学"审视茶道，指出了"和合"是茶道之魂，也是茶道文化的最高精神境界。他将"和合学"之"和生、和处、和立、和达、和爱"的五大原理作为茶道文化精神的体现，并从哲学视域出发，将茶道文化的核心内涵概括为：自然、虚静、养性。在他看来，茶道文化具有以"和合"为核心的四大特点：形而上与形而下的和合，俭朴与修身的和合，自然与养性的和合以及茶性与人品相和合。张先生不仅对茶道文化的精神、内涵、特点予以揭示，还高瞻远瞩地对中国茶道学派的构建提出具体建议。②

四、面向自身："和合学"成为研究新主题

自提出之日起，"和合学"就受到学界的广泛关注，成为学界研讨的焦点。在学界的评论探讨中，肯定、称赞者有之，质疑、批评者有之，这些声音共同促进了"和合学"的完善发展。"和合生生道体是永远'在途中'的超越之道。"③ "和合学"的开放性使其成为永在途中、面向未来的活的哲学。三十年过去，"和合学"依旧是学界讨论的热点，学者们在新时代的背景下更加理解了"和合学"的创新性，更加关注"和合学"本身的丰富价值，"和合学"也越发成为硕博论文选题的新热点。

近两年来，陈海红教授连续发表多篇文章对张立文先生的"和合学"进行了评论，从思想创新、方法创新等方面充分肯定了"和合学"的意义价值。在《儒学　国学　和合学——学术视野下的"中国"审视》一文中，陈海红从学术、文化、历史、文明诸角度进行考察，认为和合学作为继儒

---

① 参见王诗雨：《中国传统文化中的"和合"理念　在动画创作上的运用》，湖北工业大学2017 年硕士毕业论文；王凯洁：《中国电视剧和合文化的美学研究——以农村题材电视剧为例》，中国艺术研究院 2017 年硕士毕业论文；胡红：《图书馆人本管理中如何渗透"和合"文化》，《文化学刊》2017 年第 8 期。

② 参见张立文：《中华和合学与当代茶道文化的精神价值》，《文化学刊》2018 年第 3 期。

③ 参见张立文：《和合哲学论》，人民出版社 2004 年版，第 92 页。

学、国学之后体现中国学术时代追求的典型形态，是当代中国的"中国学"，是当代中国的"中国文化"，同时也代表了未来的"中国"。和合学的"和合天下"正体现了当代中国的学术使命、文化使命。① 在《"和合"体生——"和合学"的中国哲学创新实践》一文中，陈海红认为张立文先生的"和合学"是基于自己独特的生命体悟，在与前者不断对话的视域中，以自己的"和合"言说方式表达的对宇宙、社会、人生之道体贴的哲学体系。基于从"人""域""说"三方面进行的分析，他指出，从生命之道的角度看，以生命之人的新认知、生命之域的新诠释、生命之说的新言说构成中国哲学创新的三个标准，而张立文先生无疑是自觉的哲学创新者，其"和合学"也当是中国哲学创新的理论新体系、方法新视野与思想新成果。② 在《道在和合——张立文的"和合学"是传统哲学之当代展开》一文中，陈海红认为张立文先生的"和合学"直面全新的时代，以寻求 21 世纪人类面临危机的化解之道为任务，以鲜明的问题意识、自觉的主体意识、智能的话语意识、高明的人文意识、理性的创新意识，用五和、三界、八维等原理对天地人之道进行了新的诠释，接续并发展了中国传统哲学。③ 在《和合今释——张立文先生的"和合学"》一文中，陈海红指出"和合学"理论体系的形成基于对"和合"的新诠释，具体体现在：和合学具有"因人文创造而有"的情怀禀性；和合学从丰富的角度重新诠释"和合"内涵，即转神秘为科学的新定义、直面人类困境的新课题、由中国而世界的新视野，由观念而学说的新境界；和合学是自我敞开的活的哲学思维。④

除了期刊文章，越来越多的硕博论文也以张立文先生及其"和合学"为主题展开研究。例如吴莎的硕士论文《张立文和合学思想研究》，从产生背景、基本内涵、逻辑体系、方法论、基本原理、形上意蕴等方面对张立文

① 参见陈海红：《儒学 国学 和合学——学术视野下的"中国"审视》，《儒学评论》2019 年。
② 参见陈海红：《"和合"体生——"和合学"的中国哲学创新实践》，《浙江社会科学》2019 年第 2 期。
③ 参见陈海红：《道在和合——张立文的"和合学"是传统哲学之当代展开》，《孔子研究》2019 年第 6 期。
④ 参见陈海红：《和合今释——张立文先生的"和合学"》，《贵州文史丛刊》2020 年第 1 期。

先生的"和合学"进行了研究。① 谢东璋的硕士论文《张立文哲学思想研究》，对"和合学"的思想准备、历史缘起、理论建构、时代启示进行了探析。② 李宗双的硕士论文《"和合学"的哲学性格与当代价值探赜》，探讨了"和合学"的"新仁学"面向、道德理性、圆融价值及爱智品格，比较了"和合学"与其他理论体系，阐发了"和合学"对政治文明、精神文明、生态文明等方面的当代价值。③ 刘胜的博士论文《张立文和合哲学思想研究》，不仅对张立文先生和合学创立的动机和方法进行了探究，还系统地分析了张立文先生和合学理论体系的思维构造，阐释了和合学的基本原理和应用体系。并且也对和合学的价值意义、缺陷不足和未来发展作了一定思考。④ 这些硕博论文成果，显示了"和合学"作为当代中国哲学创新理论思维形态的鲜活生命力，也彰显了张立文先生于青年学子的学术影响力。

总结"和合学"研究的丰富成果，是为了给未来的研究以启迪。立足时代，以时代问题为导向，是"和合学"研究生生向前的不竭动力；回溯传统，汲传统思想之精华，是"和合学"研究推陈出新的活水源头；开阔领域，践思想理论于实际，是"和合学"研究应用落实的必然要求；面向自身，究和合哲学于未尽，是"和合学"研究认识自己的爱智追求。总而言之，"和合学"在途中，"和合学"的研究亦在途中，未来的成果将更加丰硕！

五、会议活动：和合学的社会影响

学术活动是学术研究前沿动态的集中体现，社会活动是学术思想现实影响的生动表达。自"和合学"创立始，三十年以来，围绕"和合学"和"和合"思想所开展的学术活动和社会活动就持续不断。由学术而社会，遍

---

① 参见吴莎：《张立文和合学思想研究》，湘潭大学 2015 年硕士毕业论文。
② 参见谢东璋：《张立文哲学思想研究》，黑龙江大学 2016 年硕士毕业论文。
③ 参见李宗双：《"和合学"的哲学性格与当代价值探赜》，中国石油大学 2016 年硕士毕业论文。
④ 参见刘胜：《张立文和合哲学思想研究》，湖南师范大学 2017 年博士毕业论文。

国际与国内，从政府到民间，这些活动一方面促进了"和合学"的完善与发展，另一方面推动了"和合"文化的弘扬与实践，不仅取得了大量学术研究成果，而且建成了许多文化活动平台，彰显了"和合学"对学术研究和社会文化的巨大影响。2017 年以来，相关活动大都围绕"和合学"与新时代而展开，"和合""创新""人类命运共同体"等成为关键词。

2017 年 11 月 11 日，"和合圣地碑"揭幕仪式在天台山和合圣碑公园举行。和合圣地碑位于天台山旅游集散中心区块（和合小镇）内，总高约 7.9 米，碑名"和合圣地碑"由中国人民大学张立文教授撰写，基座正、反两面分别为象征和合二圣的荷花、彩盒吉祥图案浮雕，碑体雄厚稳重。"和合圣地碑"的落成，标志着台州市"和合圣地"的建设又进一步。同日，以"尚和合，求大同"为主题的 2017 天台山和合文化论坛开幕。张立文、孙晓郁、刘魁立、徐鸿武、王灵桂、张新鹰、田中京等嘉宾出席了开幕式。在开幕式上，来自国内外各界的 12 位专家学者围绕"尚和合，求大同"的主题作了主旨演讲。该论坛促进了对和合文化当代价值的探讨，深化了对中华优秀传统文化内涵的认识。

2017 年 7 月 20 日至 21 日，第十一届和合论坛（寒山寺文化论坛）在苏州会议中心召开，论坛围绕"寒山人·和合心"为主题，吸引了来自全国的 200 多名专家学者参加，其中有中国人民大学哲学院一级教授、博士生导师、中国人民大学孔子研究院院长张立文，南京大学首批文科资深教授、博士生导师赖永海等著名学者。开幕式上，张立文教授以《人类命运共同体与和合天下》为题发言，赖永海教授以《缘起理论的和合精神与中国佛教的和合之路》为题发言。从本届论坛开始，"寒山寺文化论坛"正式更名为"和合论坛"，论坛名由"和合学"创立者张立文先生题写。以"和合"为名，更加符合该论坛的实质，也使论坛具有更深远的影响力。从 2017 年第十一届至 2020 年第十四届，"和合论坛"愈加成为和合文化研究的重要学术平台。该论坛已经连续举办了十四届，已经成为一年一度和合文化研究的盛会。十四年来共收到 2100 多篇论文，字数累计近 1600 万字，论文作者达 1500 余位，可谓硕果累累，影响巨大。在"和合论坛"的推动下，"和合"文化广泛传播，"和合"文化研究也吸引了更多社会力量的加入。

2017 年 11 月 18 日至 19 日，以"和合大同与人类命运共同体"为主题的第四届河北儒学论坛在河北邢台召开。国内 90 余位专家学者出席了本次论坛，论坛共收到学术论文 80 余篇，主要涉及和合思想内涵、和合思想地域发展、和合思想经典著作和代表人物、大同观念与社会治理、儒家思想当代价值、儒家思想海外传播等诸多内容。麻天祥、杜保瑞、肖群忠、彭永捷、傅永吉、解光宇等进行了主题发言。①

2018 年 8 月 25 日至 26 日，由中国人民大学孔子研究院与即墨和合书院主办的"和合与人类命运共同体对话"学术会议暨即墨和合书院开院仪式在青岛市即墨古城学宫举行。著名哲学史家和哲学家、中国人民大学孔子研究院院长张立文先生，中国社会科学院荣誉学部委员、世界宗教研究所教授杨曾文，政治大学名誉教授、国际儒学联合会副理事长董金裕等 80 余位专家学者出席仪式。在主旨发言中，张立文教授指出中国传统文化和人类命运共同体存在五个方面的和合，即人类命运共同体的天下观、伙伴观、仁爱观、和合观、发展观。大会肯定了和合学的历史意义和理论价值，以及和合学对构建人类命运共同体的意义与作用。与会专家学者分别在哲学、文化、宗教、国际政治等视角下进一步挖掘和合学和共同体理念在思想史和经典文本中的理论意涵和学术价值，着重阐发了"和合"的实质内涵、儒道的共同体理念、经典文本和出土文献中的和合思想。这次会议，是近年来较为重要的国际会议，产出了许多重要的学术研究成果。②

2018 年 9 月 11 日，CCTV10 频道《人物》节目的"《立德树人》——哲学社会科学界德业双馨专家系列节目"对中国人民大学张立文教授进行报道。纪录片《立德树人》主要讲述了一批在中国哲学社会科学界德艺双馨的专家学者的感人故事。在纪录片中，张立文先生讲述了他对人工智能等前沿课题的思索，展现了和合学的新成果。

2018 年 10 月 31 日，河北美术学院中国和合艺术研究院正式成立。在成立仪式上，张立文先生阐述了河北美术学院中国和合艺术研究院的成立宗

---

① 参见刁生虎、白昊旭：《和合大同与人类命运共同体——第四届河北儒学论坛综述》，《高校社科动态》2018 年第 2 期。

② 参见董凯凯：《和合与人类命运共同体对话》，《光明日报》2018 年 12 月 8 日。

旨，即弘扬中华优秀艺术，升华和合人文精神，胸怀智能创新使命，构建人类美好生活。

2019 年 8 月 25 日，尼山世界儒学中心正式成立。尼山世界儒学中心是推动儒学振兴的有益尝试和重要探索，为传承弘扬中华民族精神与核心价值观，再现儒学与中华文化辉煌，建立了一个极其重要的阵地。

2019 年 11 月 30 日，"国际儒学论坛·2019"在曲阜尼山圣境开幕。来自境内外近百所高校、研究机构的 150 余位专家学者围绕"儒家思想与人类和平"这一主题，从儒家思想观念、儒家学术传统、儒家政治哲学等角度，通过 24 场分组报告进行交流研讨。开幕式上，尼山世界儒学中心中国人民大学分中心、山东大学分中心揭牌成立。中国人民大学党委书记靳诺表示，尼山世界儒学中心首批分中心的设立，标志着"一个中心、多个分中心"共同打造世界儒学研究高地、儒学人才集聚和培养高地、儒学普及推广高地、儒学国际交流传播高地的目标规划正在实现。中国人民大学张立文教授、山东大学王学典教授、东京大学池田知久教授分别作主旨学术报告。"国际儒学论坛"自 2004 年起由中国人民大学和韩国崔钟贤学术院共同举办。2019 年为第 14 届，由尼山世界儒学中心参与主办，是尼山世界儒学中心成立后首次主办的高端国际学术论坛。

此外，一些新的和合文化研究机构也相继成立，如温州——张立文先生的家乡已在积极筹建和合书院（龙湾），大力推进合文化工程的研究与传播。

2020 年 12 月，中国人民大学孔子研究院考察团到温州龙湾调研和合文化，龙湾区政协主席张纯芳陪同考察。目前，龙湾全方位建设"和合文化"，以张立文先生故居为核心的和合文化公园已动工建设，和合书院主体工程已完工。此外，由张立文先生担任名誉校长的龙湾中学进行"和合校园"建设，建设了和合路、和合广场、张立文图书馆，社会反响热烈。相信随着建设的完成，温州龙湾将成为弘扬"和合"文化的又一重要阵地。

学界概况

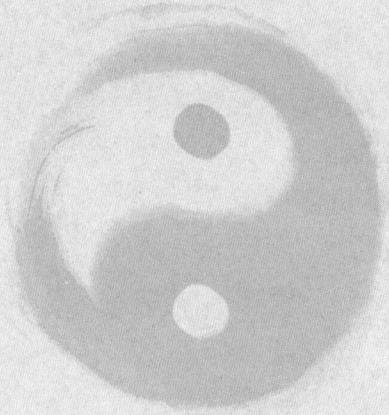

学 人 介 绍

西原春夫（1928— ），日本东京人，日本早稻田大学法学博士，日本著名的刑法学家、教育家和社会活动家。1949 年进入早稻田大学第一法学部，1956 年博士毕业于该研究科，1959 年留校任教，先后担任该校教授、校长（1982—1990）；兼任日本私立大学团体联合会会长（1980—1992），文部省大学设置、学校法人审议会会长（1991—1993），日本学校法人国士馆理事长，一直致力于中日友好、东北亚和平事业。曾受聘为北京大学客座教授、司法部犯罪预防研究所名誉研究员、中国人民大学孔子研究院第一届学术委员会顾问等；曾获中国上海市政府授予的白玉兰荣誉奖、日本政治法律学会授予的现代法律学会奖等荣誉与奖项。著有《刑法总论》《刑事法研究》（全 2 卷）《二十一世纪的亚洲与日本》等学术著作。

难波征男（1945— ）日本福冈女学院大学教授，1975 毕业于九州大学中国哲学史专业；21 世纪前后赴中国人民大学交流访学，开始接触"和合学"，并对之产生了浓厚的兴趣。与张立文先生一起列席参加张岱年先生与冈田武彦先生的"世纪对谈"，并将对谈内容编集成书，以《简素与和合》为名出版（该书的核心内容由钱明翻译为中文）。此外，他在《福冈女学院大学纪要人文学部篇》中发表多篇译介文章，如《21 世纪中国哲学：张立文的和合学》（1—4），并在《Fukuoka UNESCO》等杂志中发表《和合学研究》《从和合学看〈叶隐〉的真相》《从和合学看"十七条宪法"》等和合学相关的论文，向日本学界与社会介绍和推介了和合学，让相关学人对该学说有了更加全面立体的了解，促进了和合学在日本乃至国际的传播。

向世陵（1955—　）四川仁寿（今属眉山市）人，哲学博士。中国人民大学孔子研究院副院长，国学院教授，博士生导师。中国政法大学国际儒学院兼职教授。兼任中国哲学史学会副会长、中华朱子学会副会长、《中国哲学史》杂志副主编及其他多个学会的学术委员、常务理事、理事等。著有《理学与易学》《宋代经学哲学研究（基本理论卷）》《理气性心之间——宋明理学的分系与四系》《中国学术通史（魏晋南北朝卷）》《善恶之上——胡宏·性学·理学》《儒家的天论》等学术著作十余部，在《哲学研究》等刊物上发表学术论文一百六十余篇，是易学、理学等领域的权威专家，对和合学也有深入的研究。先后在《哲学动态》等期刊发表多篇重要的和合学研究论文，如《"和合"义解》辨析了"和合"与"和同"意涵与差异，并对"和合"的积极意义与消极使用作了细致的梳理与全面的分析，既丰富了和合学的理论研究，又推进了"和合学"基础义理层面的完善。

方国根（1963—　）安徽绩溪人，人民出版社哲学编辑室主任、二级编审，兼任中国人民大学孔子研究院研究员、学术委员，尼山世界儒学中心学术委员，中国孔子基金会学术委员，贵阳孔学堂客座教授，国际儒学联合会理事等。全国新闻出版行业领军人才，第六届全国杰出专业技术人才。长期从事图书出版工作与中国哲学、东亚儒学、和合学相关的研究，在《光明日报》《哲学研究》《孔子研究》《中国哲学史》等刊物上发表论文近百篇，出版有《王阳明评传》《和合之境——中国哲学与21世纪》（合著）《朱熹大辞典》（副主编）《和境——易学与中国文化》（副主编）等。先后在《现代哲学》等期刊发表多篇书评，对张立文先生所著《和合学概论》《和合哲学论》的理论内涵、逻辑结构和学理价值进行了全面的介绍与评述，从严谨专业的学术编辑的角度，向学界与社会推介和宣传了"和合学"理论，在"和合学"体系建构、理论完善、传播发展的过程中作出了突出的贡献。其中，《"和合"理念与青海多元文化的创新和发展》一文，重点探讨了"和合学"蕴含的中华民族的"和合"价值理念，从历时性与共时性层面分析了这种"和合"理念与多元化、多样性的青海历史文化之间的关系，不仅为青海的文化发展提供了核心理念的建议，而且首次将"和合学"

理论与地方文化发展进行了比较性、融合化的分析与探讨，为"和合学"理论的传播与发展指出了一条从书斋走向社会、由高校融入地方的道路，初步明确了学术理论创新与地方文化发展有机融合的模式。受此启发，"和合学"依托中国人民大学孔子研究院的平台，逐渐融入到温州、苏州、青岛、台州、秦皇岛、邢台等城市文化的建设中。

陆玉林（1966— ）安徽怀远人，中共党员，中央团校（中国青年政治学院）党委副书记、常务副校（院）长，教授，博士生导师。主持和参与多项国家社科基金项目、省部级科研项目，在《中国哲学史》《中国青年研究》《中国人民大学学报》等刊物上发表论文数十篇，著有《中国学术通史（先秦卷）》《东亚的转生——东亚哲学与 21 世纪导论》《当代中国的青年文化研究》等专著。深入参与了和合学的理论建构，在和合学的研究、传播与发展的过程中发挥了重要的作用。参加国家社科基金"九五"重点规划项目"东亚哲学与 21 世纪丛书"，以和合学为切入，灵活运用了和合学的理论与观点，对中日韩等东亚各国的哲学与文化进行了深入的研究与全面的论述，最终出版了专著《东亚的转生——东亚哲学与 21 世纪导论》。该书回顾了东亚文化圈的历史性与复杂性，指出东亚文化圈表现出以中国为传播中心、以儒家为思想内核的特色。在此基础上，中、日、韩等各国文化平等交流，儒、释、道等多种思想交融和合，最终呈现出民族化的差分、近代化的变异、开放化的和合等多种复杂变化。该书还对东亚模式、儒家资本主义、政治文化变革与社会制度转型等问题进行了论述，总结出以道德为指向、以集体为原则、以和合为精神的东亚价值观。东亚文化整体呈现出多元共生、融突和合的状态，多元文化和合发展之道，即为 21 世纪东亚文化转生之路。

彭永捷（1969— ）江苏灌南（今属连云港市）人，中国人民大学哲学院教授、博士生导师，中国人民大学孔子研究院副院长，曾任中国人民大学哲学院、国学院副院长。兼任中国哲学史学会理事、国际儒学联合会理事、朱子学会理事等。在《光明日报》《中国社会科学》《哲学研究》《中国哲学史》《文史哲》等报刊上发表学术论文近百篇，出版有《中国纵横家》《朱陆之辩——朱熹陆九渊哲学比较研究》《忠——尽己报国的责任》《中国道家》（合著）《人文奥运》《汉语哲学如何可能》等专著，主编有《张立文学派》《中国政治哲学史》《中国哲学学科合法性论集》《国学的新视野和新诠释》《重写哲学史与中国哲学学科范式创新》《中国儒教发展报告（2001—2010）》等，是较早接触、极力宣传与研究和合学的专家学者之一。曾在《人文奥运》一书中，运用和合学理念来推动奥运的深入研究，明确提出"人文奥运"；在《探索与争鸣》发表文章《张立文的和合学》，对该理论及其构建者作了述评与推介；在《学术界》发表文章《和生与仁生——论和合学之新仁学面向》，深入分析了和合学经由"和生"至"仁生"的演变发展，从而确立儒家仁学的宇宙论和世界观，开出儒家仁学的当代形态。

罗安宪（1960— ）陕西西安人，中国人民大学哲学院教授、博士生导师，中国人民大学孔子研究院常务副院长兼秘书长，兼任国际儒学联合会理事，尼山世界儒学中心理事、学术委员，老子学研究会副会长等。在《哲学研究》《中国哲学史》等刊物上发表学术论文近百篇，著有《虚静与逍遥：道家心性论研究》《老庄哲学精神》《儒道心性论的追究》《和谐共生与竞争博弈》等著作，主编《中国哲学史教程》《中国孔学史》《和合之思：张立文教授八十华诞纪念文集》。多年来长期参与和合学相关的研究，发表了多篇和合学相关的学术论著。其《和谐共生与竞争博弈》，从比较文化角度出发，认为人类历史上有两种比较典型的思想意识和思维方式，一种是和谐共生，一种竞争博弈。中国文化强调和谐共生，西方文化强调竞争博弈。提出以和合学的五大原理（和生、和处、和立、和达、和爱）为和谐共生的基本原理，又提出和谐共生的基本理念是：人心和善、家庭和睦、人际和顺、社会和谐、世界和平、宇宙和美。2019 年发表在《中国人民大学学报》的文章《多元和合是中国哲学的根本》，强调和谐、合作、和平是中国哲学的根本追求，并从多元和合与二元对立的角度对中西哲学的根本差异作了分析与评述，开拓了和合学的比较研究视域。

张瑞涛（1977— ），山东肥城人，中国石油大学（华东）马克思主义学院院长、教授、博士生导师，该校首批重点人文社科研究基地"传统文化与中国精神研究基地"负责人，入选山东省理论人才"百人工程"、青岛西海岸新区拔尖人才等。香港中文大学中国哲学与文化研究中心访问学者、韩国延世大学国学研究院客座研究员。著有《和合学散论》《蕺山后学研究》《箫管并举——和合管理论》《心体与工夫——刘宗周〈人谱〉哲学思想研究》等多部学术著作，在《光明日报》《中国哲学史》《现代哲学》《孔子研究》等刊物上发表学术论文 80 余篇，多篇被《新华文摘》、中国人民大学复印报刊资料等全文转载。主要围绕明清儒学、和合学展开研究，发表了《"和合学"与哲学创新》《论尚和合的哲学性格》《"自己讲"、"讲自己"：中国哲学研究范式的创新》等多篇和合学相关的论文，重点考察了和合学的创新特质、时代价值与方法意蕴等。

张永路（1982— ）河北衡水人，天津社会科学院哲学研究所所长、副研究员，兼任天津市哲学学会副秘书长，入选天津市宣传文化"五个一批"人才，天津市"131"创新型人才。主持完成国家社科基金青年项目《经学史视野下的〈国语〉学史研究》，著有《价值与理想——〈国语〉"和合"思想研究》《至广尽微——和合体系论》（合著）等多部学术著作，在《哲学动态》《现代哲学》《鹅湖月刊》等刊物上发表学术论文数十篇，如《"和合"考释》《〈国语〉与早期文本的生成——从上博楚简〈昭王毁室〉说起》等。其博士毕业论文《〈国语〉"和合"思想研究》对和合学的诠释文本《国语》作了深入细致的研究，挖掘了其中蕴含的丰富的和合思想，探讨了"和合"范畴化的过程，以及《国语》在先秦和合思想演化史中的关键性地位。

机构介绍（摘选）

一、温州和合文化园（和合书院）

温州是浙江省首批省级历史文化名城，拥有 5000 多年文明史、2200 多年行政建制史。新石器晚期，已有先民在温州这片土地上繁衍生息。西汉惠帝三年，驺摇受封为东海王，"都东瓯"。东晋太宁元年设立永嘉郡，此后，温州一直是郡、州、路、府、地区、市的治所，承担着浙南地区政治、经济、文化中心的作用。温州市龙湾区委、区政府重视城市文脉的延续与地方文化的保护，近年来先后挖掘了永嘉场、永昌堡、寺前街、永嘉学派、和合文化等兼具文化底蕴与龙湾特色的地方文化，着力打造依山傍海、街堡和谐的未来城区。

2021 年 1 月 30 日浙江省第十三届人民代表大会第五次会议通过《浙江省国民经济和社会发展第十四个五年规划和二〇三五年远景目标纲要》："擦亮优秀传统文化活化利用金名片。解码浙江文化基因，深入研究和挖掘南宋文化、南孔文化、永嘉学派、永康学派、阳明心学、和合文化等丰富内涵。"

在国家大力弘扬中华优秀传统文化、党中央领导人积极倡导和合文化、浙江省将和合文化纳入十四五规划的时代大背景下，温州市委、市政府积极响应中央的号召、顺应时代的潮流，重视和合文化与温州文化的挖掘、融合与宣传。温州市龙湾区积极做出表率，采取边学边做、循序渐进、"软硬兼施"、"虚实结合"的策略，尝试以和合文化为抓点，打造龙湾的文化标志与旗帜，进而挖掘与探索和合文化与地方文化的融合发展新模式。

为了更加切实有效地保护和延续温州文脉、挖掘与研究龙湾文化、传承与弘扬中华优秀传统文化，龙湾区委、区政府与中国人民大学孔子研究院进行了持续深入地沟通与研讨，决定以乡贤为纽带、以和合为特色、以书院为载体、以中国人民大学孔子研究院为依托，在城区中心建设一个公共文化空间——"和合文化园（和合书院）"。中国人民大学孔子研究院以该书院为载体，积极筹建"温州分院"（龙湾基地）。双方携手探索校地合作落地、书院模式创新、地方文化保护与城市文脉延续的有机融合模式。

（一）温州龙湾拟建和合书院，人大孔院赴温考察座谈

自 2018 年起，温州龙湾在"大拆大建""大建大美"的政策指导下，在区委书记周一富、区政协主席张纯芳等领导的关注与推动下，龙湾区委、区政府以坐落于龙湾区永中街道普门村的张立文先生旧居为基础建设落成"和合文化园（和合书院）"，绘制出一幅立足于地方文化、着眼于长远发展的规划蓝图。

2018 年 8 月，温州龙湾区委派代表参加中国人民大学孔子研究院主办的"和合与人类命运共同体对话"学术会议，向中国人民大学孔子研究院院长张立文先生汇报了"和合文化园（和合书院）"的建设构想与规划蓝图，并征求张先生的意见与建议。在获得张立文先生的肯定、支持与鼓励后，温州龙湾正式启动"和合文化园（和合书院）建设工程"。

经过近两年的商议、规划、调整与建设，温州龙湾"和合文化园（和合书院）"初见规模。2020 年 7 月以来，区政协主席张纯芳等领导持续关注"和合文化园（和合书院）"的"收尾"工作，多次召开各部门内部协调讨论会、工作汇报会，督促文化园的硬件建设工作。同时，温州龙湾再次委派区政协文史委主任朱伟英一行赴京拜访张立文先生，征求意见与建议，并邀请张先生及中国人民大学孔子学院相关领导赴龙湾考察情况。

2020 年 12 月 12—15 日，受张立文先生委派，中国人民大学孔子研究院考察团谢海金博士、全定旺博士、林国敬博士一行赴温调研，时任龙湾区政协主席的张纯芳同志亲自陪同。考察团一行先后前往"和合文化园（和合书院）"建设工地、龙湾中学和合文化广场、张立文图书馆等地考察调研，随后参加"龙湾和合文化座谈会"，深入探讨双方合作共建"和合文化园（和合书院）”的方式与方法。

龙湾区委、区政府领导表示龙湾地区已初步具备了弘扬和合文化的基础，并将继续且持续地关注与重视和合文化的发展。龙湾已依托张立文先生任名誉校长的龙湾中学打造了和合文化广场、张立文图书馆等，并将继续投入、稳步推进在普门村张立文教授旧居原址上改造的"和合文化园（和合书院）"的建设与规划。区委、区政府领导拟将主体建筑用于建设"和合书院""和合论坛""张立文展馆"，并筹划成立"温州市和合文化促进会（暂名）"，以和合文化为纽带，依托"和合文化园（和合书院）"、图书馆、纪念馆，与中国人民大学孔子研究院建立长期的联系与合作，联合规划"和合文化园（和合书院）"的后续文化活动，助推龙湾文化事业的发展。

（二）洽谈合作草案、做实做大方案、及时跟进落地

考察团返京后立即着手撰写《温州龙湾和合书院考察调研报告》，递交张立文先生审阅，并在 2021 年 1 月 13 日召开全院大会，向孔院领导与专家汇报情况，并听取意见与建议。张先生与孔院诸位专家多番商议，最终形成了《中国人民大学孔子研究院与温州龙湾和合书院战略合作草案》（以下简称"草案"）。

"草案"以弘扬中国优秀传统文化为主旨，坚持学术性与普及性、公益性与公共性相结合，广邀专家学者交流研讨传统文化、和合文化与龙湾文化，依托中国人民大学孔子研究院的学术资源，充分发挥地缘优势，结合温州精神、龙湾文化，促进人大孔院与地方政府的文化交流与合作，打造温州地区最具影响力与标志性的现代书院与学术平台。

"草案"拟定了四个主要合作内容：一是人大孔院与温州龙湾合作成立中国人民大学孔子研究院温州分院（龙湾基地），打造和合文化研学基地。二是开展龙湾区域文化与和合文化等中国传统文化的融合研究，如以"和合"为主体合作举办研讨会、学术会议或国际论坛。三是依托中国人民大学资源，打造高层次研学平台。四是合作开展"孔子文化月""文化大家谈""人文夏令营""国学研修班""和合大讲坛"等文化交流活动。

"草案"首先交由龙湾区政协主席张纯芳审阅，在其指导下数易其稿，最终由其转递区委书记周一富审批。周一富书记对"合作草案"给予了高度的肯定，并作"做实做大方案、及时跟进落地"等批示。

时任龙湾区政协主席的张纯芳同志与人大孔院同步行动，撰写《龙湾"和合"文化创建情况》文件，并向龙湾常委会汇报。不久后，在张纯芳的积极推动与大力支持下，温州龙湾与人大孔院拟定"《中国和合学年鉴》（2017—2021）合作出版协议"，为双方的合作迈出了标志性的一步。与此同时，人大一级教授、孔院院长张立文先生亲自挑选了七套"和合学"相关的代表作，并手写签名、亲书字联，寄送至温州龙湾，向区委书记周一富、区长夏禹桨、政协主席张纯芳、宣传部部长王晓春等人遥赠新春祝福。

1月30日，"温龙办通报"刊发龙湾区委书记周一富在八届十一次全体会议上的报告，其中"强化文化引领"条目中再次强调要积极"推进和合文化研学基地建设"。2月1日，龙湾区政协主席张纯芳应区委领导要求，在温州"两会"期间向温州市委、市政府正式提出"在龙湾设立和合文化研学基地"的提案。2月4日，张雪尘应龙湾区宣传部要求，在《今日龙湾》开设特刊，刊登《继承传统文化，体悟和合精神》等文章。3月5日，区委书记周一富委派龙湾区委常委、宣传部部长王晓春率团赴台州调研，学习和合文化推广与发展经验。

在此基础上，温州龙湾再次邀请中国人民大学孔子研究院赴温考察调研，并面谈合作细节。张立文先生积极推进，委派副院长兼秘书长罗安宪带团赴邀。2021年3月15日，龙湾区政协主席张纯芳，宣传部部长王晓春，人大孔院副院长兼秘书长罗安宪等相关领导与专家进行座谈，双方就合作成立中国人民大学孔子研究院温州分院（龙湾基地）、开展龙湾区域文化与和合文化的融合研究、联合设立和合文化创意产业园区等方面进行讨论，初步达成合作意向。

（三）和合学与温州学融合发展研讨会，正式签订《战略合作框架协议》

2021年4月30日，为贯彻落实"十四五"规划关于"保护和延续城市文脉"、"传承弘扬中华优秀传统文化"等方针，中国人民大学孔子研究院在京召开"和合学与温州学融合发展研讨会"。人大孔院张立文、向世陵、方国根、罗安宪等专家教授，温州龙湾张纯芳、王晓春、陈军苹、张雪尘、陈宗杰等代表共同出席会议。双方围绕"校地合作"的深化、"书院模式"

的创新、"城市文脉"的延续、和合文化与地方文化融合发展等内容展开了热烈的讨论。

会上，中国人民大学孔子研究院与温州市龙湾区人民政府正式签订《战略合作框架协议》，标志着和合学在龙湾的落地进入实操阶段，双方将倾力合作把和合书院打造为知名的文化名片。

近年来，中国人民大学先后与浙江省、山东省、福建省等地方政府签订战略合作协议，探索出了多种"校地合作"的新模式。中国人民大学孔子研究院也积极参与到"校地合作"的实践探索中，在传承与弘扬中华优秀传统文化方面作了深入的理论研究与大量的实践探索。温州市龙湾区区委、区政府重视城市文脉的延续与地方文化的保护，先后挖掘了永嘉场、永昌堡、永嘉学派、和合文化等兼具文化底蕴与龙湾特色的地方文化。为了更加切实有效地保护和延续温州文脉、挖掘与研究龙湾文化，中国人民大学孔子研究院与温州市龙湾区人民政府决议开展深入密切的合作，携手推进"和合文化园（和合书院）"的建设与人大孔院温州分院的筹办，共同探索书院模式与地方文化的结合，通过将"校地合作"深入到"院区合作"，进一步强化高校教研资源对地方文化事业的促进作用。双方将依托和合书院开展更高层次的文化交流活动，将文化融入城市的精神生活，使和合学与温州学真正成为应用于日用彝常之间的"文化氧气"。

张立文先生总结指出，和合学既是一个哲学体系，也应该与当地的文化、教育、生活等融合在一起，使哲学社会科学走近生活、走近社会、走近人民。通过筹建和合书院，能够推动和合学与温州学的融合与发展进入到一个新的阶段，既是文化的溯源，也是文化的传播；既是文化的发展，也是文化的落实。日居月诸，随着时光的流逝，无数愿景落地生根，在为中华民族伟大复兴而奋斗的路上，在为人类文明不断前行而探索的路上，和合学与温州学融合发展的相关成果也必将更加丰硕。

二、青岛即墨和合书院

青岛即墨和合书院坐落于即墨古城，于 2018 年 8 月 25 日正式创办。中国人民大学孔子研究院院长张立文，中国社会科学院荣誉学部委员、世界宗教研究所教授杨曾文，中国人民大学教授、孔子研究院副院长罗安宪，台湾政治大学名誉教授、国际儒学联合会副理事长董金裕等共同为"和合书院"揭牌。和合书院所在的即墨古城别具风雅，潮海门、牌坊街、文庙、财神庙、县衙广场等古建筑映衬着书院，呈现出了深厚的历史文化底蕴。和合书院致力于以培训班、学术沙龙、学术研讨会、学术课题研究、学术研究成果出版等方式传承、传播和弘扬中华优秀传统文化，并积极与当地社群和学界进行良性互动，为市民、游客和国学爱好者提供一处身临其境感受中国优秀传统文化魅力的场所，传播和合天下的人类文明价值观，打造国内乃至国际有影响力的和合文化高地，助力即墨古城开出更加绚烂的花朵。

三、河北美术学院中国和合艺术研究院

河北美术学院中国和合艺术研究院是学校常设的学术研究机构，成立于2018年10月31日。邀请知名学者张立文先生担任名誉院长，河北美术学院常务副校长张建敏担任院长。同时还邀请了河北大学博士生导师李振纲教授，人民出版社哲学编辑室主任方国根先生，央视《环球财经连线》栏目制片人李勇强先生，中国人民大学曹峰教授、林美茂教授、刘增光副教授，北京市委党校陈欣雨副教授等十数位国内学者担任客座教授和特约研究员。研究院以和合文化大讲坛为主要活动，自2018年10月正式启动以来，已经先后举办了多次大型学术活动和艺术实践，致力于和合文化精神的探寻，发扬传统和合艺术资源，推动河北美术学院的发展。

活动纪要（摘选）

"和合学与温州学融合发展"研讨会
暨人大孔院与温州龙湾《战略合作框架协议》签订仪式

谢海金　王羿龙

为贯彻落实"十四五"规划关于"保护和延续城市文脉""传承弘扬中华优秀传统文化"等方针，中国人民大学孔子研究院与温州市龙湾区人民政府决议开展深入密切的合作，携手推进和合书院的筹建与人大孔子研究院温州分院的建设，共同探索书院模式与地方文化的结合，通过将"校地合作"深入到"院区合作"，进一步强化高校教研资源对地方文化事业的促进作用。

2021年4月30日，中国人民大学孔子研究院召开"和合学与温州学融合发展研讨会"，来自中国人民大学、人民出版社、《光明日报》、《人民政协报》、《中国社会科学报》、温州市龙湾区委、区政府等单位的二十余名专家学者与地方文化代表出席会议。会议围绕"校地合作"的深化、"书院模式"的创新、"城市文脉"的延续等内容展开了热烈的讨论。会议期间，中国人民大学孔子研究院与温州市龙湾区人民政府正式签订《战略合作框架协议》。

近年来，中国人民大学先后与浙江省、山东省、福建省等地方政府签订战略合作协议，探索出了多种"校地合作"的新模式。中国人民大学孔子研究院积极参与到"校地合作"的实践探索中，在尼山世界儒学中心的筹建与发展过程中作出了积极的贡献，人大孔子研究院院长张立文先生受邀出任该中心第一届学术委员会主任。此外，在传承与弘扬中华优秀传统文化方面，人大孔子研究院作了深入的理论研究与大量的实践探索，先后出版十四辑《儒学评论》，联合苏州寒山寺举办十四届和合论坛，受邀在山东即墨古城等地建立和合书院等，积累了丰富的研究成果和宝贵的实践经验。

温州市龙湾区区委、区政府重视城市文脉的延续与地方文化的保护，先后挖掘了永嘉场、永昌堡、寺前街、永嘉学派、和合文化等兼具文化底蕴与龙湾特色的地方文化，着力打造依山傍海、街堡和谐的未来城区。为了更加切实有效地保护和延续温州文脉、挖掘与研究龙湾文化、传承与弘扬中华优秀传统文化，龙湾区委、区政府与中国人民大学孔子研究院进行了持续深入的沟通与研讨，决议以乡贤为纽带、以和合为特色、以书院为载体、以人大孔子研究院为依托，在城区中心建设一个公共文化空间——"和合书院"。

中国人民大学孔子研究院以"和合书院"为载体，积极筹建"温州分院"（龙湾基地）。双方各施才能、各美其美、合作共赢、和合共进，携手探索"校地合作落地""书院模式创新""地方文化保护"与"城市文脉延续"的有机融合模式。

习近平总书记重视并多次强调"和合"，作过"崇正义、尚和合、求大同"等重要指示。2006年，习近平总书记在温州调研时，针对温州的发展与选商引资作过重要讲话："选商引资的落脚点是要形成一种'和合'的文化氛围"，"温州要实现新的发展"一定要形成"一种多元和合的价值取向"。[①] 中国人民大学孔子研究院与温州龙湾携手共建和合书院，不仅是对上述指示的坚定落实，而且是对"十四五"规划关于"保护和延续城市文脉"等方针的积极推进，同时也将中国人民大学一贯重视的"校地合作"进一步深化为了"院区合作"模式，实现了院系机构与区级政府的直接对接与紧密合作。

温州市龙湾区政协主席张纯芳指出，和合学的传播与发扬是龙湾文化的内在需要。以五大原理为核心的和合学体系，既能影响与滋润龙湾人的精神，也能为龙湾区深化永嘉学派、温州历史、张璁文化等先贤名人的研究提

---

① 习近平：《干在实处，走在前列》，中共中央党校出版社2006年版，第492页。

供积极的思考。

向世陵教授在研讨会上指出，和合文化源远流长，在中华民族的历史长河中自有其根基；但和合学作为一种学问、一种学术、一种理论创造而提出来，则始自张立文先生。方国根编审指出，"和合学"理论思维体系建基于张立文先生大量的专业研究和深厚的哲学素养。张先生由《周易》研究、朱熹研究等诸多专题研究开始，逐步上升到对宋明理学、中国哲学的整体把握，然后以核心范畴为线索、以逻辑结构为展开，统筹梳理了中国哲学的整体框架与源流脉络，进而构建了"和合学"理论思维体系，提出了和生、和处、和立、和达、和爱五大原理，以化解五大冲突（人与自然、人与社会、人与心灵、人际之间以及文明之间的冲突）与危机（生态危机、人文危机、道德危机、精神危机与价值危机）。

林美茂教授回忆了早年陪同张立文先生赴日韩等国讲演时的情形，震惊于国外学界对和合学的推崇。与之相比，国内对和合学的重视程度却仍有不足。令人欣慰的是，近年来随着学术活动的增多，和合学在国内的影响也愈加广泛，河北、山东、浙江等地先后落实和合文化在当地的传播，和合学在地方文化的发展过程中逐渐发挥出"助推剂"的效果。洪军研究员认为，现在中国大部分城市虽然仍处于宜居、宜业的物质追求阶段，但追求文化品位与精神享受的意愿也越来越强烈。改革开放以来，温州在经济发展上取得了喜人的成绩。在此背景下，温州龙湾各级领导意识到文化的独特地位与作用，落实和合书院的建设、推进地方文化的发展与城市文脉的延续，既是出于长远的考虑，也是对"十四五"规划方针的充分认识与坚决贯彻。

罗安宪教授指出，在宋明理学中，除了为人熟知的程朱、陆王两系以外，还有很重要的一系，即温州的永嘉学派。温州龙湾是张立文先生的故乡，张先生生于斯、长于斯，亦将反哺于斯、回馈于斯。张立文先生不仅是和合学的创立者和发扬者，同时也是温州文化的继承者和传承者。依托和合书院这一公共文化空间，人大孔子研究院与温州龙湾携手合作，既可以挖掘和弘扬温州传统的文化与学术，使其为今人所用；更重要的是，对和合学的传播，以返本开新的方式重归故土，亦能够形成温州新的文化特色。《光明日报》理论部李亚彬副主任认为，中国每个地方都有自己的学问，应当坚持学问与地域文化相结合。从历史上看，"道场"作为思想传播过程中不可或缺的条件，有利于思想和人才的集中，有助于思想的繁荣和发展。温州龙湾建设和合书院，就可以视之为和合学传播与发展的"道场"。

中共温州市龙湾区委常委、宣传部部长王晓春指出，和合学落实在龙湾有其合理性和必然性，而战略合作协议的签订标志着和合学在龙湾的推进进入实操阶段。一方面，在前期工作中，龙湾明确了和合文化在温州的地位，作了差异化的定位与系统性的谋划；另一方面，明确了和合学在龙湾发展的"五个一"，即一院（孔子研究院温州分院）、一楼（尚和楼）、一会（和合文化促进会）、一堂（和合大讲堂）、一基地（温州学人才研究基地），致力于将和合书院打造为知名的文化名片。

最后，张立文先生总结说：和合学既是一个哲学体系，也应该与当地的文化、教育、生活等融合在一起。温州龙湾筹建和合书院，既是对习近平总书记"尚和合"指示的坚定落实，也能够使哲学社会科学走近生活、走近社会、走近人民，并能使和合学与温州学的融合与发展进入一个新的阶段：既是文化的溯源，也是文化的传播；既是文化的发展，也是文化的落实。日居月诸，随着时光的流逝，无数愿景落地生根，在为中华民族伟大复兴而奋斗的路上，在为人类文明不断前行而探索的路上，和合学与温州学融合发展的相关成果也必将更加丰硕。

作为中国人民大学孔子研究院与温州市龙湾区人民政府战略合作的主要项目，和合书院的建设与人大孔子研究院温州分院的建立，对和合学的传播与发展、温州学的挖掘与研究具有重要意义。依托和合书院，双方将开展更高层次的文化交流活动，将文化融入龙湾市民的精神生活，使和合学与温州学真正成为应用于日用彝常之间的"文化氧气"。同时，温州龙湾可以依托人大孔子研究院建立龙湾和合文化高端平台，培育一批具有较强学术能力与管理能力的人才，真正做到文化反哺、启迪民心。双方的合作，既是"校地合作"深入"院区合作"的勇敢尝试，又是传统书院教育融入现代公共文化的模式创新，同时也是"十四五"规划关于"保护和延续城市文脉""传承弘扬中华优秀传统文化"等方针的坚定落实。

"和合与人类命运共同体对话"学术会议

董凯凯

习近平主席于 2018 年 6 月 10 日的上海合作组织青岛峰会上指出"上海合作组织始终保持旺盛生命力、强劲合作动力"的根本原因在于它"主张互信、互利、平等、协商、尊重多样文明、谋求共同发展。"鉴于此，8 月 25—26 日，中国人民大学孔子研究院和即墨和合书院在青岛市主办了"和合与人类命运共同体对话"的学术会议，旨在弘扬"上海精神"的和合与共理念。来自德国、韩国、马来西亚、新加坡和中国的 80 余位海内外学者就大会主题展开热烈而充分的发言和讨论。与会专家学者在哲学、文化、宗教、国际政治等视角下进一步挖掘和合学和共同体理念在思想史和经典文本中的理论意涵和学术价值。此外，参会的学者、政府官员、企业家、记者编辑等就和合文化和人类命运共同体理念的时代意义进行了富有成效的会谈与交流。青岛市即墨区宋宗军区长出席并向参会的诸位同仁简介了即墨及其古城，同时祝愿此次会议圆满成功。

继往开来，向来都是文化传承与发展的使命，也是时代的召唤。杨曾文、董金裕和张践三位先生分别从儒释道的伦理道德肯定了传统文化的时代意义与价值。张立文先生认为，中国优秀传统文化是中华文明的标识、记忆和载体，是中华民族的根和魂、本与体，是我们在世界文化激荡中站稳脚跟的根基。中国传统文化和人类命运共同体存在五个方面的和合，即人类命运共同体的天下观、伙伴观、仁爱观、和合观、发展观。在此基础上，张先生一再强调，当今时代对我们中国最大的考验是如何用王道化解霸道。李宗桂教授认为，和合、人类命运共同体，彰显了中国智慧，提供了中国方案。"讲仁爱、重民本、守诚信、崇正义、尚和合、求大同"，这六个方面的整体是大和合，具体如何实现是小和合。在他看来，中华和合文化对人类命运共同体有五个方面的贡献：1. 提供了价值选择方案；2. 提供精神支撑，平等协商；3. 为人类文化自信提供历史资源；4. 在人类命运共同体打上中国智慧的印记。5. 和合学是真正具有理论创见的文化战略观。至于和合学自身的价值，他认为，主要有如下几个方面：1. 彰显了中国哲学的价值；2. 为治国理政提供价值依据和精神支撑；3. 为中国文化走向世界提供价值和历史观依据。诚如此言，罗安宪教授从文化的属性入手，剖析了文明冲突的实然和应然，指出基于中华和合文化的"和实力"可以有力助推"人类命运共同体"的战略规划及"一带一路"的有效开展。蔡方鹿教授从发展观、安全观、合作观、文明观和全球治理观出发论述了中国和合文化对构建人类命运共同体的价值。李亚彬高级编辑提出构建人类命运共同体的和合智慧。易佑斌教授站在国际关系的视野下，着力阐发了国际关系中的"和合主义"。

源于传统、生于传统的"和合"，成为本次与会大多数学者和专家致思的焦点之一。和合思想，尽管在张立文先生的创立和构建下，已经得到了非常翔实和深厚的论述，但是正如张立文先生所言"和合学"的真正意义在于"和合起来"。因此，学术理论上的勘正、申论就成为势在必行、不可或缺的事情。李景林教授紧扣儒家的"太和"理念，认为儒学"和"观念的基本精神是拒斥平均化和同质化的两种"同"，由礼之节的差序化为中介，达成"独"与"通"两端互成的"太和"境域。向世陵教授从"和"与"同"的辨析出发，进一步完善了"和合"的多重蕴含。他指出，"和而不同"不能简单理解为"和"与"同"的对立，"同"也有正面的价值，"和合"与"和同"相互关联。积极意义之和合作为"和合"的一般意义，直接阐扬"和生""和处"等正面价值，主要有多元素和合与互动型和合两种构成形态，但二者又可以相互融通。"和合"自宋以后，也在混合杂糅的消极意义上被使用，明辨是非可否应当是"和合"的先导。对"和合"理念的辨析，在内涵上的疏解不可或缺，在外延上的深化与扩展也是必不可少的。为此，詹海云教授站在人类社会的角度审视和合学的贡献与影响，充分论述了和合学对个人、家庭、社会和对中国实际上的历史经验影响。李勇强博士应用和合学于《坛经》的文本分析和思想阐释。孙兴彻教授从"实现和平"的视角下申论了儒家的礼和中庸原理。吴圣正教授以和合学的视角审视儒家思想，得出儒家的三大核心思想是"古今和合"的传统主义、"天人和合"的人文主义和"人我和合"的道德理想主义。张永路博士统观先秦文献，认为，"和民"是和合思想在治国安民维度的基本诉求，"和天下"

是和合思想在更大范围内的终极理想。

"和合"是基于原典的转生。在儒道的经典文本或者儒者自身的思想中，和合思想又存在何种意义上的经典意蕴呢？谢林德教授立足于《荀子·王制篇》，认为，人的特质不是生物学方面的本质，是人在历史上创造出来的文化。李振纲教授指出研究易学和合生命哲学的意义就在于唤醒"敬畏生命"的伦理精神，并且认为《周易》和合哲学的四大理论基石为大生命本体论、八卦和合的时空观、宇宙生命共同体、天地人和谐共生的价值观。曹峰教授据清华简《汤处于汤丘》的"食烹之和"来阐述"和民"思想，认为只有"和利万民"才能强大商邦、顺从治国天意、征伐夏桀。徐刚教授认为朱熹的和合堪舆思想体现了中国传统堪舆理论的"和生"精神、"和立"意蕴、"和处"死生观、"和爱"自然美学观、"和达"精神。蔡家和教授认为郭象比庄子更和合，郭象的"小大逍遥一也"就是圆教，旨在启示我们尊重他人而和合万物，以臻大同。刘增光副教授认为，罗汝芳身心之学中所蕴含和合观念的最高层次为天人合一，人即是天。此外，其和合观念还包含了：1. 人之生命内在的身心和合；2. 身心从源初的意义上就是和合的；3. 圣凡表征的社会和合；4. 万物一体的宇宙和合、生态和合；5. "生生之易"的圆融和生观。李记芬博士认为，荀子的和合思想主要是从协作以（生时）和居、（死时）合聚的角度上而言。在修身和治国思想上则具体表现为化和性以合、明分使群等。

"共同体"理念在中华学术理论、学派、经典文本及其文化背景中有着悠久的历史谱系，在中华历史的长河中，可谓与"和合"思想交相辉映。这成为本次会议的第二个焦点。吴震教授认为，"仁学一体论"的实践意义则在于：在"一体之仁"的人文精神的引领下，重建宇宙万物与人类社会的整体联系，即重建文明世界的整体性、一体性，进而促进人类文化发展以及世界文明对话朝着"一体之仁"的方向前行，以期实现个人的道德理想人格以及人与宇宙万物和谐共存的理想世界。白奚教授在对儒家文献的梳理与阐发过程中指出，儒家的万物共同体思想，无论是从其积极的表现形式还是从其消极的表现形式来看，都有利于人与万物的和谐共处，有助于人的自我完善，其客观效果符合人类的根本利益和长远利益，也符合当今人类关于可持续发展的诉求，是促进当代生态文明发展不可多得的传统思想资源。郑文泉教授以"五伦"为主题比较了儒家与伊斯兰教的思想，认为儒家五伦观可以作为多民族—宗教社会的中道原则之潜能。李焯然教授在亚洲价值观的视域中认为，儒学是超越地域、宗教、国家、民族的，是一个人类共同拥有的，而且普遍接受的价值观。张秋升教授在对董仲舒的《春秋繁露》"春"的解读中，从季节政治话语体系的角度审视了中国古代政治共同体的独特性。李长泰教授认为，王夫之仁共同体思想主要包括仁之全体的天是宇宙共同体、仁之万物的性是物理共同体、仁之良能的心是道德共同体和仁之流行的气是聚变共同体四个逻辑层次。黄星博士认为，庄子构建了上契道本、下合万物，真我、万物、大道相与为一的"共同体"思想体系。

文化的传承与思想的激荡离不开时代的孕育。唯有如此，方能彰显传承与激荡的意义。从茶道、人格、人工智能、和合文化产业畅谈"和合"思想和"人类命运共同体"理念的时代意义就成为本次会议的第三个焦点。杨崇仁教授指出，新时代，茶是人生的伴侣，是家庭的基石，是交流的桥梁，是民族和合的使者，是人类共同体的黏合剂。张瑞涛教授认为，在人类命运共同体这一新时代语境下，应当培育至少含蕴至公人格、和合人格和自信人格三方面特质的新时代理想人格。这间接回答了会议期间梁枢先生"培养有道德的人和有道德的中国人，何者优先？"的问题，也圆成了吴震教授和张践教授对此问题的回答。奚彦辉副教授认为，在人工智能的时代潮流下，人类命运共同体是时代的召唤，中国智慧的彰显。马宪泉院长指出，在人工智能的发展道路上，文化始终是统帅，是根和魂，科技是方法，是手段，是载体，对人类命运的深切关怀，正是中国发展人工智能的初心所在。与会专家和企业家还从和合文化产业的发展和人类命运共同体理念的落地展开了富有实效的探讨。张树荣丰仟、汤天伟研究员等为代表的参会人员倡议建立和合协会，尽快推动和合文化的大力发展。

诚如张立文先生所言，本次会议是一次老少并至、各抒己见的大会，亦如大会主持人陆玉林教授所言，这是一次和合思想和人类命运共同体理念落地发展的智慧碰撞。人类命运共同体理念、源自传统文化和张立文先生笔耕不辍的"和合学"，亟待哲学、政治学、法学等学科领域的学人展开更多的探讨，也期待社会贤达人士更多地参与，更期待有识之士的积极践行。随着和合学年鉴、和合思想史、和合书院等不断深入开展，契合于"上海精神"的和合思想以及人类命运共同体理念将会取得更多的现实成果。

"和合学与中国哲学创新"学术研讨会

2018 年 5 月 26 日在河北美术学院老庄文化研究中心举办了"和合学与中国哲学创新"学术研讨会。张立文先生等 50 多位专家学者出席会议。会议就"和合学与中国哲学的创新"进行了热烈的研讨。

和合学是当代中国哲学的新理论形态，标志着中国哲学进入新理论建构的阶段。与会学者一致认为和合学是 21 世纪中国哲学的新理论形态，标志着中国哲学进入新理论建构的阶段。张立文先生说，进行中国哲学的理论创新首先必须解决三个问题，即为什么创新、怎样创新、创什么新。从现实来说，人类共同面临着五大冲突和危机的挑战，成为命运共同体，需要以和合的理念予以化解；从理论来说，现代新儒家依然接着宋明理学的核心话题讲中国哲学，需要以"和合"话题促进中国哲学的转生。李承贵教授认为，和合学以化解当今人类共同面对的五大冲突和危机为目标，具有鲜明的理论性、现实性和创新性等特点。方国根编审认为，和合学作为当代我国哲学的一种新理论形态，将传统"和合"理念上升到哲学高度，提供了化解各类冲突之道，为世界贡献了中国思想和中国智慧。李勇强博士后认为，和合学彰显了中国文化的主体意识和创造意识，树立了"自己讲""讲自己"的哲学建构的自信，为 21 世纪新儒学发展树立了新的标杆。蔡方鹿教授则认为，应该从更广的人类哲学或世界哲学的立场来看待和合学，一是和合学对和合话题的时代体贴，适应了全球化时代的人文语境，具有世界视野；二是和合学有自己完备的范畴和逻辑结构，相对以往的哲学形态具有超越性。李振纲教授认为，和合学可以作为 21 世纪中国的新生命哲学形态。

和合学的提出和创构是中国哲学繁荣发展的体现。魏义霞教授认为，虽然和合思想在中国源远流长，但和合学是张立文先生的首创，是当之无愧的创始人。徐刚教授认为，和合学的提出和建构已经得到了越来越多的学者、团体、机构和社会公众的认同和接受，反映了中国哲学从书斋走向社会，是中国哲学走向繁荣发展的体现。罗安宪教授认为，和合学的出现是思想解放、学术繁荣的标志，说明中国哲学开始从思想的诠释、解读走向理论的创构和体系的建立，是中国哲学繁荣发展的有益探索和实践。此外，与会学者还就和合学本体论、和合学方法论、和合学在具体现实问题和学术研究中的运用等问题进行了深入探讨。

"和合大同与人类命运共同体"学术研讨会

2017 年 11 月 18 日至 19 日，"和合大同与人类命运共同体"学术研讨会由河北省人民政府参事室、河北省儒学会、河北大学等单位主办，由中国人民大学孔子研究院协办，在河北邢台召开。国内 90 余位专家学者出席了本次论坛，论坛共收到学术论文 80 余篇，主要涉及和合思想、大同观念与社会治理、儒家思想当代价值、经学等。

就和合思想而言，钱耕森教授肯定了和合文化对中国社会和中国民众影响之深刻。张舜清教授认为"和合学"中"和合"的基本内涵在儒家视域中是用"中和"一词来表达的，无论是"和合""中和"还是"和"都体现了一种生命之道。翟玉忠研究员认为"和合"思想就是中国古典哲学三元观念的体现。程有为所长在春秋战国时期的生活世界中全面辨析了"和""同"。惠吉兴教授认为，中国传统文化追求的是辩证和谐。傅永吉所长阐述了"中""和"理念的产生与发展及其与当代社会核心价值观念的联系。刘丹忱副教授认为中华民族多元一体的融合历史中体现了和合思想。

就"大同观念与社会治理研究"而言，麻天祥教授探讨了大同理想和小康现实之间的转化关系以及家天下的事实与公天下理想之间的矛盾。王文涛教授立足于《礼记·礼运》中的"大同社会"，阐述了其中丰富的社会保障思想。张若甲教授认为，君臣伦理是社会伦理的核心，原始儒家的君臣观念具有一定合理性。李奎良院长立足于董仲舒的大同思想，总结了孔子所构想的大同社会的特点。

就"儒家思想当代价值研究"而言，刁生虎教授认为，儒家仁学思想不仅主张"爱人"，而且主张"爱物"。蔡志栋副教授主张用中国现代哲学思想去构建"人类命运共同体"。王征所长认为当今的"一带一路"正是继承和弘扬中华传统文化"和同"精神的具体体现。黄云明教授深入阐述了习近平人类命运共同体理念的哲学底蕴和伦理意蕴。徐建华教授论述了儒学·国学·中国传统文化三者之关系。邢国玲副教授从教育的角度论述了儒学思想在大学生成才教育中的作用。王爱平教授、鲁锦寰教授以其多年在印尼的实地调查为基础，论述了印尼孔教的概况与历史，印尼孔教宗教化的表现以及中华传统儒教海外传播的相关问题。

就经学而言，孙文阁教授考证了河间献王留有著述的史实，以及河间献王将自己的儒家理念和治国实践相结合的史实。曾维术教授从首事、取象、史实和先师四个层面探讨了阅读《春秋》的基本功要求。刘贵生副教授探讨了经学在衡水地区盛行的原因。陈寒鸣教授阐述了鹿善继的儒学思想以及重视实践的观念。杨汝清山长论述了孝道文化在中国有着深厚的根基，同时指出弘扬传统文化应该有的态度是任重道远，死而后已。杜寒风教授探讨了"涌泉跃鲤"四种不同版本的价值导。解光宇主任指出，朱熹《家礼》对海内外的祠堂文化影响深远。

大事记（摘选）

2021 年

亚洲和合文明论坛

2021 年 12 月 17 日，由国际儒学联合会主办的亚洲和合文明论坛 17 日以视频会议形式举行。来自中国、日本、泰国、斯里兰卡等国家和地区的参会嘉宾相聚云端，围绕"增强亚洲文明互鉴、促进亚洲共同发展"这一主题进行了交流，由国际儒学联合会会长刘延东出席论坛并发表主旨演讲。国际儒学联合会理事长、日本前首相福田康夫，泰国公主诗琳通，斯里兰卡国会前副议长蒂兰加·苏马蒂帕拉等出席论坛并致辞。论坛由北京大学承办，北京大学校长郝平主持。与会嘉宾认为，当今世界正处于新的历史十字路口，既充满无限希望，又面临严峻挑战。以"和合"理念增进互信、凝聚共识、激发合力正是应对共同挑战、走向美好未来的文明之力。

"和合文化与人类命运共同体"全球论坛

2021 年 12 月 9 日，由中国外文局、浙江省政府新闻办公室、台州市政府联合主办的"2021 和合文化全球论坛"以线上线下相结合的方式在浙江台州天台县举行。本届论坛以"和合文化与人类命运共同体"为主题，来自中、日、韩、法等十几个国家的政要人士、国际组织代表以及专家学者等约 150 人参与研讨。与会嘉宾指出，和合文化是中华"和"文化的重要瑰宝。倡导和平、和睦、和谐的"和"文化，是中国向世界贡献的礼物，将为完善全球治理、解决人类共同挑战带来有益启示。

中华人民共和国恢复联合国合法席位 50 周年纪念会议上的讲话

2021 年 10 月 25 日国家主席习近平在北京出席中华人民共和国恢复联

合国合法席位 50 周年纪念会议并发表重要讲话。习近平强调，人类是一个整体，地球是一个家园。任何人、任何国家都无法独善其身。人类应该和衷共济、和合共生，朝着构建人类命运共同体方向不断迈进，共同创造更加美好未来。

"和合共生——海上丝绸之路的印记"文物展

2021 年 7 月 22 日，第 44 届世界遗产大会在福州持续举行之际，福建博物院举行了"和合共生——海上丝绸之路的印记"文物展，全面呈现海上丝绸之路所传递的和合共生、美美与共之道。

《文化和合与中国古代文学》出版

2021 年 7 月，王显春著作《文化和合与中国古代文学》出版，该书力求重理中国古代文学的脉络，作者认为中国古代文学史也应该是一部多元的人生哲学史：儒家思想是中国古代文学之本，道家思想是中国古代文学之源，佛家思想是中国古代文学之流。中华民族是一个伟大的民族，在中国文化发展史上，"和合"是中华文化人文精神的精髓，亦为传统文化的精华。和合文化则可为此提供一种卓越的指导思想和可供选择的价值评判标准。研究、弘扬和推广中华和合文化，对于推动社会的长治久安和国家安定团结，促进祖国的和平统一，推动世界和平与发展，具有重要的时代意义，也可使中华文化在解决人类的冲突中，走向世界，并使世界认同中华文化的和合精神，在未来世界人类共同体中发挥出应有的作用。

第十五届和合论坛"共祝建党百年，同心奋斗新征程"研讨会

2021 年 6 月 19 日，第十五届和合论坛"共祝建党百年，同心奋斗新征程"研讨会在苏州寒山寺举行，本届论坛由中国人民大学孔子研究院、苏州市寒山寺、中亿丰建设集团主办，与会专家学者围绕建党 100 周年，开展了一次党史学习教育。寒山寺和合文化研究院院长姚炎祥宣读了中国人民大学教授张立文发来的贺信。

"和合学与温州学融合发展"研讨会暨人大孔院与温州龙湾《战略合作框架协议》签订仪式

2021 年 4 月 30 日，中国人民大学孔子研究院召开"和合学与温州学融合发展研讨会"，来自中国人民大学、人民出版社、《光明日报》、温州市龙

湾区委、区政府等单位的二十余名专家学者出席会议。会议围绕"校地合作"的深化、"书院模式"的创新、"城市文脉"的延续、"和合文化"的弘扬等内容展开了热烈的讨论。会议期间，中国人民大学孔子研究院与温州市龙湾区人民政府正式签订《战略合作框架协议》。双方将以乡贤为纽带、以和合为特色、以书院为载体、以人大孔子研究院为依托，在城区中心合建一个公共文化空间——"和合书院"。中国人民大学孔子研究院以该书院为载体，积极筹建"温州分院"（龙湾基地），将中国人民大学一贯重视的"校地合作"进一步深化为了"院区合作"模式，实现院系机构与区级政府的直接对接与紧密合作。

中国人民大学孔子研究院与温州龙湾初步达成合作意向

2021年3月15日，龙湾区政协主席张纯芳，宣传部部长王晓春，中国人民大学孔子研究院副院长兼秘书长罗安宪等领导专家进行座谈，双方就合作成立中国人民大学孔子研究院温州分院（龙湾基地）、开展龙湾区域文化与和合文化的融合研究、联合设立和合文化创意产业园区等问题进行讨论，初步达成合作意向。

2020年

中国人民大学孔子研究院考察团赴温州龙湾调研和合书院

2020年12月12—15日，受温州龙湾区政协邀请、中国人民大学孔子研究院院长张立文先生委派，中国人民大学孔子研究院考察团谢海金博士、全定旺博士、林国敬博士一行赴温州龙湾调研。考察团一行先后前往"和合文化园（和合书院）"建设工地、龙湾中学和合文化广场、张立文图书馆等地考察调研，随后参加"龙湾和合文化座谈会"。时任龙湾区政协主席张纯芳，原温州市社科联主席洪振宁，中国人民大学孔子研究院代表等出席该座谈会，深入探讨双方合作共建"和合书院"的方式与方法。

第十四届和合论坛"抗击疫情与和合发展"学术研讨会

2020年12月6日，第十四届和合论坛"抗击疫情与和合发展"学术研讨会在中亿丰罗普斯金举行。本届论坛由中国人民大学孔子研究院、苏州市寒山寺、中亿丰控股集团主办。为贯彻防疫要求，此次论坛以苏州本地作者为主，苏州市民宗局副局长周万青、寒山寺方丈秋爽大和尚、苏州大学马克思主义学院院长田芝健，苏州科技大学马克思主义学院兼和合文化研究院院长温波等百余名专家学者参加会议。现场还举行了"中亿丰罗普斯金和合文化研究院"揭牌仪式，该单位以和合文化引领业务融合，树立了中亿丰—罗普斯金和合一家人的观念。

中日和合文明论坛

2020年12月4日，中日和合文明论坛以视频会议形式在北京和东京召开。本次论坛由国际儒学联合会和亚洲共同体文化交流机构共同举办。国际儒学联合会会长刘延东、北京大学校长郝平、北京大学新结构经济学研究院院长林毅夫等中方嘉宾，与日本前首相、亚洲共同体文化交流机构会长福田康夫，日本前文化厅长官青木保等日方代表出席论坛。中日双方友好人士相聚云端，围绕中日文化交流、文明互鉴等主题进行深入交流，共同探讨如何构建契合新时代要求的中日关系，表达了友好交流、增进共识、携手共促亚洲与世界和谐繁荣的心愿。

"儒家思想与文化强国建设"座谈会

2020年11月26日，学习贯彻习近平总书记关于弘扬中华优秀传统文化重要论述暨"儒家思想与文化强国建设"座谈会在济宁曲阜召开。座谈会上，中国人民大学哲学院教授、孔子研究院副院长罗安宪教授在发言中强调，中国文化的根本是"和合"，"多元和合"是中国要向世界表达的中国话语。

"和合"主题国际学生演讲比赛

2020年11月17日，由中国人民对外友好协会主办、人民网承办的2020"甲骨文杯"国际学生"我与汉字"演讲比赛决赛以"和合"为主题，来自40多个国家数千名国际学生踊跃参赛，分享他们学习汉字的故事。世界大同、和合共生是中华文明传承五千年来一直秉持的理念，此次比赛主题中的"和合"二字蕴含着中华传统文化中和平友好、合作共赢的核心要义。主办方希望通过举办"和合"主题的汉字比赛，让广大参赛学生了解汉语言文字之美，感悟"和合"蕴含的中华传统文化的价值理念，从而促进不同文化、不同文明之间的交流互鉴。

中正和合——西城区助力北京中轴线申遗全国书法展

2020 年 9 月 28 日，民族文化宫展览馆举办"中正和合——西城区助力北京中轴线申遗全国书法展"。北京中轴线秉承"中正和合"的文化传统，彰显传统与现代、物质与精神的有机结合，是中国国家礼仪秩序的极致象征，是凝聚中国各族人民砥砺奋进的精神支柱。通过申报世界遗产、举办中正和合主题书法展的方式，可以向全世界展示北京中轴线的遗产价值及其背后所蕴含的中国传统哲学思想。

《和合学与文化创新》出版

2020 年 8 月，张立文先生新著《和合学与文化创新》出版，该书是张立文先生近十年来公开发表主要论文的自选集，共收入 45 篇文章。和平、发展、合作与建设和谐社会、和谐世界是我国走向世界、加强话语权的既定方针，和合学从传统历史层面、现实层面、思想层面解释、论述了中国坚持"以和为贵"、"和而不同"的现实价值和意义，以及为化解人类 21 世纪所共同面临的人与自然、社会、人际、心灵、文明五大冲突所带来的生态、社会、道德、精神、价值五大危机，而提出了和生、和处、和立、和达、和爱五大原理。

第四届全球华人国学大典系列活动·北京高峰论坛

2020 年 7 月 10 日，作为第四届全球华人国学大典系列活动之一的北京高峰论坛隆重举行。论坛主题为"继承创新：疫情下的中华文化使命"。中国人民大学一级教授、孔子研究院院长张立文先生以"中国传统文化当代价值的反思"为题发表主旨演讲。张立文先生从古今中外的不同角度，论述了自我认识、集体主义精神、自由与正义观、民主与平等、天下和合等思想观念在人类生存与发展中的重要作用。他认为在对新冠肺炎疫情的抗击中，凸显了中国文化伟大的价值和魅力。

《中华和合文化的当代价值开发》出版

2020 年 2 月，王恒亮著作《中华和合文化的当代价值开发》出版，该书的主要部分在于探索中华和合文化融入当代思想政治教育的路径：以和合理念为指导确立当前培育目标、辩证扬弃中华和合文化的政治伦理规范，运用和合伦理政治规范协调思想政治教育主体间关系、借鉴和合文化化育方法对思想政治教育方法进行校正、借用和合文化化育路径加强思想政治教育环境建设等。本书既是从思想政治教育的角度分析中华和合文化，也是借助中华和合文化的平台来反思思想政治教育的有益探索，为解决当前思想政治教育领域面临的文化困境提供了系统的应对策略，扩大了思想政治教育的研究视野，有助于指导思想政治教育实践。

2019 年

国际儒学论坛（2019）"儒家思想与人类和平"

2019 年 11 月 30 日，"国际儒学论坛（2019）"在曲阜尼山圣境开幕。来自境内外近百所高校、研究机构的 150 余位专家学者围绕"儒家思想与人类和平"这一主题，从儒家思想观念、儒家学术传统、儒家政治哲学等角度，通过 24 场分组报告进行交流研讨。开幕式上，尼山世界儒学中心中国人民大学分中心、山东大学分中心揭牌成立。中国人民大学党委书记靳诺表示，尼山世界儒学中心首批分中心的设立，标志着"一个中心、多个分中心"共同打造世界儒学研究高地、儒学人才集聚和培养高地、儒学普及推广高地、儒学国际交流传播高地的目标规划正在实现。中国人民大学张立文教授、山东大学王学典教授、东京大学池田知久教授分别作主旨学术报告。

天台山和合文化论坛

2019 年 10 月 11 日，台州"文化融"主题峰会暨天台山和合文化论坛在天台开幕。此次活动由光明日报社、浙江省社科联、台州市委市政府主办，围绕如何传承和弘扬和合文化、深挖文化价值、构建产业体系、聚合产业资源等主题展开讨论。与会嘉宾作了《和合文化与社会主义核心价值观》等主题演讲，强调和合文化有着"文化融"的特质，具有"贵和尚中、善解能容，厚德载物、和而不同"的文化品格。儒释道三教在天台山交融互通，儒以济世、道以修身、佛以治心，三教和合，各显神通，成为中华和合文化的典型代表。

《和合学与人工智能：以中国传统和现代哲理思议网络》出版

2019 年 9 月，张立文先生新著《和合学与人工智能：以中国传统和现代哲理思议网络》出版，本书是张立文先生以哲学视角关照时代前沿问题的最新著作，体现了哲学家思想的前瞻性。在信息智能时代，人工智能既为人类社会的发展带来巨大助益，也给人类带来了新的挑战。如何认识和把握当今人类的生存境遇，如何应对和化解未来可能的冲突和危机，是本书关注的基本问题。张立文先生以和合学的哲学理论回应人工智能时代的新问题，全面且深入地探讨了人在信息智能时代的生存样态、生命意义和境界追求，阐发了人机一体、交感联通、通久和合的未来愿景。

第十三届和合论坛"民族命运·和合共生"学术研讨会

2019年9月21日，第十三届和合论坛"新时代中华民族命运共同体"学术研讨会在苏州会议中心举行。本届论坛由中国人民大学孔子研究院、苏州寒山寺、中亿丰建设集团主办。苏州市政协副主席陈雄伟，寒山寺方丈秋爽大和尚，苏州科技大学党委书记张庆奎，宁夏大学原党委书记兼校长陈育宁，中国工程院院士、哈尔滨工业大学博士生导师沈世钊等来自全国的专家学者、领导嘉宾、法师两百五十余人出席会议。

寒山寺文化研究院院长姚炎祥首先宣读了中国人民大学孔子研究院院长张立文发来的贺信。在信中，张立文除了对本次论坛的召开表示祝贺外，还强调说和合文化是中华文明魂与根、体与本的载体之一，也是五千年来中华文明生生不息的因缘所在。张立文表示，和合既是传统的，又是当代的，应当成为大众自觉的思维意识，以和生、和处、和立、和达、和爱化解自然、社会、人际、心灵、文明的矛盾与危机，实现中华民族伟大复兴。寒山寺方丈秋爽大和尚致开幕词，陈育宁、沈世钊等专家学者分别做了《中华民族凝聚力的历史成因及其功能》《中国建造承载中国梦想》的主题演讲，为深化和合文化的研究、推进"新时代中华民族命运共同体"的理论研究作出了一定贡献。

尼山世界儒学中心成立

2019年8月25日，尼山世界儒学中心正式成立。尼山世界儒学中心是推动儒学振兴的有益尝试和重要探索，为传承弘扬中华民族精神与核心价值观，再现儒学与中华文化辉煌，开建了一个极其重要的阵地。尼山世界儒学中心是推动儒学振兴的有益尝试和重要探索，为传承弘扬中华民族精神与核心价值观，再现儒学与中华文化辉煌，开建了一个极其重要的阵地。

《多元和合是中国哲学的根本》发表

2019年5月，罗安宪文章《多元和合是中国哲学的根本》在《中国人民大学学报》上发表。该文章认为：中国传统哲学的基本态度是认为世界上的一切事物的存在都是共生、共在的，因此也是并且应当是和处、和谐的。共生、共在的基础是多元和合。多元并立、多元共在，而非一元独立、二元对立，才是世界的根本，才是事物的根本。中国哲学与西方哲学最大的不同是，西方哲学强调对立、对抗、斗争、雄强，中国哲学强调共生、共在、和处、合作。多元共在、多元和合、和处和谐、合作和平，是中国传统哲学最根本性的思想观念，是中国传统哲学的根本。

《"和合"体生——"和合学"的中国哲学创新实践》发表

2019年2月，陈海红文章《"和合"体生——"和合学"的中国哲学创新实践》在《浙江社会科学》上发表。该文章指出：哲学问题追根究底是人的问题，这既指向哲学问题的对象，也指向对于问题进行追问的主体。每一个人既有能力也都在以某种方式思考着人自身的问题，也就是哲学的问题。但是，唯有哲学才能对人的问题进行形上的反思，唯有哲学史才能呈现人对于人本身反思的思想历程并提供古今对话的可能，唯有哲学家才能真正地将这种哲学思考以言说体系的形式一般地表达出来。张立文先生的"和合学"正是基于自己独特的生命体悟，在与前哲不断对话的视域融合中，以自己的"和合"言说方式来表述的人类生命之道的哲学体系，是中国哲学创新的理论新体系、方法新视野与思想新成果。

2018年

第十二届和合论坛"新时代中华民族命运共同体"学术研讨会

2018年12月29—31日，第十二届和合论坛"新时代中华民族命运共同体"学术研讨会在苏州会议中心举行，主题为"人类命运·和合与共"。本届论坛由中国人民大学孔子研究院、苏州寒山寺、中亿丰建设集团、苏州和合文化基金会主办。2017年，在中国人民大学孔子研究院院长张立文、寒山寺文化研究院院长姚炎祥等专家领导的积极推动下，"寒山寺文化论坛"更名为"和合论坛"。本届论坛，首次以"和合论坛"的名义召开，标志着和合文化研究进入了新的阶段。来自全国各地的200余位嘉宾、专家学者参加研讨会，中共中央党校博士生导师、中共中央党校校刊社原社长白占群教授，中国科学院院士、华南理工大学博士生导师吴硕贤教授等分别作了《和合文化与构建人类命运共同体》《略论"和而不同"》等主题演讲。

"中国和合艺术研究院"成立

2018年10月31日，中国人民大学孔子研究院与河北美术学院联合成立"中国和合艺术研究院"。成立仪式在河北美术学院召开，中国人民大学孔子研究院院长张立文先生向大家讲解了河北美术学院中国和合艺术研究院的成立宗旨，即弘扬中华优秀艺术，升华和合人文精神，胸怀智能创新使命，构建人类美好生活。河北美术学院甄忠义校长向与会学者致欢迎词，对张立文先生对我校事业的一贯支持表示感谢，并表示将秉承盖大楼、请大师、筑大爱的理念继续为中国哲学和中国艺术服务。中国人民大学曹峰教授、林美茂教授，河北大学李振纲教授，人民出版社哲学编辑室主任方国根先生等专家学者见证了"中国和合艺术研究院"的成立与揭牌仪式，并各抒己见，讨论和商议了研究院的发展方针与未来规划。

《立德树人》——哲学社会科学界德业双馨专家系列节目

2018年9月10—12日，中央电视台中文科教频道连续播出《立德树人》纪录片。该纪录片是全国哲学社会科学工作办公室联合中央广播电视总台共同推出的人物纪录片，由在中文科教频道《人物》栏目监制。

为持续深入宣传我国哲学社会科学界德业双馨的优秀专家学者，展现他们卓尔不凡的学术造诣、潜心敬业的优良学风、奉献社会的突出贡献、修身治学的精神风范，以精彩故事传递大师风采、体现思想光芒、弘扬时代精神，全国哲学社会科学工作办公室联合中央广播电视总台隆重推出特别节目《立德树人》。该片讲述了张立文、孙正聿、夏书章、陈征、于祖尧、王珏、裘锡圭、田正平等中国哲学社会科学界德艺双馨的专家学者的感人故事。片中展现了他们在学术上的突出成绩、潜心敬业的优良学风、对学科发展的卓越贡献及为人治学方面的优良操守，体现他们身上的大师气质和大师风采，深入挖掘了他们身上闪耀的思想光芒、体现的时代精神。其中，张立文先生讲述了他对人工智能等前沿课题的思索，展现了和合学的新成果。

《和合生生论》出版

2018 年 9 月，张立文先生著作《和合生生论》出版，是张立文先生继《和合学概论》《和合哲学论》《中国和合文化导论》等一系列"和合"思想研究与和合学理论建构的成果之后的又一力作。该书从历史与逻辑、中西与古今的冲突融合而和合的视域出发，密切联系历史与当代现实，探赜索隐、钩深致远地阐述了和合生生的含义、性质、特色和神韵，以提供化解五大冲突与危机之道，以及人类向何处去，人类命运何以生存的方案，具有创新性、深刻性、现实性、思辨性。

"和合学与人类命运共同体对话"国际学术研讨会

2018 年 8 月 25 日至 26 日，"和合与人类命运共同体对话"学术活动在青岛市即墨古城学宫举行。该活动由中国人民大学孔子研究院、即墨和合书院主办，即墨古城管理办公室、北京中和天下文化发展有限公司承办，来自德国、韩国、马来西亚、新加坡和中国的 80 余位学者围绕活动主题展开讨论，论题涉及和合思想与生态文明、中华传统文化中的共同体思想、和合伦理与人类命运共同体、人工智能与人类命运共同体、和合学与人类命运共同体、人类命运共同体与和合天下等。

中国人民大学一级教授张立文先生，中国社会科学院荣誉学部委员、世界宗教研究所教授杨曾文先生，台湾政治大学名誉教授、国际儒学联合会副会长董金裕先生等专家学者分别作了主旨报告。张立文先生阐述了中国传统文化与人类命运共同体的和合之处，认为人类命运共同体的天下观、伙伴观、仁爱观、和合观、发展观，为完善全球治理体系提供了思想营养。杨曾文先生讨论了和合思想在建设文明和谐社会中的价值。董金裕先生则指出，和合思想对当代全球秩序的重建具有很强的现实意义。会议期间，张立文、董金裕等 80 余位专家学者在即墨古城共同见证了"即墨和合书院"开院揭牌仪式。和合书院致力于传承、传播和弘扬中华优秀传统文化，将以培训班、学术沙龙、学术研讨会、学术课题研究、学术研究成果出版等方式，举办各种类型的活动，与当地社群和学界进行良性互动，倡导传播和合天下的人类文明价值观。

《佛教文化与和合生态》出版

2018 年 7 月，范殷铭著作《佛教文化与和合生态》出版，该书从国际、国内的生态实践两条线路展开论述，指出佛教和合文化是"一带一路"战略的软实力和金钥匙，传统文化特别是佛教文化对构建和合的生态系统、对促进世界和平、社会和谐与人民和乐，具有现实而深远的意义。全书分为"和合生态系统研究""佛教文化的和合生态发展观""传承和弘扬佛教优秀传统文化，助力和合地球生态系统""和合生态的世界建构""和合生态的社会实践"五个部分。

"和合"理念与"上海精神"

2018 年 6 月 9 日至 10 日，上海合作组织成员国元首理事会第十八次会议在青岛举行，习近平主席发表"弘扬'上海精神'，构建命运共同体"的重要讲话。习近平主席指出："上海合作组织始终保持旺盛生命力、强劲合作动力，根本原因在于它创造性地提出并始终践行'上海精神'，主张互信、互利、平等、协商、尊重多样文明、谋求共同发展。"他在欢迎出席上海合作组织青岛峰会的外方领导人宴会上发表的致辞中指出："'和合'理念同'上海精神'有很多相通之处。"习近平主席在峰会上提出的发展观、安全观、合作观、文明观和全球治理观，概括总结了建设新型国际关系的基本理念，为"上海精神"增添了新的时代内涵，赋予了上合组织新的历史使命。这是"和合"理念在新时代背景下的进一步发展。

"和合文化丛书"出版

2018 年 6 月，张立文先生主编的"和合文化丛书"出版，这套丛书包括六本著作，分别是《致广尽微：和合体论》《正德立己：和合道德论》《东亚宝藏：和合三教论》《箫管备举：和合管理论》《奋进不息：和合人生论》《和合爱神：现实关怀论》。本套丛书从道德、三教、管理、人生、社会等各方面，试图展现"和合学"的时代价值和鲜活生命力。

"和合学与中国哲学创新"学术研讨会

2018 年 5 月 26 日，"和合学与中国哲学创新"学术研讨会在河北美术学院隆重开幕。该会议由中国人民大学孔子研究院、河北大学哲学、河北美术学院合办，中国人民大学哲学院一级教授张立文教授、河北大学教授李振纲、人民出版社哲学室主任方国根、河北美术学院甄忠义校长、原秦皇岛市委书记王三堂、原河北省人力资源与社会保障厅副厅长傅国丰等三十余位专家学者齐聚正定、共话和合。

会议开幕式由李振纲教授主持，张立文教授围绕"中国哲学为什么要创新；怎样创新；创什么新"三个问题作主旨讲话。张教授表示中国哲学体现了时代精神的精华，走向当代、引领未来。时代精神简单地说是时代发展中提出的问题、冲突、矛盾的解决方法和理念。这是一个万物连通的时代，互联网、大数据、人工智能，在过去做不到的现在都能做到，然而矛盾却越来越多。国与国之间、人与人之间、社会与社会之间怎样解决矛盾冲突，只能是和谐、合作、和平才能达到共享、共赢。中国哲学顺应时代发展进行创新才能掌握话语权才能"自己讲"和"讲自己"，才能表现中华民族的自尊和文化自信。罗安宪教授主持大会发言，蔡方鹿教授、李承贵教授、徐刚教授、魏义霞教授、李振纲教授等学者分别作了报告，发表了自己的学术观点和建议。

《中国传统文化与人类命运共同体》出版

2018年5月，张立文先生新著《中国传统文化与人类命运共同体》出版，以其中国哲学史家、哲学家的理论视野对当前"人类命运共同体"这一热点问题作出自己的思考和理解。在张先生看来，"人类命运共同体"的提出，是把新时代的中国置于世界的视域中思索"我们从哪里来，现在在哪里，将到哪里去"的问题，以及如何解决"未来人类向何处去？人类的命运如何？天下观如何开展？以及如何构建和合天下"的问题，是"当今政治家、经济学家、文化学家、思想家、哲学家的历史使命和时代担当"。

首届"中国和文化"座谈会

2018年5月6日，首届"中国和文化"座谈会在中国政法大学举行。此次座谈的主题为"大道和生学"与中国和文化。学界耆宿张世英老先生发表致辞，安徽大学哲学系的钱耕森教授作了关于史伯的主旨演讲。在座谈会中，北京市委党校哲学教研部的陈欣雨则分享了张立文先生的和合学，指出张立文先生的和合学，是中国当代和文化的重要理论形态。

2017 年

《人与自然和合：中国传统与现代的生态观照》出版

2017 年 12 月，康琼著作《人与自然和合：中国传统与现代的生态观照》出版，人与自然和合与共是当今最为迫切的问题之一，以古今交叉的视角来审视此类时代问题，也早已被各大论著所阐述，但是以和合学的生生主旨来致思生态问题，致力于伦理的维度来阐明传统与现代交叉视野下的生态观，却未曾有如本书一样的论述，这也是本书最大的特点所在。该书分为上下两篇，上篇集中于传统的生态伦理思想论述，主要就传统文艺、民族文化、汉族神话中的生态伦理思想展开论说。下篇专注于现代中国内外发展中的政府责任及其反思，就经济发展、农村生态保护、中国环境外交展开了相应的政府、农民责任伦理等论述。

"和合圣地碑"揭幕仪式

2017 年 11 月 11 日，"和合圣地碑"揭幕仪式在天台山和合圣碑公园举行。和合圣地碑位于天台山旅游集散中心区块（和合小镇）内，总高约 7.9 米，碑名"和合圣地碑"由中国人民大学张立文教授撰写，基座正、反两面分别为象征和合二圣的荷花、彩盒吉祥图案浮雕，碑体雄厚稳重。"和合圣地碑"的落成，标志着台州市"和合圣地"的建设又进一步。

第四届河北儒学论坛·"和合大同与人类命运共同体"

2017 年 11 月 18—19 日，以"和合大同与人类命运共同体"为主题的第四届河北儒学论坛在河北邢台召开，国内 90 余位专家学者出席了本次论坛，论坛共收到学术论文 80 余篇，主要涉及和合思想内涵、和合思想地域发展、和合思想经典著作和代表人物、大同观念与社会治理、儒家思想当代价值、儒家思想海外传播等诸多内容。麻天祥、杜保瑞、肖群忠、彭永捷、傅永吉、解光宇等进行了主题发言。

第十一届和合论坛（寒山寺文化论坛）

2017 年 7 月 20—21 日，第十一届和合论坛（寒山寺文化论坛）在苏州会议中心举行，主题为"寒山人·和合心"。来自全国各地的 168 名专家学者齐聚一堂、共话和合，中国人民大学孔子研究院院长张立文、南京大学中华文化研究院院长赖永海等五位学者分别做了《人类命运共同体与和合天下》《缘起理论的和合精神与中国佛教的和合之路》等主题发言。与会专家一致认为，"和合"理念是中华民族的创造，是中华优秀传统文化的精华，它为当今人类多彩文明的共同进步提供了宝贵的精神资源。会议期间，在中国人民大学孔子研究院院长张立文、寒山寺文化研究院院长姚炎祥等专家领导的积极推动下，寒山寺方丈秋爽大和尚正式宣布："寒山寺文化论坛"更名为"和合论坛"，这对于推进和合文化研究的广度和深度，进一步推动和合文化走向世界都具有重要意义。

同日，以"尚和合，求大同"为主题的 2017 天台山和合文化论坛开幕。在开幕式上，来自国内外各界的 12 位专家学者围绕"尚和合，求大同"的主题作了主旨演讲，如中国人民大学哲学院教授罗安宪、国家行政学院政治学教研部原主任徐鸿武、浙江大学哲学系教授何善蒙等分别作《多元和合之道与"一带一路"建设》《中华和合文化的科学内涵与当代价值》《天台山和合文化论纲》的报告。该论坛促进了对和合文化当代价值的探讨，深化了对中华优秀传统文化内涵的认识。另外，2017 首届天台山和合文化节也在当日开幕。

学术论文《走向人类命运共同体的新世界》发表

2017 年 6 月，张立文先生论文《走向人类命运共同体的新世界》在《人民论坛·学术前沿》上发表，该文章认为，民主本身不是目的，其价值在于它是一个有用的工具和形式。民主政治形态的选择，应根据各民族、各国家的国情和实际需要而抉择。当前，多党制议会民主或选举是民主唯一合法性的标志及其普世价值受到质疑。资本民主政治形态已没有能力解决复杂的现代问题，即使最稳固的资本民主政治形态国家也没有提供好的公共产品。一些西方资本民主政治形态的国家，为推行其所谓的民主价值观，导致地区战争、动乱不断，人道主义灾难更加严重。随着全球性挑战的日益增多，加强全球治理体系变革成为世界潮流。构建世界新秩序需要人类命运共同体的新思维、新理念引领，未来需要凝结古今中外文明硕果和价值理想的精髓，以促进人类命运共同体和合天下的实现。

附录：中国和合学相关论文目录提要（2017—2021年）

硕博论文

1. 舒笛：《张立文和合学研究》，黑龙江大学 2021 年博士学位论文。

2. 马倩：《合作型外交话语的话语空间建构研究——以中国"和合"话语为例》，北京外国语大学 2021 年博士学位论文。

3. 刘胜：《张立文和合哲学思想研究》，湖南师范大学 2017 年博士学位论文。

4. 黄涛：《和谐人培养目标的实现研究——基于阴阳和合视角的反思》，西南大学 2017 年博士学位论文。

5. 阎婷婷：《中华传统和合文化的现代转化研究》，辽宁大学 2021 年硕士学位论文。

6. 王鑫：《和合文化视阈下的人类命运共同体思想研究》，江南大学 2020 年硕士学位论文。

7. 王洁钰：《和合文化视角下构建人类命运共同体的路径研究》，山东大学 2020 年硕士学位论文。

8. 高飞：《陶汉华教授基于"和合"思想治疗中风学术经验研究》，山东中医药大学 2020 年硕士学位论文。

9. 白梦秋：《文明交流互鉴视域下"和合"思想的价值意蕴及实践路径》，吉林大学 2020 年硕士学位论文。

10. 周欣：《中华优秀传统文化中和合思想的传承与创新研究》，河南工业大学 2020 年硕士学位论文。

11. 尹丹萍：《天台山和合特色小镇建设现状调查与发展对策研究》，浙江海洋大学 2020 年硕士学位论文。

12. 缪丽伟：《和合翻译理论视域下的〈红楼梦〉传统服饰文本翻译研究》，哈尔滨理工大学 2020 年硕士学位论文。

13. 张瑜：《中国传统和合思想对高校思想政治教育的启示》，南京师范大学 2020 年硕士学位论文。

14. 陈艾迪：《"和合二仙"符号象征研究》，苏州科技大学 2019 年硕士学位论文。

15. 袁媛：《天台山和合文化研究》，苏州科技大学 2019 年硕士学位论文。

16. 陆明：《习近平"和合"外交思想研究》，哈尔滨商业大学 2019 年硕士学位论文。

17. 古周瑜：《朱子和合思想探微》，江西师范大学 2019 年硕士学位论文。

18. 孟美琪：《"和合翻译观"指导下〈云想衣裳〉文化负载词的翻译报告》，南京理工大学 2019 年硕士学位论文。

19. 凌靓：《〈伤寒杂病论〉和合思想研究》，苏州科技大学 2018 年硕士学位论文。

20. 刘小路：《武术和合思想研究》，苏州大学 2018 年硕士学位论文。

21. 陈治廷：《云南胡氏满族"和合"观的伦理意蕴》，云南大学 2018 年硕士学位论文。

22. 周睿：《和合翻译观照下的〈道德经〉英译研究》，长沙理工大学 2018 年硕士学位论文。

23. 李晨哲：《以"相"和合显舞意——陕北"踢场子"表演规律认知》，北京舞蹈学院 2018 年硕士学位论文。

24. 杨小兰：《和合翻译理论指导下的劳动合同英译》，南京理工大学 2018 年硕士学位论文。

25. 熊宇仙：《和合翻译理论视角下的〈孙子兵法〉英译对比研究》，长沙理工大学 2017 年硕士学位论文。

26. 赵觅：《台州市天台山和合特色小镇的旅游资源整合研究》，浙江大学 2017 年硕士学位论文。

27. 王凯洁：《中国电视剧和合文化的美学研究》，中国艺术研究院 2017 年硕士学位论文。

28. 谷淑雨：《和合学视域下"三路合一"中学阅读教学案例研究》，宁波大学 2017 年硕士学位论文。

29. 陈笑菲：《太极拳中和合学思想渗透的研究》，大连理工大学 2017 年硕士学位论文。

30. 茹颖：《传统"和合"文化视角下我国现代企业文化的继承与创新》，杭州师范大学 2017 年硕士学位论文。

31. 杜莉：《和合成器——〈考工记〉中"和合"美学思想的理论阐释》，西北大学 2017 年硕士学位论文。

32. 戴昕萌：《古琴文化中的和合思想研究》，苏州科技大学 2017 年硕士学位论文。

33. 赵霞：《钱穆和合思想研究》，苏州科技大学 2017 年硕士学位论文。

34. 田梦佳：《庄子和合思想研究》，苏州科技大学 2017 年硕士学位论文。

35. 胡先锐：《和合文化与社会治理现代化研究》，苏州科技大学 2017 年硕士学位论文。

36. 王诗雨：《中国传统文化中的"和合"理念在动画创作上的运用》，湖北工业大学 2017 年硕士学位论文。

37. 丁馨：《论中国古代音乐中的"和合"思想》，中国石油大学（华东）2017 年硕士学位论文。

38. 王竹珺：《"和合"思想对当代大学生价值观形成的启示》，中北大学 2017 年硕士学位论文。

39. 肖颖：《和合翻译论视角下的中国古典诗歌英译研究》，长沙理工大学 2017 年硕士学位论文。

40. 丁玲：《"和合"文化渗透下地理教学中的生命教育探究》，河北师范大学 2017 年硕士学位论文。

41. 郭俊仪：《和合文化翻译观指导下文化负载词的翻译》，南京理工大学 2017 年硕士学位论文。

学术论文

1. 林高飞、范英杰：《和合共赢文化与企业价值创造——基于管理会计应用的中介效应与利益相关者的调节效应》，《财会通讯》2021 年第 24 期。

2. 彭恺、金山：《甘青人口较少民族口头文学的和合之美》，《西北民族研究》2021 年第 4 期。

3. 蔡德贵：《雍容大度，和合天下——中国传统文化的包容性》，《秘书工作》2021 年第 11 期。

4. 林楠、文嘉、刘七扬：《"和合"模式：一个新时代青年公共政策实践的解释框架——以〈广东中长期青年发展规划（2018—2025 年）〉实施为例》，《中国青年社会科学》2021 年第 6 期。

5. 胡凌艳：《人类命运共同体思想对中华和合文化的传承与时代创新》，《福建教育学院学报》2021年第10期。

6. 刘鲤：《"和合"文化与校企合作产教融合发展的路径》，《现代企业》2021年第10期。

7. 朴恩慧、胡宝元、王楠：《浅析和合视域下的法治认同》，《辽宁工业大学学报》（社会科学版）2021年第5期。

8. 宋慰祖：《强化长城的"和合文化"精神》，《北京观察》2021年第10期。

9. 籍雪梅、郑小玲：《中华"和合"文化的实质、内涵及时代价值》，《中共石家庄市委党校学报》2021年第10期。

10. 雷莉：《试论中华民族的"和合"价值追求》，《陕西社会主义学院学报》2021年第4期。

11. 张新凯、梁雅明：《论和合文化视阈下青要山文创产品的创新策略》，《家具与室内装饰》2021年第10期。

12. 汪佳玉：《人类命运共同体对中华和合文化的传承与创新》，《邯郸职业技术学院学报》2021年第3期。

13. 郝金广：《智者大师"人和合海"思想分析——兼论对"人类命运共同体"的借鉴意义》，《法音》2021年第9期。

14. 王婷：《和合翻译论视阈下陶渊明诗歌英译研究——以〈归去来兮辞〉三个英译本为例》，《成都航空职业技术学院学报》2021年第3期。

15. 王广文、李娜、冀婉泓：《和合共生》，《上海纺织科技》2021年第9期。

16. 袁沙：《传统和合文化在农村法治建设中的作用》，《现代农业研究》2021年第9期。

17. 李永富、岳晗：《论先秦五行思想的和合意蕴》，《文化学刊》2021年第8期。

18. 查月文、卢影、关琪：《中国传统古建筑之"和合"观念》，《安徽建筑》2021年第8期。

19. 高贵朋：《以德为本：孟子"和合"思想的特质》，《佳木斯大学社会科学学报》2021年第4期。

20. 吴子林：《文化交往或对话可能吗？——论东西方文化的和合创生》，《人文杂志》2021年第8期。

21. 李振悦：《中国传统和合文化与构建人类命运共同体》，《现代交际》2021年第15期。

22. 郑文娟：《中华"和合"文化对当代青年价值观形成的意义研究》，《柳州职业技术学院学报》2021 年第 4 期。

23. 卢琼、卢成中、蒋衍：《"和合"文化背景下的学校特色美育实践》，《教育科学论坛》2021 年第 26 期。

24. 陆云泉、陈德收、康文中：《和合共生：学校集团化发展中的文化认同建构》，《中小学管理》2021 年第 8 期。

25. 范宇斌：《"两岸之间更要和合"——2021 浙台大学生"台州和合文化"体验营侧记》，《两岸关系》2021 年第 7 期。

26. 孙明霞：《壶韵天成，大道无形——从"和合壶"看紫砂艺术的和谐设计和人文内涵》，《陶瓷》2021 年第 7 期。

27. 刘凌：《以"和合"理念构建世界多边主义软法机制》，《中国外资》2021 年第 13 期。

28. 海群：《中华民族优秀"和合"文化与铸牢中华民族共同体意识》，《四川省社会主义学院学报》2021 年第 2 期。

29. 刁敏、郑冯涛：《传统和合智慧与当代统战理论创新》，《天津市社会主义学院学报》2021 年第 2 期。

30. 蒋琳：《从和合翻译观看英译摩诘诗中的风采再现——以〈过香积寺〉四个英译本为例》，《成都航空职业技术学院学报》2021 年第 2 期。

31. 陈秋月：《运用和合文化，助力乡村振兴》，《山西农经》2021 年第 11 期。

32. 陈灵巧：《美哉！中职音乐教学中的和合之美》，《艺术评鉴》2021 年第 11 期。

33. 吴静：《"和合"原型视野下〈哪吒之魔童降世〉的矛盾冲突与化解》，《视听》2021 年第 6 期。

34. 汤天伟：《和合天台》，《观察与思考》2021 年第 5 期。

35. 李桦：《新时代高校劳动教育理路优化的和合意蕴》，《产业与科技论坛》2021 年第 10 期。

36. 遇旻、朱美艳：《汉字教学与优秀传统文化传承论略——以讲仁爱、重民本、守诚信、崇正义、尚和合、求大同为例》，《宁夏师范学院学报》2021 年第 5 期。

37. 许群芬：《新媒体重大主题报道的短板和提升路径探析——以和合天台 APP 为例》，《传媒论坛》2021 年第 9 期。

38. 万寿点墨：《和合的智慧》，《财务与会计》2021 年第 9 期。

39. 李茜：《中华"和合"文化对边疆民族大学生构建中华民族共同体意识的时代价值》，《文化创新比较研究》2021 年第 12 期。

40. 陈坚：《神秀山岳，和合文化——〈天台山和合文化研究〉书系述评》，《台州学院学报》2021年第2期。

41. 王黎黎：《中国特色集体协商的和合伦理基础及权利设计》，《伦理学研究》2021年第2期。

42. 李文盛：《交往与和合：中国精神与中国形象的对外传播——基于人类命运共同体建构》，《湖北行政学院学报》2021年第2期。

43. 包朗、闫梅、万素花：《维吾尔族麦西来甫与儒家文化之和合大同关系浅窥》，《边疆经济与文化》2021年第4期。

44. 张广君、曾瑶：《走向"和合"："互联网+"时代的教师伦理取向》，《中国电化教育》2021年第4期。

45. 牛犁、崔荣荣：《中华民族多元一体"和合文化"建构——以汉族民间衣裳的历史变迁与文化融合为例证》，《河南社会科学》2021年第4期。

46. 曹世伟、李佳静：《和合思想下的当代书法接受与改造》，《新纪实》2021年第7期。

47. 张立健：《从和合学解构人类命运共同体思想》，《牡丹江大学学报》2021年第3期。

48. 纪光欣、宋红燕：《以中致和：管理的和合本质追问——基于传统和合思想的阐释》，《领导科学》2021年第6期。

49. 刘海涵：《尚和合文化 拓"一带一路"》，《经济研究导刊》2021年第8期。

50. 王成、李珊珊：《试论中国新型政党制度的"和合"文化意蕴》，《山西大学学报》（哲学社会科学版）2021年第2期。

51. 张立文：《融突和合论——中国哲学元理》，《江汉论坛》2021年第3期。

52. 周鹏：《中国古代华夷族群和合之道的现代启示》，《西北民族大学学报第哲学社会科学版期》2021年第2期。

53. 王擎擎、姚魁武：《和合思想视角下的中西医结合》，《中医学报》2021年第3期。

54. 高晓锋：《和合学本体论思议的四重转向》，《江海学刊》2021年第2期。

55. 徐宁泽：《中华和合文化视阈下的阜新东蒙短调民歌》，《戏剧之家》2021年第9期。

56. 陶赋雯、王伟：《新世纪中国电影在日本的海外放映与记忆传播反思——从"洋邦之争"到"和合之美"》，《北京电影学院学报》2021年第2期。

57. 余忠淑：《和合共生：文学作品创作的社会生态审美之维——以达真〈康巴〉和阿来〈空山〉为例探微》，《白城师范学院学报》2021 年第 1 期。

58. 刘洋：《"和合"文化视域下人类命运共同体的当代构建》，《重庆电子工程职业学院学报》2021 年第 1 期。

59. 柯静怡：《新时代中国共产党对"和合"思想的传承与发展》，《西部学刊》2021 年第 3 期。

60. 许丹丹：《中华文明中的"和合"文化传统与国家形象的塑造》，《现代交际》2021 年第 3 期。

61. 刘蕊：《朝鲜族舞蹈作品编创中"对立与融合"的诠释——以双人舞〈和合〉为例》，《艺术教育》2021 年第 2 期。

62. 杨帆、王成：《论和合：隋唐民族共同体建构的深层意蕴》，《山东社会科学》2021 年第 2 期。

63. 李长泰：《王船山人本思想的三层和合逻辑确证》，《衡阳师范学院学报》2021 年第 1 期。

64. 杨明、徐本淳、谢娟娟：《STEAM 视域下"和合"校本课程建设实践探索——以成都龙泉中学为例》，《教育科学论坛》2021 年第 5 期。

65. 张福坤：《传统司法中的"和合"文化》，《公民与法》（综合版）2021 年第 1 期。

66. 郑池慧：《浅析和合文化推进中国现代化进程》，《汉字文化》2021 年第 2 期。

67. 徐蔚、邵文佳：《〈易传〉"和合"美学思想的三重向度》，《哈尔滨学院学报》2021 年第 1 期。

68. 何虎生、赵文心：《中国共产党统一战线思想的精髓要义：法宝、和合与平衡》，《中国人民大学学报》2021 年第 1 期。

69. 冯炼：《浅谈紫砂"和合壶"的造型设计和文化内涵》，《陶瓷科学与艺术》2021 年第 1 期。

70. 孙露露：《人类命运共同体与孔子义利和合思想的理论关联》，《内蒙古农业大学学报》（社会科学版）2021 年第 1 期。

71. 冯春：《和合共生：论中国文旅融合之路——以攀枝花市为中心的学术探索》，《重庆三峡学院学报》2021 年第 1 期。

72. 刘恋：《利用和合文化推进新时代统战工作》，《陕西社会主义学院学报》2021 年第 1 期。

73. 王玲玲、鞠安琪：《"和合承德"城市品牌视角下承德高校礼仪教育研究》，《品味经典》2021 年第 1 期。

74. 但华阳：《"和合"视阈下高校第二课堂德育教育实践基地"三一一"建构模式研究》，《高等建筑教育》2020 年第 6 期。

75. 高展：《传统和合文化对学生评价的启示》，《上海教育科研》2020 年第 12 期。

76. 吴淑芳：《和合思维下中医疾病管理理念在临床管理中的优势》，《中医药管理杂志》2020 年第 23 期。

77. 赵秀文：《新时代教学中的"文化他性"与"和合之道"》，《当代教育科学》2020 年第 11 期。

78. 高晓锋：《试论〈吕氏春秋〉的"和合"思想》，《中原文化研究》2020 年第 6 期。

79. 纪洪波：《打造开放高端科技创新智库，建构和合融通创新生态系统》，《学会》2020 年第 11 期。

80. 叶水英：《和合之道——论和合壶造型所阐释的道理及内涵》，《陶瓷科学与艺术》2020 年第 11 期。

81. 孙志建：《"理性—和合"行政观：中国特色公共行政精神的成熟定型》，《探索》2020 年第 6 期。

82. 莫申江、赵瑜：《和合共生：浙江日报报业集团构建融合创新系统的单案例研究》，《浙江大学学报》（人文社会科学版）2020 年第 6 期。

83. 李伟强、李鑫：《"和合"文化的传承与应用——天台山风景名胜区旅游集散中心区景观规划设计实践》，《中国园林》2020 年第 S2 期。

84. 王景云、由婧涵：《和合文化理念下社区教育的新思考》，《成人教育》2020 年第 11 期。

85. 鲍旭源：《守正、仁德、和合：领导者化解公正与效率冲突的方略》，《领导科学》2020 年第 21 期。

86. 邵立平：《论紫砂对壶"和·合"的造型之美和传统文化》，《江苏陶瓷》2020 年第 5 期。

87. 王潇笠：《浅谈紫砂雕塑在传统题材上的创新表现——以作品"和合二仙"为例》，《江苏陶瓷》2020 年第 5 期。

88. 张燕：《论台州家族文化的和合特质》，《台州学院学报》2020 年第 5 期。

89. 杨供法：《先秦和合文化思想体系论析》，《台州学院学报》2020 年第 5 期。

90. 朱华杰：《浅论和合文化视阈下地方高校科研团队建设》，《台州学院学报》2020年第 5 期。

91. 芮潇：《浅析建筑设计与景观设计的和合教学模式》，《建材发展导向》2020 年第 20 期。

92. 郭佳敏：《基于"和合"造物思想的文化旅游产品创新设计研究》，《工业工程设计》2020 年第 5 期。

93. 魏春、张卓文、连建伟：《论〈童蒙止观〉所蕴含的和合养生思想》，《中华中医药杂志》2020 年第 10 期。

94. 华暖、王奕炯：《澄江成教"核、和、合"文化的探寻与建设》，《教育教学论坛》2020 年第 40 期。

95. 黄颖臻、陶雪芬：《社区教育专业化队伍建设的路径探索——记澄江成教社区教育品牌"核和合道德讲堂"》，《教育教学论坛》2020 年第 40 期。

96. 姚晨宇：《人类命运共同体思想中的和合文化探析》，《邯郸学院学报》2020 年第 3 期。

97. 熊泽泉、段宇锋：《场馆形态自助图书馆运营模式研究——以台州市"和合书吧"为例》，《图书馆杂志》2020 年第 9 期。

98. 王轶霄：《中华和合文化在中国电影中的体现》，《经济师》2020 年第 9 期。

99. 吴士健、杜梦贞、周忠宝：《和合文化情境下包容性领导如何影响员工越轨创新行为》，《科技进步与对策》2020 年第 17 期。

100. 严文波：《中国传统"和合"理念与构建人类命运共同体》，《红旗文稿》2020 年第 16 期。

101. 李春风：《台州和合文化英译探析》，《中国科技翻译》2020 年第 3 期。

102. 孔瑞：《区分与和合：滇中彝族"那地"仪式探究》，《红河学院学报》2020 年第 4 期。

103. 朴敬卿：《和合永续——"一根藤"木作技艺审美及造物理念探析》，《台州学院学报》2020 年第 4 期。

104. 纪洪波：《建构和合融通式的创新生态系统——以山东省科协实践为例》，《科技导报》2020 年第 14 期。

105. 何利群：《和合共生：邺城北朝造像艺术》，《美成在久》2020 年第 4 期。

106. 范红、眭谦：《三生和合，文以化成：成都建设公园城市全球化品牌的理念和路径》，《先锋》2020 年第 7 期。

107. 熊海燕：《"和合"文化对我国高校思想政治教育改革的启示》，《新西部》2020 年第 17 期。

108. 邱凌：《"和合"思想：中国影视剧对外传播的价值核心》，《现代传播》（中国传媒大学学报）2020 年第 6 期。

109. 尉天骄：《中华和合文化现代转化的路径探索——简评〈中华和合文化的当代价值开发〉》，《滁州学院学报》2020 年第 3 期。

110. 那艳武、温亚楠：《"和合"视域下——评马彦祥〈还乡〉之改编》，《戏剧文学》2020 年第 6 期。

111. 孙鹤芳：《传统"和合"观的当代阐释与发展》，《人民论坛·学术前沿》2020 年第 10 期。

112. 胡晓鹤：《"和合"文化引领大学生人生发展的路径探析》，《文化学刊》2020 年第 5 期。

113. 陈霞：《和合文化：人类命运共同体的思想溯源》，《新疆大学学报》（哲学·人文社会科学版）2020 年第 3 期。

114. 马鸣锴、王建华：《习近平对中华"和合"思想的运用与发展——基于外交工作的考察视角》，《西南民族大学学报》（人文社科版）2020 年第 5 期。

115. 肖岚、梅如斐：《涵养大学生"和合"文化观刍议》，《教育观察》2020 年第 17 期。

116. 汤淑珍、陈劲松：《新时代江西专科院校"大统战"工作特色探究——以 Y 校"和合"文化统战为例》，《科学咨询》（科技·管理）2020 年第 5 期。

117. 何雨：《区域文化与经济的和合共生何以可能？——以江苏为例》，《山东大学学报》（哲学社会科学版）2020 年第 3 期。

118. 邓伟升、许晖：《当东方遇到西方——管理移植与创新视角下的闫希军"理性和合"管理思想探索》，《管理学报》2020 年第 5 期。

119. 徐海艳：《信息化时代背景下"中华和合文化"的海外传播与现代外语教学研究》，《产业与科技论坛》2020 年第 9 期。

120. 张艳春：《传统"和合"文化视域下当代大学生人际交往研究》，《太原城市职业技术学院学报》2020 年第 4 期。

121. 朴浥尘：《荻浦村佑承堂"和合二仙"牛腿纹样研究——"和合二仙"信仰发展及形象流变》，《文化学刊》2020 年第 4 期。

122. 肖颖：《论经营管理对荀子"和合"思想的借鉴》，《贵阳学院学报》（社会科学版）2020 年第 2 期。

123. 高晗雯、林伟：《和合文化视阈下提升高校思想政治教育亲和力探析》，《广西社会科学》2020 年第 4 期。

124. 徐海艳：《和合文化的传承与外宣——基于寒山的域外影响研究》，《鄂州大学学报》2020 年第 2 期。

125. 刘树鹏：《中华"和合"文化的泛在学习》，《中学政治教学参考》2020 年第 7 期。

126. 李桦：《和合文化创新性发展与高校自媒体"融合"传播》，《产业与科技论坛》2020 年第 5 期。

127. 张桂梅、张平：《习近平治国理政思想对中华"和合"文化的传承与发展》，《三明学院学报》2020 年第 1 期。

128. 胡晓鹤：《"和合"文化视域下的大学生心理健康发展路径探析》，《教育教学论坛》2020 年第 8 期。

129. 韩玉洁：《人类命运共同体的和合文化意蕴》，《现代交际》2020 年第 3 期。

130. 陈海红：《和合今释——张立文先生的"和合学"》，《贵州文史丛刊》2020 年第 1 期。

131. 刘靖子：《"和合"思想的基本内涵与实践意义》，《湖南省社会主义学院学报》2020 年第 1 期。

132. 郭雷：《和合发展　推动公司电网再上新台阶》，《河南电力》2020 年第 2 期。

133. 龚伯韬、程天君：《合作学习：情面、"和合"与教学秩序再生产——基于"过程—结构"视角的比较个案分析》，《高等教育研究》2020 年第 2 期。

134. 张梦雪：《从"和合"理念评电视思政节目〈思想的田野〉》，《当代电视》2020 年第 2 期。

135. 徐荣：《和合校园基本建设研究——基于台州电大新校园建设的思考》，《当代教育实践与教学研究》2020 年第 2 期。

136. 孙雪菲：《和合理念与人类命运共同体建构》，《中学政治教学参考》2020 年第 3 期。

137. 张新颜：《人类命运共同体思想与和合文化的内在契合》，《中学政治教学参考》2020 年第 3 期。

138. 王志强：《〈髹饰录〉的阴阳和合观念》，《大众文艺》2020 年第 1 期。

139. 张埔华：《"人类命运共同体"思想对中华传统"和合"文化的继承与发展》，

《长春理工大学学报》（社会科学版）2020 年第 1 期。

140. 王瑞全：《"和合故能谐"——渝北区龙溪街道以"五和"推进社会治理建设的实践与启示》，《当代党员》2020 年第 1 期。

141. 刘运娟、赵莉、金娟凤、陈东生：《泉州金苍绣的美学特征与和合文化内涵》，《丝绸》2020 年第 2 期。

142. 廖利明：《和合思想与大学生思想政治教育》，《闽南师范大学学报》（哲学社会科学版）2019 年第 4 期。

143. 阎婷婷、任佳莹：《人类命运共同体思想蕴含的"和合"文化智慧》，《改革与开放》2019 年第 24 期。

144. 纪光欣、孙莹：《和合与整合：中国传统管理思想与福列特管理思想的一个比较》，《科学与管理》2020 年第 2 期。

145. 张乃夫：《"和合"文化理念下高校校园文化建设新思考》，《科技资讯》2019 年第 36 期。

146. 顾小燕：《和合观照下的宝相花纹装饰纹样研究》，《艺术研究》2019 年第 6 期。

147. 戴旭阳、王海亚、张子鑫、邓明宇：《论和合文化视阈下文创产品设计的创新策略》，《美与时代》（上）2019 年第 12 期。

148. 王海帆：《传统建筑和合文化元素及应用探析》，《山东工艺美术学院学报》2019 年第 6 期。

149. 王晓燕：《"和合文化"嵌入护理行为对消化道肿瘤患者生活质量的影响》，《世界最新医学信息文摘》2019 年第 99 期。

150. 马庆花：《浅论"和合"传统文化的内涵及社会价值》，《文化产业》2019 年第 23 期。

151. 刘友明、段锦龙、张铌雪、姚魁武：《运用"和合思想"辨治高脂血症》，《环球中医药》2019 年第 12 期。

152. 陈海红：《道在和合——张立文的"和合学"是传统哲学之当代展开》，《孔子研究》2019 年第 6 期。

153. 吕钊凤：《和合共生的新时代》，《智能网联汽车》2019 年第 6 期。

154. 赖国书、洪卫东、陈聪法、刘琤、郑拓巍：《实施"和合精进"家园工程　建设风清气正的和谐企业》，《当代电力文化》2019 年第 S1 期。

155. 胡运哲：《和合外交思想与新型大国关系建构论析》，《长春师范大学学报》2019 年第 11 期。

156. 冯颂颂：《简论和合思想在新时代的转换》，《河南教育学院学报》（哲学社会科学版）2019 年第 6 期。

157. 王玉明、冯晓英：《美国梦里的中国味——评〈疯狂动物城〉的和合向度》，《安徽农业大学学报》（社会科学版）2019 年第 6 期。

158. 冯炳棠：《佛山年画　和合二仙》，《民艺》2019 年第 6 期。

159. 岳晗、李永富：《论先秦阴阳思想的和合意蕴》，《学术探索》2019 年第 11 期。

160. 叶青：《"和合文化"背景下学生德育管理策略的研究》，《华夏教师》2019 年第 31 期。

161. 王梦璐、常樱：《北齐佛造像忍冬纹类型——以"和合共生"临漳邺城佛造像展为中心》，《东方收藏》2019 年第 21 期。

162. 王小平：《和合思维下对中医整体观念的深度解读》，《北京中医药大学学报》2019 年第 10 期。

163. 李玉用、施晓逸伦：《人类命运共同体思想对中华和合文化的运用和超越》，《中学政治教学参考》2019 年第 30 期。

164. 周仲强：《和合文化与寒山拾得传说的文化互构》，《台州学院学报》2019 年第 5 期。

165. 杨供法：《从媒人到"和合二圣"——和合文化符号的形成与条件》，《台州学院学报》2019 年第 5 期。

166. 刘振：《和合文化的三个层次及其制度史渊源——兼论台州在和合文化中的母体地位》，《台州学院学报》2019 年第 5 期。

167. 胡晓鹤：《走向大众化：和合文化的发展路径探析》，《台州学院学报》2019 年第 5 期。

168. 车庆芳：《和合文化：助推"一带一路"建设的智慧基因》，《广西社会主义学院学报》2019 年第 5 期。

169. 崔晔、范建铭：《精工至善和合共生——长兴技师学院创新"1334"办学模式》，《职业》2019 年第 29 期。

170. 《和合共生——临漳邺城佛造像展》，《荣宝斋》2019 年第 10 期。

171. 李铁英、马鑫、石欣怡：《基于和合思想的人类命运共同体的意蕴与蓝图》，《石河子大学学报》（哲学社会科学版）2019 年第 5 期。

172. 王振海：《诠析中国建筑西北设计研究院和合企业文化》，《建筑设计管理》2019 年第 9 期。

173. 陈杉：《合作社"和合"治理文化研究——基于乡土文化嵌入因素的审视》，《苏州大学学报》（哲学社会科学版）2019 年第 5 期。

174. 林晓婧：《中国民族声乐"和合性"教学理念初探》，《歌唱艺术》2019 年第 9 期。

175. 郭超然：《和合视角下的现代企业管理》，《施工企业管理》2019 年第 9 期。

176. 卢晴、朱毅：《浅谈中式家具设计中的和合文化》，《大众文艺》2019 年第 16 期。

177. 黄路遥：《以人性逻辑透析教育深层次问题——兼评〈冲突与和合——课程改革的人性逻辑〉》，《宜宾学院学报》2019 年第 8 期。

178. 刘朝霞、王金雪：《翻译研究新视角：和合翻译初探——以诗词翻译为例》，《北极光》2019 年第 8 期。

179. 吴昊：《习近平"人类命运共同体"理念之和合伦理》，《哈尔滨学院学报》2019 年第 8 期。

180. 林伟红：《"和合"思想对中国构建社会主义和谐社会的影响》，《吉林省教育学院学报》2019 年第 8 期。

181. 石书臣、张金福：《中华"和合"文化的当代阐发与实践》，《中国特色社会主义研究》2019 年第 4 期。

182. 唐衍军、蒋煦涵：《"和合"思想、合作博弈与会计师事务所合伙治理》，《财会通讯》2019 年第 22 期。

183. 宋清员、王成：《中华民族"多元一体"理论与"和合"思想的内在理路》，《中共中央党校（国家行政学院学报）》2019 年第 4 期。

184. 李记芬：《试论荀子"和合"思想》，《现代哲学》2019 年第 4 期。

185. 孙红姐：《中华优秀传统文化中和合思想的时代价值》，《淮海工学院学报》（人文社会科学版）2019 年第 7 期。

186. 王年红：《家园意识，和合文化，愚公精神——从〈流浪地球〉看中华民族优秀传统文化的太空表达》，《视听》2019 年第 7 期。

187. 余潇枫、章雅荻：《和合主义：国际关系理论的中国范式》，《世界经济与政治》2019 年第 7 期。

188. 张立文：《和合情绪中和论——中国传统文化与现代人工智能第下期》，《学术研究》2019 年第 6 期。

189. 王辉：《思维架构的生成机制、和合关系与差序格局》，《吉林化工学院学报》

2019 年第 6 期。

190. 言恭达：《和合文明诉求——现代生活方式的构建》，《中国政协》2019 年第 11 期。

191. 谢耀亭：《和合之道与晋国霸业——以文公建霸为中心的考察》，《吕梁学院学报》2019 年第 3 期。

192. 车庆芳：《和合文化推动统战文化建构的新时代意蕴》，《云南社会主义学院学报》2019 年第 2 期。

193. 高晓锋：《周琦的哲学思想与和合意蕴研究》，《中北大学学报》（社会科学版）2019 年第 4 期。

194. 徐瑾、李懂：《和合之道：习近平"人类命运共同体"思想的四重内涵》，《决策与信息》2019 年第 6 期。

195. 袁媛：《天台山和合文化内容概述》，《湖南科技学院学报》2019 年第 6 期。

196. 张立文：《和合情绪中和论——中国传统文化与现代人工智能第上期》，《学术研究》2019 年第 5 期。

197. 杨娇、王义丹：《基于"和合思想"的中小学语文课堂教学初探——以杜甫的〈茅屋为秋风所破歌〉为例》，《教育观察》2019 年第 15 期。

198. 张立文：《中国传统和合文化与人类命运共同体》，《中国人民大学学报》2019 年第 3 期。

199. 罗安宪：《多元和合是中国哲学的根本》，《中国人民大学学报》2019 年第 3 期。

200. 吴晓蓉、罗谦：《和合故能谐：重构当代教师的师生交往观》，《教师教育学报》2019 年第 3 期。

201. 范正利：《风云际会、和合共生、一个伟大倡议的唱响与回响》，《人民交通》2019 年第 5 期。

202. 徐来潮：《和合共生：走向生态管理的学校文化建设》，《中小学管理》2019 年第 5 期。

203. 陈秋云：《中华优秀传统文化当代创新的和合路径——兼评〈中国和合学年鉴〉第 1988—2016 期》，《邵阳学院学报》（社会科学版）2019 年第 2 期。

204. 王莉：《中国传统"和合"之道及现实价值》，《开封教育学院学报》2019 年第 4 期。

205. 徐海军：《台州府城近代建筑群和合特色研究》，《艺术工作》2019 年第 2 期。

206. 金旭、王鑫威：《人民法院和合警队建设的理论思考与实践图景》，《佳木斯职业学院学报》2019 年第 4 期。

207. 向世陵：《"和合"义解》，《哲学动态》2019 年第 3 期。

208. 王红：《四维的生态和合之美：侗族古歌研究》，《中央民族大学学报》（哲学社会科学版）2019 年第 2 期。

209. 孔祥艳：《和合文化在图书馆人文管理中的运用》，《内蒙古科技与经济》2019 年第 5 期。

210. 孙旭鹏、赵文丹：《荀子和合思想及其现代价值》，《船山学刊》2019 年第 2 期。

211. 阮丽萍：《美在关系：论张艺谋〈影〉对中国先秦阴阳学说与"和合"美学观的借鉴》，《电影文学》2019 年第 5 期。

212. 吴敬辉、陶然：《和合理念背景下外语专业研究生的文化广阔视野养成初探——以文化人类学课程为突破口》，《海外英语》2019 年第 5 期。

213. 娄珩：《和合文化对〈大学生心理健康教育〉课程的调适作用探究》，《黑龙江教育学院学报》2019 年第 2 期。

214. 汪守军：《中国和合文化的核心意涵及其时代价值》，《湖北省社会主义学院学报》2019 年第 1 期。

215. 黄涛：《和谐人及其培养：基于"和合"理论的研究》，《教育文化论坛》2019 年第 1 期。

216. 梅国琴、高地：《社会主义核心价值观与传统"和合"文化关系研究——学习习近平总书记关于文化建设的系列论述》，《河南教育》2019 年第 2 期。

217. 李春风：《台州和合文化与劳伦斯作品中的和合意蕴比较》，《台州学院学报》2019 年第 1 期。

218. 陈海红：《"和合"体生——"和合学"的中国哲学创新实践》，《浙江社会科学》2019 年第 2 期。

219. 周建娥、张秀颖、黄方迁、康震：《新和"和合"校园文化建设之实践与探索》，《新农村》2019 年第 2 期。

220. 计文：《"和合"精神》，《天风》2019 年第 2 期。

221. 胡胜：《小议"和合二仙"寒山、拾得与〈西游记〉的渊源》，《南开学报》（哲学社会科学版）2019 年第 1 期。

222. 张婉玲：《和合文化元素在现代公益广告中的运用》，《青年记者》2019 年第 2 期。

223. 舒飞群：《埃利奥特新版〈音乐教育哲学〉的"和合"观刍议——西方音乐教

育哲学的"东方化"趋势》，《中国音乐》2019 年第 1 期。

224. 邓凌：《和合视域下元代理学家三教思想浅析》，《青海师范大学学报》（哲学社会科学版）2019 年第 1 期。

225. 陈秉公：《论中华传统文化"和合"理念》，《社会科学研究》2019 年第 1 期。

226. 阚先学、赵斯邈：《"和合"思想在当代中国民主政治制度中的践行》，《现代交际》2018 年第 24 期。

227. 周扬：《和合文化与高校基层党支部制度建构论析》，《领导科学论坛》2018 年第 9 期。

228. 高江涛：《试论盛期陶寺文化的和合思想》，《南方文物》2018 年第 4 期。

229. 李娇侠：《"和合壶"的文化内涵》，《山东陶瓷》2018 年第 6 期。

230. 刘雅文、仲晨星：《大学生思想政治工作中的和合思想探究》，《吉林省教育学院学报》2018 年第 12 期。

231. 本刊编辑部、万江心、张云龙、田新月、张美玲、王婷：《"和合"文化的强劲动力》，《现代企业文化》2018 年第 12 期。

232. 陈秉公：《"和合"理念具有重要价值》，《理论导报》2018 年第 11 期。

233. 郑凌娟：《和合文化之审美内涵》，《文化学刊》2018 年第 11 期。

234. 时进：《从天人合一与阴阳和合看〈周易〉之美》，《开封教育学院学报》2018 年第 11 期。

235. 高晓锋：《先秦儒家对"合礼性"和合秩序的追求》，《江南大学学报》（人文社会科学版）2018 年第 6 期。

236. 李红恩：《和合思想下的学校课程建设》，《教育研究》2018 年第 11 期。

237. 张凯兰：《"一带一路"倡议：中华民族和合思想的当代价值》，《唐都学刊》2018 年第 6 期。

238. 庞捷敏：《互联网时代和合文化对大学生心理健康的价值研究》，《未来与发展》2018 年第 11 期。

239. 管文新：《弘扬和合精神，推动新时代的事业发展》，《国家治理》2018 年第 42 期。

240. 张婷：《中国传统译论研究的新视角——和合翻译学》，《海外英语》2018 年第 21 期。

241. 舒飞群：《音乐教育实践哲学笔谈录第五期——音乐教育实践哲学的"和合"与"能动"的学生观》，《中国音乐教育》2018 年第 11 期。

242. 冯荣：《"和合文化"在校园治理中的价值研究》，《当代经济》2018 年第 20 期。

243. 旭东：《"和合与人类命运共同体对话"在山东青岛举行》，《中原文化研究》2018 年第 5 期。

244. 宫长义：《"和合文化"下的"老牌新生"》，《施工企业管理》2018 年第 10 期。

245. 郭中华：《论金元全真诗词和合文化的思想内涵》，《中华文化论坛》2018 年第 9 期。

246. 叶小平：《基于和合文化的天台全域旅游开发》，《旅游纵览》2018 年第 18 期。

247. 徐雪野：《和合网络管控论——以中国传统文化哲理解读智能网络》，《知与行》2018 年第 5 期。

248. 陈莉、戴顺良：《尚和合　求大同——"文化创新的途径"教学设计》，《思想政治课教学》2018 年第 9 期。

249. 冯荣：《"和合之道"：台州实体经济发展的文化支撑》，《边疆经济与文化》2018 年第 9 期。

250. 李志丹：《"和合"思想视域下政治术语的翻译原则及其实现路径》，《外文研究》2018 年第 3 期。

251. 王厚明：《"和合"文化的时代价值诠释》，《秘书之友》2018 年第 9 期。

252. 张立文：《和合生活境界论》，《江海学刊》2018 年第 5 期。

253. 吴远贤、李建军：《习近平"世界和合"观贡献的中国智慧和中国方案》，《学校党建与思想教育》2018 年第 17 期。

254. 李颖：《马克思"人类社会"思想引领下的中国和合文化的创新》，《中共南昌市委党校学报》2018 年第 4 期。

255. 何善蒙：《董仲舒论和合——以〈循天之道〉为中心的考察》，《台州学院学报》2018 年第 4 期。

256. 陈爱平、于忠伟、安贵臣：《儒道"阴阳和合"与佛教"因缘和合"比较》，《台州学院学报》2018 年第 4 期。

257. 潘美云、杨供法、杨政：《"和合之旅"开发研究》，《台州学院学报》2018 年第 4 期。

258. 张立文：《和合网络管控论——以中国传统文化哲理解读智能网络》，《中州学刊》2018 年第 8 期。

259. 邓胤龙：《新时代新儒学新理念的一座丰碑——评〈中国和合学年鉴第 1988—

2016 期〉》，《衡阳师范学院学报》2018 年第 4 期。

260. 马英杰：《和合共生：藏文化场域里的伊斯兰——日喀则藏语穆斯林调查研究》，《回族研究》2018 年第 3 期。

261. 赵蓉：《文化产权交易规范研究——兼论国务院文件的禁止性规定和合规设计》，《社会科学家》2018 年第 8 期。

262. 张立文：《和合伦理道德论——中华传统道德精髓与人工智能》，《社会科学战线》2018 年第 8 期。

263. 王慧勤：《道技和合：信息化推变下语文教学的智性选择》，《语文建设》2018 年第 21 期。

264. 李洪涛、陈国灿：《"和合而同"——论中国古代契约的"贵和"思想》，《中国经济史研究》2018 年第 4 期。

265. 张立文：《和合人生价值论——以中国传统文化解读机器人》，《伦理学研究》2018 年第 4 期。

266. 《"和合"的政治之美》，《新西藏》2018 年第 7 期。

267. 周丹：《清宫弋腔戏〈清平见喜·和合呈祥〉的曲腔形态》，《音乐传播》2018 年第 2 期。

268. 韩秀兰、董卿：《"和合"思想及其当代践行探究》，《中北大学学报》（社会科学版）2018 年第 3 期。

269. 高原：《和合文化——知行合一的范本——读王振海先生〈兰溪集·和合卷〉札记》，《建筑设计管理》2018 年第 6 期。

270. 闫伟：《和合文化与三教统一》，《九江学院学报》（社会科学版）2018 年第 2 期。

271. 钟秉谕：《高校大学生"和合"人际交往探索》，《现代交际》2018 年第 11 期。

272. 学诚：《突破理念局限打造和合企业》，《董事会》2018 年第 6 期。

273. 桯继红、秦露萍：《和合朱王：以阳明之主意用紫阳之工夫——浙东义乌阳明后学金世俊的心学观略述》，《浙江海洋大学学报》（人文科学版）2018 年第 3 期。

274. 张立文：《和合交感联通论：中华传统哲学思维与人工智能》，《人民论坛·学术前沿》2018 年第 10 期。

275. 张立文：《"和合学"与企业成功之道——企业和合文化的新时代价值》，《杭州师范大学学报》（社会科学版）2018 年第 3 期。

276. 肖祥、张明琴：《浅析"和合"文化与道德人格培育》，《船山学刊》2018 年第

3 期。

277. 庞亚君：《通向和合天台的"唐诗之路"》，《浙江经济》2018 年第 10 期。

278. 周金凤：《和合文化融入民族社区的路径探析》，《民族艺林》2018 年第 2 期。

279. 陈炯、杨波：《和合共进，养正求真》，《基础教育课程》2018 年第 10 期。

280. 朱伟芳：《二语习得中的"和合"心境》，《内蒙古师范大学学报》（教育科学版）2018 年第 5 期。

281. 李俊西南：《和合共生——跨界融合舞台剧〈大禹治水〉首演》，《歌剧》2018 年第 5 期。

282. 熊桂玉：《习近平的和合思想及其当代价值》，《湖北行政学院学报》2018 年第 2 期。

283. 罗诗玲、黄平：《和合治疗仪治疗强直性脊柱炎腰骶疼痛的临床观察》，《中国医学创新》2018 年第 13 期。

284. 王禄然、郝征：《基于阴阳和合理论探析张仲景补中求和的临床意义》，《新中医》2018 年第 5 期。

285. 周丹：《简论清宫弋腔戏〈清平见喜·和合呈祥〉》，《戏剧之家》2018 年第 13 期。

286. 凌靓、温波：《〈伤寒杂病论〉中的和合意蕴》，《长江大学学报》2018 年 15 第 8 期。

287. 蒋好霜、李志艳：《"参与"与"和合"：开心麻花喜剧电影中的人文精神研究》，《电影评介》2018 年第 8 期。

288. 张贤富：《客家家具文化的"和合"理念》，《包装工程》2018 年第 8 期。

289. 张凯兰：《和合思想：中国方案的文化渊源》，《领导科学》2018 年第 12 期。

290. 张立文：《和合智能相应论——中华传统哲学思维与人工智能》，《探索与争鸣》2018 年第 4 期。

291. 贾若溪：《海上画派人物篇——任颐〈和合二仙图〉赏析》，《收藏家》2018 年第 4 期。

292. 范玉刚：《"和合"文化基因助推社会善治》，《人民论坛》2018 年第 10 期。

293. 陈亮：《和合文化视野下我国基层协商民主的包容性建构及其限度》，《行政论坛》2018 年第 2 期。

294. 黄翠萍：《中国传统和合理念与大学生思政教育》，《闽南师范大学学报》（哲学社会科学版）2018 年第 1 期。

295. 白力强、路畅：《〈春秋繁露〉中的和合思想及其当代价值》，《泰山学院学报》2018 年第 2 期。

296. 孙继新：《避暑山庄与"和合承德"历史溯源》，《河北旅游职业学院学报》2018 年第 1 期。

297. 吴晓琴：《论和合文化对当代公民政治认同的影响》，《绵阳师范学院学报》2018 年第 3 期。

298. 云燕：《论中国传统音乐的和合之道》，《北方音乐》2018 年第 5 期。

299. 易佑斌：《国际关系中的和合主义价值论研究——兼论人类命运共同体思想的价值意蕴》，《邵阳学院学报》（社会科学版）2018 年第 1 期。

300. 张立文：《和合学的思维特性与智能价值》，《中国哲学史》2018 年第 1 期。

301. 陈立旭：《和合文化的内涵与时代价值》，《浙江社会科学》2018 年第 2 期。

302. 冯荣：《和合文化在思想政治工作中的价值》，《人民论坛》2018 年第 5 期。

303. 邢科：《〈东西史记和合〉与晚清世界史观念》，《清史研究》2018 年第 1 期。

304. 肖烨、姚魁武、薛燕星、薛伯寿：《薛伯寿和合思想精髓探析》，《中华中医药杂志》2018 年第 2 期。

305. 成泽胜嗣、陈卓卿：《和合神图再考》，《民艺》2018 年第 1 期。

306. 胡建华：《论农村民主管理制度文化基础的实践性价值——基于传统和合文化内涵与功能的实践理性回归分析视角》，《四川文理学院学报》2018 年第 1 期。

307. 王凤梅：《基于"和合"为中心的儒家传统社会秩序观研究》，《农村经济与科技》2017 年第 24 期。

308. 易佑斌：《和合主义视域下人类命运共同体研究》，《邵阳学院学报》（社会科学版）2017 年第 6 期。

309. 刘沁：《"和合居"民宿标志》，《包装工程》2017 年第 24 期。

310. 张平：《当代高职"通识教育"对儒家"和"、"合"思想观借鉴的可行性研究》，《中国包装》2017 年第 12 期。

311. 张桂平、林锋、王作言：《传统儒家文化：和合一家亲》，《商业文化》2017 年第 35 期。

312. 齐欣、魏绪涛：《智能时代和合说途径的翻译教学》，《黑龙江教育学院学报》2017 年第 12 期。

313. 黄小珊、赵金科：《"和合"思想指导下的中国外交发展》，《海南广播电视大学学报》2017 年第 4 期。

314. 罗新方、毕大宣、申睿：《和合文化在现代中小学教学中的应用研究》，《华夏教师》2017 年第 22 期。

315. 史艺军、关朋：《中华传统"和合"思想与习近平的世界文明观》，《广东行政学院学报》2017 年第 6 期。

316. 杨晓萍、周文婕、杨雄：《走向和合：学前教育质量话语的转向》，《教育评论》2017 年第 11 期。

317. 钱爽：《基于"和合"视角的甘孜州生态旅游资源开发研究初探》，《旅游纵览》2017 年第 22 期。

318. 戴昕萌、温波：《论古琴文化中的和合思想》，《常熟理工学院学报》2017 年第 6 期。

319. 高铁柱：《中国传统"和合"文化与企业财务管理》，《当代电力文化》2017 年第 11 期。

320. 党圣元：《先秦阴阳五行文化中的"和合"美学观念》，《西北大学学报》（哲学社会科学版）2017 年第 6 期。

321. 刘清、侯立：《寒山寺与和合文化》，《大众文艺》2017 年第 20 期。

322. 袁立新：《和合美满福延绵，和睦相亲一线牵——简论"和合一线牵壶"形的生动、线的韵味与和的美感》，《江苏陶瓷》2017 年第 5 期。

323. 赵万长：《和合文化及其英译的生态翻译学评析与优选》，《台州学院学报》2017 年第 5 期。

324. 林大岳：《台州府城临海和合文化魅力及发展的思考》，《台州学院学报》2017 年第 5 期。

325. 李志明：《"和合二仙"符号的传统演变与设计衍生》，《浙江社会科学》2017 年第 10 期。

326. 何善蒙：《天台山和合文化论纲》，《浙江社会科学》2017 年第 10 期。

327. 杨供法：《创新思路推进天台山和合文化研究——基于文献综述的思考》，《浙江社会科学》2017 年第 10 期。

328. 刘增光：《天台止观与晚明三教和合——以杨复所〈诵孝经观〉为中心》，《浙江社会科学》2017 年第 10 期。

329. 任晓飞：《竹雕和合二仙第清期》，《湖北社会科学》2017 年第 10 期。

330. 殷荣林：《"和合共同体"：湖州市非公企业的党建创新实践》，《上海党史与党建》2017 年第 10 期。

331. 肖烨、姚魁武：《薛伯寿和合思想传承体悟》，《中华中医药杂志》2017 年第 10 期。

332. 汤燕妮：《基于"适需原则、和合教育"的西藏民族学生教育探索》，《阿坝师范学院学报》2017 年第 3 期。

333. 杨效雷、曾华东：《〈周易〉阴阳观与和合文化论析》，《周易研究》2017 年第 5 期。

334. 党圣元：《〈周易〉阴阳学说与"和合"美学观》，《陕西师范大学学报》（哲学社会科学版）2017 年第 5 期。

335. 吴俐：《浅析习近平对传统和合思想的创造性转化与创新性发展》，《改革与开放》2017 年第 17 期。

336. 关朋：《"和合"思想与习近平全球生态观——以习近平应对全球气候变化思想为主》，《学术探索》2017 年第 9 期。

337. 吴聪聪：《和合外宣翻译研究初探》，《上海理工大学学报》（社会科学版）2017 年第 3 期。

338. 胡红：《图书馆人本管理中如何渗透"和合"文化》，《文化学刊》2017 年第 8 期。

339. 毛文彬：《论银行业的和合文化建设——兼谈临海农行"幸福家园工程"建设实践与思考》，《经济师》2017 年第 8 期。

340. 张立文：《中华和合学与当代茶道文化的精神价值》，《文化学刊》2017 年第 7 期。

341. 张智：《和合文化视域下东盟区域龙狮舞艺传承与发展研究》，《体育科技》2017 年第 2 期。

342. 李政阳、韩泳思、杨舒凯、郝素敏、陆丹丹：《桃花坞木版年画中的和合文化及新时期的传承表现》，《大众文艺》2017 年第 11 期。

343. 温波：《习近平的和合观及其世界意义》，《唯实》2017 年第 6 期。

344. 张可、杨萌：《"和合"文化对大学生心理健康教育的价值》，《中国成人教育》2017 年第 9 期。

345. 沈卫星：《和合文化三个基本哲学问题发微》，《宁夏社会科学》2017 年第 3 期。

346. 陈军：《"和合文化"与台州城市精神》，《中外企业家》2017 年第 13 期。

347. 冯荣：《论基层协商民主的"和合"意蕴》，《学理论》2017 年第 5 期。

348. 吴国春：《浅谈紫砂"和合壶"的自然意趣》，《江苏陶瓷》2017 年第 2 期。

349. 王雪艳：《传统和合文化与商业精神》，《中国商论》2017 年第 9 期。

350. 张平：《儒家"和合"思想对高职"和谐生态课堂"建构的现实意义》，《中国报业》2017 年第 8 期。

351. 刘小路：《论内家拳技法技理中的和合思想》，《山东体育科技》2017 年第 2 期。

352. 张燕：《我国历代名人家规家训中的和合思想探析》，《台州学院学报》2017 年第 2 期。

353. 白言笑、张铁军：《〈道德经〉中蕴含的人与自然的和合思想》，《社科纵横》2017 年第 3 期。

354. 赵霞：《论人自身实现"和合"文化的当代价值》，《南昌教育学院学报》2017 年第 1 期。

355. 叶蕤：《中国传统素色图案与红色图案中的和合生存观分析》，《北京印刷学院学报》2017 年第 1 期。

356. 李玉华、闫锋：《"和合"思想与马克思主义中国化的时代创新》，《思想教育研究》2017 年第 2 期。

357. 盛杏雨：《孔子以"仁礼和合"为核心的内圣外王之道》，《济宁学院学报》2017 年第 1 期。

358. 张继泽：《中国传统文化的"和合包容"精神及其创造性运用》，《潍坊学院学报》2017 年第 1 期。

359. 齐春雷：《和合文化视域里的中国特色政党制度》，《攀登》2017 年第 1 期。

360. 庞茜涵：《以天台山和合文化为依托构建新型师生关系》，《新西部》2017 年第 2 期。

361. 傅金铎：《和合文化是中华民族凝聚力的灵魂》，《河北省社会主义学院学报》2017 年第 1 期。

362. 康琼：《中国传统武学的和合之德》，《伦理学研究》2017 年第 1 期。

363. 本刊记者：《和合台州——车帝麟书法篆刻回乡展》，《书法》2017 年第 1 期。

364. 李茂华：《循道依礼，和合至美——家庭婚恋剧〈还是夫妻〉的美学特征》，《电视研究》2017 年第 1 期。

责任编辑:方国根　崔秀军　武丛伟

图书在版编目(CIP)数据

中国和合学年鉴.2017—2021/徐 刚 主编.—北京:人民出版社,2023.8
ISBN 978－7－01－025778－5

Ⅰ.①中…　Ⅱ.①徐…　Ⅲ.①文化哲学-研究-中国-2017—2021-年鉴
　Ⅳ.①G02－54

中国国家版本馆 CIP 数据核字(2023)第 159397 号

中国和合学年鉴

ZHONGGUO HEHEXUE NIANJIAN

(2017—2021)

徐 刚　主编

人民出版社 出版发行
(100706　北京市东城区隆福寺街 99 号)

北京中科印刷有限公司印刷　新华书店经销

2023 年 8 月第 1 版　2023 年 8 月北京第 1 次印刷
开本:710 毫米×1000 毫米 1/16　印张:48.5
字数:760 千字

ISBN 978－7－01－025778－5　定价:199.00 元

邮购地址 100706　北京市东城区隆福寺街 99 号
人民东方图书销售中心　电话 (010)65250042　65289539